Les régions du guide :
(voir la carte à l'intérieur de la couverture ci-contre)

Îles grecques
Athènes

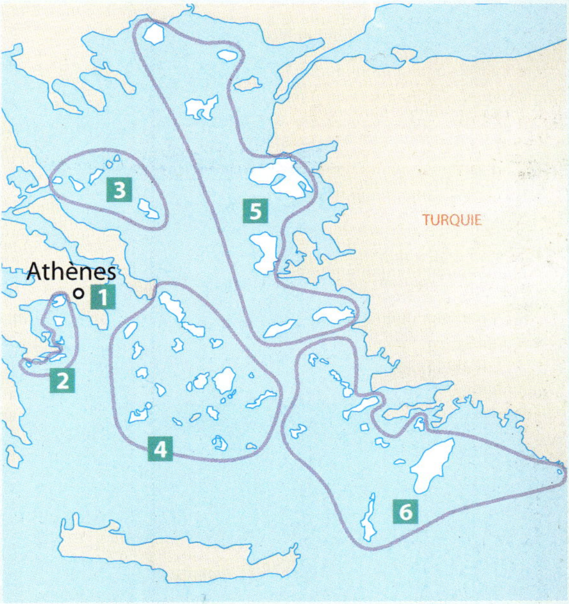

Le Guide Vert, mode d'emploi : un guide en 3 parties

Organiser son voyage :

- Avant de partir.
- À faire sur place de A à Z.
- Des activités pour tous.
- Un agenda des événements.

Comprendre la destination :

- La destination aujourd'hui.
- Histoire.
- Art et culture.
- Gastronomie.
- Nature...

Découvrir la destination :

- Notre sélection de sites.
- Des circuits conseillés.
- Des cartes.
- Notre sélection d'adresses pour tous les budgets.

En fin de guide :
l'explication des symboles et la table des cartes et plans

Le Guide Vert : découvrir la destination

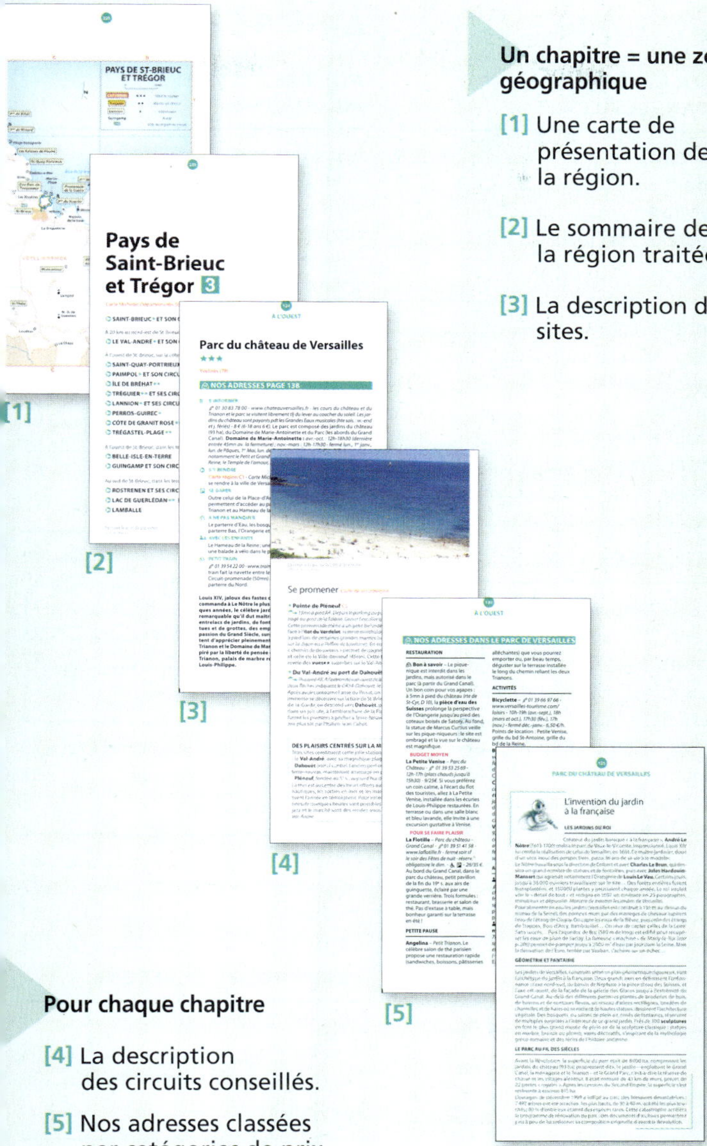

Un chapitre = une zone géographique

[1] Une carte de présentation de la région.

[2] Le sommaire de la région traitée.

[3] La description des sites.

Pour chaque chapitre

[4] La description des circuits conseillés.

[5] Nos adresses classées par catégories de prix.

[6] Des pages thématiques pour en savoir plus.

Retrouvez-nous sur : ***Voyage.ViaMichelin.fr***

Sommaire

1/ ORGANISER SON VOYAGE

ALLER À ATHÈNES ET DANS LES ÎLES

AVANT DE PARTIR

SUR PLACE DE A À Z ... 20-37

CHOISIR SON ÎLE

EN FAMILLE

MÉMO

2/ COMPRENDRE ATHÈNES ET LES ÎLES

ATHÈNES ET LES ÎLES AUJOURD'HUI

NATURE ET PAYSAGES

TRADITIONS ET ART DE VIVRE

LA RELIGION

ARTS ET CULTURE

LA MYTHOLOGIE GRECQUE

HISTOIRE

3/ DÉCOUVRIR ATHÈNES ET LES ÎLES

1 ATHÈNES ET LE PIRÉE

2 LES ÎLES DU GOLFE SARONIQUE

3 LES SPORADES

4 LES CYCLADES

5 LES ÎLES DE L'ÉGÉE DU NORD

6 LE DODÉCANÈSE

1/ ORGANISER SON VOYAGE

M. Barraud/Ojo Images/Photononstop

Aller à Athènes et dans les îles

En avion

Le prix d'un vol régulier AR est à partir de 150 € environ pour Athènes. Le poids de bagages autorisé varie selon les compagnies et la classe choisie (généralement, 20 kg sur les vols réguliers).

Conseil – Pour l'été, réservez vos billets d'avion deux à trois mois à l'avance pour bénéficier de tarifs intéressants.

LIGNES RÉGULIÈRES

Air France – ✆ 36 54 - www.airfrance.fr. La compagnie propose cinq liaisons quotidiennes Paris-Athènes. Les vols **Tempo**, soumis à certaines conditions, permettent d'obtenir des tarifs avantageux. Promotions en juin sur les voyages effectués en juillet et en août.

Conseil – Pensez aussi à consulter le service en ligne **www.opodo.fr** qui fédère les meilleures offres d'Air France et de plusieurs grandes compagnies internationales.

Olympic Air – Roissy CDG 1 - ✆ 01 74 37 14 51 - www.olympicair.com. 2 à 3 vols directs/j. Paris-Athènes. 3 à 5 vols/j. au départ d'Athènes pour Mykonos, 3 à 6 vols/j. pour Santorin, 4 à 6 vols/j. pour Rhodes (directs ou *via* Karpathos), 3 à 4 vols/j. pour Chios, 2 vols/j. pour Limnos et 6 vols/sem. pour Syros.

Aegean Airlines – ✆ (30) 2106 261 000 - www.aegeanair.com. 2 à 3 vols direct/j. Paris-Athènes. 2 à 5 vols/j. au départ d'Athènes pour Santorin, 3 à 4 vols/j. pour Rhodes et Mykonos et 1 vol/j. pour Kos. Plusieurs vols moins fréquents, avec une ou plusieurs escales, en direction de Corfou, Lesbos (Mytilène) et Skyros (se renseigner auprès de la compagnie).

À l'heure où nous imprimons ce guide, Olympic Air vient d'être rachetée par Aegean Airlines. Les informations sur les vols opérés par ces deux compagnies sont donc susceptibles d'évoluer.

EasyJet – ✆ 0 820 42 03 15 (0,12 €/mn) - www.easyjet.com. Un vol quotidien Paris-Athènes au départ de Paris-Orly. Liaisons saisonnières depuis Paris-Orly avec Mykonos et Rhodes.

Ryanair – ✆ 0 899 19 47 47 (1,35 € + 0,34 €/mn) - www.ryanair.com. Liaisons saisonnières depuis Bruxelles-Charleroi avec Kos et Rhodes.

OFFRES SPÉCIALES

D'autres compagnies proposent des vols, au départ de Paris et des grandes villes de province. Renseignez-vous auprès des agences de voyages, sans oublier que les grandes compagnies dispensent aussi des prix spéciaux sur leurs vols réguliers.

Vous trouverez souvent les meilleures offres sur Internet : www.anyway.com, www.easyvols.fr, www.ebookers.fr proposent des listes comparatives de prix.

CONFIRMATION

Par prudence, pensez à confirmer votre vol de retour au moins 48h à l'avance.

TAXE D'AÉROPORT

La taxe d'aéroport au départ de Grèce (30 € env.) est normalement incluse dans le prix du billet d'avion.
Voir aussi « Voyagistes » *(p.11).*

En train

Seuls les passionnés choisiront le train, qui met environ 20h entre Paris et Brindisi (Italie). De là, vous n'êtes pas au bout de vos peines, puisque vous effectuerez ensuite la traversée jusqu'à Patras avant de monter dans un train grec.
Au départ de Paris (Gare de Lyon), train pour l'Italie, correspondance à Milan et arrivée le lendemain à Brindisi. Pour le parcours jusqu'à Brindisi, **rens. SNCF** (36 35, 0,34 €/mn). Il n'existe pas de billet combiné : réservez directement la traversée entre Brindisi et Patras auprès d'une compagnie maritime.

En voiture

Pour les ressortissants de l'Union européenne, un permis de conduire national suffit. Outre les documents de votre véhicule, vérifiez que votre contrat d'assurance couvre aussi les dommages survenus à l'étranger.
Il est possible de se rendre en Grèce par voie terrestre (4 j. mini au départ de Paris), mais vous devrez prendre contact avec les ambassades des pays traversés pour les conditions d'entrée (Suisse, Italie, Slovénie, Croatie, Serbie-Monténégro, Albanie). Pour un trajet plus court, passez par l'Italie et prenez le ferry.
Bon à savoir – Vous pouvez utiliser la carte routière Michelin n° 737 au 1/700 000.

En bateau via l'Italie

Ralliez un port italien (Venise, Ancône, Bari, Brindisi, Trieste), en train ou en voiture. Comptez 36h environ entre Venise et Patras, 20h entre Ancône et Patras, environ 10h pour une liaison Brindisi-Patras ou Bari-Patras, 6h de moins pour Igoumenitsa.
Conseil – En été, réservez au moins deux mois à l'avance, surtout si vous possédez un véhicule. En haute saison, comptez environ 420 € pour un AR Ancône-Igoumenitsa, pour deux adultes et une voiture (moins cher depuis Brindisi).
Réservation en ligne avec **www.aferry.com** pour une traversée Italie-Grèce sur diverses compagnies (Anek Lines, Minoan Lines, Superfast Ferries, etc.).
Euro Mer – 5 quai de Sauvages - 34078 Montpellier - 04 67 65 67 30 - www.euromer.net. Traversées à partir de Bari et Brindisi vers Céphalonie, Zante, Ithaque, Leucade, Corfou et Igoumenitsa.
Navifrance Cap Mer – 4 r. de Clichy - 75009 Paris - 01 42 80 94 45 - www.navifrance.net et www.viamare.fr. Agents de plusieurs compagnies maritimes au départ des différents ports italiens.

Avant de partir

Identité du pays

Nom officiel : Démocratie hellénique
Capitale : Athènes
Superficie : 131 957 km^2
Population : 10 790 000 habitants
Monnaie : euro
Langue officielle : grec

UN VOYAGE EN GRÈCE PLUS QUE JAMAIS D'ACTUALITÉ

Si les événements de ces dernières années ont focalisé l'attention des médias sur la Grèce, il faut savoir que jusqu'à la survenue de la crise économique, ce pays faisait figure, par sa douceur et son art de vivre, d'îlot préservé, comparé à la plupart des autres pays européens et, qu'aujourd'hui encore, il le demeure. En effet, bien que la patrie de Socrate soit en train de traverser sa crise la plus grave depuis la Seconde Guerre mondiale, son histoire trois fois millénaire a, malgré certains débordements, légué aux Grecs un caractère heureux imprégné de la sagesse des Anciens. C'est ainsi qu'au pied de l'Acropole comme dans les îles ou le Péloponèse, le sourire est toujours au rendez-vous. Les innombrables vestiges qui ponctuent le paysage nous rappellent qu'Athènes et la Grèce ont créé, au 5e s. av. J.-C., un type de société qui n'avait jamais existé auparavant et dont nous sommes tous les héritiers. C'est pourquoi aujourd'hui, plus qu'à tout autre moment, il faut aller redécouvrir la Grèce, mère de l'Europe, en se perdant dans le dédale de ses belles rues dallées de marbre ou en s'adonnant aux plaisirs du farniente, de la plage et de la mer sous un ciel bleu comme nulle part ailleurs. Si les Grecs sont fiers et supportent difficilement de sentir qu'ils sont l'objet d'un acte de charité, l'expression d'un sentiment de solidarité de la part du touriste leur fera chaud au cœur.

Météo

ÉTÉ

À moins de rechercher la **foule**, évitez l'été, de la mi-juin à la fin août : les Grecs, qui, pour l'essentiel, passent leurs vacances d'été dans leur pays, s'ajoutent alors aux visiteurs étrangers. Conséquence : hébergements et restaurants surchargés, prix multipliés par 2 ou 3. Sachez également qu'en août, dans toute la mer Égée, le **vent** *(meltem)* souffle parfois violemment. S'il rafraîchit un peu l'atmosphère – pas désagréable sous la canicule –, il rend aussi les plages bien moins plaisantes.
Les amateurs d'archéologie éviteront eux aussi la haute saison durant laquelle les sites sont bondés.
Conseil – Même en été, emportez un coupe-vent, contre les fraîcheurs d'altitude, du soir ou si vous envisagez de circuler en deux-roues. Il vous servira également en bateau. Les nuits en mer sont presque froides, même en plein été. Si vous dormez sur le pont, sac de couchage ou vêtements chauds sont de rigueur.

PRINTEMPS

Une saison idyllique dans tout le pays, mais parfois hésitante et maussade au début. Dès la mi-avril, la **floraison** est magnifique, le soleil brille, la mer reste un peu fraîche. La période fin mai-début **juin** est idéale : l'été sans ses températures excessives, ni ses vents violents, et encore quelques couleurs de printemps ; les logements à moitié prix sans réservation, des hôtes aux petits soins.

AUTOMNE

Septembre se révèle aussi très agréable et séduira les amateurs de mers chaudes (la température de l'eau est alors au plus haut). Un automne très doux se prolonge jusqu'à la mi-octobre, mais nombre d'établissements ferment dès la fin septembre. Les jours raccourcissent et quelques orages ravivent les couleurs de la végétation.

HIVER

Le pays offre deux visages très contrastés. Au nord et en altitude, une neige abondante tapisse les paysages, tandis qu'au sud et dans les îles la mer tempère les frimas : la température moyenne en janvier est de 11 °C à Athènes. Tandis qu'on y déjeune en terrasse (certes chaudement vêtu) les jours de soleil, on skie à deux heures de voiture. Dans les îles, les hôtels qui restent ouverts affichent des prix très abordables (de 40 à 50 % moins chers qu'en juil.-août).

Voir aussi « Météo » *(p. 27)*.

Adresses utiles

OFFICES DU TOURISME DE GRÈCE

Office national du tourisme de Grèce en France – 3 av. de l'Opéra - 75001 Paris - ✆ 01 42 60 65 75 - www.visitgreece.gr - info@ot-grece.fr.

Office du tourisme de Grèce en Belgique – Ambassade de Grèce - r. des Petits Carmes 6 - 1000 Bruxelles - ✆ (02) 647 57 70 - gnto@skynet.be.

Greek National Tourist Organization au Canada – 1500 Don Mills Rd, Suite 102 - Toronto, ON, M3B 3K4 - ✆ (416) 968 22 20 - grnto.tor@on.aibn.com.

REPRÉSENTATIONS DIPLOMATIQUES DE GRÈCE À L'ÉTRANGER

Ambassade de Grèce en France – 17 r. Auguste-Vacquerie - 75116 Paris - ✆ 01 47 23 72 28 - www.amb-grece.fr.

Consulat général de Grèce à Paris – 23 r. Galilée - 75116 Paris - ✆ 01 47 23 72 23.

Consulat général de Grèce à Grenoble – 9 r. Liberté - 38000 Grenoble - ✆ 04 76 47 39 23 - http://consulat.grece.isere.free.fr/.

Consulat honoraire de Grèce à Lyon – 7 r. Barrème - 69006 Lyon - ✆ 04 78 89 46 69.

Consulat général de Grèce à Marseille – 38 r. Grignan - 13001 Marseille - ✆ 04 91 33 08 69.

Ambassade de Grèce en Belgique – r. des Petits Carmes 6 - 1000 Brussel - ✆ (02) 545 55 10 - www.greekembassy-press.be.

Ambassade de Grèce en Suisse – Weltpoststrasse 4 - 3015 Berne - ✆ (31) 356 14 14.

Ambassade de Grèce au Canada – 80 Mac Laren Str. - Ottawa - Ontario, K2P 0K6 - ✆ (613) 238 62 71 - www.greekembassy.ca/fr/index_fr.html.

Voir aussi « Ambassades à Athènes » *(p. 20)*.

VOYAGISTES

Généralistes

Expédia – www.expedia.fr. L'une des meilleures adresses pour son efficacité, ses tarifs et ses formules de séjours ou de circuits.

Jet Tours – www.jettours.com.
Nouvelles Frontières – 13 av. de l'Opéra - 75002 Paris - ✆ 0 825 000 747 (0,15 €/mn) - www.nouvelles-frontieres.fr. Promotions sur les vols et séjours bien conçus.
Directours – 90 av. des Champs-Élysées, 75008 Paris - ✆ 01 45 62 62 62 - www.directours.com.
Lastminute.com – ✆ 0 892 68 61 00 (0,34 €/mn) - www.lastminute.com. Pour des promotions de dernière minute.
Go Voyages – ✆ 0 899 651 951 (1,35 € + 0,34 €/mn) - www.govoyages.com.
Look Voyages – ✆ 01 45 15 31 70 - www.look-voyages.fr. Sélection de vols et de séjours.
Marmara – ✆ 0 892 650 850 (0,337 €/mn) - www.marmara.com. Nombreux séjours à Rhodes.

Spécialistes de la Grèce

Comptoir des Voyages-Comptoir de la Grèce – 2-18 r. St-Victor, 75005 Paris - ✆ 0 892 239 339 (0,337 €/mn) - www.comptoir.fr. Séjours itinérants et autotours à la carte, week-ends et un beau choix d'hôtels de charme.
Détour Voyages – 13 r. de l'Échelle - 75001 Paris - ✆ 01 44 55 01 01 - www.detours.fr. Grand choix de locations et de séjours à la carte dans toutes les îles.
Héliades – ✆ 0 892 23 15 23 (0,337 €/mn) - www.heliades.fr. Spécialiste du voyage en Grèce. Propose des locations de villas et d'appartements, des séjours « tout compris », des circuits et des autotours.
Îles-Résa.com – 80 r. de la Roquette - 75011 Paris - ✆ 0 892 650 150 (0,337 €/mn) - www.iles-resa.com. Spécialiste des îles du monde.
Merilia – 14 bd de Sébastopol - 75004 Paris - ✆ 01 56 68 12 00 - www.merilia.com. Hôtels de charme et croisières en voilier dans les îles.
Voyageurs du Monde – www.voyageursdumonde.fr. Voyages sur mesure dans les Cyclades et les îles du Dodécanèse. Croisière en voilier.

Voyages culturels

Clio – 34 r. du Hameau - 75015 Paris - ✆ 01 53 68 82 82 - www.clio.fr.
Association Arts et Vie – 39 r. des Favorites - 75015 Paris (adresse postale).
Informations à l'agence – 251 r. de Vaugirard - 75015 Paris - ✆ 01 40 43 20 21 - www.artsetvie.com.

Séjours sportifs

Allibert – ✆ 04 76 45 50 50/(02) 526 92 90 (Belgique)/(022) 849 85 51 (Suisse) - www.allibert-trekking.com. Circuits trekking à Santorin et Sikinos.
Atalante – ✆ 01 55 42 81 00 (Paris)/ 04 72 53 24 81 (Lyon)/(02) 627 07 97 (Bruxelles) - www.atalante.fr. Sentiers des Cyclades. Cyclades et îles Ioniennes en goélette.
Chemins du Sud – ✆ 04 90 09 06 06 - www.cheminsdusud.com. Randonnées dans les Cyclades et à Rhodes.
Nomade-Aventure – 40 r. de la Montagne-Sainte-Geneviève - 75005 Paris - ✆ 0 825 701 702 (0,15 €/mn) - www.nomade-aventure.com. Trekkings intéressants 8/11 j.
Terres d'aventure – ✆ 0 825 700 825 (0,15 €/mn) - www.terdav.com. Randonnées dans les Cyclades.

CENTRE CULTUREL

Centre culturel hellénique – 23 r. Galilée - 75116 Paris - ✆ 01 47 23 39 06 - www.cchel.com.

COURS DE GREC MODERNE

Institut d'études néo-helléniques – 19 bis r. Fontaine - 75009 Paris - ✆ 01 48 74 09 56 - www.ienh.org.
Phonie-Graphie – 3 r. Sedaine - 75011 Paris - ✆ 01 49 29 05 32 -

www.phonie-graphie.org. Association pour la promotion du grec moderne en France.

LIBRAIRIE SPÉCIALISÉE

Librairie hellénique Desmos – 14 r. Vandamme - 75014 Paris - ✆ 01 43 20 84 04 - www.desmos-grece.com.

SITES INTERNET

Chaque île possède en général son site Internet dont vous trouverez l'adresse aux chapitres concernés.

www.visitgreece.gr – Site de l'Office national hellénique du tourisme (en anglais), infos très générales. Brochures sur Athènes et les îles à télécharger.

www.culture.gr – Site du ministère de la Culture, liste des sites et musées avec de nombreux liens (en anglais ou en grec).

www.info-grece.com – Site d'informations (en français).

www.gogreece.com – Base de données (en anglais) fournissant de nombreux liens vers d'autres sites, concernant tous les domaines de la vie en Grèce.

www.greekhotels.gr – Liste très exhaustive d'hébergements.

www.greeka.com – Site spécialiste des îles avec une vaste sélection d'hébergements.

www.iles-cyclades.com – Site complet avec carte, présentation de chaque île et de ses bonnes adresses (français).

www.travelinfo.gr – Informations assez complètes sur les différentes îles grecques (en anglais).

www.greek-islands.org – Le carnet d'un passionné des Cyclades (en anglais).

PERSONNES HANDICAPÉES

Hors d'Athènes, il existe malheureusement encore peu d'infrastructures adaptées aux personnes handicapées. Vous pourrez plus compter sur l'amabilité et la gentillesse des habitants que sur des installations *ad hoc*. Toutefois, certains établissements des Cyclades sont équipés de rampes d'accès : posez la question lors de la réservation.

Formalités

Les informations ci-dessous sont fournies à titre indicatif. Il est conseillé aux visiteurs de s'assurer dans leur pays, auprès de la représentation diplomatique de Grèce, des conditions en vigueur au moment de leur voyage.

PIÈCES D'IDENTITÉ, VISA

Pour les ressortissants de l'Union européenne et de la Suisse, carte d'identité ou passeport **en cours de validité**. Les ressortissants hors Union européenne et hors Suisse devront fournir un passeport valide.

ASSURANCES

Conseil – Pensez à vous assurer avant de partir, si ce n'est pas déjà le cas (si vous passez par un voyagiste, l'assurance assistance est en général incluse).

Europ Assistance – 1 prom. de la Bonnette - 92230 Gennevilliers - ✆ 01 41 85 93 65 - www.europ-assistance-voyages.com.

Mondial Assistance – 54 r. de Londres - 75008 Paris - ✆ 01 53 05 86 00 - www.mondial-assistance.fr.

Inter Mutuelles Assistance – 118 av. de Paris, 79000 Niort - ✆ 0 800 75 75 75 - www.ima.eu. Les sociétaires de certaines mutuelles d'assurance habitation ou véhicule sont affiliés à ce service d'assurance-voyage. Renseignez-vous auprès de votre assureur, mais aussi auprès de votre banque : certaines cartes bancaires (comme la **carte Visa** ou **Premier**) donnent droit à une assurance-voyage.

Voir aussi « Voiture » *(p. 36)*

DOUANES

La réglementation concernant les importations (alcool, cigarettes...) est la même dans toute l'Union européenne. Voir les compagnies aériennes (*p. 8*) pour s'informer des dimensions et poids autorisés des bagages en cabine et de la réglementation sur le transport des objets dangereux et liquides. Les voitures françaises sont admises en Grèce en franchise pendant six mois. Au-delà, il faut ressortir le véhicule ou demander une immatriculation provisoire.

PERMIS DE CONDUIRE

Pour conduire une automobile ou un deux-roues, vous devez posséder votre permis de conduire national ou international (ce dernier est obligatoire pour les ressortissants hors Union européenne et hors Suisse). Si vous amenez votre propre véhicule, vous devrez vous munir de la **carte verte d'assurance internationale** (délivrée par votre compagnie d'assurances).
Conseil – Vérifiez que tous les pays traversés sont couverts par votre assureur.

SANTÉ

Vaccination

Aucun vaccin n'est exigé.

Maladies

Aucune maladie n'est à craindre en particulier, sinon l'**insolation** et la turista. En été, une trop longue exposition au soleil peut entraîner brûlures, nausées et maux de tête. Surtout si vous voyagez en deux-roues, pensez à protéger vos épaules, et la tête si vous roulez en décapotable ou si vous marchez. Hydratez-vous régulièrement.

Carte européenne d'assurance-maladie

La carte européenne d'assurance-maladie, qui remplace le formulaire E 111, vous donne droit aux soins hospitaliers gratuits (chers en Grèce). En revanche, vous paierez les médicaments, les frais infirmiers ou le forfait hospitalier, remboursables à votre retour. Pour obtenir votre carte, adressez-vous à votre caisse d'Assurance Maladie au moins deux semaines avant votre départ ou rendez-vous sur le site **ameli.fr**.

Trousse à pharmacie

Vous trouverez tout ce qu'il vous faut en Grèce, mais rien ne vous empêche de constituer une petite trousse de médicaments de première nécessité : aspirine ou paracétamol, antidiarrhéique, **crème solaire**, sparadrap, lotion antiseptique pour les petites plaies. Pensez surtout à emporter un **répulsif** et un **diffuseur antimoustique**.

Téléphoner en Grèce

Pour appeler la Grèce à partir de la France, composez le **00 30**, puis le numéro à 10 chiffres de votre correspondant.
Rens. internationaux : pour rechercher le numéro d'un abonné en Grèce, composez le **118 700**.
Voir aussi « Téléphone » *(p. 34)*.

Budget à prévoir

Voir aussi « Se loger » *(p. 15)* et « Se restaurer » *(p. 18)*.
Pour vous aider à préparer votre voyage, nous vous proposons plusieurs catégories de budget quotidien. Le prix est évalué **par personne**, sur la base d'un séjour pour deux, en **haute saison** (il faudra donc compter de 25 à 30 % de plus pour une personne voyageant seule).
Premier prix – Hébergement en camping, en auberge de jeunesse ou

QUELQUES IDÉES DE PRIX POUR ÉTABLIR SON BUDGET	
SERVICES OU ARTICLES	PRIX EN EUROS
Une chambre double dans un hôtel très simple ou une chambre chez l'habitant	40-60
Une chambre double dans un hôtel confortable	80-100
Une chambre double dans un hôtel de catégorie supérieure	120 et plus
Une chambre confortable à Athènes	100-120
Un repas dans une taverne ou une *ouzerie* ou une *psistaria*	13-15/personne
Un repas dans un restaurant *(estiatorio)*	20/personne
Une location de voiture pour une semaine (catégorie A)	200/250
Un litre d'essence sans plomb	1,80-1,90
Tarif passager : Le Pirée-Mykonos (ferry classique/ hydroglisseur)	31/45-48
Un ticket de bus dans les îles	2
Trajet en taxi aéroport-Athènes centre/aéroport-Le Pirée	40-50
Location d'un scooter pour une journée	15
Un litre d'eau minérale	1
Un café/ verre d'ouzo dans un *kafeneion*	1,50/4
Une bière	2-3
Un *souvlaki/ gyros* à emporter	3-4
Une salade grecque	5-7
Un billet d'entrée de site ou de musée	2-12

chez l'habitant, restauration sur le pouce *(gyros)* ou pique-nique, voyage en bus (ou en ferry pour les îles) : **autour de 50 €**.

Budget moyen – Hébergement chez l'habitant, dans les pensions ou les hôtels modestes, repas complet en taverne, pique-nique et transports en commun : **autour de 70 €**.

Pour se faire plaisir – Hébergement dans un bon hôtel ou une pension de charme, deux repas au restaurant et déplacements en voiture de location de petite catégorie : **autour de 120 €**.

Une folie – Hébergement dans un grand hôtel ou en villa de charme, repas dans les meilleurs restaurants et déplacements en voiture de location : **plus de 200 €**.

Bon à savoir – De plus en plus de commerçants n'acceptent plus la carte bleue, suite à des dysfonctionnements bancaires. Munissez-vous toujours d'argent liquide.

Se loger

En Grèce, l'infrastructure hôtelière est très développée, des hôtels de luxe aux chambres chez l'habitant, en passant par les pensions. La qualité de l'hébergement a beaucoup progressé et, quelle que soit la catégorie, vous trouverez propreté et confort. En revanche, il n'est pas toujours facile de dénicher l'adresse de charme : les années 1960-1970 ont laissé bon nombre de cubes de béton.

Cependant, la tendance actuelle revient à l'architecture d'allure traditionnelle. Pour conjuguer charme, confort et prix modestes, il faut plutôt venir hors saison, en mai-juin ou en septembre, quand les établissements de charme proposent des prix minorés.

NOTRE SÉLECTION

Les établissements sont classés par catégories de prix *(voir tableau p. 17)*. Tous les tarifs que nous indiquons dans la partie « Découvrir » correspondent au **prix d'une chambre double en haute saison**.

Retrouvez notre sélection dans « Nos adresses » de la partie « Découvrir Athènes et les îles ».

TYPES D'HÉBERGEMENT

Hôtels

Les hôtels sont généralement ouverts d'avril à octobre, et les propriétaires viennent vous chercher au port avec leur minibus.

Les logements déclarés à l'ONHT (Office national hellénique du tourisme) présentent une petite plaque bleu et jaune, et affichent leurs tarifs. Ils sont répertoriés auprès des bureaux d'informations touristiques locaux (EOT) et des agences de voyages.

Bon à savoir – L'ONHT classe hôtels, studios et chambres de 5 à 1 étoile ; l'ancien système de classement (L : 5 étoiles ; A : 4 étoiles ; B : 3 étoiles ; C : 2 étoiles ; D et E : 1 étoile) se rencontre encore parfois.

Chambres chez l'habitant

Dans certaines îles, les propriétaires viennent démarcher les visiteurs sur le quai, à l'arrivée du bateau (sauf en pleine saison où les chambres sont souvent déjà réservées). Mais, attention, ce qui est censé être un accueil convivial peut devenir du harcèlement (faites-vous bien préciser sur un plan où se trouve la chambre et si, sur place, l'endroit vous déplaît vraiment, n'hésitez pas à repartir). Sinon, vous avez le choix entre téléphoner dès votre arrivée (réponse en grec ou dans un anglais des plus rudimentaires), et vous rendre directement sur place, la meilleure solution pour juger de la qualité du logement. Des panneaux *Rooms* ou *Domatia* (chambres) indiquent où s'adresser. Vous pouvez aussi susciter l'offre : dans les villages, il y a presque toujours la possibilité de se loger. Pour cela, adressez-vous au café ou à la taverne en demandant *« Psachno domatio sto horio »* (je cherche une chambre dans le village), après une respectueuse salutation « *Yassas* ». Attention, vous ne tomberez pas toujours sur des philanthropes ; fixez-vous un budget et sachez qu'il est toujours plus facile de négocier pour cinq jours que pour deux nuits.

Appartements

Une formule intéressante si vous êtes en famille ou entre amis. Les appartements sont en général bien équipés (1 séjour, 1 ou 2 ch., 1 kitchenette et 1 sdb) pour deux à cinq personnes. Ce mode d'hébergement, très répandu dans les îles, peut être une bonne solution tant sur le plan de la qualité (supérieure à celle des chambres) que sur celui du prix. Un petit-déjeuner quotidien (pas à moins de 5 €) et quelques repas de moins au restaurant compensent le surcoût de ce type de logement.

Campings

Le camping sauvage est interdit sur les îles qui possèdent un camping municipal (les plus touristiques comptent au moins un terrain). Tous sont relativement bien équipés (supérette, sanitaires) et souvent ombragés. Il faut compter environ 20 € par jour pour deux personnes avec une tente et une voiture.

NOS CATÉGORIES DE PRIX		
	Hébergement	**Restauration**
Premier prix	moins de 50 €	moins de 18 €
Budget moyen	de 50 à 80 €	de 18 à 25 €
Pour se faire plaisir	de 80 à 150 €	de 25 à 35 €
Une folie	plus de 150 €	plus de 35 €

Auberges de jeunesse

Vous en trouverez à Athènes et dans quelques îles, où elles usurpent parfois leur appellation. Les pensions et les chambres chez l'habitant, bon marché, les ont rendues inutiles.

LES PRIX

La vie en Grèce est loin d'être aussi bon marché qu'autrefois. La qualité des **hébergements** s'est élevée, les tarifs aussi. Dans les îles les moins touristiques, la chambre chez l'habitant demeure abordable, surtout hors saison, mais généralement les propriétaires préfèrent améliorer le confort pour hausser leurs tarifs, et la concurrence est rude sur les logements à prix modérés. Par ailleurs, les prix varient énormément en fonction du lieu et de la période (du simple au double entre haute et basse saison, avec des pics certains week-ends de fêtes religieuses).
En basse saison, n'hésitez pas à négocier : vous pourrez obtenir des réductions substantielles.
À Athènes, les hôtels sont 30 à 40 % plus chers que dans les îles à prestation égale. En haute saison, il faut compter au moins 100 € pour une bonne chambre (il en existe cependant autour de 50/60 € pour les petits budgets).
Bon à savoir – Les fourchettes de prix que nous indiquons nous ont été fournies par les établissements, mais faites-vous préciser les tarifs quand vous réservez.

RÉSERVER

Réservez absolument votre hébergement si vous partez en **haute saison** (juin-juil.-août) ou à **Pâques**. Pensez aussi à réserver en fonction de l'arrivée de votre ferry, de nuit par exemple, ou si vous tenez à une adresse particulière.
La plupart des réservations peuvent se faire de France par téléphone (en anglais) ou par **Internet**, mais un fax de confirmation peut vous être demandé, ainsi que des arrhes ou un numéro de carte bancaire.
Beaucoup d'hôtels et de pensions ont leur propre site Internet : pour vous faire une idée et enregistrer votre réservation.
Guest Inn – ✆ 21096 071 00 - www.guestinn.com (en français). Location **chez l'habitant**. Réseau grec d'hébergements traditionnels en milieu rural, labelisés selon des critères de situation géographique, d'accueil, d'authenticité architecturale et de confort.
Pour les **îles**, précisez votre heure d'arrivée à votre hôte afin qu'il soit là et vous remette la clef. Certaines îles à capacité d'hébergement limitée (comme Folegandros) refusent en juillet et août les réservations pour moins de trois ou quatre nuits. Si l'on vous fait cette remarque, prolongez votre escale ou allez ailleurs, la demande étant très supérieure à l'offre. Attention aussi à la période des mariages (mai-juin). Beaucoup d'Athéniens convolent et passent le week-end avec la famille et les amis dans

les îles proches du continent : à Kea par exemple. Plus aucun lit disponible alors !

Conseil – Dès votre arrivée à Athènes, réservez l'étape suivante, si possible en demandant à votre hôtelier de négocier en grec.

Avant le 7 juillet et dès le début de septembre, hors week-ends, vous pouvez arriver à l'improviste s'il ne s'agit pas d'une île très fréquentée.

Se restaurer

Voir aussi « Restauration » *(p. 29)* et « Gastronomie » *(p. 71)*.

Retrouvez notre sélection dans « Nos adresses » de la partie « Découvrir Athènes et les îles ».

NOTRE SÉLECTION

Les gammes de prix que nous vous indiquons comprennent **entrée-plat ou plat-dessert**, sans les boissons *(voir tableau p. 17)*.

OÙ SE RESTAURER ?

La **taverne**, restaurant populaire, sert des plats grecs traditionnels, dans l'ensemble bon marché. On en trouve partout, y compris dans les villages et sur les plages isolées.

Les **ouzeries** (et les *mezedopolia*) se distinguent des précédentes par le menu présenté : des *mezzes (voir « Gastronomie » p. 71)* plutôt que des plats cuisinés ou des viandes. Ces équivalents des tapas espagnoles se dégustent accompagnés d'ouzo.

Le **kafeneion**, le café grec par excellence, propose lui aussi quelques *mezzes* à picorer.

Le terme de **psistaria** (littéralement « rôtisseries ») désigne des établissements simples et bon marché (avec ou sans tables) où l'on vend des *souvlakia* (brochettes) et d'autres viandes grillées (poulet, mouton, etc.), accompagnés de frites, parfois d'une salade.

La **psarotaverna**, quant à elle, propose des poissons sous toutes les formes.

Les **restaurants** (*estiatorio* en grec, au singulier) mettent au point une cuisine grecque et internationale, voire une gastronomie plus élaborée. La décoration et le service sont en général soignés, les prix plus élevés qu'ailleurs.

Les restaurants d'hôtel, enfin, sont généralement décevants et chers (même de bon standing), en particulier à Athènes, hormis quelques exceptions.

Faisant fonction de cafés, les **cafétérias** servent des petits-déjeuners et quelques plats simples. Plus économiques encore, *souvlakia* et *gyros (voir p. 72)* à emporter restent une solution imbattable pour apaiser une petite ou même une grosse faim. Dans les îles plus particulièrement, les épiceries ont tout ce qu'il faut pour s'offrir un excellent pique-nique : la solution la plus économique.

Attention toutefois, prévoyez des prix élevés, surtout dans les petites îles, et essentiellement dans les Petites Cyclades.

BUDGET

Les prix varient en fonction du lieu et du menu. Dans une taverne ordinaire, vous ferez un bon repas pour moins de 15 € par personne (prix sensiblement plus élevés à Athènes). En règle générale, les plats coûtent entre 7 et 12 €, mais on vous facture toujours le couvert et le pain en sus (de 1 à 2 € pour certaines adresses gastronomiques).

En dehors des très abordables sardines ou de l'espadon, le poisson est très cher (la ressource diminuant en Méditerranée) ; on choisit son poisson et on le paie au poids, à partir de 35 à 40 € le kilo. Comptez plus de 50 € dans un très bon restaurant. Dans certains établissements chic d'Athènes, de Mykonos ou de Santorin, les prix peuvent s'envoler.

Cartes et Guides MICHELIN :
pour un voyage réussi !
QUEL ITINÉRAIRE ?
OÙ DORMIR ?
OÙ DÎNER ?
QUE VISITER ?
À QUEL PRIX ?
BOURGOGNE
France
France
MICHELIN
www.michelin-boutique.com
www.voyage.viamichelin.fr
ATLAS ROUTIER
France
FLORIDE
MADRID
MICHELIN
Une meilleure façon d'avancer

Sur place de A à Z

ACHATS

Voir aussi « Kiosques » *(p. 27)* et « Souvenirs » *(p. 32).*

Horaires des commerces

En théorie, les magasins ouvrent le lundi et le mercredi de 8h30 à 15h, le mardi, le jeudi et le vendredi de 8h30 à 20h (certains ferment de 13h à 15h/16h), et le samedi de 8h à 15h. Ceci est surtout valable à Athènes et dans les grandes villes. Dans les îles, les commerçants s'adaptent au tourisme. Surtout en saison, ils ferment tous les jours plus ou moins longtemps dans l'après-midi pour rouvrir jusqu'à 22 ou 23h.
Le dimanche, les pâtissiers (donc de nombreux boulangers) et les cavistes sont ouverts, certains jusque vers 20h.

Marchandage

Le marchandage n'est pas de rigueur en Grèce ; vous risqueriez de froisser vos interlocuteurs en tentant de le faire. Cependant, le prix d'une chambre peut donner lieu à une aimable négociation. Vous pouvez aussi discuter du montant de vos achats dans les magasins touristiques, chez les bijoutiers et les orfèvres. Votre marge de manœuvre sera alors équivalente à la TVA du produit.

Taxes et paiement

La Fi. Pi. A, la TVA grecque, est toujours incluse dans les prix affichés. En Grèce, les règlements par carte bancaire ne sont pas toujours les bienvenus.
Les espèces intéressent davantage les commerçants, qui seront d'autant plus disposés à débattre les prix. Attention : lors de vos achats, le commerçant doit obligatoirement vous remettre un ticket de caisse.

AMBASSADES À ATHÈNES

France – 7 av. Vas. Sofias - ✆ 21033 910 00 - www.ambafrance-gr.org.
Consuls honoraires à Chios, Corfou, Céphalonie, Mykonos, Mytilène, Rhodes, Samos, Santorin et Syros.
Belgique – 3 r. Sekeri - ✆ 21036 178 86/87 - www.diplomatie.be/athensfr/. Consulats à Corfou, Mytilène et Rhodes.
Canada – 4 r. Genadiou - ✆ 21072 734 00 - www.canadainternational.gc.ca.
Suisse – 2 r. Lassiou - ✆ 21072 303 64/66 - www.eda.admin.ch. Consulats à Corfou et à Rhodes.
Voir « Représentations diplomatiques de Grèce à l'étranger » *(p. 11).*

ARGENT

Monnaie

L'unité monétaire est l'**euro** (€).

Change

Mieux vaut changer vos devises sur place, les commissions sont moins importantes. En ville, les bureaux de change sont nombreux. On peut également changer son argent à l'aéroport ou à la poste, ainsi que dans les banques.

Chèques de voyage

Leur usage se limite encore aux régions les plus touristiques et aux grandes villes. On les échange néanmoins sans problème dans toutes les banques.

Cartes de crédit

On trouve des distributeurs de billets dans toutes les villes et les îles (très rares exceptions).

Si vous séjournez dans une petite île, munissez-vous d'une somme conséquente en liquide : il n'y a parfois qu'un seul distributeur, qui peut être hors service. La plupart des hôtels, et de plus en plus de restaurants, acceptent les règlements par carte bancaire, mais c'est plus rare dans les pensions.

Banques

Elles sont ouvertes du lundi au vendredi de 8h à 14h ou 14h30, sauf les jours fériés. Les guichets traitent les demandes des clients qui se sont présentés avant la fermeture des portes de l'établissement ; aussi, si vous êtes dans la file d'attente, patience. Et n'oubliez pas de prendre un numéro de passage.

BATEAU

Pour des détails plus précis sur les trajets directs entre les îles et sur leur fréquence, voir les informations détaillées pour chaque île dans « Nos adresses » de la partie « Découvrir Athènes et les îles ».

Toute île habitée de Grèce est desservie par un **bateau**, mais la fréquence des passages varie énormément en fonction de la saison et de la météo : plusieurs départs quotidiens pour Naxos, Paros ou Santorin, un bateau

Carte des principales liaisons maritimes inter-îles *(de nombreuses liaisons secondaires, soumises à une fréquence saisonnière, ne figurent pas sur cette carte).*

ÎLE DE DESTINATION	ÎLES ET PORTS DE DÉPART
Alonnisos	Kimi, Volos, Skopelos, Skiathos, Thessalonique.
Amorgos	Le Pirée, Naxos, Paros, Santorin, Folegandros, Syros.
Andros	Rafina, Mykonos, Syros, Tinos.
Astipalea	Le Pirée, Kalymnos, Amorgos.
Chios	Le Pirée, Rhodes, Samos, Lesbos, Limnos, Psara, Kalymnos, Kos et Çesme (en Turquie).
Égine	Le Pirée, Methana, Poros, Hydra, Spetsae, Angistri, certaines Cyclades en été.
Folegandros	Le Pirée, Ios, Naxos, Paros, Santorin, Milos, Sifnos, Sérifos, Amorgos.
Halki	Rhodes, Le Pirée.
Hydra	Le Pirée, Marina Zea, Péloponnèse, certaines Cyclades en été.
Ikaria	Le Pirée et uniquement l'été : Patmos, Paros, Chios, Leros, Kos et Kalymnos.
Ios	Le Pirée, Naxos, Paros, Santorin, Mykonos, Folégandros, Milos, Syros, Sifnos, Sérifos.
Kalymnos	Le Pirée, Rhodes, Kos, Patmos, Samos, Chios, Lesbos, Limnos, Symi, Naxos, Paros.
Karpathos	Le Pirée, Rhodes, Milos, Santorin.
Kastellorizo	Rhodes.
Kea	Lavrio, Kythnos, Syros, Paros.
Kimolos	Le Pirée, Milos, Sérifos, Sifnos, Kythnos.
Kos	Le Pirée, Rhodes, Patmos, Kalymnos, Symi, Amorgos, Syros, Limnos, Samos, Chios, Lesbos.
Kythnos	Le Pirée, Lavrio, Kea, Syros, Sérifos, Sifnos, Milos, Santorin, Rafina.
Léros	Le Pirée, Kos, Kalymnos, Rhodes, Samos, Lipsi.
Lesbos	Le Pirée, Limnos, Chios, Samos, Rhodes et Ayvalik (en Turquie).
Limnos	Le Pirée, Lavrio, Lesbos, Chios, Samos, Kalymnos, Kos, Rhodes.
Lipsi	Patmos, Léros.
Milos	Le Pirée, Sérifos, Sifnos, Folegandros, Santorin, Paros, Naxos, Syros, Ios.
Mykonos	Le Pirée, Rafina, Lavrio, Syros, Tinos, Andros, Paros, Naxos, Ios, Santorin.
Naxos	Le Pirée, Rafina, Lavrio, Paros, Santorin, Mykonos, Syros, Tinos, Amorgos, Milos, Ios.
Nissiros	Rhodes, Kos, Tilos, Le Pirée.
Paros	Le Pirée, Rafina, Lavrio, Naxos, Ios, Santorin, Mykonos, Syros, Tinos, Amorgos, Sifnos, Milos, Folegandros, Antiparos.
Patmos	Le Pirée, Kalymnos, Kos, Rhodes, Symi, Naxos, Paros, Limnos, Samos, Chios, Lesbos.
Petites Cyclades	Le Pirée (pour Koufonissia et Donoussa), Naxos (pour Iraklia, Schinoussa, Koufonissia, Donoussa) et Amorgos (Koufonissia, Schinoussa, Iraklia, Donoussa).
Poros	Le Pirée, Hydra, Marina Zea, le Péloponnèse, certaines Cyclades en été.
Rhodes	Le Pirée, Karpathos, Symi, Patmos, Kos, Paros, Syros, Naxos, Santorin.
Salamine	Perama, Le Pirée, Megara.
Samos	Le Pirée, Chios, Lesbos, Rhodes, Naxos, Paros, Kalymnos, Patmos, Limnos, Kos, Mykonos, Syros.
Samothrace	Alexandroupoli et en été : Kavala, Limnos, Lavrio.
Santorin	Le Pirée, Paros, Naxos, Ios, Mykonos, Milos, Syros, Folegandros, Rhodes, Karpathos.
Sérifos	Le Pirée, Kythnos, Sifnos, Syros, Milos, Folegandros, Kimolos, Paros, Naxos, Mykonos, Santorin.

Sifnos	Le Pirée, Kythnos, Sérifos, Milos, Folegandros, Kimolos, Paros, Naxos, Syros, Ios, Tinos, Mykonos.
Skiathos	Volos, Agios Kanstantinos, Skiros, l'Eubée, Alonissos, Skopelos, Thessalonique, la Crète, Le Pélion et certaines Cyclades en été.
Skiros	Kymi (Eubée).
Skopelos	Volos, Agios Kanstantinos, Alonissos, Skiathos, Thessalonique, certaines Cyclades et la Crète en été.
Spetsae	Le Pirée, Marina Zea, le Péloponnèse, l'Argolide.
Symi	Le Pirée, Rhodes, Kos, Kalymnos, Léros, Lipsi, Patmos.
Syros	Le Pirée, Rafina, Lavrio, Tinos, Mykonos, Paros, Naxos, Andros, Sérifos, Sifnos, Kea, Milos, Amorgos, Santorin.
Thassos	Kavala, Keramoti.
Tilos	Rhodes, Kos, Kalymnos, Le Pirée.
Tinos	Le Pirée, Rafina, Lavrio, Syros, Mykonos, Paros, Andros.

par semaine pour Koufonissia.
Les Cyclades sont globalement mieux desservies que les îles du Dodécanèse et des Sporades. Avant d'élaborer un éventuel itinéraire entre les îles, vérifiez que des connexions existent entre elles et que leur fréquence permet plusieurs escales durant votre séjour.
N'oubliez surtout pas que les **temps de traversée** sont assez longs et dépendent toujours de l'état de la mer. En hiver, et même en été, en cas de grosse mer ou de vents violents, certaines liaisons sont interrompues, parfois avec un très court préavis (les hydroglisseurs sont particulièrement vulnérables). Des retards ou des grèves peuvent aussi advenir, **des liaisons peuvent être supprimées.**
Enfin, on ne souligne jamais assez que les tables de fréquences et d'horaires des compagnies sont un véritable casse-tête, car susceptibles de changer d'une semaine à l'autre, voire d'un jour à l'autre. Si vous comptez visiter plus d'une ou deux îles, prévoyez deux jours de battement pour les imprévus et, en règle générale, rentrez la veille de votre vol de retour ou au moins 12h avant son heure d'enregistrement. En cas de doute, n'hésitez pas à vous faire confirmer l'heure de départ, la veille ou bien le jour même.

Les différents types de bateaux

Il existe trois catégories : les grands **ferries traditionnels**, très fiables, qui circulent toute l'année, même par très fortes mers. En saison, les **bateaux rapides** ou hydroglisseurs, dits *hydrofoils* en anglais, ont deux fois la vitesse du ferry ; Highspeed et Seajet, parfois appelés « catamarans », offrent des conditions de transport plus proches de celles du train (ou de l'avion) que du bateau (habitacles fermés et climatisés), mais à un tarif deux fois plus élevé. Enfin, les petits bateaux des **compagnies inter-îles**, qui proposent des liaisons entre certaines îles non reliées entre elles par les grandes compagnies : les traversées sont plus longues, assez peu confortables, soumises à la météo et rares en hiver. En très haute saison (de mi-juil. à fin août), il est plus prudent de réserver, surtout pour les bateaux rapides, limités en place.
Sur tous ces bateaux, plusieurs tarifs sont possibles en fonction du niveau de confort (de la classe économique, où l'on reste

sur le pont, à la classe affaires, dans de confortables salons réservés). Le personnel vous demandera de laisser vos bagages trop encombrants dans la soute, près des véhicules garés.

Tarifs

Les billets s'achètent dans les **agences maritimes** du port. En 2006, le gouvernement a décidé de libéraliser les tarifs de transports maritimes, ouvrant le champ à une concurrence redoutable entre les compagnies des agences portuaires. De plus, les bateaux des différentes compagnies ne partent pas aux mêmes horaires et ne circulent pas forcément les mêmes jours. Prévoyez donc assez de temps pour prendre votre billet ! Si l'on vous dit qu'il n'y a aucun départ, vérifiez toujours auprès des agences concurrentes. Contrairement aux autres îles, les capitaineries des Cyclades ne fournissent aucune information sur les liaisons maritimes.
Un contrôle des billets est systématiquement effectué à l'embarquement. Il existe plusieurs **classes** à bord des bateaux ; la première classe ou les couchettes ne se justifient que pour des voyages de nuit ou de plus de 10h. Quelques prix (en classe économique) : Rafina-Andros env. 15 € (env. 25 € en hydroglisseur) ; Le Pirée-Paros env. 45 € (hydroglisseur) ; Le Pirée-Mykonos env. 50 € (hydroglisseur) ; Le Pirée-Santorin env. 30 € (60 € en hydroglisseur) ; Rhodes-Symi env. 10 € (env. 15 € en hydroglisseur) ; Sifnos-Milos env. 10 € (env. 15 € en hydroglisseur). Ces tarifs, indicatifs, sont susceptibles d'augmenter en fonction du cours du pétrole.

Informations, réservations et préparation du voyage

Les jours de fêtes religieuses (Pâques, 15 août…) et locales (les innombrables *panegyri*), les Athéniens originaires des Cyclades retournent chez eux en masse et les bateaux sont bondés. Parfois le jour même de Pâques, les trajets vers certaines îles sont restreints, voire inexistants.
Le **bureau EOT** d'Athènes *(voir p. 28)* fournit des informations très complètes sur tous les moyens de transport (itinéraires, fréquence, horaires et même les prix pour le bus et le train).
Pour mieux composer votre voyage vers et entre les îles, consultez l'excellent site **www.gtp.gr** (en anglais) qui fournit la liste des départs en fonction de vos dates, les horaires et les liens vers les sites des compagnies maritimes.
Bon à savoir – Vous pouvez réserver vos billets depuis la France, *via* Internet ou par fax. On vous demandera vos coordonnées précises, le numéro et la date d'expiration de votre carte bancaire, et le billet sera gardé à votre disposition au port. Attention cependant, si la compagnie annule le départ, elle ne rembourse pas le billet, mais vous propose de le reporter sur un départ ultérieur.

Les principaux ports du continent et les îles desservies

Le Pirée (Pireas) – Îles Saroniques, Cyclades, Égée du Nord, Dodécanèse et Crète. Pour l'accès au port du Pirée *(voir p. 177)*.
Rafina – Andros, Tinos, Paros, Mykonos, Syros et Naxos.
Depuis Athènes, liaisons en bus pour Rafina, départ du parc Aréos, rue Mavromateon, 5h40-20h toutes les 20mn, 20h-22h30 toutes les 30mn (1h30 env. de trajet). Arrêt à l'aéroport. Depuis l'aéroport, bus pour Rafina environ toutes les h, compter 45mn.
Lavrio – Kea, Kythnos, Syros, Andros, Paros et Naxos.
Depuis Athènes, liaisons en bus pour Lavrio, départ du parc Aréos,

Hôtels ?
Restaurants ?
Savourez
les meilleures adresses !
France

MICHELIN
France
le guide
MICHELIN
HOTELS & RESTAURANTS

rue Mavromateon, 5h45-18h30 toutes les 30mn (2h env.).
Volos, Agios Konstantinos – Îles Sporades.
Kimi (Eubée) – Skiros.

BLANCHISSERIE

En ville, vous trouverez des pressings, mais très peu de laveries automatiques. Le tourisme en a fait cependant apparaître ici ou là (10 € env. le lavage-séchage). Nombre d'hôtels assurent ce service.

CIGARETTES

Union européenne oblige, il est interdit de fumer dans les lieux publics et les transports en commun (autorisé sur le pont des ferries). En Grèce cependant, il faut compter avec les fumeurs, très largement majoritaires dans le pays. Un paquet coûte environ 3 à 4 €.

DÉCALAGE HORAIRE

La Grèce est en avance de 1h sur la France. Lorsqu'il est 10h à Athènes, il n'est que 9h à Paris. L'heure est la même dans tout le pays, du continent aux îles.

DEUX-ROUES

La présentation du permis de conduire est obligatoire pour louer des deux-roues, même de 50 cm^3. Les loueurs fournissent le **casque**, dont le port est obligatoire, même si la loi n'est pas très respectée dans les îles (il est prévu d'augmenter des amendes, déjà très élevées). Les accidents sont nombreux, surtout à Santorin et sur les îles où les routes sont sinueuses.
Comptez 15/20 € environ par jour pour un 50 cm^3, et quelque 25 € par jour pour un 125 cm^3. Les prix varient selon les îles et les périodes de l'année. Si vous souhaitez utiliser votre scooter à deux et parcourir une île au relief accidenté, préférez un 100 ou un 125 cm^3, moins poussif dans les côtes. Enfin, si le *meltem* souffle fort, soyez très prudent, car les scooters offrent une forte prise au vent.
Conseil – Faites-vous préciser si la location couvre une journée (du matin au soir) ou 24h, les loueurs étant parfois un peu évasifs sur ce point et négociez un rabais pour garder l'engin plusieurs jours. Vérifiez l'**état du véhicule** : pneumatiques, éclairage, freins et niveau d'essence (visuellement, car les jauges sont souvent en panne). Sur les 50 cm^3, l'embrayage est souvent usé.

EAU POTABLE

L'eau est potable partout, mais on vous déconseillera souvent d'en boire, y compris à Athènes. L'un de vos premiers réflexes sera d'acheter une bouteille d'eau de source.
Dans les îles, l'eau est souvent rare et précieuse : veillez à ne pas la gaspiller inutilement. L'été, Santorin et Folegandros, particulièrement arides, font venir leur eau par bateau-citerne. Ne la buvez pas !

ÉLECTRICITÉ

220 volts. Prises électriques semblables aux françaises.

JOURS FÉRIÉS

1er janvier – Jour de l'An.
6 janvier – Épiphanie. Bénédiction de la mer. Dans tous les ports, petits et grands, des jeunes gens plongent pour repêcher la croix qui y est solennellement jetée par le pope.
Lundi pur – Kathari Deftera : 41 jours avant la pâque orthodoxe (variable), le premier lundi de Carême. On fête koulouma à la campagne si le temps le permet, avec chants et danses traditionnels.
25 mars – Fête de l'Indépendance et jour de l'Annonciation, défilé militaire à Athènes, défilé des écoles dans toute la Grèce.

Pâques – Le Vendredi saint, toutes les églises préparent un épitaphios orné de fleurs, représentation de la mise au tombeau du Christ, que les fidèles suivent en procession. La Résurrection est célébrée dès le samedi soir à minuit par des feux d'artifice. Le dimanche, on déguste le traditionnel agneau à la broche. Le lundi de Pâques est aussi férié.
1er mai – Fête du travail.
Lundi de Pentecôte – Jour férié uniquement pour les administrations et les écoles (les magasins restent ouverts).
15 août – Fête de l'Assomption.
28 octobre – Fête du *Ohi*, le « Non », rejet de l'ultimatum italien de 1940. Défilé militaire à Thessalonique.
25-26 décembre – Noël et fête de la Vierge.

KIOSQUES

Élément capital de la vie quotidienne grecque, le kiosque *(périptero)* ne ferme jamais vraiment ; ou plutôt, il y en a toujours au moins un ouvert dans votre quartier. À côté de leur activité principale – le tabac (en Grèce, les fumeurs ne manqueront jamais de rien), les journaux, les boissons fraîches, les glaces, les friandises et les gâteaux secs –, la plupart des kiosques vendent toutes sortes d'articles de première nécessité : aspirine, timbres et enveloppes, cartes téléphoniques, préservatifs, shampoing…

MÉDIAS

Journaux

À Athènes et dans les lieux très touristiques, la plupart des grands quotidiens étrangers sont disponibles un jour après leur parution. Si vous ne voulez rien perdre de l'actualité locale et internationale, lisez l'hebdomadaire *Athens News* (en anglais).

Radio et télévision

Le monopole de l'État sur la télévision ayant disparu, on a vu fleurir les chaînes privées. La plupart font une large place aux débats politiques et de société, aux jeux, à la variété et aux séries américaines ou mexicaines.
ET1 (l'une des trois chaînes publiques) est unanimement considérée comme la meilleure. Pour suivre l'actualité en français, essayez de capter sur satellite **TV5**, la chaîne francophone internationale, ou **France 24**.
Radio France International (RFI) émet sur 104.4 FM à Athènes et en ondes courtes dans le reste du pays.

MÉTÉO

Des bulletins météo sont diffusés quotidiennement à la télévision. L'été, l'incertitude ne porte que sur l'éventualité et l'intensité d'une canicule et sur la force des vents (important si vous devez prendre un bateau). Pensez à vous renseigner dans les capitaineries des ports.
Voir aussi « Météo » *(p. 10)*.

MUSÉES, MONUMENTS ET SITES

Horaires

Des efforts notables ont été accomplis pour uniformiser ce qui l'était bien peu. Malgré cela, des variations subsistent, certaines logiques (les sites faisant l'objet de fouilles doivent fermer plus tôt), d'autres un peu moins. En règle générale, l'été, les sites et les musées archéologiques ouvrent vers 8h et ferment soit à 15h, soit au coucher du soleil. Les monastères et les petits musées d'arts et traditions populaires ont des horaires variables qui, même affichés, ne sont pas toujours respectés.
Conseil – Hors saison, téléphonez avant de vous y rendre.

Églises

Les églises diocésaines (celles où les popes célèbrent quotidiennement la liturgie) sont ouvertes dans la matinée et parfois en fin d'après-midi ou le soir, les plus importantes restant accessibles toute la journée. En revanche, les églises privées (les innombrables chapelles des campagnes et des villes grecques) sont le plus souvent fermées. C'est malheureusement aussi le cas des églises et des monastères qui présentent une valeur historique. Les *panegyri* (les fêtes religieuses ou villageoises) sont souvent l'occasion de découvrir ces édifices. Vous pourrez cependant visiter, surtout dans les îles, nombre de petites chapelles.

Bon à savoir – Pour entrer dans les monastères et autres lieux saints, femmes et hommes penseront à emporter de quoi couvrir bras et jambes. Un paréo (facile à passer sur un short) peut faire l'affaire si l'on ne vous prête pas sur place un vêtement approprié.

Tarifs

Entre 1,50 et 3 € en règle générale. Les grands musées athéniens et l'Acropole sont plus chers (5/12 €). Pour les étudiants, des réductions sont pratiquées sur les grands sites et dans les grands musées, sur présentation de la carte internationale.

OFFICES DE TOURISME

Les centres touristiques les plus importants possèdent, pour la plupart, un bureau d'informations *(tourist information)*, pas toujours bien documenté mais animé par un personnel compétent.

Quand il n'existe pas d'office de tourisme, les agences de voyages locales privées *(tourist office* ou *agency)* prennent le relais, proposant les mêmes informations (hébergement, excursions, transport, etc.), mais parfois incomplètes ou partiales, et il vous faudra alors en visiter plusieurs pour faire une synthèse (notamment pour comparer les prix des prestations dispensées).

Conseil – Le mieux est encore de suivre les conseils de son hébergeur, qui se fera un plaisir de vous renseigner et de vous donner des conseils avisés.

Bureau d'informations de l'Office national hellénique du tourisme (EOT) – Voir Athènes *(p. 130)*.

PHOTOGRAPHIE

Athènes et les îles étant particulièrement photogéniques, prévoyez une carte mémoire de plusieurs gigaoctets. À défaut, vous trouverez assez facilement des officines pour transférer vos photos sur CD-Rom, du moins dans les villes et les îles les plus touristiques. La plupart des ferries classiques sont dotés de prises électriques pour recharger la batterie de votre appareil.

Les amateurs d'argentique auront intérêt à acheter des pellicules avant leur départ. Elles sont de plus en plus rares, surtout les diapositives. Vérifiez la date d'expiration et évitez de prendre les films exposés au soleil dans les vitrines.

PLAGES

De gros efforts ont été fournis au cours des dernières années pour assurer la propreté des plages grecques, et leur qualité s'est considérablement améliorée. Résultat : la grande majorité bénéficie désormais du fameux « Pavillon bleu européen », gage de propreté des eaux et de bonne gestion environnementale.

Dans les Cyclades, Andros, Ios, Mykonos, Naxos et Santorin possèdent les plus belles plages.

Pour plus de détails, consultez le site **www.blueflag.org** (en français). Si vous avez envie de voyager utile, la **Mediterranean SOS Network**, basée à Athènes, en partenariat avec l'UE, est très impliquée dans des actions de préservation du littoral grec, **www.medsos.gr** (en anglais).

PLONGÉE SOUS-MARINE

Les fonds marins de l'Égée et de la Méditerranée n'ont pas l'attrait de ceux des mers chaudes, mais il est toujours plaisant de croiser tortues caretta, dauphins et autres gros mérous, voire quelque reste d'épave antique. Les agences locales disposent de tout l'équipement *ad hoc* et de moniteurs certifiés.
Voir aussi « Séjours sportifs » *(p. 12).*

POSTE

Bureaux de poste

On reconnaît les bureaux de poste grecs à leur panneau jaune **ELTA**, figurant un profil d'Hermès.
Horaires – En règle générale, lun.-vend. 7h30-14h. Dans les grandes postes, munissez-vous d'un numéro de passage.
On peut changer de l'argent dans les postes, mais on ne peut pas téléphoner. Vous pouvez recevoir tout type de correspondance grâce à la poste restante, sur présentation de vos papiers d'identité.

Courrier

En plus de l'affranchissement au tarif ordinaire, la poste grecque propose un tarif express, efficace et bon marché (de la poste de Syntagma, à Athènes, une lettre en express, env. 2 €, est à Paris en 48h). Pour une carte postale (0,78 €), vous pouvez également vous procurer des timbres *(gramatossima)* auprès de certains kiosques.

POURBOIRE

On ne vous réclamera jamais de pourboire. Mais, comme ailleurs en Europe, on peut laisser quelque chose au café, au restaurant.
À l'égard des chauffeurs de taxi, l'habitude est d'arrondir à leur avantage.

RANDONNÉES

Les amateurs de randonnées seront comblés. Les îles grecques sont couvertes de sentiers et de chemins muletiers pavés *(kalderimia)* qui se prêtent à la marche pour tous les niveaux. Deux difficultés toutefois : le manque d'eau et des vents parfois très violents (le *meltem* en août, mais aussi de fortes et longues rafales au printemps, notamment dans les Cyclades).
Conseil – Dans tous les cas, soyez respectueux des paysages traversés : admirez la richesse de la flore fragile des îles mais ne cueillez rien, remportez vos détritus avec vous et, lorsque vous traversez des enclos, même si aucun animal n'est en vue, refermez toujours la barrière derrière vous.
Voir aussi « Séjours sportifs » *(p. 12).*

RESTAURATION

Horaires

Les Grecs ont pour habitude de manger tard : pour le déjeuner, aux alentours de 14h, et pour le dîner, rarement avant 21h ou 22h. Dans les îles, on réserve pour le soir en passant dans l'après-midi. Ouvertes toute la journée, les tavernes refuseront rarement de vous servir en plein après-midi ou très tard le soir.

Particularités

Sachez aussi que les restaurants grecs ne proposent pas de dessert, même si l'influence touristique tend à faire changer les habitudes. Plutôt que de vous faire choisir un dessert, on vous offrira une gourmandise au moment de vous remettre l'addition. Les portions étant généralement très copieuses, n'hésitez pas à demander au serveur de vous faire un *doggy bag*.

Bon à savoir – Si vous dînez dehors, les chats vous tourneront autour ! Avant de partager votre plat avec eux, demandez au propriétaire s'il est d'accord : certains les nourrissent en effet en fin de service.

Voir aussi « Se restaurer » *(p. 18)*.

SANTÉ

Services médicaux

Premiers secours – Les petits hôpitaux grecs sont fiables, mais leurs équipements répondent à des pathologies mineures. En cas de problèmes sérieux, faites-vous transférer à Athènes ou rapatrier.

Pharmacies – Nombreuses en Grèce, elles vendent aussi tous les produits de parapharmacie de grande diffusion.

Médecins – La plupart des médecins (et des pharmaciens) parlent une langue étrangère : l'italien (beaucoup ont fait leurs études en Italie), l'anglais ou le français.

Urgences

Pour toute la Grèce, composez le **166** ou le **1532** (service en français).

SAVOIR-VIVRE

La Grèce accueille chaque année plus de 14 millions de visiteurs. Une manne qui mérite une considération notable de la part des autochtones !

Au-delà de cette vision mercantile, les Grecs entretiennent un vrai sens de l'hospitalité, fidèles à la tradition qui veut qu'un voyageur soit accueilli comme un invité.

C'est d'ailleurs toute la riche dualité du terme *xenos*, qui signifie à la fois « étranger » et « hôte ».

Dès votre arrivée, vous apprécierez la spontanéité avec laquelle les Grecs vous recevront, n'hésitant pas à vous aider pour faciliter votre séjour, ou pour vous orienter, chacun utilisant le vocabulaire étranger qu'il connaît pour vous satisfaire. En échange, remerciez-les d'un chaleureux *efkaristo poli*. Le sourire que vous recevrez en retour vous dira leur plaisir et leur sympathie à votre égard.

Un tempérament bien trempé

En vrais Méditerranéens, les Grecs montrent un tempérament **passionné** et une individualité forcenée, se laissant vite emporter. Ce trait de caractère se révèle en toute circonstance, qu'il s'agisse de questions d'ordre affectif ou professionnel. On se tombe dans les bras et on s'embrasse chaleureusement, de même qu'on se dispute et se tance au moindre désaccord, à grand renfort de gestes ! Vous-même pourrez être pris à partie lors d'une conversation un peu animée. Voisins et passants s'en mêleront eux aussi, jouant les médiateurs ou donnant leur avis, avant que l'altercation ne s'achève devant un verre d'ouzo, avec des accolades et une assemblée satisfaite du spectacle. Cet excès pourra vous surprendre, mais cela ne porte jamais à conséquence.

Autre trait de caractère – légitime de la part d'un peuple ayant subi quatre siècles de domination –, les Grecs sont de **fervents patriotes** et tirent une grande fierté de leurs racines, de leur culture et de leur terre. Une attitude qui les amène à beaucoup se préoccuper de l'opinion que portent les voyageurs sur leur pays.

Des vœux en toute occasion

La tradition populaire veut que l'on se souhaite toutes sortes de bonnes

choses, au gré des événements, mais aussi au fil de la journée. Les Grecs y voient en effet une façon d'éloigner le « mauvais œil ». À chaque circonstance sa formule et vous ferez indiscutablement plaisir à votre interlocuteur en l'utilisant à bon escient. En voici quelques-unes :
Pour une **naissance**, on dira : *Na sas zissi*, qu'il vive longtemps !
Au **malade,** il convient de souhaiter un *Perastika* : bon rétablissement.
À une **femme enceinte**, on espère une *Kali eleftheria*, bonne délivrance.
Pour la fête du **saint patron**, on lance à toute la famille : *Cronia polla*, qui se traduit par « beaucoup d'années », l'équivalent de notre « Bonne fête ».
Chaque début de **saison**, de **mois** et de **semaine** se salue également d'un vœu : *Kalo himona* (bon hiver), *Kalo kalokairi* (bon été), *Kalo mina* (bon mois), *Kali evdomada* (bonne semaine).
Sans oublier la **journée**, que l'on ponctue avec un *Herete !* (équivalent de notre salut !) toute la journée, un *Kalimera* (bonne journée), qui ne s'épuisera qu'en fin d'après-midi pour faire place au rituel *Kalispera* (bonne soirée), puis au tardif *Kalinikta* (bonne nuit).

Le langage des gestes

En réponse à une question, si votre interlocuteur rejette la tête en arrière en levant le menton, n'insistez pas, il vient tout simplement de vous dire non.
En revanche, s'il penche légèrement la tête sur le côté, il s'agit d'une réponse affirmative.
Une légère rotation de la main traduit gestuellement l'onomatopée « po, po, po », l'équivalent de notre « Oh la la ! » et signifie l'étonnement. Si le mouvement s'amplifie avec la main bien ouverte, il s'agit d'admiration.
Pour attirer l'attention d'un serveur au restaurant, vous pouvez frapper dans vos mains : sachez pourtant que ce comportement se perd.
Attention ! La main levée, paume tournée, avec les doigts écartés est une grave insulte.

À faire ou à ne pas faire

Les Grecs apprécient que les visiteurs respectent les **lieux saints** : il est fort inconvenant d'y entrer en mangeant, et une tenue décente est de rigueur. Dans de nombreux monastères ou églises ne sont tolérées que les femmes et les jeunes filles vêtues de jupes ou de robes au-dessous du genou, et dont les épaules sont couvertes. De même, le pantalon long est exigé pour les hommes.
À la campagne, ou dans les régions peu fréquentées par les touristes, les habitants peuvent se montrer réservés, voire distants. Chaque village possède en effet ses propres coutumes, que l'apparition de visiteurs peut troubler. Si vous souhaitez **photographier** quelqu'un, demandez préalablement son autorisation, d'un simple sourire en montrant votre appareil, mais n'insistez pas en cas de refus.
Si vous êtes invité dans une **famille**, vous verrez qu'on ne s'y encombre pas de conventions particulières. À table, notamment, ne vous sentez pas obligé de finir votre assiette, souvent très copieuse. Les Grecs ayant manqué de tout pendant les années noires, la maîtresse de maison qui sert de bonnes portions ne s'en froissera pas.
Évitez certains **sujets sensibles** : en particulier, toute comparaison avec **les Turcs** ou une simple référence. La rancune des plus âgés à l'égard de la Turquie reste encore vive, mais tend à s'apaiser chez la nouvelle génération sensible à l'effort mutuel de rapprochement entre les deux pays.

SÉCURITÉ

Il y a encore quelques années Athènes et l'ensemble de la Grèce étaient l'une des destinations les plus sûres d'Europe. Dans le contexte de la crise économique, une petite délinquance s'est progressivement développée. Les pickpockets n'agissent pas tant dans le métro, mode de transport public de très loin le plus propre et le plus sûr, que dans l'*elektriko* (ligne 1 Kifissia-Le Pirée) qui, lui, devient de plus en plus dangereux, particulièrement sur le tronçon entre Omonia et Ano Patissia où les incidents se multiplient (aller de Monastiraki au Pirée pour prendre le bateau représente un trajet bien moins inquiétant, tandis que les dernières stations du tronçon nord vers Kifissia et le Stade olympique sont sûres et principalement fréquentées par des adolescents et des retraités).

Le voyageur doit cependant bien sûr éviter de commettre des imprudences, comme celle d'avoir un sac à demi ouvert et dans lequel on peut voir à portée de main appareil photo ou portefeuille. Les risques n'en sont que davantage augmentés pour les touristes ayant souvent des petits sacs à dos ou des bananes en guise de sac à main. Poser son sac par terre derrière sa chaise quand on s'assied à la terrasse d'un restaurant ou d'un café dans un quartier touristique est la seconde imprudence fréquemment commise et à éviter. Eviter le quartier d'Omonia la nuit (non pas tant la place en elle-même que les blocs de rues environnantes) ainsi que les abords des gares relève de la plus vive recommandation. On peut cependant noter que les rues d'Athènes ne sont pas plus dangereuses pour les femmes que pour les hommes.

Pour le reste Athènes n'est pas une ville dangereuse et la Grèce est un pays très sûr. Le fait qu'il y ait la plupart du temps beaucoup de monde dehors tard le soir est votre meilleure garantie. De plus, l'État et les commerçants ont plus que jamais soin de la réputation touristique de la Grèce. En cas de nécessité, dirigez-vous vers la police touristique où l'on pratique au moins un peu d'anglais ; le cas échéant vers la police ordinaire selon la nature du problème.

Police touristique – ✆ 171.

Police – ✆ 100.

SOUVENIRS

Voir aussi « Achats » *(p. 20)*.

Antiquités

L'exportation d'antiquités est formellement interdite : tout ce qui a plus de cent ans ne doit pas quitter le sol grec. Une lourde amende attend le contrevenant.

Ne ramassez jamais rien sur les sites archéologiques – fragments de pierre ou de poterie –, même d'apparence anodine, ni lors d'une plongée sous-marine. La loi est très sévère en ce qui concerne ce type de vol.

Artisanat

Parmi les objets usuels, vous pourrez rapporter des **tavli** (jacquets), des *flitzanakia* (petites tasses à café de porcelaine blanche), des **keramika** (objets en céramique originaires de Sifnos, de Rhodes et des îles avoisinantes), des **bouzoukia** *(voir p. 69 et 70)*.

Dans les boutiques, vous trouverez le meilleur comme le pire : reproductions d'antiquités, T-shirts… L'artisanat de qualité existe (parfois assez cher). Ses pièces se vendent aujourd'hui dans tous les grands centres touristiques : poteries et céramiques, tapis et tissages faits main, tricots, vêtements brodés, **broderies**, dentelles, couvre-lits, tapis de laine à longs poils (*flokatia*, souvent fabriqués

dans les villages de montagne), éponges de Kalymnos, **bijoux** en or, de facture moderne ou inspirée de l'Antiquité (certains bijoutiers comme Lalaounis ou Zolotas ont une renommée internationale), bijoux traditionnels en argent, bois tournés ou sculptés, **sculptures** en marbre ou en onyx, reproduction d'**icônes** (surtout dans les monastères).
L'île de Skiros est connue pour ses meubles sculptés. À Athènes et dans les îles, on trouve aussi un grand choix de sandales et de sacs en cuir, grande tradition des années 1970 (bon marché, mais de fabrication sommaire). Sans oublier le fameux **komboloï** (le chapelet que les Grecs égrènent à tout moment, *voir p. 76*), omniprésent dans les boutiques.

Spécialités culinaires

Miel d'Attique (de thym) ou d'autres îles, confiture (de figues et de cerises), *amigdalota* (sorte de macarons), *kourabiedes* (gâteaux aux amandes), pistaches (spécialité d'Égine), *halva* (sorte de fin nougat aux amandes ou aux pistaches), *pasteli* (pâte de graine de sésame au miel), huile d'olive (à Rhodes en particulier), vins résinés (d'Attique), vins rouges (de Santorin) et *mandelaria* (de Rhodes), vins blancs (de Santorin, de Limnos) et *athiri* (de Rhodes), vins rosés (de Samos), vins cuits (muscat de Samos, Mavrodaphni), alcools (ouzo Plomari de Mytilène/Lesbos, ouzo de Rhodes et autres petites productions insulaires) : les gourmands trouveront toutes sortes de produits à rapporter pour prolonger leur voyage par les saveurs et les parfums du pays.

SURF, WINDSURF ET SKI NAUTIQUE

Dans les îles et les stations balnéaires, les amateurs de sensations fortes auront le choix entre le windsurf, le ski nautique ou encore le jet-ski. Les meilleurs spots de surf se trouvent à Paros (Cyclades). Inutile de vous encombrer de votre matériel, les clubs locaux assurent la location, notamment à Paros, Mykonos et Santorin.

Voir aussi « Séjours sportifs » *(p. 12).*

TAXI

Les véhicules sont jaunes à Athènes, gris ou bordeaux dans le reste du pays. Les tarifs sont moins élevés qu'en France, mais ont nettement augmenté, et, pour les trajets un peu longs, le chauffeur peut attendre d'avoir plusieurs passagers (surtout depuis les ports et les aéroports) pour rentabiliser le trajet (si vous le pouvez, arrangez-vous avec d'autres voyageurs : vous paierez moins en vous présentant ensemble). Généralement, des panneaux indiquent les tarifs pour les principales destinations. Si ce n'est pas le cas, demandez le prix avant de monter dans le taxi.

TÉLÉPHONE

Voir aussi « Téléphoner en Grèce » *(p. 14).*

Cabines et cartes téléphoniques

Les cabines téléphoniques sont nombreuses, et on se procure les cartes *(karta tilephono)* dans les kiosques et dans certaines épiceries. Les appels à l'étranger sont plus chers en Grèce qu'en France, mais on vous proposera une sélection de cartes spéciales pour l'international. Si votre carte se termine en cours d'appel, vous pouvez en introduire une nouvelle sans interrompre votre communication.

Appels internationaux

Pour appeler la France (et Monaco) à partir de la Grèce, faites le **00 33**, puis le numéro de votre correspondant (sans le 0). Pour appeler la Belgique : **00 32** ; le Luxembourg : **00 352** ; la Suisse : **00 41**.

Appels locaux

Tous les numéros comptent 10 chiffres. Les indicatifs de ville ou de région sont inclus dans le numéro lui-même. Pour appeler un numéro, quel que soit l'endroit où vous vous trouvez, vous devez composer tous les chiffres fournis, même si, par habitude, certains continuent de séparer l'indicatif par des parenthèses.

Téléphones portables

La Grèce, y compris les îles, est très bien couverte par les réseaux de téléphonie mobile et compte plusieurs opérateurs. Vous n'aurez donc aucun mal à vous servir de votre appareil (bi-bande). Une quinzaine de jours avant votre départ, contactez votre opérateur pour connaître ses modalités et lui demander de vous connecter après vous avoir précisé ses tarifs. Sur place, pensez à utiliser les SMS, qui fonctionnent aussi très bien. Les numéros de portable sont précédés d'un 6. Depuis la France, ceux qui veulent vous joindre composeront votre numéro habituel, comme si vous étiez encore en France. Depuis la Grèce vers la France, reportez-vous aux appels internationaux.
Autre option : si vous possédez un second téléphone portable et que celui-ci est débloqué (renseignez-vous auprès de votre opérateur), remplacez votre carte SIM française par une carte grecque. Vous bénéficierez alors d'un numéro d'appel local et donc de tarifs locaux pour effectuer vos réservations d'hôtel ou joindre vos amis en Grèce. Dans les kiosques, vous pouvez acheter des packs avec carte SIM activable au premier appel (5 €). Il vous suffira ensuite d'acquérir des cartes prépayées pour renouveler votre crédit.
Différents opérateurs proposent ce service :
Cosmote – www.cosmote.gr ;
Vodafone – www.vodafone.gr ;
Wind – www.wind.com.gr.

Bureaux OTE (opérateur historique de téléphone)

8h-14h, sf certains bureaux d'Athènes : 15 r. Stadiou, 24h/24.

Renseignements

Pour tous les services d'**OTE** – ✆ 13888.
Services du Bottin – À Athènes et en Attique - ✆ 131. Pour le reste de la Grèce - ✆ 132.
Télégrammes pour l'étranger – ✆ 165.
Téléphoner à l'étranger (en anglais, en français) – ✆ 161/162. Pour obtenir les indicatifs internationaux (en anglais, en français), composez le 169.

TRANSPORTS

Voir aussi « Aller à Athènes et dans les îles » *(p. 8)*, « Bateau » *(p. 21)*, « Deux-roues » *(p. 26)*, « Taxi » *(p. 34)*, « Voiture » *(p. 36)*.

Avion-vols intérieurs

Olympic Air n'a plus le monopole des vols intérieurs, même si, à destination de certaines îles (Karpathos, Chios, Limnos, etc.), elle demeure la principale compagnie grecque. Olympic Air est concurrencée par **Aegean Airlines** et, dans une moindre mesure, par **Sky Express** (vols en été vers Chios, Lesbos, Rhodes et Skyros).
Olympic Air – ✆ 21035 505 00 (appels depuis l'étranger) ou 801 801 01 01 (appels depuis la Grèce) - www.olympicair.com.
Aegean Airlines – ✆ 21062 610 00 (appels depuis l'étranger) ou 801 112 00 00 (appels depuis la Grèce) - www.aegeanair.com.
Sky Express – Aéroport d'Héraklion - ✆ 28102 238 00

(appels depuis l'étranger) ou 801 112 82 888 (appels depuis la Grèce) - www. skyexpress.gr.

Train (OSE)

Le réseau est peu développé compte tenu du relief montagneux, mais bon marché. Les trains sont assez fréquents sur le continent et, d'Athènes, on peut se rendre dans les principales villes du pays. Informations, horaires et prix sur le site **www.ose.gr** (en anglais).

Bus (KTEL)

Bien développé, ce moyen de transport est souple (nombreux départs), bon marché (comparable au train) et généralement plus rapide que le rail. Des lignes relient Athènes aux îles Ioniennes (correspondance avec le bateau) et, pour le nord de la Grèce, c'est un formidable moyen de découverte. Inconvénient à Athènes : les gares des bus longues distances sont plus difficiles d'accès que les gares ferroviaires. On achète le billet avant le départ dans les gares routières ou dans les petits kiosques qui jouxtent les arrêts principaux. Dans les îles, au moins un bus relie le port aux principaux villages, une ou plusieurs fois par jour. Même chose avec les plages principales.
Informations, horaires et prix sur le site **www.ktel.gr**.

VIE NOCTURNE

Les noctambules trouveront partout de quoi occuper les chaudes nuit d'été : dans les endroits touristiques, vous trouverez tous les genres de musique. Mais sachez qu'une boîte diffusant de la techno peut tout à fait passer, vers 4h ou 5h du matin, de la musique grecque si elle accueille une clientèle locale ; l'occasion de découvrir le *tsifteteli*, des mélodies et une manière de danser orientales.

VOITURE

Location

Il y a de nombreuses agences de location de véhicules (sociétés locales ou internationales) à Athènes et dans la plupart des îles. Certains hôtels et agences de voyages assurent également ce service.

Bon à savoir – Si vous voyagez en été, il est fortement conseillé de réserver votre véhicule (voiture ou scooter) à l'avance.
Les tarifs varient considérablement en fonction du lieu, de la saison, de la durée de la location et du véhicule. Pour un véhicule de catégorie A loué trois jours, comptez en moyenne entre 100 et 120 €. Certaines îles sont plus chères que d'autres, comme Mykonos (env. 60 €/j. en haute saison).

Assurances – Nous avons sélectionné des agences sérieuses, mais vérifiez toujours soigneusement l'état du véhicule loué avant de signer tout contrat. Faites noter les éventuelles bosses ou défauts pour que l'on ne vous les impute pas ensuite.
Certaines cartes bancaires incluent des assurances complètes, et cela vaut la peine de vous renseigner sur votre contrat pour ne pas payer 2 fois… Un rachat partiel de franchise ou une assurance CDW *(Collision Damage Waiver)* avec responsabilité au tiers sont toujours proposés (12 €/j. env.). Sachez que la GP *(Gravel Protection)* est une assurance contre les dommages de projection de graviers, la SVA *(Single Vehicle Accident)* vous concernera si vous abîmez la voiture de ville en roulant sur une piste et la TP *(Theft Protection)* vous couvrira en cas de vol du véhicule de location.

Réseau routier

La qualité des routes n'est pas mauvaise, mais certains **axes** ne sont pas suffisamment larges par rapport à la densité de la circulation

et, dans les îles montagneuses, les routes principales sont souvent étroites et sinueuses, avec des nids-de-poule.
Vous vous retrouverez souvent coincé derrière un gros camion, sans pouvoir le doubler avant des kilomètres. Dans ce cas, il n'est pas rare que la bande d'arrêt d'urgence (quand il y en a une) se transforme en voie pour véhicules lents, tandis que la voie normale sert de dépassement. Par ailleurs, les îles conservent d'innombrables **pistes**, parfois impraticables sans un véhicule tout-terrain.
Loin des itinéraires touristiques, les panneaux de signalisation (sommaires) sont uniquement en grec et il est utile de pouvoir les déchiffrer. Dans les îles, ils sont parfois effacés par le soleil ou carrément absents : n'hésitez vraiment pas à donner un coup de klaxon aux intersections. Beaucoup de chefs-lieux de chaque île portent le nom de l'île elle-même et sont localement appelés Hora (« ville »). C'est de cette façon qu'ils sont couramment indiqués sur les panneaux de signalisation. Enfin, sur les routes de campagne et dans les villages, faites attention aux moutons et aux chèvres, en troupeau ou isolés. Méfiez-vous aussi des tunnels, généralement pas éclairés, où les animaux viennent prendre l'air frais.

Conduite

Le code de la route est le même qu'en France, mais la peur du gendarme, rare sur les routes, est nettement plus faible. Même si les Grecs ont tendance à conduire vite, nous vous conseillons de respecter les limitations de vitesse. Un taux d'alcoolémie supérieur à 0,24 g/l est sanctionné par une contravention (au-delà de 0,50 g/l, c'est un délit).

Essence

De nombreuses stations-service jalonnent le pays, un peu plus rares dans les montagnes et les campagnes reculées. Les carburants sont à peu près au même tarif qu'en France (1,80/1,90 € pour le sans plomb).
Attention, beaucoup de stations n'acceptent pas les cartes de crédit et c'est le pompiste qui vous sert.

Garer sa voiture en ville

Des parkings payants existent dans le centre d'Athènes et des grandes villes, mais, dans la journée, les places sont rares. Il est vivement recommandé de les **visiter à pied**, pour éviter les problèmes de trafic et de stationnement.
En cas de stationnement illégal, il arrive que les agents confisquent l'une des plaques d'immatriculation pour être sûrs que le contrevenant viendra payer sa contravention au commissariat. Même dans les îles, les gendarmes n'hésitent pas à verbaliser.

En cas d'accident

Un constat en bonne et due forme devra être établi par un agent de police (qu'il faut parfois attendre longtemps), auquel vous demanderez une copie. Après quoi, vous pourrez faire réparer votre véhicule chez un garagiste.

YACHTING

La navigation de plaisance est l'un des moyens les plus agréables de découvrir les côtes et les îles grecques. En pleine expansion, ce style de tourisme se heurte aujourd'hui à des difficultés liées à des capacités d'accueil insuffisantes dans les ports et les marinas.
À quai, en août, les doubles files sont fréquentes. Là aussi, le mieux est de partir au printemps, en juin ou en septembre.
Europ Yachting – 240, quai du Port - 13002 Marseille - ✆ 04 95 09 32 10 - www.europ-yachting.com.
Hellenic Professionnal Yacht Owners Association – Marina Zéas (Le Pirée) - ✆ 21045 263 35 - www.hpyoa.gr (en anglais).

Choisir son île

Vu le nombre d'îles grecques, difficile de savoir celles qui seront le mieux adaptées à vos envies et au nombre de jours dont vous disposez. Nature, patrimoine, plage, sports... Vous n'aurez que l'embarras du choix ! Ce tableau vous aidera à composer votre itinéraire et votre « cocktail d'îles ».

	PLAGES	VÉGÉTATION	PATRIMOINE	ACTIVITÉS SPORTIVES	AVEC LES ENFANTS	SAUVAGE	SPECTA-CULAIRE	NB. DE J.
Alonnisos	+	+++	-	+	+	++	+	2
Amorgos	+	+	+	-	-	++	++	2
Andros	+++	+++	+	-	+	++	++	4
Astipalea	+	-	+	-	-	++	++	2
Chios	+	++	++	-	-	++	++	4
Délos	-	-	+++	-	-	++	++	1
Égine	+	+	++	+	+	-	+	2
Folegandros	++	-	+	-	-	+++	+++	2-3
Halki	-	+	+	-	-	+	+	1-2
Hydra	-	-	-	+	-	+	++	1-2
Ikaria	+	+	-	+	-	++	++	1-2
Ios	+++	-	-	++	+	+	-	2
Kalymnos	+	+	-	++	+	++	+	2
Karpathos	++	++	+	+	+	++	+++	3
Kastellorizo	-	++	+	-	-	+	+	1
Kea	+	+	+	-	-	++	++	3
Kimolos	+	+	+	-	-	+	++	1
Kos	+++	+	++	++	++	+	+	2-3
Kythnos	+	-	-	-	++	+++	-	2
Léros	+	+	++	-	+	+	++	1-2

CHOISIR SON ÎLE

	PLAGES	VÉGÉTATION	PATRIMOINE	ACTIVITÉS SPORTIVES	AVEC LES ENFANTS	SAUVAGE	SPECTA-CULAIRE	NB. DE J.
Lesbos	++	+++	++	+	++	+++	++	5
Limnos	++	+	++	+	++	+++	++	3
Lipsi	+	+	-	-	+	+	+	1
Milos	+	+	-	++	++	+	+++	2
Mykonos	+++	-	++	++	-	-	+	3
Naxos	+++	+++	++	+++	+++	++	+++	5
Nissiros	-	++	+	-	+	+	+++	1-2
Paros	++	+	++	++	+++	+	-	2-3
Patmos	++	-	++	+	++	++	+	2
Petites Cyclades	+++	+	-	-	+	++	++	4-5
Poros	+	++	+	+	+	+	+	1-2
Rhodes	+++	++	+++	++	++	+	++	5
Samos	++	+++	++	+	+	++	++	3
Samothrace	+	+	+++	+	+	+	+	2
Santorin	+++	-	+++	+++	+	-	+++	4
Sérifos	++	-	-	-	-	+++	+	2
Sifnos	++	+	++	+	+	++	+	3
Skiathos	+++	+++	+	+	+	+	++	2
Skopelos	++	++	+	+	+	++	++	2-3
Skyros	+	++	+	-	+	+++	++	2-3
Spetsae	+	++	-	-	-	-	+	1-2
Symi	+	-	+++	+	-	++	+++	2
Syros	+	+	++	+	-	+	+	2-3
Thassos	++	++	++	+	+	+	+	4
Tilos	++	+	-	-	-	+	+	1
Tinos	+	+	++	-	-	++	+	3

En famille

Si vous partez en famille, pas d'inquiétude pour le logement : beaucoup de studios ou d'appartements équipés (coin cuisine) sont disponibles et même souvent moins chers que deux chambres doubles. Reportez-vous au tableau *(voir p. 38-39)* pour repérer les îles les plus adaptées à ce type de séjour (plages sécurisées, diversité de paysages et d'activités, facilité d'accès).

SITES OU ACTIVITÉS À VISITER OU À FAIRE EN FAMILLE			
Chapitre du guide	**Nature**	**Musée**	**Loisirs**
Athènes		L'Acropole, le Jardin national, la relève des *evzones*, le musée des Instruments grecs de musique traditionnelle et celui d'Art populaire, le musée de l'Enfant et le musée d'Art des enfants.	
Cyclades (Folegandros)	Le tour de l'île en bateau		
Cyclades (Milos)	Le tour de l'île en voilier	Musée de la Mine	
Cyclades (Mykonos)			Le parc d'attractions Watermania
Cyclades (Naxos)	Plages d'Agios Georgios et d'Agia Anna		
Cyclades (Paros)	Vallée des Papillons et grotte des Stalactites	Musée Skorpios	
Cyclades (Santorin)	Excursion en caïque et promenade sur le volcan de Nea Kameni	Téléphérique de Fira, Musée préhistorique	
Cyclades (Sifnos)			Plage de Kamares
Dodécanèse (Karpathos)	Croisière au large des côtes		
Dodécanèse (Rhodes)	Vallée des Papillons	L'aquarium de Rhodes, montée à dos d'âne à l'acropole de Lindos	Bateaux remplis de coquillages amarrés à quai

Mémo

Agenda

À côté des grands festivals culturels d'été, notamment de danse et de théâtre d'Athènes, et des grandes fêtes religieuses comme le 15 août, chaque village célèbre ses saints au cours de joyeuses *panegyri*. Informez-vous sur place, et n'oubliez pas que le repas et la soirée ont toujours lieu la veille de la fête proprement dite : le jour même a lieu la messe commémorative.

Voir « Fêtes traditionnelles » *(p. 64)*.

FÉVRIER-MARS

Athènes – Carnaval masqué et déguisé.
Skyros – Carnaval, défilé et danses folkloriques.
Syros – Carnaval.

MARS-AVRIL

Athènes – Lundi pur. Chants et danses populaires près du temple de Zeus ; concours de cerfs-volants sur la colline de Philopappou.
Toute la Grèce – Vendredi saint. Procession de l'Epitafios (mise au tombeau du Christ).
Toute la Grèce – Pâques. Messes de minuit en plein air le samedi.
Kalymnos – Semaine de Pâques. Danses masculines de la Voriatiki (vent du nord).

MAI

Lesbos – Sacrifices d'animaux, courses de chevaux, danses, fêtes religieuses.
Sérifos – Le 5. Processions à Koutalas.

MAI À SEPTEMBRE

Athènes – Danses folkloriques Dora Stratou.
Sifnos – 40 jours après la pâque orthodoxe (fin mai en 2011-2012). Fête du monastère de la Panagia Chryssopigi.
Tinos – 50 jours après la pâque orthodoxe (déb. juin en 2011-2012). Fête à Kardiani.

MAI-JUIN ET DÉBUT OCTOBRE

Athènes – Festival d'Athènes (théâtre, concerts et ballets).

JUIN

Sifnos – Le 12. Fête à l'église des Taxiarques de Vathi.
Kythnos – Fin du mois. Fête d'Agia Triada, à Hora.

MI-JUILLET-MI-AOÛT

Syros – Festival culturel Ermoupolia.

JUILLET-DÉBUT SEPTEMBRE

Rhodes – Festival du vin.

JUILLET

Naxos – Le 14. Fête de la St-Nicodème, patron de Hora.
Tinos – Le 17. Fête d'Agia Marina à Pyrgos.
Le 26. Fête d'Agia Paraskévi à Pyrgos.
Toute la Grèce – Le 19. Pèlerinages aux sommets consacrés à saint Élie.
Kythnos – Le 20. Fête à Ai Lia.
Santorin – Le 20. Fête du Prophitis Ilias à Fira.
Le 24. Fête de la St-Jean à Monolithos.
Folegandros – Le 27. Processions d'Agios Panteleimon, à Pano Meria.

AOÛT

Santorin – Festival **Ifaisteia.**
Naxos – La 1re sem. Dionisia, fêtes en l'honneur du dieu du vin.
Toute la Grèce – Le 15. Processions et fêtes en l'honneur de la Vierge dans toutes les îles.
Skíathos – 1er dim. après le 15 août. Procession de l'Epitafios de la Vierge.
Kithnos – Le 24. Fête de la Panagia tis Flambourias.
Santorin – Le 29. Fête d'Agios Ioanis à Perissa.
Tinos – Le 29. Fête d'Agios Ioanis à Komi.
Sifnos – Le 31. Fête du monastère Agios Simeon.

SEPTEMBRE

Sérifos – Le 7. Processions sur la plage d'Agios Sostis.
Kythnos – Le 8. Fête à la Panagia Kanala.
Santorin – Festival international de musique.

NOVEMBRE

Sérifos – Le 8. Processions au monastère des Taxiarques.
Amorgos (Cyclades) – Le 21. Fête de la Présentation de la Vierge au monastère de la Hozoviotissa.
Tinos – Le 21. Fête de la Vierge à Tripotamos.

24 ET 31 DÉCEMBRE

Toute la Grèce – Les enfants vont de porte en porte en chantant les *kalanda* et en s'accompagnant d'un triangle.

Bibliographie

HISTOIRE, MYTHOLOGIE ET ARCHÉOLOGIE

CALASSO Roberto, **Les Noces de Cadmos et Harmonie**, Gallimard, 1991. Le roman de la mythologie grecque.

DUCELLIER Alain, **Le Drame de Byzance**, Hachette Littératures, 1997. Pour ne pas oublier qu'entre la Grèce ancienne et la conquête ottomane, il y a la grande civilisation byzantine, souvent négligée.

FINLEY M., PLEKET H., **1 000 ans de Jeux olympiques : 776 av. J.-C. - 261 apr. J-C**, Perrin, 2004. À la découverte des Jeux dans l'Antiquité : lieux et étapes des sélections, épreuves, rituels…

LACARRIÈRE Jacques, **L'Été grec**, Plon, 1976, Pocket, 2001. Un remarquable panorama de la Grèce composé des récits rapportés de voyages effectués entre 1947 et les années 1960. Un des rares livres français qui ait su saisir la Grèce dans toute sa complexité.

LÉVÊQUE Pierre, **L'Aventure grecque**, Livre de Poche, 1997. Une grande synthèse classique de l'histoire de la Grèce ancienne.

La Naissance de la Grèce, Gallimard, 1990. Un autre tableau passionnant de la Grèce ancienne, tout en images.

MARROU Henri-Irénée, **Histoire de l'éducation dans l'Antiquité**, Seuil, 1981. L'un des meilleurs tableaux des composantes de la culture grecque ancienne, dans un style didactique.

VERNANT Jean-Pierre (dir.), **L'Homme grec**, Seuil, 2000. Les meilleurs historiens de la discipline se penchent sur cet ancêtre commun à tous les Européens.

L'Univers, les dieux, les hommes, Seuil, 2001. Une synthèse des grands mythes fondateurs racontés avec humour et érudition.

GÉNÉRALITÉS, SOCIÉTÉ, DOCUMENTS

ARTHUS-BERTRAND Yann, **La Grèce vue d'en haut**, éditions de la Martinière, 2004. Un splendide album pour découvrir la Grèce comme vous ne la verrez jamais.

COLLECTIF, **L'Art de vivre en Grèce**, Flammarion, 2003. De très belles photos d'intérieurs traditionnels.

PRÉVÉLAKIS Georges, **Géopolitique de la Grèce**, éditions Complexe, 2006. Les enjeux de la politique grecque dans ses grandes lignes. À compléter avec le numéro spécial de la revue *Hérodote* intitulé *Méditerranée : nations et conflits* (nº 90, 3e trimestre, 1998).

ROMILLY Jacqueline de, **Précis de littérature grecque**, PUF, 2002. La littérature grecque ancienne et des clefs pour comprendre les différents genres qui ont influencé toute la création européenne.

LITTÉRATURE

ALEXAKIS Vassilis, **La Langue maternelle**, Fayard, 1995, Prix Médicis 1995. Le regard lucide, nostalgique et un peu désabusé d'un écrivain grec, émigré en France, sur la Grèce d'aujourd'hui.

CAVAFY Constantin, **Poèmes**, Gallimard, 1958. Une autre manière de comprendre la Grèce, depuis Alexandrie, l'un des grands centres de l'hellénisme à la fin du 19e s. Dans une langue ni moderne ni archaïque.

COLLECTIF, **Anthologie de la poésie grecque contemporaine 1945-2000**, Gallimard, 2000. Élytis et Séféris, mais aussi d'autres poètes grecs à découvrir.

DUCHÊNE Hervé, **Le Voyage en Grèce**, Bouquins - Robert Laffont, 2003. Une anthologie des voyageurs en Grèce, du Moyen Âge à notre époque.

DURRELL Lawrence, **Citrons acides** et **L'Île de Prospero**, Livre de Poche, 1945 et 1957 (pour les éditions originales). Diplomate et écrivain, l'auteur, grand connaisseur de la Méditerranée, a exploré dans le premier volume la crise anglo-chypriote des années 1950, et évoqué dans le second le charme de Corfou.

ELYTIS Odysseus, **Axion esti**, Gallimard, 1998. Peut-être le plus grand poème de la Grèce moderne. Cette œuvre très bien traduite renoue les fils rompus des trois composantes de la culture hellénique : classique, byzantine et moderne.

KAZANTZAKI Nikos, **Lettre au Greco**, Pocket, 1955. Un essai d'autobiographie spirituelle du célèbre écrivain crétois, auteur de *Zorba le Grec*.

KAVVADIAS Nikos, **Le Quart**, Denoël, 1954. Unique roman, ténébreux et fort, de ce poète-aventurier.

MARKARIS Petros, **Liquidations à la grecque**, Seuil 2012. Scénariste pour Theo Angelopoulos, l'auteur s'est tourné vers le roman policier et a créé les personnages du commissaire Charitos - Maigret hellène - et de sa famille. Dans ce premier volet d'une « trilogie de la crise », Charitos enquête sur les meurtres de plusieurs personnalités du monde de la finance, décapitées. Avec pour cadre les embouteillages d'Athènes et la crise qui ravage le pays.

MILLER Henry, **Le Colosse de Maroussi**, Le Livre de Poche, 1941. À la veille de la Seconde Guerre mondiale, l'enthousiasme d'un écrivain américain pour le caractère passionnel du tempérament grec.

PAPADIAMANTIS Alexandre, **Les Petites Filles et la mort**, Actes Sud, 2003. Un roman dur et cynique sur la condition de la femme grecque.

SÉFÉRIS Georges, **Poèmes, 1933-1955**, Gallimard, 1989. **Six Nuits sur l'Acropole**, Calmann-Lévy, 1983. Deux manières d'aborder cet écrivain renommé, prix Nobel de littérature, dont toutes les œuvres interrogent, défendent ou célèbrent l'hellénisme.

SOUROUNIS Antonis, **Pâques au village**, Actes Sud, 1999. Une fête à Kalamata, un portrait vivant de la Grèce, entre tradition et modernité.

VALTINOS Thanassis, **Éléments pour les années soixante**, Actes Sud, 1999. Chronique de la métamorphose de la Grèce dans les années 1960 à travers un roman.

BANDES DESSINÉES

Uderzo et Goscinny René, **Astérix aux Jeux olympiques**, Dargaud, 1968. Un portrait humoristique du tourisme en Grèce.

Films et documentaires

ANGELOPOULOS Théo, **L'Apiculteur**, 1986, **Le Pas suspendu de la cigogne**, 1991, **L'Éternité et un jour**, 1999, **Eleni**, 2004. Disparu en janvier 2012, Théo Angelopoulos a été la grande figure du cinéma grec bénéficiant d'une reconnaissance internationale. Ses films, emprunts d'une belle gravité mélancolique, sont traversés par des thèmes récurrents : l'identité, les frontières, la mémoire.

DASSIN Jules, **Jamais le dimanche**, 1959. Dans Le Pirée des années 1950, une prostituée au grand cœur croise le chemin d'un Américain. Le meilleur film « grec » de Jules Dassin, qui dirigea pour la première fois sa future épouse, Mélina Mercouri.

CACOYANNIS Michalis, **La Fille en noir**, 1956. Un écrivain raté se retire dans l'île d'Hydra, où il prend fait et cause pour une veuve victime de la haine des habitants.

Stella, 1955. Le film qui révéla Mélina Mercouri. Une évocation tendre et tragique des quartiers pauvres de l'Athènes d'après-guerre. **Électre**, en 1962, et le célèbre **Zorba le Grec**, en 1964, (avec Anthony Quinn, adapté d'un roman de Kazantzaki, le film qui fit connaître la Grèce au monde entier) restent deux beaux portraits de l'âme grecque.

COSTA-GAVRAS, **Z**, 1968. Thriller politique inspiré de l'affaire Lambrakis, un député de gauche assassiné au début de la junte (Z est la première lettre du verbe « zei » qui signifie « il vit »).

KOUTRAS Panos H., **L'Attaque de la moussaka géante**, 1999. Un pur nanar d'un mauvais goût achevé, mais devenu culte…

PANAYTOPOULOS Nikos, **Delivery**, 2004. L'errance d'un jeune homme pauvre dans les quartiers interlopes d'Athènes. Par un cinéastre très influencé par la Nouvelle Vague.

TSANGARI Athina-Rachel, **Attenberg**, 2010. Œuvre pop sur l'éveil d'une jeune femme de 23 ans. Prix de l'interprétation pour Ariane Labed à la Mostra de Venise.

Musique

THEODORAKIS Mikis, **His best popular songs, The very best of Theodorakis.** La figure mythique de la musique grecque.

Quatre visages de la chanson grecque : ALEXIOU Haris, **Sifroi** (« Murmures »), ARVANITAKI Eleftheria (Polygram), DALARAS Giorgos, **Kalos tous** (Minos) et IONATOS Angélique, **D'un bleu très noir** (Naïve, 2000).

HADZIDAKIS, **Les Lilas de la terre morte et Quinze Vêpres** (EMI).

TSITSANIS Vassilis, **Hommage à Tsitsanis**. L'une des grandes figures du *rébétiko*.

Musique sacrée byzantine du 18e s. (Ocora).

Folk music of Greece (Topic World records). Des musiques traditionnelles et folkloriques.

Musique de la Grèce antique, sous la direction de Gregorio Paniagua (Harmonia Mundi, 1979).

Greece, a musical Odyssey (Putumayo). Belle anthologie des étoiles, confirmées ou montantes, de la chanson grecque comme Melina Aslanidou et Glykeria.

NOUVEAU
POUR UNE CROISIÈRE RÉUSSIE
Guide touristique MICHELIN
ESCALES EN MÉDITERRANÉE !
SPÉCIAL CROISIÈRE
MICHELIN
Escales
en Méditerranée
MICHELIN

2/ COMPRENDRE ATHÈNES ET LES ÎLES

Village de Firopotamos, Milos, Cyclades.
A. Leiva / age fotostock

Athènes et les îles aujourd'hui

La crise financière emporte actuellement toute la Grèce dans la tourmente, et Athènes plus que le reste du pays. Mais l'esprit de résistance est une constante de l'histoire grecque. Leur lutte contre les difficultés quotidiennes et la tristesse n'est certes pas une mince affaire et requiert beaucoup d'inventivité, d'énergie, de solidarité et d'humour. La vie nocturne continue à Thessalonique et dans les villes, les Grecs sortent, sur les places et dans les cafés, profitent de la beauté de la nature et de la mer et tout simplement de la vie. Mais surtout ils accueillent toujours avec beaucoup de chaleur les voyageurs qui continuent à aimer leur pays.

Administration et régime politique

Le président de la République est élu pour 5 ans, par le Parlement. Chef des armées, il nomme le Premier ministre, quoique cette nomination soit de pure forme puisque le poste revient d'office au chef du parti majoritaire au Parlement. En outre, il ne dispose pas du pouvoir exécutif, qui revient au Premier ministre. Celui-ci préside un gouvernement collectivement responsable devant le Parlement (300 membres élus pour 4 ans), qui détient le pouvoir législatif.
La **Constitution de 1975** garantit la liberté de culte, mais, paradoxalement, elle reconnaît la primauté de la religion chrétienne orthodoxe, religion d'État.
Sur le plan administratif, la Grèce se divise en **13 régions administratives.** Des préfets constituent les relais du gouvernement dans chacun des **74 unités régionales**. Enfin, les communes ont à leur tête un maire et un conseil élus tous les 4 ans au suffrage universel.

LA FIN DU BIPARTISME

Jusque récemment et depuis les débuts de la République, deux grands partis se partageaient la scène politique. À gauche, le parti socialiste panhellénique, le **Pasok**, fondé en 1974, longtemps dominé par la personnalité d'Andreas Papandréou. Les socialistes sont arrivés au pouvoir en 1993. Bien représenté dans le monde paysan, le Pasok s'est affirmé comme un parti nationaliste, opposé aux politiques social-démocrate et communiste. Son programme allie la demande d'une plus grande justice sociale, le nationalisme et l'antiaméricanisme. Il a été dirigé entre 2004 et 2012 par **Georges Papandréou, qui a cédé la place à son rival Evangelos Venizélos**.

Le Pirée est le port d'Athènes, d'où partent la plupart des bateaux pour les îles grecques.
G. Tsafos / Photononstop

À droite domine le parti fondé par Constantin Caramanlis, la **Nouvelle Démocratie.** Héritière de l'Union nationale radicale d'avant la junte, celle-ci veut développer une politique libérale proeuropéenne. Aux élections parlementaires de mars 2004, c'est ce parti qui a remporté largement les élections, porté par **Costas Caramanlis**, le neveu du fondateur. A la suite de la terrible **vague d'incendies** qui, durant l'été 2007, a ravagé le pays et causé plus de 50 morts, son gouvernement fut vivement attaqué pour la désorganisation des secours et son laxisme en matière de constructions. Deux ans plus tard, en octobre 2009, **Costas Caramanlis** en difficulté convoque des élections législatives anticipées. Le **Pasok**, mené par Georges Papandréou, obtient la majorité absolue des sièges à l'Assemblée. La **Nouvelle Démocratie** obtient seulement un tiers des suffrages, son score le plus faible depuis 1974, tandis que les communistes du KKE et la gauche radicale totalisent 12 % des voix et l'extrême droite 5,6 %. Papandréou, le leader de l'opposition, remplace Caramanlis en tant que **Premier ministre.**

Un pays en crise

LE COUP DE THÉATRE DE 2010

Début 2010, la découverte d'une **dette publique abyssale éclate au grand jour**. Elle résulte de la **crise économique mondiale,** du fort **endettement** du pays et d'un déficit budgétaire de plus de 13 %. Il revient alors au gouvernement fraîchement élu de gérer une crise financière bientôt aggravée par la spéculation. Le Premier ministre Georges Papandréou obtient l'**aide de l'Union européenne** et se voit contraint d'accepter l'intervention du FMI et la « mise sous tutelle » de la Grèce, sommée de redresser ses comptes, de résorber son déficit.

UN PAYS D'ARMATEURS

Les vies tumultueuses des **richissimes armateurs Onassis et Niarchos**, beaux-frères et rivaux, ont fait en leur temps les beaux jours des magazines du monde entier. Les amours d'Aristote Onassis avec **la Callas**, puis avec **Jackie Kennedy** font partie de la légende, de même que les morts suspectes de sa fille Christina et de la première femme de Stavros Niarchos alimentent toujours les plus folles rumeurs. Mais à côté de ces puissants armateurs, qui se révélèrent aussi de généreux mécènes dans la plus pure tradition grecque, il existe une foule d'individus aux destinées plus modestes, possédant quelque part un ou plusieurs bateaux et qui contribuent, à leur façon, à faire de ce petit pays **l'une des plus puissantes flottes marchandes du monde**. Une flotte qui, ces dernières années, navigue cependant le plus souvent sous des pavillons de complaisance.

UNE GESTION AUSTÈRE

Gel des salaires, augmentation de la TVA et de l'imposition, suppression des primes du secteur public engendrent un fort mécontentement populaire. Le gouvernement est alors confronté à des grèves et des émeutes qui le fragilisent tandis que la pression des dirigeants européens se fait plus forte. Après l'annonce d'un référendum qui fait chuter les bourses européennes, Georges Papandréou remet sa démission fin 2011, faisant place à un gouvernement de transition jusqu'aux élections législatives. Le salaire minimum du privé, réduit de 22 %, est à 586 € brut (soit 468 € net) pour un coût de la vie à peine inférieur à celui de la France. La pauvreté s'installe et la Grèce traverse sa crise la plus grave depuis l'après-guerre. La question de son maintien dans la zone euro, qui alimente les polémiques en Grèce comme partout en Europe, est vécue comme une humiliation. Au printemps 2012, il faut deux scrutins pour que soit formée une coalition gouvernementale regroupant, notamment, la droite libérale, qui obtient 29,7 % des suffrages, l'ancien adversaire socialiste du Pasok, avec 12,3 % des voix, et le mouvement de gauche radicale Syriza, qui récolte 26,7 % et choisit de rester dans l'opposition. L'émergence de ce dernier parti, conduit par Alexis Tsipras, relègue le Pasok au rang de troisième force politique du pays.

Économie

AGRICULTURE, INDUSTRIE ET RESSOURCES MINIÈRES

Le secteur agricole fait vivre près de 20 % des actifs, pour une production dont la valeur marchande représente 8 à 10 % du PIB. Si une agriculture moderne émerge, la Grèce reste encore un pays de petites exploitations (moyenne de 4 ha). Les principales productions sont le **tabac** (1er producteur européen), le **coton** (5e exportateur mondial), la **betterave à sucre**, mais aussi les **fruits** et les **légumes** (olives, raisins, tomates).

C'est à l'agriculture que l'industrie doit une grande part de sa vitalité, avec la transformation des produits agricoles et l'industrie textile pour le coton (malgré une sous-traitance de plus en plus importante dans les Balkans). Les entreprises de construction constituent l'autre versant de l'activité industrielle.

Les ressources minières sont limitées. Le lignite alimente quelques centrales thermiques mais le gisement de pétrole de l'île de Thassos est peu important. Outre un peu de nickel, de zinc et de magnésium, la ressource la plus importante reste la bauxite, exploitée pour la fabrication de l'aluminium.

TROIS MANNES ESSENTIELLES

Le déséquilibre entre les besoins de la population et les capacités économiques entraîne un fort déficit de la balance commerciale. Celui-ci est heureusement en partie compensé par les bénéfices de la **marine marchande**, par les revenus envoyés par les **Grecs émigrés** à l'étranger – forte de ses 6,5 millions de ressortissants, la diaspora grecque constitue un facteur non négligeable *(voir p. 52)* –, mais surtout par les revenus du **tourisme** avec chaque année près de 14 millions de touristes – soit plus que la population totale du pays ! – et un apport de 13 milliards d'euros.

Mais toutes ces tendances, qui ont prévalu jusqu'au début des années 2010, se trouvent soumises aux aléas de la crise économique en cours.

Population

« De quelle région viens-tu ? De quel village ? De quelle famille ? », autant de questions qu'un Grec n'hésite pas à poser à un compatriote, dès leur première rencontre : entre Grecs, les relations se placent souvent sous le signe de la solidarité et de l'entraide. Car le régionalisme a toujours été synonyme d'identité culturelle et sociale, bien avant que ne s'épanouisse la notion d'identité nationale, sous le joug ottoman. En dépit de la petite superficie du pays, les disparités régionales de la Grèce actuelle sont en effet de taille : en Épire, on se sent déjà dans les Balkans, et un pêcheur de Santorin a bien peu de points communs avec un riche armateur d'Athènes vivant à l'heure européenne. Pourtant les 10,7 millions d'habitants que compte la Grèce ont fini par former une nation homogène, façonnée au fil des siècles autour d'une langue et de l'Église orthodoxe.

UNE POPULATION PLUTÔT FAIBLE

Peuplée d'un peu moins de 11 millions d'individus, la Grèce fait figure de petit pays à l'échelle de la démographie européenne. Avec une densité proche de 80 habitants au km^2 (trois fois moins qu'en Allemagne ou qu'au Royaume-Uni), elle apparaît même sous-peuplée, sauf si l'on considère sa physionomie montagneuse.

Le taux d'urbanisation avoisine les 60 %, un chiffre un peu en deçà de celui des grands pays développés, mais considérable pour un pays encore profondément rural.

Depuis une quinzaine d'années, les montagnes du Péloponnèse et du Pinde se sont largement dépeuplées, de même que bon nombre d'îles. Mais la relève semble assurée par les immigrants des pays de l'Est et d'Albanie

COULEURS NATIONALES

Si tous les Grecs reconnaissent le même **drapeau** – 5 bandes bleues et quatre blanches, accompagnées de la croix blanche de l'Église orthodoxe –, ils ne s'accordent pas sur la signification de ses couleurs. Pour la plupart, le **bleu** évoque le ciel et la mer, le **blanc** étant la couleur emblématique de la lutte pour l'indépendance. Pour d'autres, plus poètes, les bandes bleues figurent la mer, et les blanches son écume. Les religieux, quant à eux, soutiennent que le bleu est la couleur de la sagesse, et le blanc celle de la pureté de l'âme.

qui, depuis la chute de l'empire soviétique, arrivent par importantes vagues successives.

UNE URBANISATION MAL RÉPARTIE

L'**exode rural** des premiers temps a essentiellement profité à la capitale. Quelques-uns des problèmes engendrés par une telle concentration ont été ou sont en passe d'être réglés, notamment, la question de l'alimentation en eau de la capitale grâce à la captation des eaux du mont Parnasse. D'ambitieux travaux ont été réalisés à l'occasion des Olympiades de 2004. L'ouverture, en 2001, de l'aéroport Eleftherios Venizelos (à 27 km au sud-est d'Athènes), la création d'une route périphérique et la construction de nouvelles lignes de métro et d'un tout nouveau tramway ont un peu désengorgé la capitale. En revanche, l'air athénien reste irrespirable les jours de grande chaleur en raison d'une pollution atmosphérique record.
Loin derrière Athènes et ses 4,5 millions d'habitants (agglomération comprise), Thessalonique compte 346 262 habitants, tandis que Patra (Péloponnèse), troisième ville du pays, n'en recense que 167 371. Cette dissymétrie dans la répartition s'accompagne d'une concentration des moyens de production autour des rares grandes villes. Mais le taux de croissance de la population grecque demeure relativement faible : + 0,21 %, un chiffre assez comparable à ceux des autres pays européens.

LES GRECS ET LE MONDE

Pour comprendre le lien qui unit les Grecs à la mère patrie, qualifiée de « centre du monde », il existe une expression bien symptomatique. Lorsqu'un Grec part en voyage à l'étranger, il lance un : « Je vais à l'extérieur » *(exoteriko)*, ce qui signifie qu'il quitte le foyer origine.
D'autre part, le sentiment d'insécurité latent – la Grèce se voit entourée d'ennemis – n'est pas sans conséquence, encore aujourd'hui, sur ses relations avec les autres pays (l'énorme budget consacré à la défense en est la preuve).

La diaspora grecque

L'importance historique de la Grèce et sa situation géographique ont encouragé les habitants à dépasser leurs frontières. Touché par la misère au début du 20e s., le pays connaît une forte émigration de 1906 à 1915 : plus de 250 000 Grecs sur 3 millions d'habitants suivent les chemins de l'exil. On évalue à plus de 6,5 millions le nombre de Grecs installés à l'étranger : en Égypte, en Europe centrale, sur la mer Noire, au Moyen-Orient – régions où l'implantation de communautés grecques remonte à des temps très anciens –, et surtout aux **États-Unis** (où ils seraient plus de 3 millions). Une émigration plus récente s'est tournée vers d'autres pays industrialisés comme le Canada, l'Australie, l'Afrique du Sud, la Nouvelle-Zélande et l'Allemagne.

Le statut des minorités

Un citoyen grec est un individu pratiquant le culte orthodoxe et parlant le grec – ce qui est le cas de 97 % des personnes présentes

ÊTRE GREC

Être grec, c'est porter en soi toute l'histoire de son pays : la fierté de la Grèce antique, le faste de la période byzantine, la souffrance de l'occupation ottomane et l'orgueil de la Grèce contemporaine, qui s'efforce de rattraper son retard sur le reste de l'Europe, tout en préservant son passé.

sur le territoire. Or, à l'intérieur des frontières actuelles, stabilisées après la Seconde Guerre mondiale, le pays rassemble des Grecs de tous horizons, dont certains issus de populations déplacées.
Les minorités les plus importantes comprennent les ressortissants des pays frontaliers, qui se retrouvent hors de leur patrie d'origine pour des raisons historiques, économiques ou politiques.
Lors du **traité de Lausanne** de 1923, 500 000 musulmans sont partis vers la Turquie tandis que 1,5 million de Grecs ont afflué d'Asie Mineure, où ils étaient présents depuis des millénaires. Cependant, environ 60 000 **Turcs** resteront à l'écart de ce douloureux échange de populations, et ils vivent toujours en Grèce (ils sont désormais 150 000) – tandis qu'Istanbul accueille une communauté grecque minime.
Le pays compte également quelque 30 000 **Pomaques**, peut-être venus de Bulgarie, musulmans vivant en Thrace occidentale, des **Macédoniens** en Macédoine grecque du Nord, des **Albanais** d'Épire, aussi, restés en Grèce lors du tracé des frontières – d'où la présence de Grecs en Albanie, à l'origine de tensions entre les deux pays.
À partir de 1975, la Grèce a vu affluer par dizaines de milliers des émigrés polonais, philippins, kurdes, roumains, irakiens, pakistanais, éthiopiens, égyptiens, ex-yougoslaves et **émigrés de l'ex-URSS**, en quête de travail. On évalue ainsi à près de 10 % de la population le pourcentage d'immigrés vivant en Grèce, souvent dans une situation précaire, voire illégale. Plus de 11 % des enfants scolarisés dans les écoles publiques sont de familles immigrées. Des minorités à l'égard desquelles l'État fait preuve de méfiance, ne reconnaissant officiellement qu'une seule d'entre elles : les musulmans d'origine turque, conformément au traité de Lausanne.

Société

ÉDUCATION

En Grèce, l'école est obligatoire de 6 à 15 ans et la journée de l'écolier comprend un minimum de cinq heures de cours. Faute de moyens financiers, les établissements publics ne sont pas toujours en mesure d'assurer un enseignement vraiment satisfaisant même si de considérables progrès ont été réalisés. Les familles les plus aisées optent donc souvent pour l'école privée, où les enfants reçoivent un enseignement plus complet, incluant l'apprentissage de plusieurs langues étrangères et des activités sportives mais ce privilège se paie encore fort cher, les mensualités demandées pouvant dépasser l'équivalent du SMIC grec. Ces enfants auront alors plus de chances que les autres d'accéder à l'enseignement supérieur.
Enfin, qu'elles soient publiques ou privées, toutes les écoles grecques dispensent des **cours d'enseignement religieux**. Chaque début de mois, le pope de la paroisse vient dire une prière devant les écoliers.

LA RELIGION AU QUOTIDIEN

Religion d'État *(voir p. 79)*, l'**orthodoxie** est omniprésente dans la vie des Grecs, rythmant toutes les étapes de la vie et dictant nombre d'usages. À sa naissance, notamment, l'enfant ne porte qu'un nom provisoire – *Bebis* pour le garçon, *Béba* pour la fillette, c'est-à-dire « bébé » – jusqu'à son baptême. Chaque événement, privé ou public, ne peut se passer de recevoir l'**agiasmo**, bénédiction de l'Église. Suivant la circonstance, c'est le pope ou l'archevêque qui se déplace (chaque intervention impliquant bien sûr une rémunération) : le prélat pour bénir l'élection d'un nouveau président de la République ou une nouvelle constitution du Parlement, le pope pour l'acquisition d'un logement, d'une voiture neuve ou l'inauguration d'un magasin.

Le **signe de croix** – de droite à gauche, les doigts réunis, à l'inverse des catholiques – s'exécute en maintes occasions : chaque matin pour les élèves, avant d'entrer en classe, et le fidèle passant devant une église le fait trois fois.

Officiellement reconnu par l'État, le **mariage à l'église** se suffit à lui-même et n'exige pas le passage à la mairie. Instauré en 1982, le mariage civil n'est pratiqué que par 3 % de la population. Dans l'esprit des Grecs, le refus de se conformer aux normes religieuses évoque en effet le communisme et la guerre civile, dont le souvenir est encore très présent dans les esprits.

LA CONDITION FÉMININE

Pétrie de longs siècles de culture ottomane musulmane et d'une rigoureuse tradition orthodoxe, la condition des femmes est longtemps restée assujettie à nombre d'usages familiaux et de conventions sociales anciennes.

Mais le pays a changé. Dans les villages, si les grands-mères les plus âgées continuent de s'habiller tout de noir, leurs petites-filles se promènent aujourd'hui en pantalon et T-shirt moulants, yeux maquillés et nez poudré, et sortent en bande *(paréa)* dans les cafés de la ville.

Deux visages de la femme grecque qui symbolisent le paradoxe de la société actuelle : attachement sincère aux traditions, d'une part, et volonté passionnée de faire entrer le pays dans une ère nouvelle, d'autre part.

Depuis 1952, année où les femmes grecques acquirent le droit de vote (en Turquie, elles l'obtinrent en 1923, en France, en 1944), de nombreuses lois ont modifié la condition féminine. L'avortement est devenu légal, le divorce n'est plus exceptionnel et les femmes grecques ont la possibilité de garder leur nom de jeune fille après le mariage. En revanche, si la **dot** que l'épouse se devait de verser à son conjoint est officiellement abolie, la tradition reste vivace et il est toujours habituel de fournir un logement meublé en cadeau aux jeunes mariés.

De fait, dans la majorité des familles, on vit sous le même toit, parents et enfants se partageant les étages de la maison. La coutume voulait en effet que les parents construisent ou acquièrent une demeure dotée d'autant d'appartements qu'ils avaient de filles. Cette convention a évidemment développé une **conscience familiale très forte**, au sein de laquelle l'aide des parents apparaît comme une nécessité.

D'ailleurs, les grands-mères sont encore souvent chargées de cuisiner pour toute la maisonnée, les filles passant prendre chaque jour les plats préparés pour elles. C'est aussi les grands-mères qui ont la charge d'élever leurs petits-enfants.

DES PRÉNOMS ÉTERNELS

Au cours de vos pérégrinations, vous serez peut-être surpris d'entendre revenir les mêmes prénoms – Nikos, Giorgos, Kostas, etc. La tradition veut en effet qu'un petit-fils porte systématiquement le nom de son grand-père. Ainsi, les prénoms sautent chaque fois une génération, mais réapparaissent toujours. Même coutume pour les filles, bien que, contrairement aux garçons, des exceptions soient tolérées, à condition, tout de même, que le prénom figure bien sur le calendrier orthodoxe.

Scène du quotidien sur l'île de Naxos dans les Cyclades.
E. Slater / hemis.fr

Loin de disparaître, cette tradition familiale s'adapte même fort bien à la vie des femmes aujourd'hui. Celles-ci revendiquent en effet une vie bien différente de celle de leur mère et de leur grand-mère, attachant désormais autant d'importance à la construction d'une vie professionnelle qu'à celle d'une famille. Les couples sont nombreux à ne vouloir qu'un seul enfant, deux tout au plus.

Habitat

Maisons de pierre sèche, grosses demeures bourgeoises aux façades néoclassiques ou petits logis de pêcheurs nichés au pied de collines rocailleuses : des îles au continent, la Grèce révèle un habitat très différencié. Une diversité due aux contrastes de sa géographie, déclinant tous les environnements : montagne, mer, plaines agricoles plus ou moins arrosées ou exposées au soleil. Si l'archétype des îles cycladiques – ces adorables **maisons blanches aux volets bleus** qui font les belles cartes postales – reste l'image emblématique de la Grèce, l'habitat continental montre une architecture sans doute plus proche de l'héritage culturel du pays, mêlant traditions byzantine et ottomane. Mais les temps modernes ont nivelé les différences, le parpaing et le béton ayant imposé, comme partout en Méditerranée, leurs standards aux quatre coins du pays.

À LA VILLE

Arrivé à Athènes, le visiteur plonge dans les embouteillages de la capitale. Sur des kilomètres d'avenues trépidantes se succèdent des immeubles sans grâce, exposant leurs appartements sur six ou sept étages. Tous alignent des balcons en ciment, égayés de fleurs qui dissimulent parfois la peinture écaillée, tandis que, sous les arcades du rez-de-chaussée, s'abritent magasins, bureaux et cafés. Une bien morne architecture, qui a pourtant façonné en grande partie l'Athènes actuelle.

Béton armé…

Jusqu'au début des années 1950, l'habitat individuel dominait encore largement le paysage urbain de la métropole grecque, hormis dans le centre. Mais la décennie suivante a vu la propagation du béton armé, donnant naissance à un type unique d'habitation, construit à la va-vite et qui s'est propagé comme un fléau, dans le désordre le plus total. Car, outre une constante **pression démographique**, Athènes doit sa mutation effrénée à l'urgence de la mise en place d'infrastructures urbaines. Après guerre, une loi invitait quiconque possédant une maison ou un terrain à le céder à un entrepreneur pour y construire un immeuble en échange d'un ou plusieurs appartements. Un mélange d'initiatives anarchiques et de décisions publiques, indifférentes au patrimoine, détruisit ainsi nombre de quartiers historiques. Depuis vingt ans, cependant, de nouveaux règlements visent à protéger et à restaurer les maisons anciennes, traditionnelles ou néoclassiques, qui subsistent.
Le béton envahit aussi les villages et, ces dernières années, on voit même se multiplier dans les campagnes des incendies criminels, les terrains débarrassés de leur végétation ouvrant directement la voie aux promoteurs.

… et maisons bourgeoises d'antan

Ce qui faisait le charme des villes et des bourgs au 19e s. n'a pas totalement disparu. L'architecture urbaine du siècle d'Othon conserve encore quelques fleurons, à Athènes comme dans les **Hora** (chefs-lieux) des îles. Le néoclassicisme européen trouva en Grèce un terrain de prédilection, symbole du renouveau hellénique et de l'indépendance recouvrée. Image d'un nouveau courant d'optimisme après quatre siècles d'occupation ottomane, l'**architecture dite néohellénique** veut ressusciter l'âge d'or de la Grèce, l'Antiquité. Ce courant se traduit par la floraison de résidences cossues, dont les façades reprennent les grandes lignes de l'architecture antique, via la Renaissance italienne et surtout le classicisme français du 17e s. : au rez-de-chaussée, colonnes doriques et pilastres s'adossent aux murs ou se placent en saillie pour encadrer le porche, tandis que le premier étage s'orne de colonnes ioniques pour rythmer les travées percées de hautes fenêtres. Un petit balcon vient rehausser la baie centrale, sous un large toit de tuiles souligné d'acrotères et d'antéfixes. Les plus riches armateurs des îles, durant les grandes années de la marine marchande, iront même jusqu'à y dresser un petit fronton orné de bas-reliefs ou de statues de Chimères.
Derrière ces élégantes façades se cachent de vastes pièces, hautes de plafond et largement éclairées, où la bourgeoisie vit dans un décor de lambris, de peintures et de meubles de style, tandis que la cuisine et les communs occupent le rez-de-chaussée ainsi que des petits bâtiments annexes.
En ville, on trouve, sur le même modèle, des immeubles réunissant plusieurs appartements qui montrent eux aussi des façades ouvragées.
Mais cette **architecture néoclassique** ne sert essentiellement que les grands monuments publics et les résidences construites pour la population la plus favorisée. À côté de ces demeures bourgeoises, les familles exilées d'Asie Mineure en 1922 et les paysans débarqués en ville pour trouver du travail bâtiront dans l'urgence des logis bien plus modestes, transpositions citadines de l'habitat rural aux murs de

DES MAISONS INACHEVÉES

En Grèce, il faut construire. Quoique moins vivace, la tradition qui veut que les parents, en guise de dot, bâtissent une maison pour leur fille continue en effet d'avoir ses fidèles. Aussi, partout où vous irez, vous ne manquerez pas de croiser ces maisons ou ces immeubles superposant leurs terrasses hérissées de fers à béton. Pas un village de Grèce n'est épargné par ces ouvrages inachevés, en attente d'un étage supplémentaire. Deux lois ont encouragé ce phénomène. La première stipule qu'une construction illégale ne peut être détruite que si le contrevenant est pris en flagrant délit. Les contrôles ne s'opérant que de jour, quantité de pans de murs s'érigent la nuit. La seconde veut que tant qu'une construction n'a pas reçu sa couverture et que les fers à béton dépassent, aucune taxe ne peut être exigée du propriétaire. Autant de pratiques qui, en raison des graves déficits budgétaires de la Grèce, sont appelées à disparaître.

moellons ou de torchis chaulés. Au rez-de-chaussée, une seule pièce à vivre fait aussi office de cuisine, tandis que, suivant les moyens, deux chambres occuperont l'étage.

HABITER DANS LES ÎLES

En mer Égée

Le Corbusier définissait l'architecture cycladique comme « le jeu prudent, correct et merveilleux des volumes unis sous la lumière ». De fait, ces petits cubes chaulés qui évoquent si bien la Grèce des îles semblent comme peints de soleil. Ils s'agencent généralement sur deux ou trois semi-niveaux, épousant au plus près les déclivités du terrain, souvent accidenté. Le tout dessinant un pittoresque chaos parmi lequel se faufile un dédale de ruelles. Dans les Cyclades, cet apparent désordre obéit pourtant à un **schéma défensif** bien défini, consistant à resserrer les maisons les unes contre les autres en une sorte de rempart. Dans le même esprit, portes et fenêtres s'ouvriront majoritairement vers l'intérieur du village et seront de petite taille, permettant ainsi de conserver la fraîcheur. Ces villages sont communément organisés autour d'une unique ruelle, pavée de galets ou de grosses dalles, qui serpente jusqu'à la place centrale.

Compte tenu du climat et du manque de bois sur ces îles arides, le toit en terrasse est préféré à la charpente ; les plafonds intérieurs adoptent alors la voûte, plus résistante aux secousses sismiques. Trait particulier aux îles, l'ameublement se confond avec la structure de la maison : une **banquette maçonnée** court le long des murs, de même que les bancs, lits et canapés chaulés qui s'inscrivent dans la continuité du sol ou des murs. Une chance pour la sauvegarde de ce patrimoine traditionnel, qui fait tout le charme des îles : il s'adapte fort bien aux nouvelles normes antisismiques et aux besoins toujours croissants de l'hôtellerie.

Influences italiennes

Marquées par l'Italie toute proche, les **îles Ioniennes** conservent de luxueux hôtels particuliers aux façades ouvragées, les **palazzi**, inspirés des palais vénitiens. Ces élégantes demeures respectent une symétrie architecturale très précise, autant pour la façade, aux chaleureux tons de jaune, orangé ou ocre, que pour l'agencement intérieur. Les habitations populaires révèlent la même influence, qui évoque davantage l'Italie que la Grèce.

LES KROKALIA

Dans les îles, en particulier les **Cyclades** mais aussi dans l'archipel du **Dodécanèse** (Rhodes), nombre de maisons ont conservé leur beau pavement en *krokalia*, assemblage de **galets noirs et blancs** qui décorent aussi bien les sols des cours que les pièces du logis. Les motifs sont variées : géométriques, aquatiques ou animaliers, sans oublier les « méandres », frises décoratives héritées de l'Antiquité et qui symbolisent la continuité de la vie.

Autres îles empreintes d'atmosphère italienne : **Rhodes**, qui mêle influences vénitienne et ottomane, et la **Crète**, en particulier à Hania et à Rethymnon, où les maisons à encorbellement de bois alternent avec des façades inspirées des *palazzi* vénitiens rehaussées de motifs antiques et Renaissance.

L'HABITAT RURAL

Murs blanchis à la chaux ou badigeonnés d'un crépi pastel, toits en terrasse ou charpente recouverte de tuiles, l'habitat rural obéit d'abord à des principes de fonctionnalité, suivant le climat et l'activité. Les aménagements modernes – électricité, téléphone et eau courante – se sont généralisés, mais la maison d'autrefois garde encore toute sa rusticité. On y retrouve la pièce à vivre traditionnelle, complétée ou non par un étage et coiffée d'un toit en terrasse dans les îles ensoleillées ou à pentes pour les régions plus arrosées, voire enneigées, comme dans le nord du pays.

L'arhontiko ou la maison de la prospérité

Reflet de la prospérité commerciale et du croisement des influences, l'*arhontiko* est la maison des notables, belle demeure cossue d'un ou deux étages. Sous un toit de tuiles ou de lauzes, les murs en pierre ou recouverts d'un crépi sont percés d'étroites fenêtres, la lumière étant encore tamisée parfois par des vitraux. Surplombant le rez-de-chaussée bâti en pierre, l'étage en torchis et en bois s'avance en encorbellement pour former une sorte de loggia (*hagiatsi* ou *xostego*) offrant un plus vaste espace intérieur, le **sarai** ou salon de réception. Une banquette, à l'image du sofa turc, encadre la pièce, tandis que les murs et le plancher sont réchauffés d'étoffes et de tapis. Paré de motifs sculptés et peints dont le raffinement reflète la fortune du foyer, le plafond *(tavani)* est le principal ornement de la pièce. Dans les villes et les villages de Macédoine, de Thessalie ou d'Épire (Ioannina, Metsovo), on trouve encore bon nombre de ces belles constructions aux lignes héritées de l'architecture ottomane.

Des maisons comme des forteresses

Dans les régions soumises aux attaques de pirates ou autres incursions étrangères apparurent les **pirgospitia** (de *pirgos*, tour), austères bâtisses de pierre sèche en forme de tours, rondes ou carrées, aux fenêtres étroites comme des meurtrières, s'élevant sur plusieurs étages telles des vigies, héritières des tours hellénistiques. La région du Magne, notamment, au sud du Péloponnèse, regorge de ces habitations-forteresses, la plupart construites au 18e s., qui donnent aux villages des allures de citadelles médiévales. L'habitation proprement dite se tenait à l'étage, tandis que le rez-de-chaussée faisait office d'étable et de grange. Au corps de logis venaient s'ajouter diverses annexes de plain-pied, le tout étant protégé par une enceinte délimitant une cour.

Nature et paysages

Avec une superficie de 132 000 km² (un peu moins du quart de la France), la Grèce possède un territoire de dimension modeste. Mais sa situation au cœur de la Méditerranée, son climat, son patrimoine et la beauté de ses paysages en font une destination phare, attirant à la fois les amateurs d'histoire, de ruines antiques, de farniente sur les plages, ou de randonnées. La mer n'est jamais très loin en Grèce... Le pays compte en effet environ 10 000 îles réparties pour la plupart en mer Égée et en mer Méditerranée et regroupées en archipels : les Cyclades bien sûr mais aussi les îles du Dodécanèse, les îles Ioniennes, les Sporades, les îles de l'Égée du Nord... En tout, plus de 11 000 km de côtes bordent ces îles, souvent baignées de soleil. Avis aux amateurs de petits paradis !

De la mer à la montagne

Formant l'extrémité méridionale de la grande péninsule Balkanique, la Grèce dessine des contours au relief accidenté, très découpés et baignés par la mer (on mesure 15 000 km de côtes : 4 000 km pour le continent et 11 000 km pour les îles). La Grèce partage ses frontières avec la Turquie, à l'est, la Bulgarie, la Macédoine et l'Albanie, au nord.

UN PAYS MONTAGNEUX

En regardant une carte du pays, on est d'emblée frappé par l'omniprésence de la montagne, qui recouvre près de 80 % du territoire, n'épargnant pas même les îles (aucun point de l'intérieur des terres n'est distant de la mer de plus de 120 km). Pour l'essentiel, ce cortège de cimes s'intègre aux **Alpes dinariques**, ensemble montagneux qui naît plus au nord, traversant la Croatie, la Bosnie-Herzégovine, le Monténégro et l'Albanie. Vingt sommets dépassent les 2 000 m, dont le **mont Olympe** (2 917 m), le plus haut d'entre eux. Certains massifs se distinguent par des pentes très abruptes aux escarpements vertigineux. Autant dire qu'il ne reste que peu de place aux plaines, concentrées surtout dans le nord de la Grèce (Thessalie, Thrace et Macédoine) et en Grèce centrale (Béotie).

UNE TERRE EN MOUVEMENT

Ce paysage si singulier s'explique par la conjugaison de soulèvements et d'effondrements de la croûte terrestre, qui font alterner des montagnes au plissement régulier, des plateaux et des bassins sculptés par l'érosion. L'arc hellénique lui-même doit sa courbure au passage de la plaque continentale Afrique sous la plaque Europe : le frottement de ces deux gigantesques masses explique la fréquence et l'amplitude des tremblements de terre et de l'activité volcanique qui sévissent depuis toujours en Égée.

THALASSA OU LA GRÈCE DES ÎLES

Le pays vante ses 9841 îles (en comptant les îlots, récifs ou simples cailloux), dont plus de 150 sont habitées.

Mer grecque entre toutes, la **mer Égée** en compte le plus grand nombre, dont l'archipel des **Cyclades**, destination favorite des voyageurs. Curieux spectacle que ces îles accidentées, dénudées et arides, dont la population décuple l'été venu. Tout ici parle de couleurs : le bleu transparent de la mer, la blancheur des maisons, l'ocre des collines pelées.

Tout aussi montagneuses, les « douze îles » du lointain **Dodécanèse** ne sont guère plus verdoyantes. Seules Kos et Rhodes jouissent de terres suffisamment fertiles et arrosées pour produire fruits et céréales.

En se rapprochant encore des côtes turques, les **îles nord-orientales** offrent une nature plus luxuriante. Sur l'île de Samos s'étendent même d'épaisses pinèdes et une garrigue parfumée.

Cap au sud, dernière marche avant la Libye : la **Crète**. C'est la plus grande et la plus peuplée des îles grecques, un véritable grenier, regorgeant de céréales, de fruits, de légumes, de vignes et d'oliviers. Ce qui ne l'empêche pas d'être aussi montagneuse, longue épine rocheuse culminant au mont Ida (2456 m), que l'érosion a creusé de nombreux bassins, cirques et grottes.

Côté ouest, les **îles Ioniennes** s'alignent à quelques encablures des côtes grecques, tout en regardant vers l'Italie. Longtemps occupées par les Vénitiens, elles exhalent un heureux mélange d'influences latines et helléniques. Bien que touchées maintes fois par des séismes, elles se démarquent des îles Égéennes par une population plus importante, une végétation plus généreuse et de meilleures capacités d'accueil.

LA GRÈCE CONTINENTALE

Telle une main à trois doigts, la presqu'île du **Péloponnèse** forme la pointe sud de la Grèce continentale. Territoire de sites antiques fameux (Mycènes, Olympie, Sparte...), le Péloponnèse est très montagneux, prolongé au sud par trois péninsules. La plupart des grandes villes se sont établies à la périphérie, près des terres agricoles et du littoral.

Au sud, le rugueux massif du Taygète s'achève par le promontoire du Magne, décor aride semé de ces étonnants villages de hautes tours. Des villages dépeuplés, parfois abandonnés ; car, en dépit du pittoresque de la région, son relief inhospitalier a bien souvent entraîné l'exode des habitants.

Au nord du Péloponnèse s'ouvre la **Grèce centrale**, prolongée par la péninsule de l'**Attique**. Athènes en est la capitale, rassemblant plus du tiers de la population totale du pays.

Parallèle aux côtes nord de l'Attique se profile l'île d'**Eubée**, séparée du continent par un étroit chenal. Montagneuse, elle dessine une crête longiligne dont le versant oriental, trop escarpé, n'offre aucun port naturel sur l'Égée, à l'exception de Kimi.

Au nord de l'Attique s'étendent les plaines fertiles de la **Béotie**. C'est grâce à leur richesse que la Thèbes antique édifia sa puissance.

En se dirigeant vers l'ouest, la montagne reprend ses droits, marquant le territoire de la **Phocide** et de quelques hauts lieux de

Entre mer et montagne, le relief escarpé de l'île de Folegandros.
A. Serrano / hemis.fr

la mythologie grecque, dont le mont Parnasse (2 457 m), qui fut la résidence d'Apollon et des neuf Muses. Ses pentes sont aujourd'hui le domaine privilégié des randonneurs et des skieurs, mais aussi des touristes venus découvrir Delphes, l'illustre sanctuaire dédié à Apollon.

LA GRÈCE DES CONFINS

Les sommets de la Phocide annoncent l'imposante **chaîne du Pinde** qui, du nord au sud, isole l'**Épire**, à l'ouest, du reste du pays. Arrosé par des précipitations largement supérieures à la moyenne nationale, ce massif, qui culmine au mont Smolikas (2 637 m), est couvert d'épaisses forêts de conifères, qui en rendent l'accès difficile. Ces montagnes boisées ont longtemps servi de barrière naturelle à l'avancée des Ottomans. Aujourd'hui, elles sont encore le refuge de loups, d'ours et de toute une faune sauvage qui peut s'épanouir sereinement dans les deux grands parcs naturels créés au nord de Ioannina.

À l'ouest de cette muraille rocheuse, seules quelques petites plaines, autour du golfe d'Arta (au sud de la région), accueillent des plantations maraîchères et fruitières. Plus au nord, une mince bande côtière remonte jusqu'à la frontière albanaise, conduisant au site de Parga, avec ses criques, son eau bleue et ses plages de sable fin.

DES PLAINES NOURRICIÈRES

À l'est du Pinde s'étend une grande plaine, la **Thessalie**, principale terre agricole de la Grèce, cernée par de hautes montagnes. Irriguées par le fleuve Pinios et ses nombreux affluents, ses terres fertiles sont idéales pour la culture de céréales et l'élevage bovin.

Contrastant avec les alentours, un étrange décor se dresse entre la plaine et le massif du Pinde : tels des pains de sucre plantés là par quelque dieu original, les extravagants pitons rocheux des **Météores**, façonnés par l'érosion, servent de perchoir à plusieurs monastères byzantins, érigés aux 14e et 15e s.

Au nord de la Thessalie, entre l'Olympe et l'Ossa, l'étroit passage des gorges du Tempé débouche sur la **Macédoine**. La montagne s'y fait plus douce, laissant une large place aux vallées alluviales accueillant des champs de coton.
Au sud-est, la grande cité portuaire de **Thessalonique**, deuxième ville de Grèce, garde l'entrée de la **Chalcidique**, large fourchette à trois dents couverte de forêts, qui s'avance dans la mer. Si le sable fin de Sithonia et de Kassandra fait la joie des vacanciers, la péninsule du **mont Athos** est une terre à part, territoire de la plus grande communauté monastique d'Europe, vieille de plus de dix siècles et interdite aux femmes.
Au-delà de Thessalonique, les champs de coton et de tabac de l'est de la Macédoine annoncent les paysages de la **Thrace**. Fragmentées par l'extrémité sud du **massif du Rhodope** qui s'étend principalement en Bulgarie, les plaines thraces se colorent elles aussi du brun-roux des feuilles de tabac qui sèchent à cheval sur de longues piques de bois. Au contact de la Turquie, dont le fleuve Evros la sépare, la région prend alors des teintes orientales : mosquées, bazars, femmes coiffées d'un foulard… On y entend parler turc dans les rues.

Une terre de soleil

Pour l'essentiel, la Grèce connaît un **climat méditerranéen**, avec des hivers doux et pluvieux, et des étés chauds et secs. Des différences importantes distinguent cependant les régions, dues principalement aux variations de latitude et d'altitude. Au nord, en Thrace et en Macédoine, les températures sont plus supportables en été, mais les hivers se révèlent parfois très rigoureux (jusqu'à - 20 °C en Macédoine orientale). Au contraire, l'hiver se fait quasi absent au sud du Péloponnèse et surtout en Crète, où l'on peut cultiver avocats et bananes.
En automne et en hiver, les îles Ioniennes et les côtes occidentales subissent de fortes pluies, qui se transforment en neige sur les hauteurs, alors que l'est du pays est protégé par la barrière montagneuse du centre. Corfou reçoit ainsi des précipitations annuelles moyennes trois fois supérieures à celles d'Athènes.
L'été, la sécheresse provoque de fréquents incendies, attisés par le **meltem**, ce vent qui souffle de mai à septembre sur toute l'Égée.

La flore

Avec plus de **6 000 espèces végétales**, la Grèce présente une flore particulièrement riche. Sur les pentes des montagnes, ainsi que sur les terres arrosées d'Épire, s'étendent des forêts de pins d'Alep, de chênes verts, de sapins de Céphalonie, de châtaigniers et de hêtres. Au-dessous de 800 m, les forêts laissent la place à des maquis aux essences variées : lentisques, caroubiers, cistes, myrtes, bruyères, lauriers-roses ou genévriers.
Dans les régions arides du Sud domine une sorte de garrigue basse appelée *phrygana*.
Omniprésent en Grèce, l'olivier peint les paysages de son gris-vert velouté, caractéristique des pays méditerranéens. Outre les orangers et les citronniers, on trouve encore un peu partout des vignes, cultivées pour le raisin (notamment le fameux raisin de Corinthe) ou pour le vin.

La faune

Sans doute moins riche, la faune grecque révèle néanmoins quelques surprises. Les deltas

ET L'ENVIRONNEMENT ?

Développement rapide et mal pensé, urbanisation désordonnée et spéculation foncière, coupe incontrôlée du bois, sont autant de menaces graves pour l'environnement. Durant les années écoulées, on a dénombré une moyenne de 700 incendies par an, ravageant à chaque fois 200 000 m^2. La Grèce a connu les plus graves **incendies** de son histoire en 2007. Bilan : une cinquantaine de morts et plusieurs pyromanes inculpés. Malgré les mesures législatives, l'absence de prévention et la désorganisation de la lutte contre les feux rendent le problème toujours plus aigu. Au cours des étés 2009 et 2010, l'Attique était encore victime de violents incendies…

marécageux et autres étendues d'eau accueillent une grande variété d'oiseaux, tels les pélicans et les cigognes. Sur les hauteurs règnent les rapaces, vautours et le rarissime aigle criard, planant dans les airs avant de fondre sur leurs proies.

Les forêts d'Épire hébergent quelques spécimens d'ours bruns, de lynx, de loups et de chats sauvages. Beaucoup plus nombreux sont les sangliers, tandis que diverses espèces de lézards peuplent les rocailles. En Crète, il est parfois possible de trouver un caméléon caché dans un feuillage.

Traditions et art de vivre

La Grèce, et plus particulièrement les îles, semble plutôt bien résister à l'uniformisation des coutumes et des modes de vie. Si elle apporte autant de dépaysement, c'est parce que les traditions restent vivantes, sans être folkloriques. Fêtes, danses et musiques conservent une saveur très particulière, volontiers teintée de parfums d'Orient. À cela viennent s'ajouter une cuisine ensoleillée, des marchés animés et, partout perceptible, un certain art de vivre : la Grèce est un pays où l'on sait encore prendre son temps et jouir de la vie.

Fêtes traditionnelles

La religion marquant de son empreinte la vie quotidienne, dictant nombre d'usages culturels et sociaux, la plupart des grandes fêtes en Grèce correspondent au calendrier liturgique.

Si une pieuse atmosphère de recueillement, tout orthodoxe, accompagne certaines célébrations, particulièrement dans les îles et les villages, d'autres manifestations unissent le sacré au profane, oscillant entre messe et kermesse, mêlant dévotion profonde et rites païens, derniers feux d'une Antiquité dont on ne saurait gommer l'héritage. Autant d'occasions pour le peuple grec de célébrer la vie et ses saisons, avec une ferveur populaire, souvent haute en couleur.

S'il est une grande fête traditionnelle, c'est bien le **Jour de l'an**, et les Grecs se rendent à l'église, ce jour-là aussi. Le soir du 31 décembre, la maisonnée se réunit autour de la *Vassilopita*, ou **gâteau de St-Basile**, dans laquelle est cachée une médaille d'or ou une pièce de monnaie. Aux douze coups de minuit, le chef de famille découpe solennellement la pâtisserie, selon un rituel très précis : après l'avoir divisée en quatre – suivant le signe de croix –, il fait autant de parts qu'il y a de convives, sans oublier d'en offrir une à Dieu et aux absents, et d'en réserver d'autres pour s'assurer la protection du foyer, s'attirer la fortune, ou encore voir un souhait se réaliser. Une fois les parts distribuées, celui qui trouve la pièce connaîtra bonheur et chance pour la nouvelle année.

LES GRANDES DATES DU CALENDRIER LITURGIQUE

Tous les Grecs, qu'ils soient fervents pratiquants ou sceptiques, respectent les grandes manifestations religieuses. Car, au-delà de leur fondement liturgique, elles revêtent une dimension nationale – l'orthodoxie s'affichant comme l'un des ciments de la nation grecque, libérée

Tenue traditionnelle lors d'une fête, Dodécanèse.
Y. Travert / Photononstop

de l'islam ottoman –, autour de laquelle tout le peuple se réunit. En 1923, l'Église a officiellement adopté le **calendrier grégorien**, mais une exception demeure pour la célébration de Pâques, qui respecte toujours le **calendrier julien**, lunaire.
L'**Épiphanie**, le 6 janvier, rappelle le baptême de Jésus dans le Jourdain par une bénédiction des eaux. Après l'office religieux, la tradition veut que le pope lance une croix dans la mer, dans une rivière ou dans un lac, que des jeunes gens s'empressent de repêcher en plongeant.
Les trois semaines qui précèdent le début du carême (période de jeûne avant Pâques) sont une période joyeuse, où adultes et enfants investissent les rues dans leur déguisement de **carnaval**. Cette trêve au milieu de l'hiver est l'occasion pour chaque ville d'organiser ses propres réjouissances comme à Patra, réputée pour ses défilés de chars.
Quarante jours avant Pâques, le **Lundi pur** (*Kathari deftera*) marque le début du carême, période de jeûne partiel pendant laquelle plusieurs aliments sont proscrits (principalement la viande et le lait, mais également certains corps gras). Ce lundi-là, d'innombrables cerfs-volants virevoltent dans le ciel.
Pendant la **Semaine sainte**, différentes cérémonies célèbrent la passion et la résurrection du Christ, la plus importante étant le Vendredi saint, avec la procession de l'**épitaphios**, grand drap brodé évoquant le linceul de Jésus, sur lequel il figure entouré d'anges en pleurs; des fleurs recouvrent le baldaquin qui le protège, annonçant le printemps (dans certains villages, on y accroche aussi les photos des défunts de l'année). Chaque église a son *épitaphios*, porté haut dans les rues de la ville, suivi par la foule des fidèles, un cierge allumé à la main. Les plus spectaculaires *épitaphii* sont ceux d'Athènes, de Corfou ou encore de l'île de Mykonos.
Bien plus que Noël, **Pâques** est la grande fête de l'année, célébrée avec liesse dans toute la Grèce. Au-delà de son caractère religieux,

elle exalte aussi le printemps. La célébration commence dès le matin du Samedi saint, mais l'apogée survient à minuit, quand, après une longue liturgie, le pope sort de l'église, un cierge allumé à la main, pour annoncer: « *Christos anesti!* » (« Christ est ressuscité! »). La foule l'attend sur le parvis, chacun portant un cierge, prêt à être allumé. Le prêtre fait alors don du feu à l'un des participants et, de proche en proche, une myriade de petites lueurs frissonnantes illumine la place, pendant que les cloches sonnent à toute volée.

De retour à la maison, le **souper de Pâques** attend la famille avec la *mayiritsa* (soupe d'abats d'agneau de lait), appréciée des convives après la longue période du carême. Le repas s'achève avec la distribution des œufs teints en rouge (évocation du sang du Christ), que l'on casse en frappant le sien contre celui de son voisin.

Le lendemain, le père de famille préparera les braises pour griller à la broche l'agneau pascal et le *kokoretsi*, à base d'abats. Tout au long de la journée, parents et amis viendront partager ces mets et trinquer à la joie de la résurrection du Christ. En général, un repas communautaire est également organisé sur la place du village, pour permettre à tous, sans distinction sociale, de fêter Pâques comme il se doit.

Le 15 août, jour de l'**Assomption**, commémore la montée au ciel de la Vierge Marie (*Panagia*, la « toute sainte ») après son dernier sommeil (*Kimissis*, Dormition). Toutes les églises sont en fête et de nombreuses processions se déroulent dans villes et villages, notamment sur l'île de Tinos.

Noël, anniversaire de la naissance du Christ, ne revêt pas du tout en Grèce la même ampleur que dans le reste de l'Europe, la foi orthodoxe attachant avant tout de l'importance au symbole de la résurrection. La tradition veut que les enfants aillent de maison en maison pour chanter quelques couplets traditionnels *(kalenda)*, en échange d'un peu d'argent.

FÊTES NATIONALES...

Outre les fêtes à caractère religieux, les Grecs célèbrent deux dates historiques, de la plus haute importance pour les patriotes qu'ils sont: le **25 mars**, qui correspond au début de la guerre d'Indépendance, et le **28 octobre** ou jour du « Non » *(Ohi)*, en souvenir du refus de l'ultimatum italien de 1940.

Ces deux commémorations diffèrent peu l'une de l'autre. Chaque ville ou village organise sa **parelassi** (défilé), qui rassemble toutes les personnalités locales. Au son de la fanfare paradent militaires, représentants de l'Église en costume

LES PANEGYRI OU LA FÊTE AU QUOTIDIEN

En Grèce, plus encore que les anniversaires, on fête avec ferveur chaque **saint du calendrier**. Ce sont les *panegyri*; les plus importantes faisant l'objet de manifestations hautes en couleur, comme celle du patron du pays, **saint Georges**, dont une bonne moitié de la population grecque reprend le nom (avec celui de Jean – Ioanis –, de Constantin et d'Hélène). Pour l'occasion, des vendeurs itinérants – souvent des Gitans – et des commerçants se rendent sur les nombreuses foires organisées à travers le pays. Les villageois aiment s'y retrouver pour fureter dans les étalages et faire leurs achats en préparation de l'hiver: quincaillerie, outillage, animaux, chaînes hi-fi, disques, vêtements, linge de maison, jouets, babioles... Les musiciens des alentours en profitent, invitant les habitants à danser.

d'apparat, les notables, les meilleurs élèves et les membres des clubs de sport. Dans son discours teinté de nationalisme, le maire rappelle généralement l'héroïsme du peuple grec, sorti vainqueur de cette page d'histoire, et le drapeau national envahit tous les lieux publics.
En Grèce, où le « joli mois de mai » tient généralement ses promesses de soleil, la **fête du Travail** est aussi celle des **Fleurs**. Le 1er mai, les citadins vont pique-niquer à la campagne, et, partout, on accroche des couronnes aux portes d'entrée.

... ET RÉGIONALES

L'été s'émaille de **Fêtes du vin**, sur le continent comme dans les îles, dates et lieux de réjouissance pouvant varier d'une année à l'autre. Dans une ambiance animée, on peut déguster, à volonté, le petit vin de l'année et danser jusqu'au matin ! Les plus populaires restent celles de **Loubarda** à Agia Marina (vers le cap Sounion), du Pirée et de toute la **Crète**.
Une autre célébration, plus singulière, se déroule le 21 mai en Macédoine et en Thrace. C'est l'**Anastenaria** (d'*anastenazein*, signifiant « gémir »), commémoration d'un fait divers stigmatisé par l'Église : en souvenir du sauvetage, au 13e s., des icônes d'une église en flammes, certains villageois portent des images saintes et dansent pieds nus sur des charbons ardents, dans un concert de gémissements évoquant la panique que provoqua l'incident.
Toujours en Grèce du Nord, certains villages ont instauré l'équivalent d'une **« journée de la Femme »**, le 8 janvier. Pour célébrer cette gynécocratie *(gynaikokratia)* d'un jour, hommes et femmes intervertissent leur rôle, invitant les dames à se rendre tout droit à la terrasse des cafés, tandis que leur cher et tendre reste à la maison pour se consacrer aux tâches ménagères...

LES GRANDES CÉRÉMONIES FAMILIALES

En Grèce, on sait faire la fête et, lors d'un baptême ou d'un mariage, famille et amis se retrouvent dans une humeur des plus joyeuses.
Si, au cours de votre voyage, vous arrivez dans un village au moment où l'on célèbre l'un d'eux, n'hésitez pas à vous mêler à l'assistance : vous serez bien accueilli et ces moments de liesse chaleureuse et populaire vous laisseront des souvenirs forts.

Le baptême (vaptisi)

Le sacrement du baptême marque l'entrée du fidèle dans le corps de l'Église. C'est à cette occasion que l'enfant recevra son prénom, choisi par son parrain (*O Nonos*) ou sa marraine (*I Nona*). Le bébé dans leurs bras, ils le dénudent, l'oignent d'huile, avant de remettre l'enfant au pope qui l'immerge ensuite dans l'eau d'une grande cuve, à trois reprises. Une fois séché, l'enfant reçoit des **vêtements blancs** jamais portés, afin qu'il entre dans la vie « nouveau de corps, d'esprit... et de vêtements » –, cette notion particulière de nouveauté étant en effet très importante chez les orthodoxes. Puis il retrouve les bras de son parrain et de sa marraine, qui accomplissent avec lui trois tours autour de l'autel. Enfin, le pope lui coupe une **mèche de cheveux**, première offrande à Dieu de son nouveau fidèle en remerciement de sa consécration.

Le mariage (gamos)

Plus encore que le baptême, le mariage est une cérémonie haute en couleur. Même à l'église, l'animation ne manque pas : chacun étant libre de circuler pendant la liturgie, famille et amis se retrouvent. On se présente, on s'embrasse, on se congratule, et les enfants courent partout en riant ! Pour l'occasion, les fidèles peuvent exceptionnellement se rapprocher de l'autel, de l'autre côté de l'iconostase, afin de suivre au plus près l'événement. Placés juste derrière les futurs époux, leurs témoins tiennent chacun au-dessus de leur tête une **couronne de fleurs** *(Stephani)*, symbole de pureté. Ensuite, tous les quatre feront le tour de l'autel, trois fois, sous une pluie de riz et de pétales de fleurs, accompagnés des acclamations de l'assistance qui résonnent soudain dans toute l'église. À la sortie, enfin, les jeunes mariés et leur famille respective recevront les félicitations de tous : *Na zissete* (« Vie à vous »), tandis qu'ils diront aux témoins : *Panda axios* (« Toujours digne »). Rappelons que l'église orthodoxe admet le divorce et accueille les remariages en son sein.

L'enterrement (kidia)

La disparition d'un proche est évidemment un moment important. Dans les villages, la coutume veut que le corps du disparu repose à son domicile jusqu'aux obsèques, afin que chacun – membres de la famille et villageois – puisse venir le saluer une dernière fois. Pour la cérémonie religieuse, le cercueil est déposé au centre de l'église, entouré des proches du défunt qui, dans certaines régions, portent encore le brassard noir du deuil. Le pope évoque la vie de celui-ci et son rappel à Dieu en attendant le jour de la résurrection des corps. Puis le cortège se forme pour accompagner le cercueil jusqu'au cimetière, où il sera mis en terre. Après l'inhumation, tous se retrouvent au *kilikio*, café où la famille offre le réconfort d'un café et d'un cognac, accompagnés de gâteaux à base de blé sucré, censés adoucir la douleur. Quarante jours après, enfin, une messe sera célébrée en mémoire du défunt, le *mnimosyno* (souvenir).

La musique et la danse

Quelques amis, un verre d'ouzo et de la bonne humeur sont les ingrédients de base de toute fête improvisée. Les Grecs manquent rarement une occasion d'écouter de la musique et d'esquisser quelques pas de *syrtaki*, de *balo* (dans les îles) ou de *zeïbekiko*, qui permettent à tous, hommes et femmes, et quel que soit leur âge, de se retrouver.

DE LA MUSIQUE CLASSIQUE À LA MUSIQUE DE CLASSES

On dispose de peu d'informations sur la musique de la Grèce antique, mis à part l'existence d'un art lyrique prestigieux au 5e s. avant notre ère, principalement dans les cités de Delphes ou Athènes. Puis la musique aurait décliné rapidement au profit de la poésie, le pouvoir des mots l'emportant largement sur celui des notes.
Il faut attendre le milieu du 19e s. pour assister à une renaissance de la

DITES-LE AVEC DES FLEURS

Le *bouzouki* a donné son nom à un type de boîte de nuit où, chaque soir, viennent se produire les artistes en vogue devant un auditoire réunissant toutes les générations et toutes les classes sociales. Même si la culture musicale de ces chanteurs n'a plus grand-chose à voir avec le *rébétiko* des années 1920, l'engouement de l'assemblée est toujours aussi ardent. Cependant, les assiettes que lançait le public pour exprimer sa satisfaction sont désormais remplacées par des fleurs.

LES INSTRUMENTS TRADITIONNELS

Baglamas	petit *bouzouki* (on trouve le même instrument en Amérique latine)
Bouzouki	instrument à long manche, à trois ou quatre paires de cordes
Daouli	cylindre en bois tendu de peaux à chaque extrémité
Défi	tambourin
Floyera	flûte de berger en roseau ou en bois
Gaïda	cornemuse (Grèce continentale)
Laouto	luth à quatre paires de cordes
Lyra	petite viole à trois cordes et archet
Miroloï	longue flûte au son fruste
Outi	luth à manche court
Pipiza	hautbois aigu
Toumbeleki	tambourin
Tsabouna	cornemuse (îles grecques)
Sandouri	cithare à cordes frappées
Zournas	hautbois (souvent accompagné par le *daouli*)

musique grecque. Deux tendances fort distinctes se dessinent alors : d'une part, la formation classique, influencée principalement par les œuvres italiennes et, d'autre part, les musiques populaires *(laïki mousiki)* et folkloriques *(dimotiki mousiki)*, bien plus représentatives de la vie et des préoccupations quotidiennes.

La musique classique

Elle ne se limite pas aux seuls noms de **Maria Callas**, qui possède son musée à Athènes, ni à **Dimitri Mitropoulos**, l'un des grands chefs du 20e s.

Compositeur de l'hymne national, **Nikolaos Mantzaros** (1795-1872) apparaît comme le précurseur du courant musical classique, qui se poursuit à la génération suivante avec Manolis Kalomiris – auteur du premier opéra grec *Le Contremaître* (1915) – et Nikos Skalkotas.

Iannis Xenakis (1922-2001) est sans aucun doute le musicien grec le plus novateur du 20e s. Distingué et reconnu par ses pairs bien au-delà des frontières, ce mathématicien et architecte de formation est devenu un éminent compositeur de musique contemporaine stochastique (qui applique au domaine musical le calcul des probabilités et la théorie des événements en chaîne). Citons également **Giorgos Aperghis** (1945), qui a contribué à l'introduction du genre « théâtre musical », sans oublier le célèbre **Vangelis** (1943), compositeur de musique électronique prolifique et auteur de nombreuses musiques de films (*Les Chariots de feu*).

Le rébétiko : paroles et musiques populaires

À la fin du 19e s. dans les bas-fonds de Smyrne (actuelle Izmir), d'Istanbul, d'Athènes et du Pirée, une nouvelle tendance musicale se profile : le *rébétiko*. Avec lui, tout un mouvement social et politique prend corps. Souvent comparé au blues, le *rébétiko* s'épanouit dans les années 1920, parmi les Grecs d'Asie Mineure et les paysans venus chercher du travail en ville. Dans ce milieu de laissés-pour-compte, des musiciens organisent des rassemblements

clandestins (les *stéki*) pour danser, jouer la musique « des gens d'en bas » *(ipokosmos)* et fumer le narghilé ! Les *rébéti* (chanteurs de *rébétiko*) tirent une certaine fierté de leur anticonformisme. Ils n'en sont pas moins poètes, et leurs textes, souvent argotiques, s'insurgent contre l'injustice et racontent également des histoires de drogue et de femmes aux mœurs légères. C'est une musique authentiquement grecque qui s'impose ainsi grâce à des artistes comme **Vassilis Tsitsanis** (1915-1984). Ce mouvement prend très vite de l'ampleur et, lorsque la notion de nationalisme renaît après guerre, les maisons de disques vont en profiter pour sortir le *rébétiko* de sa clandestinité. Ce sera alors un succès retentissant.
Mais que seraient les paroles du *rébétiko* sans le **bouzouki** ? Condamné comme « instrument du diable » par la bourgeoisie, la légende veut que cet instrument soit à l'origine du *baglamas*, son petit frère dont la taille réduite lui permettait d'être caché sous le manteau !

Le renouveau musical grec

Deux artistes contemporains réputés, **Mikis Theodorakis** (1925) et **Manos Hadjidakis** (1925-1994), ont été soucieux de préserver et d'exploiter le patrimoine musical grec. Outre son engagement politique, qui en fait une véritable légende vivante, le premier est connu pour ses musiques de films telles que *Zorba le Grec* ou *Z*, qui ont remporté un immense succès. Le second a également œuvré pour le cinéma, et il a composé pour Mélina Mercouri et Nana Mouskouri *(Les Enfants du Pirée)*. Il faut également saluer de très belles voix contemporaines : Giorgos Dalaras, Haris Alexiou ou Eleftheria Arvanitaki.

Les musiques folkloriques (dimotiki mousiki)

Chaque ville ou village possède sa fanfare, pompeusement baptisée « orchestre philharmonique ». Ces formations regroupent des musiciens de tous âges, pour la plupart autodidactes, qui se produisent à l'occasion des fêtes. Les symphonies et les instruments diffèrent d'une région à l'autre, ou même d'une ville à l'autre, mais on retrouve une certaine unité dans l'essence même du morceau. Ainsi, les *cantades* (cantates) des îles Ioniennes évoquent les aventures galantes et les fantaisies villageoises sur des airs de violons et de guitares, assez semblables aux mélodies du sud de l'Italie. En revanche, en Épire, les compositions se montrent plus plaintives, rappelant la douleur d'un peuple exilé, au son des *miroloia* et des *pipiza*.

LES DANSES TRADITIONNELLES

Chaque morceau de *rébétiko* ou de *dimotiki musiki* s'accompagne de figures liées non à de véritables règles chorégraphiques, mais à une tradition d'harmonie entre le corps, l'esprit et l'expression du visage. Ainsi, une danse interprétée sur tout le territoire pourra montrer des variantes régionales. Parmi les plus répandues : le **hassapiko** (danse des bouchers), qui remonte à l'époque byzantine, lorsqu'il était exécuté par les bouchers de Constantinople pour la fête de leur corporation. Depuis les années 1950, il est mondialement connu dans sa version simplifiée et plus lente, le **syrtaki**, qui doit ses lettres de noblesse au film *Zorba le Grec*.
Le **zeïbekiko** – danse associée au *rébétiko* – vient d'Asie Mineure. À l'origine, il était exécuté par un unique danseur entouré d'un

Cuisine traditionnelle grecque (*mezzes* et salade).
E. Suetone / hemis.fr

parterre de convives accroupis, qui frappaient dans leurs mains suivant un rythme très précis. Mentionnons également le **kalamatiano** (danse du mouchoir), la danse des mariages par excellence, et le **tsifteteli**, qui doit son nom au violon à deux cordes qui l'accompagnait autrefois. Cette danse lascive, réservée aux femmes, provient d'anciens rituels de fertilité d'Asie Mineure.

Gastronomie

Reflet d'une vieille terre d'échanges, la cuisine grecque porte en elle les influences des nombreux peuples qui l'ont faite ou traversée. Elle demeure avant tout la **cuisine du soleil**, chargée du parfum de l'olive, de la résine et du miel, mais la créativité n'est pas son fort. Les restaurants proposant une cuisine imaginative sont quasiment inexistants et le contenu des menus ne varie guère d'un établissement à l'autre.

LA HORIATIKI OU LA SALADE DU VILLAGE

La « salade grecque », figurant sur tous les menus, est un plat traditionnel aux saveurs authentiques qui mériterait de retrouver sa véritable appellation : **horiatiki** (« la villageoise »). Elle rassemble les ingrédients que l'on trouve dans chaque village grec : tomates mûries au soleil, rondelles de concombre, morceaux de poivron cru et d'oignon, le tout rehaussé d'origan et recouvert d'une tranche de feta, de quelques olives, voire de câpres du jardin et d'un filet d'huile d'olive.

LA RONDE DES MEZZES

Au *mezedopoleio* et à l'*ouzerie*, on sert des *mezzes* – terme turc qui désigne une infinité de petits plats froids ou chauds, à base de viande, de poisson, de fromage ou de légumes. Cela va du plus simple – quelques olives et une tranche de feta – au plus compliqué, comme des champignons farcis dans une sauce au vin. Ils se dégustent avec du retsina, de la bière, de l'ouzo ou du *tsipouro* (*tsikoudia* en Crète), une eau-de-vie de raisin. Si certaines *ouzéries* ne proposent que peu de *mezzes* et ressemblent à s'y méprendre à des *kafénia*, d'autres en affichent de nombreux. Impossible d'en faire la liste, les *mezzedakia* étant sans doute aussi nombreux que les cigales. On retiendra les fleurons du genre, tel le **saganaki**, fromage frit, les succulents beignets de courgettes *(kolokythokeftedes)* et d'aubergines *(melitzanes)* relevé avec de la **skordalia**, une fine purée d'ail et de pommes de terre, mais aussi les **dolmades**, délicats pâtés de viande et de riz enveloppés dans une feuille de vigne ou de chou, à consommer froids ou chauds nappés d'une sauce blanche citronnée.

Les plus affamés pourront satisfaire leur appétit de quelques **keftedes**, boulettes de viande ou de légumes frites. L'île de Santorin a accommodé la recette à son goût avec la **tomatokeftedes**, une boulette de tomate liée dans du fromage fondu.

Les Grecs se révèlent également de grands amateurs de **légumes secs**: haricots blancs *(fassolia ou gigantes)* ou lentilles *(fakes)*, agrémentés de rondelles d'oignon, de persil et d'huile d'olive, en soupe ou en salade.

GRILLADES DE VIANDES...

Pour manger sur le pouce, rien de mieux qu'un **gyros**, un rôti de porc (le plus fréquent), d'agneau ou de poulet en broche verticale, dont on découpe de fines lamelles au fur et à mesure de la cuisson. Vous pouvez aussi opter pour les **souvlakia**, petites brochettes de viande, alignées dans les vitrines de toutes les tavernes. *Gyros* et *souvlakia* se dégustent enveloppés dans une *pita* farcie d'oignons, de tomates et de *tzatziki*, le tout saupoudré de paprika. À moins que vous ne vous laissiez tenter par les traditionnelles **tiropita** et **spanakopita**, savoureux feuilletés fourrés, le premier au fromage, le second aux épinards.

Les tavernes proposent toutes sortes de viandes – agneau, porc, bœuf, volaille, lapin, et même de la chèvre –, cuites au grill ou dorées au four, que l'on accompagne généralement de pommes de terre, très présentes dans la cuisine grecque.

Quelques plats traditionnels, que l'on partage en famille, ont également franchi le seuil des restaurants: qui n'a pas déjà goûté à la **moussaka**, gratin d'aubergines et de viande hachée à la sauce tomate, nappé de béchamel ? Mais connaissez-vous le **kokinisto**, daube très parfumée (les îles de Sifnos et de Tinos, dans les Cyclades, sont réputées pour ces spécialités de viandes, entre

À LA LAÏKI AGORA, LE MARCHÉ

Lieu de rencontre par excellence de toutes les maîtresses de maison, la *laïki* agora est le marché populaire dont les innombrables échoppes, tels les souks orientaux, mobilisent toute une rue. Un bazar à l'atmosphère joviale, toujours très animé, où se mêlent épiciers, maraîchers, bouchers et poissonniers, ferblantiers, dans un mélange de parfums, de couleurs et de bruits. La *laïki* comprend deux parties: d'un côté, les fruits et les légumes frais et secs, les viandes et le poisson, de l'autre, la quincaillerie – souvent tenues par des Pontii, des Grecs originaires du Pont-Euxin –, alternant avec des étals de lingerie féminine et de bibelots divers, sans oublier les Africains proposant réveils, montres ou radios.

autres), ou le **pastichio**, gratin de macaronis et de viande à la sauce tomate, généreusement couvert de béchamel ? Vous les trouverez à la carte de bien des tavernes mais dans les lieux touristiques, ils décevront les gourmets car ils regorgent souvent d'huile et ont été généralement réchauffés de trop nombreuses fois…

… ET DE POISSONS

Bordée par 15 000 km de côtes, la Grèce offre un grand choix de poissons et de fruits de mer. Dans les îles et près des ports, les pêcheurs revendent, le plus souvent, directement leur prise aux restaurateurs. Mais les poissons frais, servis au poids, sont très chers : de 35/40 à 70 €/kg ou plus. En dehors des régions de pêche, les produits de la mer sont surgelés (mention obligatoire sur le menu). Si vous optez pour le poisson frais, faites-vous bien préciser le prix de votre assiette à l'avance.

Si vous êtes connaisseur, demandez à choisir le poisson dans les réfrigérateurs de la cuisine ; sinon, faites confiance au chef. Gourmandise entre toutes : les **rougets** *(barbounias)* frits, ainsi que le **mérou** *(rofo)* à la chair si délicate. Goûtez aussi la **sole** *(glossa)*, qui, bien qu'issue généralement d'élevages, se révèle des plus savoureuses, ou encore le **pagre** *(fagri)* et la **dorade** *(sfirida)*. Ne pas oublier non plus les **poulpes** *(octapodia)* que vous verrez pendre aux devantures des tavernes. Les **calamars** *(kalamarakia)*, pêchés dans les récifs côtiers, sont délicieux, juste relevés d'un filet d'huile d'olive ou bien cuisinés dans du vin rouge.

DOUCEURS ORIENTALES

Le dessert ne fait pas partie d'un repas grec. Mais il est possible d'en déguster à toute heure de la journée, devant une boisson bien fraîche. Vous ne trouverez pas, en revanche, de spécialités purement grecques : la pâtisserie est la plus évidente illustration des fameux « emprunts » culinaires, et si les recettes ont été sensiblement adaptées, leurs noms trahissent leur origine orientale : *baklava*, *kadaïfi* et *loukoumades* d'Asie Mineure sont tout autant chargés de miel, d'amandes ou de pistaches. Vous serez peut-être plus surpris de reconnaître le millefeuille et les profiteroles chers à la France, ou le *tiramisu* et la *panaccota* d'Italie !

DU PIN ET DU VIN

Dans le fameux *Banquet* de Platon, Socrate consacre une large place aux **vins**. De fait, sous le soleil ou à l'ombre des pins, le parfum du **retsina** prend toute son ampleur. Mais il ne fait pas le bonheur de tous et vous pouvez lui préférer des vins aux saveurs plus classiques. En principe la plupart des restaurants servent du vin en pichet d'un litre, *kilo*, ou demi-litre, *misso kilo*. Ce sont en général des vins de petits producteurs locaux qui n'ont pas encore été gagnés par la mondialisation du goût et peuvent donc surprendre, mais ils sont authentiques et d'une faible teneur en alcool. Leur prix est attractif : 5 à 7 € le litre.

La Grèce et ses îles comptent aussi une variété de grands vins, rouges ou blancs, élaborés selon les méthodes les plus modernes. Ils sont en général assez chers au restaurant : de 20 à 40 € la bouteille de 75 cl.

Parmi les blancs, il faut goûter au **mandinia** d'Arcadie et au **roditis** de l'île de Limnos, très parfumés. Les vins blancs de **Santorin** sont également réputés pour leur arôme particulier, hérité de la terre volcanique de l'île. La Macédoine produit aussi des vins rouges et blancs de qualité. On rencontre de plus en plus de nectars issus des cépages classiques : merlot, cabernet-sauvignon, syrah, pour les rouges, chardonnay pour les blancs. Pour plus d'originalité, il vous faut regarder du côté du Péloponnèse, où les vins de **Néméa**, la plus grande des Appellations d'origine contrôlée grecque, sont issus de l'**agioritiko**. Dans la même région, le **moschofilero** produit des vins blancs secs et parfumés. Dans le nord du pays, le cépage **xinomavro** ne manque pas non plus de caractère. Si vous aimez les vins doux, goûtez aux **muscats** de Santorin, de Samos et de **Patra**, ou aux vins rouges doux des îles, de Crète et de **Patra**, tirés du **mavrodaphni**.

Mais votre voyage en Grèce ne saurait se passer d'un petit verre d'**ouzo**, le « pastis » grec, boisson élaborée à partir d'alcool de canne parfumé à l'anis. On le savoure entre amis à l'*ouzérie*, bien sûr, accompagné d'un délicieux assortiment de *mezzes*. Vous pouvez aussi déguster, avec modération, un **tsipouro**, eau-de-vie de raisin ou de marc, parfois parfumé à l'anis ou aux herbes, que l'on nomme *tsikouda* en Crète.

LA TAVERNE OU LA TABLE DU SOLEIL

Restaurants du peuple… et des voyageurs, c'est à la taverne *(taverna)* que vous découvrirez la cuisine du pays. On y sert des plats traditionnels simples, mais chaque taverne élabore ses propres spécialités, suivant la région et le savoir-faire du chef. Certaines proposent essentiellement du poisson et des fruits de mer *(psarotaverna)*, tandis que d'autres servent plutôt des viandes grillées *(psistaria)*. Quelques plats font néanmoins l'unanimité et leur succès a même largement dépassé les frontières de la Grèce : quel apéritif ne s'accompagne-t-il pas d'un **tarama** (ou **taramosalata**), purée d'œufs de poissons finement mixés avec de la mie de pain, de l'huile d'olive et du citron, ou d'un **tzatziki**, onctueuse crème au yaourt parfumée d'ail et de lamelles de concombre ? Sans oublier la **melitzanosalata** (ou « caviar

AU KAFENEION

Fief imprenable de ces messieurs – moustache taillée et casquette bien assurée –, le *kafeneion* se doit de posséder un poste de télévision, placé en hauteur, sur une étagère pour être vue de tous lors des matchs de foot. Les Grecs d'un certain âge s'y rendent à toute heure, sans but précis, les événements du quotidien et le spectacle de la rue fournissant toujours de quoi alimenter les conversations. Attablé devant un café grec ou un ouzo (toujours accompagné d'un grand verre d'eau), on commente le journal télévisé et le football, on critique la dernière loi adoptée au Parlement, on se passionne pour la Bourse, à moins de palabrer, avec tout autant de sérieux, à propos d'ânes ou de chèvres. Certains jouent aux cartes ou au **tavli** (sorte de jacquet), un jeu de pions traditionnel, hérité des Byzantins ; d'autres restent attablés en terrasse pour regarder les passants… et les passantes. Le temps s'écoule ainsi paisiblement, jusqu'à l'heure du repas où chacun rentre chez soi pour savourer le dîner préparé par l'épouse ou la mère. Avec sa clientèle vieillissante, le kafenion est un élément du paysage urbain qui tend à disparaître. Beaucoup ont fermé pour accueillir d'autres commerces. D'autres se sont transformés en cafés à la déco ultra-recherchée, autant de lieux où les femmes sont les bienvenues.

LACHIO ! LACHIO !

Les Grecs sont joueurs et croient beaucoup en leur bonne fortune. Cet esprit de spéculation a encouragé les jeux de chance et de hasard. En particulier, le « propo » et le « loto » – classique ou sportif –, le « xisto » (billet que l'on gratte pour voir apparaître la somme gagnée), le « lachio » (loterie), ainsi que plusieurs variantes. En ville, chaque quartier a son magasin voué exclusivement à la vente de ces billets et à l'enregistrement officiel des paris et des lotos. On peut aussi les acheter auprès des vendeurs ambulants qui sillonnent les rues en criant : « Lachio ! Lachio ! »

d'aubergine »), tendre chair d'aubergine grillée et assaisonnée. Pour la suite, ne manquez pas les **melitzanes imam** (aubergines farcies à l'oignon et à la tomate), les **melitzanes papoutsakia** (aubergines farcies de viande hachée), les **kolokythakia yemista** (courgettes farcies sauce citron) ou le **kouneli stifado** (civet de lapin aux oignons).

Humour et superstition

KARAGIOZIS, LE GUIGNOL GREC

Comme les Indonésiens et les Turcs, les Grecs ont leur **théâtre d'ombres** – jeu de silhouettes découpées dans du cuir peint que l'on manie à l'aide de baguettes derrière une toile éclairée. La comparaison n'a rien de fortuit, puisque le *Wayang kulit* javanais, importé en Égypte par les Arabes, a sans doute inspiré le Karagöz turc à partir du 16e s., puis le Karagiozis grec. Les deux héros, Karagöz et Hacivat, étaient employés comme ouvriers sur le chantier d'une mosquée. Or, les deux compères mettaient peu de cœur à l'ouvrage, préférant passer leur temps à amuser leurs camarades. Pour les punir et faire un exemple, le sultan les fit pendre ; mais les gens de la ville les regrettèrent tellement qu'un certain Seyh Küsteri eut l'idée de fabriquer des marionnettes à leur effigie, qu'il utilisa pour perpétuer leurs histoires. Ainsi naquit ce Guignol à la turque, puis son homologue grec.

La marionnette de Karagiozis est la **caricature du Grec de la rue**. Avec ses gros « yeux noirs » – traduction littérale du terme turc *Karagöz* –, sa bosse dans le dos et son bras démesurément long, il est d'une laideur repoussante. Incarnation du Malin, du Rusé, il a le sens de la répartie, le verbe prompt, un art consommé de l'affabulation et de la combine, dont il a parfois bien du mal à se sortir lui-même. Il est facétieux, frondeur, tantôt généreux, tantôt fourbe, mais toujours patriote et surtout constamment affamé. Il a exercé tous les métiers, été de tous les partis, et s'est immiscé dans chaque intrigue amoureuse, politique ou financière. Ses aventures mêlent joyeusement l'Histoire, la vie quotidienne et la mythologie grecque sans se soucier des anachronismes. Les autres protagonistes évoquent les différentes figures de la Grèce de la fin du 19e s. On retrouve l'Athénien vaniteux et bavard sous les traits de **Morphonios** (« le Pédant ») dont la tête énorme figure l'intellectuel. **Hadziavatis**, le Turc, est le double de Karagiozis, son complice et son souffre-douleur. Si le théâtre de Karagiozis tend à s'éteindre, son esprit survit un peu dans chaque Grec qui aime son pays mais déteste l'État, respecte

le savoir mais brocarde les savants et qui peut, en toute occasion, se moquer de ce qu'il vénère le plus.

SUPERSTITIONS POPULAIRES

Le mauvais œil

Héritage des siècles d'invasion ottomane, le **mati** (littéralement l'« œil ») frise l'obsession chez les Grecs, qui craignent constamment de se faire *matiasser* (être victime d'un mauvais sort). Les gens grippés, nauséeux ou enrhumés, notamment, disent souvent avoir été *matiassés*. Aussi pour conjurer le sort se pare-t-on d'un petit œil de verre entouré de bleu turquoise. Accroché aux vêtements et au berceau des bébés, suspendu au cou des enfants et des adultes, il orne également l'intérieur des maisons, des voitures, des magasins ou tout autre lieu de vie. L'œil a la prétention de protéger des esprits perfides qui guettent chacun des Grecs.

Faire des compliments à un enfant est très mal vu, sauf s'ils sont immédiatement suivis d'un **ftoussou** : ce mouvement des lèvres, qui s'accompagne plus ou moins d'une expulsion de salive, indique que les éloges sont sincères et dénués d'un sentiment de jalousie caché. Dans les maternités, des écriteaux interdisent de « ftoussouter » sur les nourrissons, par souci d'hygiène !

Si, malgré ces précautions, une personne est envoûtée, certains

LE KOMBOLOÏ

Un **komboloï** est une sorte de **court chapelet** que chacun égrène à son rythme. Les premières traces de cet objet remontent à la préhistoire, dans les fameuses grottes d'Altamira, en Espagne. Il était constitué d'osselets d'animaux, dont le nombre et la qualité correspondaient au rang hiérarchique de son propriétaire au sein de la tribu. Symbole de pouvoir chez les sages, puis sacralisé au fil des siècles, il connut différentes fonctions. En Grèce, le *komboloï* est dépourvu de toute signification religieuse, fait rare pour le pays. Ces **perles de plastique** (ou de matériau plus précieux comme l'ambre), que l'on fait glisser une à une à longueur de journée, possèdent surtout une grande valeur sentimentale, teintée de sensualité. Ce qui n'empêche pas les habitants de certaines campagnes d'attribuer également au *komboloï* le pouvoir d'éloigner le mauvais sort. Son usage, encore fréquent, est cependant de plus en plus souvent abandonné par les jeunes qui le considèrent comme un symbole de paresse.

Komboloï.
R. Mattes / hemis.fr

initiés prétendent détenir une formule miracle qui, à l'aide d'un verre d'eau et d'une goutte d'huile d'olive, délivrera du mauvais œil – acte de « purification » pouvant même se dérouler par téléphone.

Croix des villes, coq des champs

Dans les campagnes, la construction d'une maison ou de tout autre lieu de vie ou de travail commence parfois par une cérémonie au cours de laquelle on égorge un coq. Sous l'œil attentif de la famille, des amis ou des ouvriers, le pope sacrifie l'animal, avant d'en faire don aux personnes démunies. Dans les villes, on a encore coutume de sceller une croix d'or ou d'argent dans les premières pierres du bâtiment.

Les proskinitiria, oratoires du souvenir

Le long des routes ou des chemins de campagne, vous ne manquerez pas de croiser de minuscules oratoires plantés sur le bas-côté. Ces singuliers édicules rendent gloire au Ciel pour un accident qui n'a pas fait de victime ou, au contraire, entretiennent la mémoire d'un défunt. À l'intérieur trône l'icône du saint patron, qu'éclaire une petite lampe – souvent un simple verre rempli d'huile d'olive –, accompagnée de quelques présents et d'un bouquet de fleurs.

Artisanat

S'il n'existe pas de grande tradition artisanale, certains commerçants ont su adapter quelques créations typiquement régionales au goût des étrangers. La plupart des articles estampillés « traditionnels », destinés exclusivement aux touristes, ne proviennent pas forcément d'artisans locaux. Mais les amateurs pourront dénicher quelques objets authentiques dans les bourgades hors des sentiers battus.

LE TRAVAIL DU BOIS

Certaines îles, dont les **Sporades du Nord**, sont réputées pour leurs meubles : lits, buffets, coffres *(kassela)*, banquettes *(nissiotikoi kanapedes)*, vaisseliers *(piatothikia)*, tables et chaises, travaillés dans du bois de châtaignier, d'arbre fruitier, de chêne ou de hêtre, composent un sobre « mobilier des îles ».
Dans le Péloponnèse, la ville de **Vitina** est connue pour ses objets en noyer, en cerisier ou en pin. On trouve des barrettes à cheveux , des saladiers, des planches à pain, des couverts ou encore les très populaires pichets à eau.

LES BIJOUX

Dans les années 1950, **Ilias Lalaounis** innove en créant des pièces d'orfèvrerie inspirées de

l'Antiquité. Sous son patronage sont fondés une école et des ateliers pour former les artisans aux techniques séculaires du travail de l'**or**. De merveilleuses pièces démarquées des civilisations minoenne, macédonienne, grecque classique et byzantine sortent encore de ces ateliers.
Dans les quartiers touristiques, les boutiques proposent un large choix de pièces d'orfèvrerie, de bijoux et de breloques. Les budgets plus modestes pourront se contenter de jolis bijoux en **argent**, dont la ville de Ioannina s'est fait une spécialité. Dans certaines îles des Cyclades, notamment à Sifnos et à Milos, des artisans réalisent des bijoux originaux en utilisant des pierres volcaniques de couleurs variées.

CUIR ET FOURRURE

On travaille le cuir principalement dans les régions du nord de la Grèce. De nombreux sacs à main, à dos ou de voyage, des sandales ou des ceintures sont proposés à bon prix dans tous les lieux touristiques. Vous serez également étonné par le nombre impressionnant de magasins de fourrure.
La peausserie, favorisée aujourd'hui par le tourisme, est surtout une tradition séculaire de Kastoria, en Macédoine occidentale.

TAPIS ET TISSAGES

La plupart des tapis, issus de la tradition ottomane, sont tissés mécaniquement dans les nombreuses usines de la région de Thessalonique.
En revanche, certains tissages de Crète, d'Arahova ou de l'Épire méritent une attention particulière pour les motifs – souvent à rayures –, inchangés depuis plusieurs générations. Jadis, les jeunes filles préparaient leur trousseau en brodant des **kendimata**, étoffes aux motifs colorés représentant des fleurs, des animaux, des paysages ou, plus rarement, des sujets inspirés de la mythologie. On peut encore dénicher de véritables petits chefs-d'œuvre dans quelques villages du nord de la Grèce.

La religion

Religion officielle de la Grèce, l'orthodoxie rassemble 97 % de la population. L'Église et l'État n'étant pas séparés, le président de la République prête serment sur la Bible. Toute manifestation publique s'accompagne immanquablement de la présence d'un représentant de l'Église, et la mention obligatoire de la confession orthodoxe sur la carte d'identité nationale – cas unique en Europe – n'a été supprimée qu'en 2000. La religion a donc une importance majeure dans la conscience nationale et elle est indissociable de l'identité grecque. Il suffit pour s'en convaincre d'assister à l'une des grandes fêtes religieuses qui émaillent le calendrier.

L'orthodoxie, une religion d'État

LE GRAND SCHISME

Unis par leur genèse et leur doctrine – le christianisme –, l'**orthodoxie** et le **catholicisme** divergèrent à partir du 5e s. pour aboutir au plus important **schisme** de l'histoire chrétienne. Cette rupture devint officielle en **juillet 1054**, date qui signait la séparation définitive de l'Église d'Occident et de l'Église d'Orient. Byzance, en se proclamant la seule héritière de Rome, devenait le nouveau garant de l'hellénisme.
Les principales causes de ce Grand Schisme tiennent, pour schématiser, à deux lectures différentes du mystère trinitaire ou **filioque** (en latin, « le fils aussi ») : pour les catholiques, l'Esprit saint procède en effet du Père et du Fils, tandis que pour les orthodoxes, il ne procède que du Père.
La question de **la langue** est fondamentale : fidèles à Rome, les catholiques disent la messe en latin, tandis que les orthodoxes, héritiers de la tradition byzantine, la font en grec, par ailleurs langue dans laquelle furent rédigés certains Évangiles.
Tiraillées entre deux Églises, les cités grecques hésitent entre Orient et Occident. Ballottée par les événements de l'Histoire, la Grèce restera longtemps confortée dans ses convictions religieuses, que les vagues successives d'envahisseurs ne feront que renforcer : ce sera d'abord l'arrivée de l'islam arabe, au 7e s., puis l'intrusion des Latins

UN SIÈCLE ŒCUMÉNIQUE ?

Il aura fallu attendre le 20e s. pour qu'un dialogue s'engage à nouveau entre les Églises catholique et orthodoxe. D'abord à Jérusalem, en 1964, puis en 1967, lorsque le pape Paul VI rencontre le patriarche de Constantinople, Athénagoras Ier. Les premiers signes tangibles d'un rapprochement apparaissent enfin, après des siècles de froide opposition. Autre débat récurrent en Grèce, la possibilité de séparation de l'Église et de l'État ne cesse d'inquiéter les orthodoxes, l'Église jouant jusqu'à présent un rôle conséquent dans les affaires du pays.

et des Mongols musulmans (13e s.), pour entrer ensuite dans quatre siècles d'islam turc, à partir du 15e s.

UNE ENCLAVE CHRÉTIENNE EN TERRE MUSULMANE

« Plutôt le turban turc que la mitre latine », aurait lancé le patriarche de Constantinople lorsque le pape proposa ses soldats face aux armées de Mehmet II (1453). Paradoxe de l'histoire, les Turcs œuvreront en faveur de la suprématie de l'orthodoxie en Grèce : sous l'égide du patriarcat de Constantinople, ils organisent le territoire conquis en un **milet**, communauté administrée par l'Église orthodoxe, reconnaissant ainsi cette dernière comme religion de leurs sujets grecs. Une habile stratégie du sultan pour saper l'autorité du pape dans le pays, en attendant que les derniers feux de Byzance ne s'éteignent à leur tour.
Ce privilège s'accompagne évidemment de lourds tributs.
Ce qui fut d'abord perçu comme une victoire de la pensée hellénique sur l'occupant turc apparaît peu à peu comme une compromission. Au fil des siècles d'occupation, les orthodoxes vont ainsi se détourner du patriarche de Constantinople, au profit des popes, plus proches du peuple grec et de ses espérances. La prise de Constantinople par les Turcs ne fera que consommer la rupture.
Le système du milet disparaîtra à la fin du 18e s., époque à laquelle la bourgeoisie grecque s'affranchit de l'égide politique du patriarcat, ne lui concédant plus qu'un rôle œcuménique. Aujourd'hui, seuls le Dodécanèse et la Crète, qui rejoignirent tardivement la Grèce, ainsi que le mont Athos, dépendent encore – en théorie du moins – de Constantinople.

L'ÉGLISE : DE L'INDÉPENDANCE À AUJOURD'HUI

Si le clergé populaire joua un rôle actif contre l'occupant turc au début du 19e s., il n'en fut pas toujours de même avec la hiérarchie orthodoxe, qui tira de larges avantages du rôle de collecteur d'impôt que lui avait confié l'administration ottomane.
Durant la Seconde Guerre mondiale, l'Église fut globalement du côté de la résistance et s'opposa, surtout à Athènes et dans l'île de Zante, aux déportations de Juifs.
En revanche, durant l'époque de la dictature des colonels, les éléments les plus conservateurs de l'église orthodoxe apportèrent un soutien actif au régime.
L'Église orthodoxe d'aujourd'hui se veut moins une institution que l'expression d'une Église « une et sainte », présente dans le moindre petit village du pays, proche du peuple. Cette option se manifeste par diverses initiatives médiatiques.

LE MONT ATHOS, SANCTUAIRE DE LA FOI

Bastion spirituel et intellectuel de l'orthodoxie la plus pure, la communauté du mont Athos est restée depuis le 10e s. le fief clos d'ermites et de moines vivant dans la tradition d'une rigoureuse discipline introduite par saint Athanase l'Athonite. Si des pèlerins peuvent pénétrer entre les murs de ces monastères, vous n'y verrez aucune femme, la règle athonite proscrivant toute forme de présence femelle – animale ou humaine – sur le territoire. Depuis 1926, le mont Athos bénéficie d'un statut administratif autonome, placé à la fois sous la juridiction canonique du patriarche de Constantinople et sous le protectorat politique du gouvernement grec. Près de 15 000 au 16e s., les moines du mont Athos seraient aujourd'hui environ 2 000 et les monastères désertés, de véritables chefs-d'œuvre en péril.

Intérieur de l'église du village d'Olympos, île de Karpathos.
F. Guiziou / hemis.fr

Aussi n'était-il pas rare de voir le patriarche d'Athènes Christodoulos, mort en 2008, faire des apparitions télévisées, commenter l'actualité, et même s'opposer violemment à la politique menée par les socialistes. L'Église orthodoxe, puissance économique de premier plan et plus important propriétaire foncier du pays, profite d'importantes exonérations fiscales. Le patriarche d'Athènes Iéronymos s'est dit prêt à engager des discussions avec le gouvernement de Papandréou sur une éventuelle imposition des biens et des revenus de l'Église.

L'HÉRITIÈRE DE L'ÉGLISE BYZANTINE

C'est l'Église de **rite byzantin** qui s'est elle-même attribué l'épithète d'orthodoxe, c'est-à-dire de « doctrine conforme ». Elle représente la foi de l'Église ancienne, des Pères de l'Église primitive, et elle se considère comme l'héritière fidèle des écrits des apôtres. Si l'Église orthodoxe reconnaît le pape, elle ne voit cependant pas en lui le successeur de saint Pierre, mais simplement un évêque.

Ossature administrative de l'Église orthodoxe, le **saint-synode** répond à une règle confédérale à trois niveaux : le patriarcat œcuménique, les archidiocèses et diocèses, et enfin les communautés paroissiales. Bien qu'étant des entités autonomes, les **patriarcats** reconnaissent tous la primauté de celui de **Constantinople**, le primat d'honneur ; les grands patriarcats historiques étant ceux de Rome, d'Antioche, de Jérusalem, d'Alep et d'Alexandrie.

L'Église orthodoxe de Grèce, elle, est indépendante : depuis 1835, c'est une **église autocéphale**, constituée de sa propre autorité, en rupture avec le patriarcat de Constantinople. À la différence des catholiques, elle admet l'ordination d'hommes déjà mariés qui n'occuperont pas une fonction élevée. Mais un prêtre célibataire ne peut pas se marier. Les futurs **popes** ont ainsi toute liberté de fonder une famille et de fréquenter les mêmes lieux que les autres citoyens. Ne soyez donc pas surpris

UNE ICÔNE SACRÉE

Après la crise iconoclaste qui détruisit des milliers d'images sacrées, c'est l'impératrice Théodora qui, le 11 mars 843, réhabilita les icônes et leur rôle dans les églises byzantines. Depuis, cette date est célébrée chaque année dans toutes les paroisses orthodoxes de Grèce. L'icône de la Vierge Marie de l'île de Tinos attire des milliers de pèlerins, en particulier le jour de l'Assomption. Selon la tradition, l'œuvre serait due à saint Luc lui-même. Elle posséderait également des vertus miraculeuses, comme tendent à le prouver les innombrables béquilles qui s'accumulent près des ex-voto.

de croiser l'un de ces honorables représentants de la foi – longue *rasa* noire et barbe grise sous l'éternel *kalimavci* (toque) – déambulant entre les rayons d'un supermarché ou attablé au *kafeneion*, un téléphone portable à l'oreille !

LES ICÔNES OU LES IMAGES DU ROYAUME DE DIEU

Autre distinction entre catholiques et orthodoxes, l'importance donnée à l'**image** (icône), évocatrice du royaume divin, et la présence dans le vocabulaire liturgique d'un certain mysticisme. Dans les églises, une haute cloison chargée d'icônes, l'**iconostase**, sépare la nef du sanctuaire, isolant l'officiant des fidèles pendant la consécration. L'atmosphère s'en ressent, où le sacré participe du mystère. Le terme de **mystère** s'applique d'ailleurs chez les orthodoxes à ce que les catholiques appellent plus communément les sacrements. Dans la religion orthodoxe, les images des saints revêtent un rôle très particulier. Cependant, au contraire de ce que pensaient les iconoclastes des 7e-8e s., ces icônes ne sont pas en soi des objets de culte mais des images symboliques, étrangères à tout réalisme, répondant à des conventions établies depuis les origines. Chaque personnage se reconnaît ainsi à ses attributs, aux couleurs de ses vêtements, etc., créant un véritable langage visuel qui permet à chacun, lettré ou non, d'identifier le saint auquel il confie sa prière.

Les minorités religieuses

En Grèce, les minorités religieuses sont rassemblées sous le haut patronage de l'Église orthodoxe. Ainsi, pour la rénovation ou la construction d'une église catholique, d'une mosquée ou d'une synagogue, elles doivent obtenir l'autorisation de l'évêque dont elles dépendent.

LES CATHOLIQUES

Les catholiques grecs représentent environ 45 000 individus, lointains descendants d'une présence italienne dans les îles remontant parfois jusqu'aux croisades. Ce chiffre assez modeste n'empêche pas l'Église orthodoxe de montrer une résistance plutôt sévère à l'égard de cette communauté, dont les membres peuvent avoir du mal à accéder à de hautes fonctions administratives. Si les archevêchés de Corfou, de Thessalonique et de Tinos sont officiellement reconnus par l'État grec, ce n'est en revanche toujours pas le cas de celui d'Athènes, fondé en 1880, soit soixante ans après l'Indépendance.
On retrouve la même distance dans les affaires civiles : le mariage entre catholiques est reconnu par l'État grec, mais les choses se compliquent dès lors que les conjoints ne partagent pas la même confession. Dans un mariage mixte, les catholiques reconnaissent le

sacrement célébré selon le rite orthodoxe mais la réciproque n'existe pas. D'autre part, afin d'éviter des discordances entre fidèles d'obédience différente pendant les périodes de carême ou les festivités, les catholiques fêtent Pâques suivant la date du calendrier julien, comme le font les orthodoxes.

LES MUSULMANS

Les musulmans de Grèce portent en eux le dramatique et difficile **exode** qui suivit la Première Guerre mondiale : l'effacement de toute trace de la domination ottomane sur le territoire. Si quelques mosquées ont été conservées, la quasi-totalité des cimetières musulmans a été détruite. Dernier bastion de l'islam dans le pays, la **Thrace** accueille aujourd'hui 150 000 musulmans dénommés « Turcs » alors que ce sont en général des grecs islamisés ou, comme la minorité pomaque, des slaves musulmans.
Cette minorité a acquis une position et un statut particuliers au sein de l'État grec. Elle est représentée au Parlement par deux membres élus par la communauté musulmane, qui garantissent des droits et des dispositions, entre autres la reconnaissance nationale des établissements scolaires à vocation coranique *(médersa)*, l'enseignement officiel du turc et l'intégration d'étudiants musulmans dans les universités grecques.
Partagée en trois préfectures, la Thrace est gérée par un **mufti**, élu chargé des affaires religieuses et de l'administration du clergé islamique de la région.

LES JUIFS

La Grèce a connu plusieurs vagues d'immigration juive, la plus ancienne remontant à la haute Antiquité, quand des marchands quittèrent la Palestine, vers 400 av. J.-C., pour établir des comptoirs commerciaux autour de la péninsule. Parlant le grec, ils n'eurent aucune difficulté à se mêler aux populations locales, qui leur donneront plus tard le nom de **romaniotes**, c'est-à-dire de juifs d'origine gréco-romaine.
En 1492, une importante communauté **juive séfarade** s'exila en Grèce, chassée d'Espagne par l'Inquisition, suivie, cinq ans plus tard, par les juifs du Portugal, puis d'Europe centrale et d'Italie du Sud. La communauté apporte ainsi un savoir-faire et une culture que l'occupant ottoman saura vite utiliser, voyant là un instrument providentiel pour réduire l'opposition chrétienne. Aussi, les Ottomans accorderont-ils nombre de privilèges aux juifs séfarades (les romaniotes étant considérés comme moins éduqués, plus rustres), favorisant l'épanouissement de cette communauté dans le pays. La déportation massive organisée par les Allemands durant la Seconde Guerre mondiale, cependant, devait anéantir cette dernière de la façon la plus tragique. De 80 000 individus, la communauté juive, surtout présente à Thessalonique (mais aussi dans les îles Ioniennes, dont est originaire l'écrivain **Albert Cohen**), comporte de nos jours à peine 6 000 membres.

À DIEU UNIQUE, FLAMME UNIQUE

Chaque année, pour la pâque, c'est la même petite flamme qui fait le tour du pays, ou presque : transportée par avion de Jérusalem, elle débarque sur le territoire grec le Samedi saint, pour enflammer toutes les bougies de Grèce.

Arts et culture

À l'évocation de la Grèce, on pense immédiatement à la profusion créatrice de l'Antiquité, depuis l'âge du bronze jusqu'à l'époque hellénistique. Des vestiges de temples, de stades, de théâtres et d'acropoles parsèment le paysage, tandis que les musées conservent pléthore de sculptures et de céramiques. Les témoignages laissés par les Byzantins, les Vénitiens ou les Ottomans pâtissent, il est vrai, de la comparaison, même s'ils sont loin d'être mineurs. Quant à la culture grecque née après l'indépendance de 1830, elle demeure encore méconnue hors des frontières. Le pays a pourtant laissé plusieurs prix Nobel. Il fait preuve aujourd'hui encore d'une grande richesse dans tous les domaines culturels, qu'il s'agisse de littérature, de cinéma ou d'arts plastiques.

Art et architecture

En matière d'art, la Grèce recèle un patrimoine inestimable, qui a servi d'inspiration au mouvement de la Renaissance en Europe et, beaucoup plus tard, au néoclassicisme. L'art de la Grèce antique fascinait déjà les Romains, mais il tient une place étonnante jusque dans les plus lointaines capitales du monde, inspirant églises, palais et capitoles en tout genre. On ne saurait cependant parler d'art grec sans évoquer les civilisations byzantine, latine et ottomane, qui ont largement marqué le pays.

Voir le lexique en rabat de couverture et les planches d'architecture p. 88-89 et p. 93.

L'ÂGE DU BRONZE, OU L'ART DES PREMIERS PALAIS

Dès l'âge du bronze, les deux grandes civilisations minoenne et mycénienne montrèrent un art évolué de l'architecture et des traits artistiques originaux.

L'art crétois

Véritables cités dotées d'une organisation fort complexe, les palais crétois regroupaient lieux de culte et de vie privée ou sociale. Distribués autour d'une vaste cour centrale – prélude à l'agora grecque ? – ils se répartissaient sur plusieurs niveaux (jusqu'à cinq étages à Knossos), desservis par de multiples passages et escaliers qui donnèrent corps à la légende du labyrinthe.

De larges **fresques** au naturalisme puissant décoraient les murs, le tout rehaussé des couleurs les plus chatoyantes. Au fil du temps, la peinture minoenne s'attacha surtout à la représentation humaine, telle la charmante Parisienne, conservée au musée d'Héraklion. Ce goût pour le réalisme conduisit les artistes vers le **relief peint**, fresques rehaussées par un léger relief en stuc, qui donnait plus de vie aux sujets.

Mais c'est dans les arts mineurs de l'**orfèvrerie** que les Crétois excellèrent. Il suffit pour s'en convaincre d'admirer les bijoux, figurines et objets de la vie quotidienne mis au jour dans la nécropole royale de Malia. Sans oublier la **céramique**, sur laquelle, après une première époque au décor serré de motifs géométriques, danse librement tout un monde de créatures marines: poulpes, algues et poissons ondulant en lignes rouges sur l'ocre de la terre cuite.

Les cités mycéniennes: l'œuvre des Cyclopes

Les Mycéniens brillent davantage dans l'art de la **fortification**; ce qui trahit un tempérament plus belliqueux. À la différence des Crétois, ils établissent en effet leurs cités en hauteur, qu'ils protègent de puissants remparts, appareillage d'énormes blocs de pierre – pesant pour certains plusieurs tonnes. Le plus bel exemple de ces ouvrages colossaux nous est donné par la cité de Tirynthe, en Argolide.
Mais ce caractère guerrier n'empêcha pas les Mycéniens de développer un art des plus raffinés, notamment dans l'**orfèvrerie**, comme en témoigne le fabuleux trésor dormant dans les 19 tombes royales découvertes en 1876 à **Mycènes**: masques en or, plaques d'or ouvragées, diadèmes, bracelets, bagues, sceptres d'argent doré aux poignées en cristal de roche, poignards damasquinés… Une richesse extraordinaire qui devait trancher singulièrement avec l'extrême carence qui suivit la disparition de la civilisation mycénienne.

L'ARCHITECTURE ANTIQUE

Au sortir des siècles obscurs, la civilisation mycénienne est tombée dans l'oubli. Émerge alors peu à peu une nouvelle société, centrée sur l'appartenance de chaque homme à une **cité**. Le poids de cette communauté va expliquer le peu d'intérêt de l'architecture grecque pour l'habitat particulier au profit des édifices publics. Mais à l'époque archaïque, l'**agora** – la place publique – n'est encore qu'une vaste esplanade dépourvue de tout bâtiment; les premiers éléments de l'architecture urbaine, les **temples**, n'apparaîtront que dans la deuxième moitié du 8e s. av. J.-C. Jusqu'au 6e s., en effet, le sanctuaire consacré aux dieux différait peu dans son architecture de la demeure des hommes. Une maquette en argile du temple d'Héra à Argos (Péloponnèse) en montre bien les principales caractéristiques: une grande salle rectangulaire *(megaron)*, couverte d'un toit à double pente, en avant duquel se trouve un petit porche soutenu par deux colonnes. Les matériaux utilisés – argile, bois et moellons – limitaient encore les innovations.

ART DES CYCLADES, ART DES IDOLES

La brillante civilisation, qui s'épanouit à la fin du 3e millénaire dans les Cyclades, a laissé de nombreux témoignages artistiques: **céramiques** peintes et gravées, **bijoux**, **armes ouvragées**, mais surtout d'étonnantes **statuettes de marbre**, ces fameuses idoles dont la fonction reste encore énigmatique. Elles représentent, pour la plupart, des femmes, les bras croisés sur leur corps nu, surmonté d'une tête ovale, plate et parfaitement lisse, où seul un nez marqué fait saillie. Certaines statuettes, plus rares, figurent des musiciens, joueurs de flûte ou harpistes assis en tailleur. La perfection des proportions, la hardiesse des courbes et un sens aigu de la stylisation, d'une étonnante modernité, en font des œuvres remarquables, qui ont influencé nombre d'artistes du 20e s., à commencer par les cubistes.

Naissance de la monumentalité

Un premier mouvement vers une architecture monumentale apparaît dans le temple d'Héra à Samos, au tournant des 8e et 7e s., lorsque la salle consacrée à la divinité *(cella)* s'entoure d'une galerie soutenue par des piliers en bois, le péristyle. Cette fois, la demeure des dieux se distingue nettement de celle des hommes. Mais ce n'est qu'avec la taille de la pierre, surtout du marbre, que les Grecs vont pouvoir donner libre cours à leur génie créateur. Au 6e s. apparaissent ainsi les premières constructions monumentales.

Deux styles s'opposent d'emblée : en Grèce continentale, le **style dorique**, d'inspiration géométrique, obéit à des lois de rigueur et de sobriété, matérialisées par des colonnes sans base et un chapiteau sans décor sculpté. En Asie Mineure, le **style ionique**, plus décoratif et d'allure plus légère, autorise davantage de liberté aux architectes. Au contraire du dorique, ses colonnes reposent sur une base moulurée et le chapiteau s'orne de deux volutes.

Le premier temple en pierre qui nous soit parvenu est le **sanctuaire d'Artémis** à Corfou, érigé vers 580 av. J.-C. La voie est ouverte : à sa suite, les ouvrages vont se faire de plus en plus imposants. Le **temple d'Artémis** à Éphèse – l'une des Sept Merveilles du monde antique – atteindra 50 m de large sur 100 m de long, tout comme le **temple G** de Sélinonte. Mais ces entreprises titanesques atteignent vite les limites du possible, et elles sont très onéreuses. Ainsi en est-il du gigantesque **temple de Zeus Olympien** à Athènes : commencé par les **Pisistrates**, poursuivi par leurs successeurs, il ne sera achevé que six siècles plus tard par l'empereur romain Hadrien.

Le siècle de Périclès ou l'âge d'or

Avec l'association du sculpteur Phidias et de l'architecte Ictinos pour la construction du **Parthénon** à Athènes (447-432 av. J.-C.), une nouvelle étape est franchie : le temple ne se démarque plus par son gigantisme, mais par la perfection de ses proportions, l'élargissement de la *cella* grâce à la réduction des galeries latérales, et le raffinement du décor.

Au début du 4e s. av. J.-C., dans le **temple d'Athéna Alea** à Tégée (au sud d'Argos), **Scopas**, architecte et sculpteur, accentue cette tendance à l'embellissement des espaces intérieurs en supprimant les colonnes latérales et en imposant l'**ordre corinthien**, plus décoratif encore avec ses feuilles d'acanthe recourbées en volutes sur le chapiteau.

Colossales colonnes corinthiennes, Olympion d'Athènes (5e s. av. J.-C).
Image Source / Photononstop

Mais c'est sans doute dans la décoration des **trésors** que s'exprime toute l'étendue du talent des artistes grecs. Ces petits édifices religieux jalonnaient les voies sacrées des grands sanctuaires panhelléniques – **Olympie**, **Délos** et plus encore **Delphes**. Bâtis par une cité victorieuse ou une famille reconnaissante, ils servaient de dépôt pour les offrandes. Bénéficiant d'une plus grande liberté que pour les temples, les artistes les parèrent de somptueux décors : moulures, peintures, frises sculptées, caryatides, donnant libre cours à leur imagination.

L'esprit de l'hellénisme

À partir du 4e s. av. J.-C., des changements vont profondément marquer l'architecture grecque. Au 5e s. déjà, Hippodamos de Milet proposait de remodeler totalement l'**urbanisme grec**, en appliquant à la cité un plan orthogonal, quadrillage régulier de rues distinguant les zones d'activité et d'habitation. Appliqué dans un premier temps à Milet (Asie Mineure) et au Pirée, le **plan hippodamien** se propagea ensuite tardivement par le biais des conquêtes d'Alexandre le Grand et des créations urbaines qui les accompagnaient.

Parmi les grandes nouveautés architecturales de l'époque apparaissent la multiplication des remparts autour des villes, celle des **portiques** *(stoa)* autour des sanctuaires et des agoras – agréables galeries ombragées à colonnade abritant boutiques et bureaux –, mais aussi l'émergence et le rapide succès du **théâtre** *(voir encadré p. 91)*.

C'est une véritable révolution dans les mentalités qui s'opère à partir de la période hellénistique. Le centre de l'hellénisme se déplace hors de Grèce, et les rivalités entre les royaumes grecs indépendants s'expriment alors aussi bien dans le domaine politique que dans une architecture fastueuse. Les plus grands artistes se mettent au service des riches souverains d'Asie Mineure, de Syrie ou d'Égypte où ils développent un art monumental qui s'enrichit des techniques orientales.

Mais cette évolution des mœurs ne s'arrête pas aux seuls souverains. Elle pénètre dans la demeure du particulier, jusque-là volontairement austère. L'affaiblissement du sens civique et la montée de l'individualisme, au 4e s., correspondent au désir nouveau d'afficher sa réussite personnelle, à commencer par l'embellissement de son habitation. Les quartiers des affaires et des hauts fonctionnaires vont dès lors exhiber de vastes résidences au luxueux décor.

L'ARCHITECTURE ANTIQUE

LE TEMPLE

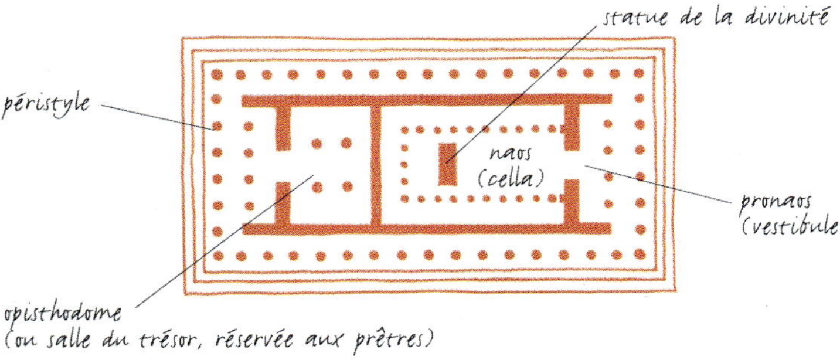

LES TROIS ORDRES CLASSIQUES

H. Choimet/MICHELIN

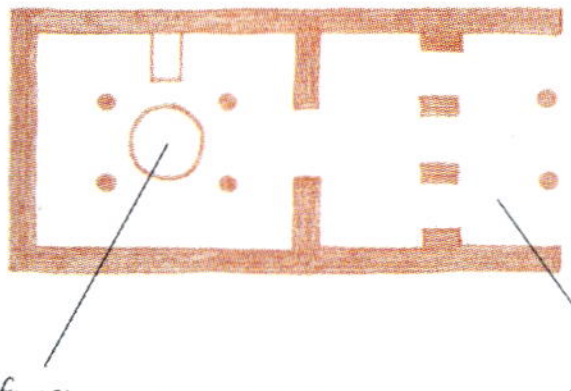
foyer
LE MEGARON
porche

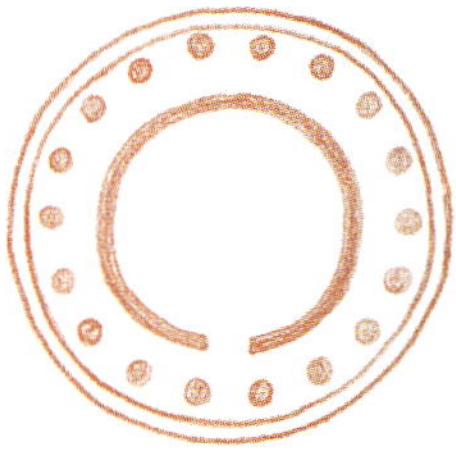
LA THOLOS
(bâtiment circulaire)

Le théâtre

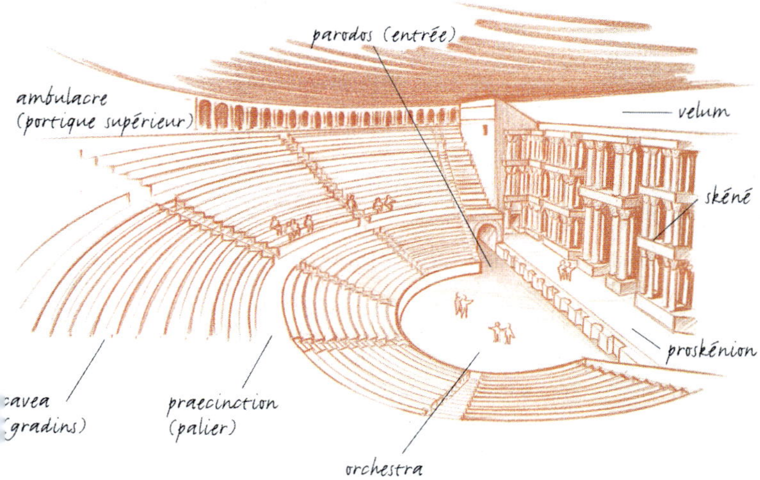
parodos (entrée)
ambulacre
(portique supérieur)
velum
skéné
proskénion
cavea
(gradins)
praecinction
(palier)
orchestra

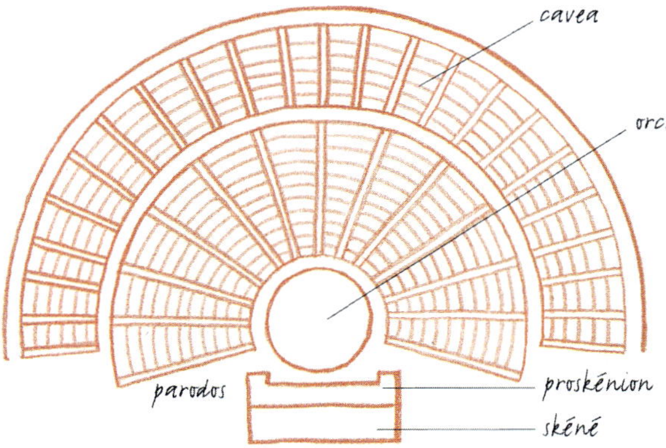
cavea
orchestra
parodos
proskénion
skéné

RELIGION ET PRESTIGE

La grande vague de constructions de temples qui marque le 6e s. ne peut s'expliquer que par les seuls progrès techniques, ou par une ferveur religieuse nouvelle. À cette époque, les tyrans au pouvoir ont orienté l'esprit de compétition *(agon)* qui anime les Grecs en une sorte de rivalité architecturale. C'est en effet sous la tyrannie que les villes grecques se sont embellies, offrant de façon ostentatoire le spectacle de leur puissance et de leur richesse, apportant aussi la gloire à leur commanditaire. Les aristocrates l'ont bien compris, et ont poursuivi ce prestigieux mécénat public. Lorsqu'un incendie ravagera le célèbre temple d'Apollon à Delphes, c'est la famille des Alcméonides, exilée d'Athènes, qui obtiendra le droit de le reconstruire. Et, afin que tous s'en souviennent, ils ajouteront un fronton dans le marbre le plus noble : celui de Paros.

LA SCULPTURE ANTIQUE

Au 7e s. av. J.-C. apparaît la grande sculpture grecque, inspirée des modèles égyptiens, avec l'un des thèmes favoris de la **statuaire archaïque** : le kouros et la korê, répondant à une fonction religieuse. Ils prennent place dans un sanctuaire, en offrande à la divinité, et on les retrouve sur les tombes en souvenir de la personne défunte. À ce titre, ils obéissent à de strictes conventions de représentation. De marbre, de calcaire *(poros)* ou de bronze, le **kouros** représente un jeune homme nu, debout, le pied gauche avancé, les bras allongés et soudés le long du corps, les poings serrés. Dans la seconde moitié du 7e s., les kouroï atteindront des dimensions colossales, avant de revenir à une échelle plus humaine au 6e s. Son équivalent féminin, la **korê**, figure une jeune fille debout, les pieds joints, un bras le long du corps, l'autre replié sur la poitrine. Plus prisonnière encore de la pierre, la silhouette évoque davantage une colonne qu'un corps humain, l'anatomie n'étant suggérée que par le mouvement du drapé du vêtement de cérémonie.

L'âge classique, ou la libération du corps

Après une période de transition, dite « sévère », illustrée par le merveilleux Aurige de Delphes, l'époque classique se libère peu à peu de la rigidité du modèle du kouros. Au 5e s. – **premier âge classique** –, Athènes exerce une suprématie absolue sur le monde grec, attirant à elle la plupart des grands artistes. Parmi eux, **Phidias** donne aux corps qu'il façonne une souplesse, un mouvement et une majesté jusque-là inconnus. Auteur de la statue chryséléphantine (d'or et d'ivoire) de Zeus Olympien, aujourd'hui disparue mais considérée de son temps comme l'une des Sept Merveilles du monde, c'est à lui également que l'on doit les décors du Parthénon, dont l'admirable **frise des Panathénées**.

À Argos brille un autre sculpteur de génie, **Polyclète**. Celui-ci crée un **canon de proportions** selon lequel la hauteur totale du corps doit être égale à sept fois celle de la tête. Mais de ses œuvres ne subsistent que des copies romaines, dont le célèbre Doryphore en bronze, figurant un homme nu portant une lance.

Au **second âge classique** (4e s.), l'Athénien **Praxitèle** s'écarte du style hiératique de la période précédente pour donner plus de naturel et de grâce aux attitudes : il n'hésite pas à sculpter des corps féminins nus et sensuels ni à adopter des poses alanguies pour ses sujets masculins.

Scopas de Paros, lui, donne, à ses personnages une nature plus expressive et tourmentée, imposant un art réaliste, qui remporte un vif succès à la **période hellénistique**. Dans la lignée, **Lysippe de Sicyone** réalisera de nombreux portraits de son protecteur Alexandre le Grand, ainsi que des statues de bronze révélant des lignes plus élancées que celles de Polyclète. L'artiste crée en effet un nouveau canon, suivant lequel le corps équivaut à huit fois la hauteur de la tête. Son élève, **Charès de Lindos**, adoptera ce modèle pour sa gigantesque statue en bronze d'Hélios (le Soleil), le fameux colosse de Rhodes, de plus de 30 m de haut, classé lui aussi parmi les Sept Merveilles du monde, mais qui ne résistera pas au tremblement de terre de 227 av. J.-C.

LES VASES GRECS : MÉMOIRE DE LA PEINTURE

Des vives couleurs qui rehaussaient l'architecture des grands monuments de la Grèce antique, tout ou presque a disparu, effacé par le temps. Restent cependant les ravissants décors des céramiques, seul témoignage de l'évolution de la peinture en tant qu'art autonome. Encore une fois, les siècles obscurs ont fait table rase de la civilisation mycénienne et, au 9e s. av. J.-C., la décoration des vases se réduisait encore à de simples bandes de **dessins géométriques** autour de la panse. Hommes et animaux apparaissent cependant dès le siècle suivant, quoiqu'encore très schématisés : un cercle symbolise la tête de l'homme et un triangle son corps. C'est en Attique, et surtout à Athènes, que va se concentrer l'essentiel de la production des céramiques géométriques, dont les plus célèbres sont les amphores funéraires du Maître du Dipylon.

Figures noires...

Dans la seconde moitié du 8e s., la multiplication des contacts avec le Proche-Orient entraîne de profonds bouleversements. Corinthe devient le centre d'une production florissante, d'**inspiration orientale**. Les motifs géométriques laissent ainsi la place à des palmes, des rosettes, des fleurs de lotus, ainsi qu'à des lions, des panthères ou des sphinx. La technique à figures noires permet en outre de donner beaucoup plus d'expression et de réalisme aux corps dessinés :

LE THÉÂTRE ORIGINEL

Destiné aux cérémonies du culte de Dionysos, le **théâtre grec** *(theatro)*, l'endroit « où l'on regarde », consistait à l'origine en une simple **esplanade de terre battue**, entourée de gradins de bois. Au centre de cette aire trônait l'autel consacré à la divinité, autour duquel évoluait le chœur. Très vite, cependant, le théâtre déborda le strict cadre religieux et se doubla d'un concours littéraire : la tragédie. Il connut alors un rapide succès, dès le 5e s. av. J.-C., mais ce n'est qu'au siècle suivant qu'apparurent les premiers ouvrages en pierre, dont le célèbre **théâtre d'Épidaure**, un modèle du genre. Désormais, les **gradins** dessinent une **conque semi-circulaire** *(cavea)* à flanc de colline, tandis que dans l'orchestra, l'autel est déplacé pour ne pas gêner le chœur. Au fil de l'évolution de la dramaturgie, celui-ci répondra à des acteurs. La scène, simple structure en bois (plus tard en pierre) qui tient lieu de coulisses et de décor, se verra alors précédée d'un *proskenion*, une étroite estrade avancée. Celui-ci disparaîtra au profit d'une *skene* plus large, qui gagnera en profondeur pour devenir le **vaste plateau** dont a hérité le théâtre moderne.

les figures sont peintes en noir sur le fond ocre rouge de la terre cuite, puis les détails sont rendus par des incisions effectuées à la pointe ; des traits blancs ou rouges, enfin, soulignent les contours des corps. Le célèbre vase Chigi, exécuté vers 650, offre un exemple incomparable des possibilités offertes par cette technique : distribuées en plusieurs frises, apparaissent diverses scènes de la vie antique et de la mythologie.

... et figures rouges

Au 6e s., l'Attique s'affirme à son tour comme le principal centre de production de la céramique à figures noires. Outre les scènes mythologiques, les sujets s'attachent principalement à des épisodes de la vie aristocratique. Vers 525, la technique à figures noires cède alors peu à peu la place à celle dite à figures rouges. Sur un fond noir, cette fois, l'artiste ne pratique plus d'incision mais peint les détails en rouge. Le traitement des formes et des visages dans la peinture suit une évolution parallèle à son développement dans la sculpture : les sentiments s'exacerbent et les corps se dévoilent. **Polygnote de Thasos** (5e s. av. J.-C.) fait ici figure de précurseur, de même qu'il serait à l'origine de la notion d'espace dans la peinture, en créant un décor constitué de plusieurs plans autour de ses personnages.

À la fin de l'âge classique, tandis que la peinture sur vase s'essouffle, la **peinture murale** fait son apparition. Comme la sculpture, elle se met au service du prince, et le peintre **Apelle** réalise de nombreux portraits d'Alexandre le Grand en vainqueur, puis en dieu.

BYZANCE, OU L'ART DU CHRISTIANISME

En passant sous domination étrangère, la Grèce semble avoir perdu sa vitalité artistique. Seule l'architecture religieuse fait exception et permet aux Grecs d'exprimer une conception architecturale originale. Encore doivent-ils attendre quelques siècles pour se démarquer, puisque dans un premier temps (4e-6e s.) triomphent les églises de **type basilical**, inspirées de l'architecture civile romaine.

À partir du 6e s., la coupole, très appréciée à Rome, devient l'élément principal autour duquel s'édifie l'église byzantine. Celle-ci adopte alors des dimensions plus modestes et

L'ART DE LA MOSAÏQUE

Probablement inventées par les Sumériens, les plus anciennes mosaïques connues, découvertes en Mésopotamie, remontent à la fin du 4e millénaire. Elles étaient constituées de petits cônes d'argile colorés, incrustés dans du bitume ou du ciment, dessinant toutes sortes de motifs servant au décor des façades des temples et des palais. L'art de la mosaïque se perfectionna à l'époque hellénistique, avec le développement des pavements de galets et surtout de tesselles – petits carrés en pierre de couleurs, en céramique ou en pâte de verre, qui ornèrent les temples mais aussi les riches demeures de particuliers. Mais ce sont les Romains qui lui donneront ses lettres de noblesse ; à l'époque impériale, surtout, où la mosaïque servira de décor pour tous les édifices, publics comme privés. Elle atteint alors des sommets avec des tesselles minuscules – jusqu'à 4 mm^2 ! – qui permettent de rendre des fondus semblables à la peinture. Un art dans lequel excelleront à leur suite les artistes byzantins.

L'ÉGLISE BYZANTINE

EN CROIX GRECQUE

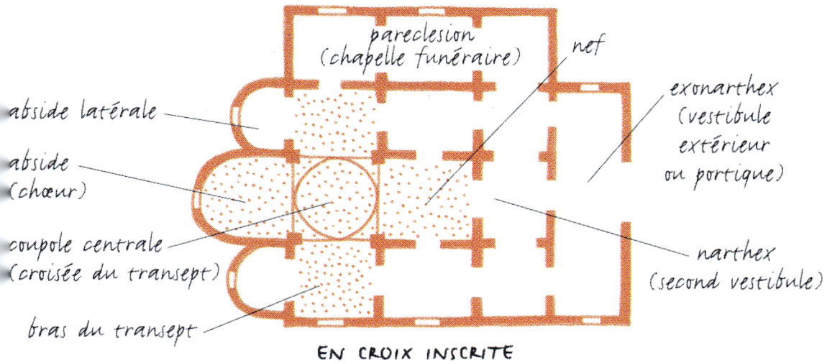

EN CROIX INSCRITE

LES COUPOLES

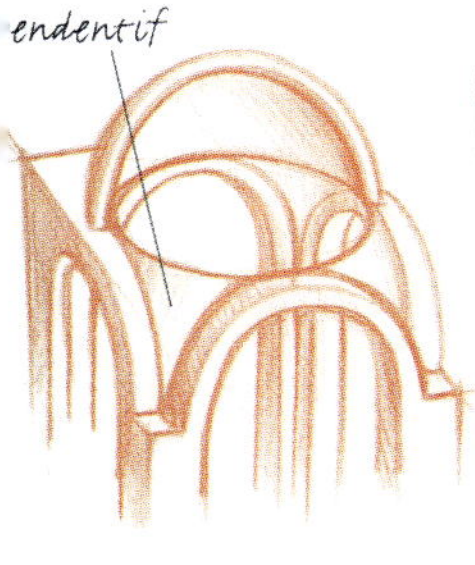

SUR PENDENTIFS

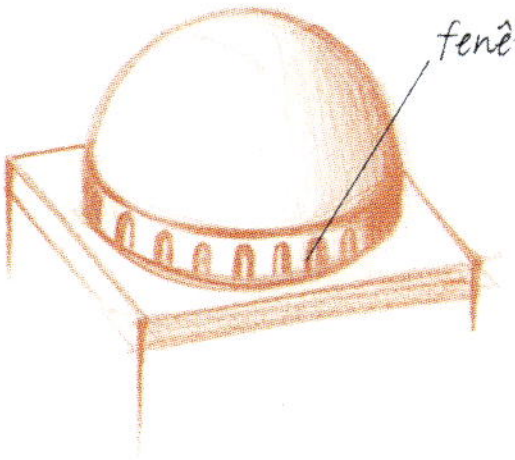

SUR TAMBOUR

POLYGONALE
SUR TROMPES D'ANGLE

H. Choimet/MICHELIN

le **plan en croix grecque** s'impose: à la croisée du transept, la **coupole** repose sur un tambour percé de fenêtres, qui s'appuie lui-même sur quatre voûtes en berceau dessinant les bras égaux d'une croix.
Particulièrement bien adaptés à ce nouveau modèle architectural, de magnifiques décors de mosaïques révèlent aux fidèles les différentes scènes des Évangiles, selon un **programme liturgique** bien défini: le **Christ Pantokrator** dans la coupole, la **Vierge Platytera** dans l'abside, les scènes de la vie du Christ ou de la Vierge suivant les fêtes de l'année dans la nef ou le narthex. L'**église de Dafni** (11e s.), en Attique, abrite ainsi un remarquable décor de mosaïques rehaussées d'or.
Au 14e s. apparaît à **Mistra**, en Laconie (Péloponnèse), un curieux mais intéressant mélange des modèles architecturaux précédents: un plan basilical au sol, surmonté à l'étage d'un plan en croix grecque (église Afendiko, du monastère Brontochion).
Dernière innovation de la période byzantine, les mosaïques cèdent peu à peu la place aux **fresques** qui, en reprenant exactement les codes de représentation, se révèlent moins onéreuses.

LES TEMPS MODERNES

Entre Ottomans et Vénitiens

Avec la conquête turque, l'art purement grec disparaît pratiquement pour quatre siècles. Mosquées, hammams, bazars et caravansérails ponctuent bientôt les paysages. Grands admirateurs des églises byzantines, les Ottomans vont souvent utiliser les plus belles d'entre elles pour les transformer en **mosquées**. Outre l'adaptation des sanctuaires chrétiens aux rites de l'islam, les architectes turcs exprimeront tout leur talent dans quelques grandes réalisations; mais la plupart des mosquées de Grèce restent des édifices relativement modestes, constitués d'une simple salle de prière.
Sous la domination ottomane, l'art chrétien ne résiste qu'au mont Athos et dans les possessions vénitiennes de Crète et des îles ioniennes. L'**influence de Venise** s'y révèle en effet très sensible, en particulier dans l'**architecture militaire,** qui lui doit nombre de citadelles fortifiées, à Corfou, Zante et Céphalonie, et surtout en Crète, où l'on continue de résister aux assauts turcs. Des lions de saint Marc, emblème de la cité des Doges, veillent encore à l'entrée de nombre de ces places fortes. L'architecture civile hérite quant à elle d'élégantes **loggias**, telle celle d'Héraklion, qui accueille aujourd'hui l'hôtel de ville, ou celle de Rethymnon, aménagée en bibliothèque. Sans oublier les **fontaines**, symbole de la prospérité du pouvoir en place, qui rivalisent de raffinement avec celles des Turcs.
Venise imprime aussi son influence dans l'architecture religieuse, mais surtout dans la **peinture**: des artistes grecs, tel Damaskinos, savent marier avec talent dans leurs **icônes** la rigueur byzantine à l'inspiration sensuelle et le souci de la forme, plus réaliste, des Vénitiens. Le plus renommé de ces peintres, Domenikos Theotokopoulos, passera à la postérité sous le nom d'**El Greco** (1541-1614). Formé en Crète, il s'exila pour affirmer toute l'étendue de son talent en Espagne, au contact des maîtres locaux et italiens.
Après la prise de la Crète par les Ottomans, en 1669, de nombreux artistes s'établiront dans les îles Ioniennes, où ils constitueront ce qu'il est coutume d'appeler l'« école ionienne ».

Le néoclassicisme, ou la renaissance de l'antique

La défaite ottomane et la libération de la Grèce en 1821 entraînent un renouveau artistique. Partout, les symboles de la domination turque sont effacés, avec la volonté de remettre en valeur les monuments de l'Antiquité – symboles entre tous de l'identité et du prestige de la Grèce – et de redonner un caractère authentiquement grec aux cités de la jeune nation. Déjà en vogue en Europe occidentale, le **style néoclassique** trouve ainsi en Grèce un terrain de prédilection. Introduite par des artistes étrangers, en premier lieu bavarois (venus dans le sillage du roi Othon 1er), cette tendance, inspirée largement de l'Antiquité, semble s'imposer d'elle-même dans la (re) construction des édifices publics. Au premier rang de ce *revival*: **Athènes**, avec son université, mais aussi la Bibliothèque nationale et l'Académie.

La peinture et la sculpture modernes

Des peintres comme **Nikiforos Lytras** partent étudier à Munich, mais toutes les expressions artistiques restent touchées au 19e s. par l'académisme. Il faut attendre le tournant du siècle pour voir les premières manifestations des nouveaux courants artistiques en vogue en Europe occidentale. L'honneur en revient certainement au peintre **Konstantinos Parthénis**, qui, le premier, s'est intéressé à l'impressionnisme et au fauvisme.

Dans le domaine de la sculpture, **Konstantinos Dimitriades** a montré la voie en s'inspirant de Rodin. Dans leur sillage se sont engouffrés l'expressionniste **Giorgios Bouzianis**, le cubiste **Nikos Ghika** et le surréaliste **Nikos Engonopoulos**. Pourtant, cette tendance moderniste ne fait pas l'unanimité. Un fort courant traditionaliste persiste, attaché à la culture hellène, byzantine et populaire du pays, qui trouvera ses principaux représentants avec le peintre **Spyros Vassiliou** et l'architecte **Dimitris Pikionis**.

Ces deux styles, traditionaliste et moderniste, se retrouveront dans l'après-Seconde Guerre mondiale. Le peintre **Iannis Moralis** incarne le premier, en s'attachant à retrouver et à respecter les racines de la culture grecque. Certains de ses contemporains travailleront au contraire à explorer les nouvelles tendances artistiques du monde occidental. Parmi eux, les peintres **Alexandros Kontopoulos** et

160 ANS DE PHILHELLÉNISME

Fondée en 1846 par Louis-Philippe sur l'initiative de Th. Piscatory, ardent philhellène et ambassadeur de France à Athènes, l'**École française d'Athènes** doit son existence à deux révolutions : l'une littéraire, l'autre politique. Le romantisme de Chateaubriand et d'Hugo, en exaltant les beautés de la Grèce antique et la révolution grecque de 1821 par son héroïsme, « imposèrent à tous les esprits, à tous les cœurs, la patrie de Périclès et de Canaris ». Dans le dernier tiers du 19e s., l'École entreprit les grands chantiers de fouilles (Délos, Delphes, etc.) qui ont marqué l'entrée de l'archéologie dans son ère scientifique et ont considérablement enrichi la connaissance de la civilisation grecque. Après avoir créé, et longtemps abrité, ce qui est à présent l'Institut français d'Athènes, la plus ancienne école étrangère d'Athènes poursuit et élargit sans cesse ses missions dans de nouvelles directions : la Grèce préhistorique, le monde hellénique moderne et contemporain.

Iannis Spyropoulos s'initieront ainsi à l'art abstrait.
Mais, bien vite, l'art figuratif revient en grâce, sous l'égide du peintre **Iannis Gaitis** et du sculpteur **Giorgios Giorgiadis**. Signe des temps, les artistes grecs s'expatrient et obtiennent une reconnaissance internationale. **Iannis Kounellis** s'illustre en Italie au sein du mouvement Arte povera. Panayiotis Vassilakis, dit **Takis**, travaille à Paris. Spécialiste de l'art technologique, il s'intéresse aux effets du magnétisme, aux sons et aux lumières, et il a acquis une certaine réputation à travers ses « sculptures électromagnétiques », ses « télélumières » et ses « sculptures musicales ». Les tendances les plus contemporaines sont illustrées par Dimitrios Souliotis et Ilias Papailiakis. Ce dernier, influencé par l'art baroque, est sans doute l'artiste le plus important du moment.

PETIT LEXIQUE D'ART ET D'ARCHITECTURE

Acanthe – Plante dont les feuilles sont représentées sur le chapiteau corinthien.
Acropole – Ville haute des cités grecques, servant de forteresse et de lieu de culte.
Agora – Place publique de la cité grecque, siège du marché et de la vie politique.
Ambon – Dans la basilique chrétienne, chaire en pierre.
Appareil – Mode d'agencement des pierres d'une construction (en latin *opus*).
Basilique – Chez les Romains, édifice civil à trois nefs qui servait de tribunal ou de lieu de réunion. Les premières églises chrétiennes adoptent ce plan.
Bouleutérion – Chez les Grecs, salle de l'assemblée des citoyens.
Cella – Chambre centrale d'un temple, abritant la statue de la divinité.
Exèdre – Salle en hémicycle dotée d'une banquette en pierre. Par extension, désigne aussi le banc de pierre lui-même.
Fresque – De l'italien *a fresco* : « sur enduit frais ». Technique de peinture murale.
Gymnase – Complexe sportif, composé d'aires d'entraînement à ciel ouvert et de divers bâtiments : vestiaires, palestres, salles d'onction…
Hypostyle – Désigne un temple ou un palais dont la toiture est soutenue par des colonnes (en grec, *style* signifie « colonne »).
Iconostase – Cloison ornée d'icônes séparant la nef du chœur.
Mégaron – Du grec « grande salle ». Habitation aristocratique (palais) du néolithique et de l'âge du bronze, comprenant un porche, un vestibule et une salle dotée d'un foyer central. Ce plan est à l'origine de celui du temple grec.
Métope – Dans une frise dorique, plaque rectangulaire sculptée, placée entre deux triglyphes *(voir page suivante)*.
Narthex – Dans une église, porche couvert ou vestibule.
Nymphée – Sanctuaire consacré aux nymphes, établi autour d'une source naturelle.
Odéon – Petit théâtre couvert, destiné aux concerts et aux lectures publiques.
Opisthodome – Dans un temple grec, pièce où l'on exposait les offrandes.
Ordre – Style architectural défini par l'ornementation du chapiteau.
Palestre – Cour d'entraînement sportif, indépendant ou intégré à un gymnase, entouré d'un portique distribuant vestiaires, lavabos…
Pendentif – Élément triangulaire et concave placé entre les quatre arcs soutenant la coupole, permettant de passer du plan carré au plan circulaire.

Péristyle – Galerie, portique à colonnes entourant un temple, une cour.
Portique – Galerie couverte, supportée par une colonnade (en grec, *stoa*).
Pronaos – Vestibule d'un temple grec, menant au *naos*, puis à la *cella*.
Propylée – Porte monumentale d'un édifice public important, d'un sanctuaire.
Prytanée – Siège des prytanes, les magistrats des cités grecques.
Stoa – Voir « portique ».
Temenos – Aire sacrée encadrant un sanctuaire. Esplanade sacrée d'une acropole.
Tholos – Édifice circulaire, à destination cultuelle ou funéraire.
Triglyphe – Dans une frise dorique, partie rectangulaire, sculptée de trois bandes verticales, saillante entre deux métopes *(voir page précédente)*.
Trésor – Petit édifice en forme de temple où entreposer les offrandes.

La langue grecque

Malgré de longs siècles d'occupation turque, le peuple grec a conservé sa langue, symbole de l'identité nationale. La Grèce révèle une profonde homogénéité linguistique: environ 97 % de ses habitants s'expriment en grec, les minorités utilisant en outre leur langue d'origine, comme le turc, l'albanais, le bulgare, le pomaque, etc. Le grec est donc parlé sur tout le territoire (plus de 11 millions d'âmes), mais également à Chypre (500 000 personnes), sans oublier l'importante diaspora du monde entier, forte de 6,5 millions d'individus.

VERS LA MODERNISATION DU GREC

Vecteur de la pensée philosophique et scientifique grecque, langue des Évangiles et de l'Église, puis langue officielle de l'Empire byzantin, le grec ancien atteste le rayonnement exceptionnel d'une des plus grandes civilisations de la planète. Aussi, sa modernisation ne s'est-elle pas opérée sans heurt…

La naissance du grec

Après avoir progressivement imposé leur langue indo-européenne en Grèce au cours de la seconde moitié du 2e millénaire, les Hellènes, originaires du Nord, empruntèrent rapidement l'écriture aux **Phéniciens**, peuple de la Méditerranée. L'adaptation de l'alphabet phénicien à la langue grecque aboutit vraisemblablement, vers le 8e s. avant notre ère, à l'alphabet grec classique. Cet emprunt se doubla d'une innovation révolutionnaire, les **voyelles**, que les Grecs substituèrent à certaines consonnes phéniciennes, dont les sonorités ne trouvaient pas d'équivalent dans leur langue.

Une âpre controverse linguistique

Un fossé s'était peu à peu creusé entre le **grec classique** et le parler populaire, la *koinè*, formé à partir du dialecte de l'Attique (qui l'a emporté sur les autres) et alimenté par des termes étrangers, en particulier turcs. Lorsque l'épineux problème de la langue nationale surgit, en pleine effervescence indépendantiste, à la fin du 18e s., commença la querelle entre les anciens et les modernes pendant les deux siècles à venir.
En fait, la controverse linguistique ne représentait qu'une facette d'un débat, plus vaste, concernant la place et le prestige de la nation: continuer ou rompre avec la Grèce classique.
Pour les *phanariotes*, la noblesse administrative du 18e s. (originaire du quartier grec du Phanar, à Constantinople), le maintien du grec classique assurait la mainmise

sur la vie culturelle et politique du pays, face aux classes bourgeoise et ouvrière. Il fallut attendre le début du 19e s. pour que les intellectuels s'emparent de la question, entraînant une bataille rangée entre les partisans d'une langue pure et ceux d'une langue « vulgaire ».
Au lendemain de l'Indépendance, la voie médiane prônée par **Adamandios Koraïs** (1748-1833), chef de file des Lumières grecques, l'emporta : savant compromis entre les formes classiques et l'usage moderne, la **katharevoussa** (*katharos* = pur) était née. Bien qu'adoptée comme langue officielle, elle demeurait fort éloignée du peuple, qui continuait d'employer le **démotique** *(dimotiki)* (*dimos* = peuple), la langue populaire de tradition orale défendue par des artistes comme **Dionysios Solomos** (1798-1857), tenu pour le premier grand poète de la Grèce moderne (auteur de l'hymne national).
À la fin du 19e s., pour s'insurger contre cette langue élitiste, des intellectuels décidèrent d'utiliser la *dimotiki* dans leurs œuvres littéraires. Au cœur d'un combat de plus en plus politisé, les défenseurs du démotique s'opposèrent farouchement au conservatisme des partisans de la *katharevoussa*. Parmi les tenants de la culture populaire se distingueront plus tard des poètes comme **Georges Séféris** (1900-1971) ou **Odysseus Elytis** (1911-1996), tous deux prix Nobel de littérature.

Le grec moderne : une langue simplifiée

La fin du régime des colonels entraîna la *katharevoussa* dans sa chute, en 1974. Pour mieux souligner la rupture avec le régime précédent, le gouvernement de Caramanlis instaura alors comme langue officielle le démotique, dont les simplifications linguistiques continuent d'alimenter bien des débats : d'un ministère à l'autre, entre l'Éducation et la Voirie (panneaux routiers), on discute toujours du choix à faire entre le *y* et le *i*, le *h* à conserver ou non… Quoi qu'il en soit, si le grec ancien comportait cinq genres, le grec moderne n'en compte que trois : masculin, féminin et neutre. Le démotique a, d'autre part, suivi différents stades d'évolution, comme la prononciation unifiée du son « i » pour les voyelles et nombreuses diphtongues du grec ancien, ou la suppression des accents.

MOTS CROISÉS

Riche de son important héritage linguistique, la grammaire grecque comporte une syntaxe

MOUSSAKA ET MOUSSOCOLATA

Les mots français passés au grec appartiennent pour un bon nombre à un registre spécialisé. Le domaine de la **gastronomie**, notamment, a retenu les millefeuilles, gratins, *voloven* (vol-au-vent), *quisloren* (quiche lorraine), *zambone* (jambon), *bessamel* (béchamel), *moussocolata* (mousse au chocolat), *soufléchocolata* (soufflé au chocolat). Le vocabulaire de l'**automobile** emploie des *portbagaz* (coffre), *garaz* (garage) ou encore *amortissere* (amortisseur). Des termes relatifs à la **joaillerie** et à la **cosmétique** sont communément utilisés comme collier, bracelet, *crayon* (rouge à lèvres), fond de teint, et certaines couleurs viennent du français telles *roz* (rose), *mov* (mauve) ou *ble* (bleu). « Madam » s'utilise plutôt dans un contexte populaire comme à la « laïki », et en Grèce, on monte aussi dans un *assansere* (ascenseur). Et ce ne sont là que quelques exemples.

Les poulpes annoncent le menu, même si vous ne lisez pas le grec.
A. Serrrano / hemis.fr

et des déclinaisons complexes, et, par le jeu des suffixes/préfixes, la possibilité de créer des néologismes. Au fil des siècles, le vocabulaire s'est enrichi des influences étrangères.

L'apport de l'étranger…

Si le lexique grec constitue la base des terminologies théologiques, philosophiques, scientifiques et techniques de l'Occident, il s'est lui-même enrichi d'un certain nombre d'emprunts, liés d'une part aux différents occupants – les plus évidents étant les mots d'origine turque – et d'autre part aux langues étrangères, notamment le français, qui jouissait d'un grand prestige à la fin du 19ᵉ s. et au début du 20ᵉ s. Citons aussi les influences de l'Italie et du monde anglo-saxon.

… et vice versa

Avec le latin, le grec, on le sait, constitue l'un des fondements majeurs de nombreuses langues, dont le français, qui s'est ainsi doté d'un grand nombre de préfixes. Citons seulement quelques mots parmi les plus courants : *mikro* (petit) a donné lieu à microscope, micrométrie ; *mégalo* (grand) à mégapole, mégalomane, mégaHertz, et *kiklos* (cercle) qui se décline en cycle, cyclique, cyclothymique, cyclone…
De même, le grec a livré tout un catalogue de suffixes, dont le bien connu *logos* (théorie, discours), qui sert à désigner toutes nos sciences (géologie, biologie, mythologie…), ou *graphin* (écrire) qui se retrouve dans télégraphe, phonographe, ou encore *phos* (lumière) pour photophore, et *philos* (ami) pour cinéphile, et son contraire *phobia* (crainte), pour xénophobe, claustrophobe… Par dizaines des termes français puisent ainsi leurs racines dans le grec ancien. D'autres encore dérivent d'un mot complet, dont l'ensemble des termes médicaux : pédiatre *(pédiatros)* vient de *pédi* (enfant) et *iatros* (médecin) ; gynécologue *(gynekologos)* de *gynéka* (femme) ; podologue *(podologos)* de *podi* (pied), et la liste n'est pas exhaustive.

Littérature

Patrimoine et modèle du monde occidental, la littérature grecque n'a cessé de rayonner depuis l'Antiquité. La philosophie de Platon, le théâtre de Sophocle ou les poèmes épiques d'Homère ont traversé les âges et les civilisations. Leurs héros mythiques n'ont pas pris une ride et continuent de hanter le monde contemporain qu'ils ont façonné : l'Ulysse du roman de James Joyce arpente le Dublin de 1904, celui des frères Coen, réalisateurs du film *O'Brother*, vit aux États-Unis à la fin du 20e s. ; deux exemples parmi les innombrables adaptations de *L'Odyssée*. De l'épopée d'Homère à nos jours, la Grèce a donc marqué près de trois mille ans de création. Libérée mais aussi enrichie de l'immense héritage de l'Antiquité, la littérature moderne est bien vivante, comme en témoigne le prix Nobel attribué à deux poètes grecs : Georges Séféris et Odysseus Elytis *(voir p. 103)*.

NAISSANCE D'UNE PLÉIADE DE STYLES

La littérature grecque ancienne couvre une très longue période, qui s'étend des 9e et 8e s. av. J.-C. (*L'Iliade* et *L'Odyssée*) à la chute de l'Empire byzantin (1453). Après l'âge d'or du siècle de Périclès (5e s. av. J.-C.), elle va peu à peu s'appauvrir à partir de la domination romaine. Avec l'instauration du christianisme, Byzance ferme les académies et marque la fin de la littérature classique. Un néoclassicisme perdure parallèlement avec l'essor des lettres byzantines, mais dès la rédaction en grec des Évangiles s'élabore une nouvelle littérature grecque, gnostique. Jusqu'au 3e s., la doctrine chrétienne sera véhiculée ainsi dans cette langue. Puis le latin prédominera dans les ouvrages religieux enseignant la foi chrétienne dans le reste du Bassin méditerranéen.

L'Iliade et L'Odyssée : la genèse de la littérature grecque

La plus ancienne expression connue de la littérature grecque remonte aux deux **poèmes épiques** d'**Homère** : *L'Iliade*, qui relate un épisode de la guerre de Troie, « la colère d'Achille » et *L'Odyssée*, qui narre le long périple d'Ulysse, de retour vers Ithaque. Issues d'une tradition orale, ces œuvres majeures abordent des mythes fondateurs, faisant état des origines et du destin du peuple grec, sous l'arbitrage des dieux *(voir p. 110)*.

Vers la même époque, un fermier du nom d'**Hésiode** rédige en prose *Les Travaux et les Jours*, récit par lequel il tente de faire prévaloir un certain art de vivre au cœur du monde rural. On lui attribue également *La Théogonie*, un document d'une importance capitale, puisqu'il serait le premier écrit à s'interroger sur les origines

ÉSOPE, INSPIRATEUR DE LA FONTAINE

L'existence même d'Ésope (6e s. av. J.-C.) reste mystérieuse. Esclave grec originaire de Thrace, il aurait été affranchi grâce à son esprit et à sa clairvoyance. Plébiscité par la suite à la cour du roi Crésus, ce fabuliste de génie aurait connu une véritable fortune littéraire. Un jour pourtant, il accusa les prêtres de l'oracle de Delphes de s'enrichir des offrandes des fidèles. Bien mal lui en prit, puisque cette dénonciation lui valut une condamnation à mort en 564 av. J.-C. Les 350 fables qui lui sont attribuées à ce jour inspirèrent Jean de La Fontaine, au 17e s.

LA PHILOSOPHIE DES GRECS

Des premiers philosophes qui cherchaient à expliquer l'univers, **Démocrite** (460-370 av. J.-C.) nous a laissé la première théorie des atomes. **Pythagore** (6e s. av. J.-C.) a posé les nombres et les mathématiques comme principes de base de l'univers. **Socrate** s'intéresse surtout à la place de l'homme dans cet univers. Sa philosophie invite à la connaissance de soi pour trouver la sérénité. **Platon** fait la distinction entre l'âme et le corps et pose les fondements de l'idéalisme. À l'inverse, **Aristote** prône le réalisme, selon lequel la connaissance s'acquiert de manière empirique à partir des sens. **Épicure** va encore plus loin dans ce sens, posant la morale hédoniste de recherche du contentement pour éviter la souffrance. À l'opposé, le stoïcisme de **Zénon** voit le bonheur dans la vertu, l'effort et la résignation. Enfin, **Pyrrhon** enseigne le scepticisme, selon lequel toute certitude est impossible.

du monde et les généalogies divines. Parmi les nombreux auteurs qui suivront, certains passeront à la postérité, comme **Sappho**, la célèbre poétesse de Lesbos.

Le succès du théâtre

Au 5e s. av. J.-C., l'art tragique prend réellement corps et les théâtres voient affluer un nombre grandissant de spectateurs. D'origine religieuse, ce genre littéraire est associé au culte de Dionysos. De fait, le théâtre se trouve généralement près du temple consacré au dieu, et des représentations ont lieu lors des fêtes rituelles. Pour composer leurs magistrales **tragédies**, **Eschyle**, **Sophocle** et **Euripide** ont puisé dans la mythologie et choisi de représenter la nature humaine dans tous ses excès, l'inceste, le parricide ou la folie tenant une place de choix dans leurs pièces.
Aristophane, quant à lui, passe maître dans l'art de la **comédie**, n'hésitant pas à allier les bons mots ou les farces grossières à la réflexion philosophique.

Aux sources de l'Histoire

Grâce au grand voyageur **Hérodote**, surnommé le « père de l'Histoire », le 5e s. av. J.-C. découvre un nouveau genre littéraire, dont l'art consiste à rapporter une réalité vécue, tout en restant le plus proche de la vérité. L'Histoire, avec un grand H, est née. **Thucydide** se distinguera en la matière par son analyse politique de la guerre du Péloponnèse, appuyée de divers témoignages.

L'invention de la philosophie

Dans les cités, le rôle de la parole devient capital puisque l'art oratoire permet de convaincre dans les assemblées. En effet, le caractère collectif de la décision – propre aux cités – va donner lieu à une certaine « publicité » du savoir qui ne peut plus se cantonner au débat d'initiés, mais qui doit au contraire être divulgué et expliqué. Si la philosophie est une tradition en Grèce, elle va véritablement acquérir ses lettres de noblesse à partir du 4e s. av. J.-C.
Grâce au dialogue, **Socrate** (470-399) s'attache à déceler les bévues dont se nourrit l'opinion, à réfuter les prétentions des politiciens et à mettre en lumière leur propre ignorance. Ce fils de sage-femme, expert dans l'art de la maïeutique (faire accoucher les esprits des pensées qu'ils possèdent sans le savoir), n'a laissé aucun écrit, mais son enseignement passera à la postérité grâce à son disciple, **Platon** (428-347). Ce dernier consacrera une partie de son œuvre à la mémoire de son maître et

LE PÈRE DES GÉOGRAPHES

C'est à Nyssa (Turquie) que le géographe grec **Strabon** (58 av. J.-C. - vers 22 apr. J.-C.) fit ses études d'histoire et de géographie. Il entreprit ensuite la rédaction de deux volumineux essais : *Mémoires historiques* et *Géographie* (seul ce dernier nous est parvenu). Peu connue à son époque, son œuvre fut redécouverte à la Renaissance – un génie comme Léonard de Vinci ne pouvant manquer de s'y intéresser. Quoique deux fois millénaire, la *Géographie* de Strabon reste d'une remarquable actualité par ses réflexions sur l'origine des peuples, l'histoire des empires et, surtout, les relations de l'homme avec son milieu naturel. Un travail qui mériterait d'être relu plus souvent.

reprendra la même analyse pour dénoncer la violence, l'immoralité, l'injustice et le désordre qui se répandent dans les cités. Platon sera par la suite le maître du philosophe et savant **Aristote** (384-322), dont la pensée philosophique et scientifique exercera une grande influence sur le monde occidental, en particulier dans le domaine de la logique. D'autres philosophes, illustrant divers courants de pensée (le stoïcisme et l'épicurisme parmi tant d'autres), leur succéderont. Peu de leurs écrits nous sont parvenus.

À LA RECHERCHE D'UNE IDENTITÉ GRECQUE

Dans le cadre de nombreux festivals d'été, qui se déroulent dans les théâtres antiques, la Grèce contemporaine s'attache à célébrer la mythologie et la littérature classique. Mais le pays ne se contente pas de vivre sur ses acquis. Influencée par des courants littéraires semblables à ceux qui ont traversé l'Europe depuis le 15e s., la Grèce a également su cultiver sa singularité, donnant naissance à une génération d'écrivains modernes.

La littérature grecque dans l'Empire ottoman

Dès le 10e s. émergent les prémices d'une littérature grecque moderne, avec le grand cycle de chansons populaires célébrant à la manière d'un roman versifié les exploits de **Basile Digénis Acritas**, héros légendaire de la lutte de Byzance contre les Arabes, aux marches de l'Euphrate. La chute de l'Empire byzantin, en 1453, marquera l'épanouissement de cette nouvelle littérature, ou plutôt de plusieurs styles, ceux-ci variant d'une région à l'autre au gré de l'avancée ottomane.

Épargnées plus longtemps que le continent par l'invasion turque (jusqu'en 1669 pour les Crétois, par exemple), quelques îles ont fait preuve d'originalité dans leur création littéraire. Le Dodécanèse, Chios, Chypre, la Crète et les îles Ioniennes deviennent des pôles importants de la littérature insulaire, largement influencée par les occupants occidentaux, tels les Vénitiens ou les Génois. On retiendra ainsi le nom du Crétois **Vitsentzos Cornaros**, auteur du poème épique *Erotocritos*, la dernière œuvre d'envergure avant l'invasion ottomane.

Sur le continent, en revanche, l'arrivée des Turcs va considérablement freiner la création littéraire et conduire beaucoup de lettrés à émigrer vers l'Occident à partir du 15e s. À l'école des savants et des écrivains français, les lettrés du **Phanar** (quartier de Constantinople), à la fin du 17e s., se feront ainsi les derniers représentants de l'hellénisme sur le sol turc.

Il faudra attendre le 19ᵉ s. pour assister à une véritable renaissance de la littérature grecque avec le mouvement des Lumières grecques, dont le représentant le plus connu sera **Koraïs**, qui fit ses études en France et y séjourna, et l'école des îles ioniennes, influencée par l'Italie.

L'émancipation des lettres grecques

Lors de l'Indépendance, les Turcs quittent la péninsule et laissent derrière eux un peuple traumatisé, en quête d'une identité nationale. Cette désorientation collective n'épargne pas les romanciers qui, en mal d'inspiration, se tournent soit vers l'Occident, celui des Lumières et de la modernité, soit vers l'Orient chrétien, terre de la tradition byzantine.

Au cours de la querelle linguistique *(voir p. 97)*, qui agite la société grecque à cette époque, on assiste ainsi à un mouvement de balancier entre classicisme et progressisme, reflet des divisions de la société. Entre la langue populaire et la langue savante, le choix se porte sur la *katharevoussa*, compromis entre les formes classiques et l'usage moderne prôné par **Adamandios Koraïs** (1748-1833). La langue populaire de tradition orale sera, quant à elle, défendue par des poètes comme **Dionysios Solomos** (1798-1857), considéré comme le premier poète de la Grèce moderne. Chef de file de l'**école ionienne** (ou école de l'Heptanèse), il s'oppose à un autre courant poétique, celui de l'**école d'Athènes**, tourné vers un romantisme poussé à l'extrême, puis vers le symbolisme. À la fin du 19ᵉ s., les intellectuels décident d'utiliser la langue populaire *(dimotiki)* dans leurs œuvres, tel le Français d'origine grecque **Jean Psihari** (1854-1929), gendre de Renan, dont le récit *Mon voyage* apparaît comme une sorte de manifeste s'opposant à une langue trop savante et élitiste.

Un souffle nouveau

Après la « Grande Catastrophe » de 1922 *(voir p. 121)* se dessinent les contours de la Grèce moderne : les écrivains plongent dans une ère de défaitisme total. La littérature va s'affranchir de ce pessimisme grâce à la **génération de 1930**, qui décide d'abandonner la controverse linguistique pour s'attacher au fond. La Grèce fait alors son entrée dans la littérature moderne à proprement parler. Cette nouvelle vague s'illustre avec des noms prestigieux comme **Georges Séféris** (1900-1971) – prix Nobel en 1963 –, qui ouvrira la voie au surréalisme, ou **Odysseus Elytis** (1911-1996) – prix Nobel en 1979 –, l'un des poètes phares de cette nouvelle technique de narration, entraînant dans sa course bon nombre d'écrivains. Citons aussi le poète **Constantin Cavafy** (1863-1933), Grec d'Alexandrie qui représente l'hellénisme des cercles lettrés à la fin du 19ᵉ s. La littérature grecque sortira ensuite largement de ses frontières grâce à **Vassilis Vassilikos** (1934), auteur de *Z*, ainsi qu'à **Nikos Kazantzaki** (1883-1957) avec *Alexis Zorba* et *Le Christ recrucifié*, des ouvrages curieusement mieux perçus à l'étranger qu'en Grèce.

Cinéma

Largement influencé par les comédies populaires italiennes et le théâtre burlesque, le cinéma grec fait véritablement son apparition en 1949, à la fin de la guerre civile.

Les années 1950, marquées par le néoréalisme italien, sont dominées par deux réalisateurs réputés : **Michalis Cacoyannis**, qui signe la comédie *Le Réveil du dimanche*,

puis *Stella* – son plus grand film interprété par Mélina Mercouri – ou encore l'inoubliable *Zorba le Grec*, et Nikos Koundouros avec *La Cité magique* et *L'Ogre d'Athènes*.
Mais il faut attendre la décennie suivante pour réellement parler d'un âge d'or du cinéma : encouragés par une relative stabilité politique, les studios accroissent leur production de façon considérable. C'est l'époque des comédies légères avec Aliki Vouyouklali, Lambros Konstandaras ou Georgia Vassiliadou, qui symbolisent toujours l'insouciance.

L'APPARITION DES FILMS D'AUTEUR

Avec l'arrivée de la télévision dans les foyers et les débuts de la première chaîne nationale grecque (ERT), le public se détourne des salles obscures au profit du petit écran. Nous sommes dans les années 1970, en pleine dictature, et le cinéma commercial connaît alors sa première grande crise.
Les nouveaux metteurs en scène choisissent un créneau plus intimiste, voire hermétique, alors que la majorité des spectateurs cherche plutôt à s'évader. La rupture entre le cinéma et son public est donc consommée et les studios s'effondrent.
La chute du régime des colonels en 1974 coïncide avec les débuts du nouveau cinéma grec, dont **Theodoros (Theo) Angelopoulos** Disparu accidentellement début 2012, il faisait figure de chef de file. La longue carrière cinématographique de ce réalisateur sera par la suite jalonnée de consécrations internationales dont le Lion d'or à la Mostra de Venise pour *Alexandre le Grand* (1980), le prix du meilleur scénario à Cannes pour *Voyage à Cythère* (1984), le Lion d'argent au festival de Venise pour *Paysage dans le brouillard* (1988), le grand prix du jury au Festival de Cannes pour *Le Regard d'Ulysse* (1995), et enfin la Palme d'or à Cannes pour *L'Éternité et un jour* (1998).

RETOUR VERS UN PLUS LARGE PUBLIC

Dans les années 1980, conjointement au développement spectaculaire des vidéoclubs, le **Centre du cinéma grec**, alors seul investisseur, s'asphyxie par sa politisation grandissante, entraînant dans sa chute le cinéma d'auteur.
En 1989, les chaînes privées (Antenna et Méga) font irruption dans le paysage audiovisuel et sonnent le glas du cinéma grec. Les rares films projetés sont étouffés par les productions européennes et hollywoodiennes.
Il faut attendre le milieu des années 1990 pour que le Centre du cinéma grec change d'esprit et accepte de soutenir financièrement des films commerciaux, aspirant à une logique de scénarios plus occidentale et mieux adaptée à l'attente des spectateurs.
De son côté, le Parlement vote une loi soumettant les télévisions à une redevance en faveur de la production cinématographique. La jeune génération de producteurs s'efforce donc de donner un souffle nouveau à un cinéma plus proche du public. Ce que vous ne manquerez pas de constater si vous assistez, au mois d'octobre, au **festival de Thessalonique**, où sont présentés les films de l'année.

La mythologie grecque

Légendes et récits mettant en scène les dieux et les héros de l'Antiquité, la mythologie grecque nous semble familière, tant elle fait partie de notre culture. D'Eschyle à Giraudoux, d'Euripide à Racine, de Virgile à Cocteau, elle a inspiré les plus grands auteurs, exerçant une fascination jamais démentie. Derrière ses nombreux personnages, ses situations multiples, se cache tout un monde de symboles, reflet fantastique d'événements historiques, de pensées philosophiques et de proverbes toujours vivaces. De ce vaste recueil aux contours si mouvants, tentons seulement de poser les principes et de tracer les grandes lignes, tout en sachant que nombre de variantes partagent les poètes de l'Antiquité, chacun ayant sa version des amours de tel dieu ou des tribulations de tel héros.

Naissance des dieux et des hommes

La genèse de l'univers, tout d'abord, est l'affaire des mythes proprement dits : les mythes **théogoniques** racontent l'origine des dieux, tandis que les **cosmogoniques** traitent de la naissance du monde et des hommes.

LES DIVINITÉS PRÉOLYMPIENNES

Au commencement était le Chaos, bientôt suivi de Gaia (la Terre) puis d'Éros (l'Amour). Seule, Gaia engendra Ouranos (le Ciel étoilé), puis les Montagnes, les Nymphes et la Mer inféconde.
Régnant sur le monde, Ouranos et sa mère Gaia s'unirent pour enfanter la deuxième génération divine, celle des Ouranides. Parmi eux, les douze **Titans**, six garçons et six filles, puis les trois **Cyclopes** et enfin les trois Hécatonchires (Cent-Bras).

Mais Ouranos détestait sa progéniture. Il la retint prisonnière dans les profondeurs de la Terre, dans le Tartare. Cette attitude causa sa perte : ne supportant pas le traitement infligé à ses enfants, Gaia complota avec **Cronos**, le dernier-né des Titans. Aidé de ses frères et sœurs qui maîtrisèrent leur père, le jeune Titan lui coupa les testicules. Du sperme s'en échappa, qui coula sur Gaia, celle-ci enfantant bientôt les Érinyes, déesses de la Vengeance, les Géants et les Méliades (Nymphes des frênes).
Pour certains auteurs, **Aphrodite**, la déesse de l'Amour, naquit aussi de cet événement, du sperme s'étant mêlé à l'écume de la mer.
Cronos régna dès lors à la place de son père, et épousa sa sœur Rhea avec qui il projeta d'assurer sa descendance. Mais quand une terrible prédiction l'informa qu'il serait un jour détrôné par l'un de ses enfants, il n'hésita pas à avaler dès leur naissance les fruits de ses amours. Hestia, Déméter, Hera,

Hadès et **Poséidon** passèrent ainsi directement du ventre de leur mère à celui de leur père. Le dernier de ses enfants, **Zeus**, échappa à ce triste sort grâce à sa mère, Rhea, qui avait caché son nouveau-né. Parvenu à l'âge adulte, Zeus libéra ses frères et sœurs et, du haut de l'**Olympe**, engagea avec eux la lutte contre Cronos et les Titans. Cette **guerre des Titans**, sans mort puisqu'elle ne mettait en scène que des immortels, dura dix ans jusqu'à la victoire finale des Olympiens, aidés par les Cyclopes et les Hécatonchires.
Avant de régner définitivement sur le monde, les dieux de l'Olympe durent encore affronter les Géants, qu'ils dominèrent grâce aux flèches du héros Héraclès. Puis Zeus engagea une lutte longue et sans merci avec l'effrayant monstre Typhée.

LA NAISSANCE DES HOMMES

Selon Hésiode, les premiers hommes – uniquement des mâles – auraient été directement engendrés par Gaia. Ils vivaient alors heureux et sans souci auprès des dieux, ne craignant pas la mort qui les surprenait au cours de leur sommeil.
Cette belle harmonie fut troublée par **Prométhée**, descendant d'un Titan: lors d'un banquet, il chercha à favoriser les hommes aux dépens des dieux pour le partage d'un bœuf. Irrité, Zeus décida de retirer le feu aux hommes. Mais Prométhée osa défier une nouvelle fois le dieu tout-puissant, en dérobant le feu et en le rendant aux hommes. La colère de Zeus se révéla à la mesure de l'outrage: Prométhée fut lié par des chaînes au sommet du Caucase, et son foie d'immortel dévoré sans fin par un vautour.
Et, pour se venger des hommes, Zeus créa… la femme, « Engeance maudite, terrible fléau ! », dotée par chaque dieu de l'Olympe d'une qualité différente. **Pandore**, « le présent de tous les dieux », fut ainsi offerte à Épiméthée, le frère de Prométhée. Une fois sur Terre, Pandore découvrit une étrange jarre et ne put retenir plus longtemps sa curiosité: elle l'ouvrit, et tous les maux de la terre s'en échappèrent, suivis de l'espérance. L'humanité était punie.

LES PRINCIPAUX DIEUX DE L'OLYMPE

Confortablement installées dans les brumes de l'Olympe, les principales divinités se réunissent en un « Conseil des Grands Dieux », composé de douze membres. Sa constitution apparaît cependant assez fluctuante, variant selon les époques et les auteurs. Seule constante: Zeus et ses cinq frères et sœurs ne peuvent en être exclus. Après leur victoire sur les Titans, les trois fils de Cronos se partagèrent le monde.
Zeus reçut le Ciel, mais obtint vite la prééminence sur ses frères. Véritable maître de l'univers – quoique soumis au Destin –, il protège les familles comme les cités, et se doit de faire régner la justice et l'équité. Sage parmi les Sages, il est souvent représenté trônant sur le sommet de l'Olympe, doté d'une généreuse barbe, un sceptre dans une main et le foudre dans l'autre. Mais, faiblesse notoire, ce dieu sauveur affiche un penchant immodéré pour les femmes (et accessoirement pour les hommes). Aussi, à côté de ses épouses officielles, les déesses Métis, Thémis, Euronymé, Mnémosyne et Héra, multiplie-t-il les aventures avec des déesses et des mortelles, qui lui vaudront une nombreuse progéniture divine.
Poséidon, son frère, règne quant à lui sur les mers, quoiqu'il sache

À Amorgos, la muse de la Musique domine les flots.
P. Seux / hemis.fr

aussi faire trembler la Terre. C'est dans les profondeurs marines que se cache son palais, qu'il quitte de temps à autre sur un char somptueux, son trident à la main et accompagné d'un cortège de monstres marins (Tritons).

Hadès, le second frère de Zeus, obtint le monde souterrain et le royaume des morts. Doté d'un casque qui le rend invisible, il enleva **Perséphone**, la fille de Zeus et de Déméter, avant de l'épouser.

Hestia, déesse du foyer domestique et du foyer public des Prytanées, est l'aînée des trois sœurs de Zeus. Restée vierge en dépit des avances de Poséidon et d'Apollon, elle ne quitta jamais l'Olympe.

Sa sœur, **Déméter**, n'eut pas les mêmes scrupules et eut une liaison avec Zeus. Déesse de la Terre cultivée, et plus particulièrement des céréales, elle laissa dépérir les moissons, de chagrin, lorsque Hadès lui déroba sa fille. Elle obtint finalement que Perséphone vive avec elle six mois de l'année, des premières pousses de printemps jusqu'aux semailles de septembre.

Épouse légitime et définitive de Zeus et sa troisième sœur, **Héra** poursuit de sa haine toutes les amantes de son infidèle mari, ainsi que leur progéniture. C'est tout naturellement qu'elle symbolise la divinité du mariage, la protectrice de la fidélité conjugale et des mères. Ses attributions en font également une déesse de la Végétation.

Huit autres dieux et déesses, tous enfants de Zeus, s'imposent par leurs pouvoirs et leur influence et peuvent prétendre appartenir au « Conseil des Grands Dieux » : éternellement éphèbe, **Apollon** apparaît comme une divinité aux traits multiples : dieu de la Poésie, de la Musique et du Chant, il dirige le chœur des Muses et joue de la lyre. Dieu guérisseur, protecteur des champs et des troupeaux, il peut également répandre les épidémies avec son arc.

Héphaïstos, boiteux depuis le jour où Zeus le jeta du haut de l'Olympe, fut marié à Aphrodite, qui le trompa entre autres avec Arès. L'infirme se vengea en piégeant les amants et en les exposant à la vue de tous les dieux. Divinité des arts de la forge et du travail des métaux, c'est lui qui façonna Pandore, la première femme, à la demande de Zeus.

Au contraire d'**Arès**, dieu de la Guerre fruste, brutal et sanglant, bien peu aimé des Grecs, **Athéna** se présente comme une déesse guerrière pleine de raison, protectrice des cités, des travaux féminins et de la paix, malgré son apparence austère : l'iconographie la représente sortant tout armée de la tête de Zeus, coiffée d'un casque, tenant une lance d'un bras, l'égide de son père de l'autre. Sur ce bouclier (ou sur son plastron) apparaît la tête aux cheveux de serpents, offerte par Persée, de la terrible **Méduse**, l'une des **Gorgones**, créatures qui statufiaient toute personne croisant leur regard.

Armée d'un arc et de flèches comme son frère jumeau Apollon, **Artémis** tue sans détour tous ceux qui l'offensent. Elle passe le reste de son temps à la chasse, accompagnée de ses chiens. Éternellement vierge, elle incarne pourtant la fécondité. Une qualité qu'elle partage avec la déesse de l'Amour et de la Beauté, **Aphrodite**, à qui l'on attribue de nombreux amants, dont le bel **Adonis**.

Pour que Pâris la désigne à coup sûr comme la plus belle déesse, devant Héra et Athéna, elle n'hésita pas à lui promettre l'amour de la belle Hélène, provoquant la guerre de Troie *(voir p. 110)*.

Dieu de la Vigne et de l'Ivresse, **Dionysos** partit à la conquête de l'Orient sur un char tiré par des panthères, le canthare plein de vin à la main, accompagné de créatures en transe, dont les **Bacchantes** et les **Satyres**.

Chaussé de sandales ailées, **Hermès** est le messager des dieux, tenant à ce titre le **caducée** à la main. Inventeur de la lyre et de la flûte de Pan (ou syrinx), il est honoré aussi comme le dieu des Voyageurs, du Commerce, des Bergers et du Sport, et son esprit rusé en fait également le protecteur des voleurs !

Les grands cycles légendaires

À côté des mythes se range tout un ensemble de cycles mettant en scène nombre d'histoires où interviennent héros, dieux et monstres fabuleux, dont l'unité

UN TRAVAILLEUR INFATIGABLE

Six des travaux d'**Héraclès** eurent pour cadre le nord du Péloponnèse : le héros étouffa dans ses bras le lion de Némée, réputé invincible, avant d'utiliser sa peau en guise de manteau. Puis il abattit à la fronde les oiseaux anthropophages qui hantaient le lac Stymphale. Au sud d'Argos, il trancha ensuite les neuf têtes de l'Hydre de Lerne. Puis il épuisa le féroce sanglier du mont Érymanthe, en le pourchassant durant des mois. Il mit un an pour capturer la biche de Cérynie, plus rapide que l'air, mais un seul jour pour nettoyer les écuries d'Augias en détournant deux fleuves voisins. Les autres travaux consistèrent à capturer un taureau furieux en Crète, à dompter des chevaux anthropophages en Thrace, à tuer un roi à trois corps et trois têtes près du détroit de Gibraltar, à capturer le chien Cerbère, gardien des Enfers, à s'emparer tour à tour de la ceinture de la reine des Amazones et des pommes d'or du jardin des Hespérides.

DU GREC AU LATIN

Nom grec	***Équivalent latin***
Aphrodite	*Vénus*
Héphaïstos	*Vulcain*
Apollon	*Apollon (ou Phœbus)*
Héra	*Junon*
Arès	*Mars*
Héraclès	*Hercule*
Artémis	*Diane*
Hermès	*Mercure*
Asclépios	*Esculape*
Hestia	*Vesta*
Athéna	*Minerve*
Les Érinyes	*Les Furies*
Cronos	*Saturne*
Léto	*Latone*
Déméter	*Cérès*
Perséphone	*Proserpine*
Dionysos	*Bacchus*
Poséidon	*Neptune*
Éros	*Cupidon*
Hadès	*Pluton*
Zeus	*Jupiter*

se fait cette fois autour d'un personnage ou d'une lignée. En voici quelques-uns, parmi les plus connus :

LES AVENTURES D'HÉRACLÈS

Fils de Zeus et de la mortelle Alcmène, mi-dieu mi-homme, le héros Héraclès était doué d'une force extraordinaire et il multiplia les actions d'éclat comme les conquêtes amoureuses. Poursuivi par la haine d'Héra, la femme légitime de Zeus, il fut poussé, dans un accès de folie provoqué par la déesse, à tuer ses propres enfants. En expiation de ce meurtre, il reçut l'ordre d'accomplir **douze travaux**, exploits qu'il effectua en autant d'années. Héraclès réalisa encore d'autres prouesses avant de succomber, prisonnier d'une tunique empoisonnée. Mais les dieux l'accueillirent dans l'Olympe où il obtint l'immortalité.

JASON ET LES ARGONAUTES, OU LA QUÊTE DE LA TOISON D'OR

À la mort de son royal père, le jeune Jason se vit subtiliser le trône par son oncle Pélias. Celui-ci accepta de le lui rendre à la condition qu'il lui rapporte la Toison d'or, une peau de bélier couverte d'or, gardée en Colchide (mer Noire) par le roi Aiétès. Un exploit que Pélias croyait impossible.
Loin de se décourager, Jason embarqua à bord d'un puissant navire, l'*Argo*, construit par Argos, un homme doté de cent yeux. Accompagné de cinquante **Argonautes** – parmi lesquels Héraclès, les jumeaux **Castor et Pollux** et le musicien **Orphée** –, il affronta diverses épreuves, tant à l'aller qu'au retour de son périple. Outre les précieux pouvoirs de ses compagnons, il reçut l'aide de la propre fille d'Aiétès, la belle **Médée**, dont il tomba amoureux et qu'il épousa. C'est grâce aux pouvoirs magiques de cette dernière que Jason parvint à s'emparer de la précieuse toison.

THÉSÉE ET LE MINOTAURE

Héros athénien entre tous, Thésée, fils du roi d'Athènes **Égée**, accomplit des exploits semblables à ceux de son contemporain Héraclès.
Parmi ses hauts faits, il en est un qui demeure particulièrement célèbre : son combat avec le **Minotaure**. Fils de Pasiphaé, femme du roi de Crète Minos, ce monstre mi-homme, mi-taureau vivait dans un labyrinthe conçu par le génial architecte **Dédale**. Or, tous les neuf ans, Minos exigeait d'Athènes, qu'il venait de soumettre, le don de sept jeunes hommes et sept jeunes filles pour les livrer en pâture au Minotaure.

Thésée se porta volontaire et parvint à tuer la bête. Grâce à la pelote de fil que lui donna par amour **Ariane**, la propre fille de Minos, il sortit du labyrinthe et revint à Athènes.
En vue des côtes d'Attique, d'où son père guettait son retour, il oublia de hisser les voiles blanches, signe de sa victoire. Croyant son fils mort, Égée se jeta de chagrin du haut de l'Acropole.

LE CYCLE DES LÉGENDES THÉBAINES

Ce cycle retrace l'histoire des origines de la ville de **Thèbes**, que le roi Cadmos fonda à l'endroit où, conformément aux indications prodiguées par Apollon, une génisse s'était arrêtée d'épuisement. Après un long règne, le vieux Cadmos transmit son trône à sa descendance, **Laïos** et son épouse **Jocaste**.
Avec eux commence l'un des épisodes les plus fameux (et tragiques) des légendes thébaines, celui de leur fils **Œdipe**. Abandonné à sa naissance, le jeune homme, arrivé à l'âge adulte, accomplit sans le savoir la terrible prédiction de l'**oracle de Delphes** : tuer son père et épouser sa mère. C'est au cours de cet épisode qu'il débarrassa la cité du **Sphinx**, un monstre mi-lion mi-femme, qui dévorait tous les passants qui ne savaient pas répondre à l'énigme qu'il leur soumettait.
Le cycle thébain se poursuit avec la querelle des deux fils d'Œdipe, Étéocle et Polynice, qui s'entre-tuèrent, pour s'achever avec la fin tragique de leur sœur, **Antigone**, emmurée vivante pour avoir voulu donner une sépulture à Polynice.

LA GUERRE DE TROIE

Rendu célèbre par **Homère** (qui en fait la trame de ses récits, *voir p. 100*), cet épisode est l'un des plus fameux, mêlant le mythe à l'Histoire.
Héra, Athéna et Aphrodite se réunirent sur le mont Ida (en Crète) où, sous la houlette de la Discorde, s'organisa un concours visant à désigner la plus belle déesse. Le prix – une pomme d'or – serait remis à la lauréate par le beau **Pâris**, le fils cadet du roi de Troie **Priam**.
Or, la perfide Aphrodite acheta la réponse du jeune homme en lui promettant l'amour de la plus belle mortelle, **Hélène**, épouse du roi de Sparte, **Ménélas**. Pâris la prit au mot et enleva la jeune femme qu'il ramena à Troie, provoquant ainsi la guerre.
D'un côté : les Achéens, dirigés par **Agamemnon**, roi de Mycènes et frère de Ménélas. De l'autre, les Troyens, aidés par **Énée**, fils d'Aphrodite. Le siège devait durer neuf ans, s'achevant avec l'épisode célèbre du **cheval de Troie**.
Agamemnon opta pour la ruse : il offrit à Priam un superbe cheval de bois, dans lequel il s'était caché avec ses meilleurs hommes, **Achille**, **Ulysse** et **Ajax**. Le cheval pénétra dans la ville, l'ennemi avec, et Troie tomba enfin.
C'est aussi durant cette guerre qu'Achille, rendu invulnérable après avoir été plongé, enfant, dans les eaux du Styx, fut mortellement

ÉNIGME ANTIQUE

Quelle est la créature qui marche à quatre pattes le matin, sur deux le midi et sur trois le soir, et qui, contrairement à la loi de la nature, est le plus faible quand il a le plus de pattes ? – « L'homme », répondit Œdipe au Sphinx. Avec succès. De dépit, le monstre se jeta dans le vide du rocher où il se perchait.

Poséidon, le dieu de la Mer, exposé au Musée archéologique national d'Athènes.
F. Reclus / Author's Image / Photononstop

blessé d'une flèche au talon, le seul point de son corps à avoir échappé au fluide miraculeux…

LE RETOUR D'ULYSSE

Au retour de la guerre de Troie, Ulysse prend la route de son royaume, l'île d'Ithaque.
Au cours de son périple le héros devra affronter mille dangers : les **Géants**, la magicienne **Circé**, les **Sirènes** au chant ensorcelant ou encore les monstrueux écueils **Charybde** et **Scylla**, sans oublier le **Cyclope Polyphème**, fils de Poséidon, dont le meurtre attirera sur Ulysse et ses marins la colère du dieu de la Mer.
Revenu à Ithaque vingt ans après l'avoir quittée, le guerrier se fera reconnaître de sa femme, la fidèle **Pénélope**, en étant le seul à pouvoir bander son arc et à transpercer d'une seule flèche douze haches alignées.
Il serait trop long de poursuivre la liste de ces cycles légendaires passionnants. Parmi eux, celui de la tragique destinée des Atrides, qui hante les ruines de Mycènes, enrichira votre voyage.
À vous de les découvrir.

Histoire

L'histoire de la Grèce antique – tout comme celle de l'ancienne Égypte ou de Rome – a marqué l'héritage occidental et l'esprit de générations d'écoliers : dieux innombrables, héros légendaires, guerres sans merci, vestiges archéologiques... À mi-chemin entre Rome et Constantinople, la Grèce est le berceau de la civilisation occidentale. Avec la démocratie, elle nous a laissé un modèle politique. Ses philosophes et leurs écoles ont posé le fondement de notre pensée. Ses architectes et artistes ont servi de modèles à la Renaissance dans toute l'Europe. Mais, au-delà de cette Antiquité prestigieuse, la Grèce s'est aussi distinguée en gagnant son indépendance au prix d'une résistance opiniâtre à une succession de maîtres et d'envahisseurs. Aujourd'hui ancrée résolument en Europe, elle en reste le phare oriental, charnière entre Occident et Orient.

L'aube de l'histoire

(5000-900 av. J.-C.)

La Grèce était déjà peuplée durant le paléolithique (plus de 8 000 ans av. J.-C.). Les fouilles en ont montré les traces en Thessalie et en Macédoine. La Grèce d'alors était surtout balayée par les vagues de migration de nomades, en fonction des énormes variations de climat et des déplacements du gibier. La découverte, à l'est du Péloponnèse, d'outils en obsidienne vieux de 13 000 ans (île de Milos) a révélé, par exemple, que les habitants des îles, marins éprouvés, entretenaient des relations avec le continent. C'est d'ailleurs dans ces îles qu'apparaît la première civilisation du pays.

LES CYCLADES OU LA CIVILISATION DES IDOLES

Au début du 3e millénaire av. J.-C., les Cyclades connaissent un remarquable essor *(ailleurs, en Mésopotamie, les Sumériens avaient déjà inventé l'écriture, l'urbanisme et la sculpture. Dans ce qui est aujourd'hui le Pakistan s'épanouissait la civilisation de l'Indus)*. Des traces de leur influence ont été retrouvées jusqu'au Portugal et à l'embouchure du Danube *(dans l'ouest de l'Europe fleurit la civilisation mégalithique, dont témoignent Carnac, en Bretagne, ou Stonehenge, en Angleterre)*. Parce qu'ils sont d'excellents marins, ces îliens se tournent naturellement vers le commerce et profitent des échanges avec la rive orientale de la Méditerranée où l'on bénéficie de la culture mésopotamienne. Leur habitat se concentre d'abord sur les côtes, mais la menace de la piraterie contraint les autochtones à se replier dans des villages fortifiés en hauteur. De ces petites cités, rien ne nous est parvenu, sinon les vestiges de modestes constructions de moellons grossiers, couvertes de branchages. Ce sont les tombes qui ont livré les témoignages les plus abondants : vaisselle, bijoux et surtout ces idoles de marbre aux lignes si modernes, qui sont devenues le symbole de cette culture originale.

Bientôt, cependant, l'essor de la civilisation minoenne en Crète entraîne les Cyclades dans son sillage, pour une autre page d'histoire.

LA CRÈTE ET LA CULTURE MINOENNE

Au cours du 3e millénaire av. J.-C., vers 2600 av. J.-C., s'épanouit en Crète une civilisation pacifique avancée, nommée minoenne en référence au légendaire roi **Minos**. À partir de 2200 av. J.-C., elle impose ses lettres de noblesse, avec la fondation des premiers palais, véritables complexes urbains, dotés de sanctuaires, magasins, ateliers d'artisans et habitations *(à cette époque, les Égyptiens construisent leurs pyramides)*. Ces « cités-palais » contrôlent une société hiérarchisée et raffinée, où les arts fleurissent autant que prospèrent les relations commerciales avec les Cyclades, la Syrie, l'Égypte et la côte occidentale d'Asie Mineure. On y connaît l'écriture et l'art y est très élaboré *(ailleurs, aux alentours de 1700 av. J.-C., dans ce qui est aujourd'hui l'Irak, la culture de Babylone rayonne sous le règne d'Hammourabi)*.

LA GRÈCE CONTINENTALE ET LA CIVILISATION MYCÉNIENNE

(1600-1100 av. J.-C.)
Alors que la société minoenne raffinée entre en déclin, le continent accueille lui aussi une autre culture avec l'arrivée en Grèce des **Achéens**, peuple indo-européen venu du nord par les Balkans, à partir de 1800 av. J.-C. Ils forment la première de ce que l'on appellera les tribus grecques. Guerriers émérites, ils envahissent peu à peu les bords de la mer Égée et fondent des cités. La plus illustre, Mycènes, est à l'origine du nom de leur civilisation. Parmi les épisodes de leur prise de pouvoir figure la célèbre guerre de Troie. Les Achéens apportent avec eux le goût de la chasse, la science de la guerre (leur société est le fondement de toutes les légendes et cycles héroïques) et une innovation, le char attelé. Mais ils intègrent sans difficulté l'apport de la civilisation minoenne, en particulier une forme d'écriture. Ils entretiennent des relations avec des peuples éloignés (des objets en or découverts en Irlande témoignent de relations avec cette île).
Pourtant, vers 1100 av. J.-C., la plupart de ces cités sont détruites, et le monde mycénien disparaît à son tour, peut-être en raison de conflits internes. La chute de la civilisation mycénienne marque en tout cas une véritable rupture dans l'histoire de la Grèce. Avec l'abandon des principaux sites disparaît également l'écriture *(à la même époque, en Égypte, on construit les grands temples de Louxor, Karnak et Abou Simbel)*.

LES DORIENS OU LA PÉRIODE GÉOMÉTRIQUE

(12e-9e s. av. J.-C.)
Parmi les causes de la chute des Mycéniens, certains évoquent une seconde vague d'invasion indo-européenne, celle des Doriens, arrivés eux aussi du nord à partir de 1200 av. J.-C. Elle oblige les habitants à fuir vers la côte occidentale d'Asie Mineure où ils fondent les premières cités Ioniennes. Bien que l'on appelle la période de leur domination les Siècles obscurs, les Doriens ont tout de même apporté leur lot d'innovations : usage du fer, de la fibule, rites d'incinération et surtout l'apparition de splendides céramiques à motifs géométriques. Mais ils morcellent le territoire en cités, qui deviennent des unités politiques en miniature. Curieusement, malgré

JEUX INTER-VILLES
Créés en 776 av. J.-C., les **Jeux olympiques** donnèrent aux cités-États l'occasion de se mesurer pacifiquement, par athlètes interposés. Sur le stade d'Olympie, dans la palestre ou le gymnase, les vainqueurs des courses à pied, du pentathlon, des sports de lutte et de la course de chars (quadrige) reçoivent récompenses et honneurs, leurs victoires rejaillissant sur leur cité et lui conférant un prestige hautement politique.

cet émiettement de la société, ils maintiennent l'unité religieuse (autour du culte d'Apollon) et culturelle (langue commune, cycles des légendes homériques de *L'Iliade* et de *L'Odyssée*). *Pendant ce temps, en Inde, on écrit les Védas (vers 1000 av. J.-C.) et on constitue la société de castes. Salomon règne sur Israël (996-926 av. J.-C.).*

L'Antiquité

Du 8e s. av. J.-C. au 4e s. apr. J.-C. s'étend ce que l'on nomme l'Antiquité. C'est durant cette longue période que se façonne le rôle prédominant de la Grèce dans la naissance des futures civilisations européennes.

LA PÉRIODE ARCHAÏQUE

(8e-5e s. av. J.-C.)
La civilisation grecque sort de son sommeil et renoue avec sa tradition maritime et commerciale, fondant des colonies dans tout le Bassin méditerranéen, en Italie, en Gaule (Marseille...), en Thrace et jusqu'en mer Noire. L'organisation de la société repose toujours sur la *polis*, cité-État formée d'un centre urbain, des terres agricoles et des villages qui l'entourent. Les habitants de la cité constituent une communauté rigoureusement structurée, qui se réfère à de lointains ancêtres fondateurs souvent mythiques.
Peu à peu le pouvoir passe de la royauté à une minorité privilégiée, l'aristocratie. Les citoyens se rassemblent régulièrement à l'occasion de cérémonies vouées aux cultes qu'ils partagent, en particulier celui de la divinité protectrice de la cité.
Mais les conflits entre les cités sont nombreux. Deux d'entre elles se disputent la prééminence. La première, Athènes, s'enrichit par le commerce et amorce des réformes politiques et juridiques pour reconnaître les droits des citoyens non nobles. Sa grande rivale est Sparte, dont les habitants, descendants des Doriens, sont un peuple aux règles très strictes. Chacun doit viser l'excellence militaire, tant au plan des capacités physiques que de l'éducation.
Sa puissance guerrière lui permet d'étendre son pouvoir sur l'ensemble du Péloponnèse. Malgré leur constante rivalité, Athènes et Sparte vont pourtant s'unir pour lutter contre les Perses, qui ont déjà imposé leur souveraineté sur les cités grecques d'Asie Mineure et exigent la soumission de tous les Grecs. Parmi les grandes cités, seules Athènes et Sparte refusent. En 490, les Athéniens infligent à Darius une cuisante défaite, sur la fameuse plaine de Marathon *(voir encadré p. 117)*. En 480, c'est au tour de Sparte d'avoir ses héros, tels Léonidas et ses 300 hommes qui se sacrifient pour retarder l'avancée ennemie lors de la bataille des Thermopyles. Enfin, l'affrontement naval de Salamine signe la suprématie de la flotte grecque, tandis que la victoire des hoplites à Platées confirme la défaite perse *(au début de cette même période, 6e-5e s. av. J.-C., ailleurs dans le monde, Confucius et Lao-Tseu initient*

La porte du temple d'Apollon à Naxos.
F. Guiziou / hemis.fr

en Chine des courants de pensée et une morale définissant la place de l'individu dans la société et l'univers. En Inde, c'est la fondation du bouddhisme).

LA PÉRIODE CLASSIQUE OU LA NAISSANCE DE LA DÉMOCRATIE

(5e-4e s. av. J.-C.)
Après les premières réformes de la période précédente, c'est le 5e s. qui marque la véritable naissance de la démocratie à Athènes. Renforcée par ses victoires, Athènes prend la tête d'une confédération : la **ligue de Délos**. Forte de ses richesses et de ses marins, la ligue doit achever de libérer le territoire grec et assurer la défense contre un éventuel sursaut des Perses.

L'hégémonie athénienne est à son apogée : à la tête d'une flotte puissante, la ville contrôle la mer Égée et les échanges commerciaux, et affirme sa domination sur les cités alliées. C'est à cette époque, en 460 av. J.-C., que **Périclès** arrive au pouvoir pour trente ans, qui correspondent à l'âge d'or de la cité. Après sa mise à sac par les Perses en 480, la ville reconstruit ses fortifications, qu'elle relie au port du Pirée par deux « Longs Murs » de protection. Elle s'active à la réalisation des grands travaux sur l'Acropole et la politique culturelle éclairée de Périclès fait d'Athènes le centre de la Grèce : c'est le temps des philosophes, Socrate, des dramaturges et des poètes, Eschyle, Sophocle, Euripide… C'est surtout

NAISSANCE DES ARMÉES

Au 7e s. av. J.-C., la guerre change d'aspect : une véritable formation militaire apparaît, la phalange hoplitique. Elle se compose de plusieurs rangs de soldats, les hoplites, qui avancent ensemble en rangs serrés, chacun étant équipé de jambières, d'une cuirasse et d'un casque en bronze, d'un lourd bouclier de bois cerclé de bronze, d'une lance et d'une épée courte. La cité hoplitique par excellence est Sparte.

LES DÉBUTS DE LA DÉMOCRATIE

Pour être **citoyen**, il faut être né de parents eux-mêmes citoyens. Il existe quatre catégories de citoyens, en fonction de leurs revenus. Tous sont égaux en droit et peuvent proposer des lois, voter et s'exprimer librement à l'Assemblée. À partir de l'âge de 30 ans, le citoyen peut accéder aux fonctions d'administration de la cité (préparation des lois, exercice de la justice), par tirage au sort, lequel traduit la volonté des dieux. Pour ces fonctions, il reçoit une indemnité qui permet même aux plus pauvres d'entrer en politique. Les plus hauts responsables, ceux qui dirigent la cité, sont élus par l'Assemblée. Chacun peut porter plainte contre une infraction dont il est le témoin ou la victime, ou demander la remise en cause d'une nouvelle loi. En cas de délit grave, l'Assemblée peut voter la destitution de la citoyenneté. Pour pouvoir faire voter lois ou mesures, l'Assemblée doit réunir au moins 6 000 citoyens.

Seul bémol à cette belle ébauche démocratique : ni les femmes, ni les étrangers, ni les esclaves ne peuvent prétendre au statut de citoyen…

l'instauration définitive de la démocratie à Athènes.

Mais cette domination heurte et agace les autres cités grecques, particulièrement sa rivale spartiate. Le conflit éclate en 431 et la **guerre du Péloponnèse** embrase toute la Grèce. Il faudra vingt-cinq ans de guerre avant qu'Athènes ne capitule. Après une courte accalmie, les hostilités reprennent entre Sparte, Athènes et Thèbes, qui visent chacune l'hégémonie sur la Grèce, mais en font par la même occasion une proie facile pour l'ennemi. Outre ces luttes incessantes, les cités doivent faire face à la corruption du pouvoir, au désintérêt des citoyens et au mécontentement du peuple.

Les philosophes prônent des réformes politiques et encouragent l'indépendance de la pensée et la prééminence de l'individu.

À la faillite extérieure des cités rivales s'ajoute l'échec politique à l'intérieur.

LA PÉRIODE HELLÉNISTIQUE OU LE RÊVE D'ALEXANDRE

(4e s. av. J.-C.)

Ironie de l'histoire, le sursaut face à l'emprise perse vient d'une contrée que les Grecs considèrent comme à moitié barbare.

Pourtant, la **Macédoine** a su très tôt réaliser son unité autour d'une monarchie centralisée et structurée. En moins de vingt ans, sous l'autorité de **Philippe II** (359-336), l'armée macédonienne conquiert la Grèce, profitant des divisions entre les cités. L'objectif est de vaincre les Perses, mais Philippe est assassiné et c'est son fils, **Alexandre le Grand**, qui reprend son ambition et réalise la formidable conquête de l'Empire perse (334-323). Le rêve d'Alexandre, c'est un empire universel qui porterait la culture grecque aux confins du monde. De fait, son empire, le plus vaste jamais conquis, s'étend de la Macédoine à la Libye et à l'Égypte, et, à l'est, jusqu'à l'Indus (l'actuel Pakistan).

Mais à sa mort, en 323, le jeune empire se disloque déjà, partagé entre ses quatre généraux, et la Grèce se retrouve placée sous le protectorat des rois de Macédoine. Ses tentatives pour s'en libérer se solderont par des échecs.

LA DOMINATION ROMAINE

(3e s. av. J.-C.-4e s.)

Pour s'assurer du contrôle de l'Adriatique, le roi de Macédoine

Philippe V s'allie à Hannibal contre Rome. Mais il a mal choisi son camp : le Carthaginois est vaincu, et les Romains envahissent la Grèce. Dès lors, son sort se trouve lié à celui de Rome. Après avoir battu Antoine et Cléopâtre (31 av. J.-C.), Auguste annexe l'ensemble du monde hellénique et fait de la Grèce une province romaine. La civilisation grecque n'en conserve pas moins un énorme prestige aux yeux des Romains. Athènes reste le centre intellectuel et culturel de l'hellénisme, où vont se former les élites de la société romaine. *En Chine, on commence les travaux de la Grande Muraille (env. 200 av. J.-C.).*

La Grèce byzantine

(395-1453)

À partir du 3e s., l'Empire romain subit des vagues successives d'invasions barbares, qui vont avoir raison de son unité. En 325, pour surveiller les marches de l'Empire, l'empereur Constantin donne l'ordre de construire sur les murs de l'ancienne Byzance une ville nouvelle à laquelle il donne son nom, Constantinopolis, qu'il proclame sa capitale (330). Mais l'éclatement de l'Empire devient effectif en 395, quand le territoire de l'Empire est scindé en deux : la partie orientale, qui comprend alors, outre la Grèce, les Balkans, l'Asie Mineure, la Syrie, la Palestine, la Mésopotamie du Nord et l'Égypte, devient l'**Empire romain d'Orient**. L'Empire romain d'Occident, envahi, déchu, va pour sa part se morceler en royaumes barbares.

UNE TERRE CONSTAMMENT MENACÉE

En Grèce, les séquelles des invasions barbares s'estompent, et seul le terrible tremblement de terre du 21 juillet 365 vient troubler une période de paix relative, de plus d'un siècle. Au cours de ce 4e s., le christianisme devient religion d'État, les cultes païens sont interdits et les Jeux olympiques supprimés. Pourtant, le paganisme reste très vivace. Cette résistance au christianisme d'État n'est peut-être pas étrangère à la passivité des troupes lorsque les Wisigoths déferlent, en 395. Dès lors, les incursions se multiplient et apportent des changements démographiques profonds. On assiste à un double mouvement de population : d'une part, un grand nombre de Grecs sont chassés du Péloponnèse, d'autre part, des Slaves se fixent dans l'ensemble de la Grèce, si bien que Byzance doit recourir à la force pour faire respecter son autorité sur la région, malgré la menace des Arabes, des Bulgares et des Normands. L'Empire byzantin résiste à tout cela avant de céder, paradoxe de l'histoire,

LE PREMIER MARATHON

Le 10 août de l'an 490 av. J.-C., 20 000 à 25 000 soldats perses débarquent sur les rivages de l'Attique. En face, l'armée grecque ne compte que 10 000 hommes. Mais la stratégie ingénieuse du général grec Miltiade a raison de l'ennemi. Six mille Perses perdent la vie, tandis que les Grecs ne dénombrent que 192 morts. Pour annoncer au plus vite la victoire à Athènes, on dépêche un messager, qui court d'une seule traite les **42,195 km** qui le séparent de la cité. À l'arrivée, il n'a que le temps d'annoncer la victoire avant de périr d'épuisement. C'est en souvenir de cet acte héroïque que fut créée en 1896 la fameuse course du marathon, qui parcourt exactement la même distance.

à des chrétiens, venus d'Occident pour lui prêter main-forte contre la menace ottomane !

LA TRAHISON DES CROISÉS

À l'appel du pape français Urbain II (1095), un formidable élan spirituel pousse la chrétienté occidentale vers Jérusalem, aux mains des musulmans depuis le 7e s. Les empereurs byzantins avaient réclamé cette intervention, mais seulement comme une réserve d'hommes placés sous leur autorité pour reconquérir des territoires et les lieux saints leur appartenant historiquement. Cependant, négligeant ces accords, la noblesse d'Europe qui part en croisade va conserver toutes les terres conquises, pour les organiser selon le modèle féodal. Des États latins fleurissent, dont le royaume de Jérusalem.
Par ailleurs, la présence toujours plus importante à Constantinople des marchands latins, en particulier vénitiens, attise les rancunes, qui se matérialisent en un sinistre pogrom, en 1182. Si les trois premières croisades n'ont eu que peu d'influence sur la Grèce, la quatrième (1202-1204) la concerne directement et précipite la chute de l'Empire byzantin. Au lieu d'attaquer les musulmans en Égypte, les croisés s'allient aux Vénitiens et se dirigent sur Constantinople, qu'ils anéantissent (1204). La campagne se termine par la création d'un Empire latin.

LES FRANCS EN GRÈCE

À dire vrai, l'Empire latin de Constantinople fait bien pâle figure. L'unité, qui avait fait la force de l'Empire byzantin, n'a pas résisté aux appétits divergents des chevaliers croisés. Les Vénitiens se sont attribué la moitié de la capitale, la plupart des îles égéennes et un grand nombre de places fortes en Grèce continentale. Ils se concentrent sur le commerce maritime et prennent possession de nombreux ports. Les principaux chefs de la croisade se constituent des fiefs, dans la plus pure tradition féodale. Les grands croisés francs se partagent la Grèce, créant, entre autres, le puissant duché d'Athènes. La présence franque se concentre alors dans la principauté de Morée, où se tient une cour brillante, grâce à l'arrivée régulière de chevaliers venus de France. C'est durant cette période que de nombreuses citadelles sont construites, la plus célèbre étant Mistra.

MORT DE L'EMPIRE

Les Byzantins reprennent enfin **Constantinople** en 1261 mais ne retrouvent la suprématie sur la Grèce qu'en 1428.
L'Empire byzantin reconstitué n'est plus que l'ombre de lui-même. Après l'incursion serbe, il subit celle des Turcs. Le 29 mai 1453, Constantinople tombe aux mains du sultan Mehmet II (1451-1481). Rhodes et les îles du Dodécanèse sont conquises en 1522, Chios en 1566, Chypre en 1571. Ultime point d'ancrage des Vénitiens en Grèce, la Crète capitule à son tour en 1669.

La Grèce ottomane

(1453-1830)
Sous l'occupation ottomane, les chrétiens grecs, comme toutes les populations non musulmanes, sont tolérés mais maintenus dans un statut vexatoire d'infériorité. Deux mesures leur semblent particulièrement contraignantes : une imposition plus lourde que celle des musulmans, et l'enrôlement forcé de jeunes chrétiens de 10 à 20 ans dans la garde personnelle du sultan. Cependant, bien que les élites intellectuelles aient fui en masse,

il ne faut pas exagérer le poids de la tutelle ottomane. En comparaison du gouvernement autoritaire et oppressif des Vénitiens dans les îles, le sultan fait preuve d'une grande mansuétude, en laissant l'administration locale au soin des Grecs et en manifestant une large tolérance religieuse. Ainsi, loin de supprimer le clergé orthodoxe, il confirme les prérogatives du patriarche de Constantinople et fait même de lui le représentant de l'ensemble des chrétiens de l'Empire ottoman. Une attitude de l'Église qui n'est pas sans ambiguïté : si, grâce à elle, la langue et la culture grecques se perpétuent, les patriarches n'ont de cesse d'encourager leurs fidèles à condamner toute insubordination.

Vers l'indépendance

Jusqu'au 17e s. se déroule une période d'expansion, marquée par le règne de **Soliman le Magnifique** (1521-1566). Par la suite, le déclin de l'Empire coïncide avec le renouveau du sentiment national grec. Une première forme de résistance à l'occupation turque se dessine avec le succès croissant des *klephtes*, bandes de brigands des montagnes qui harcèlent les Ottomans. Les *armatoles*, miliciens grecs formés par les Turcs pour mettre au pas les *klephtes*, rejoignent souvent ceux qu'ils doivent combattre, constituant le fer de lance du mouvement de libération des territoires grecs.
Pourtant, la Grèce ne connaît pas de soulèvement d'envergure avant le 18e s. Au contraire, profitant des revers musulmans, des Grecs, principalement issus du quartier du Phanar à Istanbul, s'infiltrent progressivement dans les rouages de l'Empire, jusqu'à tenir des postes clés auprès du sultan. Les Phanariotes occupent d'abord les plus hauts postes ecclésiastiques et investissent une partie croissante du négoce. Leur connaissance des affaires européennes les conduit bientôt à influencer la diplomatie de l'Empire ottoman et à accaparer certaines charges.
Toutefois, malgré cette infiltration des institutions ottomanes, l'idée révolutionnaire gagne du terrain. Elle se concrétise en 1770, même si le soulèvement du Péloponnèse est vite réprimé. Mais la déliquescence accélérée de l'Empire ottoman et la propagation des idées de la Révolution française renforcent la lutte pour la liberté.
Au début du 19e s., les élites gagnées à la cause indépendantiste tentent de s'attirer le soutien des milieux européens. Des sociétés secrètes (hétairies) militant pour une Grande Grèce indépendante, fleurissent bientôt en Europe, à Vienne, puis à Paris, Athènes et surtout Odessa.

UNE DURE CONQUÊTE

Un premier soulèvement, fomenté avec le soutien de la Russie, échoue rapidement. Mais le mouvement révolutionnaire se propage à travers la Grèce. Le patriarche de Patra donne le signal de la révolte, le 25 mars 1821. En quelques mois, toutes les forces hostiles à l'occupant se regroupent et finiront par chasser les Turcs.
Après ces premiers succès, des conflits internes freinent la révolution et le sultan en profite pour organiser sa contre-offensive. Les grandes puissances se gardent d'intervenir, au nom du principe de la Ste-Alliance qui subordonne le maintien de la paix en Europe au *statu quo*. Pour mater définitivement la rébellion, le sultan demande l'aide du vice-roi d'Égypte. Les troupes turco-égyptiennes écrasent les insurgés en Crète et débarquent sur le continent où

LES JANISSAIRES, DES SOLDATS CHRÉTIENS

D'abord constitué de prisonniers de guerre, ce corps d'élite trouva ensuite ses recrues parmi les populations chrétiennes de l'Empire, convertissant ses enfants à l'islam et les formant aux arts de la guerre. Si la méthode de recrutement des futurs janissaires choquait, être choisi constituait néanmoins l'unique moyen, pour une grande partie de la communauté chrétienne, de faire carrière dans l'administration ottomane. À partir du 17e s., le corps des janissaires (*yeni çeri*, « nouvelle troupe ») évoluera vers une charge héréditaire, dont les titulaires, corrompus, agiront selon leur propre intérêt. Au plus près du pouvoir, ceux-ci finiront par créer une menace pour le sultan qui ordonnera la suppression complète du corps en 1826, en assassinant tous ses membres.

elles reprennent dans le sang les positions tenues par les Grecs.
La défense héroïque des révoltés et le massacre de dizaines de milliers de chrétiens vont enfin balayer les réticences des gouvernements européens. La Russie, la Grande-Bretagne et la France imposent au sultan d'accorder à la Grèce le statut d'autonomie, par le traité d'Andrinople (1829). En 1830, le **traité de Londres** reconnaît de droit l'Indépendance de la Grèce et y instaure une **monarchie absolue**. La nation grecque vient de naître.

L'ÉTAT GREC

La Grèce a gagné son indépendance, mais les frustrations restent fortes, tant le nouvel État se révèle éloigné des aspirations révolutionnaires. Loin de couvrir l'ensemble des terres historiques, le royaume se réduit au Péloponnèse, au sud de la Grèce centrale et à un certain nombre d'îles proches du continent : en tout, à peine 800 000 âmes, regroupées dans un État pauvre, essentiellement rural et meurtri par la guerre ! On comprend dès lors que le projet d'un grand hellénisme, la volonté de rassembler dans une même nation l'ensemble des territoires historiquement et ethniquement grecs, devienne l'axiome principal des revendications. À cela s'ajoute le choix arbitraire, par les puissances contractantes, d'un souverain bavarois. Le jeune **Othon Ier** heurte la sensibilité de ses sujets en confiant les postes clés à ses compatriotes. Dès 1843, un coup d'État, sans effusion de sang, instaure une **monarchie constitutionnelle**, qui sera surtout marquée par une forte instabilité et le mécontentement croissant de la population. Un nouveau coup d'État, en octobre 1862, entraîne la destitution d'Othon Ier

PREMIERS SUCCÈS

La Grande-Bretagne accentue son influence grâce au choix du nouveau roi, Georges Ier, fils cadet du roi du Danemark (beau-frère du prince de Galles). Mais cette fois, le roi n'agit plus selon son bon vouloir, et le gouvernement doit obtenir la confiance du Parlement, élu au suffrage universel. Sur le plan intérieur, le dernier quart du 19e s., marqué par la personnalité d'un Premier ministre libéral, coïncide avec une période de développement : poussée démographique, réforme agraire (1871), percement de l'isthme de Corinthe (1882-1893).
Après la **conférence de Berlin** (1878), qui redistribue les cartes dans les Balkans, les Ottomans cèdent la Thessalie et le sud de l'Épire (1881). Deux soulèvements durement réprimés, en Crète

et en Macédoine, exacerbent le nationalisme grec. Lorsque le Crétois **Éleuthérios Venizélos** proclame le rattachement de l'île à la Grèce (1908), le gouvernement préfère ne pas entériner, malgré la pression populaire. Cependant, l'année suivante, la révolte d'un groupe d'officiers radicaux oblige le roi à appeler Venizélos au pouvoir. Celui-ci affiche aussitôt sa détermination à réunir toutes les terres grecques en une seule et même nation, et il conclut une alliance avec la Serbie, le Monténégro et la Bulgarie pour libérer les Balkans de la tutelle ottomane. Vainqueurs de la première guerre balkanique (1912-1913), les pays coalisés se disputent le partage de la Macédoine. La Bulgarie déclenche alors la **seconde guerre balkanique** contre la Grèce et la Serbie. Des deux conflits, la Grèce tire de larges bénéfices : la Crète, l'Épire méridionale, le sud de la Macédoine et la plupart des îles de la mer Égée lui reviennent. Seul le Dodécanèse reste aux mains de l'Italie.

LE TEMPS DES DÉSILLUSIONS

À l'issue du premier conflit mondial, la Grèce s'agrandit encore, comblant pratiquement tous les espoirs des nationalistes. Pourtant, le pays ne s'est rangé que tardivement aux côtés de l'Entente. Succédant à son père Georges Ier, assassiné à Thessalonique en 1913, le nouveau **roi Constantin Ier**, beau-frère de l'Empereur d'Allemagne Guillaume II, se montre plutôt favorable aux puissances centrales. Poussé à la démission par le monarque pour ses tentatives de rapprochement avec les Alliés, le Premier ministre Venizélos forme un contre-gouvernement à Thessalonique (septembre 1916). Un débarquement de fusiliers marins français va avoir raison du roi Constantin, qui abdique en faveur de son deuxième fils. Aux **traités de Neuilly** (1919) et de **Sèvres** (1920), la Grèce obtient la Thrace occidentale et orientale, les îles d'Imbros et de Ténédos, et l'administration d'une grande partie des provinces égéennes d'Asie Mineure autour de Smyrne (Izmir). Mais l'irrédentisme grec atteint alors ses limites. Lorsque les Turcs de **Mustapha Kemal** (Atatürk) refusent les conclusions du traité de Sèvres, Venizélos décide d'envahir l'Anatolie. Très vite, cependant, la situation intérieure va changer totalement : impopulaire, le conflit coûte sa charge au Premier ministre. Un plébiscite remet Constantin Ier sur le trône, mais le retour des forces germanophiles au pouvoir enlève aussitôt au pays tout appui extérieur. Dans ce contexte, l'armée accumule les défaites. Au terme de deux années de lutte, Mustapha Kemal parvient à bouter les Grecs hors d'Anatolie. La ville de Smyrne est ravagée par un gigantesque incendie et sa population, majoritairement grecque, est contrainte à l'exil sous la pression de l'armée turque. Un second traité (**Lausanne**, 1923) rétablit la pleine souveraineté des Turcs sur toute l'Asie Mineure, la Thrace orientale, Smyrne, Trébizonde, Erzurum et les Détroits. Commence alors un massif échange de population entre la Turquie et la Grèce : 1,5 million de Grecs d'Asie Mineure croiseront 500 000 Turcs de Grèce. Le souvenir de cette page sombre de leur histoire est demeuré profondément ancré dans la mémoire collective grecque sous le nom de Grande Catastrophe.

DE LA GUERRE MONDIALE À LA GUERRE CIVILE

La déroute militaire, l'exode des Grecs de Turquie et les difficultés économiques provoquent les abdications successives de

UNE ACTION DÉCISIVE
On peut affirmer que c'est en Grèce que l'issue de la Seconde Guerre mondiale commença de se dessiner. L'armée hellène, en infligeant une défaite aussi inattendue que radicale aux troupes italiennes, a humilié son chef, Mussolini, contraint d'assister au sauvetage de ses hommes par les soldats du Führer. Surtout, pour venir au secours des Italiens, Hitler a dû repousser au mois de juin l'opération Barberousse contre la Russie. Deux mois perdus qui empêcheront la Wehrmacht d'atteindre Moscou avant le terrible hiver 1941-1942, et qui seront à l'origine de son premier échec. L'écho de cet échec retentira bientôt à travers toute l'Europe, comme un encouragement à la résistance.

Constantin Ier (octobre 1922), puis de son fils Georges II (décembre 1923). La **république**, proclamée en mars 1924, ne parvient pas à endiguer le flot des mécontentements. Traversée par les crises politiques et financières, elle disparaît et, en mars 1935, la monarchie est rétablie. Avec l'aval du roi, le général Métaxas établit un régime dictatorial qui s'apparente au fascisme italien. Cependant, malgré les convergences avec le régime mussolinien, les prétentions territoriales du *Duce* font basculer Athènes dans le camp des Alliés. Bien que deux fois plus nombreuses, les troupes italiennes subissent une défaite cuisante (1940), obligeant Hitler à engager son armée pour lui venir en aide. En une campagne éclair, la Wehrmacht submerge l'ensemble des Balkans et pénètre en Grèce le 6 avril 1941. Les Grecs montrent une résistance acharnée, qui impressionnera les hauts militaires allemands eux-mêmes, mais elle ne pourra empêcher l'invasion, ni le partage du pays en trois zones d'occupation : italienne, allemande et bulgare.

Tandis que le roi et le gouvernement perpétuent l'existence de l'État en se réfugiant au Caire, la résistance intérieure contre l'occupant s'organise autour de deux grands mouvements, qui mènent des actions de guérilla. Les communautés juives de Grèce sont exterminées à plus de 80 %. La mésentente croissante entre l'**Edes** monarchiste et l'**Elas** communiste, qui cesse de reconnaître la légalité du gouvernement en exil, se transforme à la fin du conflit mondial en **guerre civile** (1946-1949), premier avatar de la guerre froide. Soutenus par la Yougoslavie et l'URSS, les communistes du général Markos gagnent du terrain, mais l'aide des États-Unis au gouvernement légal et à la monarchie, puis la rupture entre Tito et Staline rendent leur défaite inéluctable. La situation après la guerre civile est si catastrophique qu'un grand nombre de Grecs émigrent en Amérique du Nord ou en Australie.

Le temps de la démocratie

La Grèce de Paul Ier (1947-1964), qui a reçu les îles du Dodécanèse en 1947 et entre dans l'Otan en 1951, présente la particularité d'être dirigée en théorie par des gouvernements de droite modérée, mais en réalité par des forces parallèles d'extrême droite. Lorsque **Georges Papandréou**, parvenu au pouvoir en 1963 à la tête de l'Union du Centre, propose des réformes démocratiques, il fait peur à ces forces occultes et il est très vite acculé à la démission par le jeune roi **Constantin II** (1965).

La Grèce a adhéré à la CEE dès 1981.
E. Joly / Photononstop

LA DÉMOCRATIE CONFISQUÉE...

S'ouvre alors une période de crise politique, qui trouve un terme avec le **coup d'État** du 21 avril 1967 et le début du **régime des colonels**. Constantin II tente en vain un contre coup d'État, mais il doit s'exiler à Rome. La junte militaire instaure un gouvernement autoritaire et répressif, qui s'aliène la population et s'attire la réprobation internationale, à l'exception des États-Unis. En réponse au mécontentement populaire et aux manifestations étudiantes (1972-1973), le régime applique la loi martiale et crée des tribunaux d'exception.

... PUIS RESTITUÉE

Ni la **proclamation de la République** (juillet 1973) ni le remplacement du colonel Papadopoulos par le général Ghizikis ne permettent de sortir de l'impasse politique. La question chypriote, qui empoisonne les relations avec la Turquie depuis longtemps, sert d'épilogue au régime des colonels. Leur tentative manquée d'assassinat du président chypriote Makarios et la réaction des Turcs, qui envahissent 40 % du nord de l'île, contraignent Ghizikis à se retirer pour confier le pouvoir à l'ancien Premier ministre de droite **Caramanlis** (juillet 1974). Peu après, un référendum confirme le remplacement de la monarchie par la république, et une nouvelle constitution est promulguée en 1975. Avec l'arrivée au pouvoir du parti socialiste, le **Pasok** d'Andreas Papandréou, qui marque le début de l'alternance politique, et l'**adhésion à la CEE** qui contribuera beaucoup au développement et à

DEVOIRS CIVIQUES

En Grèce, on ne connaît pas le problème d'abstentionnisme car le vote est obligatoire. Chaque citoyen préfère toujours déposer son bulletin dans les urnes de sa commune d'origine, ce qui oblige les Grecs à une incroyable transhumance pour chaque élection.

la modernisation du pays, l'année 1981 symbolise le renouveau de la Grèce. Mais celle-ci doit encore pacifier ses relations avec ses voisins. Les années 1990 voient s'ajouter au conflit récurrent avec la Turquie à propos de Chypre, celui qui les oppose à l'Albanie au sujet du contrôle de l'Épire du Nord, ainsi que le refus grec de reconnaître le nom de la jeune République de Macédoine, qui peut prêter à confusion avec la province grecque de Macédoine. Les tensions avec la Turquie sont ravivées par l'entrée de Chypre dans l'Union européenne et la question de la réunification des deux parties de l'île.

Pour l'histoire contemporaine, voir p. 48.

Chronologie

6000-3000 – Néolithique
3200-1900 – Civilisation cycladique

L'ÂGE DU BRONZE (CRÈTE, 3000-800)

3000-2000 – Minoen ancien. Début de l'âge du bronze
2000-1570 – Minoen moyen. Premiers palais. Écriture linéaire A
1570-1150 – Minoen récent. Disparition de la civilisation minoenne sur le continent
2500-2000 – Helladique ancien. Début du bronze
2000-1600 – Helladique moyen. Arrivée des Achéens
1600-1100 – Helladique récent. Civilisation mycénienne Écriture linéaire B
Vers 1100 – Invasions doriennes. Colonisation de l'Asie Mineure par les Grecs d'Ionie
1100-800 – Les siècles obscurs

L'ANTIQUITÉ (8e S.-395)

8e s. – Homère écrit *L'Iliade* et *L'Odyssée.*
776 – Création des Jeux olympiques
735-734 – Début de la colonisation de l'Italie et de la Sicile
734-680 – Guerre Lélantine
680-660 – Colonisation de la mer Noire
655-585 – Tyrannie de Kypsélos et Périandre
595-586 – Première guerre sacrée pour le contrôle de Delphes
546-510 – Tyrannie de Pisistrate et de ses fils
546 – Les Perses de Cyrus imposent leur souveraineté aux Grecs d'Ionie
499 – Début des guerres médiques. Révolte des Grecs d'Ionie
490 – Bataille de Marathon
480-479 – Batailles des Thermopyles, de Salamine et de Platées
449 – Paix de Callias
460-429 – Le siècle de Périclès. Guerre du Péloponnèse.
Athènes est vaincue par Sparte.
Bataille de Chéronée.
Philippe II de Macédoine conquiert la Grèce
334-323 – Alexandre le Grand constitue son empire
197 – Bataille de Cynoscéphales.
Les Romains s'emparent de la Grèce
27 av. J.-C. – La Grèce devient la province romaine d'Achaïe
330 – Constantinople capitale de l'Empire

LA GRÈCE BYZANTINE (395-1453)

395 – Début de l'Empire byzantin. Invasion des Wisigoths d'Alaric
467 – Invasion des Vandales de Genséric
476 – Fin de l'Empire romain d'Occident
7e s. – Invasions des Slaves et des Avars
1054 – Schisme des chrétiens d'Orient
1204 – Prise de Constantinople par les croisés. Fondation de l'Empire latin
1261 – Michel VIII Paléologue reprend Constantinople

1402 – Défaite des Ottomans face aux Mongols de Timur Lang (Tamerlan)
1453 – Prise de Constantinople par les Ottomans de Mehmet II

LA GRÈCE OTTOMANE (1453-1830)

1521-1566 – Règne de Soliman le Magnifique
1522 – Prise de Rhodes par Soliman
1571 – Conquête de Chypre
1669 – Les Vénitiens perdent leur dernière base en Crète
1770 – Soulèvement du Péloponnèse.
Répression des Turcs
1797 – Napoléon s'empare des îles Ioniennes
1798 – Exécution de Righas Phéraios
1821 – Début de la révolte en Grèce
1825 – Intervention des troupes du vice-roi d'Égypte Méhémet Ali
1827 – La flotte russo-anglo-française défait la flotte turco-égyptienne, contribuant à l'indépendance de la Grèce
1829 – Signature du traité d'Andrinople

LES TEMPS MODERNES

1830 – Traité de Londres proclamant l'indépendance de la Grèce
1831 – Assassinat de Capodistria
1832-1862 – Règne d'Othon Ier de Bavière
1863-1913 – Règne de Georges Ier
1878 – Conférence de Berlin sur les Balkans
1897 – Déroute des soldats grecs en Macédoine et en Crète
1912 – Première guerre balkanique
1913 – Deuxième guerre balkanique
1919-1920 – Traités de Neuilly et de Sèvres, avantages territoriaux importants
1922 – Défaites des Grecs face à Mustapha Kémal.
Restitution de l'Asie Mineure et de la Thrace occidentale.
Exode des populations
1924-1935 – Expérience malheureuse de la république
1936-1941 – Dictature du général Métaxas
1941-1944 – Occupation allemande, italienne et bulgare.
Résistance massive sous la direction de l'Elas (communiste) et de l'Edes (monarchiste)
1946-1949 – Guerre civile, victoire des forces anticommunistes
1947 – Restitution des îles du Dodécanèse
1951 – Adhésion de la Grèce à l'Otan
1967-1974 – Régime des colonels
1974 – Crise chypriote
1981 – Adhésion de la Grèce à la CEE
1992-1994 – Crise avec le nouvel État macédonien
1995 – Élection à la présidence de la République de Costis Stephanopoulos, ex-membre du parti de Caramanlis
1997 – Élections législatives en faveur du Pasok : Costas Simitis devient Premier ministre
1er janvier 2001 – La Grèce entre dans l'Union monétaire européenne
2004 – Élections législatives remportées par le parti de Costas Caramanlis.
Jeux olympiques d'Athènes (août)
2007 – Incendies tragiques dans le Péloponnèse et le reste du pays.
2009 – Élection du gouvernement social démocrate de Georges Papandréou
2010 – La Grèce est confrontée à la crise de sa dette publique
2012 – La position de la Grèce dans la zone euro devient un sujet de débat tandis qu'un nouvel échiquier politique aboutit à un gouvernement de coalition de la Nouvelle Démocratie et de son ancien adversaire le Pasok .

3/ DÉCOUVRIR ATHÈNES ET LES ÎLES

Les maisons blanches de Fira, sur l'île de Santorin, encastrées sur la falaise.
R. Mattes / hemis.fr

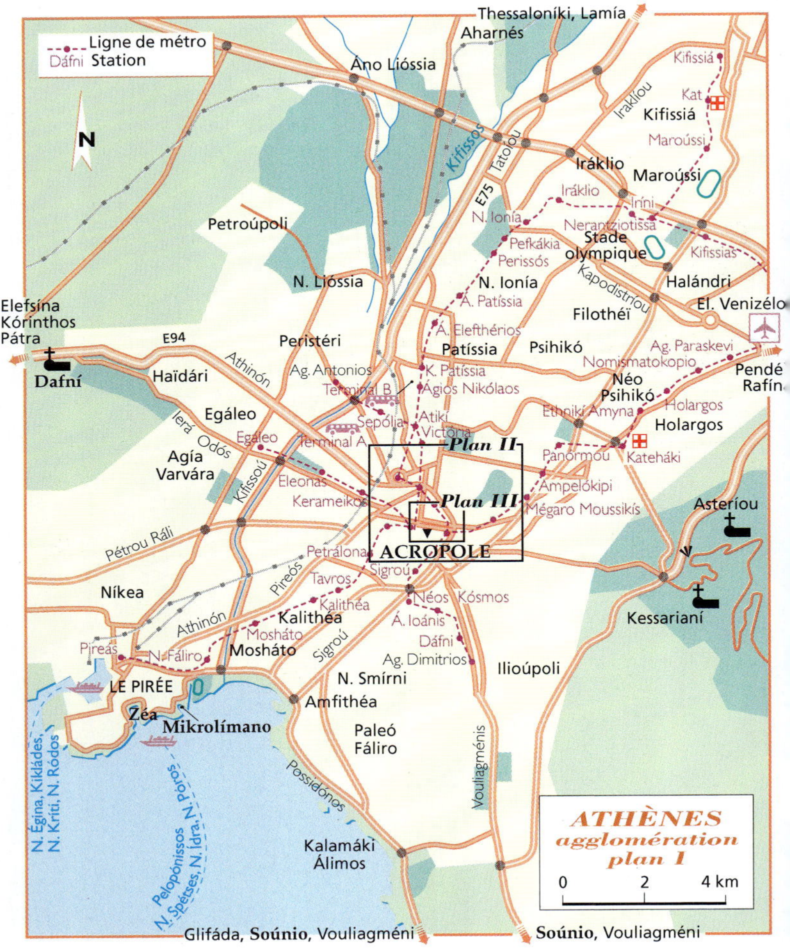
Ligne de métro
Dáfni Station
ATHÈNES
agglomération
plan 1
0 2 4 km
Thessaloníki, Lamía
Aharnés
Áno Liόssia
Kifissiá
Kat
Kifissiá
Maroússi
Iráklio
Maroússi
Iráklio
Iríni
Neratziotissa
Stade olympique
Kifissias
Halándri
Petroúpoli
N. Ionía
Pefkákia
Perissós
N. Liόssia
N. Ionía
A. Patíssia
Filothéï
El. Venizélo
Elefsína
Kórinthos
Pátra
E94
Dafní
Peristéri
Á. Elefthérios
Patíssia
Psihikó
Ag. Paraskevi
Nomismatokopio
Pendéli
Rafína
Haïdári
Athinón
Ag. Antonios
K. Patíssia
Ágios Nikólaos
Terminal B
Néo Psihikó
Holargos
Holargos
Egáleo
Sepólia
Atiki
Victória
Ethnikí Amyna
Kateháki
Egáleo
Terminal A
Plan II
Panórmou
Agía Varvára
Ierá Odós
Kifissoú
Eleonas
Kerameikos
Plan III
Ampelókipi
Mégaro Moussikís
Asteríou
Pétrou Ráli
Petrálona
ACROPOLE
Sigroú
Níkea
Tavros
Pireós
Néos Kósmos
Kessarianí
Kalithéa
Kalithéa
Á. Ioánis
Athinón
Moshatο
Dáfni
Pireás
N. Fáliro
Moshatο
Sigroú
Ag. Dimitrios
Ilioúpoli
LE PIRÉE
N. Smírni
Amfithéa
Zéa
Mikrolímano
Paleó Fáliro
N. Égina, Kiklades, N. Kríti, N. Ródos
Pelopónissos
N. Spétses, N. Ídra, N. Póros
Possidónos
Vouliagménis
Kalamáki
Álimos
Glifáda, Soúnio, Vouliagméni
Soúnio, Vouliagméni
E75
Tatoïou
Kifissos
Irakliou
Kapodistriou

Athènes et Le Pirée 1

Athènes

(Athina - Αθήνα)

★★★

3 074 160 habitants avec ses banlieues et le port du Pirée - Capitale du pays
Région de l'Attique - Unité régionale d'Athènes

NOS ADRESSES PAGE 161

S'INFORMER

Bureau d'information de l'office national hellénique du tourisme – *18-20 rue Dyonissou-Areopagitou* (plan III, E3) *- ✆ 21033 10 392/716/347 - www.visitgreece.gr - 9h-15h30, w.-end 10h-16h.* Beaucoup d'informations, notamment sur tous les moyens de transport *(horaires et prix)*, vers les îles, l'Attique, le Péloponnèse ou le nord de la Grèce. Les brochures et périodiques sont disponibles gratuitement *(en français ou en anglais)* et contiennent de très nombreux renseignements sur la vie culturelle de la capitale pendant l'été.

Dans l'aéroport Venizelos – *Niveau des arrivées - ✆ 21032 710 00 - 24h/24.* Infos sur le tourisme, les hôtels et les transports.

SE REPÉRER

Plan de l'agglomération (p. 128), plans de la ville (p. 132-133 et 134-135) et plan de métro (p. 148).

À NE PAS MANQUER

L'Acropole et l'Agora grecque ; les rues de Plaka et de Monastiraki ; le Musée archéologique national, le nouveau musée de l'Acropole, le musée Bénaki, le musée d'Art cycladique et le musée d'Art byzantin.

ORGANISER SON TEMPS

Adaptez votre séjour au climat : visitez les sites en plein air le matin, déjeunez vers 14h, puis choisissez l'atmosphère climatisée d'un musée. Dînez tard.

AVEC LES ENFANTS

L'Acropole, le Jardin national, la relève des *evzones*, le musée des Instruments grecs de musique traditionnelle et celui d'Art populaire, le musée de l'Enfant et le musée d'Art des enfants.

Non loin des rivages méditerranéens du golfe Saronique, Athènes s'étend sur un large bassin ponctué de collines. Durant les siècles passés, la seule évocation de son nom déclenchait les rêves d'écrivains et d'artistes. Aujourd'hui, cette cité attire les visiteurs désireux d'y retrouver les sources de la civilisation occidentale. Vue depuis le grand rocher de l'Acropole, l'agglomération s'étend à l'infini, concentrant plus du tiers de la population grecque. La beauté du Parthénon, les ruines romaines, les églises byzantines et le pittoresque quartier de Plaka fascinent, tandis que la ville moderne, bruyante et polluée, suscite, parfois, le rejet. Cependant, ces dernières années, des progrès notables ont été accomplis. En effet, à l'occasion des Jeux olympiques de 2004, la ville s'est refait une beauté : elle a restauré ses sites antiques et son centre historique, réservé désormais en partie aux piétons, elle a rénové et développé son métro et son réseau routier, et enfin, travaillé à réduire la pollution.

L'Acropole, classée au Patrimoine mondial de l'Unesco.
S. Reinhard / Sime / Photononstop

Découvrir

Dominant le paysage urbain, la colline rocheuse que couronne l'Acropole apparaît comme le centre incontestable de la cité. C'est donc par là que nous vous conseillons d'entamer votre visite.

Bon à savoir – En fermant plus tôt qu'avant, certains musées et sites archéologiques ont vu leur fréquentation diminuer. Pour y remédier, ils pourraient à nouveau modifier leurs horaires. Bien se renseigner avant la visite.

★★★ L'ACROPOLE (AKROPOLI) ET
★★★ LE PARC ARCHÉOLOGIQUE (ΑΚΡΟΠΟΛΗ) Plan II et III

Comptez une demi-journée. Accès principal : av. Dionissiou Areopagitou, M° Akropoli (pour les personnes à mobilité réduite, ascenseur jusqu'au niveau du Parthénon) - 21032 102 19 - 8h-19h30, w.-end 8h-14h30 - 12 € (billet commun aux principaux sites archéologiques, valable 4 j.).

Bon à savoir – Si possible, venez dès l'ouverture pour goûter à la paix du site et à la lumière matinale, avant la ruée des groupes.

L'Acropole et ses abords forment un circuit piétonnier englobant les sites avoisinants (Pnyx, colline de Filopapou, Agora grecque…) et comprenant, du côté sud, le nouveau musée de l'Acropole.

L'accès principal y conduit par le versant sud (Plan III, BC4) en passant devant le théâtre de Dionysos et l'odéon d'Hérode Atticus. Mais le chemin que nous préférons part de Plaka, par le Péripatos (Plan III, B3), longue allée pavée qui grimpe par le flanc nord du rocher.

Une ancienne forteresse

Énorme vaisseau de pierre dominant la plaine, l'Acropole, dont le nom signifie la « ville haute » (plus élevé, le Lycabette se dressait alors à l'écart de la cité), occupe un site exceptionnel. Son sommet aplati, long de près de 300 m

ATHÈNES
plan II-centre
0 200 400 m
Ligne de métro
Dáfni Station
SE RESTAURER
Ama Lahi 1
Andreas 2
Athinaïkon 3
Barba Iannis 4
Benaki (Restaurant) 6
Karavitis 7
Kasohori 8
Mamacas 9
Merlin (Café) 12
Rodia 10
Rozalia 11
SE LOGER
Art Gallery 1
Érechtheion 3
Fresh Hotel 4
Hera 5
Marble House 6
Orion-Dryades 7
St George 8
Tony's 9
Youth Hostel
Victor Hugo 10
A
B
C
1
2
3
4
Larissis
Peloponissos
Metaxourgío
METAXOURGÍO
VÁTHI
Platía Anexartissías
Platía Karaïskáki
Platía Metaxourgíou
Omónia
Pl. E. Antístas
Marché central
Platía Eleftherías
Dafní, Kórinthos
Kerameikos
Cimetière du Céramique
Musée d'Art islamique
Plan III
GÁZI
Tehnópolis M. Hadzidákis
PSIRÍ
Thissío
THISSÍO
MONASTIRÁKI
Monastiráki
Kapnikaréa
Pireás
Observatoire
Pnyx
Aréopage
ANAFIÓTIKA
ACROPOLE
Á. Dimítrios Lombardiáris
Dionissiou Areopagitou
Murs de Themistocle
Prison de Socrate
MAKRIGIÁNNI
Théâtre de Filopápou
Colline des Muses
Monument de Filopápou
KOUKÁKI
Pireás

D
E
Thessaloníki, Lamía, Párnitha
Platía Égyptou
Parc Áreos
Alexándras
Metsóvou
MUSÉE ARCHÉOLOGIQUE NATIONAL
Ioustinianoú
Lombárdou
Varváki
Alexándras
Kifissiá Marathónas
Tossítsa
S. Trikoúpi
STRÉFI
I. Athinéas
V. Voulgaroktónou
Fanariotón
Kalidromíou
Stournára
École ...ytechnique
Platía Exarhíon
E. Benáki
Arahóvis
Eressoú
H. Trikoúpi
NEÁPOLI
Apokafkón
Sarandápihou
EXÁRHIA
A. Metaxá
Mavromiháli
...mistokléous
Zoodóhou Pigís
Ipokrátous
Asklipioú
E. Benáki
Sokrátous
Valtetsíou
Skoufá
Théâtre
PEFKÁKIA
Centre culturel de la mairie d'Athènes
Akadimías
Didótou
Ágios Giórgios
Mont Lycabette
Athinéon Efívon
Bibliothèque nationale
Institut Français d'Athènes
Massalías
Sokrátous
Université
Sína
Dimohárous
Rongakou
Aristípou
Dinokrátous
Xenokrátous
Souidías
Anapíron Polémou
Genadíou
Académie
Omírou
Likavitoú
E. Venizelos
Lamía Kifissiá
Stadíou
E. Venizélou
Amerikís
Voukourestíou
Tsakálof
Platía Dexameni
Háritos
Marási
Ioakím
Musée de la ville d'Athènes
Akadimías
Pindárou
Skoufá
KOLONÁKI
Loukianoú
Ploutárhou
Patriarchou
Hôtel Grande-Bretagne
Kriezótou
Musée Bénaki
Platía Kolonaki
Karneádou
Vassilíssis Sofías
Amb. de France
Musée d'art cycladique
Evangelismós
Ermoú
Vassilíssis Sofías
Hilton
Place Syntagma
Parlement
Syntagma
Musée d'art byzantin
Polemikó Moussío
Pinacothèque nationale
Monument du soldat inconnu
Vas. Alexándrou
Kessarianí
PLÁKA
ILÍSSIA
Rigílis
Vassiléos
Efroníou
Amalías
Jardin national
Georgíou
B'
Iródou Atikoú
Arheláou
Vassiléos Konstantínou
Spir. Merkoúri
Pafsanía
Arianoú
Kónonos
Astidámandos
Záppio
V. Ólgas
Olympion
Eratosthénous
Pl. Messolongíou
Stade Panathénaïque
Pl. Plastíra
Eftihídou
Pl. Pangratíou
PANGRÁTI
Ardítou
ÁRDITOS
Arhimídous
Ifikrátous
M. Moussoúrou
Imitoú
Damáreos
...alliróis
Anapáfseos
Pl. Varnáva
Filoláou
Dikeárhou
Vouliagménis
Karéa
1er cimetière d'Athènes
Soúnio

A
B
C
1
2
3
4
Omónia
Musée d'Art islamique
Ag. Assomaton
Sarí
Miaoúli
Athinás
Táki
Platía Iróon
Víssis
Apostóli
Essópou
PSIRÍ
Ermoú
Platía Assomáton
Leokoríou
Ag. Irínis
Ermoú
Platía Avissinías
Panagía Pandánassa
Thissío
MONASTIRÁKI
Marché aux puces
Iféstou
Platía Monastiráki
Monastiráki
Adrianou
THISSÍO
Pandróssou
Adrianou
Dzistaráki
Thissío
Portique des Géants
Vrissakíou
Áreos
Bibliothèque d'Hadrien
Mitrôon
Bouleutérion
Tholos
Odéon d'Agrippa
Stoa d'Attale
Musée des Instruments de musique traditionne
Dexípou
Taxiarques
Fetiye Djami
Pikílis
SE RESTAURER
Apollonia Lyra 7
Dionysos 2
Furin Kazan 10
I Palia Athina 3
Kafé Avissinia 1
Kosmikon 11
Naxos 4
Odos Aiskylou 5
O Glikis 6
O Thanasis 12
Scholarhio 8
Spilia tis Akropoleos 13
Spiros Bairaktaris 14
Savas 15
To Kafenio 9
To Paradosiako 1 16
To Paradosiako 2 17
Stoa du milieu
Agora grecque
AGORA ROMAINE
Polignótou
Ágii Apóstoli
Tour des vent
Dióskourou
Panós
Andokídou
Mitroóu
Thrassívoulou
Thólou
Aretoússas
Theorías
Aréopage
Musée Kanelópoulos
Vieille Université
Péripatos
ÉRECHTHÉION
ACROPOLE
PARTHÉNO
Pníka
Apostólou Pávlou
Sanctuaire d'Asclépios
Odéon d'Hérode Atticus
Á. Dimítrios Lombardiáris
Dionissíou Areopagitou
Colline des Muses
Robértou Gáli
Propiléon
Erehtíou
Parthenónos
Kalispéri
Karyatídon
Garibaldí
PLÁKA
Plan III
0 50 100 150 m
N

D
E
Omónia
Pl. Klafthmónos
Musée de la ville d'Athènes
Stadíou
(Panepistimíou)
Praxitélous
Ág. Geórgios Karítsis
Ágalma Kolokotróni
Kolokotróni
Amerikís
E. Venizélou
gía Iríni
Kapnikaréas
Kornárou
Léka
Voulís
Voukourestíou
Athinaídon
Evagelistrías
Fokíonos
Periklέos
Hôtel Grande-Bretagne
Kapnikaréa
Diomías
K. Servías
Nikis
Georgíou A
tropóleos
Ermoú
Place Syntagma
Grande Métropole
Petráki
Skópa
Platía Mitropóleos
Mitropóleos
Mnissikléous
Ipatías
Patróou
Pendélis
Óthonos
Petite Métropole
Síndagma
Adrianou
Venizélou
Apóllonos
Thoukidídi
Xenofóndos
Filelínon
ogénous
Voulís
Nikis
SE LOGER
Acropolis House 1
Adams 2
Adrianou
stou
Navarhou
Nikodímou
Musée d'Art des enfants
Agios Nikodimos
Lissíou
Erehthéos
Ág. Anárgiri Kolokinthí
Ipéridou
Kodrou
Musée juif de Grèce
Souri
Amalías
aníou
Erotókritou
Tripódon
Kékropos
Metamorfosis tou Sotíros (tou Kotáki)
Kidathinéon
AFIÓTIKA
Gérondas
Musée d'Art populaire grec
Stratonos
Platía Filomoússou Eterías
Musée de l'Enfant
Dedálou
Monument de Lysicrate
Farmaki
Thespidos
Adrianou
Thalou
Agía Ekateríni
Pitakou
Epimenídi
Lissikrátous
V. Ólgas
Vákhou
Víronos
Friniou
Eshílou
Amalías
Porte d'Hadrien
Thrassilou
éâtre Dionysos
onissíou Areopagitou
MUSÉE DE ACROPOLE
Makrigiáni
Makrí
A. Sigroú
Olympion
MAKRIGIÁNI
Adonis 3
Adrian 4
Athos 22
Attalos 5
Byron 6
Cecil 7
Central Athens Hotel 8
Dioskouros 9
Electra 10
Hermes 11
Jason Inn 12
Kimon 13
Metropolis 14
Nefeli 15
Omiros 16
Pella Inn 17
Phaedra 18
Plaka 19
Student & Travellers Inn 20

1

sur 156 m, forme une vaste esplanade de 3 ha, dominant la ville basse de 115 m. On comprend pourquoi les premiers habitants y bâtirent une forteresse qui devint la plus puissante cité de la Grèce antique.

Outre ses monuments, prenez le temps de contempler le **panorama★** : au sud-ouest *(dos au Parthénon)* jusqu'au golfe Saronique (lorsque l'atmosphère est claire), tandis qu'au sud-est, au nord-est et au nord on aperçoit successivement les monts Hymette, Pentélique et Parnes, et, au premier plan *(au sud-ouest)*, la **colline de Filopapou** (Plan II, B4).

En chemin vers l'Acropole, faites un crochet en montant à l'**Aréopage** *(Areos Pagos)* (Plan III, A3), rocher qui domine l'Agora *(peu avant l'entrée de l'Acropole, sur la droite, en bordure du Péripatos)* et offre une **vue** splendide sur le site. Dédiée à Arès (le dieu de la Guerre), cette colline donna son nom au plus ancien Conseil d'Athènes, l'Aréopage, à la fois tribunal judiciaire, conseil politique puis gardien des mœurs et des lois. C'est devant ces assises que le principe des droits de la défense serait né et que l'apôtre Paul prêcha, convertissant l'un de ses membres, Dionysios, le futur saint Denis l'Aréopagite, par la suite premier évêque d'Athènes.

À l'intérieur des **remparts**, qui datent en majeure partie du 5e s. av. J.-C., quelques vestiges remontent à l'époque mycénienne (1400-1125 av. J.-C.), mais la plupart des monuments visibles appartiennent au siècle de Périclès (5e s. av. J.-C.), dont ils constituent une illustration magistrale. Certes, la pollution de l'air, le séisme de 1981 et les interventions maladroites du passé ont altéré leur beauté, rendant nécessaires des travaux de protection de la pierre et le remplacement des sculptures subsistantes (exposées au musée de l'Acropole) par des copies. Mais le site garde toute sa majesté, grâce à la restauration de l'intérieur du Parthénon, faite de marbre pentélique identique à l'original.

L'itinéraire que vous suivez est celui qu'empruntaient les processions des Panathénées, au cours desquelles le peuple se rendait en cortège à l'Acropole, à l'issue d'une cérémonie qui avait lieu tous les quatre ans, pour offrir à Athéna le *péplos*, une tunique tissée par de jeunes Athéniennes de l'aristocratie.

Le chemin actuel prend sur le côté la petite voie romaine que domine à gauche le piédestal du **monument d'Agrippa★**, gendre de l'empereur Auguste. À sa base, une plateforme en saillie offre une jolie **vue**.

Puis on parvient au pied des remparts, imposante muraille où s'ouvrent les marches monumentales des **Propylées**. Une fois franchies, en contrebas, gisent les vestiges de la **porte Beulé** (3e s. apr. J.-C.), du nom de l'archéologue qui la découvrit sous des bastions turcs. Elle renforçait sans doute les défenses de l'Acropole.

★ Les Propylées

Gravissez les larges marches de marbre des Propylées désormais protégées par un plancher en bois.

L'ensemble, qui servait d'entrée à l'Acropole, comprend un corps central flanqué de deux

BON À SAVOIR

Un plan gratuit (fiable et pratique) de la ville est disponible au **bureau d'information** – Plan III, E3 – *18-20 r. Dyonissou - Areopagitou* - Des plans d'Athènes sont aussi en vente dans les kiosques et les librairies. La carte historique d'Athènes *(version française)* éditée par le ministère de la Culture *(3 €)* est la meilleure, mais son mètre d'envergure rend son maniement difficile. Elle est disponible chez **Elefteroudakis** *(15 av. Panépistimiou)*, **Road Edition** *(39 r. Ipokratous)* et au **Musée archéologique national**.

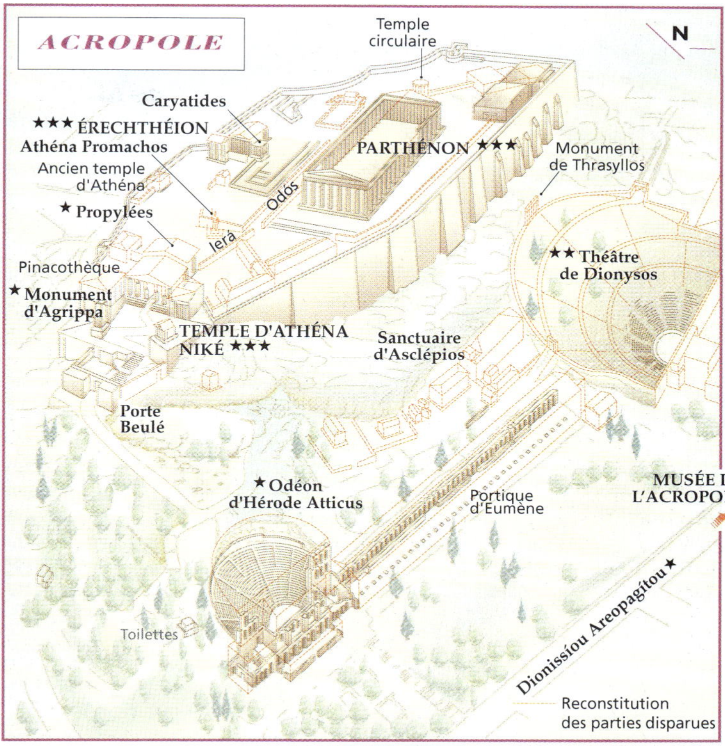

ailes dissymétriques, larges pavillons dont les évêques et les ducs d'Athènes firent leur résidence du 12e au 15e s. Bâtie en escalier, la partie centrale, un vaste rectangle, était précédée par un portique dont subsistent six colonnes doriques. Au-delà s'ouvre le vestibule, encadré de deux nefs latérales que séparent six colonnes ioniques. Au fond du vestibule, cinq portes débouchaient sous un dernier portique, analogue à celui de l'entrée, qui ouvrait sur l'esplanade de l'Acropole.

Les Propylées franchis, on débouche sur le vaste parvis du **téménos**. À l'époque de Périclès, une colossale statue d'Athéna Promachos, haute de 9 m, se dressait au centre. Désormais, c'est le Parthénon qui attire le regard.

★★★ Le Parthénon Plan III, C3

Légèrement surélevé, de trois quarts par rapport à l'axe des Propylées, le temple offre d'emblée son meilleur aspect. Mais imaginez cette imposante façade bariolée de rouge, de jaune et de bleu ! Bâtiments et statues étaient en effet entièrement peints, et cette blancheur éclatante du marbre, à laquelle nous a habitués la Renaissance et son goût pour l'antique, n'est due qu'à l'usure du temps. Commandé par Périclès, ce temple à la gloire de la déesse Athéna et de sa cité fut réalisé sous la direction du sculpteur **Phidias** qui surveilla également l'exécution du décor sculpté, l'architecte principal étant Ictinos. Dès son achèvement, ce joyau de l'architecture dorique fut admiré comme un chef-d'œuvre *(l'intérieur et les abords immédiats du temple ne sont pas accessibles)*.

Une histoire plusieurs fois millénaire

Selon la légende, la ville doit son nom à la déesse **Athéna** qui en emporta la tutelle à l'issue d'une âpre dispute avec Poséidon. La cité se développa au 2e millénaire, lorsque les **Ioniens**, peuple indo-européen, commencèrent à étendre leur influence dans toute l'Attique, et s'impose progressivement au cours de la période mycénienne (1600-1150 av. J.-C.). Solidement fortifiée, elle se range au premier rang des cités mycéniennes, aux côtés de Mycènes et de Tirynthe. L'exploit légendaire de **Thésée**, vainqueur du Minotaure crétois, symbolise la délivrance d'Athènes, jusque-là assujettie. Il donne à la cité, dont il deviendra roi à la suite de son père Égée, toute autorité sur l'Attique et fonde l'indépendance des Grecs sur le continent.

UNE LENTE ASCENSION

Au 11e s. av. J.-C., cependant, minée par l'effondrement du monde mycénien, la monarchie fait place à un gouvernement aristocratique, constitué par les chefs des quatre grandes tribus de la région. La nouvelle Attique est un territoire féodal dont le caractère terrien et seigneurial évolue peu à peu au profit des nouvelles élites issues du négoce. Commence ainsi le véritable essor d'Athènes, qui tourne ses ambitions commerciales et politiques vers l'ensemble de l'Égée. C'est le début d'un brillant épanouissement artistique.

L'ÂGE D'OR DE LA DÉMOCRATIE

Le 5e s. av. J.-C. est jalonné de conquêtes – politiques, artistiques, intellectuelles – qui imposent Athènes comme le foyer de la civilisation occidentale. En 508 av. J.-C., à l'issue d'une révolution populaire, la cité se dote d'un régime démocratique, dont les institutions seront mises en place par **Périclès**. Réélu chaque année pendant trente ans (460-430 av. J.-C.), celui-ci s'entoure des plus grands artistes et savants de son temps dont les œuvres feront passer cette époque à la postérité sous le nom de siècle de Périclès.

La lutte victorieuse contre les envahisseurs perses (490-479 av. J.-C.) avait conduit Athènes à se placer à la tête de la **fédération de Délos**, alliance qui rassemblait toutes les cités des îles Égéennes et des côtes d'Asie Mineure. Sous Périclès, Athènes accentue la soumission de ses alliés à son profit, à l'intérieur d'un dispositif économique et politique moins fédéral qu'impérialiste.

LE PRIX DE L'ORGUEIL

Cette volonté hégémonique ne plaît guère et lui vaut bientôt l'hostilité de Sparte, de Corinthe et de l'Eubée, aboutissant à la guerre du Péloponnèse (431-404 av. J.-C.), dont **Sparte** sort victorieuse. Le déclin politique d'Athènes est amorcé.

DE L'EMPIRE D'ALEXANDRE...

Toutefois la cité demeure la métropole incontestée de la civilisation hellénique, dont **Philippe II de Macédoine** et surtout **Alexandre le Grand** se feront les vecteurs jusqu'aux marches de l'Asie. Grâce à la faveur de ce dernier pour cet Orient hellénistique, elle va connaître, entre 350 av. J.-C. et la fin du 2e s. av. J.-C., un renouveau considérable, marqué par la construction de nombreux monuments. La victoire de Rome sur les Macédoniens ne fera que consolider ce second âge d'or, Athènes retrouvant son indépendance. Cet ultime sursaut de prospérité sera brutalement interrompu par la prise et le sac de la ville par les **Romains** (86 av. J.-C.). Néanmoins, la paix romaine assurera encore à la culture grecque une diffusion sans précédent dans le monde méditerranéen, faisant d'Athènes une sorte de ville universitaire où viendra se former une partie des élites politiques, intellectuelles et artistiques de l'Empire romain.

... À UNE BOURGADE PÉRIPHÉRIQUE

Mais le déclin est avéré. Après les destructions liées aux invasions barbares germaniques, la fermeture des écoles philosophiques au 5e s. et la transformation des édifices païens en basiliques chrétiennes mettent un terme à plus de dix siècles de rayonnement. À mesure que le monde hellénistique chrétien reflue vers l'Europe orientale, l'Asie Mineure et le Moyen-Orient, Athènes et Rome s'effacent au profit de Constantinople. La cité grecque, bien qu'encore relativement peuplée, se réduit à une petite ville de province à la périphérie de l'Empire. Seuls les églises et les monastères byzantins, bâtis aux 11e et 12e s., marquent les derniers feux de la cité éteints par le **raid sarrasin** de la fin du 12e s.

UN LONG SOMMEIL

À partir du 13e s., Athènes passe des croisés (1204-1311) aux Catalans (1311-1387), puis des Florentins aux Vénitiens (1387-1456), avant de revenir aux **Turcs**, qui vont s'installer pour quatre siècles (1456-1833). La ville est peuplée d'environ 10 000 âmes, en majorité des Grecs et des Albanais. Les édifices antiques, lorsqu'ils ne sont ni fortifiés ni transformés pour des usages civils, servent de carrières de pierre pour les maisons ou de matière première pour les fours à chaux.

L'ÉVEIL DE L'ATHÈNES MODERNE

En 1834, en plein néoclassicisme européen, le choix d'Athènes pour capitale du jeune royaume hellénique *(voir p. 119-120)* sonne l'heure du renouveau. L'enjeu stimule l'imagination des architectes grecs et bavarois, chargés de dresser les plans de la future ville. Malgré tout, la cité se développe sans cohésion, jusqu'à dévorer l'espace archéologique, autour de l'Acropole. L'État procède cependant à quelques travaux d'envergure, n'hésitant pas à opérer périodiquement des expropriations forcées pour ouvrir de nouvelles rues, dont les grandes artères Alexandras et Singrou (dans les années 1880).
À défaut de plan d'urbanisme, cette période laisse de nombreuses réalisations néoclassiques, jalonnant les avenues d'imposantes bâtisses. Aux abords de la place Syntagma seront construites aussi, pour les familles de la haute bourgeoisie, des maisons de style composite, mêlant néo-Renaissance et baroque...

UNE VILLE TENTACULAIRE

À la charnière des 19e et 20e s., Athènes enregistre une croissance très rapide : 110 000 habitants en 1889, 453 000 en 1928. Un phénomène lié notamment à l'arrivée massive des Grecs d'Asie Mineure à la suite du traité de Lausanne (1923), et que l'énorme exode rural prolongera au-delà de la Seconde Guerre mondiale. Jusqu'au début des années 1950 cependant, l'habitat individuel domine encore largement le paysage urbain. Mais la décennie suivante voit la prolifération des immeubles en béton, une bien morne architecture qui a pourtant façonné en grande partie le visage de l'Athènes actuelle. Néanmoins, les Jeux olympiques de 2004 *(voir encadré p. 152)* ont permis de réaménager le centre historique, désormais plus aéré, où la priorité est donné aux transports publics et aux piétons.

Malgré l'incendie de 267, qui provoqua la chute des marbres de la toiture, l'édifice resta quasiment intact jusqu'au bombardement de l'Acropole par les Vénitiens, en septembre 1687. Il servit successivement d'église byzantine, de cathédrale, puis de mosquée (vestiges du minaret visibles dans l'angle sud-ouest). Au début du 19e s., avant que ne commence la longue restauration du site, une grande partie des frises était encore en place, lorsque, entre 1801 et 1803, lord Elgin s'empara des plus précieux éléments *(voir encadré ci-dessous)*. Du décor sculpté initial, presque rien n'est visible sur place, mais le Centre d'études sur l'Acropole *(provisoirement fermé)* en possède des moulages.

Sur les **frontons**, des sculptures polychromes se détachaient sur un fond bleu. Tout le génie de Phidias consista à tirer avantage de cet espace triangulaire si contraignant : les personnages sont, selon la nécessité, allongés, assis, penchés ou debout. La **frise** tant disputée courait sur près de 160 m, le long du mur extérieur, et comprenait 92 plaques sculptées en relief sur fond rouge figurant la procession des Panathénées.

On pénétrait à l'intérieur *(visible à travers la colonnade)* par une porte de 10 m de haut percée dans le portique est. Elle ouvrait sur le *pronaos*, vestibule précédant la partie centrale du temple *(naos)* où trônait une gigantesque statue

LES MARBRES DE L'AMBASSADEUR

C'est alors qu'il était ambassadeur d'Angleterre à Constantinople, que **lord Elgin**, de toute évidence un homme de goût, entreprit d'enrichir ses collections privées en « prélevant » les plus beaux trésors du Parthénon. Il y en avait tant qu'il fallut 33 chargements de navires pour transporter ces trophées en Angleterre ! Au butin figurait ce que l'on appela les marbres, en fait des **fragments de la frise du Parthénon**, qu'il vendit au gouvernement anglais en 1816. En 1932, la Grèce a demandé à récupérer son patrimoine, en vain. Malgré le soutien de personnalités internationales, le **British Museum**, qui en a la garde, s'est opposé à leur restitution. Avec les Jeux olympiques, la mise en valeur de l'Acropole et la construction d'un nouveau musée, les Grecs espéraient obtenir gain de cause, acceptant même la solution d'un prêt à long terme. Par sondage, les Britanniques se déclarèrent massivement en faveur du retour des fameux marbres. Cependant, le British Museum continue à se réfugier derrière ses titres de propriété malgré le tollé international. Les marbres de lord Elgin sont ainsi devenus un symbole. Car qui sait ce qu'il faudra rendre, un peu partout dans le monde, si la frise revient dans son pays d'origine ?

La tribune des Caryatides, Érechthéion.
F. Reclus / Author's Image / Photononstop

d'Athéna, haute de 12 m (en or et ivoire). De chaque côté, une colonnade à deux étages délimitait l'espace central, complété d'un déambulatoire. Le Parthénon abritait le trésor de la ligue de Délos : à l'arrière du bâtiment, vous verrez encore les quatre colonnes ioniques qui en soutenaient le plafond.

★★★ L'Érechthéion Plan III, C3

Longeant la façade nord du Parthénon, la procession des Panathénées aboutissait ensuite à cet autre joyau de l'Acropole, chef-d'œuvre de l'art ionique (406 av. J.-C.).

Faites le tour du temple par la droite pour en saisir l'organisation, rendue complexe par la présence en son sein de plusieurs cultes : Athéna, Poséidon Érechthée et Cécrops (deux rois légendaires d'Athènes). Par la suite, il abrita successivement une église, un palais, un harem et un entrepôt militaire !

À la martiale colonnade du Parthénon, le célèbre portique des korês ou la **tribune des Caryatides** répondent par la grâce et la légèreté de ses six statues de jeunes filles *(5 des originales sont conservées au musée de l'Acropole, la sixième est au British Museum de Londres)*, hautes de 2 m. Admirez leur déhanchement sensuel, une élégance nonchalante que soulignent les plis parallèles de leurs tuniques, évocation des cannelures des colonnes qu'elles remplacent. À droite, les six colonnes ioniques du **portique est** donnent accès au sanctuaire, qui recelait la plus ancienne statue d'Athéna du site, en bois d'olivier. La façade ouest, elle, fut remaniée à l'époque romaine. Dans la cour adjacente, un olivier rappelle le lieu où l'on venait vénérer l'arbre sacré d'Athéna (ce qui explique l'absence de toit).

LES SECRETS DE PHIDIAS

Recherchant la perfection visuelle du Parthénon, Phidias s'attacha, par un subtil jeu de lignes, à en corriger les illusions d'optique. Le choix d'un péristyle de 46 colonnes (8 par façade, 17 pour chaque côté), d'une hauteur de 10,43 m, assure au sanctuaire un parfait équilibre entre largeur et longueur. L'amincissement des fûts vers le haut (1,90 m de diamètre à la base pour 1, 45 m au niveau des chapiteaux) et leur galbe un rien dévié vers l'intérieur, le léger renforcement des colonnes d'angle et l'imperceptible convexité des éléments horizontaux contribuent également à l'harmonie profonde de l'édifice. Sans ces précautions, les colonnes paraîtraient en effet plus écartées au sommet qu'au sol, celles des angles plus grêles et l'entablement légèrement incurvé.

C'est de ce côté de l'Acropole que s'étendait l'habitat mycénien (1400-1125 av. J.-C.), dont les maigres vestiges – des blocs de pierre – s'éparpillent aux abords de l'Érechthéion. En poursuivant vers la pointe orientale du rocher, dans sa partie la plus élevée, on découvrit les restes d'un sanctuaire consacré à Zeus Polieus. À ses côtés, les Romains édifièrent plus tard un **temple circulaire** dédié à Rome et à Auguste, repérable à ses quelques colonnes redressées et au cyprès qui les accompagne.
La pointe nord-ouest forme un promontoire d'où l'on profite de la **vue★★** plongeante sur les toits de Plaka. Retournez-vous, aussi, pour contempler la façade arrière du Parthénon. Quand Athènes s'illumine des lueurs du couchant, le spectacle est grandiose.
Suivez ensuite le rebord sud du rocher : il vous réserve quelques **vues★** plongeantes sur le théâtre de Dionysos et, plus à gauche, sur le temple de Zeus et le stade.
La pointe sud-ouest du téménos est marquée par l'élégant **temple d'Athéna Niké★★★** – Victorieuse – (410 av. J.-C.), posté tel une vigie, en avant des Propylées. De là, on a une vue sur l'odéon d'Hérode Atticus.

★ L'odéon d'Hérode Atticus (Odio Irodou Attikou - Ωδείο Ηρώδου Αττικού) Plan III, B3-4

Fermé à la visite, mais ouvert lors de ses manifestations culturelles *(voir p. 174).*
C'est un riche Grec d'origine romaine qui le fit construire en mémoire de son épouse (161 av. J.-C.). Sa façade à trois entrées adopte un style typiquement romain. À l'origine, il était recouvert d'une toiture de cèdre.

Le sanctuaire d'Asclépios (Asklepieion - Ιερό του Ασκληπιού) Plan III, BC4

Entre l'odéon et le théâtre, vous abordez les ruines de deux sanctuaires dédiés à **Asclépios** (dieu de la Médecine). Au pied de la paroi rocheuse s'alignent les restes d'un portique (4e s. av. J.-C.) où les patients dormaient en attendant le songe par lequel le dieu leur révélerait la thérapie à suivre. Attenant à la galerie, un édifice circulaire abritait la source sacrée où les malades venaient se purifier. Les fouilles ont également mis au jour les fragments d'une basilique dédiée aux saints Cosme et Damien, deux médecins chrétiens d'origine arabe – signe que la nouvelle religion, tout en remplaçant les anciens dieux, conserva au sanctuaire sa vocation médicale.

★★ Le théâtre de Dionysos (Theatro Dionissou - Θέατρο Διονύσου) Plan III, C4

Accès en descendant de l'Acropole ou par la rue Dionissiou Areopagitou, M° ligne 2, station Akropoli - ✆ 21032 246 25 - 8h-19h - inclus dans le billet pour l'Acropole, sinon 2 €.
En conclusion (ou en prologue) de votre découverte de l'Acropole, ne manquez pas le plus ancien et le plus prestigieux théâtre de l'Antiquité. C'est là que se jouèrent tous les chefs-d'œuvre du répertoire classique – ceux d'Eschyle, de Sophocle, d'Euripide et d'Aristophane –, aux grandes heures du 5e s. av. J.-C.
Née à Athènes, sur l'Agora, la tragédie se déroulait à l'origine dans de simples théâtres de bois, avant de s'établir (6e s. av. J.-C.) dans ce site déjà dédié à Dionysos Éleuthéros, dieu des Arts dramatiques (les fêtes dionysiaques comportaient des chœurs, des mimes et des danses). À cette installation sommaire, sans doute un simple remblai de terre, succéda, au début du siècle suivant, un véritable théâtre doté de gradins en bois. Bien qu'il en ait gardé la structure et les dimensions, le théâtre en pierre remonte au 4e s. av. J.-C. mais il doit sa forme actuelle aux Romains.

Gagnez les **gradins**, dont l'ensemble dégage une sensation à la fois d'espace et d'intimité. La forme parfaite de la *cavea*, adossée à la paroi rocheuse de l'Acropole, lui assure de surcroît une acoustique idéale. Près de 17 000 spectateurs (contre 12 000 à Épidaure) pouvaient y prendre place, chacun pourvu d'un coussin.

Réalisées sous Néron (1er s. apr. J.-C.), les sculptures de la **frise** ornant le *proskenion* évoquent le mythe de Dionysos. Disposé autour d'un autel dédié à Dionysos, le chœur se tenait au centre du losange dessiné par les dalles de marbre. Au premier rang, un peu au-dessus des sièges réservés aux notables, vous apercevez le fauteuil du grand prêtre de Dionysos.

En haut des gradins vous remarquerez les colonnes de l'Olympion et le Stade, en contrebas vers la gauche. Plus proches, à gauche de l'hémicycle, gisent les ruines de l'**odéon de Périclès**, un ouvrage surtout destiné aux répétitions et aux concours musicaux.

★ L'allée Dionysiou Areopagitou (Οδός Διονυσίου Αρεοπαγίτου) Plan III, B4

Sur son côté sud, cette vaste allée piétonne dallée de marbre est bordée par le **musée de l'Acropole** et par une succession d'immeubles et d'hôtels particuliers du tournant du 20e s., remarquables pour leur architecture néoclassique et Art moderne. Quant au côté nord, longeant le magnifique **panorama★★★** du pied de la colline de l'Acropole, il permet, en partant du musée, de découvrir successivement le **théâtre de Dionysos,** l'**Odéon d'Hérode Atticus** puis, sur la **rue piétonne Apostolou Pavlou★**, de longer l'**Aréopage** et le **Thissio** avant de déboucher sur le **cimetière du Céramique**. Remonter à pied les 2,5 km de ces deux larges allées constitue une manière privilégiée de découverte de l'Athènes antique.

1

★★★ Le musée de l'Acropole (Mouseio tis Akropolis - Μουσείο της Ακρόπολης) Plan III, CD4

15 r. Dionysiou Areopagitou (en face du théâtre de Dionysos) - ✆ 21090 009 00 - www.theacropolismuseum.gr - ♿ (entrée r. Mitseon) -tlj sf lun. et fêtes 8h-20h, dernière entrée 19h30 - 5 €, réductions 3 € - panneaux explicatifs en grec et en anglais.

Situé au pied de l'Acropole, cet édifice est une réalisation architecturale majeure qui, malgré son modernisme, s'intègre parfaitement au site sans le heurter. Tout d'acier, de verre et de ciment, le bâtiment exploite parfaitement la lumière naturelle pour mettre en valeur ses quelque 4 000 pièces exposées selon un mode de présentation particulièrement aéré, ayant pour fond la colline de l'Acropole, visible depuis la moitié des salles grâce aux parois de verre.

Le sol vitré du rez-de-chaussée permet de découvrir sous ses pas des vestiges archéologiques de l'ancienne Athènes, dont l'existence atteste d'une occupation quasi ininterrompue depuis la fin de la période néolithique (environ 3000 avant notre ère). Il est possible d'y discerner des ruelles, des habitations et des ateliers ainsi que les vestiges de sanctuaires dédiés aux Nymphes et aux dieux, tout particulièrement à Dionysos Eleuthereus et à Asclépios.

La galerie archaïque *(au 1er étage)* présente des vestiges du Parthénon primitif, dont deux lionnes tirant le dieu Taurus, une statue représentant Triton et le monstre à trois corps, datée de 570 avant notre ère, et des statuettes votives dont celles d'un lion et d'un ours des 6e et 5e s. avant notre ère.

Un centre multimédia *(au 2e étage)* diffuse en boucle des documentaires sur le Parthénon. Une grande terrasse, ouverte sur le panorama de l'Acropole, permet de s'imprégner de l'atmosphère du lieu.

AGAMEMNON ET LE « PALAIS » D'ISADORA ET RAYMOND DUNCAN
En 1903, Isadora Duncan, future fondatrice de la « danse moderne » qui ouvrira la voie à la danse contemporaine, s'installe à Athènes. Elle élabore ses propres chorégraphies en se livrant à l'étude de la gestuelle du théâtre antique sur des statuettes féminines hellénistiques. Elle ne vient pas seule en Grèce. Elle voyage avec son frère, le philosophe Raymond Duncan qui entreprend de bâtir sur une colline de la commune de Vironas un temple de la Danse sur le modèle du palais du roi Agamemnon à Mycènes… Plus d'un siècle s'est écoulé depuis. Isadora est morte accidentellement en 1927. De son côté, Raymond Duncan est demeuré fidèle à la Grèce antique toute sa vie. À Paris, il reprit l'idée d'une académie platonicienne pour fonder l'Akademia qui, jusqu'en 1970, n'a cessé de s'ouvrir à toutes les innovations théâtrales, littéraires et artistiques. Les Athéniens rendirent hommage à l'œuvre de Raymond et Isadora en 1992 en restaurant leur « palais ». Classé par le ministère grec de la Culture, cet imposant édifice de pierre abrite aujourd'hui le Centre de recherche sur la danse Isadora et Raymond Duncan *(34 r. Chrisatis & Dikearchou, Vyronas, sur RV - ✆ 21076 212 33 - http://isadoraduncancenter.free.fr)* qui reçoit chaque année des visiteurs du monde entier.

La salle du Parthénon *(au 3e étage)* a été magnifiquement conçue de manière à restituer avec précision les dimensions et l'orientation du Parthénon, dont elle présente la fameuse frise. À l'origine, cette magistrale composition sculpturale de 160 m de long était constituée de 115 blocs différents. Elle comprenait quelque 378 figures, humaines ou divines, et plus de 200 animaux, principalement des chevaux, dont la plupart attelés à des chars suivis par une procession sacrificielle d'hommes et de femmes chargés d'offrandes. En s'appliquant à reconstituer le puzzle de la frise du Parthénon, le musée de l'Acropole met en évidence le fait que seul un tiers des vestiges retrouvés est exposé à Athènes. Au grand dam de la Grèce, les deux tiers restants se trouvent toujours, pour la plupart, au British Museum de Londres *(voir encadré p. 140)*, quelques fragments étant par ailleurs disséminés dans d'autres musées européens.

★★ Sur la colline des Muses (Lofos Filopappou/Mousson - Λόφος Φιλοπάππου/Μουσών) Plan II, B4

Une large voie pavée s'enfonce entre les arbres, conduisant au pied de la colline consacrée aux Muses, un site naturel parmi les plus agréables de la ville. Une fois passé la jolie **chapelle Agios Dimitrios Lombardiaris**, un sentier *(sur votre gauche)* suit le tracé de l'enceinte d'Athènes au 5e s. av. J.-C. et monte parmi les pins, en passant devant une série d'anciennes habitations troglodytiques – une tradition fantaisiste voulait que l'une d'entre elles fût la prison de Socrate. Couronné par le **monument de Filopapou** (114-116), dont la colline a repris le nom, le sommet vous réserve un **point de vue★★★** splendide sur l'Acropole, en particulier au coucher du soleil. La façade de la stèle, haute de 10 m, précédait une chambre funéraire contenant le sarcophage d'un consul romain d'origine syrienne, citoyen et bienfaiteur d'Athènes (on le voit sur le bas-relief, monté sur un char).

Redescendez la colline des Muses et prenez le dernier chemin sur la gauche.

La Pnyx (Pnika - Πνύκα) Plan II, B3

Il conduit à la **Pnyx★**, littéralement « l'endroit où l'on est serré », un amphithéâtre naturel où se tint, du 6e au 4e s. av. J.-C., l'Assemblée du peuple. Lors de ces réunions démocratiques, les citoyens discutaient les projets de lois, et chacun pouvait prendre la parole. Au 4e s., l'institution connut une baisse de participation telle que la gendarmerie de l'époque dut user de la contrainte pour réunir le quorum de ses 6 000 assistants !

★ L'Agora grecque (Archaia Agora - Αρχαία Αγορά) Plan III, A2-B2

Comptez 2h. 21032 101 85 - 8h-20h - visite comprise dans le billet pour l'Acropole, sinon 4 € avec l'accès au musée - brochure en français en vente.

Bon à savoir – Pour mieux vous représenter la structure de l'ancienne cité grecque, nous vous recommandons de visiter l'Agora après l'Acropole. Trois accès y mènent : Apostolou Pavlou *(à l'ouest)*, l'ancien chemin des Panathénées qui redescend de l'Acropole et la rue Adrianou *(dans Monastiraki)*.

Ce jardin de pierre, situé en plein centre de la ville, fut le cœur de l'Athènes antique. L'École américaine d'archéologie y conduit des fouilles depuis les années 1930 et a reboisé le site, à la fois pour l'embellir et pour évoquer la végétation de la cité antique. Pôle majeur de la vie de la cité, l'Agora occupait une très large place dans l'emploi du temps du citoyen athénien. C'est à cet endroit que se tenaient les marchés, mais aussi certaines fêtes religieuses, avec leurs processions et leurs concours de théâtre ou d'athlétisme ; c'est là, aussi, que les citoyens venaient discuter les affaires publiques ou écouter les orateurs à l'ombre des *stoas*, ces longues galeries à colonnades sous lesquelles s'ouvraient commerces et administrations.

Aménagée au début du 6e s. av. J.-C., l'Agora ne prit sa forme définitive qu'au 2e s. av. J.-C. Délimitée par divers bâtiments administratifs, temples et portiques, elle s'étend sur 2,5 ha, traversée en diagonale par la **voie des Panathénées**. Au centre, elle conservait un espace libre, où les Romains, à partir d'Auguste, édifièrent des temples à la gloire de Rome ainsi qu'un odéon monumental.

Dominant les ruines *(à 100 m de l'entrée par la rue Apostolou Pavlou)*, l'altière façade du **Théséion★★** *(Thissio* ou *Héphaïstéion)* attire instantanément le regard. Juché sur une butte de 65 m de haut, il offre le meilleur point de départ à la découverte du site, ainsi qu'un remarquable **point de vue** sur l'Acropole. Consacré au culte d'Athéna et de son frère Héphaïstos, le dieu des Artisans travaillant le métal – alors nombreux dans le quartier voisin *(à présent rassemblés autour de la r. Ermou)* –, ce majestueux temple dorique (449-444 av. J.-C.) est l'un des mieux conservés de tout le monde grec. Si les sculptures de ses deux frontons ont entièrement disparu (quelques fragments sont néanmoins visibles au musée), il a gardé, quoique très érodé, son **décor sculpté**, dont les scènes évoquent les aventures d'Héraklès et de Thésée. Le portique est a conservé son **plafond à caissons** en marbre.

Au pied de la butte se dressait *(sur la droite)* la **tholos**, un bâtiment circulaire qui accueillait le Conseil des prytanes, sorte d'organe exécutif de la démocratie athénienne, ainsi que les étalons des poids et mesures. Le Conseil des Cinq-Cents, l'Assemblée d'Athènes, se réunissait, quant à lui, dans le **bouleutérion** voisin, tandis que le **Mitroon**, temple de la Mère des dieux, conservait les archives de l'État. Au centre de l'esplanade, les statues indiquent l'emplacement du portique des Géants qui précédait l'**odéon d'Agrippa**, une salle de spectacle de 1 000 places. Derrière, les rangées de fûts de colonne donnent une idée des dimensions de la grande *stoa* du milieu. Allez ensuite admirer les **fresques★** (celle de la coupole date du 18e s.) de l'**église Agii Apostoli★** (Saints-Apôtres), érigée à la fin du 10e s.

Mettez-vous dans la peau d'un citoyen de l'antique Athènes en déambulant sous l'immense **stoa d'Attale★** (125-122 av. J.-C.), superbe galerie à étage longue de 116 m sur 20 m de large.

1

Le **musée de l'Agora grecque★** conserve une foule d'émouvants témoins de la vie politique, juridique et commerciale de la jeune démocratie athénienne – jetons de vote, outils destinés à choisir le jury des tribunaux, poids et mesures, etc. À ces objets s'ajoutent tous ceux découverts dans les tombes et dans les habitations – une grande variété de céramiques –, ainsi que des sculptures qui ornaient l'Agora.

Se promener

★ PLAKA (ΠΛΑΚΑ) Plan III

Comptez une demi-journée.

Dès vos premiers pas dans ce lacis de ruelles pittoresques, jalonnées d'églises et de places animées, vous aimerez Plaka. Dans ce quartier aux allures provinciales se mêlent les souvenirs de toutes les époques, de l'Antiquité aux Ottomans. Nulle part ailleurs la ville ne vous invite si bien à la flânerie.

Point de départ de votre exploration : l'**église Agios Nikodimos★** (E3) *(à l'angle des rues Filelinon et Souri)*, le plus grand édifice byzantin d'Athènes (11e s.). En partie ruinée pendant la guerre d'Indépendance, elle fut restaurée par le tsar Nicolas Ier pour la communauté russe d'Athènes. Elle est décorée de fresques du peintre Thiersch.

De la rue Filelinon, entrez à présent au cœur de Plaka en suivant la rue piétonne Kidathineon. De hauts cyprès annoncent l'**église Metamorfosis tou Sotiros** *(tou Kotaki)*, sur votre droite (D3). Édifiée aux 11e-12e s., elle a perdu son appareillage de brique, mais garde sa belle coupole.

Juste en face, ne manquez pas le **musée d'Art populaire grec★** (D3) *(☏ 21032 130 18 - tlj sf lun. 8h-15h - 2 €)*, qui recèle de magnifiques collections, du milieu du 17e s. à nos jours. Vous y découvrirez toutes les traditions du pays et les influences balkaniques, méditerranéennes ou orientales. Vous prêterez une attention particulière aux **broderies★**, d'inspiration souvent byzantine, du Dodécanèse, de l'Épire, de la Thrace, de la Crète et de Skiros. Les arts du bois, du métal et de la céramique, de l'orfèvrerie et surtout, véritable musée dans le musée, une riche **collection de costumes★** représentative des grandes

ATHÈNES ET SES QUARTIERS

En débarquant à Athènes, vous arriverez certainement sur la **place Syntagma** (Plan II, D3), centre névralgique de la ville. Prolongeant la perspective axiale de la place, la **rue Ermou** (Plan II, C3), d'abord piétonne, traverse le cœur de la cité. Grande artère commerçante, elle égrène ses placettes animées et ses magasins de mode. Côté sud-ouest, remontant jusqu'aux pentes de l'Acropole, c'est **Plaka**, LE quartier touristique, dont les vieilles maisons et les étroites ruelles alignent tavernes et boutiques de souvenirs (Plan II, C3). Plus à l'ouest, côtoyant l'**Agora grecque**, s'ouvre **Monastiraki**, l'ancien quartier turc qui, avec son marché aux puces, a conservé son âme de bazar aux parfums balkaniques (Plan II, B3). Au nord de Syntagma, les rues tirées au cordeau de **Kolonaki** enserrent les contreforts arborés du **mont Lycabette** (Plan II, DE2). Ce quartier résidentiel de la vieille bourgeoisie locale et de l'*intelligentsia* grecque cache des boutiques chic et branchées. De Syntagma, enfin, les **avenues Stadiou et Panepistimiou** rejoignent au nord-ouest la bruyante **place Omonia** (Plan II, C2), près de laquelle se trouve le **Musée archéologique national** (Plan II, C1).

Le quartier de Plaka Anafiotika.
C. Dutton / Sime / Photononstop

1

différences régionales. Ne manquez pas non plus le fameux théâtre d'ombres de **Karagiozis** *(voir p. 75)*. Le musée présente aussi des tableaux du peintre naïf **Théophilos Hatzimichaïl** (1868-1934).

Agréable place ombragée, la **platia Filomoussou Eterias**★ (D3) est un haut lieu de la « gastronomie » touristique. Aux heures des repas, chaque établissement sort son rabatteur qui, un menu à la main et en plusieurs langues, aborde les passants sur les quelques mètres de son territoire.

Suivez la rue Farmaki *(sur votre gauche)* jusqu'au chevet de l'**église byzantine Agia Ekaterini**★ (D3) (11e-12e s.), l'une des plus belles d'Athènes, dont la décoration intérieure a été restaurée. À l'ombre de ses hauts palmiers, son parvis, nettement plus bas que le reste du quartier, est précédé de vestiges romains, à 2 m au-dessous du niveau actuel de la chaussée.

Quelques mètres vous séparent du **monument de Lysicrate**★ (D3) (334 av. J.-C.), seul survivant des monuments chorégiques qui jalonnaient la voie reliant le théâtre de Dionysos à l'Agora. Le nom de la rue, « Tripodon », évoque d'ailleurs les trépieds de bronze offerts aux vainqueurs des concours dionysiaques, que ceux-ci exposaient ensuite le long de la voie. Au-dessus des colonnes court une frise où l'on voit Dionysos changer des pirates en dauphins, sujet présumé de la compétition remportée par Lysicrate.

★★ Les hauts de Plaka Anafiotika (Αναφιώτικα) Plan III, C3

Bordée de jolies maisons aux murs ocre, la **ruelle pavée Epimenidi**★★ (D3) fait entrer dans une Plaka intacte et silencieuse, à l'écart des foules *(parvenu dans Thrassilou, que prolonge Stratonos, prenez à droite en dir. d'Anafiotika)*. Sur votre gauche, des oliviers s'étendent au pied des parois rocheuses de l'Acropole, tandis qu'à droite, au loin, se découpe le mont Lycabette. En 1834, une loi interdit toute construction aux abords de l'Acropole. Malgré cela, les habitants de l'île d'**Anafi** *(à l'est de Santorin)*, venus se réfugier à Athènes au début de la guerre d'Indépendance, s'établirent sur le versant nord-est du rocher sacré, offrant à Athènes un authentique village de petites maisons basses.

ATTIKO
METRO
Tramway
Γ1 Γ2 Γ3
Métro
Γ3
En construction
Réseau ferré
Correspondance
E94 E95 E96
Liaison en Bus Express vers l'aéroport
KIFISSIA
KAT
MAROUSSI
IRAKLIO
NERATZIOTISSA
IRINI
IRAKLIO
NEA IONIA
PEFKAKIA
PERISSOS
ANO PATISSIA
AG. ELEFTHERIOS
KATO PATISSIA
AG. NIKOLAOS
ATTIKI
VICTORIA
OMONIA
KIFISIAS
PENTELIS
ELEFTERIOS VENIZELOS
DOUK. PLAKENTIAS
HALÁNDRI
AG. PARASKEVI
NOMISMATOKOPIO
HOLARGOS
ETHNIKI AMYNA
E94
PANORMOU
KATEHAKI
AMBELOKIPI
MEGARO MOUSSIKIS
EVANGELISMOS
PANEPISTIMIO
SYNTAGMA
E95
ANTHOUPOLI
PERISTERI
AG. ANTONIOS
SEPOLIA
LARISSA
METAXOURGIO
HAIDARI
EGALEO
ELEONAS
KERAMEIKOS
MONASTIRAKI
THISSIO
AKROPOLI
PETRALONA
KALITHEA
TAVROS
MOSCHATO
PIREAS
E96
FALIRO
SYGROU-FIX
NEOS KOSMOS
AG. IOANNIS
AG. FONINI
DAFNI
AG. PARASKEVI
AG. DIMITRIOS / AL. PANAGOULIS
ILIOUPOLI
ALIMOS
ARGYROUPOLI
HELLINIKO
N. FALIRO
KALLITHEA
TZITZIFIES
DELTA FALIROU
TROKANTERO
FLISVOS
ACHILLEOS
AMFITHEAS
MOUSSON
PIKRODAFNI
KALAMAKI
ZEFYROS
LOUTRA ALIMOU
HELLINIKO
1ST AG. KOSMA
2ND AG. KOSMA
SAILING CENTRE
GLYFADA
PALEO DIMARCHIO

Flânez dans ce labyrinthe de venelles où vous ne croiserez guère que quelques chats en plein sommeil. Vous finirez bien par retrouver la rue Pritaniou, à la hauteur de l'**église Agii Anargiri** (C3) (17e s.), perchée juste au-dessus du restaurant Psara.

★ Le quartier des Aérides (Αερήδες) Plan III, BC2-3

Si le quartier d'Anafiotika vous a plu, les rues **Tholou**★ (C3) et **Aretoussas**★ (B3) ne devraient pas vous décevoir : elles délimitent l'un des plus beaux quartiers de Plaka, aux grandes maisons néoclassiques éprouvées par le tremblement de terre de septembre 1999.

Au début de la rue Tholou, vous croiserez d'abord, sur votre gauche, la **Vieille Université**★ (1833) (C3), reconnaissable à son crépi brique. L'édifice abrita de 1837 à 1842 la première université du jeune État hellénique.

À l'angle des rues Theorias et Panos, dans une superbe demeure néoclassique de 1884, est aménagé le **musée Kanelopoulos**★★ (B3) *(12 r. Theorias - M° Monastiraki - ✆ 21032 123 13 - www.pakanellopoulosfoundation.org - tlj sf lun. 8h30-15h)*, créé pour conserver les trésors légués à l'État en 1976 par les collectionneurs Pavlos et Alexandra Kanelopoulos. Ce musée rassemble toutes sortes de pièces d'art et d'archéologie provenant de la Grèce continentale et des îles, d'Asie Mineure et du Moyen-Orient : figurines cycladiques, minoennes et mycéniennes, textiles coptes, icônes byzantines et post-byzantines, portraits funéraires du Fayoum, bronzes, bijoux et, surtout, une belle collection de vases anciens d'un haut niveau de qualité artistique dont les ornements picturaux offrent un fascinant témoignage sur la vie et la culture des anciens Grecs. Le choix des objets est représentatif de la continuité et de l'évolution de l'art grec dans le temps et dans l'espace.

Faites ensuite une halte à la terrasse du **café Néféli** *(au bout de la rue Aretoussas)*, ou à l'une des tables du **café Dioskourii**, caché au bout de la petite rue Mitroou. De ces établissements, placés à la limite de l'Agora, vous aurez une belle **vue**★★ sur Athènes.

Quelques mètres *(par la rue Andokidou)* vous séparent de la **tour des Vents**★ *(Aerides)* (C2), un curieux ouvrage octogonal, dont chaque pan comporte un aéride, personnage ailé figurant l'un des huit vents dominants d'Athènes. Borée, le vent froid, apparaît ainsi sous la forme d'un homme barbu *(face à la rue Eolou)*, tandis que le doux Zéphir, à l'ouest, laisse s'envoler des fleurs de son manteau. Ces aérides ont donné leur nom au quartier de l'Agora romaine, qui s'ouvre entre Plaka et Monastiraki. Élevée vraisemblablement au 1er s. av. J.-C., à l'est du marché romain, cette tour avait la double fonction de girouette (posée à son sommet) et d'horloge hydraulique (cachée à l'intérieur, alimentée par la source Clepsydre, qui jaillissait sur le versant nord de l'Acropole, dont le nom, depuis, désigne le système).

Musée des Instruments grecs de musique traditionnelle *(Mousio Ellinili Laikon Mousikon Organon - Μουσείο Ελληνικών Λαϊκών Μουσικών Οργάνων)* C2 – *1-3 r. Diognou - M° Monastiraki - ✆ 21032 541 19/29 - www.instruments-museum.gr (en grec) - tlj sf lun. 10h-14h (merc. 12h-18h) - entrée gratuite, indications en anglais.* Ce petit musée rassemble près de 1 200 instruments de musique populaire datant du 18e s. à nos jours. Des audiophones *(commentaires en grec et en anglais)* permettent de découvrir les différentes familles d'instruments grecs, du bouzouki au santouri, sans oublier les cymbales et les cuillers. Une librairie et un joli jardin *(concerts)* complètent le musée.

À quelques pas, dans la rue Diogenous, vous attend la terrasse ombragée de la **taverne Platanos**.

Derrière la tour des Vents, la coupole aplatie et le porche à colonnes que vous apercevez signalent la **mosquée Fetiye Djami** (C2) *(fermée)* du 15e s., ou

1

mosquée de la Victoire (la prise de Constantinople par Mehmet le Conquérant), plus prosaïquement rebaptisée par les riverains *Djami tou Staropazarou*, la « mosquée du marché au blé ».
Elle jouxte l'**Agora romaine** *(Romaïki agora - Ρωμαϊκή Αγορά)* (BC2), large quadrilatère où se concentrait l'activité commerciale de la cité, et dont les Turcs firent un marché au grain. Elle s'étendait jusqu'à la colossale **porte d'Athéna Archégétis★** *(à l'autre extrémité du site, face à la rue Pikilis)*, et un portique (1er s. av. J.-C.) l'encadrait *(vestiges visibles)*.
La rue Dexipou offre un bon point de vue sur la **bibliothèque d'Hadrien** (BC2), vaste complexe bâti en 131-132 apr. J.-C. Des portions de mur se dressent encore *(à droite, dans la rue Eolou)*, qui formaient l'aile de la bibliothèque. À votre gauche, à l'autre extrémité du site, le mur ouest a conservé un bel ensemble de colonnes.
Dans la rue, en face, allez voir les **fresques★** de l'**église des Taxiarques★** (B2) (« des Archanges »), un édifice des 11e-12e s. entièrement rebâti en 1852. À proximité se rassemblent des marchands d'osier dont les échoppes encombrées débordent de trésors : une paire de pantoufles en jonc ou un somptueux cache-pot… fabriqués en Chine ? Puis, si vous êtes intéressé par la musique grecque, prenez la rue Diogenou.

Rue Areos Plan III, B2

Descendez cette rue et profitez-en pour visiter la **mosquée Dzistaraki** (1759) *(☎ 21032 420 66 - tlj sf mar. 9h-14h30 - 2 € - gratuit le dim.)*, qui recèle la **collection de céramiques** du musée d'Art populaire grec. Outre de belles œuvres décoratives dues à des céramistes connus, vous y verrez diverses pièces du début du 20e s. provenant d'ateliers grecs et chypriotes, le tout savamment présenté pour mettre également en valeur l'architecture du bâtiment, qui à elle seule mérite le détour.
Bon à savoir – Bijoux, tuniques, surplus militaire, vous y trouverez toutes les panoplies de la mode des *seventies*.
Juste à côté s'ouvre la place Monastiraki, cœur de l'ancien quartier turc.

MONASTIRAKI (ΜΟΝΑΣΤΗΡΑΚΙ) L'ANCIEN BAZAR TURC Plan III, BC1-2

Sur votre droite, vous apercevrez le clocher de l'**église byzantine de la Panagia Pandanassa★** (C1). Surnommée *monastiraki*, le « petit monastère », c'est elle qui donna son nom au bazar local qui, à l'époque ottomane, s'étendait jusqu'à l'Agora romaine. Dédale serré de ruelles, le **marché aux puces★** (B1) occupe tout l'espace délimité entre les rues Adrianou et Ermou. Jadis le fief des artisans métallurgistes, la rue Ifestou s'est reconvertie dans un commerce plus touristique : marchands de chaussures et de vêtements en tout genre se disputent désormais les lieux avec les antiquaires et les boutiques de souvenirs. Les vrais brocanteurs, eux, se trouvent plutôt sur la **place Avissinias★** (B1), particulièrement animée le dimanche matin. Quant aux rues alentour, jusqu'aux abords de la station de métro Thissio, elles résonnent de toutes les langues d'Europe centrale et orientale. C'est assurément là que vous trouverez, enfin, la paire de jumelles de l'Armée rouge (avec l'étoile, la faucille et le marteau) dont vous rêviez.
Si, au terme de cet itinéraire, vous n'avez pas encore trouvé le cadeau tant espéré, il vous reste une solution radicale : revenez place Monastiraki et enfoncez-vous dans l'étroite **rue Pandrossou★** (C2). Côte à côte, les boutiques de bijoux, vêtements, céramiques, cuirs et autres souvenirs des plus kitsch composent un souk distrayant. Et si cela ne suffit pas, contournez la

Le quartier de Monastiraki et ses nombreuses petites boutiques.
P. Frilet / hemis.fr

bibliothèque d'Hadrien et engagez-vous dans la **rue Adrianou★** (B2) qui traverse tout Plaka, de la place Monastiraki à l'église Agia Ékatérini. Cette belle voie pavée aligne aussi les échoppes à touristes.

À voir aussi

★ AU CŒUR D'ATHÈNES Plan II

Comptez une journée.

Poursuivez votre voyage dans le temps en flânant plus avant dans le centre de la ville, à l'ouest et au nord de Monastiraki. Ce périple vous conduira du plus ancien cimetière de l'Attique au marché central, en passant par les vieux quartiers commerçants avoisinants, jusqu'à la **place Omonia** (C2), qui fut le cœur de la capitale dans les années 1930. Non loin, le Musée national vous attend, complément indispensable de tout séjour en Grèce.

Flânerie dans les quartiers

Pour le déjeuner ou une simple pause rafraîchissement, optez pour le joli **quartier de Thissio**, au sud-ouest de Monastiraki (B3), notamment la rue piétonne Iraklidon, longeant l'Agora grecque *(voir p. 145)*.

Tout proche, à l'ouest, s'ouvre le **quartier de Gazi** (A2), qui vit la première phase d'industrialisation de la capitale, entre la fin du 19e et le début du 20e s. C'est à l'installation de l'éclairage public au gaz (1877) qu'il doit son nom. Il accueille à présent la **Technopolis M. Hadzidakis**, un espace culturel où se déroulent concerts et expositions. Des ateliers d'artistes, quelques restaurants et des bars branchés en font le quartier à la mode.

★ Le cimetière du Céramique (Kéramikos - Κεραμεικός) Plan II, B2

148 r. Ermou - M° Kerameikos - ✆ 21034 635 52 - 8h-15h - visite comprise dans le billet pour l'Acropole, sinon 2 € - gratuit pour les étudiants.

LE COUP DE FOUET DE 2004

L'attribution à la ville d'Athènes de l'organisation des **Jeux olympiques de 2004** lui a permis de lancer un ambitieux programme de rénovations et d'aménagements. Près de 3 000 panneaux publicitaires illégaux ont été supprimés dans le centre historique, qui a aussi gagné de nouveaux espaces piétons. On a, bien sûr, abordé l'épineux problème des embouteillages permanents et de la saturation des axes urbains et des transports. Misant sur la priorité donnée aux transports collectifs, le réseau ferré métropolitain compte désormais 3 lignes souterraines, qui ne cessent d'être prolongées, et une ligne à ciel ouvert desservant l'aéroport Venizelos. La construction de nouveaux équipements sportifs, le réaménagement et l'embellissement des espaces publics ont métamorphosé la capitale grecque. Le centre se présente aujourd'hui sous un jour beaucoup plus aéré et agréable qu'auparavant. Cependant l'aménagement des rues, la présence de grandes enseignes internationales, ainsi que la disparition progressive des échoppes d'artisans, ont tendance à estomper une « couleur grecque » qui suscite aujourd'hui des nostalgies.
À l'inverse, l'unification des sites archéologiques et leur mise en réseau, au sein d'un large espace vert, permettent de proposer au visiteur un parc archéologique prestigieux. Ainsi, les grandes avenues Dionissiou Areopagitou et Apostolou Pavlou, au sud et à l'ouest de l'Acropole, fermées à la circulation automobile, forment une agréable promenade. Faisant le tour de l'Acropole, elles permettent de rejoindre l'Agora grecque, le quartier de Thissio et le cimetière du Céramique. Désormais, c'est à pied que se découvre le mieux l'Athènes antique.

Moins fréquentée que l'Acropole et ses abords, la plus ancienne nécropole d'Attique vous invite, à l'ombre de ses oliviers et de ses cyprès, à découvrir l'art funéraire grec. Située hors de la cité antique, cette nécropole tient son nom de l'argile *(kéramos)* utilisée dans la fabrication des vases et des objets funéraires que l'on déposait près du défunt. À partir du 6e s. av. J.-C., selon la fortune – et la vanité – du disparu, les tombes se parèrent de stèles, de vases en pierre, de statues ou même de petites chapelles, édicules dont le luxe atteignit son apogée au siècle de Périclès.
À gauche de l'entrée se tient un **musée** réunissant une partie des objets découverts sur le site, tandis que, devant vous, le chemin descend vers l'**allée des Tombeaux★** *(à gauche)*, bordée des concessions accordées aux riches familles athéniennes. À droite, l'allée aboutit à la **Porte sacrée** (5e s. av. J.-C.) construite dans le prolongement de la Voie sacrée qui reliait Éleusis à Athènes.
Parallèle à celle-ci, la route de l'Académie aboutissait au **Dipylon★**, porte d'entrée principale d'Athènes. Défendue par deux tours – l'une tournée vers la ville, l'autre vers l'extérieur – elle s'intégrait à l'enceinte fortifiée de la cité.
À l'angle des rues Agion Asomaton et Dipylou, au nord-est du cimetière, le **musée d'Art islamique★** (B2) *- 22 r. Ag. Asomaton - ✆ 21032 255 50 - tlj sf lun.-merc. 9h-17h - 7 € - cafétéria avec terrasse et vue sur le cimetière du Céramique et l'Acropole)*, inauguré en 2004, a été aménagé pour accueillir une partie des riches collections du musée Bénaki et des prêts de musées internationaux. Elles couvrent treize siècles de création, à compter du 7e s. et rassemblent poteries, verreries, joaillerie, sculptures, textiles…

Le quartier de Psiri (Ψυρρή) Plan III, B1

À proximité du cimetière du Céramique, enfoncez-vous dans les ruelles étroites de ce quartier pittoresque, où s'entremêlent vieilles maisons délabrées recouvertes de tags, petites églises et récents immeubles sans âme. L'endroit se prête surtout à la flânerie nocturne, que l'on peut compléter d'un bon dîner *(rendez-vous place Iroon, rue Taki)* à la terrasse d'un *mezedopolio*. Car Psiri est devenu un endroit à la mode. Cafés, bars et restaurants y pullulent et, le dimanche, un parfum d'Extrême-Orient envahit l'atmosphère avec le **marché aux épices**, où les communautés asiatiques de la capitale (Indiens, Philippins, Chinois...) viennent faire leurs emplettes.

★ Le quartier du marché Agora moderne (Kentriki Agora - Κεντρική Αγορά) Plan II

Engagez-vous dans **Eolou★** (C1-2-3), longue rue piétonne bordée de magasins de textile et de vêtements bon marché qui conduit au vieux marché d'Athènes. Jadis, lorsque la capitale avait encore une dimension humaine, c'est là, dans ce lacis de rues sinueuses, que battait son cœur économique. Mais si la prospérité n'est plus celle d'antan, l'activité est restée frénétique.

Au passage, jetez un coup d'œil en face de l'église blanche Agia Irini, au **café Eolou** (C2) : il a conservé ses auvents à armatures métalliques, typiques du quartier. C'est la même architecture, en plus ample, qui structure le **marché central★** *(Kendriki Agora)* (C2) *(tlj sf dim.)*, théâtre d'une animation bruyante et colorée. Au petit matin, les noctambules se retrouvent dans ses restaurants pour déguster la fameuse *patsa*, une soupe de tripes souveraine pour les estomacs malmenés par les boissons fortes. La nuit, les alentours sont aussi le rendez-vous des « sans domicile fixe » de tous horizons. Le jour, la pauvreté laisse place aux spéculateurs de la rue Sofokléous, où siège la **Bourse** *(krimatistirio)* et sa pompeuse colonnade dorique.

Plus loin, la grande place **Ethnikis Antistassis** *(place de la Résistance nationale)* (C2) regroupe la mairie d'Athènes et les bâtiments néoclassiques de la Banque nationale de Grèce. Entre les immeubles modernes, le centre d'Athènes cache de nombreux exemples de son architecture du début du 20e s. Observez notamment les **fresques★** 1920 de l'édifice à l'angle d'Athinas et de Likourgou.

Vous n'êtes plus qu'à quelques pas de la **place Omonia** (C2) (« la Concorde »), trépidante, assourdissante et toujours encombrée, bref, dénuée de tout charme. Il est difficile de croire qu'à la Belle Époque, avec ses palmiers, ses palaces et ses cafés chic, elle rivalisait d'élégance avec la place Syntagma.

Mais, c'est le chemin du Musée national *(par l'avenue du 28 Oktovriou, il n'est qu'à 600 m de la place Omonia)*. Allez-y tranquillement, et, sur le chemin, admirez la **façade★** de l'**École polytechnique** (C1) (1862-1876, agrandie dans les années 1920 et 1950) due au talent du prolifique Kaftantzoglou.

★★★ Le Musée archéologique national (Ethniko Archaiologiko Mouseio - Εθνικό Αρχαιολογικό Μουσείο) Plan II, C1

44 r. Patission - M° Victoria - ✆ 21082 177 24/17 - www.namuseum.gr - 13h30-19h45, mar.-dim. 9h15-15h45 - 7 €, gratuit le 1er dim. du mois de déb. nov. à fin mars - panneaux explicatifs en grec et en anglais.

Bon à savoir – Privilégiez les premières ou les dernières heures de visite pour éviter le gros de la foule.

Dédié à l'art antique, du néolithique à l'époque romaine, le musée d'Athènes compte parmi les plus riches du monde. Il présente les œuvres par ordre chronologique, et en fonction des matériaux utilisés et des collections privées *(il existe une version française du catalogue officiel)*.

1

Pour la **période néolithique** (8000-3000 av. J.-C.), notez les figurines de terre cuite de Thessalie, ainsi qu'un vase à la décoration déjà très élaborée.

Passez aux **antiquités cycladiques** (3000-2000 av. J.-C.), avec de merveilleuses statuettes de marbre.

La **période mycénienne** (16e-11e s. av. J.-C.) vient ensuite, avec des trésors qui font la renommée du musée. Dans les vitrines centrales reposent de magnifiques objets funéraires en or, dont le **masque d'Agamemnon**. Des diadèmes, des poignards à incrustations, des bagues gravées complètent cet incroyable trésor, accompagnés de gobelets en métal repoussé, d'un splendide **rhyton** en forme de tête de taureau, d'une coupe en forme de canard, taillée dans du cristal de roche et de petits objets en ivoire qui attestent des relations du monde mycénien avec l'Orient. N'oubliez pas non plus les fresques, dont la **Mycénienne**, révélant une maladroite esquisse de perspective.

Pour l'**époque archaïque** (10e-6e s. av. J.-C.), la pièce maîtresse est une **amphore géométrique** monumentale (milieu du 8e s.).

Plus loin, attardez-vous sur la série des **kourii** (dont la tête du plus ancien kouros connu) et des **korês**, telle la korê Frasikleia, à couronne et à robe fleurie. Pour des détails intéressants, jetez un coup d'œil, par exemple, aux deux bases de statues (nos 3476 et 3477) découvertes dans le mur de Thémistocle : on y voit des éphèbes effectuant des exercices sportifs et un amusant combat entre un chien et un chat. Passez ensuite aux chefs-d'œuvre de la **période classique** (5e-3e s. av. J.-C.). Le premier joyau du musée est le **Poséidon d'Artémision** (460-450 av. J.-C.), statue de bronze repêchée en 1928 au large d'Artémissio (nord de l'Eubée). L'autre incontournable est le **relief d'Éleusis** (440-430 av. J.-C.), admirable d'expressivité, aux personnages d'une intense gravité : on y voit Déméter *(à gauche)*, déesse de la Fécondité et protectrice de l'agriculture, remettant, en présence de sa fille Perséphone, un épi de blé à Triptolème, le fils du roi d'Éleusis, chargé d'enseigner l'art de cultiver la terre à l'humanité.

Parmi les sculptures classiques et les reliefs votifs, arrêtez-vous devant le **relief d'Hermès**, dont les deux faces sont sculptées, ou la **stèle d'Hegeso** (vers 410 av. J.-C.), qui montre une jeune fille assise, en train d'examiner un bijou tiré du coffret que lui présente sa servante. Cette œuvre émouvante et d'un dessin d'une exceptionnelle élégance est attribuée à l'un des principaux élèves de Phidias. Autre œuvre d'intérêt : l'étonnant **Jockey d'Artémision**, bronze hellénistique du 2e s. av. J.-C., retiré des flots, comme la statue de Poséidon, au large d'Artémision. Admirez le réalisme avec lequel est rendu l'effort du cheval bondissant et la fougue de l'enfant.

En poursuivant la visite, rejoignez la salle de la **collection Karapanou**, qui rassemble des figurines et des petits objets de bronze du 8e au 3e s. av. J.-C., dont certains d'une exquise délicatesse.

Pour mieux comprendre la transition de la période classique à la période hellénistique, observez le **haut-relief** (no 4464) figurant un cheval fougueux maintenu par un esclave noir (2e s. av. J.-C.), très réaliste, ou encore la **tête d'Hygie** (no 3602), la fille d'Asklépios, qui émeut par son expression et la douceur de son modelé.

La **période hellénistique** (3e-2e s. av. J.-C.) suit avec encore des sculptures, dont une belle **statue de Gaulois** et une colossale **statue de Poséidon**, qui domine tout l'espace.

Continuez par l'**époque romaine**, illustrée par divers reliefs et statues réalisés dans différents ateliers grecs au 1er s. av. J.-C. Notez l'altière statue équestre d'Auguste, quelques beaux portraits funéraires et de nombreuses œuvres grecques d'époque romaine (2e-3e s.), parmi lesquelles une jolie **ménade**

endormie et de nombreux bustes. Achevez la visite de la section romaine avec le grand sarcophage (n° 1497) provenant d'Attique.

Promenez-vous ensuite parmi les **antiquités égyptiennes**. Forte de 7000 pièces *(dont seule une partie est exposée)*, la **collection Dimitriou** couvre toute l'histoire de l'Égypte ancienne, illustrant l'étonnante constance de l'art égyptien au fil des siècles.

Finissez dans la pénombre de la salle des **bijoux antiques et byzantins** de la collection d'Hélène Stathatou, provenant de Macédoine et de Thessalie *(prenez garde, les alarmes des vitrines se déclenchent sur une simple pression)*.

Après tous ces trésors, vous pourrez vous rendre dans l'agréable café du musée situé à l'entrée du **parc Areos** (D1) – l'un des plus grands espaces verts d'Athènes –, ou bien au Green Park. À moins de changer d'environnement en vous rendant rue Kalidromiou (D1) : au pied de la colline de Strefi, à l'ouest du Lycabette, où s'étend **Exarhia** (C1), le quartier des étudiants et des marginaux, un lieu vivant et coloré. Et, comme le voisinage ne manque pas de tavernes à la cuisine simple, savoureuse et bon marché, profitez-en pour dîner sur place.

★ L'ATHÈNES NÉOCLASSIQUE AUTOUR DE SYNTAGMA Plans II et III

1

Comment faire renaître la prestigieuse cité de Périclès ? Tel aura été pendant près d'un siècle (1830-1930) le rêve obsédant de tous ceux qui ont façonné l'Athènes moderne. Il ne fut pas un édifice, alors, qui ne reçût sa colonnade de marbre ! Aussi, quelle meilleure introduction pour cette ville nouvelle que les deux monuments antiques dédiés à Hadrien, cet empereur romain amoureux de la Grèce ?

Grand admirateur d'Athènes et de sa culture, Hadrien contribua à son embellissement par de nombreux édifices. Les Athéniens l'honorèrent en lui érigeant, en 131, une sorte d'arc de triomphe, dans le style romain, juste à la jonction entre Athènes et le nouveau quartier romain. Sur cette **porte d'Hadrien★** (Plan III, D4), des inscriptions gravées en frise proclament ainsi, côté Plaka : « Cette ville est Athènes, l'antique cité de Thésée », tandis que du côté opposé on peut lire : « Cette ville est la cité d'Hadrien, et non celle de Thésée. » En mettant sur un pied d'égalité le héros mythologique et l'empereur romain, les Athéniens montraient leur reconnaissance à leur bienfaiteur, tout en flattant sa vanité.

★★ L'Olympion
(Naos Olympiou Dios - Ναός Ολυμπίου Διός) Plan III, E4

Contournez la porte d'Hadrien par la gauche pour trouver l'entrée de ce site appelé aussi temple de Zeus Olympien. ✆ 21092 263 30 - tlj sf dim. 8h-15h - inclus dans le billet de l'Acropole, sinon 2 €.

Peintures, dessins et récits témoignent de l'émotion de nombre de voyageurs devant la majesté déchue de ces puissantes colonnes, dressées au centre de leur esplanade dénudée. Plus encore que les monuments de l'Acropole, aménagés au gré des occupants et longtemps méconnaissables, l'Olympion figurait la ruine par excellence, traduisant la mélancolie chère aux romantiques européens. Ses dimensions sont colossales. Avec sa triple colonnade de 104 colonnes corinthiennes, l'édifice dessinait un rectangle de 107,75 m sur 41,1 m, s'inscrivant parmi les temples les plus vastes du monde grec.

Entamés entre 560 et 510 av. J.-C., puis abandonnés avec l'avènement de la démocratie, les travaux ne reprirent qu'en 174 av. J.-C. L'empereur Hadrien les acheva en 132. Élevé au rang de dieu sous le nom de Zeus olympien, il en devint la divinité tutélaire. Par la suite, ses énormes quantités de marbre prirent sans doute le fatal chemin des fours à chaux: en 1436, on ne dénombrait déjà plus que 21 colonnes.

Près de l'entrée du site, sur la droite, vous apercevrez les fondations des **thermes d'Hadrien**, dont les bains proprement dits ont conservé leurs mosaïques de marbre.

Pour enchaîner avec le néoclassique, descendez l'avenue Vassilissis Olgas en direction du **Stade panathénaïque**★★ (Plan II, D4), édifié pour les premiers Jeux olympiques modernes d'avril 1896. Abandonnant le stade originel en bois (330 av. J.-C.), Hérode Atticus *(celui de l'odéon proche de l'Acropole)* dota la cité (en 144) d'un édifice en marbre à la mesure du prestige des compétitions athlétiques des Panathénées. Le stade actuel en est la fidèle réplique. 70 000 personnes peuvent y prendre place, pour admirer les athlètes ou profiter de la belle **vue** sur le Jardin national et l'Acropole.

Quittez la circulation de l'avenue Vassileos Konstantinou pour le calme du parc situé en face. Au bout de la belle allée arborée apparaît la façade néoclassique du **Zappio** (Plan II, D3) (1874-1888), vaste palais des expositions dû au talent des architectes Th. Hanser et F. Boulanger, mais surtout au rêve d'un homme, K. Zappas, un riche Grec de la diaspora d'Alexandrie. L'homme mit toute sa fortune – qui était considérable – à tenter de faire renaître Athènes, à travers ce qui avait fait la gloire de la cité, à savoir l'architecture, l'art et l'athlétisme.

Contournez le bâtiment par la gauche, puis pénétrez dans l'ombre fraîche du **Jardin national**★ (Plan II, D3), véritable oasis au cœur de la ville *(du lever au coucher du soleil)*.

★ La place Syntagma (Το Σύνταγμα) Plan II, D3

En sortant du jardin par l'avenue Amalias, rejoignez la place Syntagma (place de la Constitution).

La circulation automobile lui a fait perdre son charme d'antan, lorsqu'elle s'entourait de terrasses de cafés. Les nouveaux espaces verts et la fontaine jaillissant au centre, à la sortie du métro, sont tout de même les bienvenus... Mais Syntagma n'est plus qu'un lieu de passage et d'activité fébrile, qui se remplit et se vide au rythme des horaires de bureau.

Au pied de l'ancien palais royal (1836-1842), devenu en 1935 le **Parlement** *(Vouli)*, les *evzones* en fustanelle (la jupette plissée, vêtement traditionnel albanais qu'affectionnait Othon 1er) et *tsarouchia* (socques à pompons) montent la garde devant le monument du soldat inconnu. La relève *(ttes les heures)* donne lieu à un petit cérémonial à pas cadencé, dont le succès auprès des visiteurs ne se dément pas.

À droite, l'**hôtel Grande-Bretagne** (1843), sans doute le plus prestigieux de la capitale, a accueilli l'École française d'Athènes entre 1856 et 1873.

En descendant la rue Ermou Plan III, AE1-2

La rue piétonne Ermou est une longue artère commerçante qui ouvre une véritable trouée dans la ville, de la colonnade de la Vouli jusqu'au cimetière du Céramique.

Parvenu à la hauteur d'Evangelistrias, une rue perpendiculaire, allez voir *(sur la gauche)* les deux « métropoles ». Ambition d'architectes et de monarque, la **Grande Métropole** (Plan III, D2), ou cathédrale d'Athènes, édifiée en 1842-1862, écrase de sa masse sans grâce la place Mitropoleós. Attardez-vous plutôt sur sa minuscule voisine, la **Petite Métropole**★★, une délicieuse chapelle byzantine du 12e s., dédiée à la Panagia Gorgoepikoos, la « Vierge qui exauce vite », et à Agios Elefterios. Sur les murs extérieurs apparaissent une multitude de remplois de différentes époques, antiques et médiévaux.

Les *evzones* en tenue traditionnelle lors de la relève de la garde.
F. Soreau / Photononstop

1

Un autre trésor byzantin, l'**église Kapnikaréa**★★ (Plan III, C1) (11e s.-13e s.), vous attend, au beau milieu de la rue Ermou. Admirez son appareillage de brique rehaussé de frises et de deux élégantes colonnettes de marbre.

Par un lacis de ruelles bordées de boutiques en tout genre, gagnez la **place Klafthmonos** (Plan II, C2). À l'ombre de ses grands arbres, l'**église Agii Theodori**, reconstruite au 11e s. sur les fondations d'un sanctuaire du 9e s., arbore sur ses murs extérieurs d'étonnants motifs orientaux.

Entre 1836 et 1842, les souverains grecs séjournèrent au palais Vouros (1834), *(7 r. Paparigopoulou)*, où est à présent installé le **musée de la Ville d'Athènes** (Plan II, C2) *(✆ 21032 461 64 - tlj sf mar. 9h-16h, w.-end 10h-15h - 3 € - également appelé musée Vouros-Eftaxia)*. Tableaux, dessins et gravures des 17e-20e s. *(au rdc et au 2e étage)*, ainsi qu'une grande **maquette d'Athènes** de 1842, évoquent l'histoire de la capitale. Au 1er étage, vous verrez les salons meublés d'Othon et d'Amalia, dotés de quelques pièces historiques, dont le traité de Londres en français, avec la signature de Talleyrand. Une atmosphère qui évoque bien l'intérieur bourgeois d'une petite monarchie de moins d'un million de sujets…

Dirigez-vous à présent vers la rue **Panepistimiou**★ (Plan II, C2) *(officiellement Eleftériou Venizélou, mais personne ne la désigne par ce nom)*. L'avenue de l'Université concentre quelques-uns des fleurons du néoclassicisme grec : de gauche à droite se succèdent la **Bibliothèque nationale** (1887-1902), l'**université** (1839-1864) et l'**Académie** (1859-1887). Avec sa belle colonnade ionique flanquée de deux hautes colonnes supportant les statues d'Athéna et d'Apollon, cette dernière est peut-être la mieux réussie des trois. Financés par les Grecs de la diaspora – les seuls capables de réunir l'argent nécessaire pour de tels projets –, ces édifices sont de parfaits exemples de ce que l'on appela le style néohellénique.

Pour vous détendre, vous trouverez un peu d'ombre et de fraîcheur à la terrasse du café dissimulé dans un recoin du **Centre culturel de la mairie** (Plan II, D2) *(prenez la rue piétonne Massalias)*, dont le rdc abrite, le **musée du Théâtre** *(50 r. Akadimias - ✆ 21036 294 30 - tlj sf w-end. 9h-14h30 - gratuit)* consacré au théâtre grec moderne.

★ KOLONAKI Plan II, DE3

De la place Kolonaki, l'avenue Vassilissis Sofias et ses musées sont tout proches.
Quartier favori de l'élite athénienne, avec ses boutiques et ses cafés chic où l'on vient se faire voir, Kolonaki s'étale au pied du Lycabette, dessinant un quadrillage régulier de rues ombragées, dont Skoufa et Patriarchou Ioakim forment l'épine dorsale.

Bon à savoir – C'est aussi le quartier de nombreux musées, à découvrir aux heures chaudes, avant d'aller prendre un verre au sommet du mont.

★★ Le musée Bénaki (Mouseio Benaki - Μουσείο Μπενάκη) Plan II, D3

Accès par la rue Koumbari, à l'angle de l'avenue Vassilissis Sofias - ✆ 21036 710 00 - www.benaki.gr - tlj sf mar. 9h-17h (dim. 15h, jeu. nocturne jusqu'à 0h) - 7 € - panneaux explicatifs en anglais.

Bon à savoir – Prévoyez un lainage, la climatisation étant plutôt fraîche.

Né dans une famille aisée de la diaspora grecque d'Alexandrie, en Égypte, Adonis Bénaki (1873-1954), passionné par toutes les formes de l'hellénisme à travers les âges, créa ce musée en 1930 pour y présenter ses collections. Le musée occupe la demeure familiale, une résidence néoclassique du début du 20e s. remarquablement aménagée.

Présentées suivant un ordre chronologique, depuis la préhistoire, toutes les formes d'expression de l'identité grecque sont abordées, qu'elles soient artistiques ou liées à la vie quotidienne, invitant à un passionnant voyage à travers l'histoire du pays.

Les salles 1 à 8 (de la préhistoire au 6e s. av. J.-C.) présentent notamment une série d'**objets en or** (3200-2800 av. J.-C.) et de bijoux hellénistiques, une belle amphore de style géométrique et deux portraits du Fayoum.

Dans les salles 9 à 12 (époques byzantine et postbyzantine) sont exposés de délicats pendentifs en cristal de roche, des évangéliaires enluminés, de très belles **icônes**, notamment deux œuvres de jeunesse de Domenikos Theotokopoulos, connu sous le nom d'El Greco, et des iconostases en bois sculpté.

Au 1er étage, les salles 13 à 24 (périodes ottomane et vénitienne) conservent tissus précieux, brocarts et soieries de Venise, **costumes** et bijoux des 18e et 19e s. Vous y verrez aussi des **intérieurs de maisons** de différentes régions de Grèce. À travers des tableaux, armes et documents, les deux derniers étages évoquent la guerre d'Indépendance et quelques aspects de l'histoire de la Grèce moderne.

★★ Le musée d'Art cycladique (Mouseio Kykladikis Technis - Μουσείο Κυκλαδικής Τέχνης) Plan II, D3

4 r. Neofitou Doukas - ✆ 21072 28 321/23 - www.cycladic.gr - lun., merc., vend. et sam. 10h-17h, jeu. 10h-20h, dim. 11h-17h - fermé mar. - 7 € (lun., étudiants et seniors 3,50 €) - textes explicatifs en français.

Créé en 1986, ce remarquable musée (Fondation Goulandris) est consacré à la civilisation égéenne, notamment à la préhistoire des Cyclades. Les objets exposés – plus d'un millier – s'étalent sur une période allant de 3000 au 4e s. av. J.-C. Des textes explicatifs *(avec une version en français)*, assortis de cartes et de croquis, vous préparent à une meilleure compréhension des collections et de la culture cycladique, de son art et de ses coutumes funéraires.

Depuis 1991, le musée s'est agrandi du **palais Stathatos** *(relié par un passage vitré)*, dévolu aux expositions temporaires.

Dans le bâtiment principal, le 1er étage rassemble les fameuses **idoles cycladiques**. La simplicité des formes, la pureté de ligne d'une étonnante modernité font de ces figurines de marbre blanc, grandes ou petites (de moins de 10 cm à 1,4 m pour la plus haute), des objets parmi les plus précieux de l'art préhistorique. Bien qu'elles conservent en partie leur mystère, on suppose qu'elles s'associaient à un culte funéraire et qu'elles étaient déposées près des défunts, à l'horizontale, ce qui expliquerait les pieds tendus.
Le 2e étage propose des objets d'art ou utilitaires datant de 2000 au 4e s. av. J.-C., dont les pièces maîtresses sont les bronzes, les **céramiques** à figures rouges et les **grandes amphores**. Notez la touchante petite poupée articulée (no 197), retirée d'une tombe d'enfant. Le 4e étage (le 3e accueille des expositions temporaires) présente la **collection Charles et Rita Politis**, un ensemble très varié (céramiques, lampes byzantines, statuettes, casques, épées, etc.) de grande qualité. Admirez l'élégance des **statuettes de femmes** (nos 73-76) la seconde a l'air d'une comtesse de l'Ancien Régime…

★★ Le musée d'Art byzantin (Vyzantino Mouseio - Βυζαντινό Μουσείο) Plan II, E3

22 av. Vassilissis Sofias - www.byzantinemuseum.gr - tlj sf lun. 9h-16h - 4 €.
Il occupe une jolie demeure de style néo-Renaissance, construite en 1848 pour la duchesse de Plaisance, grande figure de la vie mondaine à Athènes sous le règne d'Othon. Les collections sont d'une remarquable richesse.
Ne manquez pas les **reconstitutions d'églises** : celle d'une basilique chrétienne des 5e-7e s. *(salle 2)*, accompagnée d'une **sculpture du bon berger** *(sur la droite)*, et celle du **dôme** d'une église en croix grecque *(salle 4)*. Prenez aussi le temps d'admirer les **icônes** de la salle 7, certaines d'une qualité exceptionnelle. En particulier l'**Archange saint Michel** (14e s.), la **Panagia Glikofiloussa** (littéralement « la Vierge qui embrasse tendrement »), sans oublier la mosaïque de la Visitation (14e s.) *(à droite au fond de la salle)*. La pièce suivante présente de jolies fresques et de petits objets (bijoux, croix, céramiques, verres en cristal de roche, ustensiles en métal) du début de la période byzantine. La visite s'achève sur divers objets d'orfèvrerie et des ornements sacerdotaux.

★ Pinacothèque nationale et musée Alexandros Soutsos Plan II, E3

1 r. Michalakopoulou & 50 r. Vassilis- Sofias, face à l'hôtel Hilton - ✆ 21072 110 10 - www.nationalgallery.gr - tlj sf mar. 9h-15h30 - 5 €.
Vous pourrez passer à la **Pinacothèque nationale★** qui recèle notamment trois tableaux d'**El Greco**, dont le fameux *Concert des anges*, et des icônes crétoises post-byzantines. Vous y verrez aussi les tendances les plus représentatives de la **peinture néohellénique**, notamment la production des îles Ioniennes du 18e s., et les œuvres des principaux maîtres de l'école de Munich (Gyzis, Lytras, Iacovidès, Volanakis, etc.). Une salle est consacrée au peintre K. Parthenis (1878-1967), dont l'influence fut décisive sur la création grecque du 20e s. À cela s'ajoutent une dizaine de fresques du peintre naïf Théophilos et, occupant deux salles et le jardin, les œuvres du sculpteur I. Halepas.

Le musée de l'Enfant (Paidiko Mousseio - Παιδικο Μογσειο) Plan III, D3

14 r. Kidathineon - ✆ 21072 110 10 - www.hcm.gr - mar.-vend. 10h-14h, w.-end 10h-15h - fermé en été à dates variables - gratuit.
On vient en famille dans ce paradis pour les enfants : au 1er étage, reconstitution de la « chambre de grand-père et de grand-mère » d'une ancienne maison athénienne. Avec son poêle et sa vieille radio, elle est remplie de vieux

meubles. Les enfants peuvent y revêtir des costumes d'époque, pratiquer une activité éducative sous la conduite d'animatrices, ou bien encore visiter des expositions de peintures réalisées par des enfants, ou découvrir des jouets anciens. Aucun problème linguistique ne semble se poser pour les petits visiteurs.

Le musée d'Art des enfants Plan III, D3

9 r. Kodrou - ✆ 21033 126 21 - mar.-sam. 10h-14h, dim. 11h-14h - 1,50 €.

Ateliers d'art et expositions temporaires de peintures et autres réalisations d'enfants de 4 à 14 ans, provenant de toute la Grèce.

★ Le Musée juif de Grèce (Evraïko mousseio tis Elladas - Ευραικο μουσειο τισ Ελλαδασ) Plan III, E3

39 r. Nikis - ✆ 21032 255 82 - lun.-vend. 9h-14h30, dim. 10h-14h - 5 €.

Fondé en 1977, ce musée s'emploie à rassembler, préserver et faire connaître l'héritage de plus de deux mille ans de présence juive en Grèce. Après une reconstitution de l'intérieur de la synagogue romaniote de **Patra** (19e s.), fermée par les nazis, et transférée ici lors de la dissolution de la communauté en 1979, le musée présente de façon chronologique et thématique l'histoire de la présence juive en Grèce. Des cartes et autres documents montrent l'implantation des communautés juives dans les Empires romain et byzantin, ainsi que les itinéraires empruntés, à partir du 15e s., par les juifs chassés de la péninsule Ibérique. Mannequins et aquarelles présentent les costumes portés par les juifs dans l'Empire ottoman, du 16e au 19e s. Le musée possède aussi de nombreux objets à caractère religieux, tels que des coffrets en bois sculpté, appelés *tik*, renfermant la Thora. L'époque moderne est évoquée avec l'apparition du sionisme, très dynamique en Grèce, et la première émigration en Palestine, avant l'occupation, qui vit la déportation de la majeure partie de la communauté.

★★★ Sur le mont Lycabette
(O Lykavittos - Ο Λυκαβηττός) Plan II, DE2

À pied (20mn de montée) depuis le bout de la rue Aristipou ou par le funiculaire (à l'angle des rues Aristipou et Ploutarhou) - 8h45-0h15 - départs ttes les 10mn - 3,50 € AS.

Pour conclure la découverte d'Athènes par un spectaculaire **panorama**, c'est là qu'il faut monter, de préférence en fin de journée. La légende raconte que, pour surélever son temple et le rapprocher du ciel, Athéna transporta cet énorme rocher, haut de 278 m, qu'elle destinait à l'Acropole. Mais deux oiseaux noirs apparurent dans l'azur, pour lui prédire de mauvaises nouvelles. De colère, la déesse lâcha son caillou qu'elle oublia sur place. Depuis, la « Colline des loups » se dresse au beau milieu du bassin d'Athènes, que délimitent au loin le Pentélique, le Parnes et l'Hymette. Entièrement déboisé sous la période ottomane, le Lycabette a recouvré son manteau de pins et de cyprès à la fin du 19e s. Au-dessus du théâtre en plein air se dresse l'**église Agios Georgios**. La terrasse du restaurant voisin est l'endroit idéal pour finir la journée.

NOS ADRESSES À ATHÈNES

INFORMATIONS UTILES

Consulats / Ambassades

France – Plan II, D3 - *7 av. Vas. Sofias - ✆ 21033 910 00 - www.ambafrance-gr.org.*
Belgique – Plan II, D3 - *3 r. Sekeri - ✆ 21036 178 86/887 - www.diplomatie.be/athensfr.*
Canada – Plan II, E2 - *4 r. Genadiou - ✆ 21072 734 00.*
Suisse – Plan III, E3 - *2 r. Lassiou - ✆ 21072 303 64/65/66.*

Banque / Change

Distributeurs automatiques partout dans Athènes. Toutes les grandes banques ont une agence à **Syntagma** (Plan II, D3). Préférez les bureaux de change aux banques *(fermeture à 14h30)*, qui prélèvent une commission plus élevée et où vous risquez de faire la queue (surtout à la Banque nationale). Vous en trouverez dans les quartiers les plus touristiques de la capitale: Omonia, Monastiraki, Plaka, Syntagma et les grandes avenues.
Ce sont les bureaux d'**Eurocambio** (Plan II, D2 - *Angle Akadimias et Sina*) qui proposent les taux les plus avantageux, sans commission.

Poste

Agence de Syntagma – Plan III, E2 - *Angle de la r. Mitropoléos - 7h30-20h, sam. 7h30-14h, dim. 9h-13h30.* Mêmes horaires pour la **poste d'Omonia** – Plan II, C2 - *100 r. Eolou.*

Santé / sécurité

Urgences – Pour tout problème *(santé, vol, agression, accident, etc.)*, appelez en priorité:
Police touristique – *✆ 171.*
Police secours – *✆ 100.*
Assistance médicale d'urgence – *✆ 166.*

Internet

Les cafés Internet sont très nombreux à Athènes.
Gr Net – Plan II, C1 - *À l'angle des r. 28 Oktovriou et Irakliou, près du Musée national.*
Sky Net Centers – Plan III, D2 - *10 r. Apolonos dans Plaka.*
Bits and bytes – Plan III, C2 - *19 r. Kapnikareas, près de la place Mitropoleos.*

Wi-Fi

Connexion gratuite sur la place Syntagma, payante dans les cafés Starbucks de la place Filomoussou Eterias *(Plaka)* et de la place Mitropoleos. De plus en plus d'hôtels, de toutes catégories, disposent du Wi-Fi ou d'un point Internet, payant ou gratuit *(se renseigner lors de la réservation).*

Agences de voyages

Très nombreuses entre Syntagma, Filelinon et Plaka. Billetterie et horaires des ferries vers les îles, réservation de chambres.
Meliton Travel – Plan III, D2 - *23b r. Appolonos - ✆ 21032 472 35.*

Presse / Librairies

La presse en français (quotidiens nationaux et certains magazines) est disponible notamment dans les kiosques de Syntagma (Plan II, D3), d'Omonia (Plan II, C2) ou de la place Kolonaki (Plan II, D3).
Kaufmann – Plan II, C2 - *28 av. Stadiou et 60 r. Sina* (Plan II, D2) - *✆ 21032 221 60/553 21.* Librairie générale de langue française, littérature, livres d'art et littérature néohellénique en traduction.
Elefthéroudakis – Plan II, C2 - *17 av. Panepistimiou - ✆ 21033 141 80/5 - www.books.gr.* Le 7e étage comporte un important rayon de cartes et de documentation touristique *(en grec ou en anglais).*

Road Edition – Plan II, D2 - *39 r. Ipokratous - ✆ 21036 132 42.* Cet éditeur de cartes – les meilleures – et de guides a un petit magasin bien fourni en documentation touristique.
Institut français d'Athènes – Plan II, D2 - *R. Sina - www.ifa.gr.* Il jouxte l'**École française d'archéologie d'Athènes** – *6 r. Didotou - ✆ 21036 799 00 - www.efa.gr.* Une petite rue où vous trouverez, outre l'Institut *(petit café)*, deux librairies françaises.

Laveries

Les laveries automatiques sont rarissimes. Adressez-vous à un pressing *(stegnokatharistria)*; certains hôtels proposent ce service; près de Plaka, deux laveries au poids *(4 €/kg)*:
Zenith – Plan III, D2 - *12 r. Apollonos - ✆ 21032 385 33 - tlj sf lun. et merc. 8h-16h.*
National – Plan III, D2 - *17 r. Apollonos - ✆ 21032 322 26 - lun. et merc. 8h-17h, mar., jeu., vend. 8h-20h.*

ARRIVER / PARTIR

Voir aussi « Le Pirée », p. 177.

En avion

Aéroport Eleftherios Venizelos – *À Markopoulos (27 km au sud-est d'Athènes).* Vous y retrouverez tous les services classiques: locations de voitures, agences de voyages, commerces, consigne, cafétérias, banques. Attention, cependant, l'hôtel Sofitel est le seul à proximité et affiche des prix prohibitifs *(autour de 200 € la nuit).*
Informations – *✆ 21035 300 00/01.* Vous pouvez aussi consulter le site, très clair: *www.guidemondial devoyage.com/airport.*
Accès – Service de **navettes en bus**; X95 vers le centre d'Athènes *(Syntagma)*, 24h/24, ttes les 30mn en journée, ttes les h la nuit, 60 à 90mn selon la circulation, 3,50 €; X96 vers Le Pirée, 24h/24. La ligne 3 du métro relie l'aéroport au centre-ville *(Syntagma ou Monastiraki)* entre 50 et 70mn de 5h30 à 23h, ttes les 30mn, 6 € (10 € pour deux). Pour aller à l'aéroport en voiture, le temps du trajet est fonction de la circulation *(comptez environ 1h).*
Si vous prenez un **taxi**, assurez-vous que le compteur fonctionne *(tarif 1 dans la journée, 2 après minuit, dim. et fêtes).* Comptez plus de 20 € de jour jusqu'au centre-ville *(demandez le prix avant de monter).*
Les **bus KTEL** *(✆ 21082 301 79)* relient l'aéroport et le port de Rafina. Départs au niveau des arrivées du terminal principal, près de la porte 5.

Compagnies aériennes

Olympic Air – *Réserv. ✆ 21035 505 00 ou 80180 101 01 - www.olympicair.com.*
Aegean Airlines – *Réserv. ✆ 80111 200 00 (à partir d'un téléphone portable étranger: ✆ +30 21062 610 00) - www.aegeanair.com.*
Athens Airways – *Réserv. ✆ 21066 966 00 - www.athensairways.com.*
Air France – *Réserv. ✆ 21099 802 22, aéroport: ✆ 21035 311 60.* Le bureau se trouve en banlieue – *7 r. Megalou Alexandra Karaskaiki - ✆ 21099 800 00 - www.airfrance.fr.*

En train

Renseignements – *✆ 1440 ou 21052 977 77 - www.ose.gr.* Deux gares de chemin de fer OSE, l'une à côté de l'autre:
Gare du Péloponnèse – Plan II, B1 - *Av. Théodorou Deliyani (métro Metaxourgio, ligne 2).* À destination de la Grèce du Sud.
Gare de Larissis – Plan II, B1 en dir. - *Pl. Larissis (métro Larissis, ligne 2), pour la Grèce du Nord.*

En bus / en métro

Pour Le Pirée – Le Pirée-centre est desservi par le bus 040; départ place Syntagma (Plan III, E2), au début de la rue Filelinon. Mais pour vous rendre au port principal du Pirée, le plus simple est de prendre le métro, ligne 1.

Pour l'Attique – Les bus orange *(compagnie KTEL, ✆ 21082 301 79)* desservent l'**Attique**, notamment les ports de Rafina et de Lavrio et le site de Sounion. Le terminal se trouve platia Égyptou, rue Mavromateon, devant le parc Areos (Plan II, D1) (à 5mn de la station de métro Victoria, ligne 1).

Pour le nord et le sud – Plan I - *Terminal A des bus, « KTEL Kifissou », 100 r. Kifissou.* Il est desservi par le bus 051, arrêt à l'angle des rues Zinonos et Menandrou, près d'Omonia (Plan II, C2). Bus en direction du Péloponnèse, des îles Ioniennes et de Thessalonique.

Pour la Grèce centrale – Plan I - *Terminal B, « KTEL Liosion », 260 r. Liosion.* Desservi par le bus 024, arrêt av. Amalias (Plan II, CD3). Bus pour Delphes, Galaxidi, Trikala (Météores), Volos.

TRANSPORTS

En bus

Bus bleus (centre et périphérie), **minibus** (centre) et **trolleys** (centre) circulent entre 5h et 0h30. Les tickets *(isitiria)*, valables 1h30 pour le bus et le trolley, coûtent 1 €. En vente dans les kiosques près des arrêts, les stations de métro, à Syntagma (automate devant l'arrêt du 040) (Plan II, D3) et à Omonia (Plan II, C2). Compostez le billet à l'intérieur du bus. Rens.: www.oasa.gr.

En métro

Athènes possède 3 lignes de métro, ouvertes de 5h30 à 0h15. La plus ancienne *(ilektriko)* relie Le Pirée à Kifissia, *via* Thissio (le Céramique et l'Agora), Monastiraki et Omonia (le Musée archéologique national est à mi-chemin entre Omonia et la station suivante Victoria). Les tickets, valables durant 1h30, coûtent 1 €; à la journée: 3 €; coupon hebdomadaire: 10 € *(15 € pour un groupe de 3 personnes).* Rens.: www.ametro.gr.

En tramway

Moins rapide que le métro, un excellent tramway part de Syntagma, rejoint la côte et se divise: au nord jusqu'aux abords du Pirée, au sud au-delà de Glifada. Ticket: 1,20 €, vendu aux guichets ou automates. Rens.: www.tramsa.gr.

En taxi

Les taxis sont relativement bon marché, et nombreux. Ne vous étonnez pas si, aux heures de pointe, votre taxi prend d'autres clients, c'est une pratique courante. Outre 1,60 € de prise en charge, un surcoût de 3 € pour la desserte de l'aéroport et un petit supplément pour les bagages, il y a 2 tarifs: **tarif 1** *(dans la journée)* et **tarif 2** *(de nuit, 0h-5h, dim. et fêtes, ou en dehors du périmètre de la ville, double du tarif 1).* Place Syntagma (Plan II, D3), trouver un taxi est un sport exigeant qui comporte au moins deux règles: avancez-vous à leur rencontre, tout en évitant les bus et les trolleys, et articulez distinctement votre destination. Quand le taxi a déjà des passagers, il ne s'arrête jamais complètement, il fait des appels de phares et ralentit; vous devez alors lui faire savoir à haute voix votre destination.

En voiture

Presque toutes les compagnies de location de véhicules ont un bureau à l'aéroport et sur l'**avenue**

Singrou (Plan II, C4). Le premier prix pour la location d'un véhicule varie de 45 à 55 € la journée en haute saison. Tarifs dégressifs en fonction de la durée de location. Les petites compagnies proposent des tarifs moins élevés, mais assurez-vous de l'équivalence des garanties en cas d'accident ou de panne.

Hertz – *12 av. Singrou - ✆ 21092 201 02/04 - www.hertz.gr.*

Budget – *8 av. Singrou - ✆ 21092 147 71/73 - www.budget.gr.*

Autorent – *11 av. Singrou et 22 r. Vizandiou (une perpendiculaire à Singrou) - ✆ 21092 325 14 ou 21092 384 38 - www.autorent.gr.*

Assistance routière

ELPA – *Automobile-Club de Grèce, pour problème technique - ✆ 10 400.*

En petit train

Petit train Sunshine Express – *✆ 69092 743 13 - www.sunshine-express.gr - ticket 5 € vendu sur place 5-10mn avant le départ - en saison : départs toutes les h, 11h30-14h30, 17h-0h, w.-end 11h-0h - hors saison : w.-end de 11h à la nuit.* Ce petit train sur pneus permet de faire, sans effort, le **circuit touristique** de l'Athènes antique. Départ à la jonction de la place Platia Agoras et de la rue Eolou (Plan III, C2).

HÉBERGEMENT

Bon à savoir – Il est devenu très difficile de se loger à bas prix à Athènes. Hors saison, les hôteliers consentent d'importantes réductions, surtout si l'on reste plus de 2 jours. Pour les petits budgets, les auberges de jeunesse et quelques dortoirs proposent la nuit à moins de 25 €. Ces adresses étant prises d'assaut, réservez ! Les meilleurs quartiers pour se loger sont **Plaka** et **Monastiraki** (centraux et commerçants), **Thissio** (un peu excentré) ou **Exarhia** (pour son animation nocturne). Un site pour effectuer vos réservations : **www.grhotels.gr.**

Plaka Plan III

PREMIER PRIX

Dioskouros – D3 - *6 r. Pitakou - ✆ 21032 481 65 - www.hoteldioskouros.com - ▤ - 18 ch. 45 € ☕.* Cet hôtel, installé dans un vieil immeuble calme doté d'une jolie cour fleurie où l'on prend le petit-déjeuner, fait figure d'auberge de jeunesse de charme. Les sanitaires, très propres, sont à l'étage. Chambres doubles, triples ou quadruples. Petits dortoirs mixtes ou réservés aux femmes *(lit à 20 €)*. Hors saison, possibilité de location longue durée pour les étudiants et les groupes.

Student & Travellers Inn – D3 - *16 r. Kydathineon - ✆ 21032 448 08/488 02 - www.studenttravellersinn.com - ▤ - 35 ch., 100 lits, lit en dortoir 17/21 €, ch. 62 € - ☕ 3 €.* Impeccablement tenue, cette auberge de jeunesse, située au centre de Plaka, est ouverte à tous, jeunes ou vieux. Certaines chambres doubles, dotées de balcon, de salle d'eau et de sèche-cheveux, ont un niveau de confort comparable à celui de bien des hôtels. Les dortoirs sont d'une propreté irréprochable.

BUDGET MOYEN

Nefeli – D3 - *16 r. Iperidou - ✆ 21032 280 44/5 - ▤ CC - 18 ch. 69 € ☕.* Bien situé à l'angle de deux rues très calmes, petit hôtel simple et sympathique, propre et confortable.

Metropolis – D2 - *46 r. Mitropoleos - ✆ 21032 174 69 - www.hotelmetropolis.gr - ▤ - 22 ch. 70/80 €.* Derrière la cathédrale sur une artère passante, ce petit hôtel est parfaitement insonorisé et luxueusement aménagé. Le petit-déjeuner est proposé sur la terrasse avec vue sur l'Acropole.

Adams – D3 - *6 r. Herefondos, à l'angle de la r. Thalou - ✆ 21032 253 81 - www.greekhotels.com -* ▤ - *14 ch. 70 €* ☕. Un bâtiment des années 1960, situé dans une rue calme toute proche de la très vivante place Filomoussou-Eterias, abrite ce petit hôtel familial un peu terne mais tranquille. Les chambres, dotées de balcon, sont bien équipées.

Phaedra – D3 - *16 r. Herefondos, à l'angle de la rue Lissicratous - ✆ 21032 384 61 -* ▤ *- 21 ch. (dont 6 avec salle d'eau privée à l'étage) 70 € -* ☕ *5 €*. Le faible confort de cet hôtel est compensé par sa situation au cœur de Plaka et sa terrasse donnant sur l'Acropole.

Kimon – D2 - *27 r. Apollonos - ✆ 21033 146 58 - www.kimonhotel.com -* ▤ 🚭 *- 16 ch. 80 €*. Le hall d'entrée est modeste et il n'y a pas d'ascenseur, mais les chambres, rénovées et joliment décorées, sont tranquilles, claires et confortables. Une bonne adresse.

Athos – D2 - *3 r. Patrou - ✆ 21032 219 77/9 - www.athoshotel.gr -* ▤ CC *- 18 ch. 65/85 € -* ☕ *5 €*. Des chambres bien aménagées et dotées de tout le confort. Les standard sont un peu sombres tandis que les supérieures offrent une vue sur l'Acropole, tout comme la terrasse du 6e étage.

Acropolis House – D3 - *6-8 r. Kodrou - ✆ 21032 223 44/263 41 - www.acropolishouse.gr -* ▤ 🚭 *- 20 ch. (non-fumeur) 68/91 €* ☕. D'architecture néoclassique, cette belle maison de maître du 19e s. abrite une pension familiale, dont les fresques et les gravures anciennes évoquent le temps des premiers écrivains voyageurs. L'entrée, le salon, et la jolie salle du petit-déjeuner, ont le cachet d'un hôtel de charme. Cependant le confort et le calme varient fortement d'une chambre à l'autre. Renseignez-vous au moment de la réservation.

POUR SE FAIRE PLAISIR

Adonis – D3 - *3 r. Kodrou - ✆ 21032 497 37/41 - www.hotel-adonis.gr -* ▤ *- 27 ch. 88 €* ☕. Les points forts de cet hôtel sont sa situation, idéale au cœur de Plaka, et son petit-déjeuner servi sur une terrasse avec vue sur l'Acropole. Les chambres, propres et confortables, sont un peu ternes. Éviter les chambres pour une personne, sombres et bruyantes.

Omiros – D2 - *15 r. Apolonos - ✆ 21032 354 86/7 - www.omiroshotel.gr -* ▤ CC *- 38 ch. 90 €* ☕. Hôtel moderne et très confortable. Les chambres, bien aménagées, offrent un bon rapport qualité-prix. Trois d'entre elles sont avec vue sur l'Acropole. Une bonne adresse.

Byron – D4 - *19 r. Vironos - ✆ 21032 535 54 - www.hotel-byron.gr -* ▤ *- 23 ch. 80 €* ☕. Dans l'un des plus anciens bâtiments de la rue, cet hôtel, un peu suranné mais bien tenu, est bien situé dans Plaka. Certaines chambres disposent de balcons avec vue et le petit-déjeuner est servi en chambre sur demande.

Adrian – C2 - *74 r. Adrianou - ✆ 21032 215 53 - www.douros-hotels.com -* ▤ CC *- 22 ch. 120 €* ☕. Un petit hôtel au confort irréprochable, doté d'une belle terrasse d'où l'on aperçoit l'Érechthéion. Hall d'entrée accueillant, décoration des chambres élégante et bonne insonorisation.

Hermes – D2 - *19 r. Apollonos - ✆ 21032 355 14/227 06 - www.hermeshotel.gr -* ▤ CC *- 45 ch. 120 €* ☕. Des chambres spacieuses et confortables dotées de balcons. Hôtel agréable, bien équipé et bien tenu.

1

Central Athens Hotel – D2 - *21 r. Apollonos - ✆ 21032 343 57 - www.centralhotel.gr - ▤ - 84 ch. 100/160 €* ☕. Hôtel de très bon confort. Résolument moderne, l'agencement intérieur est soigné et l'accueil discret. Sur le toit terrasse avec Jacuzzi et vue sur l'Acropole.

Plaka – C2 - *7 r. Kapnikaréas, à l'angle de la r. Mitropoleos - ✆ 21032 227 06 - www.plakahotel.gr - ▤ CC - 67 ch. 145 €* ☕. Des chambres confortables et joliment décorées, dont quelques-unes ont vue sur l'Acropole que l'on peut aussi admirer depuis le bar et le solarium. Bon rapport qualité-prix.

UNE FOLIE

Electra – D2 - *18-20 r. Nikodimou - ✆ 21033 700 00 - www.electrahotels.gr - ▤ CC - 155 ch. 184 €* ☕. Avec sa majestueuse façade blanc et ocre, cet hôtel cossu se dresse, tel un îlot de luxe, de bon goût et de confort, en plein cœur de Plaka. Très jolies chambres, petit-déjeuner servi au jardin et piscine avec vue sur l'Acropole.

Athinas, Eolou, Monastiraki Plan III

PREMIER PRIX

Pella Inn – B1 - *104 r. Ermou - ✆ 21032 505 98/122 29 - www.pellainn.gr - ▤ - 21 ch. 55 € -* ☕ *4 €, lit en dortoir : 17 €* ☕. Petit hôtel à l'ambiance routarde et à la décoration surannée. De confort simple, les chambres sont bien tenues et l'accueil est sympathique. Les chambres donnant sur la rue Ermou sont insonorisées. En dortoir, réductions pour les étudiants.

BUDGET MOYEN

Cecil – C1 - *39 r. Athinas - ✆ 21032 170 79/180 05/196 06 - www.cecil.gr - ▤ CC - 39 ch. 80 €* ☕. Dans un immeuble néoclassique situé sur une artère passagère, cet hôtel, refait à neuf, a su se doter d'un bon confort en préservant son charme et son calme. Les parquets sont luisants, la décoration soignée et l'accueil plaisant. Une bonne adresse.

POUR SE FAIRE PLAISIR

Attalos – C1 - *29 r. Athinas - ✆ 21032 128 01 - www.attalos.gr - ▤ CC - 80 ch. 94 € -* ☕ *8 €*. Cet hôtel rénové, confortable et bien insonorisé, offre un bon rapport qualité/prix. Belle terrasse avec vue sur l'Acropole.

Jason Inn – A1 - *12 r. Assomaton - ✆ 21032 511 06 - www.douros-hotels.com - ▤ ✕ CC - 54 ch. 95 €* ☕. À deux pas de l'Agora, du Céramique et de l'Aréopage, cet hôtel moderne offre un bon rapport qualité-prix. Décoration fonctionnelle de bon goût.

Thissio Plan II

BUDGET MOYEN

Érechtheion – B3 - *8 r. Flamarion, à l'angle de la r. Agias Marinas - ✆ 21034 596 06/26 - ▤ CC - 22 ch. 77 €* ☕. Dans une rue très calme à deux pas de la colline de l'Aréopage et de l'allée piétonne Apostolou Pavlou, cet hôtel familial à la décoration simple dispose de chambres très propres et confortables. Vue magnifique depuis la terrasse.

Omonia, Exarhia Plan II

Bon à savoir – Omonia et le quartier des gares sont les secteurs les moins chers. L'environnement est bruyant et plutôt glauque la nuit, restez vigilant. Exarhia est en revanche agréable pour sa vie nocturne, ses cafés, ses bars et ses tavernes.

PREMIER PRIX

Youth Hostel Victor Hugo – B1 - *16 r. Victor Hugo - ✆ 21052 325 40 - www.athens-international.com - ▤ - 40 ch. 31 € -* ☕ *2,50/4 € ; lit en* *dortoir (158 lits) 9/10 €*. Auberge de jeunesse bien entretenue. Chambres indépendantes doubles ou twin claires, calmes, avec salles de bains. Armoires pouvant être fermées par cadenas, consigne à bagages, cuisine commune, bar, agence de voyages pour les réservations sur les îles, laverie *(6 € la machine)*, Wi-Fi et borne Internet. Réservation conseillée en saison *(réductions sur Internet)*.

Orion – D1 - *4 r. Dryadon, en haut d'un escalier à l'angle des r. Benaki et Kalidromiou - ✆ 21033 023 87/78 - www.orion-dryades.com - ▤ - 23 ch. 33/50 € - ☕ 7 €*. À 5mn à pied du Musée archéologique et pourtant au calme, adossé à la colline Stréfi, cet hôtel domine Exarhia. Simples et propres, les chambres sont avec ou sans douche, certaines avec vue, d'autres donnant sur un parc et un terrain de basket. Petit-déjeuner copieux en terrasse avec panorama sur la ville !

Dryades – D1 - *4 r. Dryadon, en haut d'un escalier à l'angle des rues BEnaki et Kalidromiou - ✆ 21033 02 387/378 - www.orion-dryades.com - ▤ - 15 ch. 45/60 € - ☕ 7 €*. Avec la même direction que l'Orion, cet hôtel mitoyen présente des caractéristiques semblables mais avec un niveau de confort supérieur. Vue superbe depuis les trois chambres du dernier étage. Petit-déjeuner copieux en terrasse panoramique.

POUR SE FAIRE PLAISIR

Fresh Hotel – C2 - *25 r. Sofokleous à l'angle de la r. Klisthenous - ✆ 21052 485 11/516 - www.freshhotel.gr - ▤ CC ✕ ≋ - 138 ch. 130 € ☕*. Au cœur d'un quartier populaire, à deux pas du marché central et de la place Omonia, cet hôtel, luxueux, offre un contraste saisissant. La décoration, raffinée et moderne, décline des nuances de couleurs allant du vert tendre au rose bonbon. Solarium, salle de gym, sauna.

Koukaki Plan II

PREMIER PRIX

Marble House – B4 - *35 Anastasiou Zinis, une impasse dans la r. Zini, entre les r. Dimitrakopoulou et Androutsou - ✆ 21092 282 94/340 58 - www.marblehouse.gr - ▤ CC - 16 ch. 45/49 € - ☕ 5 €*. Belle maison récente située au fond d'un passage calme. Un bougainvillier couvre la façade de marbre. Décoration simple et élégante. Chambres avec ou sans douche et avec ou sans climatisation.

BUDGET MOYEN

Tony's – B4 - *26 r. Zaharitsa - ✆ 21092 305 61/357 61 - www.hoteltony.gr - ▤ ⊭ - 13 ch. et 9 studios, 65/75 € - ☕ 6 €*. Dans une rue calme et résidentielle, chambres propres relativement confortables, avec ou sans balcon. Un bar-cuisine est à la disposition des hôtes pour le petit-déjeuner. Les studios, joliment aménagés, spacieux et bien équipés, avec salles d'eau en marbre, se trouvent dans une annexe mitoyenne.

POUR SE FAIRE PLAISIR

Art Gallery – B4 - *5 r. Erehtiou - ✆ 21092 319 33/383 76 - www.artgalleryhotel.gr - ▤ ⊭ - 21 ch. 80/90 € - ☕ 7 €*. Cette belle bâtisse de la fin du 19e s. fut la demeure de la peintre impressionniste Dora Bouki. Ses œuvres ornent les murs de la pension tenue par des membres de sa famille. Les parquets sont cirés et les chambres simples, confortables et meublées avec goût. Jolie terrasse pour le petit-déjeuner ou l'apéritif. Accueil chaleureux et francophone.

Hera – C4 - *9 r. Falirou - ✆ 21092 366 82/356 18/406 72 -*

1

www.herahotel.gr - *38 ch. 145 €*. À deux pas du musée de l'Acropole et de Plaka, hôtel moderne aux chambres joliment décorées et dotées d'un excellent confort. Terrasse avec vue sur l'Acropole, salons, bar et patio font de cet hôtel de bon standing un lieu de séjour très agréable. Accueil chaleureux.

Kolonaki Plan II

UNE FOLIE

St George – D2 - *2 r. Kleomenous - 21072 907 11/477 16 - www.sglycabettus.gr - 155 ch. 159/210 €*. Au flanc du mont Lycabette, cet « hôtel boutique » de classe internationale domine Athènes, au calme et au vert. Les chambres sont agréables, luxueuses et raffinées. Parmi les nombreuses prestations: salon de massage et Jacuzzi.

RESTAURATION

Bon à savoir – Suivant votre appétit, optez pour le restaurant ou la taverne, où vous trouverez tous les plats traditionnels, ou bien, pour les *mezzes* à picorer, choisissez l'*ouzerie (mezedopolio)*.

Kolonaki et environs Plan II

PREMIER PRIX

Athinaïkon – C2 - *2 r. Themistokléous - 21038 384 85 - www.thf.gr - 15 €*. Un *mezedopolio* renommé pour ses spécialités de poisson servies dans une belle salle.

Restaurant Benaki – D3 - *1 r. Koumbari - 21036 710 30 - lun., merc., vend. jusqu'à 17h, sam. jusqu'à 15h - comptez 15 €, dîner-buffet à 40 € le jeu. de 20h30 à 0h*. Au 2e étage du musée Benaki, une agréable terrasse ombragée où manger une salade ou un plat grec en contemplant le mont Lycabette.

Café Merlin – D3 - *9 av. Vassilissis Sofias - 21036 117 31 - www.thf.gr - 10h-18h (22h merc. et vend. en hiver) - 15 €*. Au 1er étage de l'immeuble de la Fondation Theocharakis, ce restaurant jouit d'une décoration raffinée mêlant classique et moderne. Un endroit calme et agréable pour un déjeuner léger.

Andreas – C2 - *18 r. Themistokléous (dans un passage) - 21038 215 22 - tlj sf dim. - 15 €. Mezedopolio.* Une *ouzerie* toute simple où l'on déguste de délicieux *mezzes* de poisson, accompagnés d'ouzo ou de vin blanc.

BUDGET MOYEN

Rodia – E2 - *44 r. Aristipou - 21072 298 83 - le soir seult - fermé dim. - 20 €*. Cette petite taverne sert une cuisine simple et savoureuse dans une rue résidentielle au pied du Lycabette.

Gazi Plan II

PREMIER PRIX

Kasohori – A2 - *Au croisement des rues: 61 r. Persefonis et 2 r. Dekeleon - 21034 649 84 - 12h-4h - 14 €*. Une bonne carte de *mezze* à déguster en terrasse, dans un jardin, ou dans deux anciennes maisons occupant tout un côté de la rue. Peintures naïves aux murs, ce sympathique restaurant est l'un des rendez-vous des étudiants athéniens.

POUR SE FAIRE PLAISIR

Mamacas – A2 - *41 Gazi - 21034 649 84 - 13h-1h - 30 €*. Avec sa jolie façade en boiseries nuancées de gris, ce rendez-vous du Tout-Athènes propose une belle carte typiquement grecque, élaborée à partir de produits maison.

Plaka Plan III

PREMIER PRIX

Bon à savoir – À sa jonction avec la place Monastiraki, la rue

Mitropoleos est envahie de chaises et de tables où l'on se bouscule pour manger une salade grecque et des *souvlaki*.
Très fréquentés par les Athéniens, trois restaurants, pleins à toute heure, vous régaleront à bon compte sur place, à moins que vous ne choisissiez un *souvlaki* avec pita à emporter pour 2 €.
Spiros Bairaktaris – B1 - *2 sq. Monastiraki - ✆ 21032 169 69 - ⊭ - 5 €.*
Savas – C1 - *69 r. Mitropoleos - ✆ 21032 450 48 - ⊭ - 5 €.*
O Thanasis – C1 - *86 r. Mitropoleos - ✆ 21032 447 05 - ⊭ - 5 €.*
Kosmikon – D3 - *119 r. Adrianou, au coin de la r. Kidathinéon - ✆ 21032 469 84 - ⊭ - 10 €.* Au carrefour piétonnier le plus animé de Plaka, *souvlaki* et salades grecques, ou bien *souvlaki* avec pita à emporter pour 2 €.
Apollonia Lyra – C3 - *12 r. Lysiou et 23 r. Mnisikléous - ✆ 21032 297 27 - 10h-2h - 10/12 €.* Installé dans une belle salle ou attablé dans une ruelle, on déguste une véritable cuisine grecque traditionnelle, végétarienne ou non : selon les jours, agneau à la sauce citron, moussaka végétarienne ou encore délicieuses tomates farcies. En fond musical, du *rébétiko* ou de la musique grecque *entekno*.
Scholarhio – C3 - *14 r. Tripodon - ✆ 21032 476 05 - ⊭ - 14 €.* Sous une pergola, sur le balcon ou dans une salle aux photos jaunies, on apporte sur un plateau un large assortiment d'appétissants *mezzes* qu'il ne reste qu'à choisir.
To Kafenio – C3-4 - *R. Epiharmou - ✆ 21032 245 15/469 16 - www.tokafeneio.gr - ⊭ - 15 €.* Les tables sont disposées le long d'une ruelle tranquille de Plaka ou dans une agréable salle au décor traditionnel. Belle carte de spécialités grecques dont de délicieux *keftedakia* (boulettes de viande en sauce). L'endroit est également réputé pour la qualité de ses vins grecs.
To Paradosiako 1 – D2 - *44A r. Voulis - 14 € - ✆ 21032 141 21 - 12h-0h.* Cette petite taverne familiale et sans façon, prisée des Athéniens, dispose ses tables en salle et sur le trottoir. Vous y dégusterez une bonne cuisine grecque traditionnelle dont d'excellents poissons et calamars.
To Paradosiako 2 – D2 - *4 r. Apollonos - 16 € - ✆ 21032 432 20.* Cette annexe du Paradosiako 1 propose une cuisine tout aussi authentique dont de succulentes sardines grillées, comme dans les îles.
O Glikis – D3 - *2 r. Angelou Gérondas - ✆ 21032 239 25 - ⊭ - 14 €.* Choisissez entre les *pikilia* (assortiment) pour une, deux ou trois personnes, ou une vingtaine de *mezzes* sous une pergola couverte de vigne.

BUDGET MOYEN

Spilia tis Akropoleos – C4 - *24 r. Thrassilou, au coin de la r. Epimenidi - ✆ 21032 351 34/485 93 - ⊭ - 18 €.* Une terrasse fleurie où dîner aux chandelles en contemplant l'Acropole sur un fond musical discret. Goûtez aux aubergines grillées à la feta.
Furin Kazan – E2 - *2 r. Apollonos - ✆ 21032 291 70 - ⊭ - 12h-23h30, dim. 14h-23h30 - 18 €.* Pour changer du régime grec, une succulente cuisine japonaise est proposée par des chefs venus de la région de Tokyo. Goûtez aux *sushi*, ou aux beignets de fruits de mer et de légumes *(tempura)*.
I Palia Athina – E3 - *46 r. Nikis - ✆ 21032 457 77 - ⊭ - le soir sf dim. - 20 €.* Une cuisine traditionnelle de belle qualité servie dans trois petites salles ornées de gravures

anciennes. Les tables et les chaises sont regroupées au gré du rassemblement des bandes d'amis. Si l'endroit est déconseillé pour les dîners en tête à tête, il satisfera les palais les plus délicats. Goûtez à l'agneau aux épices et à la tomate *(arnaki kapama)*.

Kafé Avissinia – B1 - *Pl. Avissinias - ✆ 21032 170 47 - - tlj jusqu'à 1h du matin sf lun. et dim. soir - 24 €.* En lisière du marché aux puces de Monastiraki, en rdc ou au 1er étage dans une jolie salle avec vue sur l'Acropole, cet *estiatorio* rappelle un bistrot parisien. Pourtant, c'est une cuisine typiquement grecque et particulièrement raffinée qui est servie. Goûtez au délicieux tarama blanc et à la moussaka maison. Hors saison, se produisent des chanteurs de *rébétiko*, le vend. soir et le sam. après-midi.

UNE FOLIE

Dionysos – A4 - *43 r. Robertou Gali - ✆ 21092 331 82 - - 50 €.* Terrasse et salle climatisée avec vue sur l'Acropole. À côté d'un menu international, ce luxueux restaurant jouit d'une solide réputation en matière de gastronomie grecque. Vrais *dolmadès*, *pités* (feuilletés) aériens et *baklava* délicieusement oriental. Il est possible de ne prendre qu'un verre à l'agréable terrasse du rez-de-chaussée.

Exarhia Plan II

PREMIER PRIX

Barba Iannis – C2 - *94 r. E. Benaki - ✆ 21038 241 38 - - 8 €.* Une excellente cuisine est servie dans cette taverne dont les tables occupent une partie de rue piétonne, au cœur du quartier d'Exarhia. Goûtez au succulent porc au citron sur lit de riz blanc. Prix raisonnables.

Rozalia – D1 - *58 r. Valtetsiou - ✆ 21033 029 33 - - 12 €.* Sous une treille, cette taverne d'habitués sert de bons plats simples et bon marché accompagnés d'un excellent vin rosé de la maison.

Ama Lahi – D1 - *69 r. Kalidromiou ou 66 r. Methonis - ✆ 21038 459 78 - - le soir seult - 14 €.* Maison néoclassique bordée d'une grande cour ombragée donnant sur deux rues. Goûtez au *moschari stamnato*, une savoureuse daube de bœuf. La fraîcheur des lieux et l'ambiance des bars voisins donnent envie de s'attarder.

Psiri Plan III

PREMIER PRIX

Odos Aiskylou – B1 - *14-16 r. Aiskylou - ✆ 21032 441 17 - - 8 €.* La plus ancienne taverne de Psiri, décorée d'anciennes enseignes de magasins, décline un excellent choix de viandes rôties. La caisse enregistreuse est posée sur un superbe coffre-fort. Petit vin agréable. Très bon marché pour le quartier.

Naxos – B1 - *Pl. Hristokopidou - ✆ 21032 182 22 - - 12 €. Mezedopolio.* De délicieux *mezzes* de poisson, grillés, frits ou marinés. Le patron, originaire de Naxos, parle le français du Québec.

Pangrati Plan II

PREMIER PRIX

Karavitis – DE3 - *7 r. Pafsania - ✆ 21072 151 55 - - ts les soirs sf dim. (ouvert dim. midi) - 13 €.* Cette taverne est une institution. Elle prend ses quartiers d'hiver d'un côté de la rue qu'elle délaisse l'été pour une cour, située de l'autre côté, où il fait bon déguster des grillades sous la treille.

PETITE PAUSE

Terrasse du musée de l'Acropole – Plan III, D4 - *Au 2e étage - 8h-20h - .* Sur 700 m², l'endroit est idéal pour boire un verre ou grignoter un sandwich en contemplant l'une des plus belles vues sur l'Acropole. Prix raisonnables.

Sabbinos Nikiforos – Plan III, D3 - *39 r. Kydathineon, à Plaka - 21032 451 53 -* . Juste à côté du caviste Brettos, ce glacier propose une impressionnante carte de glaces italiennes à emporter. Réservée aux plus audacieux : la crème glacée *marshmallow & bubble-gum*, de couleur bleu turquoise.

BOIRE UN VERRE

Bon à savoir – Les mois de juillet et d'août ne sont pas les plus propices, car les cabarets, les théâtres, les cinémas et beaucoup de bars ferment leurs portes. Hormis les endroits climatisés, jamais très agréables en soirée, seuls restent ouverts les établissements disposant d'un espace en plein air.

Plaka Plan II, CD3

Bon à savoir – Ce quartier historique et central est plutôt voué aux restaurants. Ses rues demeurent animées jusque vers 1h du matin et il est toujours possible d'y boire un verre.

Zonar's café – Plan III, A4 - *43 r. Robertou Gali, en léger suplomb de la jonction avec la grande allée piétonne Dionissiou Areopagitou - 21092 319 36 - 8h-1h.* Cette agréable terrasse offre une vue dégagée sur l'ensemble de la colline de l'Acropole. Ce café, attenant au très chic restaurant Dionysos *(voir ci-contre)*, pratique des prix raisonnables.

Melina – Plan III, C3 - *22 r. Lyssiou, à Plaka - 21032 465 01 - www.melinacafe.gr.* Tables de bistro à l'ancienne dans ce café entièrement voué à l'actrice, chanteuse et ancienne ministre de la Culture, Mélina Mercouri dont une impressionnante collection de portraits orne les murs. On peut y boire un cocktail, avec ou sans alcool, jusqu'à 2h du matin.

Brettos – Plan III, D3 - *41 r. Kydathineon, à Plaka - 21032 321 10 - www.brettosplaka.com - jusque tard dans la nuit.* Depuis 1909, ce caviste aligne d'antiques fûts de bois dans sa petite boutique. Aujourd'hui, reconvertie en bar branché, ses murs sont ornés de bouteilles savamment éclairées. Dégustation de grands crus grecs de 10h à 18h. Savourez l'Amandia Cair, un vin rouge doux et rare de l'île de Rhodes.

To Kafenio – Plan III, C3 - *R. Epiharmou - 21032 245 15/ 469 16 - www.tokafeneio.gr - jusqu'à 1h du matin.* Avec ses tables disposées le long d'une ruelle tranquille, ce restaurant est aussi idéal pour s'initier aux subtilités du vignoble grec, car l'endroit est réputé pour sa cave.

Terina – Plan III, C3 - *35 r. Kapnikareas - 21032 150 15 - www.terina.gr.* Pour un café ou un cocktail, dans un décor moderne élégant et coloré. Jusqu'à 1h du matin, avec lumières tamisées.

Veranda – Plan III, C3 - *4 r. Panos - 21032 500 88.* Le fait est suffisamment rare pour être signalé : cette agréable terrasse, avec vue sur les ruines de l'Agora romaine, ne diffuse aucune musique. Les rêveurs et les amoureux apprécieront.

Nikis – Plan III, E2 - *R. Nikis - 21032 349 71.* Ce petit café d'habitués, avec ses quelques tables sur le trottoir, est idéal pour une pause-café. Bonne musique (jazz, salsa…) avec forte poussée de décibels en soirée.

Place Syntagma Plan III, E2

Deux grands cafés alignent leurs terrasses face au palais du Parlement :

Panathinaion – ✆ *21032 40 028 - jusqu'à 23h.*
Ethnikon – ✆ *21033 105 76 - jusqu'à 2h.*
Hôtel Grande-Bretagne – Plan III, E2 - *Pl. Syntagma - ✆ 21033 300 00.* Avec ses colonnades, ses vitraux et son jardin d'hiver planté de palmiers, le luxueux salon de thé du plus prestigieux des hôtels d'Athènes propose, comme à Londres, un *afternoon tea* à 27 €. Il est aussi possible de savourer le luxe du lieu en se contentant d'un café ou d'un thé à 7 €, à moins d'aller s'accouder au magnifique bar *(ouvert jusqu'à minuit).*

Kolonaki Plan II, D2
Les cafés en terrasse de la rue Tsakalof offrent un semblant d'activité bien qu'entre le 1er et le 20 août le quartier soit plutôt désert. Situés presque côte à côte autour de l'agréable place Kolonaki, le café **Da Capo** et le **café Peros** *(24h/24)* sont les rendez-vous de la bourgeoisie et de l'*intelligentsia* athénienne.

Psiri Plan II, B2
et Thissio Plan II, B3
Dans ces quartiers branchés, les cafés des rues Iraklidon *(piétonne)* et Nileos font le plein la nuit venue.
Stavlos – Plan II, B3 - *10 r. Iraklidon, Thissio - ✆ 21034 672 06.* Bar-restaurant situé dans une belle demeure ancienne.
Tango – Plan II, B2 - *21-23 r. Anargiron, Psiri - ✆ 21032 119 92.* Agréable bar-restaurant.
Bon à savoir – La **rue Adrianou**, de Thissio à Monastiraki (Plan III, A1-B2), aligne des cafés sur toute sa longueur. Préférez le **Dioskourii**, au-dessus du métro, plus ombragé.
Autre Dioskourii, **mezedopolio**, qui s'étage près du passage de l'Agora à l'Acropole, dans la rue du même nom.

Exarhia Plan II, C1-D1
Bonne atmosphère dans les cafés de la place Exarhia et de la rue Kalidromiou, où se tient un marché animé et coloré le samedi matin. Il faut attendre le soir pour que s'animent les cafés. La journée, profitez de votre visite au **Musée archéologique national** (Plan II, C1) *(voir p. 153)*, pour vous détendre dans sa belle cafétéria aménagée, au calme, sur une agréable cour intérieure.

ACHATS

Plaka Plan III
Bon à savoir – Le quartier regorge de marchands de cuir : sacs, ceintures et sandales, ainsi que de magasins de souvenirs plutôt kitsch dont certains peuvent, cependant, se révéler décoratifs. Beaucoup plus chic : des magasins proposent des reproductions d'antiquités des grands musées de la capitale. Achetez-les, ou commandez-les, à des prix plus intéressants, directement à l'atelier fournisseur des musées :
Arionas – *19 G. Drossini street, Ilioupolis - ✆ 21097 662 46.* À 20mn du centre d'Athènes en voiture.

La rue Ermou Plan III, E2-D1
La rue est piétonne depuis la place Syntagma jusqu'à l'église Kapnikaréa. Les magasins de chaussures jouxtent les boutiques de vêtements, toutes les marques internationales sont représentées, ainsi que la chaîne grecque Glou.

Brocante
Allez chiner au marché aux puces ou dans les boutiques de **Monastiraki** (Plan II, BC3) pour trouver un *briki*, le petit récipient pour préparer votre café grec, une lampe tempête, ou un bel encensoir d'église en laiton.

Bijouteries

Regroupées à Syntagma et à Kolonaki, elles proposent des reproductions de bijoux grecs anciens ainsi que des pièces traditionnelles ou modernes, généralement faites à la main par des artisans locaux. Certaines bijouteries proposent également des objets à motifs traditionnels, en argent filigrané et turquoise, provenant de Ioannina, en Épire.

Kolonaki (Plan II, D3), le quartier élégant d'Athènes, compte également de nombreux magasins très chic de chaussures et de prêt-à-porter.

Spécialités culinaires

Les meilleures marques d'ouzo sont, entre autres, Barbayanni, Plomari, Mini et Babatzim, à déguster avec les délicieuses pistaches d'Égine ou bien des olives fourrées au piment rouge de Kalamata.

Musique

Deux magasins spécialistes de la musique traditionnelle grecque proposent des CD, livres et instruments.

Boutique du musée des Instruments grecs de musique traditionnelle – *Au 1/3 r. Diognou, M° Monastiraki (voir p. 149).*

Nikos Xilouris – *39 r. Panepistimiou - ✆ 21032 227 11 - www.xilouris.gr.*

EN SOIRÉE

Cafés, bars de nuit Plan II

Bon à savoir – Le nouveau quartier branché d'Athènes, **Gazi** (A2-3), tient son nom d'une ancienne usine à gaz réhabilitée en centre pluriculturel. De nombreuses maisons néoclassiques, ainsi que d'anciens ateliers et usines, hébergent une multitude de cafés et de bars qui s'animent la nuit venue. Vers l'ouest, depuis le métro Kerameikos, s'aligne une série de bars, ouverts sur l'extérieur, qui, sous la lumière noire, diffusent une musique Black metal, rivalisant en décibels. Vers l'est, l'ambiance est plus feutrée et la déco des bars rivalise de créativité.

Aeriofos – A2 - *29 r. Iakhou et r. Orfeos - ✆ 21034 573 34.* Pour boire un verre sur fond de jazz ou de rock des années 1970, à la lueur d'une myriade de chandelles multicolores, dans un ancien atelier de charpentier revu par un décorateur de génie.

Socialista – A2 - *33 Gazi - ✆ 21034 747 34.* De luxueux fauteuils et canapés en cuir contrastent fortement avec l'architecture industrielle de cette usine désaffectée aux plafonds parcourus par un enchevêtrement de tuyauteries. Ce « music lounge » est idéal pour boire un cocktail en écoutant de la musique rock ou latino, en fond sonore ou en *live*.

Écouter du rébétiko

Accompagné par un *bouzouki*, le *rébétiko*, ancienne musique des bas-fonds et des Grecs d'Asie Mineure, est souvent comparé à un « blues grec » *(voir p. 69)*. Il s'écoute en buvant un verre, souvent jusque très tard dans la nuit.

Poikili Stoa – Plan III, B1 - *14 r. Agiou Philipou, Thissio - ✆ 21032 104 31 ou 69340 559 17 - www.poikili-stoa.com - jeu.-sam. 22h-3h, dim. 14h-19h.* Au cœur du marché aux puces de Monastiraki, cette terrasse de bric et de broc aurait été bâtie au-dessus des ruines de la Stoa Poikilè où le philosophe stoïcien Zénon de Citium avait coutume d'enseigner.

Des chanteurs de *rébétiko* s'y succèdent tandis que se déplacent les chaises entre lesquelles se faufilent les serveurs, car cette musique s'écoute en mangeant, ou en buvant un *tsiparo*.

Kafé Avissinia – Plan III, B1 - *Pl. Avissinias - ✆ 21032 170 47.* Hors saison, dans le restaurant du même nom *(voir p. 170)*, des chanteurs de *rébétiko* se produisent le vend. soir et le sam. après-midi.

Stoa Athanaton – Plan II, C2 - *19 r. Sofokleous, au-dessus du marché central - ✆ 21032 143 62 - lun.-vend. 23h-3h, jusqu'à 6h le dim.* C'est le haut lieu du *rébétiko* athénien. Les parages sont cependant un peu sinistres durant ses heures d'ouverture.

Cinéma en plein air

Douceur du climat oblige, Athènes compte plusieurs belles salles de cinéma à ciel ouvert offrant le plaisir rare de regarder un film, un verre à la main, tout en contemplant la voûte étoilée. Les films étrangers sont sous-titrés en grec, mais jamais doublés. Lors de la seconde séance, le son est généralement plus bas par respect pour le voisinage, alors ne vous éloignez pas trop des haut-parleurs. Le prix est d'environ 8 € et les programmes se trouvent dans le journal **Athens News** *(en anglais)*.

Aigli – Plan II, D3 - *À l'intérieur du Jardin national, à côté du palais Zappion.*

Dexameni – Plan II, D2 - *Pl. Dexameni, Kolonaki - ✆ 21072 328 34.* Avec ses 2 bars, c'est sans doute l'un des cinémas les plus agréables d'Athènes.

Thission – Plan III, A3 - *7 r. Apostolou Pavlou.* En bordure de la voie piétonne, chaises avec coussin, petites tables et vue sur l'Acropole pour la discussion post-film.

Ciné Paris – Plan III, D3 - *Place Filomoussou-Eterias.* En terrasse au cœur de Plaka, avec vue sur l'Acropole. À l'entrée se trouve un petit magasin pour cinéphiles avec photos et affiches.

Cine Psiri – Plan II, B2 - *40-44 r. Sari, Psiri.* Les meilleures conditions de projection dans un vieux quartier d'Athènes.

Danses traditionnelles

Théâtre Dora Stratou – *8 r. Scholiou, à Plaka - ✆ 21032 443 95 (9h-16h), 21092 146 50 (après 19h30) - www.grdance.org - de fin mai à fin sept.* Spectacle tous les soirs, sf lun., à 21h30 *(20h15 le dim.)* sur la colline de Filopapou ; entrée principale place Apoloniou, à Koukaki (Plan II, A4). Réservation facultative.

AGENDA

Bureau du festival d'Athènes – Plan III, D4 - *23 r. Hadjichristou, au coin de la r. Makrigiani - ✆ 21092 829 00 - www.greek festival.gr.* Pour les spectacles à l'**Hérode Atticus** – *✆ 210 32 41 807.*

Le Pirée

(Pireas - Πειραιάς)

155 263 habitants - Région de l'Attique - Unité régionale du Pirée

NOS ADRESSES PAGE 177

S'INFORMER

Il n'y a pas d'office de tourisme au Pirée. Pour les horaires de bateaux, adressez-vous directement à l'une des nombreuses agences regroupées dans un gros bâtiment situé sur le quai, juste en face et légèrement vers la gauche depuis la sortie de la station de métro Pireas. Vous pouvez également téléphoner au **service d'information du port** – *14541 ou 14944 (numéros inaccessibles de l'étranger) - www.gtp.gr.*

SE REPÉRER

Plan de l'agglomération (p. 128) et plan de ville (p. 176).

À NE PAS MANQUER

Le Musée archéologique du Pirée.

ORGANISER SON TEMPS

Si vous vous trouvez au Pirée en attente d'un ferry, le Musée archéologique n'est qu'à 20mn à pied du port.

AVEC LES ENFANTS

En attendant la traversée, faites-leur découvrir, depuis le quai, les différents types de bateaux : les plus petits sont les hydroglisseurs très rapides, puis viennent de petits ferries desservant les îles de l'Attique et de plus gros, assurant la desserte du reste de l'archipel et de la Crète. Enfin de gigantesques navires de croisière à 10 étages, ainsi que des cargos, viennent aussi mouiller dans les eaux du port.

Les paquebots et les ferries tout blancs invitent au voyage. Bousculades, clameurs, klaxons et gaz d'échappement, l'embarquement au Pirée est toujours une aventure chaotique. On attend du grand port de la capitale grecque un certain romantisme, mais on peine à le trouver. Le Pirée n'a rien d'un lieu de villégiature, malgré tous les efforts d'aménagement. Aussi n'y séjournerez-vous que parce que votre bateau pour les îles lève l'ancre tôt le matin ou bien parce que, arrivé tard le soir, vous ne voudrez pas rejoindre Athènes avant le départ de votre avion.

SE REPÉRER

Le Pirée comprend trois ports : le **port principal**, d'où partent les ferries pour les îles. Il est desservi par le métro et est le centre d'une agitation frénétique ; **Marina Zea**, plus calme, est réservée aux bateaux de plaisance ; et le petit port plus éloigné de **Mikrolimano**, paisible dans la journée, est vibrant des décibels des discothèques à la nuit tombée.

Se promener

Pour faire une escapade au Musée archéologique en partant du port principal, prenez le quai Miaouli, sur votre gauche en regardant

SE LOGER		SE RESTAURER
Anita & Argo 3	Noufara 4	Drosopigi 1
Eva 1	Piraeus Theoxenia 2	Ousia 3
Lilia 6	Poseidonio 5	Ta 4 Aderphi 5
	The Park 7	

la mer. Juste avant d'arriver à l'église Agios Nikolaos, tournez à gauche dans la rue H. Trikoupi. Le musée se trouve 150 m plus haut *(comptez 20mn à pied à partir du métro)*.

★ LE MUSÉE ARCHÉOLOGIQUE (ARCHAIOLOGIKO MOUSEIO -ΑΡΧΑΙΟΛΟΓΙΚΟ ΜΟΥΣΕΙΟΙ)

31 r. Harilaou Trikoupi - ✆ 210 45 21 598 - 9h-16h - 3 € (gratuit pour les étudiants). Le musée vous accueille avec un gigantesque **lion assis★** provenant d'un édifice funéraire du 4e s. av. J.-C., mis au jour dans le quartier voisin de Moschato.

HISTOIRE

Relié à Athènes par les Longs Murs fortifiés, Le Pirée fut aménagé au 5e s. av. J.-C. pour succéder au port de Phalère, trop exposé aux vents. De plusieurs siècles de grande prospérité, il ne reste aujourd'hui presque rien, les Romains de Sylla l'ayant incendié et mis à sac en 85 av. J.-C.

Une seconde épreuve devait secouer Le Pirée au 19e s. lorsque Ermoupolis, capitale de l'île de Syros, fut choisie comme port principal de la Grèce. En 1834, lors de l'intronisation d'Othon de Bavière, la ville était considérablement dépeuplée. Mais la désignation d'Athènes comme capitale de la nation libérée et l'ouverture, en 1893, du canal de Corinthe, devaient lui redonner ses lettres de noblesse.

Au-delà, les salles présentent une belle série de bas-reliefs et les restes monumentaux d'un **mausolée★** du 4e s. av. J.-C.

À l'étage, des **stèles funéraires★** représentent vivants et morts au moment de l'adieu. Mais les joyaux du musée sont les **quatre statues de bronze★** qui, suppose-t-on, proviendraient de Délos. Deux d'entre elles figurent **Artémis**, le bras droit tendu, la troisième étant une **Athéna** de 2,35 m (4e s. av. J.-C.). La quatrième, le fameux **Apollon du Pirée**, constitue la pièce maîtresse du musée (6e s. av. J.-C.), la plus ancienne statue grecque en bronze connue à ce jour.

Par les fenêtres du premier étage, vous pourrez voir les vestiges du théâtre antique de Zea.

En sortant du musée, continuez sur la rue Trikoupi jusqu'à la **marina** animée de **Zea★**.

NOS ADRESSES AU PIRÉE

INFORMATIONS UTILES

Police – *✆ 21041 744 71.*
Police portuaire – *Port principal - ✆ 21042 260 00 ou 21045 318 05.*
Police touristique – *✆ 21042 906 64/65.*
Hôpital – *✆ 21049 150 61.*
Urgences médicales – *✆ 166.*

TRANSPORTS

En bus

En venant d'Athènes – De Syntagma, bus 040 *(5h-0h)*. Descendre place Grivas, avant le terminus *(au moins 30 à 45mn de trajet)*. De la place Omonia, bus 049, arrêt au Pirée place Thémistokléous, à 500 m à gauche en sortant du métro.
En venant de l'aéroport – Navette express 24h/24 *(X 96)*. Descendre à « Harbour » près de la porte C *(plus de 1h de trajet)*.
Pour aller à l'aéroport – Prenez ce même bus place Karaïskaki, à quelques centaines de mètres à gauche en sortant du métro.
De la station de métro du Pirée au **port de Zea** : bus n° 904 et trolleybus n° 20.

En métro

C'est, en général, le moyen le plus simple et le plus rapide. Le Pirée est le terminus sud de la ligne n° 1. Trains toutes les 10mn *(5h-0h, 25mn de trajet depuis Monastiraki, 30mn depuis Omonia)*. Le Pirée peut également être relié à l'aéroport Venizelos par le métro : ligne 1 et ligne 3 avec correspondance à Monastiraki, comptez plus de 1h40 et munissez-vous des tickets nécessaires.

En train

Le Pirée possède deux gares :
Gare du Péloponnèse – *50 m à droite en sortant du métro - ✆ 21041 952 07.* Dessert uniquement la péninsule.
Gare du nord de la Grèce – *(Larissis), en face du métro mais de l'autre côté du bassin (contournez-le par la droite) - ✆ 21041 952 99.*

En tramway

Moins rapide que le métro, le tramway dessert la place Syntagma. Ticket : 1,20 €, vendu aux guichets ou machines automatiques. Rens. : www.stasy.gr

En taxi

Avant de monter dans un taxi, demandez le prix de la course *(en moyenne 20 € pour aller au centre d'Athènes)*.
Radio-taxis
✆ 21041 823 33/24 44.

1

PARTIR DANS LES ÎLES

Les agences du port vendent les billets au même prix et vous indiqueront le quai d'embarquement et le nom de votre bateau.

Ferries

En prenant un taxi pour le port principal du Pirée *(point de départ des ferries)*, indiquez au chauffeur le nom de l'île où vous vous rendez. Il vous déposera sur le quai correspondant. En sortant du métro, vous avez sur votre droite, successivement, les quais (ou « gates ») B, A, et plus loin H, et sur votre gauche les quais G, juste à côté du métro, et plus loin D et E. Voici les principales destinations et le nom des **quais** correspondants : îles de l'Égée du Nord (Chios, Lesbos, Ikaria, Samos) : quais A et B. Dodécanèse : quai E. Golfe Saronique : quais G et E. La Crète : quai A. Les Cyclades (Kythnos, Sérifos, Sifnos, Kimolos, Milos, Folegandros) : quai B. Pour Syros, Mykonos, Ios, Tinos, Santorin, Amorgos : quais G et D. Pour Paros et Naxos : quai G. **Informations et horaires** : *☏ 14541.*

Hydroglisseurs

Certains partent de Marina Zea. Ceux d'Égine partent du port principal. Informations à la police portuaire de **Marina Zea** *(☏ 21045 931 44)* ou, pour les Cyclades et les îles Saroniques, auprès de la **compagnie Hellenic Seaways** *(sur le port principal en face du quai entre les deux gares - ☏ 21041 990 00 ou 22970 229 45 - www.hellenicseaways.gr)*. D'autres compagnies desservent également les îles Saroniques : **Aegean Flying Dolphin** – *☏ 22970 228 00.* **Hellenic Seaways Flying Dolphin** – *☏ 22970 244 56.* **Aghios Nektarios** – *☏ 22970 256 25.*

HÉBERGEMENT

Conseil – Choisissez votre hôtel en fonction de sa proximité avec votre quai d'embarquement ou de la possibilité qu'un taxi ou que votre hôtelier puisse vous conduire à votre bateau.

Port du Pirée

Dans la rue Notara se trouvent les trois hôtels les plus proches du port principal. Prenez, derrière la station de métro, la rue Alipedou et traversez la petite place. C'est la troisième rue à droite.

PREMIER PRIX

Eva – *2 r. Notara - ☏ 21041 701 10 - ▤ - 20 ch. 50 €. ☕ 5 €.* Des chambres joliment décorées et dotées d'un bon confort. Les plus calmes, avec terrasse, sont au 6e étage. Bon rapport qualité-prix.

BUDGET MOYEN

Anita & Argo – *23-25 r. Notara - ☏ 21041 217 95 - www.hotelargoanita.com - ▤ - 55 ch. 55 € - ☕ 6 €.* Avec leurs enseignes lumineuses bleues, ces deux hôtels mitoyens sont simples, modernes et confortables. La décoration est un peu kitsch et les chambres des étages supérieurs, côté rue, sont les plus agréables. Transport gratuit jusqu'aux bateaux.

The Park – *103 r. Kolokotroni - ☏ 21045 246 11 - www.thepark.gr - ▤ ✕ - 80 ch. 65 € ☕.* À 15mn à pied du port, cet hôtel agréable donne sur une place arborée en retrait d'une avenue. Toutes les chambres, confortables et décorées avec goût, disposent de leur propre balcon et certains étages sont non-fumeurs. Bon rapport qualité-prix.

Noufara – *45 r. Iroon Polytechniou - ☏ 21041 155 41 - www.noufarahotel.eu - ▤ - 56 ch. 70 € - ☕ 10 €.* Donnant sur une grande artère, cet hôtel moderne et confortable est doté de chambres agréables et bien tenues.

POUR SE FAIRE PLAISIR

Poseidonio – *3 r. Harilaou Trikoupi - ✆ 21042 866 51 - www.hotelposeidonio.com - ▤ - 91 ch. 84 €* ☕. Certaines des jolies chambres, très confortables, de cet hôtel de 10 étages, ont une vue sur le port qui permet d'apercevoir les bateaux en partance.

Theoxenia Palace Hotel – *23 r. Karaoli, à l'angle de la r. Dimitriou - ✆ 210 41 12 550 - www.theoxeniapalace.com - ▤ - 76 ch. 120 €* ☕. Offrant toutes les prestations de sa catégorie, cet hôtel 5 étoiles n'est qu'à 10mn à pied du port.

Marina Zea (Passalimani)

BUDGET MOYEN

Lilia – *131 r. Zéas - ✆ 21041 791 08 - www.liliahotel.gr - ▤ - 20 ch. 58 €* ☕. Dans une ruelle calme à l'écart du port principal, ce petit hôtel, familial et tranquille, est proche de la marina Zea et de la plage. Préférez les chambres côté rue *(car l'autre côté donne sur un mur)*. Les animaux sont admis.

RESTAURATION

Bon à savoir – Connus des seuls habitants, les meilleurs établissements sont trop éloignés pour s'y rendre à pied tandis que, le long du port, les abords de la gare n'offrent qu'une succession de *fast-foods* et de gargotes peu engageantes. Mieux vaut vous aventurer vers le théâtre municipal : du port principal, prenez à gauche en regardant la mer, suivez le quai Akti Poseidonos. Dépassez la cathédrale et continuez dans l'avenue Vas. Giorgiou et les rues adjacentes. Les cafés et les tavernes sont à préférer aux restaurants du port Mikrolimano, chers et parfois décevants.

PREMIER PRIX

Ta 4 Aderphi – *135 r. Louka Ralli - ✆ 21041 152 33/273 - 14 €.* En retrait d'une petite place, cette taverne dont le nom signifie « Les 4 frères » est une institution bien connue des habitants du Pirée qui viennent s'y régaler des classiques de la cuisine grecque.

Ousia – *Pl. Terpsithéas - ✆ 21042 22 005 - env. 15 €.* À l'ombre d'une petite terrasse en bordure de la place, choix de *mezzes* et de viandes roties.

Marina Zea (Passalimani)

PREMIER PRIX

Drosopigi – *154 r. Karaiskou - ✆ 21045 124 29 - comptez moins de 10 €.* Au bord de la route, à l'extrémité est de la promenade longeant la marina, d'excellents *souvlaki* sont servis accompagnés d'une bière pression bien glacée.

EN SOIRÉE

Si vous devez passer une soirée au Pirée, délaissez le port principal et optez pour le centre-ville ou pour Marina Zea *(près du métro, bus n° 905 ou trolleybus jaune n° 20)*, ou encore, prenez le taxi jusqu'au port Mikrolimano pour ses bars branchés.

1

LES ÎLES DU GOLFE SARONIQUE
0 5 10 Km
Spetsae ★★ Mérite un détour
Égine ★ Intéressant
Salamine À voir
A
B
1
2
N
Megara
Megara-Perama
Faneromenis
Paloukia
Perama
Selinia
Le Pirée
Salamine
Égine
Agía Marína
Égine
Angístri
Saronikós
Kólpos
H. Methánon
Méthana
Poros
Poros
PÉLOPONNÈSE
Psilí
Skilí
Toló, Náfplio
Ermióni
Dokós
Portohéli
Hydra
Hydra
Spetsae
Spetsae
Monemvassiá
Alexándros
Trikéri
Spetsopoúla
Stavronissi
Mirtóo
Pélagos

Les îles du golfe Saronique 2

Égine

(Aigina - Αίγινα)

★

11 500 habitants - Région de l'Attique - Unité régionale des Îles - 83 km²

NOS ADRESSES PAGE 188

S'INFORMER
Il n'y a pas d'office de tourisme sur l'île, mais vous trouverez plusieurs agences privées à Égine, dont **Karagiannis Travel** – *2 r. Kanari, en face des « Flying Dolphins » - ☏ 22970 287 80.* Location de chambres, véhicules, croisières, change, billetterie.
Site internet – *www.aeginahotels.gr (site officiel des hôteliers, en anglais).*

SE REPÉRER
Carte de région B1 (p. 180) - Carte de l'île p. 187.

À NE PAS MANQUER
Le temple d'Aphaïa ; le port d'Égine et le sanctuaire d'Apollon.

ORGANISER SON TEMPS
Comptez 2 jours de visite. Si vous ne disposez que de quelques heures, allez directement au temple d'Aphaïa, en bus ou en taxi, puis revenez déjeuner sur le port d'Égine.

Célèbre depuis l'Antiquité pour son temple d'Aphaïa, l'un des plus beaux du monde hellénique – et l'un des mieux conservés –, Égine est une étape incontournable pour les amoureux d'archéologie. À 35mn du Pirée, c'est aussi l'une des banlieues vertes de la capitale, où les villas des Athéniens poussent comme des champignons à l'ombre des pins et des pistachiers. Sous l'effet de cet exode citadin, les hydroglisseurs prennent des allures de trains de banlieue encombrés d'attachés-cases, et Égine, qui fut, en 1828, la première capitale de la Grèce libérée, est prise d'assaut chaque week-end par les Athéniens à la recherche de fraîcheur.

Se promener Carte de l'île p. 187

ÉGINE (VILLE)

Comptez 2h sans se presser.
La blanche **chapelle Agios Nikolaos** se dresse à l'entrée du port d'Égine. Tout le long de la grande promenade animée du bord de mer, de belles **maisons néoclassiques**★ rappellent l'ancienne puissance de la première capitale de la Grèce. Leurs toits de tuiles rouges, leurs murs ocre rehaussés de volets peints et leurs balcons de fer forgé donnent à l'ensemble une indéniable noblesse. L'intérieur de la ville, encombré de voitures, se révèle moins attachant. Prenez tout de même le temps de voir les quelques monuments de la première République, ainsi que la **tour de Marcellus**, probablement un fort médiéval restauré, qui abrita quelques mois les états-majors du nouveau gouvernement.

La chapelle blanche Agios Nikolaos.
F. Guiziou / hemis.fr

Kolona (Κόλονα) et le sanctuaire d'Apollon

Comptez 45mn de visite. Tlj sf lun. 8h30-15h - 3 €.

De retour sur le port, longez la mer vers la droite. Sur la plage municipale (aux eaux parfois douteuses), vous verrez quelques ruines de **môles immergés**, vestiges du port antique. Ce dernier communiquait directement avec une cité assez puissante pour être comparée à Troie, et dont les restes occupent une éminence voisine, noyée sous les pins. Fondée en 3000 av. J.-C., la ville ne fut abandonnée qu'au 9e s. lorsque ses habitants cherchèrent à **Paleohora** un site moins exposé aux raids des pirates. Au Moyen Âge, elle reçut des Vénitiens le nom de Kolona, en raison de l'unique colonne encore debout de son temple. Encore accentué par les fouilles en cours, le chaos des ruines rend la visite assez confuse, aussi est-ce dans un certain désordre chronologique que l'on découvre les traces de 11 cités successives, enchevêtrées. À droite du premier escalier, repérez, derrière des fondations d'habitations, l'énorme **mur de protection★** érigé au 3e s. av. J.-C., qui descendait jusqu'au port.

UNE PUISSANCE ÉPHÉMÈRE

C'est au 4e millénaire av. J.-C. que les premiers colons s'installent à **Kolona** et à **Agia Marina**, intéressés par la position géographique de l'île. Dès le 3e millénaire, ils nouent d'importantes relations commerciales avec les îles de la mer Égée et la Crète. Égine connaît son apogée de la fin du 7e s. au milieu du 5e s. av. J.-C. Riche, dotée d'une prestigieuse école de sculpture, l'île se targue d'être la première cité à frapper sa propre monnaie, une pièce d'argent ornée d'une tortue, qui circule sur tous les marchés, de Gibraltar à l'Égypte. Une telle puissance irrite Athènes, qui lui impose bientôt un siège de neuf mois, s'empare de sa flotte, la force à démolir ses murailles et expulse ses habitants *manu militari*. Le 5e s. n'est pas terminé que l'île cesse définitivement de faire de l'ombre à son orgueilleuse voisine.

LA PREMIÈRE CAPITALE GRECQUE
Après la guerre de libération, Égine devient, le 12 janvier 1828, le siège provisoire du premier gouvernement de la Grèce indépendante. Kapodistria, qui en est le gouverneur, y prête serment et – coïncidence de l'Histoire – y fait frapper la nouvelle monnaie de ce jeune État. La ville se couvre alors de bâtiments cossus et ouvre écoles et imprimeries, d'où sortiront les premières publications de la Grèce libérée. Le 3 octobre, la capitale est transférée à Nauplie avant d'élire domicile à Athènes, quelques années plus tard.

Dominant le site, le **temple d'Apollon** comptait 30 colonnes doriques, son unique rescapée semblant taillée en pointe de crayon par l'érosion. Contemporain du temple d'Aphaïa (6e s. av. J.-C.), il fut construit par les mêmes artisans. À l'ouest, côté mer, gisent les murs arasés de deux petits **temples dédiés à Artémis et à Dionysos**, ainsi que ceux d'une **tholos**. Du grand **théâtre**, enfin, que l'historien Pausanias comparait à celui d'Épidaure, il ne reste rien (c'est l'emplacement actuel du musée).
Conçu comme une villa antique, avec un atrium encadré d'un portique distribuant chaque salle, le **Musée archéologique** conserve les objets trouvés sur l'île. Dans le hall, une maquette reconstitue l'une des maisons bâties à Kolona en 3000 av. J.-C., dont les deux niveaux témoignent d'une haute technologie. Dans le patio s'alignent des stèles funéraires hellénistiques, tandis que la première salle, à droite, expose les **sculptures★★** d'un des frontons du temple d'Aphaïa, figurant le combat des Amazones. Attardez-vous aussi devant la vitrine du fond, à gauche : belles poteries à figures noires sur fond rouge (10e s.-8e s. av. J.-C.). Le reste du musée réunit des objets allant du néolithique à la période romaine : des statues archaïques, un **sphinx★** en marbre (5e s.), des bas-reliefs funéraires, ainsi qu'une belle collection de **poteries d'époque géométrique★★**.

Circuits conseillés Carte de l'île p. 187

★ BALADE AU NORD-EST

Comptez 2 à 3h. Ttes les 30mn, un bus part du port vers Agia Marina, via Agios Nektarios et le temple d'Aphaïa.
En sortant d'Égine, la route traverse une succession de villages perdus parmi les vergers de pistachiers. À 6 km, elle longe l'**église Agios Nektarios**, monumentale, bâtie sur le modèle de Ste-Sophie de Constantinople. Plus remarquable par sa taille que par son esthétique, elle est dédiée à un saint local mort en 1920, dont les reliques sont conservées à quelques pas de là, au monastère du même nom.
Plus loin sur la gauche (*1,5 km*) s'étalent les vestiges de la cité byzantine de **Paleohora★**, que les habitants de Kolona bâtirent en 896 pour échapper aux attaques des Sarrasins. Elle fut jusqu'au début du 19e s. la principale cité d'Égine. Ses maisons carrées, ses églises et son lacis de ruelles couvraient les pentes d'une colline escarpée. Exagérément appelée « seconde Mystra », la ville, ruinée, est intéressante pour la beauté mélancolique de son cadre et de ses églises restaurées, ornées de fresques ; notamment la **cathédrale** dont l'iconostase porte une belle icône de la Vierge (16e s. ou 17e s.).

Le temple d'Aphaïa.
Mauritius / Photononstop

★★ Le temple d'Aphaïa (Άφαια)

Comptez 1h de visite. Au nord-est d'Égine - ✆ 22970 322 52 - 8h15-19h - musée - 9h-11h env., 12h-13h env. - 4 € (musée inclus).

Conseil – Venez de préférence tôt le matin pour échapper à la canicule et aux hordes de touristes. Organisez votre visite en fonction des horaires incommodes du musée.

Passé **Messagros**, bourg spécialisé dans les poteries traditionnelles, apparaît à l'horizon la silhouette ocre du temple, fiché telle une vigie au sommet d'une colline noyée dans les pins. La route s'arrête à ses pieds. Construit pour former un « triangle sacré » avec le temple de Poséidon, à Sounion, et le Parthénon, le temple d'Aphaïa jouit d'une position dominante et offre une **vue exceptionnelle★★** sur l'île et le golfe Saronique. Érigé au début du 5e s. av. J.-C., il fut probablement abandonné quelques dizaines d'années plus tard lorsque les Éginètes furent chassés de l'île par les Athéniens.

À l'entrée, au milieu des pins, un panneau montre le sanctuaire tel qu'il se présentait vers 490 av. J.-C. Empruntez l'allée qui monte vers le temple. Passé cinq petites marches et un terre-plein, un escalier marque le début de la **voie sacrée** qui se prolongeait jusqu'à l'autel. Elle traversait les **propylées**, entrée monumentale creusée dans le mur de soutènement qui délimitait l'enceinte sacrée. Hors de cette dernière, à droite, quelques

2

BARBEROUSSE EN SES ŒUVRES

Paleohora ne connut que quelques siècles de paix. En 1537, le terrible Barberousse y pénétra de force, égorgeant les hommes et vendant comme esclaves sur les marchés d'Orient 6 000 femmes et enfants. Malgré les épreuves qui continuèrent de l'accabler, notamment sous la domination vénitienne, la ville resta habitée jusqu'en 1800, date à laquelle ses habitants se réinstallèrent sur la côte ouest, au pied de l'antique Kolona.

maisons réservées aux prêtres s'appuyaient sur ce mur. Exceptionnellement bien conservé, le **temple★★** dresse vers le ciel ses colonnes de calcaire, jadis recouvertes d'un crépi imitant le marbre blanc. Mesurant 32 m sur 16,50 m, il comportait, au rez-de-chaussée, six colonnes en façade et 12 colonnes sur chacun des grands côtés. À l'étage, des colonnades plus modestes supportaient le toit.

À droite de l'entrée gisent les vestiges d'un autel rectangulaire, encadré de deux salles d'offrandes. De là, on pénétrait dans le temple par une rampe inclinée. L'organisation interne du bâtiment est d'une grande lisibilité : en haut de la rampe, deux colonnes doriques marquaient l'entrée du vestibule, jalonné sur chacun de ses grands côtés par cinq colonnes. C'est là que trônait la statue de la déesse. Tournez ensuite autour du temple : vous verrez, à droite de l'autel, au-delà d'une des salles d'offrandes, une citerne et, juste à côté, une colonne tronquée qui supportait une monumentale statue de sphinx.

LES MEILLEURES PISTACHES DE GRÈCE

Égine jouit toute l'année d'un climat sec et doux. Cernées de collines couvertes de pins, ses plaines fertiles sont plantées de pistachiers dont les premiers plants furent importés d'Iran et d'Égypte par des voyageurs anglais, au début du 20e s. En s'acclimatant, ils ne tardèrent pas à donner des fruits tendres et charnus, qui passent pour les meilleurs de Grèce.

Visitez le **musée** sans perdre de temps (horaires obligent). Traversez rapidement la première salle (histoire des fouilles), pour mieux vous attarder dans les suivantes. Elles présentent des reconstitutions du second temple d'Aphaïa, brûlé vers 510 av. J.-C., en particulier une **façade polychrome**. Mais la majorité des sculptures, vendues à Louis II de Bavière, sont exposées à la Glyptothèque de Munich.

Retour par la côte nord

Un chemin *(fléché, à droite de la sortie du temple)* vous mène à **Agia Marina** en 30mn de marche à travers les pins. Le seul attrait de cette station balnéaire colonisée par les hôtels est sa longue plage de sable, belle mais bondée en été. Au sud, la côte n'offrant guère plus d'intérêt, revenez à Égine par la côte nord, en passant par les villages de **Vagia** (plage) et **Souvala**, ancien port de Paleohora.

Puis, la route longe une côte découpée, ponctuée de criques et de chantiers navals. Elle traverse **Plakakia**, où le romancier **Nikos Kazantzaki** (1883-1957) rédigea le plus célèbre de ses romans, *Alexis Zorba*.

À LA GLOIRE DE L'« INVISIBLE »

Version locale d'Athéna, la déesse de la Sagesse, **Aphaïa** (l'« Invisible »), était une nymphe vénérée à Égine. Sa beauté lui avait attiré l'amour de Minos, roi de Crète, auquel elle échappa en se jetant à la mer. Recueillie par un pêcheur d'Égine qui succomba à son tour à son charme, elle se déroba une fois encore en s'enfonçant dans une forêt où elle disparut aux yeux de tous. Le sanctuaire qui lui est consacré fut érigé au 7e s. av. J.-C. à l'emplacement d'un ancien lieu de culte dédié à une déesse préhistorique. Deux bâtiments religieux, dont il ne reste que quelques vestiges (le second fut détruit par le feu), précédèrent le temple actuel, élevé entre la fin du 6e s. et le début du 5e s. av. J.-C.

LA CÔTE OUEST ET LE CENTRE

D'Égine, la rte du sud longe la mer sur une dizaine de km. Le relief, plat jusqu'à 2 km avant Perdika, favorise une promenade à vélo.

Au sud d'Égine, au-delà d'une zone marécageuse plantée de roseaux et d'eucalyptus, s'épanouissent les stations balnéaires de **Faros** et de **Marathonas** (jolies plages de sable).

Après quelques collines drapées de pins, on débouche sur le port de pêche de **Perdika**, l'un des plus charmants d'Égine, investi côté mer par les voiliers, côté terre par les tavernes. De là, un caïque peut vous conduire en 10mn aux belles plages de l'**îlot Moni**, juste en face.

De retour à Marathonas, les plus sportifs pourront faire l'ascension du **mont Zeus** *(Oros Zeus)*, le point culminant de l'île *(532 m)*. En 2h de montée *(assez raide)*, on atteint un escalier antique et quelques ruines éparses qui témoignent de la présence, au 5e s. av. J.-C., d'un **sanctuaire dédié à Zeus**. Il conduit à un plateau caillouteux occupé par une **église byzantine**, d'où l'on jouit d'une belle **vue★** panoramique.

NOS ADRESSES À ÉGINE

INFORMATIONS UTILES

Banque / Change
La majorité des banques se trouvent sur le port de la ville d'Égine. Nombreux distributeurs ainsi qu'à **Agia Marina**.

Poste
Bureau de poste – *Square Ethnégarsias, à gauche du port en regardant la ville.*

Téléphone
OTE – *Dans la r. Aekon, qui part du port à gauche de la police portuaire.*
Agia Marina – *R. Aphaïa.*

Police touristique
R. Léonardos Lada (part à droite du square Ethnégarsias, à gauche du port en regardant la ville), dans une cour - ☎ 22970 277 77.

Police
Même adresse que la police touristique - ☎ 22970 221 00.

Santé
Hôpital d'Égine – *☎ 22970 222 09.*
Centre médical d'Agia Marina – *☎ 22970 321 75.*

Internet
The Bell Inn – *Café à Agia Marina - ☎ 22970 320 49 - à partir de 18h30.*
Internet Cafe – *À côté de l'hôtel Plaza, à Égine - tte la journée et le soir.*

ARRIVER / PARTIR

En bateau
Départ du **Pirée** ttes les h, à partir de 7h30 du matin *(1h30 de trajet, 40mn en hydroglisseur).*
Aegean Flying Dolphin – *☎ 22970 228 00.*
Hellenic Seaways – *☎ 22970 229 45.*
Hellenic Seaways Flying Dolphin – *☎ 22970 244 56.*
Aghios Nektarios – *☎ 22970 256 25.* Certains trajets relient aussi l'île avec **Methana**, **Poros**, **Hydra**, **Spetsae** et **Angistri** plusieurs fois par jour. Liaisons avec les **Cyclades** en juil.-août.

TRANSPORTS

En bus
Terminal – *Près du port d'Égine - ☎ 22970 227 87.* Service régulier au départ d'Égine de 6h30 à 19h30 : Marathonas-Perdika, Agios Nektarios-Mesagros-Aphaïa-Agia Marina, Kipseli-Vathi-Souvala (8-9/j.).

En taxi
Égine – *Station à gauche du port en regardant la ville - ☎ 22970 226 35.*
Agia Marina – *☎ 69449 508 15.*

En voiture
Plusieurs agences de location sur le port d'Égine.

En bateau
Navettes quotidiennes entre Égine-**Souvala** et **Agia Marina** – *☎ 22970 223 28 (police portuaire).*

À vélo
Location sur le port et dans les ruelles perpendiculaires.

HÉBERGEMENT

Bon à savoir – Excepté à Agia Marina et dans quelques villages de la côte ouest, l'île ne brille pas par ses hôtels.
Dans la ville d'Égine, les chambres sont souvent vieillottes et bruyantes. Les meilleurs établissements se regroupent après Kolona.

Égine (ville)

PREMIER PRIX

Hotel Plaza – *Sur la gauche du débarcadère - ☎ 22970 256 00 - plazainaegina@yahoo.co.uk - CC - 20 ch. 50 € (pas de petit-déj.).* Il regroupe deux hôtels (avec l'hôtel Ulrica) à 2mn l'un de l'autre. Ce sont les moins chers de l'île.

BUDGET MOYEN

Nafsika Hotel Bungalows – *55 r. Kazantzaki, à 500 m au nord du port - ☎ 22970 223 33 - www.hotelnafsika.com - - 36 ch. 80 €.* Presque invisibles de la route, des bungalows avec terrasse, noyés sous les bougainvilliers. Une clientèle de fidèles, amoureux de nature et de calme. Les propriétaires, francophiles et accueillants, ajoutent au charme du lieu.

Vagia

BUDGET MOYEN

Vagia – *☎ 22970 711 79 - www.vagiahotel.gr - CC - 21 ch. 65 €.* Arrêt de bus Égine-Aphaïa à proximité. À 3 km du temple d'Aphaïa et 200 m de la plage, deux bâtiments à l'ancienne cachent, derrière leurs pergolas fleuries, des chambres charmantes (2-4 pers.). Balcons ombragés, copieux petit-déjeuner. Idéal pour fuir l'agitation d'Agia Marina.

Perdika

BUDGET MOYEN

Antzi studios – *À l'entrée du petit port de Perdika, à droite - ☎ 22970 614 45 - www.antzistudios.gr - CC - 30 studios 60 €.* Les chambres sont dotées d'une kitchenette et d'un balcon, tandis que les studios, de standing, affichent une décoration traditionnelle. Agréable piscine dans le jardin. En cas d'absence, adressez-vous à la taverne Nondas sur le port.

Agia Marina

BUDGET MOYEN

Apollo – *À l'entrée d'Agia Marina en venant du temple d'Aphaïa, au bout d'une petite route au milieu des arbres - ☎ 22970 322 71/72 - www.apollohotelregina.gr - CC - 107 ch. 75 €.* Malgré son architecture des années 1970, cet hôtel est le plus agréable d'Agia Marina. Les chambres, claires et gaies, et les larges coursives, ont été rénovées. Au pied de l'hôtel, des pontons sont aménagés pour les baignades.

Moondy Bay

BUDGET MOYEN

Moondy Bay – *2 km au nord de Perdika - ☎ 22970 612 15 - CC - 90 ch. 65 €.* Beau complexe disséminé sur une colline couverte de pins qui descend vers la mer. Chaque studio, très bien conçu, possède sa terrasse avec vue. Ping-pong, minigolf, vélos, sports nautiques, aire de jeux.
Le bus pour Égine et Perdika s'arrête devant l'hôtel. Les propriétaires parlent français.

RESTAURATION

Bon à savoir – Les restaurants d'Égine et de Perdika sont réputés pour leur poisson.

Égine (ville)

Bon à savoir – Autour du marché couvert, quelques gargotes fréquentées par les marchands permettent de grignoter sur le pouce des poulpes grillés. Pour un bon repas, préférez les restaurants et les tavernes à gauche du débarcadère, aux alentours de l'hôtel Plaza.

PREMIER PRIX

Souvlaki – *Sur le port, en face du lieu d'ancrage des voiliers - .* Ce self-service sert d'honnêtes

2

souvlakia et quelques salades mixtes. Bon choix de glaces.
Areti – *En bord de mer, en face de l'hôtel Plaza.* Excellentes grillades de poisson selon l'arrivage.

Messagros

PREMIER PRIX

Argyris – *À la sortie du village, première route à gauche juste avant l'école, puis première à droite -* ⊭. Dans cette taverne tapie dans la verdure, surtout connue des Grecs, poissons grillés et un délicieux feuilleté aux épinards.

Alones

PREMIER PRIX

Au sud d'Agia Marina, prenez à gauche vers Alones. Sous leurs pergolas ombragées de verdure, les deux tavernes **Takis** et **Kostas** proposent de vrais menus locaux dans une ambiance villageoise. Bons *mezzes* et spécialités de poisson. Plus agréablement aménagée que sa voisine, la taverne **Kostas** propose des repas spécial barbecue le week-end.

PETITE PAUSE

Égine (ville)

Kavourina – *Au nord du port, après la station de bus.* Une sympathique *ouzerie*. Bonne variété de *mezzes* (fromage frit, crevettes, calamars, etc.).
Aiakeion – *Au milieu du port.* Le meilleur pâtissier et glacier de l'île.

ACHATS

Marché – Agréable marché couvert dans la ville, cerné de bistrots et de tavernes populaires.
Artisanat – Poteries traditionnelles à **Messagros**.
Spécialités culinaires – Goûtez les **pistaches** d'Égine, nature, grillées ou mélangées à du miel. Plus vous vous éloignez du débarcadère, plus les prix baissent.
Presse internationale – *Sur le port.*

EN SOIRÉE

Égine (ville)

Avli – *Bar-Restaurant - ✆ 22970 264 38.* Dans la petite ruelle commerçante parallèle au port, un bar branché ouvert jusqu'à 2h du matin.

Agia Marina

Léo Club – *Près de l'hôtel Apollo.* Une discothèque perdue au milieu des pins.

ACTIVITÉS

Plongée

Aegina Dive Center – *À Égine.* Pas de bureau mais un bateau sur le port. Plongée sous-marine.
Aegina Scuba Diving Club – *À Agia Marina.* Club de plongée qui propose avec l'hôtel Argo des activités nautiques.

Excursions

Circuits pour Athènes, l'Argolide et les îles voisines. Vous pouvez également passer une journée sur la petite **île d'Angistri**, plus discrète qu'Égine, plantée de pins (mais pauvre en plages), à 20mn du port de la capitale de l'île.

AGENDA

Grande fête votive de l'église Agios Nektarios – Autour du 9 novembre.

Hydra

(Ýdra - Ύδρα)

★★

2 913 habitants - Région de l'Attique - Unité régionale des Îles - 56 km²

NOS ADRESSES PAGE 195

S'INFORMER
Il n'y a pas de bureau d'informations touristiques à Hydra, mais deux agences assurent la vente des billets de bateaux *(voir « Nos adresses »)*.
Site internet – *www.hydra.gr (site officiel, en anglais).*

SE REPÉRER
Carte de région B2 (p. 180) - Carte de l'île p. 193.

À NE PAS MANQUER
Une promenade dans la ville.

ORGANISER SON TEMPS
Une excursion d'une journée vous donnera un bel aperçu. Pour un séjour plus long, réservez : Hydra est prise d'assaut en été.

La baie d'Hydra, tel un théâtre géant avec ses yachts, ses collines environnantes et ses habitations étagées dessinant les gradins, gagne à chaque fois l'admiration de ses visiteurs. Chaque maison de pêcheur, blanche ou colorée, chaque demeure patricienne avec son austère façade grise compose un élément du décor. Les ânes et les mulets remplacent les véhicules à moteur, interdits dans l'île. Dans cette scène cossue, le jeu consiste à voir autant qu'à être vu. Les yachts occupent la place des anciens navires marchands et la jet-set a remplacé les armateurs qui donnèrent à Hydra ses lettres de noblesse…

Se promener Carte de l'île p. 193

En longeant les rives pelées de cette île étroite (*4-5 km de large*), qui s'étire sur 18 km, on a peine à croire qu'elle fut jadis assez pourvue en sources pour mériter le nom d'Hydreia, « riche en eau ». Jamais cultivée, soumise aux incendies qui détruisirent l'essentiel de ses forêts, Hydra n'est plus qu'une longue bande de terre aride et montagneuse, où la roche affleure partout. Les larges citernes creusées par les armateurs hydriotes pour recueillir l'eau de pluie ne suffisent plus à alimenter les habitants et les visiteurs ; l'île doit désormais importer quotidiennement par bateaux-citernes près de 4 000 tonnes d'eau.

★★ HYDRA (VILLE)

Comptez 2h de visite. Débutez votre promenade par le tour du port d'est en ouest.
Pour le panorama sur la ville et son anse, rendez-vous au bout du quai des ferries, où trône la statue de Miaoulis. Au milieu des maisons qui descendent vers le port, repérez les hautes silhouettes des **archontika** *(voir encadré p. 194)*, quelques moulins et, au centre, la tour d'horloge du monastère de l'Assomption.

HYDRA, LA « PETITE ANGLETERRE »

Hydra ne fut longtemps qu'une escale pour les pirates. Au 15e s. cependant, l'arrivée de réfugiés albanophones, fuyant le Péloponnèse et les persécutions ottomanes, changea son destin. La terre n'ayant rien à offrir, c'est de la mer que ces habiles marins tirèrent leurs ressources, avec la **construction navale**. Après avoir obtenu de l'occupant turc la liberté de naviguer sur toutes les mers, ils amassèrent de colossales fortunes grâce au commerce international, qui les mena jusqu'en Amérique. Très entreprenants, ils ravitaillèrent, à prix d'or, la France napoléonienne isolée par le blocus anglais, et s'adonnèrent, à l'occasion, à la contrebande et à la piraterie. Au 19e s., la puissance de ces **armateurs** hors pair était telle qu'Hydra, qui abritait la **première école de marine marchande d'Europe**, fut surnommée la « Petite Angleterre ».

En longeant le port, arrêtez-vous au **musée des Archives historiques★** *(tlj sf lun. 9h-16h30 (et 19h30-21h30 de déb. juil. à fin août) - 3 €)*, qui retrace le passé maritime de l'île. Au rez-de-chaussée, une salle entière est consacrée à l'histoire des phares. Plus intéressant, le premier étage est entièrement dédié à Hydra et à la mémoire de ses capitaines. Au milieu d'une collection de portraits, de cartes marines, d'appareils de navigation et de figures de proue de navires, repose l'urne funéraire contenant le cœur de Miaoulis.

En sortant, longez l'*archontika* voisine, ancienne propriété de l'armateur Tsamados. Elle abrite une section de l'école grecque de marine marchande.

De bijouteries en terrasses de cafés, on parvient, au milieu de la jetée, au **monastère de l'Assomption** dont une tour d'horloge marque l'entrée. Construit en 1643, il fut rénové dans la deuxième moitié du 18e s. après un tremblement de terre. Baignées de la blancheur du marbre, ses deux cours, où trônent des bustes de capitaines et un monument aux morts, sont un havre de paix. Dans la basilique coiffée d'une coupole, admirez l'impressionnante **iconostase★** de marbre et une **icône dorée★** du martyr Constantin l'Hydriote. Remarquez aussi les lustres décorés d'ex-voto figurant des navires.

En sortant, une loggia accessible par un escalier mène à un petit **Musée byzantin** *(tlj sf lun. 10h-17h - 2 €)*, présentant des objets liturgiques : calices, crucifix, icônes et étoles brodées.

De part et d'autre du monastère, trois rues piétonnes s'enfoncent dans la ville. De plus en plus paisibles au fur et à mesure qu'on s'éloigne du port, elles mènent au **quartier de Kiafa★★★**, au-dessus de l'actuel hôpital, où se rassemblent les premières maisons d'Hydra. Une vraie aubaine pour les amateurs de photos : l'endroit le plus attachant de la cité cache un enchevêtrement inextricable de ruelles minuscules et de passages couverts, où se réfugiaient les habitants lors des attaques de pirates. Dans cet univers silencieux, les façades néoclassiques de **maisons bourgeoises★**, restaurées au 19e s. après un tremblement de terre, mêlent leurs murs blancs ou colorés en un jeu chatoyant auquel répondent le vert céladon, le gris clair ou le bleu des portes et des fenêtres.

PETIT TOUR DANS L'ÎLE

Moins de 2h pour de courtes promenades : privilégiez la côte qui s'étend de part et d'autre de la ville. Pour explorer le centre de l'île, louez un âne ou partez à pied tôt le matin, avec de l'eau et quelques provisions.

193
HYDRA

Au nord-est

Contournez la statue de Miaoulis qui ferme le port à l'est, et suivez la route littorale, ponctuée de maisons cossues.

Mandraki, à 20mn de marche du centre-ville, est le seul endroit où vous trouverez une plage digne de ce nom, celle de l'hôtel Miramare *(accessible à tous)*.

Si les paysages âpres et dénudés ne vous rebutent pas, empruntez ensuite un chemin à droite pour grimper jusqu'au **monastère Agia Matrona** *(45mn de marche)*, perdu dans les collines.

Bien au-delà, on atteint le **monastère de Zourvas★** (16e s.), le plus oriental de l'île *(à pied, comptez 3h de marche depuis Mandraki ; en bateau, faites-vous débarquer au pied de la colline de Zourvas et comptez 15mn de marche)*. Profitez de la superbe **vue★** sur l'île. Des religieuses vous accueilleront : elles vendent leurs travaux (rideaux, nappes, tapis…).

Au sud-ouest

D'Hydra, dépassez le phare à l'ouest du port et longez le bord de mer (chemin piéton). Cette promenade vous conduira à Molos (1h30 à pied), mais peut aussi se faire en caïque.

À quelques minutes du centre-ville, protégés par de vieux canons, quelques pontons en béton permettent aux baigneurs de plonger dans les eaux profondes de **Spilias**. Mais, pour trouver une première plage de graviers, il faut

DU COMMERCE À LA GUERRE

Lorsqu'en 1821 éclata la guerre de libération contre les Turcs, les armateurs d'Hydra, encore appelés « capitaines », transformèrent en **bateaux de guerre** 130 de leurs navires marchands, fournissant à la Grèce en lutte les deux tiers de sa flotte ! Tous se lancèrent dans la bataille : Tombatsis, Tsamados, Koundouriotis – qui passait pour l'homme le plus riche d'Europe – et Andreas Miaoulis qui détruisit les navires ennemis en lançant vers eux des « brûlots », vieux bâtiments bourrés de poudre. La victoire était en effet au prix de tant de sacrifices. Mais aussi la désolation, car Hydra y laissa toute sa fortune. Lorsque la vapeur remplaça la voile, les armateurs, ruinés, n'obtinrent même pas d'Athènes l'aide qu'ils attendaient pour renouveler leur flotte. C'est grâce au **tourisme** que l'île a aujourd'hui retrouvé sa prospérité.

PUISSANTES « ARCHONTIKA »
Construites en majorité à la fin du 18e s., les **maisons de maître**, ou *archontika*, des armateurs témoignent encore de l'ombrageuse puissance de leurs propriétaires. Leurs hauts murs de pierres grises, mesurant jusqu'à 1,30 m d'épaisseur et percés d'étroites fenêtres grillagées, leur confèrent des allures de forteresse qui imposent le respect. À l'intérieur, en revanche, tout respirait l'opulence. S'y cachaient des jardins plantés de fleurs rares importées d'Occident, des loggias inspirées par l'architecture génoise, de vastes pièces aux sols en marbre et aux plafonds peints, décorées de meubles et de tableaux rapportés par les armateurs à chacun de leurs voyages.

traverser le hameau de **Kamini**, petit port de pêche aux allures nonchalantes *(20mn de marche)*.

Plus loin, vous arrivez à **Vlichos**, autre port solitaire dont la plage aux teintes rougeâtres offre un curieux contraste avec la blancheur des maisons.

S'ouvre ensuite la grande **baie de Molos**, où mouillent quelques bateaux de plaisance. De là, dans une large vallée boisée de pins, montez vers le hameau d'**Episkopi**, où furent découverts des vestiges d'habitat mycénien. À moins que vous ne préfériez vous baigner dans les eaux limpides du **cap Bisti** ; prenez dans ce cas le caïque.

Le centre de l'île

D'Hydra, par la rue A. Miaoulis *(à gauche du monastère de l'Assomption)*, on accède au sommet de la colline qui domine la ville, d'où la **vue**★ sur la rade est particulièrement belle le soir.

En continuant à pied ou à dos d'âne, vous parviendrez au **monastère Profitis Ilias** *(ouvert du lever au coucher du soleil ; visite recommandée en matinée pour ne pas déranger)*, caché dans une pinède à 500 m d'altitude. Vous visiterez la cellule de Kolokotronis, héros de la guerre de libération, emprisonné ici quelques mois de l'année 1825.

De là, rendez-vous au **monastère Agia Evpraxia**, où les religieuses travaillent la soie, ou montez au sommet du **mont Éros**, pour apprécier un merveilleux **panorama**★★ : le golfe Saronique d'un côté, la mer de Mirto de l'autre, et, à vos pieds, la nature rocailleuse d'Hydra, semée de quelques hameaux abandonnés.

NOS ADRESSES À HYDRA

INFORMATIONS UTILES

Banque / Change
Plusieurs banques sur le port, à droite du débarcadère.

Poste
Dans la rue Ikonomou, perpendiculaire au port, près du marché.

Téléphone
OTE – *Derrière le monastère de l'Assomption.*

Sécurité
Police – *Juste en face de l'OTE - ☎ 22980 522 05.*

Santé
Hôpital – *Dans la première rue à droite du monastère - ☎ 22980 531 50.*
Pharmacie – *Dans la même rue - ☎ 22980 526 61 - fermé l'apr.-midi.*

Agences de voyages
Hellas Flying Dolphins – *☎ 22980 540 07.*
Aegean Flying Dolphins – *☎ 22980 541 80.*

Pressing
Dans l'enceinte du marché aux fruits *(9h-13h et 17h-21h).*

ARRIVER / PARTIR

En bateau
Depuis le quai E9 du port du **Pirée,** nombreux hydroglisseurs à partir de 8h, 1h40 de trajet.
Hellenic Seaways – *☎ 21041 990 00 - www.hellenicseaways.gr.* Se munir des horaires pour un AR dans la journée.
En été, des bacs et des hydroglisseurs assurent le passage entre Hydra et **Ermioni**, sur la côte est du Péloponnèse.

TRANSPORTS

À dos d'âne
Sur le port, des muletiers transportent les bagages vers les hôtels et emmènent les promeneurs sur la colline. Fixez le prix à l'avance.

En bateau
Caïques et bateaux-taxis *(plus chers)* desservent les plages et proposent des tours de l'île.

HÉBERGEMENT

Bon à savoir – Hydra est une île chère. Les quelques hôtels de catégorie moyenne (décor sinistre) sont plutôt modestes. Si vous aimez le calme, évitez le centre. Les adresses ci-dessous composent la catégorie supérieure, associant confort et raffinement.

Hydra (ville)

POUR SE FAIRE PLAISIR

Hotel Nefeli – *En haut de la ville, fléché depuis le port - ☎ 22980 532 97 - www.hotelnefeli.eu - 9 ch. 90 €* ☕. Si vous êtes chargé, utilisez les services d'un muletier. Chambres simples et aménagées avec goût. Préférez les nos 12, 14 et 15 : vue sur la ville exceptionnelle.
Mistral – *Au bout de la rue Tombazis, à gauche du port - ☎ 22980 525 09 - www.hotelmistral.gr - 17 ch. dont 1 studio (pour 4 pers.) 120 €* ☕. Dans une rue calme, un bâtiment traditionnel de pierre. Les chambres, propres et claires, ouvrent sur un patio fleuri agréable pour le petit-déjeuner.
Miramare – *Sur la plage de Mandraki - ☎ 22980 523 00 - www.miramare.gr - ✕ ⛱ - 28 ch. 70/130 €* ☕. De frais bungalows avec terrasse et

réfrigérateur encadrent la plage de sable de Mandraki, à 7mn en bateau du centre-ville *(navettes jusqu'à 1h du matin)*. Sports nautiques et piscine pour les enfants. Le bateau de l'hôtel organise des tours de l'île, mais le personnel, jeune et saisonnier, manque d'expérience.

UNE FOLIE

Miranda – *Au milieu de la r. A. Miaoulis - ✆ 22980 522 30 - www.mirandahotel.gr - 14 ch. 140/220 €* ☕ . Superbe maison ancienne, transformée en hôtel, avec un jardin clos ombragé et un aménagement intérieur, typique de l'architecture hydriote (plafonds à caissons, meubles néoclassiques). Chambres inégalement décorées. Certaines disposent d'un réfrigérateur. Accueil francophone.

Bratsera – *R. Tombazis, proche du centre - ✆ 22980 539 71 - www.bratserahotel.com -* ✕ 🏊 *- 26 ch. 160/215 €* ☕. Installé dans une ancienne usine d'éponges dont il a conservé les murs de pierre, les poutres aux plafonds et le sol dallé, cet hôtel est le plus beau d'Hydra. Décorées avec goût, calmes, les chambres ont un charme fou, de la plus petite, perchée en haut d'un escalier intérieur, à la plus spacieuse et raffinée. Les repas sont servis dans le patio, au bord de la piscine.

Orloff – *À droite du monastère de l'Assomption, prendre la r. Votsi, jusqu'à une pharmacie, après le jardin public - ✆ 22980 525 64 ou 21052 261 52 (à Athènes) - www.orloff.gr - 9 ch. 150/190 €* ☕. Discrète de l'extérieur, cette maison du 18e s. comblera les amoureux d'authenticité. Chambres sobrement décorées, confortables, intégrées dans de magnifiques parties communes et un jardin paisible où est servi le petit-déjeuner. Accueil charmant et francophone.

RESTAURATION

Hydra (ville)

PREMIER PRIX

To Steki – *R. Miaoulis - ✆ 22980 535 17.* Une taverne légèrement en hauteur dont les menus complets, ouzo et dessert compris, restent à prix doux (vin en sus).

Gitonikon – *Dans une petite rue tranquille, au fond à droite de la taverne Xeri Elia - ✆ 22980 536 15 -* 💳̸. Un restaurant sur deux niveaux – dont une terrasse. Remarquable pour la fraîcheur de ses produits (poissons, crudités, grillades) et pour la cuisson. Un des meilleurs rapports qualité-prix d'Hydra.

Xeri Elia (Douskos) – *En centre-ville - ✆ 22980 528 86 -* 💳̸. Les tables sont dressées sur une jolie place bordée de maisons blanches, à l'abri de deux arbres centenaires. Goûtez aux calamars farcis et au vin au tonneau, sur fond de musique grecque.

POUR SE FAIRE PLAISIR

Annita – *Au début de la rue A. Miaoulis, sur la gauche - ✆ 22980 541 53 -* 💳̸. Une *ouzerie* à la mode dont le décor à l'ancienne (buffet, lampes boules et tables de marbre) veut justifier des prix un peu élevés.

Bratsera – *Dans l'hôtel du même nom, voir « Hébergement » - ✆ 22980 527 49 -* 💳̸. La table la plus chic d'Hydra, dans un décor de rêve. La carte présente des recettes grecques traditionnelles, des plats internationaux et une grande variété de pâtes.

Kamini

BUDGET MOYEN

Kodylenia's – *À l'entrée du port de Kamini - ✆ 22980 535 20 - www.hydra-kodylenia.gr -* 💳̸. Une taverne avec terrasse d'où l'on jouit d'une vue sur la mer, en savourant un repas de poisson de première fraîcheur. Un peu cher cependant pour la catégorie.

ACHATS

Marché – Marché permanent, dans le centre-ville.

Artisanat – Lingerie brodée par les sœurs du **monastère de Zourva**. Modèles traditionnels en vente chez **Pan. Asproulis**, dans la ville.

Journaux français – Dans une librairie au milieu du port.

EN SOIRÉE

Bon à savoir – Le port d'Hydra est le lieu où il faut être. Hélas, les prix sont exorbitants.

Heaven – *À l'ouest du port, au-dessus du Sunset.* Une discothèque haut perchée avec terrasse : vue imprenable garantie. Ambiance rock et accords contemporains.

Amalour – *Au début de la r. Tombazis, face à l'embarcadère.* Un bar spécialisé en musique espagnole.

Pirates – *De l'autre côté du port.* Pour les inconditionnels de rock.

ACTIVITÉS

Plages

Pontons bétonnés pour les baigneurs paresseux, à 10mn du centre-ville, vers l'ouest.
Sinon, les plages les plus proches sont celles de Mandraki et de Kamini. Sur la côte sud, des caïques desservent les plages bordées d'arbres de Bisti et de Limionissa.

Excursions

Autour de l'île *(6h)*, départ à 11h *(sf j. de grand vent)*. Emportez votre pique-nique. Excursions vers le Péloponnèse : Porto Heli, Kosta et le théâtre d'Épidaure.

AGENDA

Carnaval – Dernier dimanche avant le carême.

Vendredi saint – Cérémonie à Kamini en souvenir des victimes de la mer.

Semaine nautique ou Miaoulia – Courses de voiliers, démonstrations de la flotte nationale, danses et feu d'artifice. Fin juin.

15 août – Représentation de danses folkloriques.

Fête nationale – Régates entre Athènes et Hydra. Le 28 octobre.

Poros

(Πόρος)

★★

4 259 habitants - Région de l'Attique - Unité régionale des Îles - 33 km²

NOS ADRESSES PAGE 201

S'INFORMER

Hellenic Sun Travel – *Sur le port, à gauche en sortant du bateau - ✆ 22980 259 01*. Service de location de chambres.

Site Internet – *www.poros-portal.gr (site officiel, en anglais).*

SE REPÉRER

Carte de région B2 (p. 180) - Carte de l'île p. 200.

À NE PAS MANQUER

Une balade dans la vieille ville ; le monastère Zoodochos Pigi.

ORGANISER SON TEMPS

Une demi-journée étant suffisante pour découvrir Poros, l'idéal est de louer un véhicule, sur place, à la matinée.

Si Poros n'est pas la plus spectaculaire des îles Saroniques, sa situation, à une heure d'hydroglisseur d'Athènes, en fait un pont entre deux Grèce : l'île s'offre comme un prélude au monde des Cyclades. On accoste au cœur même de la ville de Poros, dont le quai s'allonge au pied de deux charmants mamelons hérissés de maisons néoclassiques, élégante cascade de toits rouges – rappels de l'Attique – et de façades blanches déjà cycladiques. Juste derrière, laissant la ville à ses nuées de touristes, une magnifique forêt de pins drape le reste de l'île, solitaire, presque inviolée, écrin des romantiques vestiges d'un sanctuaire dédié à Poséidon.

Se promener Carte de l'île p. 200

Un géant traverserait d'un pas le chenal qui sépare Poros de la côte du Péloponnèse. L'île est si proche que son faubourg moderne, **Galatas**, s'est même développé, faute de place, préservant la vieille cité insulaire des constructions anarchiques. Quant à l'île elle-même, un isthme la partage en deux, la plus petite partie, **Sphéria**, constituant la ville de Poros. Bien plus vaste, **Kalavria**, frangée de jolies plages, accueille le jardin de Poros, succession de collines couvertes de pins, de citronniers et d'oliviers.

POROS ET LE DIEU DE LA MER

L'île connut son apogée au 7e s. av. J.-C. avec la fondation d'un sanctuaire consacré à Poséidon. Elle s'était associée à six autres villes de l'Attique, de Béotie et du Péloponnèse pour constituer une amphictyonie, alliance à caractère religieux qui l'impliquait dans les grandes cérémonies sacrificielles en l'honneur du dieu de la Mer, jusqu'au 3e s. av. J.-C.

Le port de Poros.
P. Frilet / hemis.fr

2

★ POROS (VILLE)

Comptez 2h.

Échappez aux hordes de touristes qui hantent le port et ses abords, et grimpez sur la colline au-dessus du clocher bleu de l'église. En moins d'un quart d'heure, vous vous retrouverez dans un lacis serré d'escaliers et de ruelles. Au sommet, qui ménage une belle **vue★**, vous pourrez suivre au calme le ballet incessant des caïques qui font la navette entre Poros et Galatas.

De retour au port, tournez à gauche jusqu'au petit **Musée archéologique** *(pl. Alexis Korizis - tlj sf lun. 8h30-15h - gratuit)*. Il conserve de beaux fragments de décors architecturaux mis au jour à Poros et dans l'ancienne Trézène, sur le continent (Argolide). Les plus férus s'attarderont aussi sur les tanagras, statuettes féminines de terre cuite (4e et 3e s. av. J.-C.) et sur la collection de poteries.

Pour sortir de Sphéria, longez la mer sur votre gauche et traversez l'isthme qui relie la ville à Kalavria. En passant, remarquez, à gauche, l'**école de la marine nationale**, installée dans les bâtiments d'une ancienne base navale russe construite en 1806.

★ KALAVRIA (ΚΑΛΑΥΡΕΙΑ)

Comptez une demi-journée avec une halte à la plage.

Après l'atmosphère agitée de la ville, il est agréable de goûter la douceur de ce cadre bucolique, baigné du parfum tonique des pins, des oliviers et des citronniers.

L'isthme franchi, la première route à gauche vous conduit aux belles **plages de sable de Mikro Neorio★** et de **Megalo Neorio★**, noyées dans la verdure. Elle aboutit, en cul-de-sac, à moins de 5 km de là, dans une petite baie aux eaux paisibles, où mouillent quelques voiliers *(plage de galets aménagée)*. Revenez sur vos pas et continuez tout droit vers l'est.

Négligez la plage d'Askeli, noire de monde, et prenez plutôt le temps de visiter le **monastère Zoodochos Pigi★**, perdu dans les pins *(à 4 km - du lever au coucher du soleil - fermé de 14h à 16h30 en été - entrée libre - des vêtements longs vous sont prêtés)*. Construits au 18e s., les bâtiments monastiques lui servent d'enceinte, enserrant une cour intérieure où reposent quelques héros de la guerre de libération. Deux cyprès précèdent l'église, basilique à coupole qui renferme une impressionnante **iconostase★** sculptée en bois doré, portant quelques icônes du 18e s. En contrebas du monastère, vous pourrez ensuite profiter de la petite **plage de sable** et de sa taverne.

Au-delà de Zoodochos Pigi, la route s'enfonce au cœur de l'île, révélant 6 km d'une forêt solitaire. Si vous êtes amateur d'archéologie, arrêtez-vous au **sanctuaire de Poséidon** *(tlj sf lun. 8h-14h30 - gratuit)*, moins pour les vestiges, très ruinés, du temple et des autres édifices qui composaient le site, que pour jouir d'une belle **vue** sur le Péloponnèse et, par beau temps, sur l'Attique et Salamine.

NOS ADRESSES À POROS

INFORMATIONS UTILES

Banque
Distributeur à droite du débarcadère.

Poste et téléphone
Au-delà de la banque Emboriki, sur une place.
OTE – *À gauche du quai, à 5mn à pied.*

Police touristique
À gauche en débarquant, juste après Kostas Bikes, le long d'un escalier - ✆ 22980 224 62.

Santé
Pharmacie – *Sur le port.*

Internet
Coconuts – *10h-3h*. Pub à l'ambiance chaleureuse et tranquille.

Journaux français
Sur le port, entre la pharmacie et l'OTE.

ARRIVER / PARTIR

En bateau
Liaison avec **Le Pirée** *(ttes les h à partir de 8h, 2h15 de trajet)*, depuis les quais E8 et E9 du Pirée en hydroglisseur *(1h)*. Sur place, un bac assure la navette Poros-**Galatas**, sur le continent *(ttes les 10mn)*. En été, bacs et hydroglisseurs établissent celle entre Poros et **Ermioni**, sur la côte est du Péloponnèse, *via* **Hydra**.

TRANSPORTS

En bus
Tous les secteurs de Poros sont desservis par le bus. Station sur le port, à droite en débarquant, devant l'amarrage des navettes pour Galatas.

En taxi
Station devant l'arrivée des hydroglisseurs - ✆ 22980 230 03.

En voiture
Plusieurs agences de location à Galatas, sur le continent. À Poros, sur le port, nombreux loueurs de deux-roues, mais une seule agence de location de voitures.
Spheros – *À droite de l'agence des Flying Dolphins*. Location de véhicules.
Bon à savoir – Vous trouverez une station-service dans la ville.

En bateau
Toutes les h, départs des **caïques** du port vers les plages de Neorio, à l'ouest, et Askeli et le monastère Zoodochos Pigi, à l'est. Quelques **bateaux-taxis** près du débarcadère. Les bacs pour les véhicules partent du port nord.

HÉBERGEMENT

Bon à savoir – Bien que pratiques parce que proches du port, les hôtels du centre-ville sont bruyants. Vous trouverez quelques jolis établissements sur le bord de mer, plus agréables *(réservez en été)*. Moins séduisants, les hôtels de Galatas sont évidemment meilleur marché.

Poros

BUDGET MOYEN

Manessi – *Sur le port, pratiquement en face du quai des ferries - ✆ 22980 222 73 -*

www.manessi.gr - 13 ch. 50 € - ☕ 6 €. Une élégante maison néoclassique à façade jaune, cachant une décoration intérieure un peu vieillotte. Toutes les chambres disposent d'un réfrigérateur et d'un balcon.

Baie de Neorio

POUR SE FAIRE PLAISIR

Poros Image Hotel – *☎ 22980 222 16 ou 21094 005 80 (à Athènes) - www.porosimage.gr - ✗ 🏊 - 80 ch. 75/125 € ☕.* Grand complexe rénové des années 1970. Les chambres, vastes et particulièrement lumineuses, ont été aménagées avec soin et jouissent d'une vue sur le port. Plage privée. Évitez les quelques chambres donnant sur la route.

Baie de Monastiri

POUR SE FAIRE PLAISIR

Sirene – *Sur la route entre la plage d'Askeli et le monastère Zoodochos Pigi - ☎ 22980 227 41/42/43 - www.sireneblueresort.gr - ✗ 🏊 - 120 ch. 120/180 € ☕.* Cet établissement de luxe se dresse le long d'une falaise entre la route et la plage. En dessous des chambres dotées d'un balcon (les plus plaisantes donnent sur la mer) s'étagent restaurant, snack et dancing. À quelques pas de la plage privée, deux piscines *(adultes et enfants)*.

RESTAURATION

Tavernes et restaurants occupent pratiquement chaque maison sur les quais. Cependant, la gastronomie de Poros n'est pas particulièrement réputée.

EN SOIRÉE

Vous pouvez vous rendre au **Posidonio Music Club**, situé entre Poros et le sanctuaire de Poséidon. L'établissement bénéficie d'une vue magnifique sur le port et Galatas. Ce bar, équipé d'une piscine, propose, tous les soirs d'été, des concerts de musiques grecque et internationale. Bus gratuits à partir de 21h.

ACTIVITÉS

Activités sportives

Passage – *Dans la paisible baie de Neorio - ☎ 22980 425 40 - www.passage.gr.* École de ski nautique, entre autres sports aquatiques proposés pour tous *(dès 4 ans)*. Accueil agréable, en anglais.

Plages

Les plus calmes sont à **Neorio**, à l'ouest, les plus courues à **Askeli**. À quelques kilomètres à l'ouest du sanctuaire de Poséidon, un chemin de terre mène à la plage solitaire de **Vayonia**.

Excursions

Des circuits sont organisés pour le site antique de **Trézène**, sur le continent, qui conserve quelques restes d'un stade et d'un sanctuaire dédié à Hippolyte, et pour les principaux sites archéologiques du Péloponnèse.

De Galatas, possibilité de se rendre à **Lemonodassos**, une forêt de citronniers qui était, il y a une dizaine d'années encore, la plus grande de Grèce.

Cinéma

Ciné Diana – *À l'ouest du port, Installé dans un café - tous les soirs en été.*

AGENDA

Semaine nautique – En été, organisations de régates, diverses manifestations et expositions.

Le monastère de Faneromeni.
R. Harding / Robert Harding Picture Library / age fotostock

Salamine

(Salamina –Σαλαμίνα)

33 491 habitants - Région de l'Attique - Unité régionale des Îles - 96 km²

NOS ADRESSES PAGE 208

S'INFORMER
Site Internet – *www.salamina.gr (site officiel, en anglais).*

SE REPÉRER
Carte de région B1 (p. 180).

ORGANISER SON TEMPS
Comptez une demi-journée de promenade.

Fermant la baie d'Éleusis, la plus île grande du golfe Saronique est aussi la plus proche de la capitale (15 km de l'Acropole, 7 km du Pirée). Salamine est parée d'un collier de navires, qui mouillent autour par centaines, certains formant un étonnant cimetière marin. Très facilement accessible, elle est fréquentée par de nombreux Athéniens. Son nom évoque l'une des batailles les plus connues de l'Antiquité.

Se promener

Vous découvrirez plusieurs bourgs, en fait des zones pavillonnaires occupées par des Athéniens. La côte nord, où se trouve un **port de guerre**, fait face au complexe industriel d'Éleusis et ne présente guère d'intérêt.

LA BATAILLE DE SALAMINE (480 AV. J.-C.)

Ayant occupé Athènes et l'Attique, les Perses avaient rassemblé leur flotte de guerre dans le golfe Saronique, tandis que les bateaux grecs à rames (trières), bien inférieurs en nombre mais très maniables, firent semblant de battre en retraite dans la baie d'Éleusis. Une grande partie de la flotte perse s'engagea dans l'étroit goulet qui sépare l'île du continent et se trouva dans l'impossibilité de manœuvrer à cause du manque de place. Les éperons en bronze qui équipaient les navires athéniens percèrent alors les coques des navires ennemis et beaucoup coulèrent sous les yeux désespérés de Xerxès, le roi des Perses, qui suivait le combat d'une hauteur du littoral, assis sur un trône. Ce combat décisif de la seconde guerre médique a été raconté par **Eschyle**, témoin oculaire, dans sa tragédie *Les Perses*, et par l'historien **Hérodote**.

La station balnéaire de **Selinia**, à l'est, est assez fréquentée. Le Sud est relativement montagneux et offre de belles vues sur l'île d'Égine et sur les côtes du Péloponnèse.

MONASTÈRE DE FANEROMENI

À l'ouest de l'île, à 1,5 km de l'arrivée du bac de Megara, face à la côte.
Construit au 17e s., le monastère possède une église abritant de belles fresques du 18e s. (Jugement dernier). La tradition veut que la Vierge soit apparue ici et le monastère est fréquenté par de nombreux pèlerins.

NOS ADRESSES À SALAMINE

ARRIVER / PARTIR

En bateau

De très nombreux bacs et vedettes assurent la liaison avec le continent *(Megara, Perama, Le Pirée)*.
Entre Perama et Paliouka, les traversées ont lieu toutes les 15mn dans la journée, toutes les h pendant la nuit.

HÉBERGEMENT

Le mieux est de loger à Athènes, toute proche, et de venir pour la journée. Si vous tenez absolument à loger dans l'île, sachez qu'il existe des hôtels corrects à Selinia.

RESTAURATION

Vous trouverez quelques tavernes à Salamina *(Koulouri)* et à Selinia.

Spetsae

(Spetses - Σπέτσες)

★★

4 273 habitants - Région de l'Attique - Unité régionale des Îles - 244 km²

NOS ADRESSES PAGE 209

S'INFORMER

Office de tourisme – *L'office de tourisme est abrité dans un kiosque en bois sur le quai principal de Dapia.* Vous trouverez des informations sur les ferries, hôtels, restaurants, ainsi qu'une brochure en couleur gratuite sur l'histoire, la culture et la visite de l'île.

The Yachting Club – *Sur le port - ✆ 22980 734 00 - www.spetsesyc.gr.* Vente de billets, réservation d'hôtels, croisières, location de bateaux, etc.

Site Internet – *www.spetses.gr (site officiel, en anglais).*

SE REPÉRER

Carte de région A2 (p. 180) - Carte de Spetsae-ville p. 207.

À NE PAS MANQUER

Une balade en ville, de Dapia au vieux port ; une baignade à la plage (Zogeria ou Agia Paraskevi).

ORGANISER SON TEMPS

Quelques heures suffisent pour visiter la ville et le vieux port, mais prévoyez une journée supplémentaire pour faire le tour de l'île. Les voitures étant interdites, marchez ou louez un deux-roues.

Lieu de villégiature privilégié des riches estivants athéniens, mais aussi des Britanniques, la plus méridionale des îles du golfe Saronique s'est transformée au fil des ans en station balnéaire cossue. Les maisons d'armateurs de son unique centre urbain se sont métamorphosées en résidences de charme et les anciens chantiers navals, qui firent la renommée de Spetsae durant la guerre d'Indépendance, ont cédé la place à un port de plaisance international. L'ancienne île secrète des années 1950, peinte par l'écrivain Michel Déon *(Le Balcon de Spetsai)*, est devenue bien chère et a sans doute perdu de son authenticité. Mais dans le cadre d'une croisière, elle reste une escale fort plaisante et paisible : on n'y circule qu'en fiacre ou en deux-roues. L'île ne manquera de séduire ni les amateurs de farniente – à la plage ou à l'ombre des pins – ni les noctambules.

Se promener Carte de Spetsae-ville p. 207

Spetsae ne possède qu'une seule agglomération, qui s'étire le long du littoral, face aux côtes de l'Argolide. Le reste de l'île, pratiquement inhabité, est une vaste forêt de **pins d'Alep**, délicieusement odorante et doucement bercée par le chant du vent. D'où le nom antique de l'île, *Pityoussa*, « plantée de pins », qu'elle conserva jusqu'au début de l'ère byzantine.

2

HISTOIRE

Sous l'impulsion de Gréco-Albanais implantés dans l'île au 15e s., Spetsae acquit au cours des siècles une grande maîtrise dans le domaine de la **construction navale** et de la **navigation**. Lorsque éclate la guerre de libération, ses armateurs se révèlent assez riches pour transformer une cinquantaine de navires marchands en bâtiments de guerre, capables de faire face à la flotte ottomane. Le **8 septembre 1822**, ils parviennent ainsi à détruire le vaisseau amiral ennemi, passant dans les eaux de Spetsae pour ravitailler Nauplie. Le bateau prend feu et sombre face à l'île, marquant une victoire capitale pour le camp grec. Depuis, l'événement est célébré chaque année à Spetsae, le samedi le plus proche du 8 septembre, par l'incendie d'une barque symbolisant le vaisseau turc.

★★ SPETSAE (HORA - ΧΩΡΑ)

Comptez 2h de promenade.

Bon à savoir – Si vous ne disposez que d'une matinée, privilégiez la visite du musée, qui ferme l'après-midi.

★ Dapia

À peine débarqué, vous voilà plongé dans l'animation colorée de **Dapia★** (en turc « place forte »), quai encombré de boutiques, de cafés... et de banques. Au 19e s., c'est là que se rassemblaient les chefs militaires, comme en témoignent quelques **canons** pointés sur la mer et une statue de la **Bouboulina**, l'héroïne combattante de Spetsae *(voir encadré ci-contre)*.

De là, enfoncez-vous dans les ruelles du centre-ville. Quelques centaines de mètres, et vous vous retrouvez soudain seul, ou presque, et au calme. C'est là que se cache le **musée Mexis** *(de Dapia, prenez vers le centre-ville puis à gauche - ✆ 22980 729 94 - tlj sf lun. 8h-14h30 - 3 €, distribution d'un fascicule en anglais commentant la visite)*, aménagé dans une magnifique demeure du 18e s. qui fut la propriété d'Hadziyannis Mexis, l'un des chefs spetsiotes de la guerre d'Indépendance et le premier gouverneur de l'île. Flanquée de deux ailes austères, sa façade arbore une élégante **loggia à arcades★** desservie par deux escaliers. Passez au rez-de-chaussée, où dorment des vestiges antiques découverts dans les eaux du golfe, et montez au premier étage, qui a gardé sa **décoration intérieure★** (fin du 18e s.), harmonieux mélange de styles local, ottoman et néoclassique. Ses pièces en enfilade abritent des objets datant de la préhistoire (poteries), des ustensiles et des meubles bourgeois du 18e s., ainsi que des souvenirs de la guerre de libération. L'une d'elles renferme les ossements de la Bouboulina.

Retournez au centre de Dapia. Autre maison d'armateur ouverte au public, la **maison de la Bouboulina** a été transformée en musée privé par ses descendants. Elle se dresse sur une charmante place ombragée de pins, juste en retrait de Dapia *(13 visites/j., commentées en anglais et en grec, 9h45-19h30 - 4 €, étudiants 3 €, moins de 17 ans 1 €)*. On y pénètre par une grande cour pavée de **galets à la botsaloto★** *(voir encadré p. 208)*, avant de découvrir, au premier étage, un univers un peu compassé de meubles, de tableaux et d'objets personnels ayant appartenu à l'héroïne de l'Indépendance.

Ville haute

À gauche de la maison de la Bouboulina, une rue grimpe vers la haute ville *(en 15mn)* jusqu'au sommet de la **colline de Kasteli★** que protégeaient jadis des fortifications (entièrement disparues). À défaut de pouvoir visiter ses trois églises *(le plus souvent fermées)*, dont l'ancienne cathédrale de l'île, vous jouirez d'une belle **vue★** sur les côtes du Péloponnèse, toutes proches.

Balade en bord de mer

En redescendant sur le port, prenez à gauche et suivez le bord de mer vers le nord-ouest. Coiffé d'un dôme, l'**hôtel Posidonion** dresse, face à la mer, sa majestueuse façade flanquée de deux tourelles d'angle. Financée par le mécène spetsiote Sotirios Anargirios, sa construction, en 1914, lança le tourisme huppé à Spetsae. Vinrent ensuite la création de la route littorale, la mise en circulation de **fiacres** – l'une des curiosités de l'île –, sans oublier l'édification du **collège Anargiros-Orgialénios**, célèbre établissement réservé aux garçons de l'aristocratie grecque *(aujourd'hui transformé en salle de congrès)*. On le rejoint en suivant le bord de mer par la route de corniche *(plus loin vers le nord)*, sillonnée de vélos et de fiacres. Une agréable promenade qui traverse l'un des quartiers les plus résidentiels de Spetsae, où s'alignent quelques belles demeures dont les hauts murs – protection contre les Turcs, les corsaires et l'érosion marine – cachent d'opulents jardins. Reprenez le bord de mer vers le sud-est de la ville (*comptez 1h à pied AR, ou laissez-vous tenter par un fiacre*). Au retour, si vous avez le temps, faites le trajet par les ruelles intérieures, bien agréables.

★ Le vieux port (Palio limani - Παλιό Λιμάνι)

En contrebas de la route de corniche, une petite plage de galets, la plus proche du centre-ville, invite à la baignade, tandis qu'à droite se dresse le campanile

LA BOUBOULINA, FIGURE DE L'INDÉPENDANCE

Grande figure féminine de l'histoire grecque, **Laskarina Bouboulis** naquit en 1771 dans une prison de Constantinople où sa mère était venue visiter son époux, enfermé pour complot. Mariée successivement à deux capitaines spetsiotes qui trouvèrent la mort dans des combats navals, elle se retrouva seule avec sept enfants, mais assez patriote pour mettre au service de la révolution la fortune considérable dont elle avait hérité. Elle fit construire plusieurs bateaux, dont l'*Agamemnon*, premier navire de guerre grec, et elle forma, dès le début de la guerre d'Indépendance, un corps de combattants attachés à ses vaisseaux. Dotée d'une forte personnalité, elle prit elle-même part aux batailles contre les Turcs, haranguant ses hommes et, dit-on, les prenant volontiers comme amants. Sa fin fut moins glorieuse : ruinée, elle mourut à 54 ans, assassinée par la famille d'une demoiselle qu'un de ses fils avait enlevée.

LE BOTSALOTO, LE PAVÉ À LA SPETSIOTE
Jolies mosaïques de petits galets noirs et blancs, dessinant des motifs souvent inspirés de la mer ou de l'histoire militaire de l'île, le botsaloto (ou « krokalia ») est une tradition spetsiote vieille de plusieurs siècles. Né au 8e s., cet assemblage de galets servit d'abord au dallage des maisons et des cours privées avant de s'étendre jusqu'aux rues et places publiques, tapissant aujourd'hui presque tous les sols de Dapia. On retrouve la même technique décorative à Lindos, dans l'île de Rhodes.

de l'**église Agios Nikolaos★**, aujourd'hui promue cathédrale de Spetsae. Sur le parvis, tout de galets à la botsaloto, trône un monument aux morts entouré de deux canons, sur lequel s'inscrit la devise de la Révolution « La liberté ou la mort ». Il marque le lieu où fut hissé, en 1821, le premier drapeau de la Grèce indépendante. Noyé dans la pénombre, l'intérieur de l'église plonge le visiteur dans un havre de paix, cachant une belle **iconostase** en bois doré sculpté.
L'église marque l'entrée du **vieux port**, où se mêlent maisons de pêcheurs traditionnelles, établissements touristiques et petits ateliers de réparation de barques, modestes vestiges des chantiers navals des 18e et 19e s.
Sur le chemin d'Agia Marina, près du phare, s'élève la **chapelle Panagia Armata**, repérable à sa façade blanc et jaune. Édifiée pour commémorer la victoire du 8 septembre 1822, elle abrite un grand **tableau** de la fin du 19e s. représentant le combat.
Pénétrez à l'intérieur de l'agglomération à la hauteur du kiosque puis suivez les panneaux routiers. Au bout de la route *(15mn de marche)* apparaît le **monastère Agion Panton** *(✆ 22980 721 92/723 00 - 8h-12h, 17h-19h - tenue correcte exigée)*, niché dans la verdure des hauteurs. Construit par la veuve d'un capitaine spetsiote qui en devint la supérieure après avoir participé à la guerre d'Indépendance, il abrite une communauté de religieuses. Vous pourrez vous promener et visiter, dans une atmosphère sereine, l'église à campanile et le couvent. Surtout, profitez pleinement de ce **point de vue★★** sur Hydra et sur la côte de l'Argolide.

À LA PLAGE

Pour la baignade, l'île de Spetsae compte quelques belles plages, souvent de galets. À vous de choisir selon votre humeur. On y accède soit en bateau, soit à pied si l'on est bon marcheur. Mais sachez que pratiquement toutes les plages de l'île, qui comptent parmi les plus prisées du golfe Saronique, sont aménagées *(transats, équipements sportifs, etc.)* et très fréquentées, y compris le soir, quand les tavernes s'animent. Vous pourrez néanmoins opter pour les jolies criques qui s'égrènent au-delà d'**Agia Marina**, au sud du vieux port, ou pour la plage de sable de **Kaïki** *(1,5 km au nord de la ville)*, dominée par le collège Anargiros-Orgialénios.
C'est à l'ouest de l'île, toutefois, que se cachent les plus belles, frangées de pins et de garrigue : **Agii Anargirii** *(hélas bondée)* et **Agia Paraskevi★★**, accessible en caïque, ou encore **Zogeria★★**, à la pointe nord *(à 2 km d'Agia Paraskevi)*.

NOS ADRESSES À SPETSAE

INFORMATIONS UTILES

Banque
Sur Dapia, vous trouverez banques et distributeurs.

Poste
Dans la rue parallèle au front de mer, derrière l'hôtel Klimis.

Téléphone
OTE – *À droite du quai principal de Dapia - ✆ 22980 721 99.*

Sécurité
Police – *À 150 m en contrebas du musée Mexis.*
Police touristique – *Dans le même bâtiment - ✆ 22980 731 00.*

Santé
La police touristique fournit le téléphone des médecins de garde et des urgences.
Poste de secours – *✆ 22980 724 72 - lun.-vend., le matin.*
Pharmacie – *Derrière la police du port, dans la rue parallèle à la mer - fermé l'apr.-midi.*

Internet
Delfinia Net-café – *Juste après le restaurant Roussos, sur la route du vieux port. Un cybercafé ouvert toute l'année.*

Journaux français
Dans un kiosque proche du débarcadère.

Pressing
Dans une rue parallèle au port, derrière la banque Pisteos.

ARRIVER / PARTIR

En bateau
Liaisons au départ du port du **Pirée** *(quai D ttes les h, à partir de 8h30, env. 2h de trajet en hydroglisseur)*. En été, des bacs et des hydroglisseurs assurent aussi la liaison entre Spetsae et **Porto Heli** ou **Ermioni**, dans le Péloponnèse. 4 liaisons/j. avec **Kosta**, sur la côte de l'Argolide *(15mn de trajet)*.
Police du port – *Sur la 2e place, à gauche du débarcadère, à côté de l'ouzerie* Bouboulina *- ✆ 22980 722 45.* Affiche les horaires de bateaux pour Le Pirée.
Pour les plaisanciers, le mouillage des yachts et des voiliers se trouve au vieux port, où l'on fait le plein d'eau et de fuel, ou, sur le continent, dans les baies de Porto Heli et de Tolo.

TRANSPORTS

En bus
Le terminal se trouve à gauche de Dapia, en tournant le dos à la mer. Deux bus assurent le trajet AR jusqu'à la plage d'**Agii Anargirii**, et jusqu'à **Kasteli**. Préférez cependant les caïques, bien plus plaisants et pratiques.

En deux-roues
L'idéal pour faire le tour de l'île. De nombreuses **agences de location** de vélos, motos et vélomoteurs proposent leurs services à la journée ou à la 1/2 journée *(le tour de l'île, soit 28 km, peut s'effectuer en 2-3h)*.
Bike Center – *Près de la poste.* Pour louer un VTT. Propose un matériel très bien entretenu.

En fiacre
Des fiacres stationnent à gauche du débarcadère. Si leurs tarifs ne vous rebutent pas, offrez-vous donc au coucher du soleil une balade au petit trot le long de la corniche, entre Dapia et le vieux port. Très plaisant.

En taxi
Station de taxis près des fiacres. Appréciable si vous êtes chargé ou si votre hôtel est loin du centre.

En bateau

Au port de Dapia, des bateaux-taxis et des caïques (moins onéreux) font le tour de l'île et desservent les plages.

HÉBERGEMENT

Bon à savoir – Suivant leur catégorie, les hôtels de Spetsae occupent des quartiers différents. Les établissements chic avoisinent le Posidonion, au nord-ouest de Dapia, tandis que les pensions et les hôtels plus simples, et moins chers, se regroupent plutôt vers le vieux port. Les complexes de luxe, avec piscine, occupent quant à eux les rives nord-ouest de Spetsae.

Dapia

Cœur de la ville, très animé, le quai de Dapia est un quartier plutôt bruyant. Voici tout de même une adresse au calme :

BUDGET MOYEN

Villa Christina – *À une centaine de mètres au-dessus de Dapia (fléché) - ☏ 22980 722 18 - www.villachristinahotel.com -14 ch. dont 2 studios (pour 4 pers.) 60/80 €* ☕. Dans une authentique maison spetsiote, d'agréables chambres donnent sur un jardin planté de citronniers et de bougainvilliers où l'on prend le petit-déjeuner. Les chambres du haut ont une vue sur la mer. Un bon rapport qualité-prix, le charme en plus.

Au sud-est de Dapia

BUDGET MOYEN

Villa Marina – *En direction du vieux port, dans une petite rue qui part à droite d'un kiosque - ☏ 22980 726 46 - www.villamarinaspetses.com - ☕̸ - 12 ch. 75 €.* Une maison sans grand charme, mais bien située entre les deux ports et à 30 m de la plage. Quelques chambres donnent sur la mer. Toutes disposent d'un réfrigérateur. On peut préparer son petit-déjeuner dans la cuisine commune et le prendre dans l'agréable courette fleurie.

Au nord-ouest de Dapia

UNE FOLIE

Nissia – *Après le Posidonion, sur le bord de mer - ☏ 22980 750 00 ou 21034 628 79 (à Athènes) - www.nissia.gr - ✕ ⛱ - 31 résidences. 160-210 €* ☕. Un complexe de grand luxe, raffiné, construit dans le style local. Chaque maison individuelle, superbement équipée et meublée avec goût, dispose d'une cheminée et d'un jardinet privé. Chaque studio a sa terrasse. Le restaurant, où vous dégusterez une très bonne cuisine internationale, est l'une des tables les plus recherchées de la ville.

RESTAURATION

Bon à savoir – Les restaurants spetsiotes proposent une gastronomie de qualité. Goûtez la spécialité locale : le cabillaud aux tomates et à l'ail cuit dans du vin blanc.

Dapia

PREMIER PRIX

Politis – *Sur le quai central de Dapia - ☏ 22980 722 48 - ☕̸.* Terrasse sur le toit.
Un café servant des petits-déjeuners complets, d'un bon rapport qualité-prix. C'est également l'une des meilleures pâtisseries de l'île (délicieux gâteaux aux amandes).

Roussos – *À gauche de Dapia, vers le vieux port - ☏ 22980 728 19 - ☕̸.* Une bonne adresse, en dépit du racolage des serveurs. Tarama maison, poisson parfumé et frites craquantes à souhait.

Vieux port

BUDGET MOYEN

Orloff – *À mi-chemin entre Dapia et le vieux port - ✆ 22980 752 55 -* ⊭. Un établissement branché où l'on jouit d'une vue imprenable sur la rade. Excellent assortiment de *mezzes* arrosé d'un bon vin blanc.

Mourayo – *Au bout du vieux port - ✆ 22980 737 00* . Cet établissement calme et accueillant, avec terrasse donnant sur la mer, propose une cuisine de qualité : poisson à la spetsiote, cuisine française, etc. Et pour les noctambules : musique grecque et piano-bar à partir de 2h du matin.

Agia Marina

PREMIER PRIX

Paradise Beach – *Sur la plage du même nom -* ⊭. Un bon établissement avec vue sur la mer, pour déguster du poisson fraîchement grillé, entre deux baignades, ou avant d'entamer la nuit à Dapia. Ambiance branchée et musique anglo-saxonne.

Plage Agii Anargirii

PREMIER PRIX

Tassos Taverne – *✆ 22980 730 18.* L'une des meilleures adresses de Spetsae pour les plats cuisinés au four. Essayez la moussaka en caquelon et l'agneau.

PETITE PAUSE

Ne manquez pas de goûter les petits gâteaux aux amandes, vendus dans toutes les pâtisseries, notamment chez **Politis** *(voir « Restauration »).*

EN SOIRÉE

Bars et discothèques

Le Papagallo – *Sur le vieux port - ✆ 22980 737 42.* Pour dîner ou boire un verre en musique.

Cinéma en plein air

Les deux cinémas proposent deux séances à 20h30 et à 22h30, tous les soirs en été.

Titania – *Dans la rue qui part de la maison de la Bouboulina et monte vers Kasteli.*

Marina – *Juste en haut de la 2e place de Dapia.*

ACTIVITÉS

Activités sportives

Pédalo, ski nautique, parachute ascensionnel, etc., sur toutes les plages, sauf celle du vieux port.

Excursions

Au port de Dapia, des tours de l'île en bateau sont proposés, ainsi que des excursions d'une journée vers la station balnéaire de Porto Heli, sur la côte du Péloponnèse.

AGENDA

Fête traditionnelle à l'église Agia Paraskevi – Le 26 juillet, sur la plage du même nom.

Commémoration de la victoire des armateurs spetsiotes sur les Turcs – Danses traditionnelles et chants du 2 au 8 septembre. Le samedi : feu d'artifice et bals dans toute la ville.

LES SPORADES
0
20
50 km
N
Gioúra
Kirá Panagiá
Pipéri
Ag. Efstrátios, Límnos
Alonnisos
Skiáthos
Loutráki
Peristéra
Patitíri
Vólos
Skópelos
Egéo Pélagos
Ag. Konstandínos
Linariá
Skiáthos ★★ Mérite un détour
Skópelos ★ Intéressant
Alonnisos À voir
Eubée
Skyros
Kími

Les Sporades 3

Alonnisos

(Αλόννησος)

1 881 habitants - Région de Thessalie - Unité régionale des Sporades - 65 km^2

NOS ADRESSES PAGE 217

S'INFORMER

Albedo – *À Patitiri, à droite du débarcadère - 24240 658 04/05 - www.albedotravel.com.*

Alonnisos Travel – *Sur le front de mer de Patitiri - 24240 651 88/660 00 - www.alonnisostravel.gr.*

Site Internet – *www.alonissos.gr (site internet officiel, en anglais).*

SE REPÉRER

Carte de région B (p. 212).

À NE PAS MANQUER

Le vieux village d'Alonnisos et les plages de la côte est.

ORGANISER SON TEMPS

Comptez 3 jours de visite.

Longtemps négligée par les voyageurs, Alonnisos séduit de plus en plus de visiteurs avec ses plages, ses criques et ses grottes sous-marines, sans oublier la qualité de l'accueil et la perspective d'échapper au tourisme de masse. Située à l'extrémité orientale de l'archipel des Sporades, l'île étire du nord au sud sa longue silhouette tourmentée, épine dorsale rehaussée d'un chapelet de collines couvertes de pins. Son parc marin aux eaux cristallines abrite une petite communauté de phoques moines, l'un des mammifères les plus rares de Méditerranée.

Se promener

PATITIRI (ΠΑΤΗΤΗΡΙ)

Chef-lieu d'Alonnisos, le port aligne hôtels et restaurants, sans la frénésie rencontrée ailleurs. Moderne, le bourg n'a pas grand caractère, mais le site

Le cap Kokkinokastro, sur la côte est.
J. Huber / Sime / Photononstop

est charmant : au fond d'une crique dominée par un promontoire planté de pins.
Pour avoir une idée du passé de l'île, visitez le **musée du Folklore** *(11h-19h - 3 €)*. Dans la salle du rez-de-chaussée, exposition d'outils et d'objets usuels.
Depuis le port, deux routes remontent dans le village : celle de gauche, Pelasgon, conduit au village d'Alonnisos, celle de droite, Ikion Dolopon, dessert Votsi et la côte est. Les marcheurs rejoindront Alonnisos par le joli sentier **Ecological Cultural Hiking Trail** *(départ près de la pension Galini, 4 km - 1h env.)*.

★ LE VIEUX VILLAGE D'ALONNISOS

Alonnisos déroule son tapis de maisons traditionnelles blanches ou bleues, ses terrasses ombragées de platanes et ses églises baignées de lumière. Par bonheur, les véhicules à moteur sont proscrits. Pareil à une citadelle juchée dans les hauteurs, le village jouit d'une **vue** splendide sur la mer.
Au sud du village, plusieurs plages sont accessibles, à pied ou en voiture : **Megalo Mourtia**, **Mikro Mourtia** *(45mn de marche)*, **Marpounda** et **Vrysitsa** *(35mn)*.
Pour séjourner dans l'île, vous pouvez également opter pour l'un des deux villages jumeaux de **Rousoum★** et de **Votsi★**, lovés chacun au fond d'une crique étroite ourlée de jolies plages *(20mn env. à pied depuis Patitiri)*.

LE TOUR DES PLAGES

De la route qui conduit à la pointe nord, des pistes plus ou moins carrossables mènent aux plages. Le plus pittoresque est de les atteindre en caïque.

DES PIRATES… AUX TOURISTES

Le village d'Alonnisos a connu une évolution accélérée au cours des dernières décennies. Après le terrible séisme de 1965, le gouvernement décida de déplacer la capitale, construite depuis le Moyen Âge sur les hauteurs, en bord de mer. Hostiles à l'idée d'abandonner leur village pour des baraques militaires sans confort, les habitants résistèrent longtemps à cette évolution. Mais, au cours de la décennie suivante, le transfert des administrations et des écoles contraignit la population à l'exode. Il faudra attendre les années 1990 pour que des investisseurs, séduits par le lieu, rachètent et rénovent les maisons. Alonnisos a retrouvé tout son cachet, mais on y parle autant anglais, allemand ou français que grec.

Côte est

Sur la côte est s'égrènent plusieurs plages de galets, telles **Milia Ialos★**, cernée de collines boisées, **Trotzi Ialos★** et **Lefto Ialos★★**, frangées d'oliviers. Si vous préférez le sable, optez pour **Hrysi Milia★★** *(à 5 km de Milia Ialos)* ou, moins jolie, **Kokkinokastro** *(bar)*, qui fait face à l'îlot de Vrachos.

Le port de pêche de **Steni Vala** *(à 11 km)* est un lieu de villégiature agréable, malgré sa plage banale, tout comme **Kalamakia** *(à 12,5 km)*, un peu plus loin, forme une sorte de mer intérieure avec l'**île de Peristera**.

La longue plage de galets d'**Agios Dimitrios★** *(à 16 km)* attire peu de monde. Juste derrière elle, un petit lac saisonnier sert de lieu de ponte aux oiseaux migrateurs.

Côte nord

Plus aride, la moitié nord de l'île a moins de charme, mais les amateurs de solitude apprécieront la plage de galets de **Gérakas★** *(à 19 km)*, où s'achève la route *(emportez des provisions)*.

Hormis les plages de **Megali Amos** et de **Tourkoneri**, la côte ouest n'est accessible ni par la route ni par bateau, mais se prête à de belles **randonnées★**.

★ LE PARC NATIONAL MARIN

Outre Alonnisos même, quatre îlots principaux forment le Parc national marin : **Pelagos**, **Gioura**, **Psathoura** et **Piperi**, sanctuaire d'une petite communauté de phoques moines dont il ne reste plus qu'une centaine d'individus en Méditerranée. On y rencontre aussi la chèvre sauvage, le faucon Éléonore, le goéland d'Audouin et le cormoran huppé.

Une autorisation est nécessaire pour y débarquer, mais vous pouvez vous contenter d'une excursion en bateau, peut-être accompagné par quelques dauphins…

NOS ADRESSES À ALONNISOS

INFORMATIONS UTILES

Banque / Change
Banque nationale de Grèce – *Patitiri, r. Ikion Dolopon, en bas - lun.-jeu. 8h-14h, vend. 8h-13h30.* Distributeur en bas de la rue.

Poste / Téléphone
Patitiri, r. Ikion Dolopon, sur la droite - lun.-vend. 8h-14h.

Police
Près de la Banque nationale de Grèce - ✆ 24240 652 05.

Santé
Centre médical – *✆ 24240 652 08.*
Hôpitaux – *✆ 106 (permanences).*

Agences de voyages
Bon à savoir – Elles centralisent différents services : location de voitures, réservation de chambres, de billets pour ferries et avions, excursions.
Albedo – *Patitiri, à droite du débarcadère - ✆ 24240 658 04/05 - www.albedotravel.com - 9h30-14h, 17h30-21h.*
Alonnisos Travel – *Sur le front de mer de Patitiri - ✆ 24240 651 88/ 660 00 - www.alonnisostravel.gr - 9h-22h.*

ARRIVER / PARTIR

En ferry
On y accède depuis **Kimi** *(Eubée, 168 km au nord-est d'Athènes).* L'arrivée se fait à Patitiri.
En été, liaisons avec **Skopelos** *(2-4/j., 30mn de trajet)* ; **Skiathos** *(2-4/j., 2h30)*, généralement avec escale à Loutraki et à **Skopelos** ; **Volos** *(tlj sf merc. 5h30).*

En hydroglisseur
Liaisons fréquentes en été, la plupart avec escale à **Skopelos** *(20mn)*, **Skiathos** *(1h10)* et **Volos** *(2h30 env.)*, pour **Thessalonique** *(1-2/sem., 4h40).* La fréquence des hydroglisseurs et des ferries étant fréquemment modifiée, renseignez-vous dans les agences, ou bien sur le site : **www.gtp.gr**.

Capitainerie du port
Patitiri, r. Ikion Dolopon - ✆ 24240 655 95.

TRANSPORTS

En bus
En été, départs toutes les h entre **Patitiri** *(en face du quai)* et **Hora** *(9h-0h, sf 15h25-17h)*, **Steni Vala** *(2/j.).*

En taxi
Station sur le débarcadère. Les tarifs sont affichés sur un panneau.
Téléphones mobiles de taxis – *Agallou Periklis - ✆ 69445 644 32 ; Athanasiou Georgios - ✆ 69445 643 93.*

À vélo
Plusieurs loueurs à Patitiri, notamment dans la rue Ikion Dolopon.

À moto
I'M – *À 150 m du port, sur la droite dans la rue qui va vers Hora - ✆ 24240 650 10.* Location de motos. *Voir également les agences de voyages.*

En voiture
Location de voitures – *Voir les agences de voyages.* Négociez les tarifs en basse saison.

En bateau-taxi
Le caïque est un bon moyen pour atteindre les plages de la côte est. Départs le matin à heures fixes de Patitiri, puis toute la journée dès que les bateaux sont bondés *(rens. auprès des agences de voyages).*

HÉBERGEMENT

Bon à savoir – Alonnisos est bien équipée et moins chère que Skopelos ou Skiathos. Au plus fort de l'été, les pensions exigent souvent un séjour minimal de 2-3 jours.
L'office municipal vous aidera à trouver un hébergement.
Rooms to Let – *Patitiri, près du débarcadère - 24240 655 77 - juin-sept. : 10h-14h, 18h-22h.*

PREMIER PRIX

Camping de Steni Vala – *Entre la minuscule plage et le charmant petit port de Steni Vala - 24240 657 72 - - 40 empl. env. 15 €.* Sommaire mais à l'ombre d'une oliveraie. À deux pas, sur le port, taverne agréable.

Patitiri et environs

Bon à savoir – Les hôtels du port sont bruyants. Préférez ceux de Kavos, à droite de la crique.

PREMIER PRIX

Domatia Georgios N. Kalogiannis – *Votsi - 24240 652 73 - - 5 ch. et 15 studios, 45 € (pas de petit-déj.).* Pension simple et accueillante, en retrait du port. Décor très fleuri.

BUDGET MOYEN

Domatia Dimitris – *Votsi, accès depuis le port - 24240 650 35 - - 8 ch. dont 2 studios 50 €.* Au-dessus du port, dans la verdure, des petites chambres agréables, avec balcons ouverts sur la crique. Quelques studios sont aussi disponibles.

Villa Konstantinos – *Rousoum - 24240 653 65 - www.villakonstantinos.gr - - 16 studios 55 € (pas de petit-déj.).* Des chambres avec terrasse, assez petites mais confortables.

Aristotelis – *Rousoum - 24240 653 80 - www.aristotelistudios.gr - - - 10 ch., 7 studios 50/80 €.* Dans une bâtisse rose sur le promontoire à droite du port. Vue très agréable sur la baie. Chambres propres et confortables.

Pension Ninna – *Patitiri - 24240 652 42 - www.ninna.gr - - 17 ch. et appart., 60 €.* Installé dans un immeuble surplombant le port, un hôtel bien tenu, au personnel accueillant. Hébergement confortable : studios *(kitchenette)* avec terrasse.

Kavos – *Patitiri - 24240 652 16 - www.kavoshotel.gr - - 20 ch. et 4 appart. 60 € - 5 €.* Hôtel agréable avec vue sur la mer. Préférez les chambres avec terrasse.

Hôtel Gorgona – *Rousoum, bord de mer - 24240 653 17 - www.gorgona.gr - - 27 studios 50/65 €.* Des chambres agréables, certaines avec vue sur la baie. Studios avec kitchenette assez chers, mais négociables.

POUR SE FAIRE PLAISIR

Alkyon Hotel – *Sur le port - 24240 656 02 - www.thealkyonhotel.gr - CC - 36 ch. 60 €.* Chambres confortables, avec vue sur le port *(un peu bruyantes)*. Accueil plutôt réservé.

Liadromia Hotel – *Patitiri - 24240 655 21 - www.liadromia.gr - CC - 20 ch. 80 €.* Un établissement très plaisant, sur le promontoire de Kavos, où l'on vous renseignera gentiment sur l'île. Du balcon des chambres tout confort, vous admirerez le ballet des bateaux.

Paradise – *Patitiri, sur l'éperon de Kavos - 24240 652 13 - www.paradise-hotel.gr - CC - 31 ch. 98 € - réservez.* Un établissement de luxe. Chambres très confortables. Petit-déjeuner servi en terrasse. Piscine avec vue sur la Grande Bleue, en contrebas.

Alonnisos (Hora)

BUDGET MOYEN

Domatia Hiliadromia – *Sur la première place du village - ✆ 24240 658 14 - 3 ch. et 7 appart. 60/80 €* . Une pension charmante. Chambres et studios avec vue.

Côte est

POUR SE FAIRE PLAISIR

Milia Bay – *✆ 24240 660 32 - www.milia-bay.gr - 20 appart. 128 € - 9 €*. Hôtel perché sur une colline au milieu des pins, avec une vue imprenable sur la baie. Studios de luxe avec véranda. Le bar de la piscine, au milieu du jardin, est très agréable.

RESTAURATION

Patitiri et environs

PREMIER PRIX

Garden Restaurant – *À la pointe de Kavos - - le soir - 12 €*. Très agréable terrasse fleurie, face à la mer, où l'on sert une cuisine locale et des fruits de mer. Carte des vins assez variée.

Babis – *Sur la route d'Alonnisos (Hora), juste après la station-service - ✆ 24240 661 84 - - à partir de 17h - 15 €*. Une bonne adresse, avec une terrasse dominant le bourg. Salle un peu triste.

Alonnisos

Bon à savoir – Les restaurants n'ouvrent que le soir, excepté en juil.-août.

PREMIER PRIX

Taverna Paraport – *En lisière du village -* . La plus belle vue. Bon choix de spécialités grecques.

Kastro – *L'un des deux restaurants de la rue principale - ✆ 24240 651 33 - - 12 €*. La carte est sans surprise, mais l'endroit agréable.

I Kira Nina – *En face du Kastro - - 12 €*. Pour déguster des fruits de mer.

ACHATS

Antiquités, artisanat

Gorgona – Belle boutique d'antiquités et de tissages anciens.

Ergastirio – Bijoux traditionnels et artisanat local.

EN SOIRÉE

Aerides – *Alonnisos (Hora), sur la première place du village.* Très agréable petit bar. Bon choix de musiques internationales. Délicieuses pâtisseries.

Ostria Cafe – *Rousoum*. Un charmant café ouvert sur la plage.

ACTIVITÉS

Excursions

L'île est un paradis pour randonneurs. Pour en profiter, vous pouvez passer par une agence de voyages ou vous procurer le très utile *Alonnisos on Foot*.

Plages

Voir p. 215-216.

3

Skiathos

(Σκιάθος)

★★

4 992 habitants - Région de Thessalie - Unité régionale des Sporades - 48 km²

NOS ADRESSES PAGE 223

S'INFORMER
Office de tourisme – *Une minuscule cabane en bois, juste à gauche du débarcadère.* Vous y trouverez toutes les informations utiles.
Site Internet – *www.skiathos.gr (site internet officiel, en anglais).*

SE REPÉRER
Carte de région A (p. 212) - Carte de l'île p. 222.

À NE PAS MANQUER
Visiter le village de Skiathos et le Kastro ; profiter des plages, faire une excursion en bateau.

ORGANISER SON TEMPS
Comptez 2 jours.

Avec ses petits ports de pêche, ses anses baignées d'eau turquoise et ses plages de sable brûlant, l'île de Skiathos, destination touristique majeure du pays, ne manque en effet pas d'atouts. Une célébrité qui ne s'est pas faite sans dommage, et vous chercherez ici en vain la traditionnelle douceur de vivre grecque ou une plage déserte. Skiathos séduira donc avant tout les amateurs de plaisirs balnéaires, de balades en bateau et de sorties nocturnes…

Se promener Carte de l'île p. 222

★ LE VILLAGE DE SKIATHOS

Du débarcadère, la rue principale Papadiamantis *(piétonne à partir de 20h)*, s'enfonce dans le cœur de la ville. Les maisons blanches aux toits rouges de cette pittoresque bourgade dévalent les flancs de deux collines. Skiathos a conservé beaucoup de son charme, rehaussé par la petite **presqu'île de Bourdzi**, couverte de pins, qui sépare le vieux port du nouveau. Relativement paisible en hiver, Skiathos change totalement de visage en été, lorsque les bateaux déversent leurs cohortes de touristes. Les innombrables boutiques de souvenirs, bureaux de change, restaurants et hôtels en témoignent.
Chaque soir, une joyeuse animation gagne la ville jusque tard dans la nuit, tandis que les eaux de la baie reflètent les lumières des quais. Pour goûter une atmosphère plus authentique, quittez les grandes artères et perdez-vous dans le dédale des ruelles, fleuries çà et là de bougainvilliers.
Le minuscule **musée Alexandros Papadiamantis** *(rue principale - 9h-13h, 17h-20h)*, installé dans la maison du poète et nouvelliste, ne présente guère d'intérêt, sinon d'occuper un après-midi pluvieux.

La plage de Koukounaries.
G. A. Rossi / Tips / Photononstop

PETITE BALADE…

Cap au nord

Une route proche de l'aéroport *(comptez 1h de marche aller)* conduit au **monastère Evangelistria**. Serti dans un écrin de cyprès et de pins, cet édifice couronne le point culminant de l'île (438 m). Son église renferme une belle iconostase en bois.

Plus au nord, près de la côte, se niche le **monastère Agios Haralambos**, perché au-dessus de l'étroite bande de galets de **Lalaria** *(accessible en caïque)*, célèbre pour son rocher percé.

3

★ Kastro

Vers l'ouest, vous découvrirez l'ancienne capitale (1540-1829). Juchée sur un spectaculaire promontoire rocheux dominant la mer *(en caïque, 1h30, ou à pied, 4h de marche AR)*, elle occupait un site inexpugnable, à l'abri des pirates. Un pont-levis jeté au-dessus d'un précipice en fermait l'entrée. Prenez le temps de vous balader dans le village, aujourd'hui en ruine, et jetez un coup d'œil à ses deux églises, dont l'une renferme une belle iconostase en bois (17e s.).

…ET FARNIENTE À LA PLAGE

L'île compte plus de soixante plages, la plupart surpeuplées, hélas. Si vous souhaitez un peu de calme, préférez la côte nord ou les plages accessibles seulement par bateau ; mais, dans tous les cas, ne comptez pas trouver un coin désert. Voici notre choix…

De Hora, laissez les plages de Megali Amos, Vassilias et Ahladia, poursuivez jusqu'à la petite plage de **Nostos** *(7 km - taverne, club nautique)* ou, 1 km plus loin, celle de **Kanapitsa**, tout aussi familiale et qui propose les mêmes activités. Au-delà, la pointe de la presqu'île cache d'autres plages, notamment celle de **Vromolimnos** *(tavernes)*, frangée de pins.

Juste après la plage de **Kolios**, celle de **Platanias** (*tavernes, sports nautiques*), plus longue, se révèle tout aussi surpeuplée.

Pour le cadre, préférez-leur la plage de **Koukounaries★** *(douches)*, qui passe pour l'une des plus belles de Grèce. Elle est épargnée par le béton, à l'exception d'une petite marina et de quelques kiosques vendant boissons et poissons frits. Elle dessine un petit lagon cerné de pins, qui abrite un biotope protégé. Mais, rançon de sa notoriété, Koukounaries attire une foule nombreuse.

Moins bondée parce qu'un peu plus difficile d'accès, la jolie plage de **Banana** *(Krassias ; taverne, clubs nautiques)*, située à la pointe sud-ouest de l'île, n'a rien à lui envier. Au bout du lac, prenez à droite le chemin qui traverse une pinède,

HISTOIRE

Les premiers habitants de l'île, à une époque reculée, furent les Kares, auxquels succédèrent les Chalcidiens, au 8e s. av. J.-C. Mais c'est en 478 av. J.-C. que Skiathos entre dans l'Histoire, en rejoignant la ligue athénienne. Après la guerre du Péloponnèse, elle passe sous le joug de Sparte, puis revient à Athènes avant d'être conquise par les Macédoniens. Au Moyen Âge, menacés en permanence par les attaques des pirates de Barberousse, les habitants de l'île se réfugient à Kastro, au nord. Puis, en 1204, l'île est rattachée au duché de Naxos. Maîtres des lieux à partir de 1538, les Turcs ne partent qu'en 1823. Quelques années plus tard, les habitants abandonnent Kastro et rebâtissent leur première capitale, Skiathos.

puis descendez au milieu des oliviers et des figuiers. À côté, **Small Banana Beach**, sa petite sœur, est le domaine des naturistes.
Plus au nord *(revenez sur la voie principale et prenez la route près du Golden Beach Hotel)*, vous trouverez une autre plage agréable : **Agia Eleni**, bordée de pins et dotée d'une taverne. Au large, on aperçoit la proue d'un navire échoué émergeant des flots. Mieux encore, à 1 km de là, par une mauvaise piste, la minuscule **Hidden Beach** *(taverne)* vous attend, coincée au bas d'une colline couverte de bruyères.
Du lac, une piste sinuant à travers une belle lande sauvage, au velours de bruyères, rejoint la côte ouest et dessert les plages vers le nord, qui s'avèrent moins fréquentées. Vous aurez le choix entre **Mandraki** *(Limari Xerxi ; tavernes)*, qui déroule un tapis de sable fin, ou **Gournes**, un peu plus loin.
De Troulos, une route conduit directement sur la côte ouest, à **Megali Asselinos** *(au bout de 2 km, tournez à gauche à la bifurcation)*, une grande plage bordée par un terrain de camping et une taverne.
Réservez le meilleur pour la fin de votre séjour : revenez à la bifurcation et prenez à gauche la route en lacet qui gravit la colline jusqu'au **monastère de la Panagia Kounistra★**, au milieu des pins odorants. Le **panorama**, superbe, s'étend jusqu'à la mer. Ensuite, la route, devenue piste, redescend à la côte qu'elle longe en surplomb à destination de **Mikri Asselinos** *(taverne)*, une adorable plage qui s'étend au cœur de l'un des plus beaux paysages de l'île.

NOS ADRESSES À SKIATHOS

INFORMATIONS UTILES

Banque / Change
Nombreux bureaux de change, banques et distributeurs.

Poste
R. Papadiamantis - tlj sf w.-end. 7h30-14h. Poste restante.

Téléphone
OTE – *Rue principale - tlj sf dim. 7h30-14h30.*

Police touristique
En haut à droite de la rue principale - ✆ 24270 231 72 - 7h30-21h.

Police
✆ 24270 211 11.

Santé
Centre médical – *✆ 24270 222 22.*
Hôpitaux – *✆ 106 (permanences).*

Agences de voyages
Hébergements, locations de véhicules ou excursions.
Alkyon Travel – *Au bout de la r. Papadiamantis - ✆ 24270 222 09 - www.alkyontravel.gr.*
Heliotropio – *À droite en venant du débarcadère - ✆ 24270 224 30/220 24 - www.heliotropio.gr.*
Mare Nostrum Holidays – *21 r. Papadiamantis - ✆ 24270 214 63.*

Internet
Draft Coffee bar – *Dans la rue principale, avant la Banque nationale.*

Laverie
À 10 m de la rue Papadiamantis, à droite à la hauteur de la Banque nationale.

ARRIVER / PARTIR

En avion
L'aéroport se trouve à 4 km au nord du bourg.
Olympic Air – *✆ 24270 220 49 ; réserv. : ✆ 21035 505 00 - www.olympicair.com.* En été, un ou deux

vols réguliers chaque jour pour **Athènes** *(40mn de trajet)*. De nombreux vols charters relient également certaines villes d'**Europe du Nord**.

En ferry

Alkyon Skiathos Agency – *24270 222 09.*
Papadimos Alexandros – *24270 222 04*. De juil. à sept., liaisons avec **Volos** *(2-3/j., 3h30 de trajet)*, **Agios Konstantinos** *(145 km au nord-ouest d'Athènes, 2/j., 3h)*, **Thessalonique** *(vend. et dim., 5h30)*, **Alonnisos** *(2h30, 3-4/j.)*, **Skopelos** *(4/j., 1h30)*. Il existe également des liaisons avec la **Crète** et le **Pélion** *(Agios Ioanis, Trikeri)*. Liaisons avec **Tinos** *via* **Ios**, **Mikonos**, **Naxos**, **Paros**, **Santorin** et **Tinos**. Liaisons avec **Santorin**, *via* **Naxos** ou **Paros**.

En hydroglisseur

Skiathos Holydays – *24270 220 18*. En été, fréquentes liaisons avec les Sporades et le continent : **Skopelos** *(30mn)* ; **Alonnisos**, *via* **Skopelos** et parfois **Loutraki** *(1h10)* ; **Skyros** *(2h30)* ; **Volos** *(1h15)* ; **Agios Konstantinos** *(1h30)* ; **Thessalonique** *(3h30)*. Il existe aussi des liaisons avec le **Pélion** *(Agios Ioanis, 50mn)*, **Platania**, *(25mn)*, **Trikeri**, *(45mn)*, et l'**Eubée** *(Pefki 35mn, Edipsos 2h, Limni 2h35)*. La fréquence des hydroglisseurs et des ferries étant fréquemment modifiée, renseignez-vous dans les agences, sur le site : **www.gtp.gr** ou auprès de la **capitainerie du port** – *24270 220 17.*

TRANSPORTS

En bus

Le **terminal** se trouve à l'extrémité du nouveau port. Départ toutes les 30mn, de 7h30 à minuit. Les bus desservent les plages jusqu'à Koukounaries *(30mn)* ; liaisons pour Megali Asselinos, plus rares.

En taxi

À droite du débarcadère - 24270 244 61. Négociez la course au préalable.

En voiture

Conseil – Si vous louez un véhicule, demandez une remise pour plusieurs jours.
Bon à savoir – Quelle que soit l'heure de location, vous paierez la journée entière, jusqu'à 20h.
Avis – *24270 232 86.*
Hertz – *Rue principale - 24270 237 06.*
Pour louer aussi des motos et des scooters :
Mamaras – *Au bout de Papadiamantis - 24270 217 77.*
Thanos – *Rue principale, près de l'International Bank - 24270 228 10.*
Rent a Car, A & E Aivaliotis – *À droite du débarcadère - 24270 212 46.*

En bateau

La plupart des plages de la côte sud sont accessibles en caïque. Les départs s'effectuent du vieux port *(1er départ 10h, 1er retour 16h)*.

HÉBERGEMENT

Bon à savoir – Hors saison, les prix chutent quasiment de moitié.

PREMIER PRIX

Camping de Koukounaries – *Arrêt de bus n° 23 - 24270 492 50 - - 100 empl. env. 24 €*. Location de tentes *(5,50 €)*. De proportions modestes, ce camping propose de nombreuses facilités : restaurant, supérette. Plage de l'autre côté de la route.

Skiathos

BUDGET MOYEN

Morfo – *De la rue principale, tournez à droite à la hauteur de la Banque nationale - ✆ 24270 217 37 - - 17 ch. 60 €* . Chambres petites et confortables, décorées de boiseries, avec vue sur la rue ou sur un jardin. Accueil agréable (en français).

Karafelas – *R. Papadiamantis, près de la Piraeus Bank - ✆ 24270 212 35 - karafelashotel@hotmail.com - - 18 ch. 60 € - 5 €.* Des chambres lambrissées, au confort simple, avec kitchenette. L'un des meilleurs rapports qualité-prix de Skiathos.

Christina – *Nouveau port - ✆ 24270 227 47 - www.hotelchristinaskiathos.gr - - 20 ch. et 5 appart. 80 €.* Des chambres sans caractère, mais bien agencées et équipées de kitchenette. Vue sur le port.

Mato – *Dans une ruelle au-dessus du vieux port, près de l'église - www.matoskiathos.com - ✆ 24270 221 86 - 12 ch. 70/85 €* . Au centre d'un écrin de palmiers et de bougainvilliers, ce petit hôtel de charme propose des chambres agréables, bien équipées. Le petit-déjeuner se prend dans un ravissant salon avec cheminée.

POUR SE FAIRE PLAISIR

Meltemi Hotel – *Nouveau port, près du débarcadère - ✆ 24270 224 93 - www.meltemiskiathos.com - 18 ch. 80/95 € - 5 €.* Hôtel confortable, bien tenu. Chambres pleines de charme, sur le port. Les patrons parlent français et italien.

Pothos – *R. Évangelistrias - www.pothos-skiathos.com - ✆ 24270 226 94 - 22 ch. 85 €* . Un bon établissement, avec salons lambrissés. Chambres confortables mais sans cachet particulier.

Ahladia

BUDGET MOYEN

Vontzos – *Arrêt de bus n° 10 - ✆ 24270 228 75 - www.hotelvontzos.gr - - 21 ch. 80 €* . Hôtel simple, correct, au décor basique.

Kanapitsa

POUR SE FAIRE PLAISIR

Cape Kanapitsa – *Après la plage, arrêt de bus n° 12 - ✆ 24270 217 52 - www.capekanapitsa.com - - 39 ch. et appart., 75/185 €* . Un élégant hôtel construit au milieu des pins. Chambres très agréables au sol recouvert de dalles en pierre. Du balcon, vous embrasserez la mer du regard.

Agia Paraskevi, Kolios

BUDGET MOYEN

Stefanos House – *Arrêt de bus n° 15 - ✆ 24270 494 93 ou 69407 717 51 - www.stefanoshouse.gr - - 9 appart. 75 €* . Au calme, près d'une oliveraie et d'une plage privée, des studios et des appartements équipés, avec vue sur la mer. Les chambres ne sont pas très bien isolées de la chaleur.

POUR SE FAIRE PLAISIR

Magic Hotel – *Arrêt de bus n° 16 - ✆ 24270 494 53 - www.magic-hotel.com - - 35 ch. 90/165 €* . Situé à flanc de colline, cet hôtel propose des chambres confortables, avec balcon donnant sur le large. L'accueil est sympathique. Petit-déjeuner buffet.

UNE FOLIE

Skiathos Princess – *Arrêt de bus n° 16 - ✆ 24270 497 31 - www.skiathosprincess.com - - 133 ch. 215/295 € - salle de sport, Jacuzzi et aire de jeux pour les enfants.* Cinq bâtisses blanches construites en terrasse, avec un jardin côté mer. Les chambres, avec balcon, sont un peu kitsch mais très confortables. Idéal pour un séjour en famille, l'hôtel propose une formule demi-pension.

Platanias

UNE FOLIE

Atrium – *Arrêt de bus n° 16 - ☏ 24270 493 45 ; réserv. en hiver (Athènes) ☏ 21061 062 89 - www.atriumhotel.gr - 75 ch. 150/230 €*. Hôtel de luxe accroché à la colline, au bout de la crique. La côte en remontant de la plage est un peu rude, mais… la vue sur la mer est superbe. Le hall est élégant, tout en marbre et pierre, joliment meublé. Les chambres, avec balcon, ne vous décevront pas (préférez les derniers étages).

Troulos

POUR SE FAIRE PLAISIR

Troulos Bay Hotel – *Arrêt de bus n° 20 - ☏ 24270 493 90 - www.troulosbayhotel.gr - 43 ch. 110 €*. Des chambres au confort irréprochable (demandez celles avec balcon, côté plage), malheureusement un peu petites.

Asselinos

POUR SE FAIRE PLAISIR

Skiathos Palace – *Arrêt de bus n° 22 - ☏ 24270 497 00 - www.skiathos-palace.gr - 258 ch. 120/320 €*. Réputé dans les années 1970, cet établissement au confort indéniable affiche des prix élevés. Sa superbe piscine sur le toit domine la plage, à 200 m de là. Nombreux services (boutiques, location de véhicules, agence de voyages).

RESTAURATION

Skiathos

Bon à savoir – Vous trouverez un vaste choix dans le village et sur le port, mais la qualité et l'accueil peuvent décevoir. Les prix sont élevés. En général, chaque plage a sa taverne.

PREMIER PRIX

Kabourelias Ouzeri-Taverna – *À gauche du débarcadère, en face de l'îlot - ☏ 24270 211 12 - - 10 €*. Une vaste terrasse où l'on sert salades, *souvlakia*, poisson, fruits de mer et… glaces.

Psaradika – *Sur les quais, au bout du vieux port - ☏ 24270 234 12 - 12 €*. Une taverne un peu à l'écart de la foule. Excellentes grillades de poissons.

Taverna Selini – *Sur le vieux port, un peu sur les hauteurs - ☏ 24270 244 60 - - 15 €*. La terrasse offre une vue superbe sur la baie. Les poissons et les plats sont de qualité pour un prix convenable.

Asprolithos – *R. derrière l'école, après la r. Papadiamantis - ☏ 24270 231 10 - - le soir -17 € - réservez*. Cuisine de qualité.

BUDGET MOYEN

Dionissos – *Rue principale - ☏ 24270 226 75 - - 18 €*. Spécialités grecques et italiennes servies sur une vaste et jolie terrasse. Plusieurs formules. Bon rapport qualité-prix.

Polikratis – *R. Papadiamantis - ☏ 24270 241 39 - - 18 €*. L'un des établissements chic de la ville. La terrasse fleurie reste agréable, malgré l'affluence. On y déguste des croquettes d'aubergine au fromage, du veau arrosé d'une sauce au fromage et au basilic.

POUR SE FAIRE PLAISIR

The Windmill – *En haut du bourg - ☏ 24270 245 50 - www.skiathoswindmill.gr - - le soir - 27 € - réservez*. Une institution de Skiathos, installée au pied d'un moulin à vent, d'où l'on jouit d'une vue exceptionnelle. La décoration est originale, la cuisine raffinée. Vous pouvez consulter le menu sur le site Internet.

ACHATS

Antiquités

Markos Botsaris – *Près du musée Papadiamantis.* Un véritable musée installé dans une maison de poupée.

Journaux

Licos Line – *Sur les quais, à droite de la grande rue.* Presse internationale.

EN SOIRÉE

Bon à savoir – Difficile de conseiller une adresse tant elles sont nombreuses. Les endroits les plus sélects se trouvent principalement autour du vieux port. La nuit, l'animation est à son comble et la musique, souvent anglo-saxonne, résonne de toute part.

Kentavros Bar – *Près du musée Papadiamantis - à partir de 21h30.* Un incontournable de l'île depuis 1978, ce petit bar programme du funky, de l'acid-jazz et du blues.

Bourdzi – *Sur la presqu'île.* Bar romantique, où l'on sirote un verre en terrasse en écoutant le clapotis sur fond de musique grecque.

Slip Inn – *Au bout du vieux port, sur la droite.* Photophores et ambiance branchée.

ACTIVITÉS

Excursions

Tour de l'île depuis le vieux port *(départ 10h, retour 17h)*, plusieurs escales ou circuit sur la côte nord *(départ à 10h, retour 15h).*

Activités sportives

Presque toutes les plages ont leur club nautique : planche à voile, ski nautique…

Plages

La côte nord ou les plages accessibles seulement par bateau sont moins fréquentées. La plus belle, celle de Koukounaries, attire les foules *(voir p. 222).*

Skopelos

(Σκόπελος)

★

5 131 habitants - Région de Thessalie - Unité régionale des Sporades - 97 km²

NOS ADRESSES PAGE 232

S'INFORMER

Informations touristiques – Les agences de voyages délivrent toutes les informations dont vous avez besoin.

Sur le port, le bureau de l'association des loueurs de chambres vous renseignera sur les possibilités d'hébergement chez l'habitant – *24240 245 67.*

Sites Internet – *www.skopelos.net (en français) et www.skopelos.gr (site internet officiel, en anglais).*

SE REPÉRER

Carte de région A (p. 212) - Carte de l'île ci-contre.

À NE PAS MANQUER

Flâner dans les villages de Skopelos et de Glossa ; visiter les monastères du mont Palouki.

ORGANISER SON TEMPS

Comptez 3 jours de visite.

En venant de l'île de Skiathos, le bateau longe les belles côtes de Skopelos, dévoilant une succession de plages et de criques dominées par un relief boisé, ondulations d'un vert sombre d'où surgit parfois la silhouette éclatante de blancheur d'une église. Bien moins touristique que sa voisine, l'île de Skopelos, si elle a connu un certain développement ces dernières années, a su préserver son caractère : aussi, pourrez-vous croiser une femme en tenue traditionnelle, coiffée d'un fichu de soie, portant corselet de velours et jupe plissée en soie brodée de fleurs.

Se promener Carte de l'île ci-contre

Dotée d'une terre fertile, Skopelos s'afficha longtemps comme la principale île des Sporades avec ses collines couvertes d'oliviers, d'amandiers et de vignes, renommées depuis l'Antiquité, mais surtout de **pruniers**, dont les fruits font toujours sa réputation dans tout le pays.

HISTOIRE

On sait peu de chose de la Skopelos antique, sinon qu'elle accueillit une colonie crétoise fondée par Staphylos au 6ᵉ s. av. J.-C. Mais, à une époque indéterminée, la citadelle de **Peparithos** (nom primitif de Skopelos) fut détruite. Philippe II de Macédoine entreprit sa restauration au 4ᵉ s. av. J.-C., reprise seize siècles plus tard par les Vénitiens (1204). Passée sous le joug ottoman en 1532, l'île le restera jusqu'à l'indépendance de la Grèce, au début du 19ᵉ s., sa flotte puissante (la septième de Grèce) ayant participé activement à la lutte contre l'occupant.

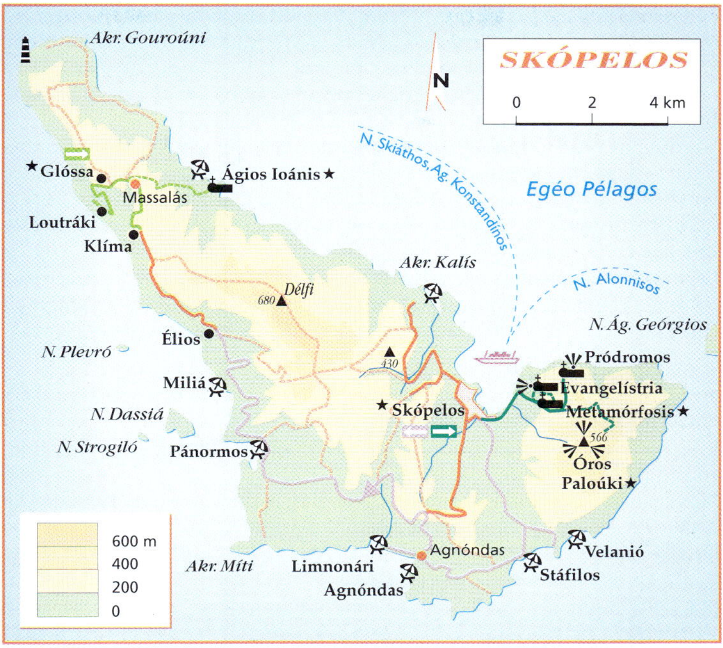

★ SKOPELOS

Superbe village bâti à flanc de colline, Skopelos coule des jours tranquilles à l'abri de sa digue, au creux d'une large baie.
À peine débarqué du ferry, vous serez conquis par son atmosphère bon enfant et par l'animation qui règne le long du quai *(interdit à la circulation après 20h)*, où se succèdent cafés et boutiques de souvenirs. Choisissez une ruelle au hasard et pénétrez dans ce dédale de maisons blanches, ponctué çà et là d'une église. Dans les hauteurs, visitez la **chapelle Agios Atanasios** (9e s.), qui abrite une somptueuse **iconostase** polychrome. Et, au-dessus, le **Kastro vénitien** offre un **panorama** imprenable sur la baie.

3

Circuits conseillés Carte de l'île ci-dessus

★ LES MONASTÈRES DU MONT PALOUKI (ΠΑΛΟΥΚΙ)

Du débarcadère, prenez la route qui longe la mer jusqu'à l'autre bout de la baie, avant votre ascension de la colline. Puis tournez à gauche à la fourche. Circuit tracé sur la carte ci-dessus.

Conseil – Pour les monastères, prévoyez des vêtements longs et discrets ou un paréo pour vous couvrir.

Une nonne sans âge, toute de noir vêtue, vous ouvrira les portes du **couvent Evangelistria** *(à 5 km de Skopelos - 8h-13h, 17h-20h - dons)*. Elle vous accompagnera en ponctuant le trajet de commentaires laconiques, dans un anglais rudimentaire. Outre une superbe **iconostase** en bois doré, cachée dans l'une des deux chapelles de l'endroit, la visite est méritée, ne serait-ce que pour admirer la **vue** sur la ville de Skopelos, qui s'étale loin en contrebas.

Redescendez jusqu'à la fourche et tournez à gauche pour gagner le **monastère Metamorfosis★** *(8h-13h30, 17h-20h30 - dons)*, dont les murs d'un blanc immaculé se détachent sur fond de cyprès et d'oliviers. Construit au 16e s., il renferme une église se dressant dans une jolie **cour★** fleurie que borde une coursive en bois.

Le **couvent Prodromos** *(à 10 km de Skopelos - 8h-13h, 17h-20h - dons)* semble moins coupé du monde, malgré sa situation au bout de la route. Là aussi, une belle **église** trône au centre de la cour, mais elle souffre un peu de son excessive restauration. L'endroit vaut surtout pour la **vue** qu'il offre sur la côte sauvage et découpée.

Les amateurs de beaux points de vue poursuivront sur la piste *(de plus en plus défoncée et rocailleuse)* jusqu'au **sommet du mont Palouki★** (566 m) d'où l'on a un magnifique **panorama** sur les montagnes dévalant jusqu'à la mer.

★ GLOSSA ET LE NORD (ΓΛΩΣΣΑ)

Circuit tracé sur la carte p. 229.

Le bus s'arrête devant la place principale du village, avec, comme il se doit, son église et sa taverne en terrasse.

Plus calme et plus authentique que Skopelos, le gros bourg du nord de l'île recèle le même enchantement de maisons blanches écrasées de lumière et le lacis de venelles ombragées, désertes à l'heure de la sieste. Au détour d'une ruelle apparaît soudain le trait bleu de la mer, qui jette une note de couleur dans ce décor étincelant. Ici, la vie semble suivre un cours séculaire que rien ne vient déranger. Mais qu'on ne s'y trompe pas : le village a été investi depuis quelques années par les touristes d'Europe du Nord qui rachètent et restaurent les maisons.

Du village, une route descend à **Loutraki**, le port de **Glossa**, qui possède quelques restaurants de fruits de mer, dans lesquels il est agréable de s'attarder au bord de l'eau.

Quelques kilomètres au sud de Glossa, le village de **Klima** doit sa résurrection, après le séisme de 1965, aux étrangers qui, amoureux de l'île, ont restauré ses maisons.

Mais la plus belle excursion des environs est celle qui conduit à **Agios Ioanis★** *(5 km)*, sur la côte est. Perchée sur un étroit promontoire rocheux à quelques brasses du rivage, la petite chapelle, juchée au sommet d'un escalier escarpé, continue d'inspirer nombre de cartes postales. Et pour une dernière baignade, profitez de la **plage★** de sable voisine qui s'étire au pied de falaises plongeant dans la mer.

★ LA RONDE DES PLAGES

Circuit tracé sur la carte p. 229.

L'île compte de très belles plages, mais, pour plus de tranquillité, vous devrez souvent opter pour les galets plutôt que pour le sable.

Très fréquentée, la **plage de Stafilos** *(4 km au sud de Skopelos)*, qui mêle sable et galets, occupe un site ravissant, au fond d'une petite crique cernée de pins *(taverne)*. Tout près de là fut découverte la tombe du roi Staphylos (« raisin » en grec) qui, à l'époque minoenne, fit connaître à l'île ses premières heures de gloire. On peut voir les armes et offrandes en or qu'elle contenait au musée de Volos, sur le continent.

Tout aussi charmante, la **plage de Velanio**, juste après le petit cap rocheux *(à l'est)*, est le refuge des naturistes.

L'une des nombreuses églises traditionnelles, à l'éclatante blancheur.
J. Huber/Sime/Photononstop

Plus à l'ouest *(à 3 km de Stafilos)* se cache celle d'**Agnondas**, une minuscule anse de galets occupant le fond d'une crique très encaissée, où mouillent quelques voiliers et bateaux de pêche *(taverne)*.

De là, une route mène aux plages de sable de **Limnonari**, frangée de maquis *(tavernes, hôtel)*. Puis de superbes **panoramas★** de la côte s'offriront à vous et vous passerez un peu plus loin à proximité d'une tour génoise avant de vous enfoncer à travers bois.

Lovée au fond d'une baie profonde, la petite station de **Panormos** *(pensions, change, agences, tavernes)* s'étire le long d'une plage de galets gris bordée de pins, tandis qu'une petite anse sur la gauche abrite des voiliers au mouillage.

Plus au nord, enfin, la **plage de galets de Milia** *(à 3 km)* passe pour la plus belle de l'île. Jalonnée de tavernes, de pensions et d'un club nautique, elle se partage des deux côtés de l'îlot rocheux qui trône au milieu de la baie.

Si vous préférez un environnement plus sauvage, optez pour la suivante, **Kastaria** (sable et galets), vierge d'équipements.

La route passe ensuite par **Elios** *(New Klima)*, une station sans intérêt où vous pourrez néanmoins faire une halte déjeuner.

NOS ADRESSES À SKOPELOS

INFORMATIONS UTILES

Banque / Change

Banque nationale de Grèce – *Sur les quais - lun.-jeu. 8h-14h, vend. 8h-13h30.* Distributeur et change. Plusieurs autres agences dans l'île.

Poste

Tlj sf w.-end 7h30-14h. Pour rejoindre la poste, prenez la rue en face du terminal, puis la première à gauche, la première à droite, la première à gauche et encore à gauche !

Téléphone

OTE – *Du quai, remontez la rue jusqu'à la boutique Armoloï et tournez à gauche après le kiosque - tlj sf w.-end 8h-13h.*

Agences de voyages

Panormos Travel Agency – *☏ 24240 233 80/228 23/334 79/ 330 78.* Loue des véhicules et des yachts, mais propose aussi des hébergements et des excursions.

Internet

Avia Electronics – *À droite en sortant de l'OTE (9h30-14h, 18h-23h).*
Internet Café – *À 100 m de la place Platanos, prendre la ruelle qui monte légèrement sur la gauche (9h-0h).*

ARRIVER / PARTIR

En ferry

Le principal port de l'île est Skopelos ; mais, en été, les ferries font aussi escale à Loutraki, le port de Glossa *(côte ouest)*. Les durées indiquées sont au départ de Skopelos. Ferries et **Flying Dolphins** bouclent le tour des îles en partant de Volos ou d'Agios Konstantinos *(3-4/j., 1-2/j. en hiver)*.
Sporades Ferries – *En face du débarcadère - ☏ 24240 227 67/ 230 60.* Regroupe toutes les compagnies maritimes. Liaisons avec **Thessalonique** au nord, les **Cyclades** et la **Crète** au sud, *(juil.-sept., 3-4/sem.)* avec la compagnie **G/A Ferries**.

En hydroglisseur

Madro Travel – *Au bout du port, en dessous de la chapelle Agios Atanasios - ☏ 24240 221 45/223 00.* Représentant de **Flying Dolphins**. Liaisons avec **Alonnisos** *(20mn de trajet)*, **Skiathos** *(fréquentes, 1h)*, **Volos**, *(5/j., 2h15)*, pour **Agios Konstantinos** *(3/j., 2h15)*, pour **Thessalonique** *(1-2/j., 4h15)*. Ces fréquences sont indicatives et susceptibles de changement. Vous pouvez trouver les horaires sur le site **www.gtp.gr** ; ou bien vous renseigner à la **capitainerie** – *☏ 24240 221 80.*

TRANSPORTS

En bus

Le **terminal** de bus se trouve sur les quais, à 400 m du débarcadère. En été, 8 à 10 AR dans chacune des directions : Glossa *(1h)* ; Panormos et Milia *(30mn)* ; Stafilos et Agnondas *(15mn)*.

En taxi

La station se trouve en face du terminal des bus - ☏ 24240 225 66.

En voiture

Location de véhicules – Vélos, motos et voitures : vous aurez l'embarras du choix à Skopelos. Les principales agences sont regroupées à gauche du débarcadère.
Avis – *☏ 24240 231 70.*
Sur le port, agences spécialisées dans la location de motos :
Madro Travel – *☏ 24240 221 45 - enquiries@madro travel.com.*
Motor Tour – *☏ 24240 229 86.*

Discovery Tour – *24240 230 33/221 98 - www.skopelos.net/discovery.*

HÉBERGEMENT

Skopelos (Hora)

PREMIER PRIX

Kir Sotos – *Sur le port, à l'angle de la ruelle qui monte vers l'OTE - 24240 225 49/228 08 - www.skopelos.net/sotos - - 12 ch. 30/55 €* . Un hôtel de charme, rustique et confortable. Les chambres sont assez sombres. Évitez celles donnant sur le port, trop bruyantes. Vous pouvez prendre votre petit-déjeuner en terrasse, dans la cour, après l'avoir vous-même préparé dans la cuisine, en libre-service. Quelques chambres triples.

Domatia Angela – *À 50 m de l'OTE - 24240 233 58 - - 8 ch. 50 €.* Une petite pension simple et agréable, au confort correct. Accueil familial chaleureux.

BUDGET MOYEN

Hôtel Regina – *Derrière l'hôtel Adonis - 24240 22 138 - - 16 ch. 55 €* . Cet établissement modeste mais accueillant propose des chambres, équipées d'un réfrigérateur, parfaitement tenues. Certaines ont un balcon face à la mer. Bon rapport qualité/prix.

Hôtel Aegean – *À l'autre bout de la baie, sur la route qui monte aux monastères - 24240 226 19 - - 15 ch. 70 €* . Un hôtel simple mais confortable, bâti sur plusieurs niveaux, avec lambris aux murs et sol en marbre. Relativement isolé, il jouit d'une vue superbe sur la baie. Trois grandes chambres familiales.

Hôtel Agnanti – *De l'autre côté de la baie - 24240 227 22 - massaras@otenet.gr - - 12 ch. 70 € - 8 €.* Une belle bâtisse blanche sur deux étages, entourée de platanes. Des chambres confortables au mobilier traditionnel de l'île. Vue sur la mer.

POUR SE FAIRE PLAISIR

Hôtel Elli – *Ring Road, en haut du village de Platanos - 24240 229 43 - www.skopelos.net/elli/ - - 23 ch. (3-4 pers.) 90 €* . Passé le jardin, vous arriverez à cet hôtel agréable, au sol dallé de pierres vertes. Les chambres, coquettes et confortables, ont un mobilier traditionnel en bois. Bon rapport qualité-prix. Réduction de plus de 50 % en moyenne saison.

Aperitton – *En haut du village - 24240 222 56 - www.aperitton.gr - - 31 ch. 130 €* . Un hôtel propre, confortable, mais sans cachet, doté de chambres d'une blancheur immaculée. Balcon. Bar.

Prince Stafilos – *De l'autre côté de la baie - 24240 227 75 - www.princestafilos.gr - - 52 ch. 120 €* . En retrait de la route, derrière un parterre de fleurs, cette élégante bâtisse au toit d'ardoises cache un charmant hall rustique et d'agréables chambres.

Panormos

UNE FOLIE

Adrina Beach Hotel – *Plage Adrina, 500 m après Panormos - 24240 233 73 - www.adrina.gr - - 42 ch. et 10 maisonnettes 182 €* . Un établissement irréprochable, on y parle même français ! Le hall, joliment meublé, distribue des chambres ouvertes sur la mer. Les bungalows sont plus chers, mais peuvent accueillir jusqu'à quatre personnes. L'hôtel a sa petite plage de galets privée, avec taverne.

RESTAURATION

Skopelos

PREMIER PRIX

Chez Greka – *Proche de l'OTE - - 10 €.* La seule véritable crêperie de l'île, tenue par Greka, qui viendra peut-être à votre table bavarder en français.

Klimataria – *Près du débarcadère - - 12 €.* Une terrasse sur le port, idéale pour manger une salade ou savourer des fruits de mer.

Taverna Finikas – *Indiqué à partir de l'OTE - 224240 223 81 - - le soir - 16 €.* Un très agréable établissement avec une terrasse en surplomb de la rue. Outre les entrées classiques, la carte comprend quelques plats originaux, comme le copieux et délicieux poulet aux quatre fromages.

Périvoli – *Juste derrière la place Platanos - - le soir - 18 €.* Vous pénétrez dans ce jardin d'Eden par une ouverture pratiquée dans un long mur. À côté du potager, une épaisse treille recouvre la terrasse. Ici, la cuisine grecque s'inspire de saveurs plus lointaines. Très apprécié des Grecs et des touristes, le restaurant est souvent complet.

Loutraki

PREMIER PRIX

Vrachos Taverna – *Sur le port de Loutraki, après l'église - - 16 €.* Spécialités de fruits de mer et de grillades, au bord de l'eau.

BUDGET MOYEN

Boukadoura – *Sur le port de Loutraki - - 20 €.* Spécialités de poisson et de fruits de mer. Maria, la patronne, vous offrira au dessert le *halwa* fait maison (recette de famille). Elle propose aussi quelques chambres à louer sur le port.

BOIRE UN VERRE

Café International – *Sur le port.* Spécialités de pâtisseries de Skopelos (glace, gâteaux aux noix…), idéal pour un petit-déjeuner ou un goûter gourmand.

Vraxos – *Prenez les escaliers près de la Banque nationale.* La terrasse de Skopelos bénéficie de la plus belle vue sur la ville. Vaste choix de cocktails sirotés sur des tonalités reggae. Apprécié de la jeunesse locale.

Platanos Jazz Club – *En face du débarcadère.* Une terrasse avec des tables style bistro, à l'ombre d'un platane. On y sert un copieux yaourt en guise de petit-déjeuner et, le soir, c'est un bar animé, pour amateurs de jazz.

Dimotiko Cafeneion – *Sur le port - le mat. et fin d'apr.-midi.* C'est le café municipal, où les hommes du village viennent commenter les événements du jour.

ACHATS

Antiquités

Ploumisti Shop – *Du port, tournez dans la rue juste après le kiosque puis prenez la première à droite.* Une belle boutique proposant tissus, fenêtres en bois, bijoux.

EN SOIRÉE

Blue Bar – *Des quais, montez la rue après le kiosque et tournez à droite en face de l'église - à partir de 21h30.* Un des bars branchés du village. Petit, mais vivant.

Ouzerie Anatoli – Dans le *kastro.* Une vue superbe sur la ville. En juillet et en août, concerts de musique grecque de 23h à 2h du matin.

ACTIVITÉS

Pour se rendre sur la plage de Glisteri, un service bateau est assuré, au nord du bourg. Départs de 10h à 15h, retours jusqu'à 18h *(20mn).*

Randonnées

Belles randonnées à pied ou à VTT au cœur de l'île à travers les chemins forestiers.

Excursion en bateau

Vassilis Kouroutos propose un passionnant périple d'un ou deux jours dans les îles du Parc national marin, à bord de son superbe bateau, l'**Oceanis**. Informations auprès de **Madro Travel** ou sur le bateau même, dans le port. Cher, mais inoubliable.

AGENDA

Fête d'Agios Riginos –Fête du patron de l'île, le 25 février.

Fête de la Transfiguration du Sauveur – Le 6 août.

Skyros

(Σκύρος)

★

3 449 habitants - Région de Grèce centrale - Unité régionale d'Evias - 223 km²

NOS ADRESSES PAGE 240

S'INFORMER

Il n'y a pas d'office de tourisme dans l'île, mais les agences de voyages renseignent et délivrent les listes d'hébergement. Vous pouvez aussi consulter le site internet des hôteliers **www.aroundskyros.com**.

Skyros Travel & Tourism – *22220 916 00/911 23 - www.skyrostravel.com*. Émission de billets pour les ferries et les avions, location de voitures, réservation d'hôtels. L'agence organise aussi des circuits en bateau dans le sud de l'île : visite des grottes de Gerania et de Pendekali, escale à Sarakino *(départ à 11h de Linaria, retour à 18h)*.

SE REPÉRER

Carte de région B (p. 212) - Carte de l'île ci-contre.

À NE PAS MANQUER

Le village de Skyros (Hora) et ses maisons traditionnelles ; les plages de la péninsule nord et les paysages désolés du sud.

ORGANISER SON TEMPS

Comptez trois jours de visite. Pour parcourir l'île à loisir, louez une moto ou une voiture.

Si Skyros offre le même enchantement de criques désertes et d'eaux turquoise, la plus grande île des Sporades affiche un caractère bien différent du reste de l'archipel, plus âpre, plus sauvage. Ici, l'artisanat a conservé ses lettres de noblesse (meubles sculptés et peints, broderies, tapis, vanneries, céramiques), et ses traditions sont encore bien vivantes. Le carnaval, en particulier, constitue un moment fort de la vie locale et, dans les villages, il arrive encore de croiser un vénérable vieillard vêtu du large pantalon bleu d'antan, les mollets pris dans des guêtres et chaussé de *trohadia*, ces sandales héritées de l'Antiquité.

Se promener Carte de l'île ci-contre

Tel un gros papillon, Skyros déploie ses ailes de chaque côté d'un isthme d'à peine 2 km de large.

Deux parties presque étrangères l'une à l'autre : celle du nord, région du **Meri**, concentre à elle seule la plupart des cultures et de la population, laissant celle du sud, la péninsule plus montagneuse du **Vouno**, aux moutons et aux chèvres à demi sauvages, mais surtout à une race de petits chevaux endémiques dont l'origine se perd dans la nuit des temps.

★ SKYROS

La principale localité de l'île offre une vue superbe, ses maisons blanches composant un assemblage de petits cubes dévalant, telle une cascade, les pentes abruptes d'un éperon rocheux que couronne une citadelle. Dans ce dédale inextricable se cache l'**Agora**, étroite place bordée de magasins, de bars et de tavernes.

Si par chance elle est ouverte, ne manquez pas de visiter la **Maison traditionnelle**, au n° 992 *(de l'église Halrondopanagia, montez vers le* kastro, *jusqu'à une petite place où trône un gros arbre)*. Avec son mobilier de bois ouvragé, ses cuivres et faïences accrochés aux murs, elle donne une bonne idée d'un intérieur skirote.

Non loin, rejoignez la **forteresse de Lykomedes** *(en restauration suite à un tremblement de terre)*. Ancienne place forte byzantine puis vénitienne, elle fut l'un des plus puissants bastions de la mer Égée. Ses murs éclatants de lumière se dressent à l'emplacement du temple où, selon la légende, le jeune Achille grandit parmi les filles du roi Lycomède, habillé en femme. Ce stratagème, imaginé pour déjouer l'oracle qui avait annoncé sa mort à Troie, devait connaître le succès que l'on sait…

Aujourd'hui en ruine, le *kastro* offre surtout un magnifique **point de vue★★** sur le village, embrassant toute la campagne alentour et la mer.

En sortant, vous pouvez passer devant le **monastère Saint-Georges** *(Moni Agios Georgios)*, posté à l'entrée. Son église du 10e s. renferme une belle iconostase, des fresques, ainsi que quatre colonnes provenant d'un temple dionysiaque *(accès interdit)*.

LE CARNAVAL DU TRIO

En février, précédant le carême, s'ouvre le **carnaval de Skyros**, un étonnant mélange de rites païens, liés au culte de Dionysos, à la mémoire d'Achille… et aux chèvres. À travers les ruelles de Hora, plusieurs petits groupes de trois hommes déambulent en chantant, en dansant et en récitant des poèmes, à grand renfort de bruits. Élément principal de l'insolite trio, le **géros**, un vieil homme, porte l'habit traditionnel du berger assorti d'un masque et d'une peau de chèvre harnachée de lourdes cloches qui ne manquent pas de résonner. Le **koréla** l'accompagne, jeune homme habillé en femme, en souvenir de l'éducation d'Achille, ainsi que le **frangos**, personnage comique, vêtu de guenilles, qui figure… l'étranger !

Poursuivez à l'extrémité nord de la ville, et rendez-vous au **musée du Folklore Faltaïts** *(✆ 22220 911 50 - 10h-14h, 18h-21h, 10h-14h en hiver - 2 €)*, installé dans la vaste demeure de la riche famille skirote Faltaïts. Recréant avec beaucoup de bonheur un intérieur d'époque (1830), elle abrite, outre des meubles, des ustensiles de cuisine, des céramiques, de somptueux tissus et des costumes, une remarquable collection d'ouvrages anciens *(certains en français)*, de lettres et de documents officiels. La boutique attenante propose un grand choix de céramiques.

Complétez votre découverte de l'ancienne Skyros par la visite du **Musée archéologique**, situé juste à côté *(✆ 22220 913 27 - tlj sf lun. 8h30-15h - 2 €)*. Il présente des objets des époques helladique (2800-1900 av. J.-C.) et romaine (1er s. apr. J.-C.), en particulier des poteries provenant de Palamari, le site antique du cap Kastraki, ainsi que des statues en marbre d'époques diverses. La section consacrée à l'habitat skirote comprend notamment de magnifiques **broderies**.

Dressée sur une terrasse toute proche, la **statue de Rupert Brooke** (1887-1915) évoque le souvenir du poète anglais mort à Skyros d'une septicémie alors qu'il se rendait dans les Dardanelles. Sa tombe se trouve dans la partie sud de l'île.

Circuits conseillés Carte de l'île p. 237

★ LA PÉNINSULE NORD

De Skyros, prenez vers le nord vers l'aéroport. Circuit tracé sur la carte p. 237.

Au pied de Hora, un long ruban de sable s'étire à perte de vue vers le nord, égrenant les plages de **Magazia** et de **Molos** *(à 1 km)*. Si elles pâtissent un peu de la proximité du village, vous succomberez néanmoins au bonheur de vous baigner ou de savourer une dorade grillée à la terrasse d'une taverne.

Continuez ensuite par la route, après la plage de Bina, jusqu'au **cap Pouria** où quelques étranges **chapelles troglodytiques**, certaines à moitié englouties, s'ouvrent çà et là dans un paysage désolé, face à un petit **moulin** dépouillé de ses ailes.

Passé Mela, prenez à gauche, en laissant devant vous l'embranchement vers l'aéroport.

Côte ouest

La route évite le nord de l'île pour aborder très vite la côte ouest, qui s'ouvre par la plage de sable et de galets de **Kyra Panagia** *(à 15 km de Hora - taverne)*. Si l'endroit a moins de charme que Magazia ou Molos, il est peu fréquenté.

La plage de Magazia et la ville de Skyros sur l'éperon rocheux.
J. Huber/Sime/Photononstop

Deux kilomètres plus au sud, on atteint bientôt **Atsitsa**, charmant port de pêche placé sous la garde vigilante d'une tourelle en pierre, les pieds dans l'eau… Une plage de galets borde le village *(attention aux oursins !)*, mais, pour la baignade, préférez celle qui se trouve à 300 m du port ou la petite plage isolée, 2 km au sud.

De la plage, une piste carrossable s'enfonce sur 5 km dans une superbe **forêt de pins**, sentant bon la résine, pour déboucher sur la belle plage de galets **d'Agios Fokas** *(taverne)*.

Puis la route gravit une colline jusqu'à la petite **chapelle Agios Pandeleimonos** *(à 4 km)*, édifice sans charme particulier, mais qui jouit d'un **panorama★** exceptionnel sur la côte et les montagnes environnantes. Avant de descendre vers Pefkos, vous longerez une ancienne carrière de marbre, qui fut exploitée dès l'époque romaine.

Niché au pied de collines boisées, au fond d'une petite crique frangée d'une plage de sable fin, le port de **Pefkos** *(3 km, ou 12 km de Skyros)* est un

HISTOIRE

Colonisée successivement par les Cariens, les Crétois et les Dolopes, Skyros est mentionnée plusieurs fois par **Homère**. La légende associe son nom à celui du demi-dieu **Achille** et à celui de **Thésée**, fils d'Égée, roi d'Athènes. Passée sous la domination de cette cité au 5e s., l'île le restera jusqu'à l'arrivée des Romains.

Mais une longue période d'instabilité s'ouvre avec le Moyen Âge, marquée par la rivalité entre Byzantins, Vénitiens et Ottomans. Skyros intégrera cependant le jeune État grec dès son indépendance, en 1821. Depuis plusieurs décennies, le **tourisme** s'y développe de façon harmonieuse, sous l'égide d'une coopérative locale. Aussi, l'île a-t-elle évité l'exode et ses villages n'ont pas été vendus à de riches étrangers… pour le plus grand bonheur des visiteurs, car la *philoxenia* (la tradition d'accueil) y garde tout son sens.

délicieux havre de paix, à peine troublé par le roulis des vagues et le chœur des mouettes. Vous y trouverez plage, tavernes et *domatia* : tout ce qu'il faut pour une délicieuse halte-farniente.

Changement d'ambiance au port de **Linaria** *(à 6 km, ou à 12 km de Skyros)*. Avec ses bars, ses restaurants et ses boutiques de souvenirs, l'endroit est bien agréable pour attendre le départ de son ferry. Toutefois, si vous disposez d'un peu de temps, préférez **Aherounes** *(2 km au nord)*, qui se cache au fond d'une crique abritant une agréable plage de sable et de galets *(tavernes)*.

De retour vers Skyros, enfin, sur la côte orientale, vous pourrez encore profiter de la **plage d'Aspous** *(taverne)*, même si elle est très ventée.

★ PETIT PÉRIPLE AU SUD (VOUNO - BOYNO)

Circuit tracé sur la carte p. 237.

Autre direction, autre terre. Contrastant avec la péninsule nord, la partie méridionale de l'île montre un relief plus élevé et tourmenté, royaume sauvage et pelé des chèvres, dont les silhouettes couleur terre de Sienne se fondent dans le maquis rocailleux.

De Skyros, la route qui traverse l'isthme débouche à **Kalamitsa** *(11 km)*, petite station *(quelques hôtels)* installée au creux d'une large baie s'ouvrant au pied de collines altières. À l'extrémité sud de la baie s'étend une plage de sable et de galets, où vous trouverez tavernes et *domatia*. Mais les amateurs de solitude pousseront plus loin jusqu'à la plage de **Kolympadas Bay** *(5 km)*.

Si vous disposez d'un véhicule, poursuivez au sud : le paysage y est d'un dénuement total. Au bout de la route, la vue sur les **falaises★★** plongeant dans la mer est inoubliable, surtout dans la lumière du soir.

NOS ADRESSES À SKYROS

INFORMATIONS UTILES

Banque / Change

Nombreux bureaux de change dans la rue principale.

Banque nationale de Grèce – *R. Agora, près du terminal - lun.-jeu. 7h30-14h, vend. 8h-13h30.* Distributeur.

Poste

Sur la Platia en bas de l'Agora, à côté de la station de taxi - tlj sf w.-end 7h30-14h.

Téléphone

OTE – *Après la grande place, tournez à droite - tlj sf w.-end 7h-14h40.*

Sécurité

Police – *℘ 22220 912 74.*

Santé

Centre médical – *℘ 22220 922 22.*

Secours médicaux – *℘ 166.*

Hopitaux – *℘ 106 (permanences).*

Internet

Mepoh Internet Café – *Au milieu de l'Agora.*

ARRIVER / PARTIR

En avion

Aéroport – *Se trouve à l'extrémité nord de l'île - ℘ 22220 914 75.*

Sky Express – *℘ 2810 223 500/800 - www.skyexpress.gr.* En été, trois vols hebdomadaires AR pour **Athènes** sur de petits avions à hélices.

En ferry

La traversée se fait de **Kimi** *(Eubée, 168 km au nord-est* *d'Athènes)* au port de l'île, **Linaria** *(2/j., 1/j. en hiver, 2h)*. Achetez vos billets sur place ou à Skyros : **Lykomidis Ticket Office** *(près de Skyros Travel - ✆ 22220 917 89)*.

Capitainerie

✆ 22220 934 75.

TRANSPORTS

En bus

Le terminal se trouve en bas de l'Agora. Un bus se rend à Linaria *(5/j., 20mn)* pour l'arrivée des ferries et des hydroglisseurs. Les bus pour Magazia et Molos sont très nombreux en été.

En taxi

Station devant la place principale - ✆ 22220 916 66.

En deux-roues

Moto Rent – *✆ 22220 912 23.*
Moto Bagios – *Ruelle en face de la mairie - ✆ 22220 929 57.*
Rent a Bike – *Sur le port de Linaria - ✆ 22220 934 35.*

En voiture

Skyros Travel & Tourism – *Voir p. 236.*
Pegasus Rent a Car – *Agora, près de l'agence Skyros - ✆ 22220 911 23.*
Théseus Car – *En bas de l'Agora - ✆ 22220 914 59.*

HÉBERGEMENT

Skyros (Hora)

Bon à savoir – Les *domatia* sont nombreuses à Skyros. Vous serez sollicité dès votre arrivée à Linaria. Les prix retenus ici baissent de 30 % environ hors saison.

PREMIER PRIX

Domatia Ienakaki – *En bas de l'Agora, sur le côté gauche - ✆ 22220 914 59 - 7 ch. et 1 studio 40 € (pas de petit-déj.).* Des chambres soignées et confortables, à deux ou quatre lits, certaines avec balcon ouvert sur un verger. Douches communes bien tenues.

BUDGET MOYEN

Pension Elena – *Près de la poste - ✆ 22220 917 38 - - 10 ch. 50 € (pas de petit-déj.).* Des chambres simples, certaines avec terrasse. Confort et propreté corrects.

POUR SE FAIRE PLAISIR

Nefeli – *À l'entrée du village - ✆ 22220 919 64/920 60 - www.skyros-nefeli.gr - CC - 21 ch. et appart. 135 € - 10 €.* L'une des meilleures adresses de l'île, entièrement rénovée, installée dans une belle bâtisse blanche avec cheminées traditionnelles et mobilier ancien en bois. Le bar près de la piscine est particulièrement agréable.

Magazia et Molos

PREMIER PRIX

Domatia Kabadzina Papastathis – *À Magazia - ✆ 22220 913 22 - - 7 ch. et 2 appart. 40 €.* Cette pension confortable jouit d'une belle perspective sur la citadelle. La plupart des chambres, avec vue sur la mer ou sur le *kastro*, ont une salle de bains, trois disposent d'une kitchenette. L'établissement propose également deux maisonnettes dans un jardin près de la plage.
Pension Galini – *À Molos, 100 m avant le port, par la route qui longe la plage en retrait - ✆ 22220 913 79 - - 10 ch. 40 €.* Une bâtisse blanche aux petites chambres dont vous apprécierez la fraîcheur. La plupart d'entre elles ont une terrasse ainsi qu'une salle de bains. Préférez la chambre isolée sous le toit.

3

BUDGET MOYEN

Domatia Georgia Tsakami – *À Magazia - 22220 913 57 ou 21028 203 97 - gtsakamis@yahoo.gr - - 11 ch. 50 €* . À proximité de la plage, après avoir traversé un petit jardin. Les chambres fraîches et confortables sont équipées d'un réfrigérateur. Accès libre à la cuisine pour préparer votre petit-déjeuner. On parle anglais et allemand.

Hotel Hara – *À Molos - 22220 917 63 - - 30 ch. et appart., 70 €* . Situé à 100 m de la plage, cet hôtel propose un hébergement en chambres ou en studios, avec mezzanine. Télévision, kitchenette et air conditionné sont à disposition dans les grands studios.

POUR SE FAIRE PLAISIR

Skiros Palace Hotel – *À Girismata, au nord de Molos - 22220 919 94 - www.skiros-palace.gr - - 80 ch. 85 €* . Un complexe de luxe installé dans un cadre isolé, au bout de la route. Chambres confortables avec balcon. Air conditionné dans celles du premier étage.

Pension Angela – *À Molos - 22220 917 64 - www.angelahotelskyros.com - - 14 ch. 85 € - 5 €.* À 200 m de la plage, après la pelouse, les portes de l'établissement s'ouvrent sur des chambres spacieuses et confortables, avec balcon.

Hotel Hydroussa – *À Magazia - 22220 920 63/64/65 - www.hydroussahotel.gr - - 22 ch. 110 €* . Principal hôtel de la plage, cet établissement occupe un site très agréable. Toutes les chambres ont un balcon avec vue sur la mer. N'hésitez pas à négocier les prix.

Agios Fokas

BUDGET MOYEN

Kalimanolis – *- 9 ch. 60/80 €.* Une petite maison installée dans un site charmant. Formule demi-pension. Au menu : fruits de mer, fromage maison et légumes du cru servis sous la treille.

Atsitsa

PREMIER PRIX

Adonis Kalimeris – *22220 929 90 - - 20 ch. 40/50 €.* Dominant la crique et sa petite taverne de plage *(rattachée à l'hôtel)*, de petites chambres propres avec kitchenette.

Kalamitsa

Vous trouverez sur cette partie de l'île une atmosphère très différente et quelques pensions vraiment isolées.

BUDGET MOYEN

Skyrian tradition house – *22220 930 15 - - 6 maisons 60/70 €.* Des maisonnettes spacieuses avec cuisine et mezzanine, simples et agréablement décorées. La propriété est impeccable.

RESTAURATION

Skyros

PREMIER PRIX

Chez Anemos – *R. Agora, côté droit, après Skyros Travel - - 10 €.* L'endroit idéal pour prendre un petit-déjeuner (yaourt, croissants), une pizza ou une glace. La patronne parle français.

Orestit – *Rue principale, à gauche après la grande place - - 16 €.* Un large choix de fruits de mer, de salades et de grillades qui attire une clientèle locale.

Taverne Metopo – *Rue principale, côté gauche, 100 m après le terminal - - 12 €.* Une cuisine variée et savoureuse (lasagnes, légumes frais, soupe de lentilles), un service rapide et une très agréable terrasse à l'ombre, pour un prix modique.

Papous – *R. Agora, en haut sur le côté droit - ⊭ - 16 €.* Le lieu à la mode, fameux pour son poulet et son agneau en sauce. Concerts de musique grecque.

Molos

PREMIER PRIX

Taverna Sargos – *⊭ - 12 €.* Salades et poissons servis sur la charmante terrasse de la plage.

Molos compte d'autres tavernes : **Thomas**, **Asteria** et **Mylos**, installée dans un ancien moulin à vent.

ACHATS

Spécialités locales

La rue Agora concentre nombre de boutiques.

Amerissa Ftoulis – *En haut de l'Agora, juste après la fourche.* Bon choix de broderies.

Stamatis Ftoulis – *En face de Skyros Travel.* Vend des céramiques de Magazia.

EN SOIRÉE

Skyros (Hora)

Cafe Iron – *En face de la place principale.* Clientèle d'habitués et musique occidentale jusque tard dans la nuit. Bar installé sur l'agréable toit-terrasse.

Neoptolemos – *Dans l'Agora.* Un bar animé, ouvert jusqu'au bout de la nuit, où l'on peut écouter de la musique.

Linaria

Kavos – *Au bout de la crique - ouvert tard le soir.* Un bar très vivant dominant la mer. Musique occidentale et bon choix de cocktails et de pâtisseries.

ACTIVITÉS

Excursions

Se renseigner à l'agence **Skyros Travel & Tourism** *(voir p. 236).*

AGENDA

Carnaval de Skyros – En février. À ne pas manquer ! *(voir encadré p. 238).*

Festival de Faltaïts – Pendant les trois premières semaines d'août. Théâtre, danse, musique : demandez le programme au musée du même nom *(spectacles vers 21h - 5 € env.).*

Les Cyclades 4

Île de Santorin, l'église du village de Thira.

J. Du Boisberranger / hemis.fr

A
B
1
2
3
4
ATHÈNES
Rafína
Eubée
Le Pirée
Gávrio
ATTIQUE
Lávrio
Alónissos
Korissía
Kéa
Giáros
Á. Geórgios
Mérihas
Kýthnos
Fipéri
Serfopoúla
Sérifos
Livádi
Egéo
Pélagos
Kamáres
Sífnos
Kondós
Kímolos
Psathi
Políegos
Andímilos
Adámas
Mílos
Mer de Crète
DÉLOS ★★★ Vaut le voyage
Mýkonos ★★ Mérite un détour
Mílos ★ Intéressant
Kýthnos A voir
Iráklio
A
B

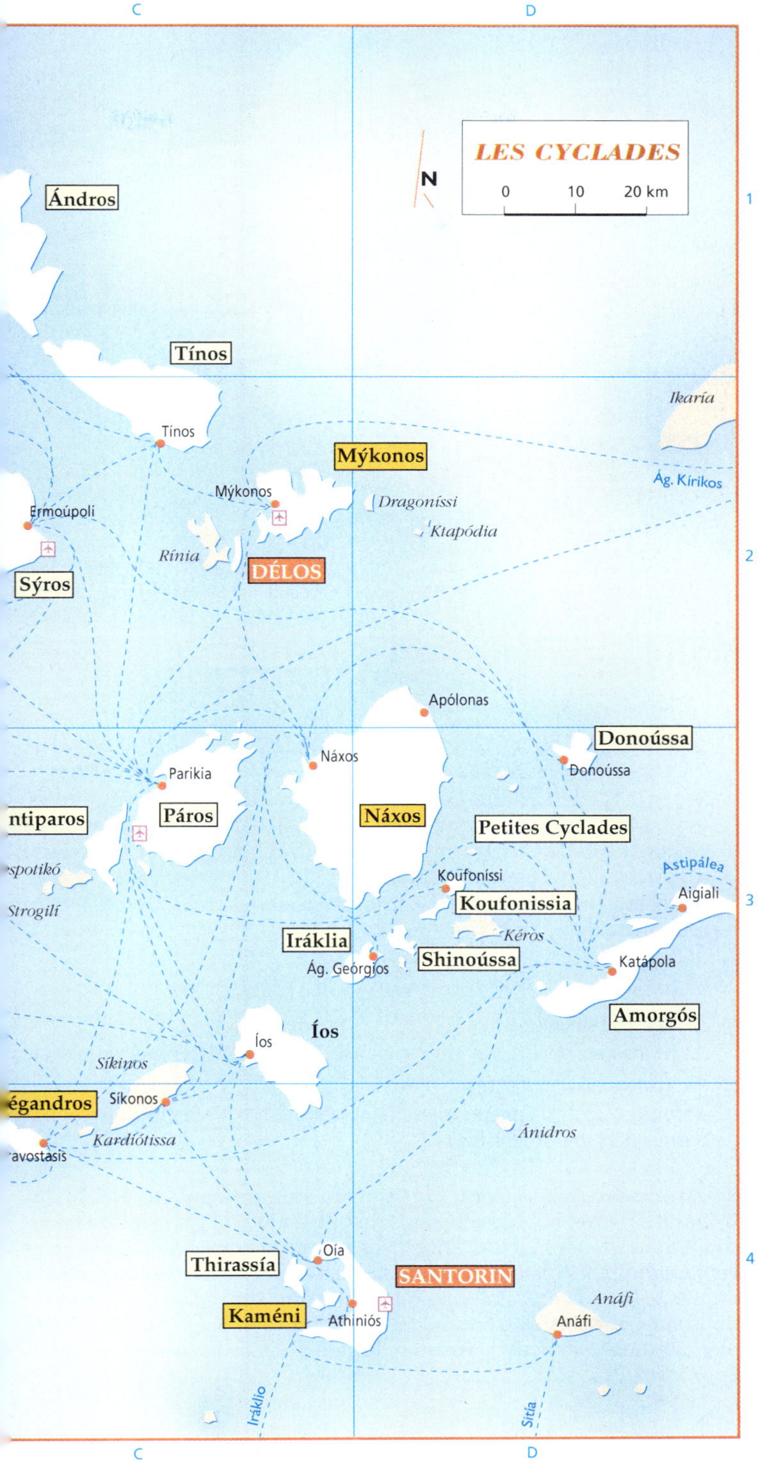

C
D
LES CYCLADES
N
0
10
20 km
1
2
3
4
Ándros
Tínos
Tínos
Ikaría
Mýkonos
Mýkonos
Ág. Kírikos
Dragonissi
Ktapódia
Ermoúpoli
Rínia
DÉLOS
Sýros
Apólonas
Donoússa
Donoússa
Náxos
Parikia
ntiparos
Páros
Náxos
Petites Cyclades
spotikó
Strogilí
Koufoníssi
Astipálea
Aigiali
Koufonissia
Kéros
Iráklia
Shinoússa
Ág. Geórgios
Katápola
Amorgós
Íos
Íos
Síkinos
égandros
Síkonos
Ánidros
Kardiótissa
avostasis
Oía
Thirassía
SANTORIN
Anáfi
Kaméni
Athiniós
Anáfi
Iráklio
Sitía
C
D

Amorgos

(Αμοργός)

★

2 202 habitants - Région d'Égée du Sud - Unité régionale de Naxos - 121 km²

NOS ADRESSES PAGE 255

S'INFORMER

Agence Synodinos – *Face au débarcadère de Katapola* - *22850 712 01.* Billetterie pour les bateaux et renseignements sur les horaires de bus.

Agence Aegialis Tours – *À Aigiali* - *22850 733 93* - *www.aegialistours.com.* Bonne source d'informations. Excursions, tour de l'île, location de voiture, accès Internet et vente de la 3D Map Amorgos, approche succincte des six sentiers de randonnée de l'île.

Sites Internet – *www.amorgos.com et www.amorgos.net (site officiel en anglais).*

SE REPÉRER

Carte de région D3 (p. 246-247) - Carte de l'île p. 252-253.

À NE PAS MANQUER

Le monastère de la Hozoviotissa ; le café du matin dans les ruelles de Hora.

ORGANISER SON TEMPS

Comptez 3 jours. Les bus ne démarrent qu'à 10h. Pour commencer vos visites plus tôt, organisez-vous.

Relativement préservée du tourisme de masse, la plus orientale des Cyclades, à une dizaine d'heures de bateau du Pirée, offre des paysages austères et spectaculaires. Les amoureux de nature sauvage et les contemplatifs tomberont sous le charme de cette île devenue célèbre depuis *Le Grand Bleu*, film culte de Luc Besson. Appréciée des bons randonneurs, cette étroite bande de collines rocailleuses compte peu de plages, principalement des criques de galets accessibles en caïque. Vous apprécierez ses sentiers bordés de murets de pierre qui relient les villages éclatants de blancheur perdus dans la montagne.

L'église d'Agios Panteleimon.
R. Cintract / hemis.fr

Se promener Carte de l'île p. 252-253

Conseil – Pour apprécier pleinement la variété des paysages, splendides et austères, préférez la marche. Plus que les plages, les randonnées permettent de découvrir le charme sévère d'Amorgos.

AUTOUR DE KATAPOLA

Comptez une demi-journée.

★ Katapola

S'étirant le long d'une baie profonde, le port est né de l'agglomération de trois villages. Katapola même, où accostent les ferries, regroupe la majorité des équipements touristiques. **Rahidi**, au centre, est essentiellement agricole, encore peu construit. **Xilokeratidi**, au nord, abrite le quartier des pêcheurs, jalonné de tavernes. L'ensemble ne manque pas de charme avec ses ruelles blanches et ses vieilles églises aux éléments d'architecture antique, telles la **Panagia Katapoliani**, au centre de Katapola, et **Taxiarkis**, sur la route de Hora. Pour se baigner, il faut s'éloigner. Vous pouvez marcher du côté nord de la baie jusqu'aux **plages d'Agios Panteleimon**, **Maltesi** ou **Plakes** *(20mn à pied ou 5mn en caïque depuis le port, ttes les h - 2 € env.)*, ou bien rejoindre les plages du sud de l'île en louant un véhicule *(les bus ne desservent que les criques d'Agia Anna)*.

L'ancienne Minoa

30mn de visite. À 2,5 km de Katapola. Site fermé pendant les fouilles, mais visible de l'extérieur.

Pour vous y rendre à pied, depuis le port, prenez le chemin qui grimpe vers la colline dominant la baie *(45mn)*. En voiture : suivez la direction de Hora sur environ 200 m, puis bifurquez à droite sur la première route, qui se transforme vite en chemin empierré. Bien sûr, on reste un peu frustré de ne pas pouvoir se promener à travers les ruines, et il est difficile d'imaginer l'ampleur de cette cité prospère, qui fut habitée sans interruption du 10e

SE REPÉRER

Éperon rocheux, Amorgos s'étire sur 35 km de long pour 6 de large et culmine à plus de 800 m avec d'importants dénivelés. Le port principal est **Katapola**, à quelques kilomètres de **Hora**, petite capitale située presque au milieu de l'île. **Aigiali**, le second port, plus modeste, se trouve au nord-est, dans un environnement plus verdoyant.

au 4e s. av. J.-C. Mais, du haut de la colline de Moundoulia, le **panorama★** sur la baie de Katapola mérite le détour *(en poursuivant à gauche le chemin qui longe le site).*

Les fouilles n'ont pas encore dégagé tous les bâtiments qui recouvraient les pentes. Dans la partie inférieure du site, cependant, on reconnaît les vestiges de plusieurs **enceintes** successives et, surtout, les murs d'un **gymnase** du 4e s. av. J.-C., remaniés à l'époque hellénistique. À travers le grillage, à gauche, on devine aussi quelques éléments d'un **temple hellénistique** : un tronc de statue se dresse au centre, encadré de petits édifices cultuels. Au sommet, encore, apparaissent les fondations d'un **sanctuaire** de l'époque géométrique, dédié à Dionysos.

HORA (ΧΩΡΑ)

▶ *En bus : départ pour Katapola ttes les h à partir de 10h, sauf de 12h à 15h - 3 à 5 liaisons pour Aigiali.*

Une **citadelle vénitienne** perchée sur un pain de sucre, veillant sur les maisons blanches blotties au pied du rocher, quelques **moulins** sans ailes éparpillés sur la crête d'une colline : Hora est le type même du village cycladique. Pour le découvrir, rien de mieux que de se perdre dans ses ruelles, à l'ombre d'une treille ou d'un passage voûté ou encore à la lumière éblouissante d'une placette écrasée par le soleil…

Empruntez la venelle principale qui mène, dans l'axe de la place de l'arrêt du bus, vers celle de la mairie et vers le haut du village.

Aménagé dans une belle résidence seigneuriale du 16e s., le **Musée archéologique** *(tlj sf lun. et j. fériés 9h-13h, 18h-20h30 - gratuit)* conserve divers objets provenant de l'île, de la préhistoire à la domination romaine : quelques statues et chapiteaux dans le patio, des vestiges de stèles antiques, ainsi qu'une modeste collection de céramiques exposée dans la grande salle au plafond de bois.

De l'autre côté de la rue, une ruelle grimpe jusqu'à la **Loza** (de l'italien *loggia*), l'élégante place centrale dominée par la **cathédrale** (17e s.) et par l'**hôtel de ville**, dont la façade est ornée de plaques portant des décrets des anciennes cités de l'île.

Au fond de la place, à gauche, un passage conduit à la **citadelle** *(kastro)*, d'où la **vue★** est splendide. Au nord du village, enfin, vous pourrez vous rafraîchir à l'ombre de **trois églises accolées**, trois sœurs aux toits voûtés en forme de coque de bateau renversée, d'architecture typiquement locale.

UN MONASTÈRE MILLÉNAIRE

Selon la tradition locale, un premier monastère (quelques cellules creusées dans les anfractuosités du rocher) vit le jour au 9e s., pour abriter une icône miraculeuse de la Vierge arrachée aux iconoclastes par une femme originaire de Palestine. En 1088, l'empereur Alexis Comnène fit agrandir le monastère qui subit de nombreuses modifications jusqu'au 20e s. Sa construction entraîna le peuplement de l'île, avec l'arrivée d'artisans bâtisseurs et de cultivateurs, employés sur les nombreuses terres que possédaient les moines. Comme en témoigne l'icône du 17e s. la « Prière de Gennadios », le monastère fut, plusieurs siècles durant, jumelé avec celui de Patmos. À de rares exceptions près, il ne cessa jamais d'être habité, même pendant les occupations vénitienne et turque.

Le monastère de la Hozoviotissa.
J.-M. Romain / Photononstop

★★★ LE MONASTÈRE DE LA HOZOVIOTISSA (M. ΧΟΞΟΒΙΩΤΙΣΣΑΣ)

Comptez 15mn de montée et 30mn de visite. De Katapola et Hora, plusieurs bus/j., le premier à 10h. Parking au pied du monastère et accès par un escalier - 22850 712 74 - 8h-13h, 17h-19h.

Bon à savoir – L'entrée est strictement réglementée : prenez impérativement des vêtements de couleur neutre couvrant épaules, bras et jambes (plus un paréo pour les femmes en pantalon).

Allez-y aux premières heures du matin, quand le monastère nimbé de lumière repose encore dans une douce chaleur. « Une armoire appliquée vers le bas d'un rocher effroyable », décrivait le Français Pitton de Tournefort, au début du 18e s. À peine 5 m d'épaisseur, à 300 m au-dessus des flots, l'édifice semble prêt à se décrocher pour basculer dans le vide, le « lieu du démon », comme disaient autrefois les gens d'ici. Pour compenser le manque de profondeur, le bâtiment s'échelonne sur huit étages, en partie creusés dans la falaise, le reste au-dessus de l'abîme, suspendu entre ciel et mer.

Taillé dans la roche, un escalier a remplacé l'ancienne échelle en bois, par laquelle on accédait au monastère jusqu'au début du 20e s. Une fois franchi l'**arc vénitien** de la porte d'entrée (15e s.), un escalier creusé en tunnel dans la montagne débouche sur la salle de réception. La visite de l'**église** vous permettra d'admirer plusieurs superbes **icônes**. Parmi elles, ne manquez pas la *Panagia Hozoviotissa* ou « fondatrice », recouverte d'argent ciselé (on la reconnaît à l'émouvante profusion d'ex-voto qui y sont accrochés), ni la *Prière de Gennadios* figurant le miraculeux sauvetage de moines pris dans une mémorable tempête entre Patmos et Amorgos.

Au rez-de-chaussée se trouvent la bibliothèque et ses **manuscrits précieux★** du 10e au 18e s., une collection de vêtements sacerdotaux brodés, ainsi que divers objets liturgiques. Puis on débouche sur la petite terrasse qui surplombe la mer, seul espace extérieur du monastère. La visite s'achève par une dégustation de loukoums, accompagnés de *raki* ou de thé offerts par les moines.

En redescendant, vous pourrez vous délasser dans une des délicieuses criques de galets d'**Agia Anna★**, à quelques centaines de mètres en contrebas de falaises impressionnantes.

★ LE SUD ET LES PLAGES

En voiture, prévoyez la journée en comptant un arrêt baignade. 30 km env. AR. 2 bus/j.

De Hora, cap vers le sud par la seule route qui dessert les **kato meria** ou « lieux d'en bas » et serpente au cœur de paysages splendides. À 4,5 km du monastère de la Hozoviotissa, ne manquez pas, à droite, le chemin qui mène au **monastère Agios Georgios Valsamitis** *(30mn de visite)*. Moins impressionnant que son célèbre voisin (dont il dépend), le bâtiment et son environnement – petite tache blanche au cœur d'une vallée sereine, sculptée de terrasses – méritent néanmoins le détour. Restauré, l'édifice (16e s.) possède quelques **fresques** du 17e s. et une **source miraculeuse** qui, dit-on, sut guérir des lépreux débarqués d'un bateau de pirates. Quant à son nom, il vient d'une variété locale de menthe appelée *valsam*, jadis présente dans la vallée où fut découverte une icône de saint Georges.

Retrouvez la route principale pour traverser la seule plaine agricole d'Amorgos.

Juste avant **Vroutsis**, une route à gauche conduit à **Mouros**, large baie découpée de criques de galets *(tavernes)*, toutes très fréquentées.

Arrêtez votre véhicule à la hauteur de l'église de Vroutsis et allez voir l'ancienne **Arkessini★** *(Kastri) (2 bonnes heures de marche AR)*. Le chemin traverse un paysage aride et désolé pour déboucher sur un promontoire rocheux surplombant la mer. Il ne reste que quelques vestiges d'une cité fondée au 4e s. av. J.-C. Habitée jusqu'à la domination vénitienne, cette dernière fut sans doute

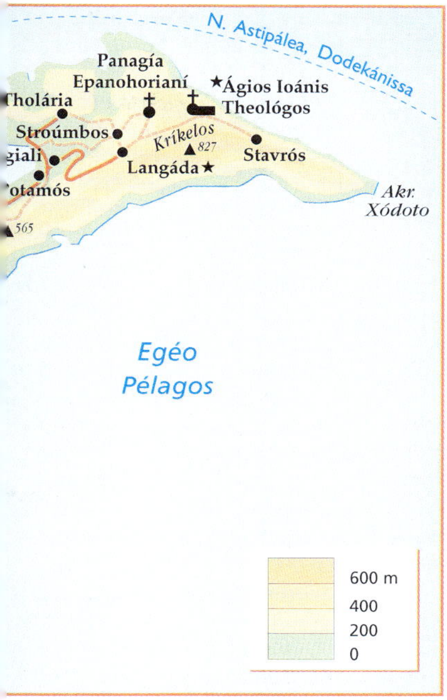

détruite par un raid de pirates. On voit encore les **murailles** de l'acropole, bien conservées, ainsi que les ruines d'une tour de défense et, à l'est, quelques **tombes antiques**.

Si vous devez récupérer votre véhicule, le retour à pied se fera par le même chemin. Sinon, optez pour le chemin côtier, plus long, mais bien agréable.

À l'extrême sud de l'île se trouve la baie sablonneuse de **Kalotaritissa**, où vous apercevez sur la droite l'épave rendue célèbre par le film *Le Grand Bleu*, échouée au bord du rivage. Autour, quelques plages agréables.

De la baie, un caïque fait la navette avec l'île de **Gramvoussa★**, bien connue pour sa plage, plus belle et plus propre que sa voisine Paradisia.

★ LE NORD ET SES VILLAGES

Comptez une journée à pied. 30 km de route au moins jusqu'aux villages au-dessus d'Aigiali. Plusieurs bus/j. à partir de 10h, entre Katapola et Aigiali (24 km au nord-est).

À partir du monastère de la Hozoviotissa, vous pouvez rejoindre le village de **Potamos** à pied, par la route des crêtes *(sentier n° 1, comptez 4h de marche)*.

Conseils – Attention cependant : partez tôt et évitez les jours de vent ; le *meltem* peut, en effet, être violent sur les hauteurs. N'oubliez pas de vous

4

UNE SPÉCIALITÉ ARTISTIQUE

Entre 3000 et 2000 av. J.-C., Amorgos était une île florissante, comptant une douzaine d'acropoles et un centre artistique prolifique. De cet âge d'or datent les extraordinaires **idoles de marbre blanc** dont l'île fut, avec certaines de ses voisines, l'une des principales productrices. À l'origine très abstraites, évoquant plus la forme d'un violon que celle d'une femme, ces statuettes se dotèrent au fil des siècles de détails de plus en plus figuratifs, parfois rehaussés de motifs polychromes. La tête apparut, puis les bras, repliés sur la poitrine ; le nez et les seins prirent enfin du relief. De simples incisions, tracées à l'aide d'une pointe en obsidienne, suggéraient le contour des jambes, des pieds et du pubis. Reste à expliquer la fonction de ces idoles, dont la taille variait de quelques centimètres à 1,50 m. Nymphes ou danseuses ? Servaient-elles de substituts aux sacrifices humains ou, concubines de pierre, les glissait-on dans les tombes pour adoucir le voyage des morts dans l'au-delà ? À ce jour, elles gardent encore leur secret.

munir d'eau, ainsi que d'une carte. À défaut, suivez des yeux le tracé des lignes télégraphiques. Relevez également les horaires de bus pour rentrer à Katapola le soir.

De Katapola à Aigiali, la **route★** côtière traverse un paysage aride et escarpé, fief des troupeaux de chèvres. À 2 km environ d'Aigiali, peu après une tour hellénistique en ruine, un chemin descend jusqu'à la **plage Agios Pavlos** *(pas très propre)*, d'où un caïque mène à celle, plus séduisante, de l'îlot tout proche de **Nikouria**.

Aigiali

Longtemps isolée du reste de l'île, la commune d'Aigiali est devenue le second pôle touristique d'Amorgos. Depuis quelques années, les touristes y affluent, attirés par ses **plages** de sable blond, mais aussi par les villages alentour, perchés au-dessus du port, et par les sentiers de randonnées dans le massif du Krikelos.

Les villages nichés dans la montagne composent trois petites touches d'une blancheur immaculée dans un paysage de rochers : **Potamos**, d'abord, le plus solitaire et le plus austère ; puis **Tholaria**, réputé pour son art de vivre et la qualité de sa cuisine ; et **Langada★**, le plus beau et le plus typique, surtout lors des fêtes religieuses quand ses ruelles s'ornent de dessins à la chaux.

Langada est également le point de départ d'agréables randonnées dans la montagne : vers **Tholaria**, *via* le hameau de **Stroumbos** *(1h de marche aller, de préférence en fin de journée)*, caché au creux d'une vallée verte, ou en quête des derniers moulins qui hérissent la crête des collines, à l'est *(1h)*.

N'oubliez pas, plus au nord, l'**église de la Panagia Epanohoriani** *(20mn à travers champs depuis le haut de la rue principale de Langada - ne se visite pas)*, un bel ensemble dressé au milieu des champs, avec un **point de vue★★** superbe. Non loin, le **monastère Agios Ioanis Theologos** *(en bifurquant à droite sur un sentier fléché - 1h30)* protège de remarquables **fresques byzantines** restaurées. Si vous êtes bon marcheur, poussez jusqu'à **Stavros** *(2h30)*, dont la charmante église accueille, en septembre, un pèlerinage.

NOS ADRESSES À AMORGOS

INFORMATIONS UTILES

Banque / Change

À Katapola – *Face au débarcadère.* Banque et distributeur de billets.

À Aigiali – *Entre le port et le supermarché.* Les opérations se font à la poste et dans la boutique de souvenirs.

À Hora – *Devant l'arrêt de bus.*

Poste

À Hora – *Sur la place au-dessus du musée - ✆ 22850 712 50.*

À Aigiali – *Dans la ruelle en prolongement du débarcadère - ✆ 22850 730 37.*

Téléphone

OTE – La seule agence de l'île se trouve tout en haut de Hora. Cabines publiques dans les villages.

Urgences / Santé

Police – *Hora - ✆ 22850 71210.*

Dispensaire – *À Katapola, au début de la route de Hora.*

Cabinet médical – *À Hora, 100 m avant l'arrêt du bus (chemin sur la gauche) - ✆ 22850 712 07.*

Pharmacie – *À Hora, près de l'arrêt du bus.*

Dispensaire – *À Aigiali, sur la route de Potamos - ✆ 22850 732 22.*

Pharmacie – *À Aigiali, dans le village.*

Presse française

À Katapola, dans la rue qui monte sur la droite du port, une librairie vend une édition française de *Randonnées à Amorgos*, accompagnée d'une carte de l'île.

ARRIVER / PARTIR

En bateau

C'est une des îles les moins accessibles des Cyclades. Liaisons avec **Le Pirée** *(1-3/j., 4h-5h30)*, **Naxos** *(1-2/j, 2h-6h)*, **Paros** *(1-2/j, 2h10)*, **Santorin** *(1/j., 1h-3h25)*, **Folegandros** *(1/j., 2h25)*, **Syros** *(3/sem., 4h25-7h25)*. Liaisons possibles depuis d'autres îles en passant par Naxos, Paros ou Santorin. Attention, certains petits bateaux desservent les ports de Katapola et d'Aigiali, mais, la nuit, aucun bus ne les relie.

Dès le printemps, le petit bateau *Skopelitis* dessert Naxos, Paros et les Petites Cyclades (Irakleia, Schinoussa, Koufonissi, Donoussa) depuis les deux ports d'Amorgos.

Capitainerie – *✆ 22850 712 59.*

TRANSPORTS

En bus

Katapola-Aigiali – *6-8/j.* Le double entre Katapola et **Hora** *(certains bus poussent jusqu'aux villages du sud)*. Une petite dizaine de liaisons entre **Aigiali**, **Tholaria** et **Langada**. Les bus circulent rarement avant 10h.

En voiture

Bon à savoir – Quelques agences à Katapola. Trouver une voiture en été sans réservation reste difficile. Vérifiez la qualité des deux-roues et soyez extrêmement prudent par grand vent.

Thomas – *✆ 22850 717 77 - www.thomas-rental.gr.* Agence de location de voitures et de deux-roues.

Essence – Station entre Katapola et Hora, une autre à Aigiali, à côté du camping.

HÉBERGEMENT

Bon à savoir – Dès juin, les réservations sont impératives, la capacité d'accueil étant insuffisante. Conséquence : les prix grimpent considérablement…

Katapola

PREMIER PRIX

Voula Beach – *Au bout d'une ruelle perpendiculaire au débarcadère - ☏ 22850 740 52 -* ⊄ *- 15 studios 40/60 € (pas de petit-déj.).* Chambres soignées, de toutes dimensions, organisées autour d'un jardin fleuri. Accueil chaleureux.

Alexandros – *À côté du précédent - ☏ 22850 742 95 - www.alexandros-amorgos.gr -* ⊄ *- 8 ch. 40/50 € - ☕ 5 €.* Dans un jardin fleuri, des chambres simples et propres.

Pension Sofia – *En retrait de Katapola, en montant derrière la boucherie - ☏ 22850 714 93 - www.pensionsofia.gr - 16 ch. et 11 studios 40/55 € - ☕ 5 €.* Au milieu de potagers, chambres modestes mais impeccables, certaines avec kitchenette.

BUDGET MOYEN

Villa Katapoliani – *Adressez-vous à la Frianderie, derrière le débarcadère - ☏ 22850 740 04 - www.villakatapoliani.gr -* CC *- 13 ch. : 50 €, studios : 70 € (pas de petit-déj.).* Maison de charme autour d'un patio fleuri. Les chambres, pas très grandes, sont bien équipées (frigo, coffre, sèche-cheveux) et comportent un balcon. Cuisine commune.

Chambres Titika – *Quartier de Xilokeratidi - ☏ 22850 716 60 - www.titika-pension.gr -* ⊄ *- 10 ch. env. 60 €.* Des chambres simples, mais propres, avec réfrigérateur et bouilloire, autour d'un jardin fleuri. Accueil charmant.

Pension Galini – *☏ 22850 717 11 -* ⊄ *- 10 ch. et studios 50 € (pas de petit-déj.).* Chambres spacieuses et claires. Pension tenue par les propriétaires de la taverne Mouragio, devant le débarcadère.

Hora

Quelques chambres à louer. Adressez-vous au café, face à l'arrêt de bus.

PREMIER PRIX

Pension Panorama – *En contrebas de la place - ☏ 22850 740 16 -* ⊄ *- 12 ch. 40/50 € et 8 studios 60/75 € (pas de petit-déj.).* Pension calme, simple, tout à fait correcte.

BUDGET MOYEN

Miké Hotel – *☏ 22850 732 08/736 33 - www.mikehotel.gr - 10 ch. 40/70 €.* Petit établissement familial ouvert sur la baie et le port face au large. Très bien situé. Chambres simples, claires, propres, mais un peu bruyantes en été. Accueil chaleureux.

Pension Askas – *☏ 22850 731 35 -* ▤ ✕ ⊄ *- 18 ch. 35/80 €.* Sur la route de Tholaria, les chambres ouvrent sur un jardin. Au restaurant, spectacle de chants et de danses populaires *(sam. soir).*

Lakki Village – *Sur la plage - ☏ 22850 732 53 - www.lakkivillage.gr -* ▤ ✕ CC *- 40 ch. 65/95 € ☕, 17 studios 75/180 € ☕.* Bungalows répartis dans un grand jardin séparé de la plage par des tamaris. Quelques appartements *(4-6 pers.).* Cuisine commune un peu exiguë.

Aigiali

PREMIER PRIX

Camping Askas d'Aigiali – *Sur la route de Tholaria - ☏ 22850 735 00 -* ⊄ *- juin-sept - empl. env. 15 €.* Plus de 8 000 m^2 plantés d'arbres. Quelques places agrémentées de pergolas. Équipements sanitaires satisfaisants.

UNE FOLIE

Hotel Aegialis – *☏ 22850 733 93 - www.amorgos-aegialis.com -* ▤ ✕ ≋ CC *- 55 ch. env. 200 €.*

À 1 km du port mais desservi par le bus, cet hôtel est le plus confortable d'Aigiali. Chambres avec vue sur la baie et agréable piscine. Accueil chaleureux d'Irène, la patronne. Billard et boîte de nuit attenante pour les amateurs de décibels. Transferts payants entre les deux ports.

Langada

BUDGET MOYEN

Pagali – *En bas de la route principale - ✆ 22850 733 10/ 736 00 - www.pagalihotel-amorgos.com - ▤ ✕ cc - 65 ch. : 65 €, studios : 115 € - accès Wi-Fi.* L'ancien hôtel du village, au-dessus de la taverne Nikos, s'est agrandi. Les nouvelles chambres, plus calmes, sont sobres et agréables. Certaines sont même équipées d'une kitchenette. Bus à proximité. Une personne viendra vous attendre au bateau.

RESTAURATION

Katapola

PREMIER PRIX

Mouragio – *Face au débarcadère - ⌿ - 15/20 €.* Taverne de poisson. Le meilleur établissement de la ville : les tables sont prises d'assaut. Essayez les calamars frits et les aubergines.

Bitzentzos – *À l'extrémité de Xilokeratidi.* Une taverne les pieds dans l'eau, dans un site charmant. Honnête cuisine familiale.

Hora

PREMIER PRIX

Liotrivi – *Dans une rue à droite de la station de bus - ✆ 22850 717 00.* Des plats traditionnels (moussaka) ou plus originaux (lapin en cassolette). Arrivez tôt.

Aigiali

PREMIER PRIX

To Limani – *✆ 22850 735 49 - http://limani.amorgos.net - ⌿ - 10/15 €.* Les tables sont installées dans la rue principale, bordée de lauriers, et sur la terrasse. L'été, hélas, la cuisine baisse en qualité, mais l'endroit reste idéal pour se retrouver autour d'un ouzo et d'un *tavli*.

Langada

PREMIER PRIX

Loza – *✆ 22850 733 15 - ⌿ - 10/15 €.* Le restaurant de la place est loin d'être gastronomique, mais il est parfait pour prendre une salade et profiter de cette jolie agora villageoise. Vous apprécierez la gentillesse de la patronne et de son fils.

Taverne Nikos – *Dans le bas du village sous l'hôtel Pagali - ✆ 22850 733 10 - ⌿ - 15/20 €.* Une très bonne table, l'une des meilleures de l'île. Le repas s'organise sous la tonnelle, où plusieurs petites terrasses surplombent les boulistes. Goûtez aux aubergines « Nikos special » ou aux beignets de courgettes.

Agios Pavlos

PREMIER PRIX

Conseil – Pour profiter de l'exceptionnelle fraîcheur des produits de la mer servis dans l'unique taverne, assez tristounette, d'Agios Pavlos, n'arrivez qu'après le retour des pêcheurs, vers 22h.

Tholaria

PREMIER PRIX

Panorama – *Au milieu du village - ✆ 22850 733 49 - ⌿ - 10/15 €.* L'une des adresses les plus en vogue d'Amorgos. Savoureux *kokoretsi* (brochette d'abats) et ragoût de chèvre. L'été, deux musiciens interprètent des airs amorgotes. Arrivez avant 21h si vous voulez une bonne table.

PETITE PAUSE

Aigiali

Frou-Frou – *Dans la ruelle qui prolonge le port* - ✆ *22850 733 56* - *www.froufrou-cafe.gr.* Une excellente pâtisserie avec vue sur la mer. Petits-déjeuners, gâteaux, crêpes et glaces à toute heure.

BOIRE UN VERRE

Katapola

Moon Bar-Katerina – *Devant le petit port de Xilokeratidi* - ✆ *22850 715 98.* Une terrasse bien agréable, à l'ombre des tamaris, où le poulpe est grillé dans la cheminée s'il fait frisquet. Jeux de société. Ambiance bohème.

ACHATS

Spécialité culinaire

La *fava*, graines de pois jaunes séchées, que l'on cuit dans de l'eau et que l'on sert en purée tiède arrosée d'un filet d'huile d'olive.

EN SOIRÉE

Katapola

Le Grand Bleu – *Xilokeratidi* - ✆ *22850 715 85 - www.legrandbleu-amorgos.gr.* Tous les soirs, la projection du film du même nom se fait en anglais sous-titré en grec. Réservé aux nostalgiques, aux accros et aux rares personnes qui ne l'ont pas encore vu.

Aigiali

Corte – ✆ *22850 733 93.* La discothèque attitrée de l'hôtel Aegialis.

ACTIVITÉS

Plages

Au nord, **Agios Panteleimon**, **Maltesi** ou **Plakes**.
Au sud, les criques d'**Agia Anna**.

AGENDA

14 et 15 août – *À l'église Panagia Epanochoriani, au nord de Langada.* Cérémonies religieuses suivies de repas : végétarien le 14, à base de chèvre le 15 à midi. Participation gratuite, mais il est d'usage de laisser un billet dans le tronc de l'église. Ces deux soirs, danses populaires dans toutes les tavernes de Langada.

Fête de la Présentation de la Vierge – *Au monastère de la Hozoviotissa.* : Le 21 novembre, un dîner est organisé par les Amorgotes, dans le réfectoire du monastère *(places limitées).*

Andros

(Άνδρος)

★

6 549 habitants - Région d'Égée du Sud - Unité régionale d'Andros - 374 km²

NOS ADRESSES PAGE 264

S'INFORMER
Informations touristiques – *À Gavrio, dans une ruelle à gauche du débarcadère -juin-sept.*
Site Internet – *www.andros.gr (site officiel en anglais et en allemand).*

SE REPÉRER
Carte de région B-C1 (p. 246-247) - Carte de l'île p. 261.

À NE PAS MANQUER
Hora (Andros-ville) et les environs de Stenies.

ORGANISER SON TEMPS
Comptez 4 jours de visite.

La deuxième plus grande île des Cyclades doit sa singularité à ses sources qui arrosent en abondance un couvert forestier unique dans l'archipel. Chênes, platanes, cyprès, pins, oliviers, amandiers et citronniers font d'Andros une île verdoyante toute l'année, évoquant parfois la Toscane. Le nord oppose un paysage plus aride, au décor de rocaille nuancé d'ocre et de brun. La garrigue abrite des insectes, des reptiles et de petits mammifères, repas apprécié des rapaces, tels le faucon ou le rare aigle de Bonelli qui hantent les hauteurs. L'île invite à la randonnée mais recèle aussi quelques belles plages : sable blond sur la côte ouest, criques rocheuses sur la côte est.

Se promener Carte de l'île p. 261

Au contraire de ses sœurs cycladiques, Andros est restée longtemps à l'écart, préservée par l'influente volonté de ses armateurs. Cela explique qu'elle est encore fermée sur elle-même et ne s'ouvre que lentement au tourisme. Elle possède une architecture intéressante, mêlant des constructions cubiques, typiques des Cyclades, de vieilles demeures néoclassiques et de singulières maisons fortifiées aux murs sévères. On trouve également de beaux pigeonniers, des ponts de pierre et des moulins à eau.

★ AUTOUR DE GAVRIO

Comptez une demi-journée.
Au fond d'une petite baie encaissée, le port de **Gavrio** cache de jolies ruelles qui serpentent derrière les quais où il fait bon se promener.
Au nord de Gavrio, profitez d'un premier bain sur la **plage de Felos**, près d'une petite station balnéaire, ou sur celle de **Limanaki**, isolée au bout d'une piste : baignade solitaire (presque) garantie, dans un paysage magnifique.

> **SE REPÉRER**
> Une haute chaîne de montagne traverse Andros du nord au sud, culminant au **mont Profitis Ilias** (994 m). Les bateaux arrivent au modeste **port de Gavrio**. La capitale, **Andros** (Hora), se trouve à l'opposé du port (à 27 km au sud-est), sur l'autre versant de l'île. Autour d'elle se concentrent les villages les plus intéressants.

Suivez ensuite la piste *(jeep indispensable)* qui mène à **Amolohos**, village de montagne perdu dans un paysage aride sillonné de murets de pierres sèches. À l'entrée du hameau, une fontaine vous accueille, tandis qu'en contrebas, au creux du vallon, trois moulins reçoivent l'eau des rivières de la colline.

Revenez sur Gavrio et remontez la rue qui longe la station-service pour vous diriger vers le sud. La route de corniche, très sinueuse, grimpe dans un décor minéral des plus majestueux, entre montagne et falaise.

Après 3 km apparaît sur la droite une tour ronde, veillée par une petite chapelle blanche qui lui a donné son nom : **Agios Petros★** *(allez jusqu'à l'entrée du village, puis descendez à pied vers la tour en suivant un sentier parfois hésitant)*. C'est une belle tour hellénistique, à laquelle on prête trois fonctions différentes : forge, vigie et transmission de signaux de fumée. D'un diamètre de 9 m, elle dresse ses cinq étages sur une hauteur de 20 m.

Revenez sur la route principale pour découvrir les grandes plages d'**Agios Petros★**, de **Psili Amos** et de **Kipri**. Faciles d'accès et abritées du vent, elles attirent un peu de monde en été.

À hauteur de la troisième plage, une piste monte vers le **monastère Zoodohou Pigis★**, bâti du 12ᵉ s. au 14ᵉ s. *(jusqu'à 12h)*. Il recèle des **icônes** et quelques traces de fresques anciennes.

Principale station balnéaire de l'île, **Batsi** longe une jolie plage de sable, très fréquentée en saison. Mais l'endroit reste charmant : au-dessus du môle, à l'extrémité de la baie, flânez dans les **ruelles du village** où l'atmosphère est toute cycladique.

Paleopoli★, la capitale de l'île dans l'Antiquité, n'est plus à présent qu'un village perché à flanc de montagne. Habitée depuis le début du 1er millénaire av. J.-C., la cité fut en partie détruite par un séisme au 4e s. av. J.-C. Un tronçon de route cimentée, puis 1 039 marches descendent vers la partie basse du **site archéologique**, où se dessinent à fleur d'eau quelques parties du môle et de ses remparts.

Un détour par **Halkolimiona**, une autre plage, peut être le terme de cet itinéraire.

Mais si vous avez encore le temps, allez visiter le monastère **Agios Nikolaos** en passant par l'intérieur de l'île *(comptez 1h)*. Depuis la plage, revenez sur Batsi et suivez la direction de **Katakilos**. Vous entrez dans le cœur montagneux et verdoyant d'Andros. La route devient majestueuse en direction d'**Arnas★**, paisible village entouré de hauts reliefs boisés. Elle se poursuit en grimpant jusqu'à Vourkoti, d'où vous pourrez rejoindre le monastère *(voir p. 264)* ou bien continuer à descendre le vallon vers la sublime plage d'**Achla★★★** aux eaux cristallines *(accessible uniquement à pied ou en caïque, en été, depuis Hora)*.

★ LA CÔTE NORD-EST

De Batsi, après 22 km de route côtière en corniche, vous parvenez à un carrefour. À gauche, la route descend vers Hora en traversant la vallée de la Messaria.

ÁNDROS
0 3 6 km
N
Akr. Kambanós
Akr. Fása
Egéo Pélagos
Kalivári
Makrotándalo
Amólohos
Vitáli
Gídes
Kalokeriní
Epáno Felós
Limanáki
Monastère
Tour
Gídes
Ágios Pétros ★
Felós
Gávrio
Zoodóhou Pigís ★
Akr. Griá
ACHLA ★★★
Ágios Nikólaos
Psilí Ámos
Kiprí
Arnás
994
Profítis Ilías
Bisti Mouvella
Léondas
Steniés
Giália
Nimborió
Apíkia
Katakilos
Rafína
Strapouriés
Ándros (Hóra) ★★
Paleópoli
Ménites
Messariá
Batsí
Pont d'Aladinoú
Sinetí
Fálika
Ág. Taxiárhis
Forteresse vénitienne
Panahrándou
N. Tínos, N. Sýros, N. Mýkonos
Halkolimióna
Kohílou
Órmos Kórthi
Griás Pídima
Aïpátia
Kórthi
Amonakliós
Aïdónia
Moussiónas
Akr. Stenó
600 m
200
0

UNE ÎLE PROSPÈRE

De l'Antiquité subsiste une fière tour de guet. La capitale de l'île était alors **Paleopoli**, la « Vieille ville ». L'ère byzantine s'illustre dès le 11e s. avec de nombreuses églises (des Taxiarques à Ipsilou, Mélida et Messaria) et d'importants monastères. Le 20e s., surtout, permet à l'île une formidable prospérité avec l'ouverture de la route de l'Amérique. Les **armateurs** d'Andros comptent parmi les plus puissants du pays, et l'île se couvre de somptueuses résidences. En 1939, la **flotte marchande** d'Andros n'est supplantée que par celle du Pirée.

Moins encaissée entre ses collines aux courbes douces, la **vallée de la Messaria** révèle un paisible paysage champêtre ponctué de villages, d'oliveraies, de chapelles et de pigeonniers. À quelques kilomètres du carrefour apparaît sur la gauche *(panneau)* la magnifique **église des Taxiarques de Melida** et sa chapelle immaculée. Accolé à un cimetière, ce bel édifice du 11e s. abrite de superbes **fresques**★ du 12e s.

Messaria

Ce charmant village possède lui aussi une **église des Taxiarques**★ *(panneau)*, très bel exemple de l'architecture byzantine du 12e s. Restaurée au 18e s., son décor en **marbre sculpté** et ses **fresques** sont de toute beauté.

L'**église Agios Nikolaos** (1734) mérite aussi une visite : sous sa coupole bleue, elle conserve une remarquable **iconostase**★ de bois ouvragé.

Avant de gagner Hora, faites un détour *(sur la droite)* pour admirer le **pont d'Aladinou**, dont l'arche unique se déploie dans la verdure. Vous n'êtes plus qu'à quelques kilomètres *(via le village de Falika)* du **monastère de Panahrandou**, véritable forteresse blanche accrochée à la montagne *(parfois ouvert)*. Bâti au 10e s., ce vaste complexe – le plus important de l'île – comprend plusieurs **cloîtres** et **églises** d'époques différentes.

★★ ANDROS (HORA - ΧΩΡΑ)

Bon à savoir – Le centre-ville est interdit aux voitures.

Cette modeste capitale à l'atmosphère paisible est édifiée sur une petite langue de terre séparant deux criques. Les maisons à étages sont couvertes de tuiles, aucune construction moderne n'étant venue rompre leur harmonie. Hora est également le point de départ de nombreuses randonnées.

Le centre-ville

On parvient d'abord à la **grand-place** de Hora, où trônent le monument aux morts des guerres balkaniques et la mairie. Suivez la principale artère commerçante de la ville, bordée d'échoppes et de cafés : elle mène à la **place Theofilos Kaïris** où murmure une fontaine vénitienne à l'ombre des arbres. Tout au long de cette rue, des escaliers descendent sur la gauche vers la jolie **plage de Nimborio**.

Sur la place, prenez le temps de visiter le **Musée archéologique**★ *(☏ 22820 236 64 - tlj sf lun. 8h30-15h - 3 €)*, dont le premier étage est consacré au site antique de **Zagora** *(sur la côte ouest de l'île)*. Les maquettes et la reconstitution d'une habitation, entourée d'objets mis au jour, illustrent la vie quotidienne de cette vaste cité de l'époque géométrique (900-700 av. J.-C.). Ne manquez pas le célèbre **Hermès d'Andros**★, sculpture en marbre d'après un original en bronze attribué à Praxitèle, des stèles funéraires et des éléments architecturaux paléochrétiens, vénitiens et ottomans.

Le **musée d'Art contemporain**★ *(installé en contrebas, indiqué - ✆ 22820 224 44 - www.moca-andros.gr - tlj sf mar. et dim. apr.-midi 10h-14h, 18h-20h en été - juin-sept. 6 €, reste de l'année 3 €)* est une fondation des Goulandris. Non contente d'attacher son nom au musée d'Art cycladique d'Athènes, cette dynastie d'armateurs a voulu doter son île d'un musée consacré aux arts moderne et contemporain, grec et international. Vous découvrirez des œuvres en bronze du sculpteur néoclassique **Michalis Tombros** (1889-1974) et de **Takis** (sculpteur installé en France depuis les années 1950). D'excellentes expositions temporaires sont régulièrement organisées. Renseignez-vous.

★ Le quartier médiéval

Édifiée par les Vénitiens, l'ancienne porte de la ville a perdu ses deux tours de garde. Seul demeure le passage voûté *(à côté de la librairie)*, au-delà duquel vous vous enfoncerez au cœur de la Hora médiévale, par une jolie ruelle bordée de **maisons** aux façades pastel.

Dominant la plage de Paraporti, l'**église Agios Georgios** (17e s.) se dresse sur une agréable placette. Puis, on quitte le quartier par un vaste parvis occupant la pointe du promontoire. Au centre, la statue de bronze du marin inconnu semble saluer l'îlot d'en face, couronné par les ruines d'une **forteresse vénitienne** bâtie en 1207. Le grand bâtiment qui borde la place abrite le **Musée maritime** *(tlj en été 10h-14h, 18h-21h, sf mar. et dim. apr.-midi - gratuit)* évoquant l'histoire maritime d'Andros.

Enfin, ne manquez pas de faire un tour dans la **ville basse**, au cachet particulier avec ses **vérandas** à colonnettes adossées aux maisons.

Circuits conseillés Carte de l'île p. 261

Amoureux de promenades tranquilles, voici deux courts itinéraires, prétexte à la découverte de beaux paysages.

Conseil – À moto, il fait vite frais en fin d'après-midi sur les hauteurs : prenez donc une petite laine.

★ DE GAVRIO AU MONASTÈRE AGIOS NIKOLAOS

Circuit tracé sur la carte – Comptez une demi-journée.

En venant de Gavrio, avant d'entrer dans Messaria, prenez la direction de **Menites**★ *(sur la gauche)*. Là, tournez à droite pour rejoindre les **sources**, qui jaillissent de belles têtes de lion en marbre, puis montez jusqu'à la terrasse de l'église, qui offre une **vue**★ superbe sur le village, véritable îlot de verdure et de fraîcheur, même en plein été.

À **Strapouries**, ne manquez pas la belle **église** et les **archontika**, ces demeures cossues qui témoignent de la fortune de la marine marchande.

Vous rejoignez ensuite la grand-route. Prenez la direction de Hora, tournez à gauche et, avant Stenies, encore à gauche, au panneau Pirgos.

Plus bas, le **pont Leonidas** enjambe un torrent de son arche unique. À 2 km du croisement environ, sur la gauche, un chemin monte vers la **tour Bisti Mouvella**, l'une de ces maisons fortes qui font la singularité d'Andros. De sa petite terrasse, on jouit d'une **vue**★ sur Hora et les collines où se mêlent le cyprès, l'olivier, le pin, l'amandier et le chêne.

Laissez votre véhicule, empruntez les marches vers le village perché de **Stenies**, qui déploie ses maisons blanches en amphithéâtre face à la mer.

En vous promenant dans les rues, vous apprécierez quelques remarquables **demeures néoclassiques**, restaurées par des Athéniens originaires d'Andros. La route qui grimpe vers Apikia déroule une **vue★** splendide sur Hora et ses environs. Passé le col, elle redescend entre de grands arbres jusqu'à **Apikia**. Montez alors vers la **source Sariza** (excellente eau de table), qui jaillit d'une tête de lion en marbre flanquée de colonnettes (18e s.). Remarquez aussi la jolie église.

Après Apikia, la végétation fait place à un paysage plus sec. C'est une vallée d'une austère beauté choisie à dessein pour édifier l'imposant **monastère Agios Nikolaos** (16e s.). Il surplombe une gorge qui s'incline vers la mer dans un nuancier de bruns et de verts, alternant garrigue basse et terrasses cultivées. Un grand parvis le précède avec son superbe **panorama★** et derrière son puissant mur d'enceinte, la cour révèle une surprenante **église multicolore** aux murs rouge et jaune.

Vous pouvez revenir par la **plage de Nimborio**, d'où la **vue★** est intéressante sur Hora : on saisit bien le dispositif défensif, constitué par la juxtaposition des murs extérieurs des maisons périphériques.

KORTHI ET LE SUD DE L'ÎLE

▶ *Circuit tracé sur la carte – Prévoyez une demi-journée.*

De Hora, la route serpente dans un magnifique paysage jusqu'a **Sineti**. En poursuivant ensuite vers le joli village de **Kohilou**, vous apercevrez quelques **moulins à eau** *(avant et après Exo Vouni, sur la gauche)*. Non loin, la **plage de Sineti** se love au fond d'un golfe étroit, tandis que, du sommet de Kohilou, une piste grimpe vers les ruines d'une **forteresse vénitienne**, dite château de la « Vieille Femme » : le **panorama★** y est beau.

Puis la route redescend en lacet vers la **vallée de Korthi**, ponctuée de quelques pigeonniers. Elle rejoint ainsi Ormos, une station balnéaire sans grand charme. Pour vous baigner, rendez-vous plutôt à la **plage de Grias Pidima**, au-delà du phare qui se dresse au nord. Au sud de la plage, à flanc de colline, le village d'**Ano Korthi** mérite une visite pour ses maisons anciennes.

Quittez la baie en direction d'Aïdonia. La route serpente à flanc de colline, traversant trois des villages les plus pittoresques de l'île : **Aïdonia**, **Moussionas** et **Amonaklios★**.

NOS ADRESSES À ANDROS

INFORMATIONS UTILES

Banque

Banques avec distributeurs à Hora, Batsi, Korthi, Ormos et Gavrio.

Poste

Hora – *Entre le parking et la place.*
Gavrio – *Sur les quais, à gauche en venant du débarcadère.*

Police

Gavrio – *✆ 22820 712 20.*
Hora – *✆ 22820 223 00.*

Santé

Centres médicaux – *À Hora - ✆ 22820 222 22 ; à Gavrio - ✆ 22820 712 10 ; à Batsi - ✆ 22820 413 26.*
Pharmacies – *À Hora, Gavrio et Korthi.*

Internet

E-waves café – *À Hora, au milieu de la rue principale, à gauche en descendant - ✆ 22820 291 29.* Quatre postes au 1er étage. Cadre lumineux.

Pressing

À **Gavrio**, dans la ruelle qui passe au-dessus de la station-service. Service de laverie (linge séché et plié ou repassé dans la journée). Assez cher.

ARRIVER / PARTIR

En bateau

Depuis le continent, **Rafina** est le port de départ vers **Andros** *(5-7/j., 2h).*

Liaisons avec **Tinos** *(3-7/j., 1h30)*, **Mykonos** *(3-7/j, 2h15)* et **Syros** *(3/sem., 2h30).*

Le débarcadère est situé à Gavrio.

Capitainerie – *22820 222 50.*

TRANSPORTS

En bus

Gare routière de Hora – *22820 223 16.* Le bus reliant Gavrio à Hora *(arrêt à l'entrée de la ville)* et Korthi, *via* Batsi, vous attend à la descente du bateau. De Hora, des bus desservent Batsi, Gavrio, Apikia, Strapouries, Stenies et Korthi.

En voiture

Bon à savoir – Attention, le relief augmente sensiblement la durée des trajets. Optez plutôt pour une jeep. Location de voitures seulement à Gavrio : si vous n'y résidez pas, le loueur la déposera à votre hôtel.

Anna Vrettou-Euro Car – *Au port de Gavrio, en face du débarcadère - 22820 724 40 - www.rentacareuro.com.* Bon accueil en français et véhicules fiables.

Essence – Stations à Gavrio, Batsi, Hora et Ormos Korthi.

En deux-roues

Dinos – *À Batsi, à côté de la poste - 22820 410 03.*

Aris – *Dans les faubourgs de Hora - 22820 243 81.* Location de deux-roues toutes cylindrées confondues.

En taxi

Gavrio – *22820 715 61 ;*
Hora – *22820 221 71 ;*
Batsi – *22820 410 81 ;*
Korthi – *22820 621 71.*

HÉBERGEMENT

Conseil – Si vous restez plusieurs jours, prévoyez plutôt de loger à Hora.

Gavrio

PREMIER PRIX

Camping Andros – *Au-dessus du village - 22820 714 44 - www.campingandros.gr - mai-sept - 60 empl. env. 15 €.* Petit, bien équipé. Emplacements à l'ombre des oliviers.

Galaxy – *Face au débarcadère - 22820 712 28 - - 22 ch. 45 €.* Bien placé, mais bruyant et tristounet. Pratique en dépannage.

Agios Petros

PREMIER PRIX

Studio Irene – *À 200 m de la plage, sur la gauche en venant de Gavrio - 22820 716 75 - www.studio-irene.gr - - 15 studios 45/55 € €.* Aménagés avec soin dans un jardin fleuri.

BUDGET MOYEN

Villa Sofia – *À 100 m du précédent - 22820 712 49 - www.villassofia.gr - - 12 studios 80 €.* Dans un jardin verdoyant, un bel ensemble de style cycladique joliment décoré.

Batsi

BUDGET MOYEN

Meltemi – *Au-dessus de l'église Agios Philippos - 22820 410 16 - 11 studios 55 €.* Grands studios avec balcon dans une belle maison couverte de bougainvilliers, située sur les hauteurs du village.

4

Villa Nora – *Au bout de la route côtière de Batsi - ✆ 22820 410 64 - 15 studios 40/50 € (pas de petit-déj.).* Ravissants studios et grand jardin avec une vue splendide sur la plage.

Apikia

POUR SE FAIRE PLAISIR

Pighi Sariza – *Dans le village - ✆ 22820 237 99 - www.pighi sarizahotel.gr - - 25 ch. env. 110 €.* Une grande bâtisse rétro et confortable située à deux pas de la source Sariza, connue pour ses bienfaits *(voir p. 264).*

Hora

PREMIER PRIX

Riva – *En contrebas de la ville, sur la plage - ✆ 22820 244 12 - www.androsrooms.gr - - 5 ch. et 4 appart. 45/50 € (pas de petit-déj.).* Chambres et appartements très modernes, fonctionnels et bien équipés. L'une des meilleures adresses de l'île. Location de scooters. Vous serez accueilli en français et conseillé judicieusement pour visiter l'île.

Nimborio

BUDGET MOYEN

Stella – *En face de la plage, à 10mn de Hora - ✆ 22820 224 71 - www.pension-stella.gr - - 15 ch. env. 50 €.* Bâtiment des années 1960 entouré de verdure. Les chambres sont grandes, équipées d'une kitchenette. Balcon avec vue sur la mer ou sur la nature environnante.

RESTAURATION

Bon à savoir – De rares tavernes sont ouvertes hors saison. Prévoyez un pique-nique et de l'eau avant de partir explorer l'île. Vous trouverez des épiceries sur le port et à Hora.

Gavrio

PREMIER PRIX

Konaki – *Sur le port - ✆ 22820 717 33 - - 15/20 €.* Jolie petite salle aux pierres apparentes décorée d'outils et de photos anciennes. Carte succincte, cuisine familiale simple.

Strapouries Batsi

BUDGET MOYEN

Balcony Tou Egeou – *À Ano Aprobato, fléché sur la gauche 3 km après Batsi en allant vers Hora - le w.-end - - 15/20 €.* Pour profiter d'une vue magnifique en pleine montagne.

Hora

PREMIER PRIX

To Paraporti – *À l'extérieur de la ville, près du stade - le soir - ✆ 22820 235 15 - - 15/20 €.* Ambiance country sur fond d'animation musicale. Pour déguster un cochon de lait rôti ou autres spécialités à la broche.

EN SOIRÉE

Bon à savoir – Andros n'est pas une île pour noctambules. L'animation se concentre à **Hora**, sur la place Kaïris. On trouve quelques cafés agréables avec une bonne programmation musicale sur le **port de Gavrio**.

ACTIVITÉS

Randonnées

L'île offre une grande diversité de paysages et de curiosités naturelles.

Andros tours – *À Batsi - ✆ 22820 410 64 - www.androstours. com.* Cette agence organise des excursions. La librairie du port de Gavrio vend la *Touring Hiking Map* de l'île.

Délos

(Dilos- Δήλος)

★★★

Île inhabitée - Mer Égée - Nome des Cyclades - 3,6 km²

NOS ADRESSES PAGE 274

SE REPÉRER
Carte de région C2 (p. 246-247) - Plan du sanctuaire p. 269.

À NE PAS MANQUER
Le quartier du théâtre.

ORGANISER SON TEMPS
L'île de Délos est inhabitée. Vous pouvez organiser une excursion au départ de Mykonos. Pour profiter pleinement du site, prenez le premier bateau pour Délos et revenez avec le dernier. Le site est fermé le lundi.

En arrivant à Délos, on bascule dans un autre temps : pas âme qui vive, juste des touristes venus découvrir le site antique. L'ancienne cité de marbre étincelle sous le soleil, véritable musée ouvert entre ciel et mer. Longue de 5 km sur à peine 1 km de large, cette langue de terre aride semble avoir été dévastée par le vent et les vagues : arbres, eau, terre. Seules, émergeant d'un tapis d'herbes brûlées, les ruines s'étalent au pied du mont Cynthe qui culmine modestement à 113 m et constitue l'unique relief de l'île. Figée par deux mille ans d'abandon, la cité dessine un impressionnant dédale de pierres blanches dans lequel on se perd, à l'image des pèlerins et des marchands d'un autre temps, lorsque Délos rayonnait sur l'Égée.

Découvrir Plan du site p. 269

Comptez 3h au minimum. Tlj sf lun. 8h30-15h - 5 €, résidents de l'UE de 65 ans et plus 3€, étudiants de l'UE gratuit. Si vous arrivez par une simple navette, vous devez acheter votre ticket de visite sur l'île. Des visites guidées sont organisées par les agences de voyages de Mykonos (comptez env. 40 €/pers. pour la traversée, l'entrée du site et le guide). Sur place, il est interdit de fumer (risque d'incendie).

Conseil – Pensez à prendre un chapeau et des chaussures fermées : il y a des serpents. Prévoyez aussi un en-cas et de l'eau.

En débarquant, laissez à droite le quartier de l'ancien port et continuez tout droit vers le sanctuaire, qui s'étend plus loin à gauche *(nord)*. Réservez ensuite 30mn au moins au musée. Puis, si vous avez le temps, poussez jusqu'au stade direction nord-est *(comptez encore 30mn)*. Sinon, rendez-vous directement à la terrasse des Dieux étrangers, puis grimpez au sommet du mont Cynthe. En redescendant, vous découvrirez les villas du quartier du théâtre, pour achever votre promenade sur l'ancien port.

ÎLE FLOTTANTE

C'est autour de Délos que tournent les Cyclades. Cette île est sacrée : c'est ici que la nymphe Léto, enceinte des œuvres de Zeus, choisit de mettre au monde ses divins jumeaux, **Artémis** et **Apollon**. Une version rapporte que l'île elle-même serait un avatar de la libido de Zeus : après Léto, l'insatiable séducteur harcela une autre nymphe du nom d'Astéria. Pour échapper au dieu, celle-ci se transforma en île, dérivant sans trêve, jusqu'à ce que Léto, enceinte et poursuivie par la jalousie d'Héra, lui demandât l'hospitalité. Astéria recueillit la pauvre déesse et accepta de se fixer à la condition d'abriter le sanctuaire du dieu venant à naître.

EN CHEMIN VERS LE SANCTUAIRE

Du débarcadère, vous rejoignez d'abord l'**agora des Compétaliastes**, vaste place qui doit son nom à une corporation de marchands latins, constituée d'esclaves et d'affranchis, qui venaient honorer les Compitalia ou dieux Lares des carrefours.

À gauche s'ouvre ensuite la vaste **avenue des Processions★**, somptueuse allée *(dromos)* de 13 m de large conduisant au sanctuaire d'Apollon. De chaque côté courait un portique, jalonné de statues et de monuments honorifiques, dont le tracé se dessine encore nettement sur le sol : à gauche, le **portique de Philippe**, que Philippe V de Macédoine fit élever vers 210 av. J.-C., et, à droite, le **portique sud**, élevé trente ans plus tard par les rois de Pergame. Au bout de l'avenue, à droite, un buste **d'Hermès** *(7)* du 4e s. av. J.-C. *(copie)* semble inviter les visiteurs à franchir les propylées qui marquent l'entrée du sanctuaire.

★★ LE SANCTUAIRE D'APOLLON (HIERON)

À gauche des propylées s'étalent les ruines du **portique des Naxiens★** (6e s. av. J.-C.) devant lequel s'élevait un **palmier en bronze** *(9)*, image de l'arbre sous lequel Léto mit au monde ses divins jumeaux. En s'effondrant, il brisa la statue d'Apollon. Il en reste la base.

Passé le portique, à droite, on atteint le cœur du sanctuaire, le *temenos*. Trois **temples★★** consacrés à Apollon s'y succédèrent, dont les vestiges s'alignent les uns à côté des autres. Les Déliens se devaient de bâtir le plus grand : édifié par étapes du 5e au 3e s. av. J.-C., leur **temple dorique** *(6)* remplaça celui des Athéniens *(5)*, plus modeste. Le plus petit étant le plus ancien (6e s. av. J.-C.), dit **temple de Poros** *(4)* – du nom du tuf calcaire qui le compose. Au nord-nord-est des temples, complétant l'ensemble, cinq **trésors** où les cités déposaient leurs offrandes se groupent en arc de cercle.

À l'ouest de la voie sacrée, vous rejoignez le **temple dédié à Artémis★** *(2) (sur la gauche)*, repérable aux colonnes tronquées de sa façade. Dans le *naos*, vous trouverez les deux parties restantes de la **statue d'Apollon Naxien★★** *(8)* (6e s. av. J.-C.), dont le socle est exposé dans la maison des Naxiens.

On quitte le sanctuaire par le **portique d'Antigone Gonatas★** *(1)*, qui mène au musée, long bâtiment votif de 120 m, commandé par un roi de Macédoine. Des innombrables statues et ex-voto qui s'alignaient devant sa colonnade, ne subsiste que la statue d'un magistrat romain *(à l'extrémité de la* stoa*)*. Remarquez surtout les belles **frises** recomposées sur le sol. Juste derrière le portique, enfin, la **fontaine Minoé** dessine un élégant bassin carré.

DÉLOS
0 50 100 150 m
N
Stade
Gymnase
Anse de Gourнas
QUARTIER DU STADE
Archégésion
Maison du Lac ★
★ Maison des Tritons
Maison du Diadumène
★★ QUARTIER DES LIONS
Palestre du Lac
Établissement des Poséidoniastes
★★★ TERRASSE DES LIONS
Lac sacré
Mon de l'École Française
Agora des Italiens
3
Musée ★★
Fontaine Minoé
1
Temenos
2
4
5
SANCTUAIRE D'APOLLON ★★
6
8
★ Portique des Naxiens
9
Maison des Naxiens
7
Propylées
Egéo Pélagos
Portique de Philippe
Portique sud
Avenue des Processions ★ (Voie sacrée)
Agora des Compétaliastes
1 Portique d'Antigone Gonatas ★
2 Temple d'Artémis ★
3 Temple de Léto
4 Temple de Poros
5 Temple des Athéniens
6 Temple des Déliens
7 Statue d'Hermès
8 Statue d'Apollon Naxien ★★
9 Palmier en bronze
Maison de l'Hermès ★★
Sanctuaire des Dieux syriens
★ Maison de Dionysos
★★ Terrasse des Dieux étrangers
N. Mykonos
★ Maison de Cléopâtre
Maison du Trident ★
Sanctuaire des Dieux égyptiens
Théâtre ★
★★★ QUARTIER DU THÉÂTRE
Maison des Dauphins ★
Héraion
Ancien Port
Citerne
Hôtellerie
113
★★ Maison des Masques
Antre sacré
Installations portuaires
★★★ MONT CYNTHE
les quais dans l'Antiquité
Sanctuaire d'Asklepios

★★ LE QUARTIER DES LIONS

Au nord du sanctuaire s'étend le quartier des Lions, centre urbain aménagé à l'époque hellénistique. On y pénètre par l'**agora des Italiens** *(à l'ouest)*, la plus vaste place de Délos, dont les dimensions reflètent bien la place des commerçants romains de la cité au 2e s. av. J.-C. Chacun y avait sa loge, décorée de **mosaïques★**. À l'ouest s'élevait le **temple de Léto** *(3)* (6e s. av. J.-C.), reconnaissable à sa banquette extérieure.

★★★ La terrasse des Lions

Cinq fauves hiératiques se dressent là, sur leur arrière-train, prêts à rugir, mais ce sont des copies, les originaux sont au musée. Sculptés à la fin du 7e s. av. J.-C. à la demande des Naxiens, ils gardaient le temple de Léto. À l'origine, on en comptait neuf (ou 16 selon les sources). Depuis la fin du 17e s., l'un d'eux trône à l'entrée de l'arsenal de Venise, avec une tête d'emprunt.

Tous regardaient vers le **lac sacré**, qui marque le lieu de naissance d'Apollon et d'Artémis, où oies et cygnes voués aux dieux évoluaient avec grâce. Source de paludisme, le bassin fut asséché au début du 20e s. Un simple muret le délimite, et un palmier se dresse au centre, modeste hommage à Léto et à sa progéniture. En poursuivant sur la voie sacrée, on atteint quelques mètres plus loin les quatre hautes et belles colonnes de l'**établissement des Poséidoniastes** où se réunissaient, sous l'égide de Poséidon, les marchands et les armateurs de Berytos, l'actuelle Beyrouth.

Elles précèdent un quartier de riches villas dotées de patios, telle la **maison des Tritons★** (belle mosaïque) et, plus loin à sa droite, la **maison du Lac★**.

LE QUARTIER DU STADE

Empruntez le sentier à gauche avant le musée. Les premières ruines jaillissent de la végétation : ce sont celles de l'**Archégésion**, sanctuaire consacré à Anios, le fils d'Apollon, fondateur légendaire de la cité et son premier roi. Plus loin, les imposants vestiges du **gymnase** (3e s. av. J.-C.) s'égaillent parmi les herbes. Au-delà, le **stade** déroule sa piste de sable de 182 m, avec la ligne de départ, encore bien visible. En contrebas, on distingue les ruines des maisons proches du stade, alignées le long d'une rue parallèle, ainsi que les fondations d'une **synagogue** érigée au 1er s. av. J.-C. *(tout près de la mer)*. Dans la première de ses deux salles principales, des bancs courent autour du mur, tandis qu'un siège en pierre trône au milieu du côté ouest.

★★ LE MUSÉE

Mêmes horaires - billet combiné avec celui de l'entrée du site. Attention, la numérotation des salles ne correspond pas à celle indiquée dans le guide en vente à l'entrée du site.

Les trois premières salles *(face à l'entrée)* montrent un ensemble d'**œuvres d'époque archaïque** remarquable, en particulier un **sphinx** du 6e s. av. J.-C. *(salle centrale, n° 2)*, qui couronnait une colonne, un **kouros** et de nombreux fragments de décors de temples. La statue la plus émouvante est sans doute le groupe intitulé **Artémis à la biche★** *(salle 5, à gauche)*, provenant d'une habitation.

Les fameux **lions de Délos★★**, saisissants d'élégance, sont exposés dans la salle 11, sur la droite de la salle 4.

La salle 5 regroupe les grands formats dont un splendide **pavement de mosaïques** provenant de l'îlot des bijoux.

La terrasse des Lions.
A. Cavalli / Tips / Photononstop

La salle 6 contient de nombreux portraits sculptés, très réalistes, d'habitants de Délos de la fin du 2e s. av. J.-C.

Salle 7, on découvre tout le luxe de la période hellénistique : de superbes **mosaïques** et **peintures murales** provenant des plus riches villas de la cité. Divers ustensiles évoquent également la vie quotidienne, dont une vitrine d'objets érotiques.

La visite s'achève par des œuvres des 8e, 7e et 6e s. av. J.-C. *(salles 8 et 9, de part et d'autre de l'entrée)* : sculptures et **vases** orientaux trouvés dans l'Héraion.

Du musée, suivez ensuite le chemin menant au mont Cynthe.

4

★★ LA TERRASSE DES DIEUX ÉTRANGERS

Avant de rejoindre la terrasse, faites un crochet par la **maison de l'Hermès★★** (2e s. av. J.-C.), cachée à droite, en contrebas. Elle doit son nom à la statue découverte ici : une belle tête du dieu datant du 5e s. av. J.-C. *(conservée au musée)*. Spacieuse, la résidence dotée d'un étage abritait probablement une association de marchands. Bien restaurée, elle conserve au rez-de-chaussée son élégant vestibule conduisant à la cour à péristyle : vous y verrez même l'escalier qui desservait l'étage supérieur, où s'alignaient les chambres.

Remontez de quelques mètres pour atteindre une longue plate-forme dominant la ville. Depuis le 6e s. av. J.-C., on y honorait déjà Héra, puis, à l'époque hellénistique, les populations étrangères installées à Délos y ajoutèrent plusieurs sanctuaires dédiés à leurs divinités respectives.

Le premier **sanctuaire** sur la gauche en arrivant – le plus vaste – était voué aux divinités syriennes Hadad et Atargatis. Une voie sacrée le traverse, flanquée de deux portiques et d'un petit **théâtre** où se déroulaient les mystères orgiaques liés au culte d'Atargatis. À droite de l'hémicycle, des salles avec banquettes accueillaient les festins rituels, tandis qu'à gauche s'ouvrait une citerne, où l'on immergeait la statue de la déesse.

Vient ensuite le sanctuaire dédié aux dieux égyptiens. Derrière les vestiges d'un **temple à Sérapis**, entouré d'une cour, s'élève la façade reconstituée du **temple d'Isis★** : deux colonnes doriques derrière lesquelles se tient la **statue**, sans tête, de la déesse. Juste en face, un autel recueillait les offrandes des fidèles.

À côté, enfin, se dressait le sanctuaire primitif de l'**Héraion**, édifié à la fin du 6e s. av. J.-C. en l'honneur d'Héra. De ce temple archaïque restent deux colonnes tronquées.

Un peu plus loin, sur la gauche, un escalier monte au sommet du mont Cynthe.

★★★ LE MONT CYNTHE

Comptez 45mn environ AR.

L'ascension vaut moins pour les vestiges que pour le **point de vue★★★** sur Délos et le cercle des Cyclades, superbe par temps clair. En chemin vers le sommet, vous passez devant les ruines du sanctuaire d'Agathé Tyché, qui précèdent l'antre sacré d'Héraclès, une simple fissure dans le rocher où se tenait une statue du héros *(disparue)*, abritée par un toit à double pente en dalles de granit.

Revenez jusqu'à l'Héraion, puis tournez à gauche pour descendre vers le port.

★★★ LE QUARTIER DU THÉÂTRE

De riches villas hellénistiques *(signalées par des panneaux)* s'ouvrent de part et d'autre de la rue, recélant pour la plupart des mosaïques dans un état de conservation exceptionnel.

★★★ Les villas à mosaïques

Deux résidences surtout méritent le détour : la **maison des Dauphins★** *(visible seulement de l'extérieur)*, dont la cour centrale s'orne d'une magnifique **mosaïque★** représentant des dauphins, et, presque en face, la **maison des Masques★★**, vaste demeure où l'on pénètre par le côté opposé au chemin. À l'intérieur, un long corridor distribue plusieurs pièces – dont la loge du portier, à gauche – avant de déboucher sur une cour à péristyle entourée des salles de réception. Presque toutes leurs **mosaïques★★** sont encore là : d'est en ouest, on reconnaît Dionysos chevauchant une panthère, entouré de centaures, une frise aux masques de comédie qui a donné son nom à la maison, un joueur de flûte et un silène dansant, un oiseau et, dans la dernière salle, un couple de dauphins.

Plus bas, on longe *(à gauche)* une vaste **hôtellerie** équipée d'une immense citerne. Cette dernière tourne le dos au **théâtre★**, situé de l'autre côté de la rue, et adossé au flanc creux de la colline. Construit au 3e s. av. J.-C., il pouvait accueillir 5 500 spectateurs.

INTERDICTION DE MOURIR

En 550 av. J.-C., pour préserver le caractère sacré de Délos, le tyran athénien Pisistrate décréta une « purification » du sanctuaire, supprimant toute trace de mort sur l'île. Toute personne décédée fut dès lors enterrée sur l'îlot contigu de Rhénée, et les anciennes tombes déplacées. Deux siècles plus tard, une deuxième purification aboutit à l'interdiction radicale de naître et de mourir à Délos ! Cette mesure relégua femmes enceintes et vieillards sur le même îlot… aujourd'hui inhabité.

L'île natale d'Apollon

Terre de naissance d'Apollon, Délos s'imposa, avec Delphes, comme le principal sanctuaire de la Grèce antique. Sa renommée la hissa très vite au rang des plus riches centres économiques de l'Égée. Une première cité commerciale vit le jour à l'époque mycénienne (seconde moitié du 2e millénaire).

UNE ÎLE PROSPÈRE

Le véritable essor de Délos se fait avec les **Ioniens**, à la fin du 8e s. av. J.-C. : ils y établissent un culte à Apollon, dieu de la Beauté et de la Lumière. Les fêtes célébrées en son honneur attirent rapidement de nombreux pèlerins, mais aussi des marchands voguant des côtes d'Asie Mineure aux rivages de la Méditerranée occidentale. L'île devient la capitale d'une **amphictyonie**, c'est-à-dire une confédération des îles de l'archipel. Associée à la popularité de son culte, la prospérité montante de Délos intéresse bientôt Athènes qui réunit l'amphictyonie en 478 av. J.-C. à l'Attique, pour fonder la puissante **ligue de Délos**, dont la cité se voit confier le trésor, constitué des tributs prélevés sur les biens de la ligue. Délos, devenue richissime, se développe rapidement et, à partir de l'époque hellénistique (1er s. av. J.-C.), affiche une prospérité sans précédent.

UNE VILLE COSMOPOLITE

Cet âge d'or se poursuit à l'époque romaine où, déclarée port franc, Délos accueille les négociants et les banquiers de toute la Méditerranée, en particulier les Syriens et les Latins. Ville active et cosmopolite, forte de 25 000 habitants, elle s'ouvre au culte de dieux étrangers. Son port, vaste marché de céréales et aussi d'esclaves, s'équipe de nouveaux entrepôts et de magasins, tandis que fleurissent monuments et villas cossues.

LE LENT DÉCLIN

En 88 av. J.-C., **Mithridate**, roi du Pont, en lutte contre les Romains, met l'île à sac et massacre tous ses habitants. Délos ne s'en remettra pas : malgré les efforts de l'empereur Hadrien, puis des chrétiens qui en feront un évêché au 4e s., la cité sombre dans un irrémédiable déclin. Devenue repaire de pirates, elle voit ses monuments démantelés sous les coups de pioche des récupérateurs de marbre. Depuis 1873, cependant, Délos ressuscite grâce aux fouilles entreprises par l'École française d'Athènes.

★★★ Les maisons privées

En contrebas du théâtre, on rejoint la rue principale bordée de maisons d'habitation. Elle constitue le plus bel **ensemble de maisons privées★★** de l'époque hellénistique de toute la Grèce (2e et 1er s. av. J-C.). Le centre de chaque demeure est la cour autour de laquelle sont regroupées les différentes pièces. Le rez-de-chaussée était souvent occupé par des boutiques comme dans la **maison de Dionysos★**. Un peu plus loin, la **maison du Trident★** possède une belle cour à péristyle dont la mosaïque de pavement représente un trident, un dauphin enroulé autour d'une ancre et une urne. Sur la droite, la **maison de Cléopatre et de Dioscourides★** porte le nom de ses propriétaires, dont les statues se dressent au milieu des ruines.

LE PORT

Le long du quai s'alignaient de nombreux magasins, tandis que, plus loin, s'étendaient les installations portuaires.
Plus loin ne subsistent du **sanctuaire d'Asklepios** que les restes de trois bâtiments, au fond de la **baie de Fourni**.

NOS ADRESSES À DÉLOS

ARRIVER / PARTIR

Par la navette

La meilleure façon de rejoindre Délos est de partir du petit port de pêche du centre-ville de **Mykonos.**
Deux bateaux assurent la traversée et les billets sont en vente dans les agences du port. Liaisons quotidiennes en été *(à 9h, 10h15, 11h, 11h40 et 12h50, retours à 12h20, 13h45 et 15h, 30mn de trajet, 17 € AR), 3/j. hors saison.* Site fermé le lundi. Navette au départ de **Platis Gialos** via **Ornos** à 10h15, retour à 14h15.

En bateau de plaisance

Les bateaux de plaisance peuvent accoster au port de Délos, tous les jours sauf lundi, entre 8h et 15h.

En bateau de croisière

Des bateaux de croisière partent des îles voisines et font étape à Délos : Tinos, Andros, Paros ou Naxos. Mais le billet inclut **Mykonos** et vous aurez peu de temps à consacrer à Délos.

HÉBERGEMENT, RESTAURATION

Aucune possibilité de logement. La cafétéria propose quelques plats, sommaires et chers.

Folegandros

(Φολέγανδρος)

★★

819 habitants - Région d'Égée du Sud - Unité régionale de Thira - 32 km²

NOS ADRESSES PAGE 280

S'INFORMER

Sottovento – *À Hora - ✆ 22860 414 44 - www.folegandrosisland.com.* Dynamique, l'équipe de l'agence vous renseignera, en français, sur les nombreuses possibilités de l'île. Leur site Internet *(en anglais)* présente clairement les hébergements et fournit de précieuses informations pratiques.

Diaplous – *Pl. Pounta - ✆ 22860 411 58 - www.diaploustravel.gr.* Une autre agence à Hora.

Site Internet – *www.folegandros.gr (site officiel en français).* Site Internet complet et pratique.

SE REPÉRER

Carte de région C4 (p. 246-247) - Carte de l'île p. 276.

À NE PAS MANQUER

Flâner dans Hora et découvrir les joies du *tavli* sur l'une de ses places ombragées ; parcourir les sentiers avant de plonger dans les eaux cristallines de Katergo ou d'Agios Nikolaos. Faire le tour de l'île en caïque.

ORGANISER SON TEMPS

Comptez au moins 2 jours ; évitez les mois de juillet et août : ils sont trop ventés et peuplés pour une si petite île.

AVEC LES ENFANTS

Le tour de l'île en bateau *(voir p. 282).*

4

Âpre et sauvage, Folegandros, l'une des plus petites Cyclades occidentales, possède un charme spécial. Vous en éprouverez la rudesse à travers ses hameaux, ses paysages austères et très secs, souvent balayés par le vent. C'est peut-être pour cela que Hora apparaît comme un refuge, hélas un peu gâché par trop de constructions récentes mais encore chaleureuse avec son mystérieux *kastro*. Après la solitude de vos randonnées, vous apprécierez l'animation nocturne des places de Hora. Les inconditionnels de la plage devront se préparer à marcher à flanc de montagne ou à prendre un caïque pour rejoindre les criques.

Se promener Carte de l'île p. 276

Bon à savoir – Les plus belles plages jouxtent le port et s'étirent autour d'Angali, alors que le patrimoine de l'île se concentre à Hora.

KARAVOSTASIS ET LE SUD

Dans une baie aux eaux claires, au bord d'une plage de galets frangée de tamaris, le port de l'île est devenu un petit village touristique qui ne vit que l'été. Ses maisons se rassemblent autour de l'unique petite **église Agios Artemios**.

Des deux plages qui s'étendent au nord de Karavostasis, **Vardia** et **Demeneou** *(quelques mn à pied)*, préférez la première, plus facile d'accès et plus grande. Sachez cependant que les eaux sont vite profondes, que le soleil disparaît assez tôt et que le vent du nord peut souffler très fort.

Poussez donc plutôt vers le sud, après les modestes plages de **Latinaki** *(à 800 m du port)*, **Vitsentzou** *(à 850 m)* et **Poundaki** *(à 1 km)*, jusqu'à celle de **Livadi** *(à 1,2 km - taverne)*, longue écharpe de sable et point de départ d'une agréable promenade dans l'un des rares endroits fertiles de l'île.

Mais l'une des plus belles plages de Folegandros reste celle de **Katergo**★★ *(à 1h de marche après le camping de Livadi - accessible en caïque depuis le port - premier départ à 11h, dernier retour à 18h30 - 7 € AR)* ; si vous êtes motorisé, passez par le hameau de Livadi et faites une halte à l'église **Agios Modestos** *(après la fin de la rte asphaltée, la seconde église sur la droite)*, toute blanche, dédiée au saint protecteur du bétail. Aux alentours, les quelques maisons abandonnées sont celles qui hébergeaient, dans les années 1930, les exilés politiques. De là, un sentier conduit à la plage de Katergo.

SE REPÉRER

Tout en longueur (12 km de long et 4 km de large), Folegandros ressemble à une vague pétrifiée : au nord, des falaises à pic sur les flots et le village de **Hora**, au sud, tout en bas de la pente, des plages ravissantes.

Le débarquement se fait au **port de Karavostasis**, situé dans une baie aride, à 3,3 km de Hora.

Une route asphaltée dessert l'île et descend jusqu'à Angali.

UNE ÎLE LONGTEMPS ISOLÉE

Aride et montagneuse sur presque toute sa superficie, Folegandros n'offrait aux hommes qu'un séjour précaire. C'est surtout en raison de la piraterie et des raids turcs que l'île fut désertée à plusieurs reprises. En 1715, l'amiral ottoman, Djanoum Hodja la mit à sac, réduisit en esclavage presque tous ses habitants, qui périrent en route ou furent exécutés à Chios. Emprisonnés à Istanbul, les rares survivants bénéficièrent de l'intervention de l'ambassadeur de France et revinrent dans leur île en 1718. Cette société rurale sortit de son isolement au 19e s., dans un premier temps grâce au télégraphe (1885) et au passage des navires à vapeur, puis à la construction d'un phare (1921). Les dons émis par les diasporas d'Alexandrie, d'Athènes et d'Istanbul lui permirent surtout de fonder deux écoles.

Ce ne fut qu'une brève ouverture, car, de 1920 à 1969, l'île recevra des déportés politiques qui, pendant cinquante ans, partageront la modeste vie des habitants : une situation guère encourageante pour le développement touristique qui éclôt doucement depuis une vingtaine d'années.

★★★ HORA (ΧΩΡΑ)

Comptez 2h de visite.

Bâtie autour de son *kastro*, au bord d'une vertigineuse **falaise★★** surplombant la mer *(210 m)*, Hora est sans conteste l'un des plus beaux villages des Cyclades. Les constructions récentes liées au tourisme n'ont en rien diminué l'harmonie de son architecture. Cette beauté est due surtout au cadre : la falaise forme une impressionnante muraille d'où l'on jouit d'une **vue★** spectaculaire sur la mer *(notamment de la place Pounta et le long du chemin vers la Panagia)*.

★★ Le kastro

Construit par les Vénitiens dans les années qui suivirent la quatrième croisade (1204), le *kastro* dessine un triangle plaqué au bord de la falaise : la place Pounta trace sa base et l'église Panagia Pantanassa sa pointe. Plusieurs lignes de maisons constituaient le dispositif défensif de ce bourg fortifié, succession de façades accolées, sans accès, tournées vers l'intérieur et reliées à leurs extrémités par d'étroites ruelles, formant ainsi des enceintes concentriques. Au fil du temps, la crainte des pirates diminuant, les habitants modifièrent cette rude architecture médiévale et construisirent çà et là escaliers et balcons, l'un des charmes du lieu. Prenez le temps de flâner.

À voir, l'**église Panagia Pantanassa** (fin du 17e s.), dressée au bord de l'abîme (**vue★★** splendide). Sur la porte de droite, son donateur figure aux pieds de saint Georges. Belles **icônes★** post-byzantines à l'intérieur de l'édifice.

★★ Promenade dans le village

Le village proprement dit n'est pas en reste, et on ne se lasserait pas de parcourir ses jolies ruelles pavées si Folegandros ne possédait cette irrésistible enfilade de petites **places★**, chacune dotée de son église, où il fait bon se détendre.

Partant de la **place Pounta**, la plus vaste *(où s'arrêtent les bus)*, vous traverserez successivement **Dounavi**, **Kontarini**, **Piatsa** *(la plus ancienne)*, puis, sur la droite, **Maraki** et **Tachidromiou** (littéralement « place de la Poste », bien que celle-ci ait été transférée). Fleuries ou plantées de grands arbres, chacune a son cachet. On se retrouve alors autour d'une partie de *tavli*, jusqu'à l'heure de l'apéritif.

4

Si vous n'avez d'inclination ni pour le jeu de jacquet ni pour l'ouzo, explorez encore le village à la recherche des 16 **églises★** post-byzantines, construites aux 17e et 18e s. (presque toutes enrichies au 19e s.).

★★ L'église Panagia Kimissis (Dormition de la Vierge)

Depuis la place Pounta, prenez la rue à côté du monument aux morts *(Iroon)*. Elle grimpe en zigzag jusqu'au parvis de l'église resplendissant de blancheur, dans un décor rocheux à dominante ocre-brun.

Précédée d'un remarquable campanile, la plus belle église de l'île se dressait au centre d'un couvent, sans doute sur le site d'un édifice antérieur, comme le suggère le **trône★**, exposé à l'intérieur. Notez également les quelques vestiges antiques au pied du clocher, à l'entrée de l'église, provenant peut-être de l'ancienne acropole, **Paleokastro** *(plus bas, au bord de la falaise, accessible par un sentier)*. Le site est en ruine, mais offre en revanche un **point de vue★★** magnifique sur Hora et la mer.

Tout près s'ouvre **Hrissospilia**, la « grotte dorée », lieu de culte dans l'Antiquité *(fermé au public en raison de fouilles archéologiques)*.

Balades champêtres

Partez ensuite le long des sentiers autour de Hora, sur les traces du passé agricole de l'île.

Sortez de Hora en suivant, pour les deux premières promenades, la ruelle qui prolonge la place de la Poste, pour la deuxième le mur du Kastro *(de 10 à 30mn AR selon les balades)*. C'est l'occasion de visiter les jolies chapelles **Agios Vassilios**, **Agios Savas** et **Panagia Plakiani**, bâties sur le coteau que domine Hora. Quelques bouquets d'oliviers et de vignes disputent à la garrigue les champs abandonnés qui s'inclinent en terrasses vers la mer. Mais l'une des plus belles excursions est celle qui mène au **monastère Agios Nikolaos** *(au-dessus de l'héliport, 1h30 AR)*, édifié dans les collines où paissaient jadis des troupeaux. Partiellement en ruine, il s'abandonne à une paisible solitude.

★★ CAP AU NORD

De Hora, prenez la route de Pano Meria. Passez les trois moulins sur la droite, juste avant la première église sur la gauche, et suivez le sentier qui descend vers la mer.

La route traverse des paysages splendides et descend vers la **plage d'Angali★** *(20 à 30mn)*. L'eau y est claire, le sable chaud et le vent presque toujours absent. Un petit paradis *(tavernes)* très fréquenté en été *(on peut se rendre à Angali par le bus)*. Vous pouvez aussi rejoindre la jolie **crique de Fira**, au sud d'Angali *(10mn à pied)*. Un autre chemin, nettement moins praticable, descend de la route en face des trois moulins directement vers Fira, en longeant les chapelles **Agia Triada** et **Hristos** *(toutes deux sur la gauche)*.

À l'ouest de la plage d'Angali, un sentier amorcé par un escalier conduit *(en 10mn)* à celle d'**Agios Nikolaos★★**, bordée d'un petit bosquet de tamaris à l'ombre bienfaisante *(taverne)*.

Reprenez la route vers le nord, jusqu'au village de **Pano Meria**. Il s'agit d'un curieux ensemble de fermes isolées ou, sur le plateau, regroupées en hameaux qui s'égrènent le long de la route de crête traversant l'île. Le plus important est celui d'**Eleimon** *(sur la droite avant le premier moulin)*. Dans cette partie de l'île, où le moindre mètre carré de terre arable a été aménagé en terrasse, les paysans de Hora n'avaient d'abord construit que des cabanes à outils. Avec la disparition de la piraterie, ils s'y installèrent progressivement, donnant naissance à cet habitat dispersé.

Panagia Kimissis sur la pointe rocheuse de Hora.
R. Meazza - IML / hemis.fr

Pour mieux comprendre la vie rude des îliens, visitez le **musée des Arts et Traditions populaires** *(Folklore Museum - en été 17h-20h - 1,50 €)* aménagé dans une ancienne ferme et présentant les outils des paysans.

Poussez ensuite jusqu'à **Agios Ioanis Prodromos** *(à 100 m environ en contre-bas, sur la gauche)*, une des plus vieilles églises de l'île. Presque en face, avant l'église Agios Andreas, sur la droite, un sentier mène en 20mn à la toute petite plage de **Serfiotiko**, au cœur d'un beau paysage.

Au bout de la route asphaltée, le chemin de gauche descend à la **plage de Livadaki** *(30mn de descente à pied)*. En filant tout droit, puis en bifurquant à gauche, à travers l'un des plus beaux **paysages★** de Folegandros, un sentier mène *(en 20mn)* à l'**église Agios Pandeleimon** d'où le coucher de soleil est magnifique.

En reprenant le sentier principal vers la **plage d'Ambeli** *(chemin carrossable bien signalé - 25mn à pied)*, vous découvrirez une nature encore totalement sauvage.

NOS ADRESSES À FOLEGANDROS

INFORMATIONS UTILES

Banque – Peu de commerçants acceptent la carte bleue et l'île ne possède qu'un seul distributeur de billets : munissez-vous de liquidités.
L'unique distributeur de l'île se situe à **Hora**, à la mairie.
Poste / Téléphone– *À l'entrée de Hora, sur la route du port.*
Police – *22860 412 49.*
Centre de soins – *À Hora, pl. Pounta - 22860 412 22.*
Pharmacie – *À l'entrée de Hora, près de la poste - 22860 415 40.*
Laverie – *À Hora, derrière la station-service.*

ARRIVER / PARTIR

En bateau

Liaisons avec **Le Pirée** *(1-3/j, 3h-10h).* Liaisons avec **Santorin** *(2-4/j., 50 mn-2h30),* **Naxos** *(1-2/j., 1h30-3h),* **Ios** *(1/j. sf sam., 1h10-1h20),* **Paros** *(4/sem., 2h25-4h15),* **Milos** *(1-3/j., 1h-2h30),* **Sifnos** *(1/j. sf mar., 1h-2h15),* **Amorgos** *(1/j., 2h25)* et **Sérifos** *(1/j. sf mar., 1h40-2h20).*
Capitainerie – *22860 415 30.*

TRANSPORTS

En bus

Un bus vous attend à l'arrivée du bateau à Karavostasis et quitte Hora 1h avant le départ de chaque ferry, depuis la place Pounta, à l'entrée du village, qui fait office de gare routière.
Liaisons entre Karavostasis et Hora, et entre Hora et Pano Meria *(ttes les h env., 7/j.).*
Les horaires sont affichés dans les abribus et les agences touristiques. Sur la route de Pano Meria, en plus des arrêts prévus, vous pouvez demander au chauffeur de vous déposer à proximité d'un sentier.

En voiture

Bon à savoir – Vous trouverez une station-service à Hora.
Kozzozz – *À Hora, pl. Pounta - 22860 416 60.* Location de voitures et de deux-roues.

En deux-roues

Spyros – *À Karavostasis - 22860 414 48 ; à Hora - 22860 410 78.*
Bon à savoir – Si vous comptez monter à deux sur un scooter, sachez que les pentes abruptes obligeront le passager des petites cylindrées à poursuivre à pied !

En taxi

22860 410 48.

En caïque

Des caïques *(onéreux)* relient Karavostasis aux plages du sud. En cas de fort vent, ils ne sortent pas.

HÉBERGEMENT

Bon à savoir – En été, sans réservation, il est impossible de se loger, même en camping, car l'île reçoit beaucoup d'habitués athéniens. Les tarifs indiqués concernent la haute saison *(juil.-août).* Ils baissent très sensiblement hors de la période estivale.

Livadi

PREMIER PRIX

Camping de Livadi – *22860 412 04 - www.folegandros.org - - 50 empl. 15 €.* Taverne, bar et lave-linge. Tout près de la plage.

Karavostasis

BUDGET MOYEN

Evangelia Divoli – *Au-dessus du port, dans le haut du village, après le supermarché -*

22860 412 69 - - 6 ch. 30/60 € (pas de petit-déj.). Simple avec balcon et une vue agréable.

Coral Apartments – *Au sud du port - 22860 412 44 - www.coral.com.gr - 9 ch. et appart. à partir de 70 €.* Complexe coquet et fleuri de style traditionnel égéen (lits sur socle dans la tradition cycladique) proposant différents types d'hébergement *(chambres classiques, studios et appartements pour 4 pers.).* Très propre et excellent accueil du jeune patron.

Aeolos Beach – *À côté de la plage - 22860 412 05 - www.aeolos-folegandros.gr - - 19 ch. 55/120 € - 8 €.* Très bien situé, avec un agréable jardin. Du balcon des chambres, confortables, vous contemplerez la mer ou le jardin.

Hora

BUDGET MOYEN

Eugenia & Embati Rooms – *À l'entrée du village en venant de Karavostasis - 22460 410 06/01 - - 9 ch. et 3 appart. 50/65 € (pas de petit-déj.).* Maison proprette et fleurie proposant des chambres simples avec kitchenette équipée et terrasse.

Castro – *Dans une vieille demeure du kastro - 22860 412 30 - www.hotel-castro.com -12 ch. 40/80 € - 10 €.* Des voûtes énormes au rez-de-chaussée, une terrasse sur le toit face à la mer et des chambres très agréables, dont certaines avec vue.

POUR SE FAIRE PLAISIR

Hotel Polikandia – *À l'entrée du village - 22860 413 22 - www.polikandia-folegandros.gr - CC - 25 ch. 80/120 € et 3 suites 165/210 € - 8 €.* Beaucoup de charme : un jardin luxuriant et fleuri entouré de petits bâtiments. Piscine, solarium sur le toit. Bons conseils du patron pour découvrir l'île.

Meltemi Hotel – *À côté de l'arrêt de bus - 22860 414 25 - meltemihotel@yahoo.gr - - 11 ch. env. 100 €.* Hôtel récent, dans le style cycladique, confortable, propre et de bon goût.

Kallisti Hotel – *À la sortie du village - 22860 415 55 - www.kallisti.net.gr - CC - 14 ch. 70/130 €.* Bel ensemble cycladique où les lits sont posés sur des socles traditionnels en pierre. Très confortable. Bon accueil.

UNE FOLIE

Chora Resort – *En lisière du village - 22860 415 90 - www.choraresort.com - - 56 ch. et studios. 155/235 € .* Le grand luxe : chambre au décor personnalisé, piscine de 500 m² et tout l'éventail de soins au Spa.

Anemomilos – *À gauche de la place Pounta, au bord de la falaise, une situation formidable - 22860 413 09 - www.anemomilosapartments.com - - 16 studios 190/240 € et 1 suite 290 € - 15 €.* Bel ensemble cycladique. Chaque chambre dispose d'un balcon avec vue sur mer. Décoration raffinée. Vastes chambres très bien équipées. Service gentiment attentionné.

RESTAURATION

Bon à savoir – Vous pourrez goûter les spécialités locales : les *matsatas* (pâtes fraîches) servies en sauce ou avec du lapin à la tomate, les *liokafta* (poisson séché) et les *kaltsounia* (chaussons au fromage).

Hora

BUDGET MOYEN

Kritikos – *Piatsa - 22860 412 19 - - env. 15 €.* Le spécialiste des grillades. Ne manquez pas l'agneau à la broche ni le veau au citron.

Spitiko – *Au bout du village - ✆ 22860 412 35 -* ⊠. L'un des meilleurs endroits pour goûter aux *matsatas*. Avec minuscule terrasse à l'écart de l'agitation.

Piatsa – *Piatsa - ✆ 22860 412 74 -* ⊠. Bonne cuisine traditionnelle à déguster en terrasse.

Pounta – *À l'entrée du village (près de l'arrêt de bus) - ✆ 22860 410 63 -* ⊠ *- 18/20 €*. Une bonne adresse pour goûter les spécialités locales ou prendre un excellent petit-déjeuner dans un joli patio fleuri.

Karavostasis

BUDGET MOYEN

Kali Kardia – *Sur la r. principale, en léger surplomb - ✆ 22860 412 12 -* ⊠ *- env. 20 €*. Bonne adresse pour déguster du poisson frais.

Pano Meria

PREMIER PRIX

Mimis – *Près du musée - ✆ 22860 413 77 -* ⊠ *- 12/15 €*. Idéal pour découvrir les plats traditionnels, notamment les *matsatas*.

Sinantisi – *Sortie nord du village - ✆ 22860 412 08/411 11 -* ⊠ *- 12/15 €*. Petite taverne de bord de route pour déguster une cuisine sans prétention.

ACHATS

Spécialités culinaires

Des fromages, notamment le *ladotiri*, à l'huile d'olive, ou l'*anthotiri* (fromage frais) et le miel de thym, réputé.

EN SOIRÉE

Chaque soir une atmosphère de fête réveille les places de Hora. À la sortie du village, vers Pano Meria, la terrasse du **Rakentia** jouit d'un panorama fantastique. Sont également conseillés : **Astarti** pour son excellente musique grecque, **Patitiri** et son accueil chaleureux ou le **Café Kastro** *(place Dounavi)*.

ACTIVITÉS

Randonnées

Bon à savoir – Une carte touristique de l'île *(en français)* inclut le relief, les principaux sentiers, les sites et les plages *(en vente dans les épiceries de Hora)*. L'île se prête bien à la randonnée, mais ne vous fiez pas à ses faibles proportions : les dénivelés sont importants, décuplant le temps de marche. Si vous souhaitez la parcourir, préférez un hébergement à Pano Meria ou à Hora.

Croisières

Tour de l'île en bateau – Renseignements à l'agence Sottovento ou Diaplous *(voir p. 275)* - été, 3 départs/j. depuis le port de Karavostasis - env. 25/30 €.

AGENDA

Hora

Procession d'Agios Panteleimon – Le **27 juillet** à Pano Meria. À ne pas manquer !

Procession de la Panagia – Le 15 août à Hora.

Et fin juillet, très bons **concerts de musiques du monde** à Hora. *Rens. : www.mediadellarte.gr (en anglais)*.

Ios

('Ioς)

2 050 habitants - Mer Égée - Nome des Cyclades - 109 km²

NOS ADRESSES PAGE 286

S'INFORMER

Acteon Travel Agencies – *Face au débarcadère - ✆ 22860 913 43 - www.acteon.gr.* Également un bureau à Milopotas. Kiosque d'informations ouvert en saison à Hora, bien documenté et accueil sympathique.
Site Internet – *www.iosgreece.com (en anglais).*

SE REPÉRER

Carte de région C3-4 (p. 246-247) - Carte de l'île p. 284.

À NE PAS MANQUER

Les plages sauvages de la pointe sud ; pour les « ravers », une « after » au petit matin sur la plage de Milopotas.

ORGANISER SON TEMPS

Comptez 3 jours. Évitez de venir hors saison : presque tout est fermé.

Entourée de voisines sans doute plus prestigieuses – Santorin au sud, Naxos et Paros au nord –, Ios se distingue dans un tout autre genre : celui du monde de la nuit… Elle montre le même décor typiquement cycladique de collines pelées par le soleil et de maisons peintes de lumière. Mais, en saison, vous entendrez plutôt de la techno (transe, trip-hop, jungle, hard-core, etc.) que le murmure du ressac marin. Ici, la coutume est d'ouvrir l'œil à midi et de se réveiller avec un petit-déjeuner anglo-saxon. Après quoi : direction la plage où, une fois trouvé un rectangle de sable pour poser sa serviette, on s'attache à peaufiner son bronzage, voir et se faire voir. Les filles pratiquent le monokini, tandis que les garçons, lunettes profilées sur le nez, exhibent leurs pectoraux body-buildés et huilés… On se prépare ensuite, pendant des heures, pour les festivités nocturnes. Et, le soir venu, des flots de décibels rythment la nuit des pulsations des basses.

UN NIGHT-CLUB GÉANT

Ios est connue pour son activité nocturne effrénée. La réalité frise même parfois la caricature. Population estivale très jeune (20 ans, voire moins), pleine d'énergie pour danser et draguer.
La plupart viennent d'Europe du Nord pour les boîtes de nuit. Si vos ambitions sont autres, vous n'avez guère de raison de vous arrêter ici, sauf pour les plages du sud, plus sauvages.

Se promener Carte de l'île p. 284

Bon à savoir – Ceux qui craignent le bruit en général et la techno en particulier peuvent s'abstenir.
Amateurs d'archéologie, passez votre chemin. Bien que l'île soit habitée depuis la période précycladique, elle n'a quasiment rien conservé de son passé. Les Ioniens s'y établirent en 1050 av. J.-C. Alliée à la

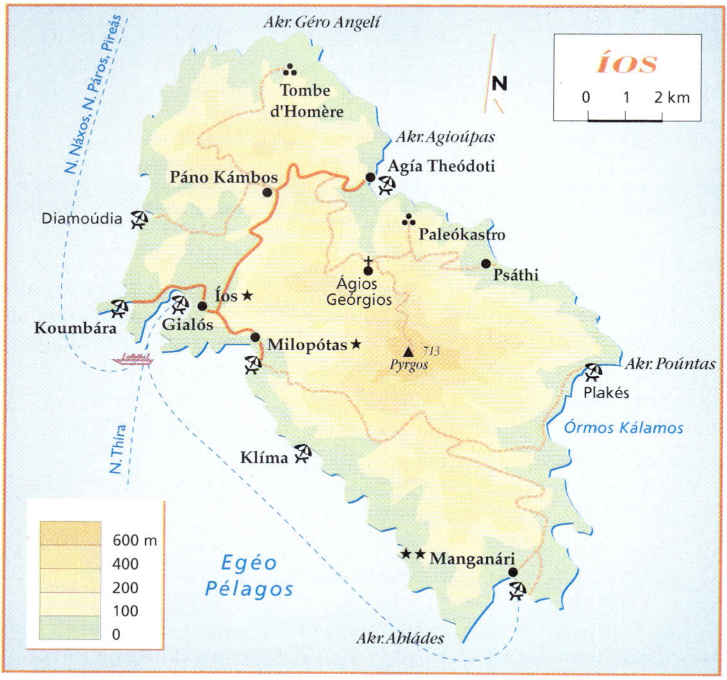

ligue athénienne pendant la période classique, l'île passa entre les mains macédoniennes, rhodiennes, romaines, byzantines, franques, vénitiennes puis turques, rejoignant l'État grec en 1829, avant de tomber, depuis les années 1970… sous l'emprise des night-clubers.

★ LE PORT ET HORA (IOS)

Comptez 1h.

Le port concentre hôtels et services touristiques, mais n'a pas grand charme, à l'exception de l'**église Agia Irini** (17e s.), côté est, et de la **plage de Gialos**, qui dessine son croissant de sable à l'ouest des quais.

Du port, un escalier en pierre ombragé d'eucalyptus serpente jusqu'au village de **Hora**★ dominé par trois petites chapelles. Construit en amphithéâtre sur les collines dominant le port, il cache un dédale de ruelles étroites et pavées, qu'enjambent çà et là des arches destinées à protéger du soleil. On y déambule dans un enchevêtrement de petites maisons. Une belle harmonie émane de ce fouillis de cubes blancs, rehaussé par les touches bleues ou vert pâle des volets, des coupoles ou des tables de bars. Grimpez au-dessus du village et des 12 moulins perchés sur les collines : la **vue**★ s'étend jusqu'à Santorin.

À l'ouest du port, par la route côtière *(20mn à pied ou 5mn en bus)* s'étire la jolie plage de sable de **Koumbara** *(naturistes)*. Juste derrière, vous trouverez d'autres petites plages agréables, entre les rochers, mais moins abritées. Vers l'est, à 2,5 km du bourg, c'est la longue – et très prisée – plage de sable blond de **Milopotas**★, royaume de tous les sports nautiques… et des m'as-tu-vu.

CAP AU NORD

Vers le nord-est, une bonne route traverse la vallée fertile de **Pano Kambos**, semée de vignes et d'oliviers. Au niveau du bourg du même nom, quittez la route pour emprunter une piste relativement praticable *(8,2 km - indications sur la gauche)*. Elle conduit à des ruines helléniques qui passent pour accueillir la **tombe d'Homère**.

Reprenez ensuite la route qui mène à la **plage Agia Theodoti** (dominée par une église du 16e s.), assez peu fréquentée. De là, vous pouvez accéder à pied *(2 km - sentier à droite de la plage)* aux vestiges du château byzantin de **Paleokastro**.

Plus au sud, on rejoint le village de **Psathi** et sa petite vallée fertile, dominant une plage de sable blanc. Des tortues de mer viennent encore y déposer leurs œufs. Sur la gauche, d'autres adorables criques se succèdent, coincées entre les rochers.

L'île recèle quelques belles plages isolées *(accès uniquement à pied ou par bateau)*, notamment sur la côte sud-ouest. Celle de **Klima**, surtout *(à 6 km au sud de Milopotas)*, mérite le détour, mais vous trouverez encore mieux en allant vers le sud.

UNE POPULATION MULTIPLIÉE PAR 15 EN ÉTÉ

L'essentiel de l'activité se concentre autour du **port de Gialos**, de Hora *(30mn à pied par un agréable sentier dallé)* et de la **plage de Milopotas** *(à 2 km)*, presque réunis en une seule agglomération… passant de 2000 âmes en hiver à plus de 30000 en été.

★★ La baie de Manganari

Au croisement Kalamos-Manganari, vous pouvez prendre à gauche jusqu'à la plage, ou descendre du bus à cet endroit et terminer les 3,6 km à pied.

À l'approche de Manganari, la route se divise, mais tous les chemins mènent à de très belles **plages de sable fin**, serties dans une belle petite baie. Certains profitent de l'endroit, peu aménagé, pour pratiquer le naturisme.

NOS ADRESSES À IOS

INFORMATIONS UTILES

Banque – Distributeurs dans les rues piétonnes de Hora et sur le débarcadère.
Poste – *Au centre de Hora.*
Police – *☎ 22860 912 22.*
Internet – À Hora, de nombreux cafés sont équipés d'ordinateurs.
Dispensaire – *☎ 22860 912 27.*
Pharmacie – *En bas de Hora - ☎ 22860 915 62.*

ARRIVER / PARTIR

En bateau

Liaisons avec **Le Pirée** *(2-3/j., 3h-9h)*. Liaisons avec **Santorin** *(3-6/j., 40mn-2h)*, **Naxos** *(1-2/j., 1h30-3h30)*, **Paros** *(1-2/j., 1h-3h45)*, **Mykonos** *(1-2/j., 2h40-5h30)*, **Syros** *(1-2/j., 3h30-7h)*, **Folegandros** *(1/j. sf lun., 1h15-4h)*, **Milos** *(4/sem., 3h30)*, **Sifnos** *(3/sem., 3h-5h30)* et **Sérifos** *(3/sem., 4h-7h)*.
Capitainerie – *☎ 22860 912 64.*

TRANSPORTS

En bus

Très pratique, il fait la navette sans interruption *(ttes les 10-15mn, de 8h à 0h)* entre Milopotas, le village, le port et Koumbara. Pour qui ne cherche pas l'isolement, il n'est donc pas besoin de louer un véhicule. En juillet et en août, 2 bus/j. entre le port et Manganari.

En bateau

Toutes les grandes plages sont desservies par bateau *(water taxi)*. Départs du port de Gialos. Cher.

En voiture

Nombreux loueurs à Hora et Milopotas. Station-service à Hora.

À scooter

Vangelis – *☎ 22860 919 19 - www.vangelis-rental.com.* Voisine du précédent, cette agence propose uniquement des deux-roues.

En taxi

☎ 69770 317 08.

HÉBERGEMENT

Bon à savoir – La saison dure de deux à quatre mois au maximum, mais en juin et septembre, les tarifs chutent de moitié. De mi-juillet à fin août, tous les établissements hôteliers sont complets. Attention, les campings sont bruyants au petit matin : retour des joyeux noctambules !

Port et plage de Gialos

PREMIER PRIX

Helios Pension – *À mi-chemin entre le port et Hora - ☎ 22860 915 00 - http://heliospension.com - ⊭ - 12 ch. 30/40 € (pas de petit-déj.).* Chambres simples situées dans deux bâtisses envahies par les fleurs, mais une grande cuisine commune.
Galini – *Au centre de la plage de Gialos - ☎ 22860 911 15 - www.galini-ios.com - ⊭ - 18 ch. 30/65 €.* Confort sommaire, soigné, au calme, à seulement 150 m en retrait de la plage. Belle terrasse fleurie et accueil très sympathique.

Hora (Ios)

BUDGET MOYEN

Artemis Pension – *En bas de Hora, sur la rte de Milopotas - ☎ 22860 912 02 - www.artemisios.com - 22 ch. 50/60 € (pas de petit-déj.).* Une adresse centrale, parmi beaucoup d'autres, tenue par une hôtesse agréable. Chambres propres.

George & Irene – *Sur les hauteurs du village - 22860 919 27 - www.irene-ios.com - - 12 ch. 80 €.* Une maison relativement paisible avec vue sur le village. Les chambres, un peu petites, ont toutes une terrasse.

POUR SE FAIRE PLAISIR

Hermes – *À 600 m de Hora, sur la rte de Milopotas, près de l'arrêt de bus - 22860 914 71 - www.hermesios.com - - 25 ch. env. 90 €.* Confortable, avec une belle piscine et une impressionnante vue panoramique. Du monde, mais un bon rapport qualité-prix et un accueil charmant.

UNE FOLIE

Liostasi – *Au 2/3 de la route entre Gialos et Hora, sur la droite - 22860 921 40/926 80 - www.liostasi.gr - - 28 ch. 110/200 €.* Confort et sérénité, mais l'endroit manque un peu d'espace vert et d'ombre. Belle piscine et Jacuzzi. Vue dégagée sur le port.

Milopotas

Bon à savoir – La plage, noire de monde en été, est équipée d'une multitude de chambres à louer, assez bruyantes. Pour trouver du calme, montez à flanc de colline.

PREMIER PRIX

Camping Far-Out de Milopotas – *Tout à fait au sud de la plage - 22860 914 68/923 02 - www.faroutclub.com - - 200 empl. env. 20 €.* Un très grand camping bien équipé et proposant des attractions : deux piscines avec toboggans, sports nautiques *(plongée)*, basket, volley, etc. Le tout dans une atmosphère conviviale mais bruyante en saison.

POUR SE FAIRE PLAISIR

Far Out Hotel & Spa – *22860 914 46/917 02 - www.faroutclub.com - - 42 ch. 85/120 €.* Établissement de standing, composé pour moitié d'un hôtel calme avec Spa à 200 m au-dessus de la plage, côté Hora, et d'un ensemble plus récent et plus animé de bungalows en bord de plage. Les deux possèdent leur propre piscine et un décor choisi. Même direction que le camping du même nom. Excellent rapport qualité-prix.

UNE FOLIE

Ios Palace – *22860 912 69 - www.iospalacehotel.com - - 52 ch. 127/210 € et 28 suites à partir de 170 €.* Un hôtel de grand standing sur plusieurs niveaux. Les chambres, très confortables et apaisantes, sont aménagées avec beaucoup de goût.

RESTAURATION

Gialos

PREMIER PRIX

Afroditi – *Sur le port, à gauche du débarcadère - 22860 911 60 - - 10/15 €.* Bons poissons du jour servis dans un établissement simple, bien tenu, aux prix raisonnables. Accueil réservé.

Hora (Ios)

PREMIER PRIX

The Nest – *En face de la 2e ruelle à gauche après la place centrale - 22860 917 78 - - 15/20 €.* Carte variée à base de produits bio pour l'essentiel, service rapide et prix raisonnables. Le cadre est peu spacieux, sans terrasse, mais la salle bleue et blanche est climatisée. Goûtez au *kleftiko*, agneau aux quatre fromages.

Koumbara

PREMIER PRIX

Polydoros Pouseos – *Un peu avant la plage, sur la droite - ✆ 22860 911 32 - ⊭ - en été - 15/20 € - réservez.* Le meilleur restaurant de l'île : carte variée (poissons, plats en sauce, grillades, salades) dont de vraies spécialités, grand choix de vins, cocktails. Découvrez notamment les fromages locaux. Le cadre n'a rien de fabuleux, mais la grande terrasse couverte est très agréable.

Manganari

PREMIER PRIX

Christos Tavern – *Au sud de la plage - ✆ 22860 922 86 - ⊭ - en été - env. 15 €.* Au bord de l'eau, la plus ancienne taverne de Manganari jouit d'une belle vue depuis sa terrasse. Quelques chambres, au confort minimaliste mais dans un cadre idyllique, sont aussi proposées à la location.

BOIRE UN VERRE

Hora

Bon à savoir – Les endroits branchés sont regroupés autour de la ruelle piétonne du vieux village.

Ios Blue Bar – *✆ 22860 912 59.* Tendance reggae.

Red Bull Bar – *Place centrale - ✆ 22860 910 19.* Un bar très tendance, avec un mur vidéo et une foule de buveurs.

Slammer Bar – *Hora - www.slammerbar.com.* Beaucoup de monde, ambiance très « alcoolisée ».

Koumbara

La Luna – *En début de plage.* Spacieuse terrasse couverte où admirer le coucher du soleil, installé dans un fauteuil, un cocktail à la main. Bonne musique. Également des petits-déjeuners et quelques plats.

EN SOIRÉE

Malgré la foule envahissante, l'ambiance nocturne est bon enfant : les problèmes de sécurité sont rares, mis à part quelques larcins et, bien sûr, des états d'ivresse avancée.

Bon à savoir – Attention, les cocktails sont plutôt bon marché, mais parfois frelatés avec du mauvais alcool local : ces *bombas*, comme les appellent les Grecs, sont redoutables. À éviter…

Night-clubs à Hora

Sweet Irish Dream – Spacieux, avec une ambiance débridée, des billards et de larges tables sur lesquelles danser.

Scorpion – *En direction de Milopotas.* L'un des plus grands clubs des Cyclades, avec de nombreux DJ et tous les derniers tubes internationaux.

Ios Club – *✆ 22860 914 10.* Un peu moins frénétique, sur les hauteurs, à droite de la route. La piste de danse est en extérieur, pour profiter de la vue. À éviter les jours de grand vent.

Kea

(Κέα)

★

2 379 habitants - Région d'Égée du Sud - Unité régionale de Kea-Kythnos - 131 km²

NOS ADRESSES PAGE 297

S'INFORMER

Informations touristiques – *En face du débarcadère de Korissia - ✆ 22880 215 00 - www.kea.gr (site officiel en anglais) - en été.*

SE REPÉRER

Carte de région B1-2 (p. 246-247) - Carte de l'île p. 292.

À NE PAS MANQUER

Le site antique de Karthea ; le centre de l'île, ses villages traditionnels et ses monastères ; flâner dans les ruelles d'Ioulis.

ORGANISER SON TEMPS

Comptez 3 jours de visite. Évitez les week-ends, il n'y a souvent plus une seule chambre à louer. Visitez Kea lorsqu'elle affiche encore les couleurs du printemps.

À quelques miles du cap Sounion, la plus occidentale des Cyclades révèle trois facettes, qui livrent chacune une part de son histoire. La première tient à sa situation géographique : proche du continent, c'est une destination privilégiée des Athéniens. Son deuxième visage, aux antipodes du précédent, est celui d'une terre agricole. Quelques villages à flanc de colline témoignent de sa florissante société rurale, petite communauté paysanne qui se retrouve à Ioulis les dimanches et les jours de panegyri. Plus arrosée que ses voisines, l'île surprend par son caractère verdoyant. L'amandier et le chêne tapissent vallées et ravins, tandis que la vigne et les céréales occupent les terrasses sculptées sur les flancs escarpés des collines. Son passé inscrit sa troisième identité. Habitée depuis le néolithique, l'ancienne Keos connut une brillante civilisation dans l'Antiquité, dont les nombreux vestiges s'inscrivent dans un décor somptueux.

Se promener Carte de l'île p. 292

Bon à savoir – En dehors de l'agitation des week-ends, Kea conserve un charme rural préservé du tourisme de masse. Elle se prête particulièrement aux randonnées.

SUR LA CÔTE NORD-OUEST

C'est le rivage que l'on découvre en premier, même si l'on a peu de temps, à partir de Korissia, port d'entrée de l'île.

SE REPÉRER

Korissia est le port de Kea, au nord-ouest de l'île. La capitale, Ioulis (Hora), se situe sur le flanc nord du massif montagneux qui occupe le cœur de l'île et culmine à 560 m avec le sommet du mont Profitis Ilias.

Korissia (Livadi)

Bâti au pied d'une colline, Korissia est un petit port plein de charme. Jadis organisé le long d'un unique quai, il s'est étendu avec l'arrivée de nombreux réfugiés d'Asie Mineure, en 1922, bordant la route qui monte vers Ioulis, tandis que le tourisme le prolonge en direction de Vourkari. Les vestiges de l'antique Korissia, des ruines de murailles appartenant à un temple dédié à Apollon, ne sont pas bouleversants, mais faites un petit détour par la **colline d'Agia Triada** *(elle surplombe l'église du port - accessible par un sentier)*, ne serait-ce que pour apprécier la majesté du site et la **vue★** sur la baie d'Agios Nikolaos. À la plage du port, commode mais sans charme, préférez celle beaucoup plus agréable de **Gialiskari** *(à 5mn à pied en direction de Vourkari)*. Elle s'adosse à un bois de tamaris, de pins et d'eucalyptus. Seuls inconvénients : sa grande fréquentation et les décibels émanant d'un proche café.

Amateurs de solitude, empruntez le chemin côtier vers le sud, avant d'atteindre la jolie **plage de Xila** *(env. 7 km au sud du port - emportez un pique-nique si vous décidez d'y passer la journée)*.

En direction du nord, niché au fond de la baie d'Agios Nikolaos, **Vourkari**, un ancien village de pêcheurs, a évolué en marina abritant de nombreux voiliers et de très beaux yachts. Le cadre est agréable pour déguster du poisson et des *mezzes* dans les tavernes qui bordent le quai *(plus chères qu'ailleurs)*.

La péninsule de Koka

Elle ferme au nord la profonde baie de Korissia.

À l'extrémité de la baie, le site archéologique d'**Agia Irini** *(clé à disposition à l'office de tourisme, voir p. 289)* vous invite à un voyage dans le temps : mille ans d'occupation humaine sont à découvrir, depuis le cycladique ancien (env. 2800 av. J.-C.). Ce labyrinthe de murs arasés révèle une vraie ville, comprenant une enceinte et un palais d'époque mycénienne. Vous pouvez vous y rendre un jour de grand vent pour comprendre le choix des Anciens de s'établir ici : il offre un abri naturel exceptionnel.

À demi ruinés, les entrepôts (où l'on stockait jadis le charbon destiné aux navires) de la péninsule de Koka *(15mn à pied)* n'offrent aucun intérêt, mais, du haut des rochers qui s'égrènent jusqu'au **phare Agios Nikolaos**, on jouit de jolis points de **vue★**, surtout au coucher du soleil. Prenez aussi le temps de parcourir les garrigues de la péninsule – les terres les plus basses de l'île –, en songeant qu'elles accueillirent l'un des plus anciens établissements humains de l'archipel, à la fin du néolithique (vers 3300 av. J.-C.). La toute petite **plage** voisine possède un charme unique.

La route menant de Vourkari à **Otzias** traverse la plus large vallée de l'île, site propice à de belles randonnées *(à mi-chemin, un panneau de bois sur la droite indique les sentiers et les pistes, avec les temps de marche, qui sillonnent la région jusqu'à Ioulis)*. De part et d'autre de la route, oliviers et amandiers vous accompagnent jusqu'à la grande **plage d'Otzias**. Des villas de vacances émaillent les collines, tandis que des maisons se serrent sur le rocher autour de l'église Agios Sostis. Bordée d'une épaisse haie de tamaris, la plage est très agréable mais assez fréquentée.

Passé Agios Sostis, la route asphaltée laisse place à une piste de 7 km qui conduit au monastère de Kastriani *(voir p. 293)*.

★★ HORA ET SES ENVIRONS

En quittant Korissia, vous laissez sur la gauche la cheminée définitivement éteinte de l'unique usine de l'île. Puis, la route file au cœur d'un véritable jardin de cyprès, d'oliviers, de citronniers et d'amandiers, semé çà et là de quelques

Près de la baie d'Otzias.
Kaos / Sime / Photononstop

potagers et de hautes maisons aux toits de tuiles. Un insolite décor verdoyant, qui fait oublier qu'on est dans les Cyclades.

Milopotamos

Le hameau de Milopotamos (littéralement « moulin à eau ») occupe un bassin vert où convergent toutes les eaux des collines voisines. En face de la station-service, la piste *(sur la droite)* conduit au hameau de **Fléa** en suivant la rivière du même nom. Celle-ci alimentait une série de moulins à eau, dressés les uns derrière les autres.

Après Milopotamos, la route monte en lacet dans un paysage soudain plus aride, sculpté de terrasses plantées d'amandiers et de chênes. Passé 300 m, elle coupe l'ancienne voie empierrée qui reliait Livadi *(Korissia)* à Ioulis, un chemin qui conduit *(en 30mn)* à la **fontaine Agios Konstantinos★**, un endroit où le temps semble figé.

4

★★★ Ioulis (Hora - Χώρα)

Bon à savoir – Sur place, les termes Ioulida ou Ioulides sont utilisés pour désigner la capitale.

Dans son majestueux écrin de collines et de garrigues, Ioulis compte sans conteste **parmi les plus beaux villages de Grèce**. Adossé à la montagne, il se déploie en amphithéâtre au-dessous d'une crête hérissée de vieux moulins, tandis que les plus basses maisons frangent les vergers et les jardins alentour. Impossible de ne pas tomber sous le charme de ce bourg dont l'architecture, unique, combine des influences continentales (les toits de tuiles de l'Attique) et cycladiques (petites maisons blanchies à la chaux). Flâner dans son lacis de ruelles et d'escaliers restera l'un des moments forts de votre séjour à Kea.

Bon à savoir – Pour une halte ou un repas, la place de la mairie ou les environs d'Agios Spiridon proposent d'excellentes tavernes.

De la **fontaine Rokomenos** *(au pied du village, à l'arrêt du bus, vous laisserez aussi votre véhicule)*, grimpez vers la **platia**, située à l'entrée du village, où l'on débouche par un *stegadi* (passage voûté) aux allures médiévales.

À gauche, la rue Haralambos (saint patron de l'île) monte vers la première colline, site de l'acropole antique où se dressent les modestes ruines d'une **citadelle vénitienne** *(kastro)*. Le magnifique **point de vue★**, surtout, justifie cette ascension.

À droite de la platia, prenez la rue principale ; elle traverse le **Katohori**, le « village d'en bas », en fait le quartier des notables. Vous passerez ainsi devant le **Musée archéologique** *(tlj sf lun. 8h30-15h - gratuit)* qui présente des objets provenant des sites préhistoriques et antiques de l'île.

La rue aboutit sur la place principale du village, où se trouve la **mairie** avec son architecture néoclassique (1902), entourée de magasins, de terrasses de cafés et de tavernes. Au-dessus de la rue centrale, promenez-vous dans la **rue Ieronimos**, bordée de très jolies maisons, jadis propriétés des marchands,

puis revenez vers l'entrée du village *via* la cathédrale. Cette place principale formait l'extrémité sud du centre historique de Ioulis. Plus récemment, l'autre partie du village s'est étendue sur les plis successifs de la colline, le long des anciennes voies empierrées qui reliaient Hora au reste de l'île.
À hauteur du petit kafeneion Argyris, deux rues prolongées par des sentiers dessinent une fourche. Celle de gauche descend vers les maisons les plus basses du village avant d'atteindre la **fontaine Kanali**. Celle de droite se divise à nouveau un peu plus loin : le tronçon de gauche passe devant l'église **Agios Spiridon**, avant de continuer vers le **Lion de Tzia**, une étonnante sculpture monumentale taillée dans le rocher *(voir encadré ci-dessous)*.
Chacune de ces directions vous offre l'occasion de merveilleuses **balades★** dans les environs d'Ioulis. Un des chemins grimpe vers les 26 **moulins** abandonnés qui s'alignent sagement au sommet de la colline, tels les créneaux d'une forteresse.

Circuits conseillés Carte de l'île ci-contre

★ LE NORD-EST

Chaque circuit proposé au départ de Ioulis demande une demi-journée.

★ Dans la vallée de Spathi

Quittez la route qui contourne Ioulis *(en direction de l'est)* et prenez le chemin de gauche à 500 m environ après la rue pavée qui descend vers Hora. Attention, la piste est de bonne qualité, mais comporte des passages pierreux difficiles. De ce chemin bordé d'arbres, on découvre bientôt de belles **vues★** sur Ioulis. Plus loin, la **fontaine de Pyrgos** et la **chapelle Agios Dimitrios** marquent l'entrée de la superbe vallée de Spathi que la piste suit jusqu'à la mer. Au creux de ces gorges s'épanouit une nature sauvage, par endroits foisonnante, que survolent quelques rapaces.
Au km 5, la route bifurque, tandis que, en se rapprochant de la mer, le décor se fait plus aride. Apparaît alors *(à gauche)* le **monastère de Kastriani** *(à 8,4 km d'Ioulis)*, véritable nid d'aigle surplombant la mer. De la pointe du jardin, un splendide **panorama★** vous attend sur Kea et l'Égée. Le monastère fut bâti à l'emplacement où, en 1700, des bergers découvrirent une icône de la Vierge qui se révéla miraculeuse *(grande fête le 15 août)*. L'église d'origine, enchâssée avec sa précieuse image sous l'édifice moderne, est un haut lieu de pèlerinage depuis sa construction, en 1708.
De retour sur la route, le chemin qui part à droite descend en longues courbes vers l'étroite **baie de Spathi★** *(Ormos Spathi) (1,3 km)* dont la grande

LE SOURIRE ÉNIGMATIQUE DU LION

Sculpté dans le rocher au sommet d'une colline, le **lion de Tzia** veille sur Hora. Large de 3 m et long de 9 m, l'énorme félin de pierre garde ses secrets, et son sourire emprunté aux *kouri* archaïques n'en est pas le moindre. Cette œuvre étrange, qui remonte probablement au 7e s. av. J.-C., figure vraisemblablement le lion légendaire qui fit fuir les nymphes et déclencha une sécheresse catastrophique. La paix revenue entre les hommes et leurs dieux, l'île retrouvant un climat doux et sa fertilité, le lion passa sans doute d'un symbole funeste à l'image heureuse de l'alliance et de la fécondité.

UNE ÎLE AUX NOMS MULTIPLES

Le destin de l'île semble s'être fixé dans ses noms successifs. Luxuriante, fraîche et abondamment arrosée, telle était, selon la légende, **Hydroussa**, l'île des nymphes, jusqu'à ce qu'un lion descendu des montagnes les chasse. Survint alors pour **Siri** une période de sécheresse placée sous le signe de Sirius, l'étoile la plus brillante de la voûte céleste et l'un des dieux préolympiens du panthéon local. Le nom suivant, **Efxantis**, souligne les liens étroits entre les Cyclades et la Crète, puisque Efxanties, fondateur de la tribu locale des Exfanditès, descendait du roi Minos.

L'arrivée de **Keos**, fils d'Apollon et chef des Locriens (une peuplade originaire de Naupacte), associe à la fois le peuplement préhistorique de l'île et l'émergence de nouvelles divinités. Le récit, entre mythe et histoire, qui date sans doute de la période archaïque, retrace l'époque où, à partir du 12e s. av. J.-C., s'établirent des colons ioniens venus d'Attique. Dès le 7e s. av. J.-C., la confédération de Keos est aussi connue comme la **Tétrapolis**, les « Quatre Villes ». Le changement toponymique de Keos en **Kea** s'opère au 7e s. sous l'administration de Justinien, et « Zéa » (ou « Zia ») apparaît avec l'arrivée des Vénitiens au 12e s. C'est la corruption de ce terme qui donnera l'actuel **Tzia**, nom par lequel tous les Grecs continuent de nommer l'île, même si l'État a voulu rompre l'usage en restaurant l'officiel « Kea ».

plage de sable★ s'étire au pied d'un somptueux paysage de rocaille *(mauvaise rte par endroits)*. Quelques maisons éparses, une taverne en retrait et des parcelles cultivées encadrent une mer aux eaux limpides.

★ La Messaria et ses monastères

De Hora, prenez la direction de l'est.

Le deuxième chemin sur votre gauche *(prolongé par un sentier)* grimpe vers le **monastère Agia Anna** (16e s.), dont les ruines romantiques encadrent le bel édifice blanc de l'église (jolie vue).

De retour sur la route, vous entrez dans la **Messaria**, région de plateaux fertiles striés de vertes terrasses. Centre de la vie de l'île à l'époque byzantine, elle recèle les vestiges de ce qui fut le plus grand monastère. Cerné de remparts, l'édifice veille sur les champs comme une forteresse médiévale. D'une blancheur immaculée, l'**église Panagia Episkopi** jaillit tel un bijou serti de ruines. Puis vous arrivez au pied du mont Profitis Ilias (du prophète Elie), couronné par une éolienne et par l'inévitable antenne de télévision. Un escalier de pierre conduit au sommet, où vous attend un magnifique **panorama★** sur les terrasses de la Messaria *(au nord)*, les vallons boisés du centre de l'île et les coteaux arides de l'ancienne Karthea.

Pera Meria et la route des plages

De Kastanies, une bonne piste descend vers Sikamnia (9,6 km). Les deux derniers kilomètres du tronçon qui bifurque vers Kalidonihi (8,4 km) sont moins bons.

À la fois douce et sauvage, la région de Pera Meria est le domaine privilégié du chêne, dont la noix de galle, boule parasite utilisée comme colorant, constitua longtemps la première exportation de l'île. Ses rares habitants se consacrent aujourd'hui à l'élevage. En traversant le village de **Pera Meria**, admirez les **kathikies**, ces habitations paysannes traditionnelles *(voir encadré p. 296)*.

Au croisement suivant, prenez le chemin de droite, puis immédiatement à gauche.

Laissant en contrebas les versants boisés de la colline d'Agia Triada, surmontée de sa petite église blanche au clocher rouge, la route descend vers la mer qui scintille au fond d'un paysage aride. Sur le côté gauche s'ouvrent les deux petites plages de **Kalidonihi★** et de **Psili Amos★**, dont le sable blond et l'eau turquoise raviront les amateurs de solitude et de beautés intactes. Tout aussi ravissante, **Sikamnia★** offre de surcroît l'ombre de quelques tamaris et d'une taverne.

Occupant une belle vallée côtière, la plage et la petite station balnéaire d'**Orkos** ne manquent pas de charme, mais sont plus exposées au *meltem*. La plage de **Psathi**, que l'on aperçoit de la route, semble plus agréable. Il faut s'y rendre à pied.

LE SUD

De la route qui part de Ioulis, profitez de la **vue** sur Korissia et sa vallée. Au loin se dessine l'île de Makronissos, de sombre réputation : lieu de déportation ancestral où les colonels envoyèrent plus de 6 000 opposants politiques.

Au centre de **Sklavonikolas** *(quelques maisons de part et d'autre de la route)*, un sentier file sur la gauche *(500 m après la station-service)*, le long d'un étroit défilé creusé entre deux massifs. Sur 2 km, un mauvais chemin sinue dans un **paysage★** somptueusement boisé. C'est là que se cache, au fond d'un ravin, l'**église Panagia Loutriani**, parmi des ruines de remparts, près d'une source.

À droite de la route, une très bonne piste *(d'un peu plus de 1 km)* mène au **monastère Agia Marina★** *(fête le 17 juillet)*, blotti au creux d'un joli vallon boisé. Fondé sous l'occupation ottomane, reconstruit au début du 19e s. et abandonné en 1837 *(mais très bien entretenu)*, il dresse ses sobres murs blancs et sa coquette coupole rouge à l'ombre d'une impressionnante **tour hellénistique★** aux puissants murs de pierres sèches. Un des rares exemples d'édifice défensif de cette taille, qui comptait à l'origine trois étages.

Le littoral sud-ouest

Aujourd'hui comme dans l'Antiquité, la **vallée de Pisses** est la plus fertile de l'île, tapissée de vergers et de potagers. Tout au bout, elle s'ouvre sur la petite station balnéaire de Pisses, ourlée d'une plage agréable.

En approchant de la **baie de Koundouros** par la route côtière, on retrouve le paysage de rocaille aride typique des Cyclades. Au fil du trajet, le nombre important de résidences en chantier – toutes parées de pierres sèches, dans le style local –, témoigne d'un tourisme en plein essor.

Bien abritée du *meltem*, la baie accueille nombre de bateaux au mouillage et offre une succession de plages plaisantes, celle d'**Agios Emilianos** *(fête le 18 juillet)* étant la plus grande. Très fréquentée le week-end et en haute saison, cette partie de la côte propose quantité de bars et de restaurants, rivalisant avec Vourkari.

Au bout d'une belle route bordée de grands chênes se cachent le charmant village de **Kambi** et sa **plage**. D'anciens magasins, reconvertis en chambres d'hôtes, rappellent qu'autrefois de grandes quantités de noix de galle partaient de là par bateau.

Loin de tout *(à 3 km de Kambi)*, bordée par quelques habitations et une chapelle, s'étend la **plage de Liparos** *(un chemin quitte la rte de Havouna sur la droite)*.

La région de Kato Meria

Passé Kambi, la route longe la côte, puis s'enfonce à nouveau dans les terres. Prenez alors à gauche, puis suivez 3 km d'une piste relativement bonne mais très pentue, avant de retrouver, à l'intersection pour Koundouros, la route asphaltée.

Territoire d'une végétation moins dense, au relief adouci, la région de Kato Meria est le domaine des vaches et c'est aussi la contrée la plus peuplée de l'île. Aux abords de la route se succèdent les fermes et de vieilles *kathikies*.

Au km 2,5 de la route asphaltée, une déviation sur votre gauche conduit à l'**église byzantine Agii Apostoli** *(au bout d'un sentier)*. Murs blancs, tuiles rouges et dôme bleu : c'est l'un des plus beaux monuments (12e s.) de l'île.

De retour sur la route asphaltée, prenez la prochaine piste sur votre droite *(au km 3,6)*. Plus bas *(à 2,5 km)*, le chemin remonte entre quelques maisons vers l'église post-byzantine **Agios Simeon**, dont le portail intègre des colonnes du temple d'Aphrodite qui s'élevait ici.

En revenant sur vos pas, près de la première maison dépassée, un sentier file sur la droite en direction de la mer *(30mn de marche)*. Vous vous promènerez dans un ravissant paysage de vergers aux arbres sagement alignés.

La végétation se raréfie et on aboutit à la **plage d'Agios Filipos**. Balayée par le vent, elle n'est guère propice au *farniente*, mais une chapelle juchée sur un rocher à l'ombre d'un grand arbre est digne des plus belles cartes postales des Cyclades. Les bancs et les tables de pierre invitent au pique-nique.

De retour sur la route, vous traverserez *(au km 4,6) le* village d'**Elinika** et ses maisons dispersées où grimpe un chemin de terre à travers un bois de chênes vers le **mont Agios Pandeleimon** *(545 m)*. Perché au sommet, le **monastère** offre un **point de vue★** imprenable sur toute la moitié sud de Tzia, inoubliable sous les feux du couchant. Son église post-byzantine jouxte les fondations d'une tour vénitienne.

★ Sur la côte sud-est : Karthea et la baie de Poles

Passé Kambi, prenez cette fois à droite en direction de Stavroudaki et de Havouna. La piste *(bonne)* remonte au creux d'un vallon jusqu'au hameau de Stavroudaki. Au carrefour, suivez le chemin de droite qui descend vers la mer. Un sentier prend ensuite le relais jusqu'au site de Karthéa, environ 3 km plus bas.

Isolées dans la partie la plus sauvage de l'île, la **baie de Poles** et ses deux plages, **Mikres Poles** *(au sud, avec la chapelle)* et **Mégales Poles** *(au nord)*, laissent un souvenir fort : s'y rendre par les pistes cahoteuses prend des allures d'aventure et, au bord de cette côte oubliée, vous serez saisi par l'harmonie du paysage. Sur le chemin se dresse une tour ronde antique en ruine. Haute de 2 m *(jadis de bien plus)*, elle défendait l'entrée du territoire de la cité de Karthéa. Puis c'est la mer : une avancée rocheuse sépare les deux plages. Elle accueillait autrefois le cœur de la **cité antique de Karthea★**. Les vestiges de deux temples sont encore visibles *(accès par la plage de Mégales Poles)*.

LES KATHIKIES, MAISONS DES MONTAGNES

Typiques de l'habitat rural de l'île, les *kathikies* se perchent à flanc de colline, loin des dangers de la mer. Orientées au sud-est, elles tournent le dos aux vents du nord. Trait original de leur architecture : l'usage, pour la toiture de chaque pièce, d'une large dalle de pierre unique. La largeur de ces lauzes étant forcément limitée, les murs compensent par une légère voûte pour permettre de gagner un peu de surface au sol. Cette technique, fort ancienne, assurait à ces habitations chaleur en hiver et fraîcheur en été. À côté du corps de logis, les bâtiments de la ferme – citerne, étable et grenier – encadrent une cour pavée souvent ombragée d'une tonnelle.

Poursuivez votre ascension jusqu'à la **chapelle Panagia Mirtidiotissa**, posée là comme une sentinelle pour veiller sur l'éternel sommeil des dieux païens. Elle découvre une belle **vue** sur la mer et les côtes rocheuses de Kythnos. Un sentier escalade le promontoire dominant Mikres Poles pour conduire à la plage voisine de **Kaliskia**, merveilleusement isolée au bout de l'île.

NOS ADRESSES À KEA

INFORMATIONS UTILES

Banque

Deux distributeurs automatiques : l'un près du supermarché, à gauche du débarcadère, l'autre sur la route de Vourkari.

Poste / Téléphone

Poste centrale – *À Ioulis, r. Haralambos, après le musée - tlj sf w.-end 7h30-14h.*
Change.
OTE – *À Korissia, à la sortie du village en direction d'Ioulis.*

Santé

Centre de soins – *À Ioulis près de la fontaine - ☏ 22880 222 00 - 8h-14h.*
Pharmacie – *À l'entrée de Korissia, sur la droite - ☏ 22880 222 77.*

Police

☏ 22880 211 00.

ARRIVER / PARTIR

En bateau

Liaisons avec **Lavrio** *(4-6/j., 1h.)*, port situé à 55 km d'Athènes. Depuis la capitale, prenez le bus rue Mavromateon, parc Aréos *(départ ttes les 30mn, de 5h45 à 17h45, env. 2h de trajet)*.
Au retour, prenez un bateau qui arrive à Lavrio avant 21h, dernier départ pour Athènes : sinon vous auriez beaucoup de mal à vous loger. Sur le port, quatre agences vendent les billets.
Liaisons avec **Kythnos** *(4/sem., 1h-1h10)*, **Syros** *(4/sem., 3h40)* et **Paros** *(1/sem., 6h50)*.
Capitainerie – *☏ 22860 213 44.*

TRANSPORTS

En bus

Horaires et itinéraires affichés sur la porte du **bureau d'informations touristiques**, en face du débarcadère.
Le bus relie assez facilement Korissia, Vourkari et Otzias, ainsi que Ioulis et Pisses.

En deux-roues

Moyen de transport incontournable. À deux, un 80 cm³ devrait vous permettre de sillonner routes et pistes. Une petite moto (125 cm³) tout-terrain est idéale.
Adonis Rent a Bike – *Sur le port (panneau) - ☏ 22880 321 04.*

Stations-service

Stations à Korissia, à Hora et entre Pisses et Koundouros.

HÉBERGEMENT

Bon à savoir – Il est très difficile de se loger à Kea en été, surtout au mois d'août, car l'île est envahie par les Athéniens. Beaucoup de propriétaires ne parlent que le grec. La plupart des appartements de location sont concentrés sur la côte ouest.

Korissia

PREMIER PRIX

Panorama rooms – *Sur le port, à 50 m du débarcadère - ☏ 22880 220 46 - 6 ch. 40/50 € (pas de petit-déj.).* Seules les deux chambres avec balcon justifient le nom de l'hôtel. Mais quelle vue ! On a l'impression de dormir les pieds dans l'eau ! Si l'ensemble est plutôt sommaire et pas franchement impeccable, il contentera ceux qui arrivent tard ou repartent tôt en bateau.

POUR SE FAIRE PLAISIR

Koralli Studios – *À droite sur la route de Vourkari - ☏ 22880 212 68 - www.kea-rooms.gr - 8 studios plus de 90 € (pas de petit-déj.).* Agréables et tout équipés dans une grande maison aux volets bleus. Très bon accueil.

Hotel Karthea – *Au début de la plage du port - ☏ 22880 212 04 - www.hotelkarthea.gr - 35 ch. plus de 90 €.* Un peu sombre, mais frais. Le bâtiment n'est pas spécialement élégant, mais les chambres sont confortables.

PortoKea Suites – *Le long de la plage, rte de Vourkari - ☏ 22880 228 70 - www.portokea-suites.com - 35 ch. et suites 130/235 € (avec vue sur la mer).* Un grand complexe moderne et chic. Les chambres sont vastes, confortables et bien aménagées. Jolie piscine.

Vourkari

BUDGET MOYEN

Gialiskari – *Sur la droite à l'entrée de Vourkari - ☏ 22880 211 97 - 5 studios 60/80 €.* Studios équipés dans une grande maison avec terrasse, face à la plage.

POUR SE FAIRE PLAISIR

I Lefkes – *À la sortie du village sur la rte d'Otzias, sur la gauche, au bout d'une allée plantée d'arbres - ☏ 22880 214 43 ou 21090 290 81 - www.kearooms.gr - 10 studios 100/150 €.* Les logements sont bien aménagés, dans de jolies maisonnettes blanches avec terrasse.

Otzias

BUDGET MOYEN

Maria Tzouvaras – *☏ 22880 211 51 - www.holidayrooms.gr - 6 studios env. 65 €.* Cet établissement propose des studios confortables.

Pisses

PREMIER PRIX

Camping Kea de Pisses – *À 30 m de la plage - ☏ 22880 313 02/04 - avr.-oct. - 100 empl. env. 18 €.* Cadre et standing moyens.

Koundouros

BUDGET MOYEN

Saint-George – *Agios Georgios, à gauche sur la colline (panneau indicateur) - ☏ 22880 312 77 - http://stgeorgekea.gr - avr.-oct. - 20 ch. 60/80 €.* Chambres très agréables avec terrasse dans un bâtiment de style cycladique. Le restaurant de l'hôtel jouit d'une bonne réputation gastronomique et d'une vue magnifique sur la baie.

RESTAURATION

Korissia

Bon à savoir – Le quai est fermé à la circulation automobile, à partir de 20h. Les terrasses des restaurants peuvent donc investir la chaussée, au calme, face à la baie.

PREMIER PRIX

Lagoudera – *Face au débarcadère - ☏ 22880 219 77 - 15/20 €.* Le rendez-vous des plaisanciers. Petite terrasse et prix doux pour une cuisine sans reproche.

Magazes – *☏ 22880 211 04.* Cet établissement sert une cuisine de qualité : plats traditionnels, risottos et poissons frais à prix abordables.

Vourkari

PREMIER PRIX

Strofi tou Mimi – *À la sortie du village, au début de la rte d'Otzias - ✆ 22880 214 80 - ⌧ - 15/20 €.* Dans cette jolie maison, on sert du poisson, mais également d'excellentes grillades sur une terrasse en bord de mer.

Otzias

PREMIER PRIX

Otzias – *✆ 22880 213 35 - ⌧ - 15/20 €.* Taverne ombragée face à la plage où est proposé un grand choix de poisson, de *mezzes* et de grillades à prix raisonnables.

Ioulis (Hora)

PREMIER PRIX

Panorama – *En face de l'hôtel Filoxenia - ✆ 22880 223 41 - ⌧ - 15/20 €.* Café-salon de thé-pâtisserie qui, comme son nom l'indique, offre une vue saisissante sur Hora.

AGENDA

Festival des contes de fées – *Rens. www.e-mythos.eu.* En juillet, une semaine d'événements culturels programmés en différents lieux, au clair de lune pour certains.

Kimolos

(Κίμωλος)

1 378 habitants - Région d'Égée du Sud - Unité régionale de Milos - 35 km²

NOS ADRESSES CI-CONTRE

S'INFORMER
EOT – *Hora - aux heures d'ouverture de la mairie - www.kimolos.gr (site officiel en anglais).*

SE REPÉRER
Carte de région B3 (p. 246-247).

ORGANISER SON TEMPS
Comptez une journée.

Séparée de Mílos par un étroit chenal, Kimolos, l'une des plus petites îles des Cyclades, comme oubliée, a conservé toute sa beauté sauvage : ici point de boutiques de souvenirs, de discothèque… Comme sa grande voisine, Kimolos est réputée pour ses roches d'origine volcanique aux couleurs étonnantes, ses côtes échancrées et ses plages de sable clair.

Se promener

Psathi

Le port de pêche, où accostent les navettes, est situé près d'une plage. C'est un simple hameau où il fait bon regarder le temps s'écouler.

★ Hora

Le gros bourg de Hora est invisible depuis le port de Psathi. Situé à 2 km sur les hauteurs, on y accède par une route sinueuse.

Certaines maisons de ce village tout blanc forment les remparts du **kastro** construit au 16e s., véritable quartier fondateur de la ville avec ses maisons à étage bien protégées des pirates. Même si nombre de maisons sont relativement délabrées, le *kastro* est encore habité et les fortifications ainsi que trois portes sont en excellent état.

★ **Musée des Arts et Métiers** – *Tlj en saison 10h-12h30 - 1 €.* Installé dans l'une des maisons les mieux conservées du *kastro* (1592). Il présente au rez-de-chaussée des objets de la vie quotidienne de l'île, ainsi que d'anciens instruments de navigation. À l'étage, une chambre et une cuisine traditionnelles ont été joliment reconstituées.

À l'entrée du village, face à l'église de la Liditria, le **Musée archéologique** *(mar.-sam. 8h-12h30 - 3 €)* présente des œuvres de l'époque cycladique.

Prassa

5 km au nord-est de Hora.

Des carrières de craie sont exploitées ici, fournissant à l'île l'essentiel de ses ressources. L'église Evangelistria date du 17e s.

Agios Andréas

Au sud-ouest.

En face d'Ellenika, qui conserve des tombeaux d'origine phénicienne, se trouve Agios Andréas, îlot autrefois relié à l'île. Dans l'eau, vous apercevrez peut-être les vestiges d'une cité antique aujourd'hui immergée. Fondée vers 1000 av. J.-C., elle était célèbre à l'époque hellénistique.

★ Plages

Kímolos possède de belles plages : Aliki, Bonatsa, Kalamisti au sud, Klima, Limni à l'est, Mavrospillia *(près d'Ellenika)* à l'ouest, Monastiria, Prassa et Psathi. Certaines sont accessibles en caïque au départ de Psathi, mais il n'existe pas de liaisons régulières. Demandez aux pêcheurs sur le port, certains vous feront découvrir des sites magnifiques.

NOS ADRESSES À KIMOLOS

INFORMATIONS UTILES

Banque – Un distributeur à Hora.
Centre de soins – *Hora - ✆ 22870 512 22.*
Police – *✆ 22870 512 05.*

TRANSPORTS

Bateau

Liaisons avec **Le Pirée** *(1-2/j., sf merc.-jeu 3h45-7h).*
Depuis Pollonia, à **Mílos**, la navette vous conduit *(7/j. en 30 mn)* à Kimolos.
Liaisons avec **Sérifos** *(1-2/j. sf mar., 1h15)*, **Sifnos** *(1-2/j. sf mar., 30 mn-1h)* et **Kythnos** *(4/sem., 3h-3h30).*
Capitainerie – *✆ 22860 223 60.*

RESTAURATION

Psathi

PREMIER PRIX

To Kyma – *Au milieu du débarcadère - ✆ 22870 510 01 -* . Excellent accueil du patron qui propose une cuisine traditionnelle aussi savoureuse que généreuse.

ACTIVITÉ

Excursion

Depuis le port, possibilité de commander un **bateau-taxi** *(✆ 69722 721 11 - env. 30/40 €)* pour se rendre sur l'îlot voisin de **Poliegos**. Ce gros caillou aux roches découpées est au cœur d'un espace marin protégé, classé Natura 2000.

Kythnos

(Κύθνος)

2 712 habitants - Région d'Égée du Sud- Unité régionale de Kea-Kythnos - 99,2 km^2

NOS ADRESSES PAGE 308

S'INFORMER

Informations touristiques – *Un modeste stand se trouve sur la jetée - ☏ 22810 322 50 - ouvert en été seult.* Vous y trouverez la liste des hébergements. Plusieurs agences de voyages à Merihas et à Hora.
Sites Internet – *www.kythnos.gr, www.kythnos-island.com (en anglais).*

SE REPÉRER

Carte de région B2 (p. 246-247) - Carte de l'île p. 304.

À NE PAS MANQUER

Lefkes et les plages alentour ; le ravissant village de montagne de Driopida.

ORGANISER SON TEMPS

Comptez 3 jours et consacrez au moins une journée aux plages de la côte est.

Kythnos s'allonge du nord au sud, dessinant une modeste crête de collines roussies par le soleil, toute drapée de *phrygana*, ces garrigues basses qui embaument le romarin, la sauge, l'origan et le thym. De loin en loin, un olivier ou un figuier rehausse la seule végétation qui ait échappé à l'appétit des nombreuses chèvres. Seule la vallée qui serpente de Merihas à Loutra jette un trait vert dans le tableau. Un décor aride, aussi avare en arbres qu'en habitations, qui attire relativement peu de visiteurs, hormis des curistes venus profiter des eaux thermales de Loutra, quelques marcheurs et des familles athéniennes originaires de l'île.

Circuits conseillés Carte de l'île p. 304

Autant dire que Kythnos n'est pas réputée pour être une île animée. Les voyageurs en quête de sentiers moins battus trouveront sûrement un coin de baie désert. C'est la vraie richesse de Kythnos : de multiples rubans de sable ourlent la côte est, auxquels on n'accède guère qu'en bateau. À moins que vous ne soyez un adepte de la marche : muni d'une bonne carte, vous découvrirez les petits chemins d'une île paisible, où l'on se loge assez facilement et où l'on mange très bien ; bref, où il fait bon prendre son temps à l'écart des foules.

VERS LE NORD

Bon à savoir – La route du nord conduit, en 11 km, *via* le ravissant village de Kythnos (Hora), à la station de Loutra et à ses plages.

Merihas (Μέριχας)

Du modeste port de pêche qu'il était encore il y a une vingtaine d'années, Merihas a conservé son atmosphère tranquille. Quoique sans charme particulier, l'endroit est agréable avec sa plage de sable, ses tamaris et ses canards.

Façade blanche et dôme bleue : une église typique des Cyclades, ici à Kythnos.
M. Manfred /4Corners Images / Sime / Photononstop

Loin d'avoir nui au secteur de la pêche, la récente conversion de l'île au tourisme, amorcée en 1974 avec la construction du môle voué à l'accostage des ferries, l'a au contraire dynamisée. En connaisseurs, les plaisanciers qui fréquentent Kythnos viennent à Merihas pour savourer poissons et poulpes grillés. Le matin *(entre 8h et 9h)*, ne manquez pas le retour des caïques et suivez donc les âpres négociations qui règlent le sort des prises.

De nouvelles constructions ont poussé aux deux extrémités de la baie, le long des rochers et derrière les maisons alignées face au port, qui formaient autrefois l'essentiel du village et qu'occupent aujourd'hui magasins et restaurants. À droite se dresse la ruine de l'hôtel Posidonion, témoin heureusement unique de l'architecture balnéaire propre à la dictature des colonels.

À 5mn en venant du débarcadère, sur la gauche, un escalier en ciment mène à la **plage de Martinakia**, généralement prise d'assaut en été par les familles. Préférez celle d'**Episkopi** *(à 2 km du village par la rte de Hora)*, bordée de tamaris, bien plus tranquille.

Mais les deux plus belles plages de la côte ouest restent sans conteste **Fikiada★** et **Kolona★**, divisées par un cordon sablonneux qui a donné son nom à la seconde.

On s'y rend par la route jusqu'à Apokrissi *(3 km)* : prenez le tronçon qui part sur la gauche, un peu avant d'arriver à Hora. De là, suivez le sentier vers le nord. Environ 500 m plus loin, le chemin laisse la chapelle Agios Nikolaos sur la droite et file vers l'ouest par la côte *(2 km env. séparent Agios Nikolaos de Kolona)*.

SE REPÉRER

Les bateaux arrivent au **port de Merihas**, distant de 7,5 km de **Kythnos** *(Hora)*. À mi-chemin entre le nord et le sud de l'île, avec ses nombreux restaurants et chambres à louer, Merihas constitue une bonne base pour rayonner. De **Loutra**, au nord, aux plages d'**Antonides**, Kythnos est traversée par une route goudronnée. L'île culmine au **mont Profitis Ilias**, à 337 m d'altitude.

Bon à savoir – Parfois, en été, un bateau aux horaires aléatoires dessert les plages de Kolona et Apokrissi depuis le port de Merihas.

Vriokastro (Βριοκάστρο)

D'Apokrissi, les vestiges de Vriokastro ne sont qu'à 30mn de marche en suivant le sentier, cette fois en direction du sud. Probablement habitée depuis la fin du 5e s. av. J.-C., l'ancienne capitale de l'île occupait un vaste site qui s'étendait jusqu'à l'**îlot d'Agios Loukas**, siège de l'agora (occupée jusqu'à la période romaine). On peut encore y voir trois citernes creusées dans la roche, tandis que la cité fortifiée, partiellement immergée, conserve les fondations d'une tour et de son mur d'enceinte.

Reprenez la route de Hora, qui grimpe à travers un paysage de plus en plus sec à mesure que la vallée côtière s'éloigne.

★ Kythnos (Hora - Χώρα)

À 7,5 km de Merihas, Hora se révèle au dernier moment. Moins spectaculaire que Kea – certaines maisons ont les mêmes toits de tuiles –, Kythnos n'en est pas moins une authentique bourgade cycladique avec ses paisibles

HISTOIRE

Bien qu'habitée depuis la fin du mésolithique (7500-6500 av. J.-C.), Kythnos ne garde que de très rares vestiges de son passé : les ruines de la cité antique de Vriokastro et celles de la forteresse médiévale de Kefalokastro. La toponymie locale conserve néanmoins la trace des premiers occupants de l'île, les **Driopides**, une tribu préhellénique originaire de l'Eubée, et dont le chef légendaire, Kythnos, donna son nom à l'île. Outre ces mystérieux ancêtres, les manuels d'histoire ne l'évoquent qu'à propos des **Kythniaka**, ces affrontements de février 1862 qui, précédant de quelques mois la destitution d'Othon, opposèrent aux troupes gouvernementales des insurgés de Siros et de Tinos, venus libérer des opposants au régime détenus dans l'île.

Connues au moins depuis le Moyen Âge, les sources chaudes de Loutra valent à Kythnos d'apparaître encore souvent sous le nom de Therma. Ces sources, d'origine volcanique, sont exploitées depuis le règne d'Othon, qui fit lui-même plusieurs séjours dans l'île.

ruelles invitant à flâner, dont le dallage est orné çà et là de motifs peints à la chaux (sirènes, poissons, fleurs, bateaux ou figures géométriques). Bâtie au sommet d'une colline, la capitale de l'île (depuis le 18e s.) présente aussi une succession de petites places animées où se concentrent restaurants, cafés et boutiques de souvenirs.

Parmi les belles églises de Hora, deux surtout méritent une visite : la **basilique Agia Triada** (Sainte-Trinité), reconnaissable aux éléments d'architecture antiques qui gisent à ses côtés, est la plus ancienne église de l'île. Mais elle doit son aspect actuel – nef unique coiffée d'une coupole – aux nombreux remaniements subis au cours des siècles.

Rare vestige de la Kythnos du 17e s., l'**église Agios Savas** (1613 ; la date figure sur le linteau du portail) dresse elle aussi sa coupole au-dessus d'une nef unique, marquée des armoiries d'Antonio Cozzadini (en grec *Gozadinou*), le gouverneur de Kythnos à l'époque vénitienne. Comme les autres églises franques, Saint-Savas accueillit à la fois les liturgies orthodoxe *(dans l'aile droite)* et catholique *(dans l'aile gauche)*. Vous découvrirez aussi une remarquable **iconostase** en bois sculpté (17e s.).

Au sud-est du bourg, une petite partie de route goudronnée se divise en trois, mais on peut aussi emprunter à pied les itinéraires fléchés depuis le centre du village.

En direction du nord-est, une route cimentée conduit à l'**Eoliko**, parc d'éoliennes *(1,5 km de l'embranchement)*. Avec le parc solaire voisin, vaste ensemble de panneaux solaires aménagé le long du chemin de terre qui rejoint la route de Loutra, l'Eoliko concentre toute la production énergétique de l'île. Pour répondre à ses nouveaux besoins, Kythnos a en effet tout misé sur les énergies renouvelables et s'est dotée de deux centrales électriques : l'une – la première de ce type en Grèce – entièrement alimentée par l'énergie éolienne, l'autre fonctionnant au solaire.

En suivant le chemin du milieu, on grimpe vers l'ancien **monastère de la Panagia tou Nikous** (Notre-Dame-de-la-Victoire), que signale de loin sa longue enceinte blanche surmontée de deux coupoles.

Plus au sud, un sentier conduit ensuite au lieu-dit Hordaki où se dresse l'église de l'ancien **monastère Prodromou** (le « Précurseur », c'est-à-dire saint Jean Baptiste), qui recèle une **iconostase** de bois sculpté du 16e s.

La piste de droite, enfin, file plein sud pour rejoindre la route de Driopida *(env. 5 km plus loin)*. Une invitation à une belle balade au cœur de l'île et de ses **paysages** désolés *(comptez au moins 1h30 - quelques panneaux et des flèches peintes en rouge vous aideront à triompher des nombreux embranchements)*.

Loutra (Λουτρά)

À 4,5 km de Kythnos, cette petite station thermale et balnéaire d'architecture moderne s'étire de la baie d'Agia Irini à la plage de Skinari. Dominant la baie, l'hôtel Xenia Anagenisis abrite, intégré au bâtiment actuel, le tout premier établissement thermal, construit dans un élégant style néoclassique par un architecte allemand. Loutra offre un cadre plaisant pour dîner au bord de l'eau, mais, passé 22h, l'ambiance retombe.

Exposée au *meltem*, cette partie de la côte n'est guère propice à la baignade, cependant, par grand calme, les plages de **Kavourohéri** *(surtout fréquentée par les naturistes)* et de **Potamia** sont l'occasion d'une excursion *(env. 1h de marche - emportez boissons et provisions)*. Les plages de **Maroula** et de **Skinari** sont également agréables.

À la sortie de la ville, un panneau indique la direction de Kefalokastro (appelé aussi Kastro Orias). Suivez un chemin de terre sur 3 km, puis un sentier sur encore 2 km *(comptez env. 1h30 de marche)*.

Kefalokastro (Καφαλοκάστρο)

Capitale de l'île aux périodes byzantine et franque, cette citadelle médiévale fut prise et détruite par les Turcs en 1537 avant d'être définitivement abandonnée par ses habitants, un siècle plus tard. Au sommet d'un promontoire dominant la mer, elle étale les ruines de sa muraille, quelques vestiges d'habitations et deux églises, bien abîmées. Mais la balade vaut surtout pour la belle **vue panoramique★** sur toute la pointe nord de l'île.

VERS LE SUD

Bon à savoir – La moitié sud de l'île se découvre aussi au départ de Merihas et compte les plus jolies plages.

★ Driopida (Syllaca - Σήλακα)

À seulement 5 km de Merihas, oublié par l'essor touristique, Driopida est pourtant le plus beau village de l'île. Ses petites maisons, presque toutes à un étage et couvertes d'un toit de tuiles, se serrent sur les flancs de deux collines séparées par un torrent à sec en été. La céramique fut autrefois l'une des principales ressources du bourg.

Comme les habitants, le village vieillit et se rétracte, laissant à l'abandon les maisons les plus éloignées du centre. Mais cette atmosphère, un rien nostalgique, ajoute au charme des lieux et, au détour d'une ruelle, il arrive encore de croiser un âne.

Agia Anna est l'église principale du village, reconnaissable à sa coupole bleue et à ses deux clochers. **Agios Minas**, sur les pentes de la colline opposée, abrite une précieuse **iconostase** de bois sculpté et un remarquable trône épiscopal. Dans la ruelle en contrebas sur la gauche d'Agia Anna, attardez-vous au **Musée byzantin** *(les horaires d'ouverture sont aléatoires, et la clé se trouve chez le pope d'Agia Anna)*, qui abrite notamment quelques-unes des plus précieuses icônes retirées des églises de l'île.

En quittant Driopida, enfin, ne manquez pas la **vue★★** magnifique qui s'offre depuis la terrasse d'**Agios Nectarios** *(sur la droite, à 300 m du village en dir. de Panagia Kanala)*.

Une centaine de mètres après avoir dépassé les moulins abandonnés qui coiffent la colline, vous atteindrez un carrefour. En face, la route file vers la pointe sud de l'île et Agios Dimitrios. À gauche, elle dégringole vers Lefkes et la plage de Zogaki.

Lefkes (Λεύκες)

Au bord d'une ravissante plage plantée de vieux tamaris, ce village compte à peine une trentaine de maisons. Avec sa jolie chapelle construite près d'un étroit débarcadère et sa taverne établie en terrasse, Lefkes vous séduira par sa simplicité et sa douceur.

De retour, en prenant à droite à l'embranchement qui vous a conduit à Lefkes, vous atteindrez la **plage de Zogaki★** *(parking à l'extrémité de la rte en cul-de-sac, puis escalier d'accès)*. De là et toujours à pied, vous pourrez rejoindre les plages les plus agréables de la côte est : la plage de **Kouri★**, entr'aperçue au loin depuis le parking, et la plage de **Naoussa★**. Abritée des vents et baignée d'une eau cristalline, chacune possède son charme particulier, mais elles sont dépourvues de taverne à l'inverse de la superbe plage d'**Agios Stefanos★**, également accessible au prix de 15 à 20 mn de marche.

Panagia Kanala (Παναγία Κανάλα)

De retour sur la route principale vers le sud, à 7 km de Driopida, ce village tire son nom de la **basilique** du 19e s. qui se dresse au centre du seul petit bois de pins de l'île. Dédiée à la Vierge, la patronne de Kythnos, elle conserve une **icône** miraculeuse, trouvée, dit-on, au fond d'un bras de mer. De style post-byzantin, cette œuvre du 17e s. est attribuée à Adonis Skordhilis.

À proximité, vous pourrez profiter des jolies **plages** du coin : **Megali Amos**, à l'ouest, ou **Antonides**, à l'est. S'il y a foule (l'endroit commence en effet à être très prisé), vous pourrez toujours aller sur la plage de **Skilou**, tout aussi propice au *farniente* et à la baignade.

Retournez ensuite sur la route principale en direction du sud. Elle suit la ligne de crête avant de redescendre vers la pointe sud de l'île, offrant à chaque instant de ravissants **points de vue**. Vous pourrez achever cette promenade sur la plage d'**Agios Dimitrios** *(10 km de Driopida)*, une baie aux allures de bout du monde.

NOS ADRESSES À KYTHNOS

INFORMATIONS UTILES

Banque

Bon à savoir – Très peu de distributeurs sur cette île : soyez prévoyant !
Un distributeur se trouve sur le quai, à **Merihas**, au-delà du restaurant Ostria.

Poste

À Hora, lun.-vend. le matin.

Police

À Hora - ✆ 22810 312 01.

Santé

Cliniques municipales – *À Driopida - ✆ 22810 322 34 ; à Hora - ✆ 22810 312 02.*

Internet

Café Ariomis – *À Driopida, près de l'église - en saison seult.* Le seul cybercafé de l'île.

ARRIVER / PARTIR

En bateau

Liaisons avec **Le Pirée** *(1/j., 3h)*, **Lavrio** *(1-3/j., env. 1h30)* ou **Rafina** *(1/j., env. 1h30)*.
Liaisons avec **Sérifos** *(1-2/j., 1h20)*, **Sifnos** *(1-2/j., 2h15)*, **Milos** *(1/j., 4h)*, **Kea** *(4/sem., 1h10)*, **Syros** *(4/sem., 2h15)*, **Sikinos** *(1/sem., 8h)*, **Ios** *(1/sem., 8h30)* et **Santorin** *(1/sem., 10h)*.
Capitainerie – *✆ 22810 322 90.*

TRANSPORTS

En autobus

Des bus vous attendent à l'arrivée des bateaux ou au carrefour principal, sur le port.
Liaisons – Pour Hora *(15mn)* et Loutra *(30mn)* : 6 départs/j., de 8h à 19h15 dans le sens Merihas-Loutra, et de 8h30 à 19h45 pour le retour.

En voiture

Adonis – *Au début de la rue qui monte vers Hora - ✆ 22810 321 04/322 48.* Location de scooters et voitures à la journée.
Stations-service – Une station à l'entrée de Hora et une autre à la sortie de Merihas.

En taxi

Une station de taxis sur le port - ✆ 6944 271 609 ou 6945 800 278.

HÉBERGEMENT

Bon à savoir – Kythnos accueille surtout une clientèle grecque. L'hébergement se fait essentiellement en studios ou appartements et l'île ne dispose pas de camping.

Merihas

Bon à savoir – Les prix indiqués peuvent varier à la baisse : n'hésitez pas à négocier !
Conseil – Prévoyez un répulsif contre les moustiques !

PREMIER PRIX

Evangelos Zamaros – *Sur le port, au-dessus du supermarché proche du restaurant Ostria - ✆ 22810 321 11 - - 4 studios 40/50 €.* Propres, bien équipés et très bien placés. Terrasses avec vue.

BUDGET MOYEN

Panorama – *Accès par des escaliers à flanc de colline en retrait du port - ✆ 22810 321 84/328 08 - - 7 studios 50/70 € (pour 3 pers.).* Dominant la baie, ce bâtiment de style cycladique, bien situé, est ensoleillé toute la journée (magnifique coucher de soleil). Les chambres s'ouvrent sur une terrasse couverte d'une pergola en bois.
Paradisos – *À côté du Panorama, légèrement en contrebas - ✆ 22810 322 06/328 20/321 65 - -*

6 ch. env. 50 €. Établissement semblable au précédent : même confort et vue dégagée.

Kythnos (Hora)

BUDGET MOYEN

Filoxenia Studios – *Sur la place de la mairie, à l'entrée de la localité - ✆ 22810 316 44 ou 69378 523 51 - filoxenia-kythnos.gr - ▤ ⊄ - 10 ch. 60 € (pour 2 pers.), 80/100 € (pour 4 pers.).* Autour d'une petite cour incitant au *farniente*, coquet ensemble cycladique proposant des studios équipés impeccables avec deux ou quatre lits.

Loutra

POUR SE FAIRE PLAISIR

Porto Klaras – *À 15 m du môle, en montant une petite ruelle - ✆ 22810 312 76 - www.porto-klaras.gr - ▤ CC - 26 ch. 90/100 € dont 9 appart. et 12 studios - Wi-Fi et TV satellite.* Cette belle construction de style cycladique abondamment fleurie est l'hôtel le plus chic de l'île (rénové en 2010). La décoration, sobre, élégante, alterne le blanc, le bleu et la pierre brute. Vue agréable depuis les vastes chambres avec balcon.

Panagia Kanala

BUDGET MOYEN

Anna – *✆ 22810 320 35 - ▤ ⊄ - 7 studios (équipés avec balcons) env. 60 €.* Ce joli bâtiment blanc étire son seul étage autour du jardin intérieur et de sa véranda, ouverte sur la plage. Même le mobilier y est un rien plus élégant qu'ailleurs.

RESTAURATION

Bon à savoir – On mange bien presque partout et à des tarifs raisonnables, à l'exception du poisson et de la langouste, malheureusement le plus souvent surgelés. Toutefois, Merihas possède un port de pêche actif et la plupart des restaurants servent tout de même du poisson frais selon l'arrivage.

Merihas

PREMIER PRIX

Ostria – *Près du débarcadère - ✆ 22810 322 63 - ⊄ - env. 15 €.* La carte, très riche, propose des viandes grillées et de nombreux plats cuisinés. Une folie à ne pas manquer si votre budget le permet : les *astakomakaronada*, spaghetti à la langouste, l'une des spécialités de la maison. Patron très sympa, généreux, et parlant le français.

Gialos – *Au début de la plage, en terrasse ou sur le sable, entre les tamaris - ✆ 22810 322 77 - ⊄.* Une bonne adresse pour goûter les *magirevta* locaux, littéralement les « cuisinés » (notamment les émincés d'agneau braisés à l'aubergine et aux tomates, un délice !) avec un large assortiment de *mezzes* pour ouvrir l'appétit.

O Merixas – *À peu près au centre du front de mer - ✆ 22810 322 47 - ⊄ - 12/15 €.* Une taverne avec nappes à carreaux, chaises bleues, en terrasse ou sur la plage. Elle sert poissons, poulpes ou viandes grillées. Service attentif et souriant.

Kythnos (Hora)

PREMIER PRIX

Messaria – *À l'entrée du village, sur la droite - ✆ 22810 316 20 - ⊄ - en saison seult 12/15 €.* Pizzas et bonnes pâtes.

To Steki tou Ntezi – *Au centre du village, sous une tonnelle - ✆ 22810 312 04 - ⊄ - en saison seult env. 15 €.* Large assortiment de *mezzes* et de bonnes viandes rôties servis dans la fraîcheur de Hora.

Loutra

PREMIER PRIX

Katerina – *Après la plage - ✆ 22810 314 18 - [carte de crédit barrée] - en saison seult - env. 15 €.* Bonne cuisine traditionnelle à déguster sur une terrasse ombragée avec vue splendide sur la baie.

Driopida

PREMIER PRIX

Stamatis – *Marmaraki en continuant au-delà de To Steki - ✆ 22810 326 77 - [carte de crédit barrée] - en saison seult - env. 15 €.* L'alternative si le précédent est complet. Avec une vaste salle intérieure.

EN SOIRÉE

Merihas

Akrotiri Club – *Au bout du chemin au-dessus de la mer en venant de la capitainerie.* C'est l'endroit le plus fréquenté de l'île après 22h tous les soirs.

Byzantinos – *Face à la plage.* Le bar-restaurant est également assez animé en soirée.

Acrogiali – *Près de l'hôtel Paradisos.* Pour une ambiance plus reposante, l'accueillant café propose sa vaste terrasse au-dessus du port pour prendre un verre le soir ou le petit-déjeuner. Autres possibilités en bord de plage : le **Remezzo** ou l'ambiance *lounge* d'**Ammos**.

Hora

Akri Club – *Sur la gauche avant d'arriver au village en venant de Merihas.* Bar-discothèque de plein air ouvert jusqu'à l'aube.

ACTIVITÉS

Plongée

À Loutra, sur une trentaine de spots, avec centre de plongée : **Aqua Team** – *✆ 22810 313 33 - www.aquakythnos.gr.*

AGENDA

Dans cette île à la nature austère, les *panegyri* sont exubérantes : un repas copieux, de la musique et des danses traditionnelles animent régulièrement les villages.

Les plus grandes célébrations :

Fin juin – Agia Triada, à Hora.

20 juillet – Aï Lia (dans la montagne).

15 août et 8 septembre – Panagia Kanala.

15 août – Panagia tis Nikis.

24 août – Panagia tis Flambourias.

Milos

(Μήλος)

★

5 129 habitants - Région d'Égée du Sud - Unité régionale de Milos - 151 km²

NOS ADRESSES PAGE 316

S'INFORMER

Bureau municipal – *Dans le kiosque en face du débarcadère - ✆ 22870 224 45 - été : tlj sf w.-end 9h-15h.*

Brau Kat – *Agence sur les quais - ✆ 22870 230 00 - www.braukat.gr.* Particulièrement efficace, elle propose, entre autres, des tours de l'île à la journée, des randonnées accompagnées et de bons hébergements.

Sites Internet – *www.milos.gr (en anglais) et www.milos-island.gr (en français).*

SE REPÉRER

Carte de région B3-4 (p. 246-247) - Carte de l'île p. 313.

À NE PAS MANQUER

Les falaises de Kleftiko ; un cocktail sur les hauteurs de Plaka au coucher du soleil ; le tour de l'île en bateau.

ORGANISER SON TEMPS

Comptez 3 jours et prévoyez votre propre moyen de transport pour mieux profiter des plages isolées.

AVEC LES ENFANTS

Le musée de la Mine et le tour de l'île en voilier.

Presque aussi célèbre que le regard de Mona Lisa, le déhanché de la *Vénus de Milo* (elle aussi au Louvre) a rendu familier le nom de cette île, postée au sud-ouest de l'archipel. Outre un port très actif et de vieux villages cycladiques à la blancheur immaculée, Milos révèle d'étranges formations géologiques, issues pour la plupart de ses origines volcaniques. Elle leur doit son littoral découpé, creusé de grottes marines et de criques rocheuses aux formes tourmentées. Ses nombreuses plages de sable fin, rares dans les Cyclades, en font un paradis des amateurs de baignade et de windsurf. En contrepartie, l'intérieur présente un relief zébré par les mines, peu propice à la randonnée.

Se promener Carte de l'île p. 313

Milos dessine un large fer à cheval, protégeant en son centre le golfe de Milos. Un profil qui rappelle un peu celui de sa sœur Santorin, car l'île s'est formée lors de l'effondrement de volcans dont les cratères ont été envahis par les flots. Cette activité volcanique, désormais en sourdine, se traduit par des exhalaisons gazeuses et des sources d'eaux chaudes, disséminées sur l'ensemble de l'île, mais aussi d'innombrables ressources minières très activement exploitées – d'où ces paysages parfois désolés et ces routes très fréquentées par les camions. Çà et là, son originalité géologique a généré de superbes paysages.

★ LE GOLFE DE MILOS (ORMOS MILOU - ΟΡΜΟΣ ΜΗΛΟΥ)

Bon à savoir – Autour du golfe de Milos se succèdent les huit principaux villages de l'île, essaimés sur les collines. L'ouest montre un paysage de montagnes escarpées où les routes asphaltées et les sentiers se font rares.

SE REPÉRER

Au fond d'une vaste baie très fermée, **Adamas** est le **port** de l'île. La **capitale**, **Plaka**, se trouve 5 km au nord. La route principale dessert Pollonia et longe une partie de la baie. Face à Adamas, de l'autre côté de la baie, l'aride mont Profitis Ilias culmine à 761 m.

Adamas (Αδάμας)

Comptez 1h de visite.

Le port fut fondé au début du 19e s. par des réfugiés crétois. La ville n'a pas de charme particulier, mais ses quais animés concentrent l'essentiel des commerces, et l'hébergement est pratique.

Perchée tout en haut du bourg, la **cathédrale Agios Haralambos** domine la baie, découvrant un beau **point de vue**. Mais le joyau d'Adamas se trouve en contrebas : l'église **Agia Triada★**, construite en 1600 mais fondée au 13e s., fait office de **Musée ecclésiastique** *(indiqué face à la station de taxis ; tlj sf lun. 9h15-13h15, 18h15-22h15 - gratuit)*. Elle renferme notamment une belle **icône** de saint Jean Baptiste, peinte en 1639, ainsi qu'une riche **iconostase**, et propose d'intéressantes expositions temporaires d'art sacré.

Musée de la Mine – *En face de la plage de Papikinou, à 300 m à l'est du centre - 22870 224 81 - www.milosminingmuseum.gr - avr.-oct. : 9h30-14h, 17h-20h30, nov.-mars : sam. 9h-14h - 3 €.* Il expose tous les minéraux présents dans les entrailles volcaniques de Milos – obsidienne, bentonite, kaolin, perlite, plomb, manganèse, pierre à moulin, pouzzolane, gypse… –, ainsi que les instruments illustrant l'exploitation minière et les divers processus d'extraction. D'intéressants fossiles sont également présentés.

Les plages de la baie

À Adamas, si le vent vient du nord, les bateaux pointent vers la terre : préférez alors les plages du sud ou celles de l'est de la baie. S'ils s'orientent vers le large, optez pour le littoral nord.

La route fait le tour du golfe de Milos et dessert plusieurs plages abritées. **Lagada** et **Papikinou** sont propres bien que situées en ville. La longue **plage d'Ahivadolimni**, plus au sud, se prête aux sports nautiques *(à 7,5 km d'Adamas, desservie par le bus)*. Vous pouvez aussi pousser plus à l'ouest, de l'autre côté de la baie, en face d'Adamas. Passé la plage d'Ahivadolimni, continuez sur environ 5 km jusqu'au couvent abandonné d'**Agia Marina**. **Vue★★** magnifique sur la baie.

UN PEU D'HISTOIRE

Depuis le néolithique, Milos tire sa richesse de son sous-sol. **Agia Kiriaki** *(au sud-est)*, notamment, une ville détruite vers 1650 par un tremblement de terre, fut fondée par les Romains sur un site géothermique, et fut longtemps un centre majeur de l'extraction et du commerce des minerais.

★★ Plaka (Πλάκα)

Comptez 2h de visite.

Capitale officielle de l'île, ce village perché aux maisons chaulées en est aussi le véritable cœur. Moins agitée et moins bruyante que le port, Plaka n'en demeure pas moins un bourg vivant et prospère, s'étendant aux villages limitrophes de **Tripiti**, **Plakes** et **Triovassalos**.

À l'ouest du village, l'**église de Korfiatissa** surplombe l'abîme. Sur son esplanade, le **Musée folklorique** *(juin.-sept. : mar.-sam. 19h-22h - 3 €)* vous immergera dans la Milos d'autrefois. Dans une maison traditionnelle du vieux Plaka, divers intérieurs du 19e s. ont été reconstitués dans un sympathique capharnaüm d'objets, de photographies anciennes, de broderies, de portraits, de meubles, de curieux ustensiles de pêche, de vieilles cartes, etc.

Flânez aussi dans le dédale des ruelles du bas village, serrées entre leurs maisonnettes fleuries. Grimpez aussi jusqu'au pic rocheux du **kastro★★**, en haut du village, que couronne une église. Au Moyen Âge, il servait de refuge lors des attaques de pirates. Du sommet, la **vue★★** s'étend sur la baie et sur les villages à flanc de coteau. En descendant, admirez sur la gauche la coquette **église Ipapanti★** *(Thalassitra)*, qui abrite de remarquables **icônes** du 17e s.

Ne quittez pas Plaka sans faire une halte au **Musée archéologique★** *(à l'entrée du village, un peu en retrait sur la gauche en arrivant par la rte - tlj sf lun. 8h30-15h - 3 €)*. Outre diverses œuvres antiques – sculptures et bas-reliefs –, dont une copie de la **Vénus** (Aphrodite) conservée à Paris, attardez-vous sur les remarquables pièces datant du néolithique et de l'époque mycénienne : outils, armes, poteries et, surtout, de délicates **statuettes cycladiques** (3e millénaire) mises au jour dans l'île. La **Dame de Filakopi★** (1200 av. J.-C.), joyau du musée, est une figurine d'argile représentant une divinité féminine, haute d'à peine 20 cm, aux lignes d'une étonnante modernité. Elle porte le nom du site néolithique où elle fut découverte, en 1977 *(voir p. 315)*.

Autour de Plaka

Au sud de Plaka, au-delà du village de Tripiti, se cachent des **catacombes** *(fléchage)* les plus vastes de Grèce, étonnant labyrinthe de galeries et de chambres creusées dans la montagne à 150 m au-dessus du niveau de la mer. Une partie

DE L'OBSIDIENNE AU CUIVRE

À Milos, l'ère néolithique coïncide avec l'utilisation de l'obsidienne, une pierre volcanique que l'on trouve en abondance sur l'île. D'aspect vitreux, de couleur noire ou grise, tranchante et facile à tailler, elle se révélait idéale pour la fabrication de lames et de pointes de flèches, d'armes ou d'outils. Le succès de cet outillage en obsidienne, dont les habitants de Milos se firent les précurseurs, imposa l'île comme un grand centre de diffusion, jusqu'au 3e millénaire, qui vit la découverte du cuivre et une nouvelle évolution dans l'**art de l'outillage**. Là aussi, les habitants de Filakopi se montrèrent experts, développant des **armes** et des **ustensiles** plus maniables, plus efficaces, qu'ils commercialisèrent dans toute la mer Égée, jusqu'aux côtes égyptiennes. Leur capitale s'afficha ainsi comme l'un des centres les plus brillants de la civilisation cycladique.

de ce réseau est accessible au public *(en principe en été : mar.-sam. 8h30-18h30, dim. 8h30-15h - visite par groupes de 7 à 10 pers. - durée 15mn - gratuit)*. Long de 185 m, il comprend trois chambres reliées par cinq couloirs. À l'abri des regards, les premiers chrétiens (2e s. apr. J.-C.) organisaient leurs cérémonies et enterraient leurs morts dans des tombes aménagées dans les murs ou à même le sol des galeries.

Toutes proches, en contrebas, s'étendent les ruines de l'**ancienne cité de Klima**, détruite au 5e ou 6e s. Vous découvrirez ici un beau **théâtre romain**, dont les gradins de marbre regardent la mer. Plus vers l'ouest, un sentier grimpe jusqu'à une **chapelle**, sur un escarpement rocheux surplombant le golfe.

Le hameau de **Klima**, 500 m plus bas, déploie toute une rangée de **sirmata**, ces cabanes de pêcheurs colorées, caractéristiques de Milos, installées au ras de l'eau et adossées à la falaise.

Au nord-ouest de Plaka *(3 km)*, la **plage de Plathiena** est l'une des plus agréables de l'île, orientée à l'ouest, idéale en fin d'après-midi.

VERS LE LARGE

Plus ou moins battues par les vagues, les côtes orientées vers le large comptent les plages les plus attrayantes et témoignent de la variété géologique de l'île.

La côte nord

Elle concentre les formations géologiques et les paysages les plus singuliers : plates-formes rocheuses déclinant doucement vers les flots, promontoires sentinelles, criques protégées ou petites plages et grottes marines creusées dans le tuf volcanique. C'est une succession de lieux de baignade insolites, certains très fréquentés, d'autres plus sauvages.

De Plaka, prenez la route de Pollonia, puis tournez à gauche à Triovassalos.

En filant vers la pointe de la péninsule qui ferme le golfe de Milos, au nord-ouest, vous rejoignez **Firopotamos**, un port charmant essaimant ses *sirmata* et sa petite église à dôme à côté d'une plage de sable.

En revenant vers l'est, au nord de Triovassalos, faites une halte au port de **Mantrakia★**, où les habitants ont aménagé des **sirmata** pour protéger leurs caïques en hiver, mais aussi des cavités, creusées dans le rocher, modestes **habitations troglodytiques** dont ils font leur résidence d'été.

En poursuivant sur la côte nord, vous gagnerez le magnifique site naturel de **Sarakiniko★★**, étrange décor de tuf volcanique d'un blanc pur, quasi lunaire, que le vent a sculpté de cônes, de dômes et de terrasses léchés par une mer

Paysage lunaire de Sarakiniko.
A. Nardi / Tips / Photononstop

d'un bleu profond. L'endroit cache nombre de recoins qui se prêtent à merveille aux plongeons *(si la mer est agitée, prenez garde aux vagues qui vous plaquent contre les rochers)*.

Un peu plus à l'est s'ouvre l'anse pittoresque de **Mitakas**, avec ses **sirmata** colorées. Plus loin, au-delà de la petite église, le hameau d'**Agios Konstandinos** love sa demi-douzaine de maisons au creux d'une minuscule crique. Des amas de pouzzolane se mêlent aux coulées de lave figée, dessinant un chaos rugueux de marbrures grises et brunes.

Au large apparaît l'**îlot volcanique de Glaronissia★★** *(accessible lors du tour de l'île en bateau, voir p. 319)*, devenu le refuge des mouettes. La lave s'y découpe en baguettes hexagonales, tels des tuyaux d'orgues plongeant dans les flots.

Plus loin, vous trouverez encore deux belles plages, avant le village de Kapros qui annonce la spectaculaire **crique de Papafraga★★**, une calanque étroite fermée par une arche de pierre et dont les eaux turquoise s'encaissent entre des murs de lave criblés de cavités marines.

La route côtière conduit ensuite à **Filakopi** *(✆ 22870 412 90 - tlj sf lun. 8h30-15h - gratuit)*, crique où gisent, à demi-immergés, les vestiges de la Milos néolithique. Groupée en hameaux, la première capitale de l'île s'épanouit dès le milieu du 3e millénaire avant notre ère. Elle révèle une organisation déjà très évoluée – développement de l'agriculture, de l'élevage et du commerce. Elle a prospéré pendant 3 500 ans avant d'être détruite par les Doriens et abandonnée au 11e s. av. J.-C. Le site vient d'ouvrir au public après un long travail de fouille.

Au-delà, on atteint **Pollonia**, vigie postée à la pointe nord-est de l'île, surveillant le détroit qui la sépare de l'île de Kimolos. Cet ancien village de pêcheurs s'est mué en station balnéaire. Très prisé par les Grecs, l'endroit est devenu un centre de résidence estivale, et les chambres à louer et hôtels y foisonnent. Malgré tout, l'atmosphère demeure paisible, bercée par le vent du large qui y souffle plus fort qu'ailleurs, ce qui est plutôt bienvenu en été. La **plage** est relativement protégée et ombragée de tamaris.

Longez la baie jusqu'à la chapelle qui regarde Kimolos. Plus loin, vous rejoindrez le hameau de **Pelekouda**, où le vent du nord fouette directement les rochers et les quelques bâtisses trapues qui s'y sont immiscées.
À l'est de Pollonia, la côte dévoile encore quelques belles plages de sable, dont celle de **Pisso Thalassa**.

Les mines de l'est

Après Voudia, la région est jalonnée de carrières, paysage minéral et rongé, déclinant toute une palette de couleurs. Des **mines de soufre** gardent des vestiges d'installations du 19e s., mais aujourd'hui on assiste surtout au ballet des camions et des bulldozers. Cette côte s'achève juste au nord de Spathi, d'où l'on peut rejoindre à pied les plages encore peu fréquentées de **Firligos** et de **Megalos Krimnos**.

★ Les plages du sud

Quittez Adamas vers l'aéroport avant lequel vous bifurquez vers Zefiria.
La petite ville de **Zefiria** resta prospère de la fin du Moyen Âge au 19e s. grâce à la présence des pirates, qui en firent leur lieu de villégiature. De là, poussez jusqu'au littoral sud, bien protégé des vents d'ouest.
Au sud-est, vous aurez le choix entre les baies de **Paliohori★** *(à 10 km d'Adamas, route goudronnée, desservie par le bus)*, de **Spathi** *(prolongement de la précédente)*, de **Kiriaki★** *(à 8,5 km d'Adamas, le dernier quart est une piste)* ou encore la plage de sable de **Provatas** *(à 7,5 km d'Adamas, route goudronnée, tavernes, desservie par le bus)*.
Un peu plus à l'ouest, peu avant la **chapelle Agia Markela**, une route descend vers une autre plage peu visitée, mêlant sable, galets et eaux limpides. Toujours sur la même côte, celle du hameau de **Kipos** (petite église byzantine fondée au 5e s., la plus ancienne de l'île) est le point de départ de caïques vers la **plage de Gerontas★** et Kleftiko. C'est depuis le large *(voir « Excursions » p. 319)* que vous pourrez admirer les superbes paysages de la pointe sud-ouest, dont la **grotte marine de Sikia★★** et les majestueuses **falaises blanches de Kleftiko★★★**. Ces surprenants pains de sucre criblés de grottes ont reçu le surnom de « météores marins », en allusion aux Météores, monastères juchés sur des pitons au cœur de la Thessalie.

NOS ADRESSES À MILOS

INFORMATIONS UTILES

Banque

Banques et distributeurs sur le quai d'Adamas et un distributeur à Pollonia.

Poste et téléphone

Poste centrale – *À Plaka.*

Santé

Urgences – *À Adamas - ✆ 22870 227 01.* À l'ouest du port, avant la plage de Lagada, vous trouverez des **sources thermales**, à base de chlore et de sodium, aux propriétés curatives diverses.
Pharmacies – *À Adamas, Triovasalos et Plaka.*

ARRIVER / PARTIR

En avion

Aéroport – *4 km au sud d'Adamas (taxis) - ✆ 22870 223 81.*
Olympic Air – *À Adamas, près de la place centrale - ✆ 22870 223 80 - www.olympicair.com.* Env. 6 vols/sem. pour Athènes *(35mn, 46 €).*

En bateau

Liaisons avec **Le Pirée** *(5-7/j., 2h35-7h)*. Liaisons avec **Sifnos** *(3-5/j., 50mn-1h30)*, **Sérifos** *(3-4/j., 1h30-3h)*, **Santorin** *(1-3/j., 2h-5h30)*, **Folegandros** *(1-2/j., 1h-2h20)*, **Kythnos** *(1-2/j., 4h)*, **Naxos** *(1-2/j., 5h-6h)*, **Syros** *(5/sem., 5-10h)*, **Ios** *(4/sem., 3h30-6h45)* et **Paros** *(3/sem., 5h-7h)*.

Capitainerie – *☏ 22870 233 60.*

TRANSPORTS

En bus

Arrêt sur la place centrale d'Adamas. Adamas-Plaka-Tripiti *(17/j., de 7h30 à 0h30)* ; Adamas-Pollonia *(10/j.)* ; Adamas-Paleochori *(8/j.)* ; Adamas-Provatas *(8/j.)*.

En taxi

Adamas – *Station (tarifs affichés) sur la place centrale d'Adamas - ☏ 22870 222 19.*

Pollonia – *La station est au début du quai et elle est équipée d'un téléphone.*

En voiture ou en deux-roues

Bon à savoir – Les loueurs de scooters et de voitures sont presque tous concentrés à Adamas, sur les quais.

Niko's Cars – *☏ 22870 213 18 - www.milosrentacar. com.*

Athena – *☏ 22870 21 627 - www.athenatravel.gr.*

Veletas – *☏ 22870 226 77.*

Stations-service – Une station à la sortie d'Adamas en direction de Pollonia, deux autres avant Pollonia et avant Plaka.

HÉBERGEMENT

Bon à savoir – Il faut prévoir de fortes fluctuations saisonnières à Milos. En dehors du pic de juillet-août, les prix s'effondrent.

Ahivadolimni

PREMIER PRIX

Camping et bungalows Milos – *7 km au sud d'Adamas, 3 km après l'aéroport - ☏ 22870 314 10/11 - www.miloscamping.gr - ✕ CC - mai-sept - 250 empl. env. 20 € ; bungalows 74/98 € (pour 2 pers.) et 131 € (pour 4 pers.) - Internet.* Accès direct à la plage en contrebas, pour la baignade ou les sports nautiques. Camping propre, calme, spacieux et ombragé. Laverie, supérette, location de vélos, navettes pour le port…

Adamas

BUDGET MOYEN

Delfini – *À 200 m à gauche du débarcadère, à 50 m en retrait de la plage de Lagada - ☏ 22870 220 01 ou 6946 685 030 - www.delfini-milos.com - ▤ ⊭ - 23 ch. 60/70 €.* Très bien tenu. Agréable terrasse fleurie.

Hotel Semiramis – *En retrait de la rue partant de la station de taxi - ☏ 22870 221 17 ou 6945 251 610 - www.semiramishotel-milos. com - ▤ ⊭ - 15 ch. 70 €, 7 studios 80 € - Wi-Fi.* À 100 m du centre et à 70 m de la mer, cet hôtel entièrement refait à neuf propose des chambres propres et des studios bien équipés avec minibar et coffre privé. Le patron est de bon conseil.

Dionisis – *À 50 m de la station de taxi - ☏ 22870 22 117 ou 69452 616 10 - www.dionisishotel-milos. com - ⊭ - 7 studios 75 € - Wi-Fi.* Très propre et agréable. Bien équipé et confortable, l'établissement possède une grande terrasse. Antimoustique fourni.

POUR SE FAIRE PLAISIR

Villa Helios – *Dans la ruelle au-dessus du débarcadère, non loin de l'agence Terry's - ☏ 22870 222 58 - ▤ ⊭ - 5 ch. env. 100 €.* Beaucoup de goût, très calme, du charme avec une jolie terrasse. On parle français.

UNE FOLIE

Portiani – *Sur le port - ✆ 22870 229 40 - www.hotelportiani.gr -* - *23 ch. 150/200 €.* Cette grande bâtisse néoclassique offre une vue sur la baie de Milos. Les chambres sont très confortables et l'accueil, charmant. Mention spéciale pour le petit-déjeuner, tout à fait exceptionnel.

Pollonia

BUDGET MOYEN

Flora's Room – *Le long de la plage - ✆ 22870 412 49 - www.florasroom.gr -* - *4 ch. env. 60/70 €.* Répartis autour d'un petit patio, les pieds dans l'eau, ces studios sont lumineux et très *cosy*.

POUR SE FAIRE PLAISIR

Apollon pension – *Quartier résidentiel - ✆ 22870 413 47 -* - *11 ch. et 12 ch. (dans l'annexe) 100/115 €.* Des chambres propres et confortables, bien aérées, dans une atmosphère familiale et un cadre particulièrement agréable, juste au bord de l'eau.

UNE FOLIE

Melian – *Quartier résidentiel - ✆ 22870 411 50 - www.melian.gr -* - *15 ch. 200 € - Jacuzzi extérieur - Wi-Fi.* Ouvert en 2008, un hôtel Spa à la décoration extrêmement raffinée offrant de grandes chambres lumineuses, toutes dotées d'une vue de rêve. Vaste choix de soins corporels et de soins du visage.

Zefiria

POUR SE FAIRE PLAISIR

La Rosa dei Venti – *✆ 22870 314 15 - www.rosamilos.com -* - *3 appart. 105/140 €.* Marcello, un Italien installé à Milos, a aménagé des appartements bien équipés dans une bâtisse très calme du village de Zefiria *(à l'est de l'aéroport)*, ancienne capitale de Milos.

RESTAURATION

Adamas

PREMIER PRIX

Flisvos – *Sur les quais centraux, à droite du débarcadère - ✆ 22870 222 75 -* *- env. 15 €.* Un restaurant de grande capacité, à la carte fournie, surtout réputé pour ses viandes grillées.

BUDGET MOYEN

Barko – *En haut de la rue principale, sur la gauche - ✆ 22870 226 60 -* *- en saison seult - 18/20 €.* Sous une grande tonnelle, on sert une cuisine savoureuse et fraîche (essayez les *pitarakia*, chaussons au fromage). L'une des meilleures tables de l'île, selon les habitants.

Restaurant Aragosta – *Surplombant le port - ✆ 22870 222 92 -* *- 20/25 €.* Mieux vaut réserver, surtout si vous souhaitez dîner en terrasse. Décor élégant, belle vue. Table d'inspiration italienne ou internationale. Service un peu lent.

Plaka

PREMIER PRIX

Archondoula – *Dans l'allée principale du haut village - ✆ 22870 213 84 -* *- 5/18 €.* Belle taverne installée dans un ancien *kafeneion* de toute beauté. Quelques tables dans une ruelle poétique. En saison, essayez la *fava*, les artichauts au citron… Très bon accueil.

Klima

BUDGET MOYEN

Panorama – *Voir « Hébergement » -* *- 18/20 €.* Cuisine très correcte et cadre particulièrement agréable, avec vue sur le hameau. Le tout au calme.

Pollonia

BUDGET MOYEN

Armenaki – *Sur la gauche face à la mer en arrivant - 22870 410 61 ou 6977 900 910 -* . On vient de toute l'île pour y déguster sa spécialité : les pâtes à la langouste. Délicieuses entrées froides. Accueil charmant et généreux d'un patron extrêmement sympathique. Une adresse à ne pas manquer.

Paliohori

BUDGET MOYEN

Sirocco – *Sur la plage - 22870 312 01 - - env. 20 €.* Un grand restaurant dont la spécialité est de cuire les poissons dans le sable, à l'étouffée. Les deux autres tavernes de la plage sont également bien.

ACHATS

Artisanat

À Adamas, vous trouverez des **bijoux** très inventifs et originaux utilisant les minéraux variés de l'île. La plupart des artisans se concentrent près de la station de taxi, non loin de l'église Agia Triada. Allez chez **Kalimera** (*22870 227 74*), extraordinaire boutique dont il est difficile de ressortir les mains vides !

BOIRE UN VERRE

Plaka

Utopia Café – Dans le centre du village. Une vue splendide sur les coteaux dévalant vers la mer. L'endroit où boire un verre au coucher de soleil.

ACTIVITÉS

Excursions

De Kipos, caïques vers **Gerontas** et **Kleftiko**. **Tour de l'île** *(1 j., 30 €)* : trois bateaux depuis Adamas. Départ à 9h, avec de nombreux arrêts sur certaines plages, devant les falaises et les grottes marines. Sur un voilier, comptez 60 € avec un déjeuner typique. On parle français. *(www.andromedayachting.com).*

Kayak de mer

Le moyen idéal de découvrir les superbes roches de l'île (*22870 235 97 ou 69464 771 70 - www.seakayakgreece.com - comptez 65 €/j. avec un déj. léger).* Possibilité d'hébergement à la semaine.

Plongée sous-marine

Milos Diving Center – *À Pollonia - 22870 280 77 - www.milosdiving.gr.* Une école très consciencieuse pour de belles plongées. Location de matériel, organisation de sorties, plongées pour handicapés. On parle français.

Mykonos

(Μύκονος)

★★

7 866 habitants - Région d'Égée du Sud - Unité régionale de Mykonos - 86 km²

NOS ADRESSES PAGE 326

S'INFORMER

Association des hôteliers de Mykonos – *22890 245 40 - www.mha.gr.*
Association des propriétaires de locations – *Installé dans les mêmes bâtiments que la police touristique, en face du débarcadère - 22890 248 60 - www.mykonos.gr (site officiel en anglais), www.mykonosgreece.com (en anglais, espagnol et italien) ou www.mykonos-web.com (en anglais).*

SE REPÉRER

Carte de région C2 (p. 246-247) - Carte de l'île p. 325 - Plan de Mykonos (ville) ci-contre.

À NE PAS MANQUER

Le coucher de soleil depuis le quartier de la Petite Venise ; le *farniente* sur ses plages dorées aux eaux cristallines.

ORGANISER SON TEMPS

Évitez Mykonos de la mi-juil. à la mi-août et les w.-ends : l'hébergement, la restauration et les déplacements sont alors un casse-tête.
Comptez 3 jours. N'oubliez pas de faire la sieste : les soirées ne commencent pas avant 23h.

AVEC LES ENFANTS

Le parc d'attractions Watermania.

Une petite cité toute blanche avec quatre moulins à vent pour étendard, un vieux port envahi de terrasses, un labyrinthe de venelles fourmillant de bars et de magasins branchés, des rivages parmi les plus réputés... Mykonos combine à la fois une grande beauté naturelle et la réputation sulfureuse que lui confère un demi-siècle de fréquentation de la jet-set grecque et internationale. Alternant les modes et les purgatoires, Mykonos revient invariablement sur le devant de la scène, sans doute grâce à l'extrême simplicité des ingrédients de son succès : un superbe village et des plages splendides.

Se promener

Plus que ses paysages, qui sont plutôt arides, la capitale et les plages ont fait la notoriété de l'île. En contrepartie, hélas, les constructions se multiplient, et il est difficile de trouver encore des endroits inexploités. Les amoureux d'authenticité et de calme préféreront venir au printemps ou en automne.

★★★ MYKONOS (HORA -ΧΩΡΑ) Plan de la ville ci-contre

Comptez une demi-journée.
Gagnez le port de pêche bordé de restaurants et la place Mado Mavrogénous (du nom d'une héroïne de la Révolution grecque), puis l'**église Agia Kiriaki**,

SE LOGER

- Adriani's Guesthouse........ 3
- Carbonaki........................ 1
- Elena.............................. 2
- Fraskoula Rooms.............. 4
- Marietta's......................... 5
- Matina............................. 6
- Mykonos Adonis.......... 7
- Mykonos Bay................ 8

SE RESTAURER

- Amádes........................ 2
- Casa di Giorgio............ 4
- Chez Maria........................ 1
- Joanna's Nikos Place......... 5
- Lotus................................. 3
- Kounelas........................... 9
- Suisse................................ 7

légèrement en retrait sur la droite au début de la rue Matogianni. Elle recèle les plus belles icônes de la ville mais est rarement ouverte. De là, suivez la **rue Matogianni**, l'artère commerçante la plus chic de Mykonos. Les rez-de-chaussée des maisons traditionnelles y abritent les plus célèbres joailliers grecs, ainsi qu'une kyrielle de magasins de luxe. Au premier étage, cafés et bars attendent la fin d'après-midi pour prendre possession de la rue qui, la nuit, se métamorphose en une vaste discothèque.

À droite, près de la **rue Enoplon Dinameon**, autre fief commerçant, vous pouvez visiter, dans la rue Tria Pigadia, la **maison de Lena★** (*✆ 22890 223 90 - 18h-21h - entrée gratuite mais petite donation appréciée*), une résidence de notable typique du 19e s. Réaménagée en annexe du musée d'Art populaire, elle présente sa décoration et son ameublement d'époque. Le **Musée maritime de l'Égée★** (*✆ 22890 227 00 - 10h30-13h, 18h30-21h - entrée libre*) occupe une autre partie de l'ancienne maison de Lena, qui, comme sa voisine, fit l'objet d'une donation de l'armateur George M. Drakopoulos, originaire de Mykonos. Vous y verrez une collection hétéroclite évoquant le monde de la mer depuis l'Antiquité jusqu'au 19e s. : maquettes de bateaux, gravures, cartes, instruments de marine. Des marbres (répliques et originaux) de Délos, des ancres et une spectaculaire lampe de phare.

Rejoignez la charmante **place des Trois-Puits** *(Tria Pigadia)*, où les jeunes filles de l'île devaient, dit-on, boire de l'eau des trois puits si elles voulaient trouver un époux.
De là, passez entre les deux chapelles qui bordent la rue et tournez à droite dans la rue Mitropoleos, qui conduit au pied de la **cathédrale** *(Mitropoli)*, imposant édifice coiffé d'une coupole et de toits rouges (riche décor intérieur), auxquels répond la coupole bleue de l'**église catholique**, juste derrière. En remontant sur la gauche, les non moins fameux **Kato Mili**★ (« Moulins d'en bas ») s'alignent sur une butte au-dessus du port. Ils servaient à produire la farine longtemps utilisée pour la fabrication de biscuits, principale nourriture des marins.

★★★ Le quartier d'Alefkandra (Αλέυκανδρα)

Des moulins, profitez de la jolie **vue**★ sur les maisons du quartier d'Alefkandra, surnommé la Petite Venise. Il s'anime en début de soirée, le meilleur moment pour déambuler dans les ruelles bordées de **hautes maisons**★★, certaines du 18e s., dont l'arrière s'ouvre sur des loggias de bois en encorbellement, donnant sur la mer. On prétend que cette architecture originale était liée aux activités peu avouables de certains riches propriétaires qui pouvaient ainsi acheter discrètement le butin des pirates. Aujourd'hui, le rez-de chaussée de la plupart de ces maisons est occupé par des cafés et par divers lieux de vie nocturne.

HISTOIRE

Mykonos a pris une éclatante revanche sur un destin longtemps obscur. L'archéologie a bien du mal à lui trouver quelques traces de civilisation cycladique, et elle admet sans enthousiasme la présence de deux cités dans l'Antiquité. Car cette petite île granitique et aride vécut d'abord dans l'ombre de sa brillante voisine **Délos**, puis, sous la période latine, dans l'orbite de **Tinos**. Le passage sous l'autorité ottomane changea d'autant moins la vie dans l'île, que celle-ci était devenue un repaire de pirates. Au 18e s., la course laissa la place à une économie prospère fondée sur le commerce. Certaines familles d'armateurs firent fortune, mais la marine à vapeur renvoya Mykonos à son triste sort. Juste retour des choses, l'intérêt archéologique croissant pour Délos favorisa une amorce timide de tourisme pendant l'entre-deux-guerres, qui allait se développer dans les années 1950.

Les fameux moulins s'alignent sur la butte.
S. Boisse / Photononstop

En poursuivant vers le port, on passe devant les **Quatre Commères**, (en grec « Cousseghiares »), ensemble de quatre chapelles basses qui semblent tenir conseil. Puis on atteint l'**église de la Panagia Paraportiani★★**, ensemble hétéroclite de cinq églises des 16e-17e s., qui se dresse entre la mer et une porte de l'ancien kastro vénitien.

À côté, le long bâtiment parallèle à la mer accueille le **musée d'Art populaire** *(✆ 22890 225 91 - 17h30-20h30, dim. 18h30-20h30 - gratuit)*. Tissus, broderies, meubles et divers objets évoquent la vie quotidienne.

Rejoignez ensuite le **vieux port**, dont les quais de marbre dessinent une courbe harmonieuse devant les arcades de l'hôtel de ville (18e s.). Sur l'arrière se dresse **Agia Eleni**, l'une des plus grandes églises de l'île qui abrite de vieilles **icônes byzantines**. L'arrière du front de mer, bordé d'agréables terrasses de cafés, débouche sur les rues du **vieux Mykonos★**.

Quittez cette Hora médiévale pour son port moderne, en face duquel se tient le **Musée archéologique★** *(✆ 22890 223 25 - tlj sf lun. 8h30-15h - 2 €)*. Outre une belle **amphore** trouvée à Mykonos, figurant des scènes de la guerre de Troie, les objets exposés – offrandes funéraires, notamment de très beaux vases à figures rouges, des céramiques et des bijoux d'époques variées – proviennent des fouilles de la fosse de purification de Rhénée. Lors d'une épidémie mortelle, Athènes avait exigé des habitants de Délos qu'ils y enfouissent les morts avec leurs trésors afin de ne pas contaminer le sanctuaire d'Apollon *(voir encadré p. 272)*.

Terminez votre balade dans Mykonos par la visite du **moulin de Boni**, restauré et en état de marche, planté sur une esplanade offrant une **vue★** magnifique sur la ville.

SUR LA CÔTE OUEST Carte de l'île p. 325

Du débarcadère, suivez la route de gauche, ou prenez un bus près du Musée archéologique.

Vers le cap Armenistis (Αρμενιτσής)

Au bord de la baie du même nom – le mouillage le plus sûr pour les bateaux de croisière lorsque le *meltem* se déchaîne –, **Tourlos** *(1,5 km au nord de Mykonos)* est une petite station balnéaire. Sa plage de sable est jalonnée d'hôtels.

Agios Stefanos *(à 3 km, terminus du bus)* présente le même tableau, mais le débarcadère des bateaux rapides défigure quelque peu sa petite plage. Une bonne piste longe ensuite la grande **plage de Houlakia**, plus calme et sauvage que les précédentes, mais où la mer devient vite agitée quand le vent se lève.

À l'approche du **cap Armenistis** *(à 4 km env. d'Agios Stefanos par une rte caillouteuse)*, le paysage, dominé sur la gauche par le **mont Profitis Ilias**, se fait plus sauvage, et les plages cèdent la place à des tombants rocheux. À l'extrémité du cap, un gigantesque phare (1885) garde le passage entre Tinos et Mykonos, où le vent s'engouffre violemment.

★ Vers la plage d'Agios Ioanis (Αγιος Ιοάνις)

Après les moulins, empruntez la route qui longe la côte. En bus, départs pour Ornos, Korfos et Agios Ioanis à la gare routière, sur la place Fabrika.

Dans les faubourgs de Hora, la **plage de Megali Ammos★** fait la joie des visiteurs de passage à Mykonos pour la journée et celle des riverains, amateurs de baignade matinale. Son sable blond et ses eaux limpides annoncent les plages de la côte sud, les constructions qui grignotent les collines voisines aussi.

Un peu plus loin se dévoile l'étonnant spectacle de la **péninsule de Diakoftis**, reliée à l'île par un étroit isthme de sable frangé par les **plages d'Ornos** *(au sud)* et de **Korfos** *(au nord)*. Les villas luxueuses et les équipements touristiques nombreux attirent la foule de leurs clients sur les plages voisines. Mais celle d'Ornos, protégée du vent, retrouve un peu de calme en fin de journée et son petit port ne manque pas de charme pour un dîner.

La route se poursuit vers **Agios Ioanis** *(rte sur la gauche, bien indiquée, 10mn en bus)*, plage très recherchée par les amateurs de coucher de soleil et de *beach volley*. Deux passions qui, heureusement, se pratiquent à des heures différentes.

LES PLAGES DE LA CÔTE SUD Carte de l'île ci-contre

▶ *À 4,5 km de Hora. Départ de la gare routière place Remezzo pour Psarou et Platis Gialos (15mn de bus). Prenez la direction de l'aéroport, puis le tronçon de droite vers Psarou et Platis Gialos.*

C'est au sud de l'île que s'égrènent les plus belles plages, au sable doré et aux eaux limpides; mais la plupart sont évidemment très prisées et envahies par les transats en pleine saison. Telles celles de **Psarou★** et de **Platis Gialos**, lovées au fond d'un golfe fermé par d'arides collines rocheuses. Les promoteurs ne s'y sont d'ailleurs pas trompés en y implantant la principale station balnéaire de l'île, avec hôtels, studios, tavernes, cafés et bars à portée des parasols. Platis Gialos dispose même de ses propres bateaux d'excursion vers les autres plages et pour Délos, tandis que Psarou possède une école de sports nautiques.

Moins à la mode que par le passé, **Paradise★** *(à 6 km de Hora - bus au départ de la gare routière ou profitez des minibus des campings qui stationnent sur le port à l'arrivée des ferries - accès également possible en caïque depuis Platis Gialos)* reste un spectacle en soi : celui d'un immense bar (techno) à ciel ouvert, où l'on pratique beaucoup le naturisme. Le camping (très bruyant) assure à cette « plage » une forte fréquentation, surtout par de jeunes Grecs et Allemands.

Si sa voisine **Paranga★** est un peu plus calme, le camping attire lui aussi beaucoup de monde et les DJ font bien leur travail. Avec moins de décibels, cependant, qu'à **Super Paradise** *(Plindri)*, l'autre « plage-bar » mythique de Mykonos, rendez-vous favori (avec Paradise et Elia) de la communauté homosexuelle *(au bout d'un chemin de terre que l'on trouve en poursuivant tout droit après les embranchements pour Platis Gialos et l'aéroport; pas de bus, mais des caïques depuis Platis Gialos)*.

Non loin, **Agrari★** est appréciée des célébrités et se révèle beaucoup plus paisible que les précédentes, même si elle est très organisée (parasols, transats, sports nautiques et *beach bar*).

SUR LA BAIE DE PANORMOS (ΠΑΝΟΡΜΟΣ) Carte de l'île ci-dessus

4,5 km au nord-est de Hora, 1re bifurcation à gauche vers Marathi, à 6,5 km de Panormos et à 8 km d'Agios Sostis. Pas de bus.

Amateur de solitude, vous trouverez davantage votre bonheur sur la **plage de Panormos★**, qui s'étire au-delà du hameau de **Marathi**. Vous pouvez aussi opter pour la **plage d'Agios Sostis★**, bien à l'abri du vent au fond d'une petite anse, l'une des plus jolies et des plus tranquilles de l'île.

Au fond de la très encaissée baie de Panormos, la **plage de Ftelia** *(sur la rte d'Ano Mera, à gauche au km 7)* est le paradis de la planche à voile, car le *meltem* souffle fort.

4

DE LA BAIE DE PANORMOS À LA CÔTE SUD-EST Carte de l'île ci-dessus

Peu avant Ano Mera, une route *(à gauche)* grimpe vers la colline où se perche le **monastère de Paleokastro** (18e s.), une église aux lignes très pures. De cette hauteur, où gisent également les vestiges d'une **forteresse vénitienne**, dont une puissante tour de défense, **vue panoramique★** sur le centre de l'île.

Deuxième centre urbain de l'île, **Ano Mera** *(à 10 km de Hora - départ des bus à la gare routière nord, près du débarcadère)* est un ancien hameau que le tourisme a fait exploser, dévorant le plateau aride qui l'entoure. Faites tout de même une halte aux terrasses de la place du village, bordée de restaurants réputés.

Bâti au milieu du 16e s. et remanié en 1767, le **monastère de la Panagia Tourliani★** *(sur la place du village - 9h-13h, 14h-19h)* abrite l'icône de la sainte protectrice de l'île. Le beau clocher recouvert de marbre, l'iconostase de bois sculpté et de très belles **icônes★** font de cet édifice, fermé sur une cour qu'une fontaine en marbre rafraîchit, un véritable joyau.

À 3 km d'Ano Mera, en direction de Kalafati, le hameau d'**Ambelokipous** accueille le **monastère Agios Georgios** (17e s.). Sa composition géométrique en trois couleurs (bleu, blanc, rouge) mérite l'attention.

Au fil des plages

Elia ne présente que peu d'intérêt.

Watermania – *À 14 km de Hora - desservi par un bus - départ de la gare routière nord.* Ce parc d'attractions aquatiques vaut le détour si vous avez des enfants.

Poussez jusqu'à **Kalafati★**, longue baie de sable clair qui reçoit la clientèle familiale des hôtels alentour, les véliplanchistes et les amateurs de sports nautiques *(école de plongée)*. Tout au bout, un hameau de pêcheurs où l'on trouve quelques chambres à louer bon marché fournit en poisson frais les tavernes du coin.

Vous pouvez aussi choisir la **plage de Kalo Livadi★** *(à 15 km - en bus, départ au Musée archéologique - du carrefour d'Elia, comptez 15-20mn à pied)*, qui possède elle aussi son hameau et sa chapelle, de surcroît avec très peu de parasols. Quant à la mer, transparente et calme, elle prend des allures de piscine.

Lia★ n'est pas en reste avec ses eaux turquoise *(à 2 km de Kalafati en suivant la piste)*. Raisonnablement fréquentée, elle jouit d'un certain calme.

NOS ADRESSES À MYKONOS

INFORMATIONS UTILES

Consigne

Vous pourrez laisser vos bagages au bureau de **Blue Star Ferry**, en face du débarcadère.

Banque

Distributeur en face du débarcadère. Banques et distributeurs dans toute l'île.

Poste

R. Laka, à deux pas du théâtre d'été - lun.-jeu. 8h-14h, vend. 8h-13h30.

Sécurité

Police touristique – *Au début du débarcadère - ✆ 22890 224 82.*

Police municipale – *R. Laka - ✆ 22890 227 16/222 35.*

Santé

À Hora, nombreux médecins et quatre pharmacies.

Hôpital – *À Hora - ✆ 22890 239 94.* Relativement bien équipé.

Centre médical privé – *À Hora - ✆ 22890 242 11/274 07.*

Agences de voyages

Bon à savoir – Les agences de **Hora** s'occupent des transports, de l'hébergement et de vos loisirs. Parmi les plus performantes :

Sea & Sky – *Waterfront - ✆ 22890 277 99/228 53.*

Meridian – *Agia Anna, à Hora - ✆ 22890 247 02.*

Delia – *Sur le port - ✆ 22890 223 22.*

Internet

Angelos – *À Hora, non loin de la pl. Fabrika - ✆ 22890 241 06 - 10h-23h.*

Laverie

Plusieurs à Hora, assez onéreuses.

ARRIVER / PARTIR

En avion

Aéroport de Mykonos – *✆ 22890 223 27 - www.mykonos-airport.com.*

En saison, plusieurs liaisons quotidiennes avec **Athènes** *(35mn de vol - 50/100 €)* par **Olympic Air** *(www.olympicair.com)* ou **Aegean** *(www.aegeanair.com)*. **Réservations** depuis Paris et sur place dans les agences de tourisme.
Easy Jet – *www.easyjet.com. Toujours en saison, la compagnie assure des vols directs vers Paris (Orly) et Genève* - Réservez à l'avance votre vol.

En bateau

Bon à savoir – Certains bateaux rapides n'accostent pas au port des ferries *(à 800 m de Hora)*, mais à celui d'Agios Stefanos, 3 km au nord de Hora. Quelques bus relient les deux ports. Si vous êtes pressé, il est préférable de prendre un taxi.
Liaisons avec **Le Pirée** *(4-5/j., 3h40-5h15)*, **Rafina** *(6-9/j., 2h10-4h30)* et **Lavrio** *(6-9/j., 2h10-4h20)*. Liaisons avec **Tinos** *(7-12/j., 15-40mn)*, **Syros** *(4-7/j., 30mn-1h20)*, **Andros** *(3-7/j., 2h10-3h30)*, **Paros** *(3-5/j., 40mn-1h30)*, **Santorin** *(2-3/j., 2h30-7h.)*, **Naxos** *(1-2/j., 45mn-2h20)* et **Ios** *(1-2/j., 2h20-4h50)*.
Capitainerie – *22890 222 18.*

TRANSPORTS

En bus

Hora compte deux gares routières. Les bus stationnés **place Fabrika** sont à destination d'**Ornos**, de **Paranga**, d'**Agios Ioanis**, de **Platis Gialos**, de **Psarou**, de l'**aéroport** et de **Paradise** (Kalamopodi, son nom d'origine). Les bus stationnés à côté du **Musée archéologique** desservent **Agios Stefanos**, **Tourlos**, **Ano Mera**, **Elia**, **Kalafati** et **Kalo Livadi**. Un réseau qui oublie bon nombre de plages, ce qui laisse une chance d'y trouver moins de monde. Les horaires, variant selon les destinations, sont affichés aux arrêts.
Certains hôtels et le camping de Paradise mettent à la disposition de leurs clients des navettes pour Hora. Le **Hard Rock Café** a même prévu, pour les noctambules, une liaison gratuite saisonnière *(minibus rose)* avec le port, toutes les 30mn entre minuit et 5h.

En voiture ou à moto

Conseil – Il y a beaucoup de circulation sur les petites routes de Mykonos, jusque tard dans la nuit. L'état de lucidité de certains conducteurs peut être douteux, aussi soyez très prudent.
Plusieurs loueurs de deux-roues et de voitures à la sortie du débarcadère :
Avis – *22890 275 80.*
Europcar – *22890 246 40.*
Hertz – *22890 275 11.*
Kosmos – *22890 240 13.*
Sixt – *22890 288 62.*
Bon à savoir – Les agences de voyages et certains hôtels proposent à leurs clients un service de location de véhicules.
Stations-service – Deux stations en sortant de Hora vers Ano Mera, une autre après Vrissi, un peu avant Platis Gialos.

En taxi

Station sur le port, pl. Mando Mavrogénous - 22890 224 00/237 00.

En caïque

En saison, des caïques partent chaque matin de Platis Gialos et desservent les plages de Paranga, Paradise, Super Paradise, Agrari et Elia.

HÉBERGEMENT

Bon à savoir – À Mykonos, les logements sont nettement plus coûteux qu'ailleurs surtout en été *(moitié moins chers hors saison).* Préférez un hébergement à Hora où les établissements ont plus de charme que dans les stations balnéaires.

Mykonos (Hora)

PREMIER PRIX

Fraskoula Rooms – *À proximité des moulins (volets vert pâle) - ✆ 22890 276 01 - www.fraskoulas-rooms.gr - ⊠ - avr.-sept. - 5 ch. 30/70 €.* Très bien situé dans un environnement relativement calme. Petites chambres basiques et propres au 1er étage. Terrasse commune avec vue sur la vieille ville. Au rez-de-chaussée, deux chambres plus confortables. Acheminement gratuit depuis le port. Pas de petit-déjeuner.

Adriani's Guesthouse – *School of Fine Arts - ✆ 22890 230 91 - www.andrianis.com.gr - de mi-mars à déb. nov. - 10 ch. 40/100 €.* Petite pension dissimulée au fond d'une impasse résidentielle, à quelques encablures du centre. Chambres simples avec vue sur mer pour la plupart, dont deux avec kitchenette. Agréable jardin à l'avant et pergola abritée sous la vigne vierge. Petit-déjeuner sur demande.

BUDGET MOYEN

Marietta's – *À proximité des moulins - ✆ 22890 250 23 ou 69452 253 90 - www.mariettas.gr - avr.-oct. - 4 ch. et 2 appart. 50/140 €.* Les chambres et les appartements sont idéalement situés au cœur de la cité, répartis sur deux venelles au calme, qui débouchent sur l'esplanade des moulins. Décoration simple et agréable. Marietta, la patronne volubile, est aux petits soins pour ses hôtes.

Matina – *3 r. Fournakia - ✆ 22890 223 87/264 33 - www.hotelmatina-mykonos.com - mars-déc. - 19 ch. 60/130 € - ☕ 13 €.* Au cœur de la vieille ville mais à l'abri du tumulte, des chambres calmes, avec balcon, certaines avec Jacuzzi, donnant sur un agréable petit jardin fleuri. Accueil sympathique et francophone.

Carbonaki – *23 r. Panachrantou, au cœur de la vieille ville - ✆ 22890 241 24/224 61 - www.carbonaki.gr - ⛱ - mars-déc. - 21 ch. 66/168 € - ☕ 10 €.* Bel ensemble cycladique confortable et bien tenu. Décoration sobre et de bon goût. Toute petite piscine.

POUR SE FAIRE PLAISIR

Mykonos Adonis – *près de la station de taxi - ✆ 22890 224 34/242 02 - www.mykonosadonis.gr - P - avr.-oct. - 24 ch. 85/175 € ☕.* Situé à l'entrée du centre, cet établissement reposant dispose de chambres spacieuses et personnalisées, toutes ou presque avec vue mer. Balcon commun pour apprécier le coucher de soleil.

Elena – *R. Rochari, au-dessus du théâtre d'été - ✆ 22890 241 12 - www.elena-hotel.gr - 28 ch. 110/180 € ☕.* Très belle vue et excellent confort dans cet élégant hôtel à l'architecture cycladique. Petite terrasse pour chaque chambre. Calme et discrétion.

Environs de Mykonos (Hora)

PREMIER PRIX

Paraga Beach Camping – *Plage de Paranga - ✆ 22890 245 78/259 15 - www.mycamp.gr - ✕ ⛱ - 100 empl. 10 €, dortoirs 20 €.* Plus convivial, très bien équipé (supérette, laverie, téléphone, restaurant, etc.).

BUDGET MOYEN

Omiros – *Tagoo - ✆ 22890 233 28 - www.omirosmykonos.gr -*

de mi-avr. à mi-oct. - 10 ch. 60/120 € ☕. Giannis et sa mère Petroula vous réserveront un bel accueil dans leur établissement, qui surplombe la cité et qui s'ouvre sur les îles alentour. Grande terrasse décorée d'amphores fleuries. Chambres simples avec jolies salles de bains à mosaïques.

Tagoo – *Tagoo - ✆ 22890 226 11/271 06 - www.hoteltagoo.gr - 🏊 - de mi-avr. à mi-oct. - 20 ch. 60/170 €* ☕. Anna et Giannis animent agréablement cet établissement familial, parfaitement tenu. Chambres avec balcon s'ouvrant sur la mer et piscine panoramique.

Villa Konstantin – *Agios Vasilios - ✆ 22890 262 04/258 24 - www.villakonstantin-mykonos.gr - 🏊 P - de mi-avr. à mi-oct. - 10 appart. et 2 ch. 65/160 €* ☕. Reconnaissable à ses murs blancs alternant avec la pierre sombre, la villa de Giannis et de sa femme anglaise Sharon offre en saison d'agréables appartements bien équipés. Idéal pour les familles.

POUR SE FAIRE PLAISIR

Adronikos – *Drafaki (sur la route principale de l'île) - ✆ 22890 242 31 - www.andronikos.gr - ✕ 🏊 P - de mi-avr. à mi-oct. - 58 ch. 100/220 €* ☕. Cet établissement, tenu par un personnel jeune et dynamique, abrite une vaste piscine avec bar à cocktails. Les chambres « cocoon », tout en arrondi, sont décorées avec originalité et éclairées par un joli jeu de lumières. Petite chapelle au fond du jardin.

Mykonos Bay – *Sur la plage de Megali Ammos, à 200 m de Hora - ✆ 22890 233 38/245 02 - www.mykonosbay-hotel.com - 🏊 - 31 ch. 100/300 €* ☕. Cet hôtel donne directement sur la plage et propose de jolies chambres à la décoration cycladique moderne, luxueuse et de bon goût. Piscine très agréable. Service prévenant. Chaque chambre possède sa terrasse-solarium, à l'abri des regards.

Tourlos

BUDGET MOYEN

Pension Maria's – *Sur la droite avant le port - ✆ 22890 230 09 - www.pensionmaria.gr - 💳̸ - 15 ch. 60 €* ☕. Plusieurs jolies maisons aux volets turquoise où le client est traité en ami. Chambres simples mais très honnêtes pour le prix.

Ornos

POUR SE FAIRE PLAISIR

Yiannaki – *✆ 22890 233 93 - www.yiannaki.gr - ✕ 🏊 P - de mi-avr. à fin oct. - 45 ch. 70/230 €* ☕. Entouré par un joli domaine fleuri, cet hôtel situé un peu en hauteur propose de confortables chambres, avec baignoire, terrasse et vue mer. Sauna et salle de fitness à disposition.

Platis Gialos

BUDGET MOYEN

Argo – *✆ 22890 234 05 - www.argo-mykonos.gr - ✕ 🏊 - de mi-avr. à mi-oct. - 25 ch. 52/200 €* ☕. Un bel établissement avec piscine, jacuzzi extérieur et jardin planté d'oliviers : les chambres plutôt spacieuses disposent toutes d'une terrasse. Accueil soigné et souriant. Agréable restaurant situé à deux pas de là, sur la plage.

POUR SE FAIRE PLAISIR

Nissaki – *✆ 22890 239 02/229 13 - www.hotelnissaki.gr - ✕ 🏊 P - de mi-avr. à mi-oct. - 25 ch. 130/280 €* ☕. Surplombant la baie de Psarou, cet hôtel confortable, à l'abri des regards,

4

est réparti sur deux bâtiments, chacun disposant d'une piscine. Restaurant panoramique pour dîner romantique.

RESTAURATION

Bon à savoir – À Mykonos, vous pouvez manger italien, tex-mex, chinois, français, international, végétarien ou même... grec !

Mykonos (Hora)

PREMIER PRIX

Suisse – *r. Matoyani - ✆ 22890 274 62 - ⊄ - en saison seult - 10/15 €.* Cette petite adresse bien chaleureuse est tenue par un couple original et francophile, Giorgos et sa femme Giselle, au bel accent zürichois. Crêpes salées, salades et sandwichs. Excellents chocolats et frappés.

Amádes – *r. Kambani - ✆ 22890 788 01 - fermé le midi hors saison - 15/20 €.* Niché derrière l'église Agia Kiriaki, ce petit bouchon aux murs et aux sets de table décorés de dessins des clients offre une cuisine de marché simple et abordable : caviar de tomate, aubergines fumées, tourte de poulet, etc. Bon choix de plats végétariens.

Lotus – *47 r. Matogianni - ✆ 22890 228 81 - ⊄ - le soir - fermé de fin nov. à fin mars - 15/20 €.* Au Lotus, on vous servira, sous la tonnelle, une bonne cuisine grecque à déguster en écoutant de la musique classique.

Joanna's Nikos Place – *Sur la plage de Megali Ammos - ✆ 22890 242 51 - ⊄ - 15/20 €. Mezzes* et bons poissons grillés à savourer en terrasse. Taverne accueillante et souvent bondée le soir.

Casa di Giorgio – *1 r. Mitropoleos - ✆ 69325 619 98 - en saison seult - 15/20 €.* Occupant une jolie esplanade isolée entre l'église catholique et la cathédrale, la maison de Giorgos, qui a longtemps vécu dans la péninsule, propose une cuisine italienne soignée, généreuse et abordable. Risotto, pâtes et pizzas à pâte fine.

BUDGET MOYEN

Kounelas – *r. Theochari - ✆ 22890 282 20 - fermé le midi et de mi-oct. à fin avr. - 20 €.* Une institution pour les grillades de poissons et de fruits de mer : en arrivant, vous choisissez le morceau de votre choix, parmi les produits frais rangés dans les tiroirs réfrigérés. À déguster attablé dans la venelle, en terrrasse sous le figuier ou à l'étage.

UNE FOLIE

Chez Maria – *27 r. Kalogera - ✆ 22890 275 65/66 - ⊄ - env. 50 €.* Au coin de la cheminée en hiver ou dans un ravissant jardin romantique en été, cuisine traditionnelle de grande qualité : chaussons farcis au fromage de Mykonos, délicieux risotto aux langoustines... L'endroit dispose aussi de quelques chambres d'hôtes confortables. Accueil chaleureux de Maria qui est francophone.

Tourlos

PREMIER PRIX

Mathios – *✆ 22890 233 44 - ⊄ - 15/25 €.* Grande variété de plats grecs traditionnels, très appétissants et bon marché. Une cantine idéale pour vos dîners. Belle vue sur la baie.

Ornos

PREMIER PRIX

Aperanto Galazio – *Sur la plage - ✆ 22890 279 91 - P -service jusqu'à 19h - fermé nov.-avr. - 15/20 €.* Peu fréquenté par les étrangers, cette adresse les pieds dans le sable sert une cuisine savoureuse et peu onéreuse, au rythme de musiques variées. Personnel souriant.

Agios Sostis

BUDGET MOYEN

Kiki's – *Sur le chemin de la plage - [pas de CB] - en saison seult - 20 €.* Cette ravissante petite taverne dissimulée sous les arbres, derrière l'église Agia Sostis, offre l'un plus beaux points vue de l'île. En entrant, Dimitris s'occupe du grill, tandis que son frère Vassilis prend les commandes. Belles pièces de porc mariné, calamars, etc. Gâteau au chocolat fondant.

Kalafati

BUDGET MOYEN

Spilia – *☎ 22890 712 05- www.hotelanastasia.gr -[pas de CB].* Accessible par la plage ou depuis l'hôtel Anastasia. Dans cette taverne de poisson exceptionnelle, choisissez votre langouste et, en attendant sa préparation, dégustez des moules, des feuilletés, des crevettes et des calmars.

UNE FOLIE

Markos – *Prenez le chemin de droite avant la plage, sur le port de pêche de Divounia - ☎ 22890 717 71/714 97 - [pas de CB] - env. 40 €.* Assez cher mais on est sûr de manger du poisson frais. Goûtez à la soupe de poisson et aux langoustes.

BOIRE UN VERRE

Yialos Gialos – *Sur le vieux port - ☎ 22890 235 52 - toute l'année.* La plus petite terrasse du port, fréquentée par les locaux. Plats, *mezzes* et apéritifs à petits prix.

EN SOIRÉE

Bon à savoir – Il y en a pour tous les goûts : la ville se transforme le soir en une véritable boîte de nuit. Si vous êtes amateur de cocktails, sachez qu'ils sont généralement coupés d'eau : précisez que vous le voulez « fort » le cas échéant.

Voici quelques adresses agréables, mais, bien sûr, les modes changent vite et nous vous conseillons de vous renseigner. Comme base de départ : l'apéritif se fait généralement dans le quartier de la Petite Venise, au **Caprice**, une institution, pour admirer le coucher de soleil ; au **Kastro Bar** (musique classique) ; chez **Katerina** ou au **Scandinavian Bar & disco**, derrière le port. Après dîner, les amateurs de blues peuvent se rendre au **Montparnasse**, dans la Petite Venise. Si vous voulez entendre de la musique grecque, allez à **La Notte**, près du port, ou au **Mykonos bar** dans les ruelles de Hora, sachant que rien ne commence vraiment avant 23h, voire minuit. Les endroits les plus animés sont le **Space Club**, dans un ancien cinéma du quartier de Laka et l'**Astra Club**, rue Matogianni fréquenté par les 35-45 ans. Très appréciés de la clientèle gay, et ouverts jusqu'à l'aube, **Pierro's** et **Manto** sont dans le même secteur.

ACTIVITÉS

Sur plusieurs plages, ski nautique, jet-ski, planche à voile et plongée.

Plongée

Mykonos Diving Center – *☎ 22890 248 08 - www.dive.gr.*

Planche à voile

Sur la plage de Kalafati - ☎ 22890 723 45 - www.pezi-huber.com.

Naxos

(Νάχος)

★★

14 858 habitants - Région d'Égée du Sud - Unité régionale de Naxos - 428 km²

NOS ADRESSES PAGE 337

S'INFORMER

Zas Travel – *En face du débarcadère - ✆ 22850 23330 - www.zastravel.com, www.naxos.gr (en français), www.naxosnet.com (en anglais), www.naxostownhotels.com (en anglais).* Située à la sortie du débarcadère, cette agence est réputée pour son sérieux. Informations générales, réservation d'hébergements, tickets, location de voiture, etc.

SE REPÉRER

Carte de région C-D3 (p. 246-247) - Carte de l'île p. 335 - Plan de Naxos (ville) ci-contre. **Naxos** *(Hora)* est à la fois le **port** et la **capitale de l'île**. Là se concentre toute son activité.

À NE PAS MANQUER

Le *kastro* de Hora ; le monastère de la Panagia Drossiani et la Tragea ; l'ascension du mont Zas.

ORGANISER SON TEMPS

Comptez 4 jours. Pour les paysages grandioses, privilégiez la moitié nord de l'île; pour profiter des plages, filez vers le sud.

AVEC LES ENFANTS

Pour les jeunes enfants, la baignade est sans danger à Agios Georgios ou Agia Anna, juste au sud de Naxos.

La plus grande île des Cyclades est célèbre pour ses vastes plages, les plus longues de l'archipel, et pour sa charmante cité, dominée par une citadelle vénitienne et signalée à l'entrée du port par la grande porte d'Apollon, qui s'enflamme au couchant. Placée sous la protection de Déméter et de Dionysos, Naxos a su conserver son caractère rural, avec ses vignes, ses vergers et ses fameuses pommes de terre. En vous enfonçant à l'intérieur de l'île, vous découvrirez ses villages vivants, ses tours et monastères fortifiés et ses nombreux sentiers de randonnée, qui convergent jusqu'au mont Zas, lieu de naissance du grand Zeus.

Se promener

De multiples sources ont fait de Naxos une île fertile que les Anciens plaçaient sous la protection de Déméter, déesse des Moissons, et de Dionysos, qui enseigna la viticulture aux habitants.

Une tradition toujours vivante à en juger par les vignes en terrasses, les vergers parfumés de la Tragea et la culture des succulentes pommes de terre de Naxos, au sud.

★★★ NAXOS VILLE (HORA - ΧΩΡΑ) Plan de la ville ci-dessus

Comptez une demi-journée.

Les trois grandes étapes de l'histoire de Naxos se lisent en arrivant au port : la porte du temple d'Apollon pour l'Antiquité, la citadelle vénitienne pour le Moyen Âge et les quais actifs pour les temps modernes.

Au sud du port commence la succession des **plages d'Agios Georgios** *(10mn à pied du débarcadère)*, **Agios Prokopios** et **Agia Anna** *(à 4 et 5 km de la ville)* étendues de sable fin, prisées par les familles et jalonnées d'hôtels.

Commencez par visiter le **musée Mitropolis** *(✆ 22850 241 51 - tlj sf lun. 8h30-13h - gratuit)*, sur la place de la cathédrale. Il conserve les vestiges d'une cité antique prospère du 13e au 11e s. av. J.-C., qui a été ensuite convertie en cimetière de notables avant de renaître et de se couvrir de villas romaines.

Poursuivez avec le **Musée vénitien Della Rocca-Barozzi** *(✆ 22850 223 87 - www.naxosfestival.com - tlj sf lun.10h-23h - 5 €)*, sous la voûte. Une belle demeure seigneuriale du 13e s. transformée en musée par le châtelain, descendant de croisés français. Souvenirs de famille, vieux livres, beaux meubles et objets d'art des siècles passés. Les combles sont consacrés au folklore de l'île. Le musée organise des concerts en été *(voir p. 341)*.

De retour sur le port, franchissez l'étroite bande de terre qui mène à l'**îlot de Palatia** où se dresse la **porte du temple d'Apollon** *(Portara)*, sanctuaire archaïque dédié à l'Apollon de Délos. Commandée au 6e s. av. J.-C., sa construction ne fut jamais achevée, laissant cet étrange cadre de pierre battu par les vents et offrant une belle **vue★** sur le *kastro*. Sur la gauche, des gradins de pierre descendent vers une eau limpide, bien agréable pour les bains matinaux.

★★★ Le kastro (Κάστρο)

Sur le port, prenez la ruelle qui fait l'angle avec le café Captain's. Old Market Street vous conduit au kastro *en 5mn.*

Avec ses ruelles ponctuées d'arcs en ogive et les demeures vénitiennes organisées en murailles, la vieille ville, dédale de rues au charme intact, est l'un des plus beaux sites médiévaux des Cyclades.

Au-delà des passages voûtés du vieux marché, vous déboucherez en haut de la colline sur la place de la **cathédrale catholique** dont l'icône centrale (13e s.) est pivotante : d'un côté la Vierge, de l'autre Jean Baptiste.

Le très beau **Musée archéologique★** *(✆ 22850 227 25 - tlj sf lun. 8h30-15h - 3 €)* est aménagé dans une ancienne école de jésuites du 17e s. où étudia l'écrivain Nikos Kazantzaki. La première salle rassemble des objets datés du 3e millénaire av. J.-C. à l'époque mycénienne, quelques **idoles cycladiques**, des **poteries zoomorphes** et une collection de **poteries mycéniennes**. En sortant du musée, flânez dans les **ruelles vénitiennes** de la citadelle.

Circuits conseillés Carte de l'île ci-contre

★★ À L'EST DE HORA : LA TRAGEA (ΤΡΑΓΑΙΑ)

Circuit de 40 km AR – Comptez une journée. Après 2 km en direction d'Apiranthos, prenez à gauche vers Ano Potamia.

La Tragea est une grande plaine verte, entourée de montagnes rocailleuses. À l'époque féodale, les habitants se replièrent dans cette région pour échap-

LE DUCHÉ VÉNITIEN DE NAXOS

Après la prise de Constantinople (1204), les croisés se partagèrent la terre grecque. Tandis que les Francs s'établissaient sur le continent, Génois et Vénitiens s'installaient en maîtres dans les îles. Naxos revint à Marco Sanudo qui la promut capitale des îles de son duché. Il fit construire la forteresse de Hora, destinée à accueillir sa famille et ses compatriotes catholiques, laissant aux orthodoxes le quartier de Bourgos et aux juifs celui d'Evraïki *(plus à l'est)*. À ses nobles vassaux, il distribua des terres qu'ils exploitèrent de père en fils pendant des siècles, même après l'invasion de l'île par les Turcs en 1537. Sur ces territoires symboles de leur puissance, les seigneurs érigèrent des tours fortifiées et marquées de leur blason, capables de résister aux raids des pirates arabes. Certaines de ces bâtisses abritent encore les descendants de ces premiers colons, qui sont quelque 200 à ce jour.

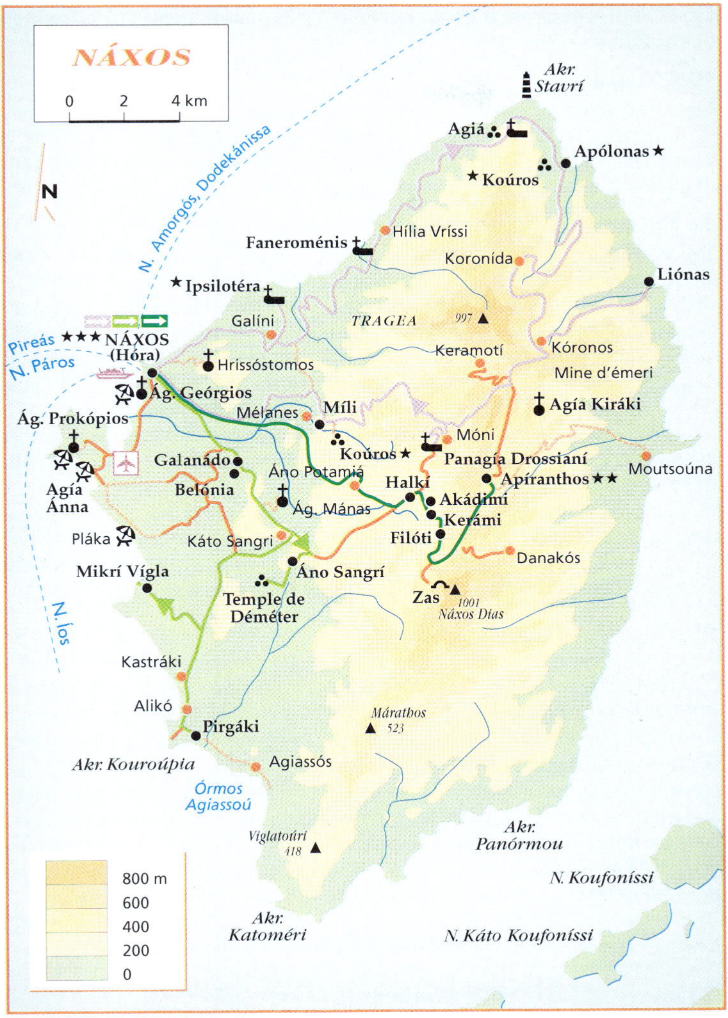

per aux pirates. Ils y bâtirent de nombreuses églises et des monastères qui valurent à l'île le surnom de « Petite Mystra ». Aux 16e et 17e s., les collines se hérissèrent de tours, demeures des nobles Vénitiens et des riches Grecs qui se partageaient les terres, sans pour autant vivre toujours en bonne intelligence.

Halki (Χαλκί)

Passé Ano Potamia, noyé sous les arbres fruitiers, faites une halte dans cette ancienne capitale de l'île (jusqu'à la Seconde Guerre mondiale). Édifiée entre le 10e s. et le 12e s., l'**église de la Panagia Protothronos** abrite d'intéressantes fresques *(pour visiter, demandez au café en face)*. Derrière, la **tour Barozzi** (17e s.) impressionne par sa taille et sa porte de marbre ornée d'un blason.

Un peu plus loin, à **Akadimi**, se dresse la tour Papadakis, érigée au 18e s. À l'entrée de **Kerami**, arrêtez-vous devant la taverne et prenez le chemin de droite. À 50 m se cache l'église byzantine **Agii Apostoli** *(souvent fermée)*, perdue au milieu des oliviers.

Filoti (Φιλότι)

À la sortie du bourg, sur la droite, un chemin *(indiqué)* grimpe sur les versants du **mont Zas**. C'est le point culminant des Cyclades *(1 001 m)*. En moins de 1h de marche, vous atteindrez la **grotte de Zas**, ancien sanctuaire dédié à Zeus qui, selon la légende, aurait vu le jour à cet endroit.

★★ Apiranthos (Απείρανθος)

Vous ne résisterez pas au charme paisible de cette bourgade toute de marbre, fondée par des réfugiés crétois et qui possède son propre dialecte. Promenez-vous à travers ruelles, passages couverts et placettes ombragées et découvrez deux tours vénitiennes. La ville possède plusieurs musées *(Histoire naturelle, géologique et Folklore, sans réel intérêt - billet combiné pour les 3 musées 1,50 €)*. Attardez-vous plutôt au **Musée archéologique** *(☏ 22850 617 25 - tlj sf lun. 8h-14h - gratuit)* pour les découvertes faites à Naxos : tripode de l'époque géométrique, idoles cycladiques, mais surtout **plaques de marbre gravées★** du 3e millénaire av. J.-C. Uniques en Grèce, ces pièces représentent des scènes de la vie quotidienne.

Si vous préférez la randonnée et ne craignez pas la chaleur, partez d'Apiranthos vers l'**église d'Agia Kiraki** *(4h AR, sur un sentier assez facile de 5 km, qui part à droite, sous le pont routier, à la sortie du village vers l'est - demandez la clé au Musée archéologique)*. Ses **fresques aniconiques★** datent du 9e s.

★ LE SUD ET LES PLAGES

Quittez Naxos vers Apiranthos. Arrêtez-vous à **Galanado** *(à 6 km de Naxos)* pour voir la **tour Belonia**, la mieux conservée de l'île. Passez ensuite le village de **Sangri** *(à 12 km de Naxos)* et suivez les panneaux jusqu'au **temple de Déméter**, édifice dorique très restauré.

De retour à Sangri, prenez la route de gauche qui rejoint l'axe principal nord-sud en direction de Pirgaki. Des plages s'étirent le long de la côte, depuis celle de **Mikri Vigla** *(à 17 km de Hora)*, à l'eau exceptionnellement claire, qui accueille les véliplanchistes, jusqu'à celle de **Pirgaki** *(à 18 km de Hora)*, où, loin des foules, on se baigne dans un décor de cades, de myrtes et de bruyères.

★ LES MONTAGNES DU NORD DE NAXOS À APOLONAS

Une journée. Circuit de 80 km AR. Au départ de Hora, suivez la route principale en direction de Galini.

À environ 10 km, vous apercevrez en contrebas l'austère **monastère fortifié Ipsilotera★** *(fermé à la visite)*, bâti au 17e s., et qui était la plus puissante forte-

MINE D'ÉMERI

D'où vient donc cette poudre abrasive aux reflets cristallins qui, collée sur de la toile, sert à polir murs, casseroles et autres ustensiles de notre ordinaire ? L'émeri est une roche constituée de corindon, pierre cristallisée très dure dont on fait également des bijoux, selon sa couleur. Cachés dans les montagnes d'Apiranthos et de Koronos, les gisements d'émeri de Naxos furent largement exploités au 19e s. pour l'industrie. L'avènement du corindon artificiel sonna le glas de cette activité.

UNE ÎLE PUISSANTE

Par sa taille, sa richesse agricole et sa situation au cœur de l'archipel, Naxos joua dès l'Antiquité un rôle majeur dans le monde égéen. L'île vécut son âge d'or de 3200 à 2200 av. J.-C., époque florissante illustrée par une production considérable de vases, d'outils et d'idoles; œuvres d'art taillées dans le marbre blanc extrait de ses montagnes et polies à l'émeri, deux matières qu'elle exploitera durant des siècles. Sa puissance économique, servie par une flotte à sa mesure, lui permit d'étendre son influence sur les îles voisines et de fonder le premier établissement grec en Sicile. Aussi, quand les Latins s'imposent en Égée, au début du 13e s., c'est à Naxos que le duc de l'archipel choisit de s'installer. Après quatre siècles d'occupation ottomane (16e s.-19e s.), l'île rejoint la Grèce libérée et devient le centre administratif des Cyclades.

resse de l'île. Une dizaine de kilomètres plus loin, sur votre gauche, le **monastère Faneromenis** (17e s.) fait face à la mer. Laissez-vous impressionner par son allure de bastion solitaire avant de pénétrer dans l'église (belle iconostase).
Après environ 13 km, les ruines de la tour d'Agia apparaissent sur la gauche. Un sentier descend *(5mn)* jusqu'au **monastère d'Agia**, abandonné (voisin d'une très belle source).
Juste avant d'entrer dans la station balnéaire d'**Apolonas★**, montez à droite de la route jusqu'à la carrière du **kouros archaïque★** *(accès libre)*, un colosse de pierre couché de 10 m de long. Sans doute victime de malfaçon, il est abandonné là, inachevé, depuis le 6e s. av. J.-C. La route mène ensuite à Koronos, où vous pouvez bifurquer à gauche vers la **plage de Lionas**.
De retour sur la grand-route, poursuivez vers le sud.
2 km après Moni, ne manquez pas le **monastère de la Panagia Drossiani** dans une oliveraie *(sur la gauche de la rte, en plein virage, mal indiqué - 10h-19h, dim. 11h-19h - dons bienvenus)*. Bâtie aux 9e et 10e s., son église cache de très anciennes **fresques**, dont une Vierge bouleversante.
Revenez jusqu'à Moni et prenez la direction de Naxos, sur votre gauche.
Passé les carrières de marbre blanc – toujours exploitées – d'où proviennent les pierres de certaines œuvres majeures de l'Antiquité, vous rejoindrez **Mili**, où gît le **kouros de Flerio★** *(Melanes)*. Taillé au 6e s. av. J.-C., le jeune homme de pierre tente en vain d'esquisser un pas, une jambe brisée *(fléchage - entrée libre à travers un jardin - un café se cache au milieu des arbres)*.

NOS ADRESSES À NAXOS

INFORMATIONS UTILES

Banque / Change – Banques et distributeurs sur le port.
Poste – *Sur la grande place, en allant vers Agios Georgios - ✆ 22850 222 11.*
Police – *✆ 22850 221 00.*
Santé – *Naxos ville (Hora) - ✆ 22850 233 33.*
Journaux français - Accès Internet – Librairie Zoom - *Hora, sur la promenade Protopapadaki en prenant la direction du sud depuis le débarcadère - ✆ 22850 236 75.*

ARRIVER / PARTIR

En avion

Plusieurs vols hebdomadaires depuis Athènes, sur Olympic Air à bord de petits avions souvent complets *(45mn, env. 90 €)*. Pour rejoindre Hora depuis l'aéroport, prenez un taxi *(env. 10 €)*.
Aéroport de Naxos – *✆ 22850 232 92.*

En bateau

Liaisons avec **Le Pirée** *(4-6/j., 3h45-6h)*, **Rafina** *(4-6/j., 3h30-6h)* et **Lavrio** *(3-6/j., 3h30-5h30)*.
Liaisons avec **Paros** *(6-8/j., 30-45mn)*, **Santorin** *(3-4/j., 1h20-5h30)*, **Syros** *(2-3/j., 1h30-3h40)*, **Amorgos** *(1-2/j., 2h10-5h)*, **Ios** *(1-2/j., 1h40-3h45)*, **Mykonos** *(1-2/j., 45mn-3h)*, **Folegandros** *(1-2/j., 2h30-4h30)* et **Milos** *(1-2/j., 3h40-8h30)*.
Capitainerie – *✆ 22850 223 00.*

TRANSPORTS

En bus

Gare routière KTEL – *Sur le port, face au débarcadère - ✆ 22850 222 91.* Les horaires y sont affichés.

En taxi

Station sur le port, face au débarcadère - ✆ 22850 224 44.

En voiture ou à scooter

Agences de location sur le port.
Ciao Moto – *Face au débarcadère, rue perpendiculaire à côté du Naxos Tourist Information - ✆ 22850 266 12.* Location de scooters, VTT et voitures.
Falcon – *Plage d'Agios Georgios - ✆ 22850 253 23 - www.motofalcon-naxos.com.* Location de deux-roues, quads et voitures.

HÉBERGEMENT

Bon à savoir – Si vous aimez l'ambiance des stations balnéaires, n'hésitez pas à choisir Agios Georgios pour vous loger, car cette jolie plage n'est qu'à 10mn à pied de Hora. Si vous préférez le calme et le charme d'un quartier historique exceptionnel, choisissez un hôtel au pied du *kastro* à Hora.

Naxos (Hora)

PREMIER PRIX

Margo Studios – *Sur la route d'Apolonas - ✆ 22850 226 97 - www.naxosmargo.com - mai-sept. - 8 ch. et 7 appart. 25-60 €.* Ordonné autour d'une petite cour décorée de plantes en pots, ce petit établissement situé dans un quartier résidentiel de la ville offre des chambres agréables, avec balcon et jolie vue pour certaines, à prix bien raisonnables.
Pension Sofi – *À l'arrière du* kastro *(dir. Apolonas) - ✆ 22850 230 77 - www.pensionsofi.gr - 12 ch. 30/65 €* ☕. Avec sa façade envahie de bougainvilliers, la pension de Rena et Thodoris vous charmera rapidement : outre l'accueil soigné et leurs petites attentions permanentes, vous apprécierez les chambres, simples et colorées, où vous pourrez vous rafraîchir, au choix, avec l'air conditionné ou le ventilateur, sans oublier la vue, pour la plupart, sur la citadelle.

BUDGET MOYEN

Château Zevgoli – *Au pied du* kastro*, dans la vieille ville - ✆ 22850 261 23 - www.naxostownhotels.com - de mi-mars à fin oct. - 9 ch. env. 60 €* ☕ *- Internet.* L'accueil se fait en français dans une belle salle à manger à l'ancienne. Cet hôtel de charme, chargé d'histoire, est géré par Naxos Tourist Information.
Les chambres calmes, meublées d'antiquités, ont un décor personnalisé : baldaquin pour la n° 8 ou balcon romantique

pour la n° 12. Certaines ont une terrasse avec vue sur le port. Deux magnifiques appartements sont proposés, dans une maison ancienne du *kastro*, pour des séjours de plus de 2 jours.

Grotta – *À 500 m du port, au nord de la ville, surplombant une petite plage - ✆ 22850 222 15/220 01 - www.hotelgrotta.gr* - *40 ch. 70/95 €*. Plusieurs petits pavillons jaunes composent ce bel hôtel moderne, familial et accueillant. Jolies chambres, avec balcon ou terrasse, dotées d'un excellent confort. L'établissement dispose d'une piscine couverte avec Jacuzzi. Le petit-déjeuner, sous forme de buffet, est particulièrement copieux (gâteaux maison et fruits du verger).

Agios Georgios

La plage d'Agios Georgios est située dans la partie sud de la ville, le quartier du Kastro étant accessible à quelques minutes à pied seulement.

PREMIER PRIX

Hotel Elizabeth – *Dans la ruelle parallèle à la plage - ✆ 22850 235 05 - www.hotel-elizabeth.com - mars-déc. - 12 ch. 30/60 € et 1 appart. 80 €- 6 €*. Accueil chaleureux de Maria qui parle bien anglais et qui, amoureuse des fleurs, a fait de cet hôtel un lieu particulièrement attachant. Belles chambres immaculées, balcons et grand calme. Tout cela à 30 m seulement de la plage. Savoureux petits-déjeuners créatifs.

Oniro – *Entre le Kastro et la plage d'Ag. Georgios - ✆ 22850 249 34 - www.studios-oniro.eu - 10 appart. et 1 ch. 30/80 €*. Située dans un quartier silencieux non loin de la plage, cette adresse propose des appartements très bien équipés, avec mobilier en fer et salles de bains soignées, ainsi qu'une vaste terrasse sur le toit pour profiter de la vue imprenable sur les environs. Balades à cheval gratuites et petit-déjeuner sur demande.

Pension Philoxenia – *À 100 m de la plage - ✆ 22850 220 42 - www.pension-philoxenia.com - 10 ch. 35/85 €*. Balcons, sol de marbre, jolis meubles peints et baldaquins font de cette accueillante pension une belle adresse, calme et romantique.

BUDGET MOYEN

Antonia Studios – *À 50 m de la plage, dans une ruelle parallèle - ✆ 22850 259 50 ou 6977 681 150 - www.antoniastudios.com* - - *7 ch. 60/70 €*. Au calme, belles et grandes chambres, studios ou suites, méticuleusements tenus par une sympathique famille d'agriculteurs. Produits de la ferme (lait, œufs et vin) offerts aux hôtes. Dans chaque chambre : balcon, sofa (pour 3e pers.) et nécessaire pour le petit-déjeuner.

Agios Prokopios

PREMIER PRIX

Camara – *Sur la route de Naxos ville - ✆ 22850 427 54 - www.camarahotel.com* - P - *de mi-avr. à mi-oct. - 12 ch. 20/70 € - 5 €*. À 5mn à pied de la plage, cette petite adresse tenue par un manager sympathique, Stavros, est dissimulée dans une impasse et dispose de chambres propres et claires, aux tons pastel, avec balcons spacieux et vue sur la mer pour la moitié d'entre elles. Bon rapport qualité-prix.

Agia Anna

BUDGET MOYEN

Castello Studios – *Sur la plage - ✆ 22850 231 69 - www.castellostudios.gr - de déb. avr. à mi-nov. - 9 appart. 30/105 €*. Posé au beau milieu de la plage, le Castello ravira les familles comme

4

les couples et les voyageurs solitaires. Décorés de mobilier peints à la main, les studios disposent d'une vue imprenable sur la mer et de jolies terrasses, en partie abritées. Nina, la charmante femme de chambre, se met en quatre pour ses hôtes. Réservation recommandée.

Aliko

BUDGET MOYEN

Faros – *Sur la route principale - ✆ 22850 752 44 - www. faros-studios-naxos.gr - ⛱ - avr.-oct. - 4 appart. et 3 ch. 40/110 €* ☕. Isolé au sud de l'île, à proximité des plus belles plages de Naxos, l'établissement de la famille Moustakis dispose de belles chambres situées à l'arrière du restaurant et de la piscine à cascade, qui dominent agréablement les environs. Beau jardin verdoyant avec aire de jeux.

Apolonas

PREMIER PRIX

Adonis – *✆ 22850 670 60 - www. adonis-hotel.com - fermé oct.-mars - 23 ch. 20/60 € - ☕ 5 €.* Le petit hôtel de Stamatis est situé un peu derrière la plage : les chambres, simples, ont un bel aperçu sur la mer. À l'arrière, le verger familial est planté de citronniers, d'abricotiers, orangers, etc. Petit-déjeuner concocté avec les produits du potager.

RESTAURATION

Naxos (Hora)

PREMIER PRIX

Maro – *R. I. Paparigopoulou - ✆ 22850 251 13 - 10/15 €.* Une taverne appréciée des locaux pour ses portions généreuses. Beignet de fromage, bœuf au citron, et autres spécialités du village d'Apiranthos.

BUDGET MOYEN

Meze² – *Sur le port- ✆ 22850 264 01 - 20 €.* Tenu par deux frères sympathiques, Manis et Panos, cette adresse du port propose des poissons frais à prix raisonnables, ainsi que de bonnes tartes salées maison.

Agios Georgios

BUDGET MOYEN

Nissaki – *Sur la plage - ✆ 22850 257 10 - 20/25 €.* L'une des plus belles terrasses de Naxos ville, sur la plage, agréablement colorée et isolée près des rochers. Service souriant et cuisine soignée : belles assiettes de risotto, saumon au safran et aux poireaux, raviolis à la ricotta et aux épinards, etc.

Filoti

PREMIER PRIX

Likouris – *sur la rue principale - ✆ 22850 321 20 - 💳̸ - mai-oct. - 10/20 €.* Petite taverne familiale proposant une cuisine généreuse et savoureuse, à base de champignons, et d'excellentes pizzas cuites dans l'impressionnant four à bois. Pain maison irrésistible !

Melanes

PREMIER PRIX

O Giorghis – *✆ 22850 621 80 - 💳̸ - 15/20 €.* Bercée par le chant des cigales, dans un village dominant une vallée fertile, cette taverne toute simple sert des poulets fermiers et, surtout, un succulent lapin à la tomate et aux oignons. Au dessert, fruits au sirop à la mode de Naxos et yaourt maison.

Ano Potamia

PREMIER PRIX

I Pigi – *À l'entrée du village - ✆ 22850 322 92 - 💳̸ - env. 15 €.* Très appréciée des locaux pour ses copieux *mezzes*, cette taverne, toute rose parmi les citronniers, les hibiscus et le jasmin, fait face à une église, le long d'un ruisseau.

Apolonas

PREMIER PRIX

Venetico – *Sur la plage - ☎ 22850 671 08 - ⊭ - avr.-oct. - 10 €.* Vous ne résisterez pas à sa terrasse ombragée au bord de la plage et la vue sur la baie. Cuisine simple et très abordable : grand choix de plats végétariens et belle côte d'agneau à la tomate.

ACHATS

Spécialités culinaires

Naxos est réputée pour ses vins rosés, ses fromages (*xenotiri* et *graviera*) et sa **liqueur de feuilles de citrus**, ou *kitron*, dont la dégustation s'impose lorsque l'on y séjourne. Cette boisson se décline en trois couleurs. La verte légère et sucrée, la jaune forte et amère, et la blanche qui est entre les deux.

EN SOIRÉE

Naxos (Hora)

Concerts nocturnes du Musée vénitien Della Rocca Barozzi – *☎ 22850 223 87 - www.naxosfestival.com - avr.-oct. : tous les soirs - 15/25 € - réserv. conseillée.* En plein air, en haut de la tour dominant le *kastro (voir p. 334).* En alternance : musique classique, danses et musiques traditionnelles de Grèce ou de Naxos. Ces spectacles de qualité sont programmés et animés par M. le duc Karavia-Della Rocca-Barozzi, en personne. Ambiance festive, dégustation de vins locaux et de *kitron* durant le spectacle.

Apiranthos

Lefteris – *Dans la rue principale - ☎ 22850 613 33.* Une belle taverne ancienne où l'on sert des pâtisseries dans un jardin en terrasse surplombant la vallée.

ACTIVITÉS

Planche à voile

Flisvos Sport Club – *Sur la plage d'Agios Georgios - ☎ 22850 229 35 - www.flisvos-sportclub.com.* Fréquenté par une clientèle internationnale, ce club dispose d'un bar et de chaises longues sur le sable, avec ambiance musicale.

Mikri Vigla Watersports – *Sur la plage de Mikri Vigla, au sud d'Agia Anna - ☎ 22850 753 57 - www.naxos-windsurf.com.* Planche à voile et kite-surf.

Promenade à cheval

Naxos Horse Riding – *Plage d'Agios Georgios - ☎ 69488 091 42 - www.naxoshorseriding.com.* Débutants acceptés. Chevaux impeccables, doux. Les moniteurs parlent français. Un formidable moyen d'apprécier la beauté de la baie. Des promenades sont organisées au coucher du soleil.

Randonnée

Informations à la gare routière de bus KTEL (voir p. 338). Cinq sentiers de randonnée sillonnent l'île (de 3 à 5h chacun), dont le sentier n° 1 qui part du port et conduit jusqu'à Melanes. Ils sont tous en connection avec les arrêts de bus KTEL.

AGENDA

14 juillet – Fête de la saint Nicodème, patron de la ville.

Les Dionisia – Première semaine d'août. Fête en l'honneur du dieu du Vin, avec musique locale et repas offert sur la place principale.

15 août – L'Assomption à Ano Sangri, Apiranthos et Filoti.

Paros

(Παρος)

★

15 278 habitants - Région d'Égée du Sud - Unité régionale de Paros - 196 km²

NOS ADRESSES PAGE 350

S'INFORMER

Office de tourisme – *À côté de l'embarcadère - www.paros.gr (en anglais) en saison.*

Paros Room Association – *22840 412 34 - www.parosweb.gr (en anglais).* Rassemble les propriétaires de chambres et d'hôtels à Parikia et vous communique (en anglais) des coordonnées en fonction de vos besoins (site, prix, style...).

Polos – *50 m vers le sud depuis le débarcadère - 22840 220 92/223 33 - www.polostours.gr.* Location de véhicules, billetterie.

SE REPÉRER

Carte de région C3 (p. 246-247) - Carte de l'île p. 345.

À NE PAS MANQUER

Les vieilles ruelles de Parikia et la Panagia Ekatontapiliani ; savourer des poulpes grillés sur le port de Naoussa ; un bain matinal dans les rochers de Kolimbithres.

ORGANISER SON TEMPS

Comptez 2 à 3 jours.

AVEC LES ENFANTS

La vallée des Papillons ; le musée Skorpios ; la grotte des Stalactites.

Appréciée tant des Grecs que des étrangers, Paros ne manque en effet pas d'atouts : un nombre étonnant de monastères occupés, un sentier byzantin pavé de marbre, une vallée où des millions de papillons viennent se reproduire, des villages aux ruelles pittoresques, sans oublier un vaste choix de plages. Réputée pour la pratique de la planche à voile, Paros est aussi située au cœur des Cyclades, une position idéale pour rayonner vers les autres îles de l'archipel, à commencer par sa petite voisine, Antiparos.

Se promener Carte de l'île p. 345

La superficie de Paros permet au visiteur d'alterner les plaisirs de la plage et la visite des quelques villages de l'intérieur qui ont gardé leur cachet. Mais ce sont les sports nautiques qui font la réputation de l'île, avec, au premier rang, la planche à voile.

★★ PARIKIA (HORA - ΧΩΡΑ)

Comptez une demi-journée.

Au premier abord, Parikia déçoit, avec sa succession de tavernes alignées devant un front de mer bien peu pittoresque.

La vieille ville de Parikia.
Tuul / Robert Harding Picture Library / age fotostock

Mais dès que vous entrez dans **la vieille ville★** *(à droite du débarcadère)*, l'atmosphère change radicalement, et elle se révèle une superbe bourgade cycladique, surtout aux premières heures de la matinée, lorsque le dédale des venelles n'est pas encore encombré par les étals des boutiques. Bougainvilliers, églises aux dômes bleus et passages voûtés : rien ne manque à ses ruelles tortueuses. Admirez aussi les belles fontaines de marbre *(dans la r. principale)*, les églises discrètes serrées entre les maisons et quelques **résidences du 18e s.** aux façades rehaussées de marbre et de fragments sculptés antiques.

Bâtie en 1592, l'**église Panagia Septemvriani** *(remontez la ruelle à côté de la banque commerciale)* est l'une des plus anciennes de la ville, dont la plupart des édifices religieux sont post-byzantins. Vous les découvrirez, parmi de coquettes habitations, en grimpant au **kastro vénitien** *(sur la droite en remontant la ruelle principale)*. Édifié au 13e s. sur les fondations d'un ancien temple d'Athéna, il en reprend des pans entiers et sa maçonnerie est un patchwork de colonnes et de blocs de marbre récupérés sur le bâtiment antique.

4

Balade byzantine

Ne manquez pas la **Panagia Ekatontapiliani★★★** *(en saison : 7h-22h ; reste de l'année : 7h-14h, 16h-20h)*, l'une des rares basiliques paléochrétiennes (reconstruite au 10e s.) encore visible en Grèce. Son nom signifie « cent portes », la tradition voulant que la centième n'apparaisse que lors de la reconquête de Constantinople. Précédé d'un cloître blanc percé de cellules, le bâtiment comprend un curieux narthex perpendiculaire, l'église elle-même alliant le type basilical et le plan en croix grecque, coiffé d'une coupole centrale. À l'intérieur, l'**iconostase★**, appuyée sur quatre colonnes du 6e s. (les fidèles pouvaient voir la messe dans le chœur), porte trois remarquables **icônes** du 17e s. On mesure la ferveur des fidèles au nombre d'ex-voto accrochés aux colonnes. Derrière, un **synthronon** occupe l'abside, petit amphithéâtre dont les pierres proviennent

PROMESSE TENUE

Selon la légende, au 4e s., **Hélène**, la mère de l'empereur **Constantin** le Grand, se serait embarquée pour la Palestine afin d'aller chercher une relique de la Sainte Croix. Obligée par la tempête de faire escale à Paros, elle aurait fait le vœu d'y élever un sanctuaire si elle trouvait l'objet de sa quête. Hélas, elle mourut peu après son retour en possession du précieux fragment. Son fils Constantin aurait réalisé son vœu, adoptant le plan en croix approprié pour le culte de la relique. Endommagée par un incendie, la **Panagia Ekatontapiliani** fut restaurée deux siècles plus tard par l'empereur Justinien qui modifia le plan et ajouta la coupole. La découverte de vestiges d'un sanctuaire du 4e s. semble confirmer cette légende.

du théâtre antique. Les prélats prenaient place ici, dans des sièges en marbre. Sous l'autel coule la source où s'abreuva sainte Téoktisti, la patronne de l'île, à qui une chapelle est consacrée *(à gauche)*. C'est là que se trouve la partie la plus ancienne de l'église, la **chapelle Agios Nikolaos**, peut-être du 4e s., fermée par une colonnade dorique. Dans l'aile droite se trouve un **baptistère★** du 4e s., l'un des mieux conservés d'Orient, dont la cuve baptismale forme une croix grecque. Les **fresques** sont très endommagées.
Le petit **Musée byzantin**, dans le cloître *(11h-14h, 17h-20h - 1,50 €)* expose des icônes des 15e-18e s. et des objets liturgiques.
Complétez votre visite par le **Musée archéologique** *(à gauche en ressortant, puis un peu plus loin sur la droite - ✆ 22840 212 31 - tlj sf lun. 8h30-14h45 - 2 €)*. Il rassemble les découvertes faites dans l'île, notamment une **déesse callipyge**, petite statuette en marbre d'une femme obèse personnifiant la fécondité. Autour de cette œuvre du néolithique, qui marque les débuts de l'établissement humain dans l'île (4e millénaire av. J.-C.), un éventail de pièces en marbre illustre la riche production des artistes pariens, de l'époque archaïque au 5e s. Le musée présente également une belle collection de céramiques et de figurines, ainsi que des inscriptions parmi lesquelles un fragment de la fameuse **table de Paros**, une chronique de l'histoire grecque depuis 1581 av. J.-C. jusqu'à sa rédaction en 265 av. J.-C. *(pour lire le reste, il faut se rendre à l'Ashmoleum d'Oxford)*.

UNE ÎLE RICHE EN RESSOURCES

De l'eau en quantité suffisante, une bonne terre à blé et de beaux coteaux pour mûrir un vin fruité : Paros ne refuse rien à ses habitants. Mais la nature a fait davantage encore, en lui donnant le **marbre** le plus précieux qui soit. Paros devint ainsi, sous la ferme autorité de son oligarchie dorienne, l'une des grandes puissances de la région, dès le 1er millénaire av. J.-C. Quatre siècles plus tard, seule Naxos lui conteste cette prépondérance, également acquise avec le lucratif marché d'esclaves. Sa rivale l'emporte, mais Paros prendra sa revanche en armant, contre les Grecs, une trière aux côtés des Perses, à Marathon, puis en adoptant une prudente neutralité lors de la bataille de Salamine. Thémistocle ramènera brutalement la traîtresse dans le giron athénien et la ligue de Délos. L'île vivra ensuite des richesses de son sous-sol, mais aussi de ses pirates et de la fortune de ses enfants, partis vivre à Constantinople, telle la grande famille des Mavrogenis.

De Parikia, on peut atteindre à pied de petites **plages** *(toujours fréquentées)*. À droite du débarcadère, voici d'abord **Zoodochos Pigis**, ourlée de tamaris, puis *(à 1 km en sortant de la ville)* **Delfini** et *(1 km plus loin, beach-bar)* la très animée **Parasporos**, où l'on vient se montrer. À gauche du débarcadère s'étendent aussi les plages de **Livadia**, puis, dans la baie suivante, celle de **Krios**, la plus agréable avec son sable fin et ses eaux transparentes.

Circuits conseillés Carte de l'île ci-dessus

NAOUSSA ET LE NORD

Comptez une demi-journée au minimum. De Parikia, prenez la rte de Naoussa ; après 4 km, tournez à droite au début de la descente vers la baie de Naoussa et parcourez encore 2 km.

Monastère Longovardas (Μονί Λαγγοβάρδα)

9h30-12h.

Bon à savoir – L'entrée est strictement réservée aux hommes, qui doivent porter un pantalon long.

Véritable forteresse, le monastère héberge une communauté de quelques dizaines de moines. Bâti en 1638, restauré à plusieurs reprises, il distribue ses bâtiments autour d'une cour ombragée par un grand cyprès, alignant cellules et communs, ateliers de peinture et une remarquable bibliothèque. Remarquez la façade de l'**église**, typiquement cycladique, avec ses **fresques** du 17e s.

★ Naoussa (Νάουσα)

Des églises, le *kastro* vénitien en partie immergé, un labyrinthe de ruelles, tout y est, sans oublier le port de pêche et ses caïques multicolores, face aux tables des tavernes et des *ouzeries*, devant lesquelles sèchent des poulpes. L'occasion de déguster du poisson frais ou de l'*octapodi* grillé, mariné ou en sauce.

Si vous visitez Naoussa le 6 juillet, vous assisterez à la très populaire **Fête du vin et du poisson**. Dans la nuit du 23 août, une centaine de bateaux illuminés mouillent dans la baie, tandis que des groupes folkloriques dansent sur les quais pour commémorer l'héroïque résistance des habitants contre le raid tragique, en 1537, du redoutable Barberousse *(voir p. 185)*.

Naoussa, devenu le petit Saint-Trop' de l'île, est le fief des bars à la mode. Les constructions vont bon train et les prix s'en ressentent. Malgré tout, indifférentes à cette agitation, la **forteresse vénitienne** (14e-15e s.), bien qu'en ruine, et la charmante chapelle toute blanche veillent encore sur le port de pêcheurs.

Dans le bourg, montez jusqu'à **Agios Nikolaos Mostratos**, la grande église paroissiale qui abrite un petit **Musée byzantin** riche en icônes.

Non loin, un tout petit **Musée archéologique** *(à côté de la poste - 10h-13h, 18h-20h - 2 €)* accueille les trouvailles faites dans la région, notamment à **Koukounaries**, un site mycénien et archaïque établi au sud-ouest de Naoussa, ainsi qu'un sympathique bric-à-brac d'objets de la vie quotidienne d'autrefois.

Les plages des environs

Sur le côté ouest de la baie, ne manquez pas les criques sablonneuses de **Kolimbithres**. Avec leurs curieux rochers plissés aux formes étranges, elles composent un paysage idyllique d'autant plus fréquenté que les plages voisines ont été absorbées par l'affreux parc aquatique de Porto Paros.

Conseil – Venez tôt le matin, le site est désert, baigné de soleil.

Dépassez le complexe et continuez jusqu'à la **baie d'Agios Ioanis** et la **plage de Monastiri**, où l'on trouve activités sportives et tavernes. Un peu plus haut, un amphithéâtre de 600 places a été creusé dans le rocher pour des spectacles estivaux.

À l'opposé, à l'est de Naoussa, toujours dans la baie, s'étendent plusieurs plages malheureusement gâchées par la présence d'une centrale électrique. Si l'on ne regarde pas dans cette direction, la **plage de Naoussa** est agréable quoique fréquentée, tout comme celle de **Langeri** *(accessible en caïque depuis Naoussa)*. Plus petite, sa voisine est beaucoup plus tranquille *(en caïque ou par la rte, puis 10mn de marche)*.

LA MATIÈRE DU « BEAU »

La *Vénus* de Milo(s), la *Victoire de Samothrace*, l'*Hermès* de Praxitèle, la frise du Parthénon, et bien d'autres joyaux de l'Antiquité, ont en commun d'avoir été taillés dans le **marbre** de Paros. La pureté et la blancheur de celui-ci sont exceptionnelles : cristallin, translucide, le lychnitis (du nom des lychnaria, les lampes à huile des mineurs) laisse passer la lumière jusqu'à 3,5 cm de profondeur (contre 2,5 cm pour le marbre italien de Carrare et 1,5 cm pour celui de Pendélis). Mais ses qualités remarquables en font aussi un matériau particulièrement difficile à travailler, redouté des sculpteurs qui connaissent sa capacité à éclater au moindre coup de ciseau maladroit. Sous les Romains, de très nombreux esclaves œuvraient nuit et jour pour extraire le précieux minéral.

Le port de Naoussa.
R. Cintract / hemis.fr

De l'autre côté de la pointe nord-est de l'île, la **baie d'Aliki** *(à ne pas confondre avec le village du même nom au sud de l'île)* est le sanctuaire des véliplanchistes. Les plus chevronnés se retrouvent sur la **plage de Santa Maria★**, au sud de la baie *(près du camping)*, laissant celle du nord (plus modeste) aux amateurs de *farniente*.

L'atmosphère se révèle beaucoup plus calme à **Ambelas**, un port de pêche apprécié surtout des Grecs, où l'on vient déguster du poisson.

De là, une agréable promenade longe la côte, jusqu'à la **plage de Filitzi** *(4 km de piste)*.

4

VERS ALIKI (ΑΛΥΚΗ) ET LE SUD

Comptez une demi-journée. À la sortie sud de Parikia, tournez à gauche en prenant la dir. du monastère Christos Dassou et de Psychopiana.

Vous arrivez au **monastère Christos Dassou** (« le Christ de la forêt ») situé sur un col d'où l'on voit toute la côte. Ce couvent abrite le **tombeau de saint Arsenios** *(fête les 6 et 18 août)*, le saint patron de l'île décédé ici en 1877. L'endroit est ouvert à tous *(bras et jambes couverts)*, mais seules les femmes sont autorisées à visiter les corridors et les cellules.

Vallée des Papillons

1 km plus loin. ✆ 22840 915 54 - en été : 9h-20h - 2 €.

La luxuriante vallée des Papillons *(Petaloudes)*, plantée de cyprès, de platanes, de lauriers, de caroubiers et d'arbres fruitiers, attire chaque été des millions de papillons qui viennent se reproduire. Le jour, ces insectes nocturnes ne bougent pas et se fondent dans la végétation ; aussi est-il interdit de sortir des sentiers, pour ne pas les perturber : réagissant aux ultrasons, ils vous gratifient parfois d'un ballet aérien qui, s'il est trop fréquent, peut leur être fatal.

De retour sur la route côtière, vous atteignez bientôt la **plage d'Agia Irini**, très exotique avec ses palmiers et ses tamaris, puis la jolie **plage de Voutakou** *(5 km plus au sud)*, peu après le hameau du même nom.

★★ Musée Skorpios

Sur la route de l'aéroport. 10h-12h, 17h-18h - 2 €.

Sur la route de l'aéroport, ne manquez pas la visite de cet étonnant musée. Le propriétaire, sorte de Facteur Cheval, marin et bricoleur de génie, a réalisé les **modèles réduits** de tout le patrimoine des Cyclades. Dans la maison, splendides maquettes d'embarcations traditionnelles et historiques. Son épouse, timidement francophone, se charge de la visite.

Le village de pêcheurs d'**Aliki** est idéal pour le déjeuner et pour une pause baignade sur l'agréable plage de sable qui jouxte le village *(accessible par un chemin de terre)*. En cas d'affluence, poussez jusqu'à la **plage de Faranga**★ *(revenez sur la piste et suivez-là sur env. 2 km plus au sud, panneau)*, où vous ne trouverez qu'une taverne *(à droite)* et quelques parasols en paille, dans un décor de tamaris et de collines arides.

D'Aliki, la route quitte la côte pour traverser **Angeria**, un village traditionnel, puis mène au **monastère Agii Theodori**. De là-haut, la **vue**★ est superbe.

Si vous êtes en moto ou en 4x4, n'hésitez pas à emprunter la piste qui grimpe vers le centre de l'île *(et rejoint 4 km plus loin une route asphaltée)* : c'est l'une des plus belles de Paros.

LE CENTRE DE L'ÎLE ET LA CÔTE EST

Comptez une demi-journée.

De Parikia, prenez la direction de Marathi et de Lefkes. Après Marathi, un chemin carrossable *(à droite de la route)* suit un vallon menant aux célèbres **carrières de marbre** *(Latomia Marmarou)*, exploitées depuis l'Antiquité et pendant de longs siècles *(l'approche est marquée par des bâtiments abandonnés - laissez votre voiture à hauteur d'une chapelle, puis continuez à pied sur 100 m avant de franchir le muret à gauche - suivez enfin le sentier jusqu'au site)*. Trois carrières s'ouvrent là, dont on peut visiter les **galeries** *(glissantes par endroit)*. Assez pentues, elles s'enfoncent parfois très loin, le marbre le plus blanc s'extrayant en profondeur. Un bas-relief du 3e s. av. J.-C. figurant des dieux et des héros mythologiques est sculpté à l'entrée de la **grotte des Nymphes** *(accès interdit)*. La deuxième ouverture a été baptisée l'**entrée des Français** depuis qu'une équipe franco-belge en a retiré le marbre pour le tombeau de Napoléon.

La piste vous conduit ensuite au **monastère Agios Minas**, impressionnant bâtiment fortifié du 17e s.

Après avoir repris la route, vous longez **Kostos**, charmant village, avant d'atteindre Lefkes.

★ Lefkes (Λεύκες)

Étagé au flanc d'une montagne boisée, ce village s'entourait jadis de moulins. Promenez-vous dans les **ruelles** jalonnées de linteaux, de bancs, d'arcades et de puits taillés dans le marbre. En remontant la rue centrale, vous apercevrez de loin la haute silhouette de l'**église Agia Triada** (1835), avec ses deux **clochers** de marbre finement ouvragés. Le marbre est tout aussi présent à l'intérieur (chaire, iconostase et trône de l'évêque). Le village compte encore des ateliers de céramique traditionnelle, et le **musée des Arts et Traditions populaires**, installé dans l'hôtel Lefkes Village, évoque la vie artisanale en mer Égée *(entrée libre)*.

Si vous aimez la marche, empruntez au départ de Lefkes le **sentier byzantin**★ *(1h15, indiqué)*, jadis la seule voie menant à Prodromos. Entièrement pavé de marbre, il serpente dans des collines aux entêtants parfums des plantes aromatiques.

Prodromos (Dragoula)

On pénètre dans ce bourg fortifié par une élégante arcade formée des clochers de deux églises. La cathédrale, **Agios Ioanis Prodromos** (saint Jean le Précurseur, c'est-à-dire Jean Baptiste), du 17e s., recèle de vieilles icônes et une iconostase de bois.

Passé le village de **Marmara** (« marbre »), la route relie le littoral à la magnifique **baie de Molos★**. À côté de sa grande plage *(à gauche)*, derrière le promontoire *(à droite)*, se cache la crique de **Vigla**.

Marpissa (Μάρπησα)

Un peu au sud de Marmara, Marpissa étale ses maisons blanches en amphithéâtre au pied de la butte où se dressait le **kastro de Kefalos** *(en ruine)*, dernier bastion des maîtres vénitiens. Le **monastère Agios Antonios** *(11h-19h)* y veille encore, offrant une **vue★** splendide. Ce bel édifice blanc renferme des **fresques★** du 17e s., notamment une grande évocation du *Jugement dernier*. Flânez aussi dans le village, d'églises en vieilles maisons, sans oublier les *kafeneion*.

Sur le littoral

Entre la station balnéaire de Pisso Livadi et le village de Drios s'étend, en une succession de plages très fréquentées, le troisième pôle touristique de l'île : plages familiales, telles **Pisso Livadi** *(à côté du petit port)*, **Logaras** ou **Drios**, ou plus jeunes comme **Pounda** *(club)*, **Messada** *(naturiste)* et la fameuse plage de **Hrissi Akti★** *(Golden Beach)*, une des plus grandes de l'île, au sable doré et aux eaux turquoise. C'est l'un des spots des véliplanchistes, dont elle accueille les championnats internationaux.

Entre Drios et le **cap Mavros**, la côte sud révèle un paysage un peu plus sauvage et authentique, cachant quelques criques sablonneuses et les plages plus paisibles *(et moins construites)* de **Lolandoni**, **Glifa** et **Tripiti★**.

Excursion Carte de l'île p. 344

★ ANTIPAROS (ΑΝΤΙΠΑΡΟΣ)

Comptez une demi-journée de visite. De Parikia, des petits bateaux font la navette (6/j., 30mn - 5 € AR). Si vous souhaitez y aller en voiture ou à vélo, prenez le bac à Pounta (ttes les 30mn de 7h15 à 1h45 - 15mn - 10 € env. AR par voiture, 2 € AR par piéton).

★ Kastro (Antiparos)

Cet ancien repaire de pirates maltais et français (au 18e s.) est devenu une bourgade touristique fleurie. Le nom Kastro désigne un village fortifié *(fondé vers 1400)*, dont les murs extérieurs des maisons, renforcés, constituent le dispositif défensif.

En face du premier môle commence la **Kabiara**, rue animée d'Antiparos. Bordée de tavernes et de cafés, cette longue artère pavée débouche sur la place Agios Nikolaos avant de filer vers la **plage de Sifneiko**, de l'autre côté de l'île.

Proches du village, les deux plages de **Psarolikes** *(au sud de Kastro)* sont très fréquentées. Descendez plutôt vers **Panagia**, **Glifa** ou **Soros** et surtout vers **Agios Georgios** *(tavernes)*, baignée d'une eau très claire, ou encore vers **Livadi★**. Les marcheurs pourront rallier Kastro à Agios Georgios par le sentier côtier en passant par Livadi *(3h environ)*.

★ La grotte des Stalactites (Spilia Stalaktiton - Σπηλαιο Σταλακτιτων)

De mi-mai à mi-sept. : 10h-15h - 3 €.

Pas moins de 410 marches descendent au cœur de cette grotte, cachée à 160 m de profondeur. Là, une salle monumentale, de 216 m de long sur 203 m de large, haute de 18 m, révèle une forêt de stalactites et de stalagmites, véritable cathédrale souterraine. Des grafittis anciens témoignent du passage de navigateurs français des siècles passés, dont l'un des premiers fut, en 1673, le marquis de Nointel, ambassadeur du roi de France à Constantinople.

NOS ADRESSES À PAROS

INFORMATIONS UTILES

Consigne
Plusieurs boutiques et agences face au port *(payant)*.

Banque
Banques et distributeurs de billets à deux pas du débarcadère.

Poste
Bureau de poste, à 300 m vers le nord depuis le débarcadère.

Téléphone
OTE – *Légèrement vers le sud depuis le débarcadère.*

Police touristique
En face du port - ✆ 22840 216 73 - le matin seult.

Santé
Centre médical – *(Privé), à gauche du port, au début de la rue parallèle au quai - ✆ 22840 244 10.* Moderne, sérieux, mais cher.

Centre de soins – *(Public), à gauche du débarcadère, un peu avant le centre privé - ✆ 22840 225 00.*

Médecin français – *À Parikia sur la place du marché - ✆ 22843 600 00.*

Pharmacies – *À Parikia, une à Naoussa et une à Marpissa.*

Presse internationale
Dans tous les kiosques du port.

Internet
Anef – *Plage de Livadia (au nord de l'embarcadère) - ✆ 22843 249 26.* Ce café dispose de postes Internet.

ARRIVER / PARTIR

En avion
Vols quotidiens depuis Athènes *(35mn de trajet ; env. 70 €).*

Olympic Air – *Sur la pl. principale de Parikia - ✆ 22840 912 57 - www.olympicair.com.*

Aéroport d'Aliki – *9 km au sud de Parikia - ✆ 22840 920 30.*

En bateau
Liaisons avec **Le Pirée** *(5-7/j., 3h-4h30)*, **Rafina** *(2-3/j., 3h-4h15)* et **Lavrio** *(2-3/j., 3h-4h15).*
Liaisons avec **Naxos** *(5-9/j., 30mn-1h)*, **Mykonos** *(4-7/j., 40mn-1h45)*, **Santorin** *(3-4/j., 1h45-5h)*, **Syros** *(2-4/j., 1h10-3h10)*, **Tinos** *(2-3/j., 1h-1h40)*, **Ios** *(1-2/j., 55mn-3h30)*, **Amorgos** *(1-2/j., 3h20-4h15)*, **Folegandros** *(4/sem., 2h15-4h15)*, **Milos** *(3/sem., 5h-7h)*, **Sérifos** *(2/sem., 1h40-2h40)* et **Sifnos** *(2/sem., 2h35-3h40).*
Plusieurs bateaux quotidiens en été pour **Antiparos** depuis Parikia *(30mn)* et bac ttes les 30mn *(10mn)* depuis Pounta.

Capitainerie – *✆ 22840 212 40.*

TRANSPORTS

En bus

À Parikia, la gare routière se trouve à 200 m au sud de l'embarcadère.

Compagnie KTEL – *✆ 22840 213 95 - www.ktelparou.gr - horaires affichés au guichet.*
5 lignes au départ de Parikia : direction **Naoussa** *(30mn)*, **Lefkes-Pisso Livadi** *(40mn)*, **Pounta** *(pour Antiparos, 15mn)* ; **Aliki-Angeria** *(20mn)*. L'été, il existe également une ligne **Naoussa-Krios**. En saison, des bus fonctionnent la nuit. À Antiparos, trajet Port-Grotte-Soros-Agios Georgios *(1 bus ttes les 30mn)*.

En voiture

Location de véhicules – À Paros, la location est plutôt chère. Tous les loueurs se trouvent autour du débarcadère. Comparez bien les prix, car ils varient parfois du simple au double. Pour les scooters, privilégiez les agences qui utilisent des véhicules neufs et exigez un casque.

Iria Rent a Car – *À gauche du débarcadère - ✆ 22840 212 32 - www.iriacars-paros.com*. Propose des tarifs compétitifs et un bon service.

Ballos Rent a car (Sixt) – *Sur la place centrale, à Naoussa, et au port de Parikia - ✆ 22840 510 73 - www.ballos-cars-rentals.com.*

Antiparos Europecar – *À Antiparos - ✆ 22840 613 46 - www.antiparos-cars.com.*

Taxi

Parikia - *✆ 22840 215 00.*
Naoussa - *✆ 22840 534 90.*

HÉBERGEMENT

Bon à savoir – Quoique importantes, les capacités d'hébergement ne suffisent pas en été où aucune réduction n'est consentie. Même Antiparos, devenue très touristique, affiche des prix élevés. Le harcèlement à la sortie des bateaux, maintenant réglementé, est devenu discret. Néanmoins, ne vous laissez pas intimider et ne vous contentez pas de simples photos : demandez à localiser précisément l'hôtel que l'on vous conseille sur une carte.

Parikia

PREMIER PRIX

Koula – *Plage de Livadia - ✆ 22840 220 81/82 - www.campingkoula.gr - - env. 20 €.*

Krios – *Plage de Livadia - ✆ 22840 217 05/239 15 – www.krios-camping.gr - - 15/20 €.*

Parasporos – *À 700 m de la mer - ✆ 22840 211 00 - - env 20 €.* Des navettes vous attendent à la descente du ferry.

Anna Platanou – *À 400 m derrière de la plage Zoodochos Pigis - ✆ 22840 217 51 - www.annaplatanou.gr - avr.-oct. - 18 ch. 30/60 €.* Cet établissement propose des chambres simples et bien tenues, au calme, avec salles de bains rénovées pour la plupart. La famille dispose également d'une pension et de studios, situés non loin. Pas de petit-déjeuner. Transfert gratuit vers le port.

Hotel Eleftheria – *500 m vers le nord depuis le débarcadère, dans la r. partant du restaurant Katerina, à 50 m de la plage - ✆ 22840 220 47 - - de mi-avr. à mi-oct. - 15 ch. 33/64 €.* Simple, propre et agréable. Patio et jolie terrasse pour le petit-déjeuner. Prix raisonnables.

Sofia Pension – *400 m vers le nord depuis le débarcadère, derrière le cinéma Paros - ✆ 22840 220 85 - www.pension-sofia.gr - 12 ch. 35/70 € - 8 €.* Une jolie maison dans le calme d'un grand jardin fleuri. Les chambres, avec balcon, sont confortables et décorées avec goût. Accueil francophone chaleureux de Sofia et de Manoli. Petit-déjeuner servi sous la treille. L'une des meilleures adresses de Parikia.

Niki's Pension – *À l'arrière de l'église Zoodochos Pigis - ✆ 69800 322 76 - http://niki.paros-island.com - 8 ch. 40/75 € - ☕ 5 €.* Nichée dans une venelle du vieux Parikia, la petite pension de Bruce, d'origine anglaise, allie sobriété et touche artistique. En empruntant l'escalier situé sur le côté, vous apprécierez la vaste terrasse qui s'ouvre sur l'église et les chambres au sol marbré et parfumées par une fleur.

Siroco's – *Non loin de la route contournant le centre (dir. Aliki) - ✆ 22840 219 11 - www.sirocos.gr - 🏊 - 45 ch. 30/72 €.* À l'orée de la campagne, le Siroco's comprend trois édifices voisins, à proximité des champs : chambres simples, avec carrelage bleu lavande et plafond lambrissé pour certaines, et balcons ombragés. Petite piscine dans l'une des deux cours.

BUDGET MOYEN

Pension Rena – *200 m vers le nord depuis le débarcadère, derrière le cimetière antique - ✆ 22840 222 20 - www.cycladesnet.gr/rena - 💳̸ - 12 ch. 60 € - Wi-Fi.* Excellentes prestations compte tenu du prix. Pension simple et très bien tenue. Chambres avec ou sans air conditionné et équipées d'un nécessaire à petit-déjeuner. Accueil sympathique en anglais ou en hollandais.

Angie's Studios – *Au nord du débarcadère, juste à la sortie de la vieille ville (paleia agora) - ✆ 22840 239 09 ou 23510 358 86 (hiver) - www.angies-studios.com - 6 studios 75 €.* Une maison pimpante et confortable dans le calme d'un jardin, à quelques minutes du centre-ville. Bon rapport qualité-prix.

Argonauta Hotel – *Dans la ville, près du débarcadère, derrière la place Mandon Mavrogenia - ✆ 22840 214 40 - www.argonauta.gr - 15 ch. 60/90 € - ☕ 6 €.* Tons pastel de bleu et de vert, balcons et belle décoration concourent à faire de cet hôtel un lieu très agréable. Double vitrage, accueil charmant et service efficace. Bon rapport qualité-prix.

POUR SE FAIRE PLAISIR

Panorama – *À 850 m du débarcadère, en retrait de la route de Naoussa, à 550 m de la plage - ✆ 22840 228 30 - www.panoramahotel.gr - 🏊 - 30 ch. (certaines non-fumeurs) env. 100 €.* Un bel hôtel doté d'un excellent confort. Décoration subtile et balcons avec vue sur la ville et la baie. La piscine, entourée d'un jardin luxuriant, fait oublier la proximité d'une petite route parfaitement calme la nuit.

Naoussa et ses environs

PREMIER PRIX

Eleana – *Derrière la plage d'Ambelas, à 2,5 km de Naoussa - ✆ 22840 523 76/514 93 - www.paros-greece.gr/eleana - 💳̸ - 19 studios 38 € ☕.* Au vert, simplicité, propreté et confort pour cette pension dont les studios équipés accueillent de deux à quatre personnes, à quelques minutes de la plage.

Hotel Stella – *Dans la vieille ville - ✆ 22840 513 17 - www.hotelstella.gr - 9 ch. 40/60 €.* Agréable petit hôtel organisé autour d'un patio. Les chambres, sobres et propres, ont chacune un balcon.

BUDGET MOYEN

Captain Nicolas – *Sur la plage d'Ag. Anargyroi - ✆ 22840 523 40 - www.hotelsparos.net - mai-sept. - 19 studios 70/85 € - ☕ 6 €.* Posé en face de la plage, à bonne distance de la route principale, cet édifice blanc et bleu marine dissimule un joli petit jardin en espalier à l'arrière, à l'ombre d'un grand palmier. Les studios sont spacieux et la moitié s'ouvrent sur la baie. À 5mn à pied du centre.

POUR SE FAIRE PLAISIR

Swiss Home – *2 km avant Naoussa en venant de Parikia, tournez à droite après le pont jaune, devant l'arrêt de bus - 22840 516 33 - www.swisshome.gr - - 29 ch. 85 €.* Au vert, avec piscine et chambres joliment décorées, cet hôtel est parfaitement tenu par une famille francophone. Sur réservation, hôtes ou clients de passage dégustent, pour 15 €, le menu complet d'une belle cuisine authentique qui, rarissime en Grèce, est d'une grande légèreté. Calme et excellence du confort font de cet établissement un lieu de repos idéal.

Hotel Petres – *500 m plus haut que le précédent - 22840 524 67 - www.petres.gr - - 16 ch. à p. de 136 € (à p. de 78 € en basse saison).* Chambres de charme décorées d'antiquités et ambiance très conviviale valent à ce bel hôtel, où l'on parle français, une clientèle d'habitués. Aux nombreux équipements (piscine, Jacuzzi, salle de gym et sauna) s'ajoutent un court de tennis et deux chambres pour handicapés. Transfert aéroport inclus, navette pour Parikia et Naoussa. Succulent petit-déjeuner, présenté sur le comptoir de la vieille cuisine, et concocté par la patronne Cléa.

Pisso Livadi

PREMIER PRIX

Dinnas Inn – *Au-dessus du port et à 3mn de la plage - 22840 414 18 -www.dinasinn.com - - 13 ch. 45/60 €.* Cette pension accueillante propose de jolies chambres simples et confortables, et des studios équipés. Cuisine à disposition de tous et accès à une belle terrasse donnant sur la mer.

Londos – *Sur une hauteur à 150 m de la plage - 22840 412 18 - www.londoshotel.gr - - 20 ch. 45/70 €.* Chambres claires, calmes et lumineuses dotées de balcon, avec ou sans air conditionné.

BUDGET MOYEN

San Antonio – *À proximité de l'église - 22840 415 11 - www.sanantonio.gr - - de mi-mai à mi-oct. - 17 ch. 45/85 € et 9 studios 60/90 €.* Thanasis et Maria vous réservent un bel accueil dans leur établissement isolé dans une impasse. Les chambres occupent le premier bâtiment et sont ordonnées autour d'une petite cour littéralement envahie par un bougainvillier, tandis que les studios sont situés dans un second édifice, de l'autre côté de la piscine. Chaises longues à disposition.

Aktaion – *Plage de Logaras - 22840 410 98 ou 21027 541 16 (hiver) - www.akteonhotel.gr - - 18 ch. et studios 55/110 €.* Bel ensemble joliment décoré, au milieu d'un jardin. Chambres confortables dont certaines pour handicapés.

Lefkes

POUR SE FAIRE PLAISIR

Lefkes Village – *22840 418 27 - www.lefkesvillage.com - - 20 ch. env. 130 €.* Au cœur de l'île, au milieu d'un paysage magnifique, l'architecture de cet hôtel s'intègre parfaitement à l'environnement d'un village préservé. Chaque chambre jouit d'une décoration propre inspirée de la tradition paysanne cycladique. Belle piscine, restaurant *(voir « Restauration »)* et musée *(voir p. 348)* viennent compléter cette adresse exceptionnelle.

Antiparos

PREMIER PRIX

Camping Antiparos – *À 600 m vers l'ouest depuis le port - ☎ 22840 612 21/614 10 - www.camping-antiparos.gr - ✕ ▭ - env. 15 €.* Au calme, en pleine nature, ce terrain, agréablement équipé, propose des emplacements bien délimités par d'épaisses haies de bambous. Petite plage naturiste à 200 m.

Chrisoula – *Face au bureau des garde-côtes, dans une petite rue fleurie perpendiculaire à la rue principale - ☎ 22840 612 24/614 51 (hiver) - ▭ - 10 ch. env. 55 €.* Petite pension simple et confortable.

Aegeo Inn – *À côté du précédent - ☎ 22840 613 87 - ▭ - 13 ch. env. 40 €.* Dans un jardin fleuri, petite pension familiale confortable et tranquille. Chacune des chambres, agréablement décorée, est dotée d'une bouilloire pour le petit-déjeuner.

Cyclades Rooms – *À l'arrière du village, dans une rue partant de la chapelle du débarcadère - ▭ - ☎ 22840 610 54 - 16 ch. dont 3 studios env. 45/50 €.* Au calme, chambres simples, confortables et bien tenues.

Pension Theologos – *À 300 m vers le nord depuis le débarcadère - ☎ 22840 612 44/610 45 - www.theologosplace.com - ▤ ▭ - 17 ch. env. 45/55 €.* À la sortie du village, chambres simples et agréables, avec balcon.

RESTAURATION

Parikia

PREMIER PRIX

Peri Orecheos – *Sur la grande place - ☎ 22840 221 15 - ▭ - 10 €.* Une petite rôtisserie irrésistible avec sa vitrine où grillent les poulets. Cuisine simple et généreuse : porc, steak, saucisses locales, côtelettes d'agneau, plats du jour, etc. Bonnes frites maison. Agréable petite terrasse ombragée.

Christos – *À 5mn à pied vers le sud depuis le débarcadère - ☎ 22840 246 66 - ▭ - 10/20 €.* Une taverne simple, demeurée typiquement grecque, où l'on sert des plats copieux et exquis. Ne manquez pas ses poissons et ses *imam baïldi* (aubergines farcies).

Trata – *Le long du cimetière antique - ☎ 22840 246 51 - ▭ - 10/20 €.* Taverne joliment décorée où l'on déguste de bons *mezzes* et des poissons grillés, sur un air de *rébétiko*.

Ouzerie Apostolis – *À env. 300 m vers le nord depuis le débarcadère - ☎ 22840 242 65 - ▭ - 10/20 € -* Grillades et spécialités de poisson à déguster sur la plage de Livadia.

Levantis – *Dans la vieille ville, proche de Market Street - ☎ 22840 236 13 - www.parosweb.com/levantis - ▭ - le soir - 10/20 €.* Saveurs créatives d'inspiration grecque servies sous la tonnelle, dans le cadre élégant et romantique d'un joli jardin.

Magaya– *Sur la route d'Aliki (à 800 m de Parikia) - ☎ 22840 237 91 - P - mai-sept. - 15/20 €.* Joli restaurant aux murs en terracotta rouge et vert niché au bord de la petite plage de Souvlia : Nikos et Vangelis proposent une cuisine simple, fraîche et soignée, à déguster sous des airs musicaux relaxants et de tous horizons. Nous vous conseillons d'y aller au moment du coucher de soleil.

Happy Green Cows – *Dans une ruelle derrière la National Bank et le square Mandon Mavrogienou -*

22840 246 91 - *www.parosweb.com/happygreencows* - - *env. 15/20 €.* Cuisine végétarienne ou non, généreuse et inventive, dans un décor kitsch et branché, sur fond de musique jazz ou latino.

Naoussa

PREMIER PRIX

Yemeni– *Dans la vieille ville - 22840 514 45 - www.yemeni.gr - - à partir de 14h - fermé de mi-nov. à fin fév. - 15/20 €.* Un peu perdue dans le dédale de la vieille ville, cette ravissante adresse aux volets gris clair et aux nappes en lin charmera vos papilles : agneau en feuilles de vigne, calamar en croûte poivrée, poulet cayenne, sans oublier l'excellente moussaka faite par la maman. Huile d'olive maison.

Le Sud – *Dans une ruelle au pied des escaliers menant à la grande église - 22840 515 47 - www.restaurantlesud.com - - 15/25 €.* Table raffinée, l'une des meilleures des Cyclades, d'inspiration méditerranéenne, sous la baguette d'un jeune chef français de talent. Décor sobre et élégant.

BUDGET MOYEN

Matsourana – *À la sortie de la ville, sur la route de Marpissa - 22840 711 71 - P - fermé le midi hors saison et de déb. nov à fin fév. - 20/25 €.* Portant le nom de la jeune chef, « Marjolaine » (en français) vous plaira d'abord pour sa vue imprenable sur Naoussa mais ensuite, et surtout, pour sa cuisine créative et parfumée, qui varie au gré des inspirations.

POUR SE FAIRE PLAISIR

Sigi Inthios – *Sur le petit port - 22840 526 39 - - env. 25 €.* Une salle plaisante et toute en longueur. Cuisine grecque revisitée, copieuse et savoureuse. Terrasse en été.

Marathi

PREMIER PRIX

Marathi – *22840 222 43 - dès 18h - - 10/15 €.* Une taverne très simple où déguster les meilleures viandes de l'île accompagnées de produits locaux.

Lefkes

POUR SE FAIRE PLAISIR

Lefkes Village – *Voir « Hébergement » - 22840 418 27 - www.lefkesvillage.com - env. 25 €.* De délicieuses spécialités de Paros et de la mer Égée, élaborées à partir de produits locaux sélectionnés, à déguster en sirotant les meilleurs crus de l'île dans le cadre enchanteur de Lefkes.

Plage Santa Maria

PREMIER PRIX

Katsounas – *22840 528 09 - - 15/25 €.* La propriétaire de cette taverne de poisson fait elle-même ses fromages, tandis que le mari pêche : une alliance idéale pour une gastronomie simple et savoureuse.

Marpissa

PREMIER PRIX

Anna & George– *Sur la route de Lougaras - 22840 421 27 - P - 10/15 €.* L'une des meilleures rôtisseries de toute l'île : Georgios est affairé aux grillades tandis qu'Anna s'occupe de ses hôtes. Agréable sa.lle fleurie de géraniums. Excellentes côtelettes d'agneau.

Antiparos

PREMIER PRIX

Anargyros – *Face au débarcadère - 22840 612 04 - - env. 15 €.* Une bonne cuisine grecque, des pizzas et de copieuses assiettes de pâtes à l'italienne, servies avec le sourire.

Klimataria – *Dans le village, presque en face de l'hôtel Chrisoula - ✆ 22840 612 98 - ▭ - env. 15 €.* Une taverne simple et sympathique où manger le tarama et la moussaka sous la tonnelle, dans une grande cour fleurie.

Statheros – *À 150 m vers le sud depuis le débarcadère - ✆ 22840 611 27 - ▭ - env. 15 €.* Le long du port, taverne grecque à l'ancienne, spécialisée dans les produits de la mer.

BOIRE UN VERRE

Parikia

Bon à savoir – Le front de mer et les ruelles regorgent de cafés et de bars pour tous les goûts.

Pirate Bar – *Tout au bout de Market Street - ✆ 69791 940 74.* Pour siroter un cocktail en écoutant du jazz et du blues au milieu d'un décor chaleureux.

Mikro Café – *✆ 22840 246 74.* Un café grec un peu décalé, avec ses tables basses et ses minichaises en paille multicolore.

EN SOIRÉE

Naoussa

C'est là que se concentre la vie nocturne de Paros (surtout grecque). Deux bars sur le port : **Sofrano** et **Agosta**, assez chic, sans oublier le **Maïstro**, un peu plus haut dans les ruelles. La plage voisine a pris le nom de « Petite Venise », comme à Mykonos, et le bar **Photis** est le rendez-vous branché-chic pour un apéritif ou un cocktail.

ACTIVITÉS

Plongée

Eurodivers Club – *Plage de Pounta - ✆ 22840 920 71 - www.eurodivers.gr.* Tous niveaux, matériel fourni.

Blue Island – *Antiparos - ✆ 22840 617 67 - www.blueisland-divers.gr.*

Planche à voile

Les meilleurs endroits sont : la **baie d'Agia Maria** *(plages de Santa Maria et d'Aliki)*, **Hrissi Akti** *(Golden Beach, championnats internationaux)*, **Nea Hrissi Akti** (à côté de la précédente) et **Molos**. Location de matériel sur place. Rens. : *www.paroskite.gr* et *www.paroswindsurf.com.*

Excursions

Vous n'êtes qu'à 1h de ferry de Naxos, qui abrite l'un des plus beaux ensembles d'architecture médiévale de la mer Égée. Les agences sur le port proposent aussi de nombreuses excursions à la journée vers Mykonos, Délos, Amorgos et Santorin.

Petites Cyclades

(Iraklia - Schinoussa - Koufonissia - Donoussa)

★

886 habitants - Région d'Égée du Sud - Unité régionale de Naxos - 47,85 km²

NOS ADRESSES PAGE 359

S'INFORMER

www.smallcyclades.com – *Site à consulter (en anglais).* Choix d'hébergement, restaurants, activités sportives et informations pratiques.

Sites Internet – *www.iraklia.gr (en anglais), www.donoussa.info (en français), www.schinoussa.com (en français).*

Koufonissia Tours – *22850 740 91/716 71 - www.koufonissiatours.gr.* Agence se chargeant de la réservation de chambres dans l'ensemble de l'archipel.

SE REPÉRER

Carte de région C-D3 (p. 246-247).

À NE PAS MANQUER

Les plages du sud de Koufonissia.

ORGANISER SON TEMPS

Comptez au moins 4-5 jours pour visiter l'ensemble de l'archipel. Si vous disposez de moins de temps, choisissez Koufonissia pour ses plages, Schinoussa pour la beauté de ses paysages, ou Donoussa si vous recherchez le calme.

AVEC LES ENFANTS

Préférez Schinoussa, à l'ambiance plus familiale.

4

Formant un archipel au sud-est de Naxos, les Petites Cyclades doivent leur nom à leur taille modeste : sur une trentaine d'îles, seules quatre sont habitées, l'une d'elles mesurant à peine plus de 3 km² ! Très différentes les unes des autres, elles se retrouvent sur un point : toutes paradisiaques, elles offrent des plages de rêve aux eaux turquoise d'une extraordinaire transparence et des paysages encore très préservés. Le tourisme, essentiellement constitué d'une clientèle jeune et plutôt branchée, s'est développé récemment.

Se promener

Qu'il s'agisse d'Iraklia (17,8 km²), de Schinoussa (8,5 km²), de Koufonissia (4,3 km²) ou de Donoussa (13,75 km²), chacune des Petites Cyclades peut aisément se visiter à pied. De très belles randonnnées-promenades en perspective ponctuées de pauses dans des tavernes au bord de petites criques accueillantes. L'île de Koufonissia, la plus densément peuplée, compte moins de 400 habitants, dont un tiers de jeunes gens, revenus au pays pour profiter de l'essor du tourisme. En revanche, Iraklia fait presque figure d'île déserte avec ses 8 hab./km².

★ Iraklia (Ηρακλεια)

Comptez au moins 1 journée.

L'île la plus occidentale est aussi la plus montagneuse de l'archipel. Dans le **port d'Agios Giorgios** se concentre l'essentiel des habitants et de l'animation. Vous pourrez y visiter la petite église dédiée à saint Georges, qui date du 19e s. De là, une route asphaltée rejoint Panagia *(ou Pano Mera - 5 km)*. Avec sa rue unique et ses maisons blotties au bas d'une grande église à la coupole bleue, **Panagia**, la capitale, a l'allure d'un petit village paisible. À l'horizon se dresse le **mont Papas**, riche en sources naturelles. De Panagia, un sentier balisé offre de splendides échappées sur la mer. Il rejoint *(env. 2h)* la **grotte d'Agios Ioannis**, sur la côte sud, avec ses concrétions de formes étonnantes *(prévoir une lampe torche)*.

Iraklia n'est pas l'île de l'archipel la mieux pourvue en plages. Celles-ci sont, pour l'essentiel, accessibles en bateau car difficiles d'accès à pied, à l'exception de la plage de **Livadi** *(1 km au sud-est d'Agios Giorgios)*, dominée par les ruines d'une forteresse vénitienne. L'endroit est très fréquenté en été.

★ Schinoussa (Σχινουσα)

Comptez au moins 1 journée.

Située entre Iraklia et Koufonissia, elle se distingue par l'harmonieuse découpe de ses côtes et par ses terres vallonnées et fertiles. L'horizon marin est constellé d'îlots. Le port de **Mersini**, bien protégé des vents et longtemps utilisé comme refuge par les pirates, attire beaucoup de plaisanciers. Une route asphaltée le relie à la capitale Hora (ou Panagia), étincelante de blancheur.

De Hora, d'agréables et courtes balades permettent de rejoindre les très nombreuses plages de l'île. Celles de **Livadi★**, **Tsigouri** et **Mersini**, bien ombragées, sont sympathiques, mais très fréquentées l'été. La plus belle reste la petite baie de **Psili Amos★**, avec ses eaux d'une transparence presque magique.

★ Koufonissia (Κουφονησι)

Comptez au moins 1 journée.

Elle est constituée de deux îles, **Kato Koufonissi** et **Pano Koufonissi**, séparées par un étroit chenal. Koufonissia (Koufonissi au pluriel) doit son nom à la présence de nombreuses grottes marines (*koufos* veut dire « creux ») creusées dans les falaises calcaires du littoral. Elle attire pour cette raison beaucoup de plongeurs.

Seule Pano Koufonissi, aride et plate, est habitée en permanence. L'île connaît un important développement touristique depuis quelques années. Le port, Hora, avec ses maisons typiques, est le plus important mouillage de caïques des Petites Cyclades. Il dessert en été les criques et les petites plages de sable fin qui s'égrènent sur la côte, mais la plupart d'entre elles sont aussi accessibles à pied : Harokopou, la plus fréquentée *(tavernes)*, **Platia Pounda★** *(Italida)* ou même **Pori★**. Les piscines naturelles de **Pisina★**, entre Platia Pounda et Pori, laissent un souvenir impérissable, mais vous n'y serez pas seul en été.

★ Donoussa (Δονουσα)

Comptez au moins 1 journée.

Éloignée au nord-est et à l'écart des autres îles de l'archipel, la moins connue des Petites Cyclades attire les amateurs de calme et les naturistes. Elle ne s'anime vraiment qu'en juillet-août. Le reste de l'année, on y vit de l'élevage, de l'agriculture et de la pêche.

Stavros, le port principal, présente un parfum typiquement cycladique avec ses petites maisons blanches fleuries qui partent à l'assaut de la colline, de même que les quatre autres hameaux établis sur la côte. Les plages de l'île sont magnifiques, et toutes de sable fin. Celle de **Kendros★**, *(env. 20mn à pied de Stavros)* est la plus facile d'accès. La petite crique de **Kalotaritissa★** est colonisée par les campeurs naturistes. Livadi est tout autant paradisiaque.

NOS ADRESSES DANS LES PETITES CYCLADES

INFORMATIONS UTILES

Banque

Un distributeur de billets dans les ports de Donoussa, Koufonissia et Schinoussa.

Police

Koufonissia – *✆ 22850 713 75.*

Centres de soins / Cliniques

Donoussa – *✆ 22850 515 06.*
Iraklia – *✆ 22850 713 88.*
Koufonissia – *✆ 22850 713 70.*
Schinoussa – *✆ 22850 713 85.*

ARRIVER / PARTIR

En bateau

Liaisons avec **Le Pirée** et **Koufonissia** *(tlj en été seult, 7h40)* et **Donoussa** *(1/sem., 6h45)*. Liaisons entre **Naxos** *(2-3/j. en été sf w.-end)* et **Iraklia** *(1h35)*, **Schinoussa** *(1h55)*, **Koufonissia** *(2h40)* et **Donoussa** *(4h)*. **Koufonissia** est également reliée tlj en été à **Naxos** par hydroglisseur *(45 mn)*. Liaisons entre **Amorgos** *(Katapola - 3/sem. en été)* et **Koufonissia** *(1h15)*, **Schinoussa** *(2h)* et **Iraklia** *(2h20)*. Liaison entre **Amorgos** *(Egiali - 1/sem. en été)* et **Donoussa** *(40 mn)*.
Des **minicroisières** sont organisées depuis Amorgos et Naxos, avec escales dans les îles de l'archipel.
Attention, les liaisons avec les Petites Cyclades sont moins fréquentes en dehors de la période juin-septembre.

TRANSPORTS

Bon à savoir – Compte tenu de la superficie réduite de ces îles, louer un véhicule ne s'impose pas. Il existe cependant des loueurs de scooters à Iraklia et à Schinoussa. Donoussa, quant à elle, est quasiment piétonne.

En bateau

De petits bateaux assurent en été un service de cabotage sur les côtes d'Iraklia, de Koufonissia et de Donoussa.

HÉBERGEMENT

Bon à savoir – La plupart des établissements sont ouverts d'avril à octobre seulement et sont souvent complets en août.

Santorin

(Thira - Θήρα)

★★★

13 018 habitants - Région d'Égée du Sud - Unité régionale de Thira - 83 km²

NOS ADRESSES PAGE 372

S'INFORMER

Il n'y a pas d'office de tourisme, mais les agences touristiques de Fira, Kamari, Oia et Perissa proposent tous les services (billets, conseils au logement, excursions, brochures, cartes…). Parmi les plus efficaces :
Pelican – *Sur la pl. principale, à Fira - ☏ 22860 222 20 - www.pelican.gr.*
Ecorama – *À Oia - ☏ 22860 715 07 - www.santorinitours.com, www.santorini.com (en anglais) ou www.santorini.gr (site officiel en anglais).*

SE REPÉRER

Carte de région C-D4 (p. 246-247) - Carte de l'île p. 367 - Plan de Fira p. 363.

À NE PAS MANQUER

Flâner dans Fira et longer la falaise de Katholica à Firostefani ; le village d'Oia tôt le matin ; une balade en bateau dans la caldeira.

ORGANISER SON TEMPS

Comptez 4 jours. Évitez la haute saison : la foule, trop dense pour une île de cette taille, devient insupportable. Visitez Fira le matin de préférence, avant l'arrivée des croisiéristes. La randonnée côtière Fira-Oia est à effectuer le matin de bonne heure : le soir, vous auriez le soleil dans les yeux.

AVEC LES ENFANTS

Faites-leur prendre le téléphérique de Fira avant de les emmener voir les fresques d'Akrotiri au Musée préhistorique. Pensez aux différentes possibilités d'excursions en caïque. S'ils sont déjà grands, ils garderont un souvenir impérissable de l'îlot de Nea Kameni et de la balade sur le cratère du volcan.

Vue de Fira.
C. Groenhout / Photononstop

Volcan géant à moitié englouti sous les eaux, l'île de Santorin, avec ses mille nuances de noir, dessine une demi-lune autour du cratère émergé. Quel contraste entre la caldeira, qui s'élève à plus de 300 m d'altitude, avant de plonger littéralement dans la mer Égée, et le reste de l'île, envahi par les plus belles vignes du pays, et qui file en pente douce jusqu'aux rivages perlés de sable rouge, noir ou blanc. Et malgré les « hordes » estivales de touristes, le charme opère, irrémédiablement.

Se promener

Le mieux est d'arriver dans l'île en ferry pour découvrir du pont cette rade géante de 10 km de diamètre, presque fermée. Tranchant sur le bleu nuit de la mer (elle atteint par endroit 400 m de profondeur), la falaise dresse sa paroi déchiquetée sur 150 à 300 m de hauteur, déclinant toutes les teintes de ses composants volcaniques : bancs de lave noire, scories rougeâtres, cendres au gris violacé, pouzzolanes, le tout souligné par un ruban clair de pierre ponce. Pour l'heure, oubliez la guirlande d'habitations blanches qui couronne la crête. Vous vous trouvez dans la forge même d'Héphaïstos, le dieu du Feu : le cratère immergé d'un volcan.

4

★★★ FIRA (THIRA - ΘΗΡΑ) Plan de la ville p. 363

Comptez une demi-journée.
Du port de **Mesa Gialos★** *(Skala)* aux profondeurs abyssales – impossible d'y jeter l'ancre –, le regard se fixe sur la crête blanche des maisons de Fira, perchées au bord de la falaise, à 260 m au-dessus des flots. Un escalier de 587 marches gravit la paroi, offrant d'extraordinaires **vues★★★** plongeantes sur la rade. Progressant lentement, une armada de mulets grimpent vers les hauteurs, transportant les touristes dans la bruyante pagaille qui fait le folklore de Santorin.

Les plus pressés et les familles avec de jeunes enfants pourront emprunter le **téléphérique** *(ttes les 20mn, 7h-23h (en hiver 18h) - 4 € + 2 € pour les bagages - descente à pied, 45mn - prévoyez parfois une longue file d'attente).*

Perchée en haut de la falaise, la capitale de l'île naquit à la fin du 18e s., lorsque la sécurité s'améliora le long des côtes et permit aux habitants de quitter la forteresse de Skaros pour un plateau plus aisément constructible avec un meilleur accès à la mer. Aujourd'hui, cafés, discothèques, restaurants et boutiques font de Fira un centre incontournable de la vie estivale de l'île.

★ Les quartiers orthodoxes

Suivant les contours de la falaise, Fira s'étire le long de la **rue du 25 Martiou**, point de départ de l'axe routier principal de l'île, qui la traverse du nord au sud, en passant par la **place Theotokopoulou**, centre névralgique de la ville, terminus des bus et des taxis. Le côté est, en pleine expansion immobilière, ne présente aucun intérêt. À l'ouest, en revanche, la ville révèle un pittoresque lacis de vieilles ruelles pavées, de terrasses et d'escaliers courant entre des maisons blanches, jaune pâle ou ocre.

Vers le sud, commencez par la visite du **Musée préhistorique de Thira★★** *(✆ 22860 232 17 - en été : 8h-20h ; reste de l'année : 8h-15h - fermé lun. - 3 €)*, qui retrace l'histoire de l'île depuis le néolithique jusqu'à la grande époque d'Akrotiri. Outre de passionnantes explications sur cette civilisation, on y découvre les fameuses **fresques d'Akrotiri★★★**, jusque-là exposées au Musée archéologique national d'Athènes, à voir absolument même si vous pouvez visiter les ruines proprement dites *(voir p. 370)*. Admirez cet ensemble exceptionnel, vieux de quatre millénaires, révélant un foisonnement de sujets et de couleurs typiques de la civilisation crétoise de l'époque.

SE REPÉRER

Le port d'**Athinios** est situé au milieu de la rade de Santorin. De là, une route raide et pleine de virages serrés vous mène au reste de l'île. Au nord, les principaux villages bordent la baie : **Fira**, **Firostefani** *(à moins de 1 km de Fira)*, **Imerovigli** *(à 2,5 km)* et **Oia** *(à 11,5 km)*. Au centre, la plaine aride de **Messaria** est le domaine des locaux et des travailleurs saisonniers, tandis que **Perissa** et les plages sont concentrées au sud.

À quelques pas du musée, la **cathédrale orthodoxe de Santorin** (1970) se dresse sur l'emplacement de l'ancienne église, détruite par le séisme de 1956. De la terrasse voisine s'ouvre un magnifique **panorama★★** sur la caldeira.

En contrebas, c'est le vieux quartier de **Kato Fira** *(la ville basse)*, dédale silencieux, baigné de lumière, qui semble prêt à basculer dans le vide. De cette cascade de maisons en terrasses jaillissent deux coupoles : celle, toute blanche, de l'**église Agios Ioannis**, et celle d'**Agios Minas★**, typique avec sa lanterne. Puis, la rue remonte sur la gauche en direction de la rue Ipapandis.

★ Le quartier catholique (Katholica - Καθολικά)

Deux rues principales desservent le quartier. La **rue Agiou Mina**, le long du précipice, est bordée de cafés et de restaurants, et attire beaucoup de monde, surtout le soir. La **rue Ipapandis**, dont les larges marches forment depuis toujours le centre commerçant de la ville, où l'on peut admirer quelques rares exemples d'*archontika*, ces belles maisons patriciennes *(au n° 76, la maison Nomiko)*.

À l'angle des rues Ipapandis et Nomiko *(face à la gare du téléphérique)*, le **Musée archéologique** *(✆ 22860 222 17 - en été : 8h-20h ; reste de l'année : 8h-15h - fermé lun. - 3 €)* expose les découvertes réalisées sur le site de l'ancienne Thira *(Mesa Vouno)*, fouillé entre 1896 et 1900, ainsi que des objets mis au jour sur celui d'Akrotiri. Selon un ordre chronologique, la visite commence, dans le vestibule, par des **idoles** et des **vases cycladiques** du 3e millénaire, et des poteries d'Akrotiri. Elle se poursuit par des céramiques des 8e-6e s. av. J.-C., dont une très belle **amphore** (époque archaïque) ornée de reliefs, des statuettes et des fragments de kouroi archaïques en marbre. Une seconde salle présente des **vases** des 5e-3e s. av. J.-C. d'une grande finesse, des figurines en terre cuite, et des statues et des reliefs d'époques hellénistique et romaine.

SE LOGER

Aigialos 1
Antonia 2
Caldera Studios 3
Gaby Apartments 4
Hotel Keti 5
Sofi 6

SE RESTAURER

Archipelagos 1
Kapari 2
Naoussa 5
Rosa 9
Vanilia 7

Avec ses voûtes en plein cintre, la **rue Erithrou Stavrou** offre une image caractéristique de Santorin. Notez aussi le décor de marbre qui orne l'entrée de la **maison Koutsoyannopoulos** (1882) au n° 182.

Elle fait face au **palais Ghizi** *(Megaron Gyzi) (✆ 22860 230 77 - www.megarogyzi.gr - mai-oct. : tlj sf dim. 10h-16h - 3 €)*, une villa patricienne achevée vers 1700, aux belles portes et fenêtres rehaussées de pierre sombre. Restaurée après le séisme de 1956, elle a été aménagée en centre culturel où sont conservés des manuscrits, des éditions anciennes, des costumes et des objets traditionnels des 16e-19e s., ainsi que des gravures et des photographies de Santorin avant le séisme de 1956.

Passé le palais Ghizi, sur la droite, un palier en retrait donne accès, à gauche, à l'ancien **couvent des Sœurs de la Charité**. Entièrement restauré, l'édifice a été réhabilité en atelier de fabrication de tapis *(ouvert au public)*. À côté, le cloître des Dominicaines reste clos. Une sœur fait néanmoins visiter l'**église abbatiale** *(Rosaria)*, étonnant mélange d'art baroque et d'architecture cycladique. À quelques pas de là, la **cathédrale catholique**, rénovée à partir de 1956, dresse son singulier clocher, lui aussi très composite.

Puis des escaliers descendent vers la rue Nomiko, où vous pourrez admirer la **chapelle Agios Stilianos**, accrochée au bord du précipice, et son étonnant clocher à quatre couleurs. Devant vous commencent les **Frangika**★ (le

terme, dérivé de « franc », désigne les catholiques), le quartier nord de Fira, reliant la capitale à Firostefani. La plupart des catholiques de Santorin vivent regroupés dans cette communauté issue de l'ancienne présence vénitienne. En revenant sur vos pas, gagnez le **virage de Pastouli** *(dans l'angle droit juste avant le croisement avec Agiou Mina)* : c'est l'un des plus célèbres points de **vue★★★** de Santorin, repris par toutes les cartes postales de l'île. Non loin de là, dominant la caldeira à 50 m de l'église Agios Stilianos, l'édifice d'architecture néoclassique du **Centre de conférences P. M. Nomikos** *(✆ 22860 230 16/19 - www.thera-conference.gr - mai-oct. : 10h-20h - 4 €)* présente derrière ses murs roses une exposition permanente de photos des fouilles du site archéologique d'Akrotiri, ainsi que de très fidèles reproductions de ses fresques.
Si vous ne redoutez pas les escaliers, partez ensuite à pied le long de la falaise, à la découverte des agglomérations de Fira et d'Oia *(à la pointe nord de l'île)*, au fil de leurs ruelles qui serpentent au bord de la caldeira. De l'une à l'autre, entre Imerovigli et Finikia, la route vous réservera des panoramas spectaculaires.

★★★ DE FIRA (ΦΗΡΑ) À OIA (ΟΙΑ) : SUR LA CALDEIRA Carte de l'île p. 367

Comptez une demi-journée, davantage si vous faites la randonnée côtière.

★ Firostefani (Φηροσεφάνι)

Également bâti au bord de la falaise, ce village se fond désormais dans l'agglomération de Fira, formant son quartier nord. S'étirant tout en longueur sur la caldeira, il offre lui aussi des **vues★★** splendides sur le cirque géant.
Pour vous y rendre depuis Fira, dépassez Agios Stilianos, longez les falaises et traversez les Frangika jusqu'à l'église catholique Agion Theodoron qui en marque le débouché. La **place de Firostefani** *(à moins de 1 km de la pl. Theotokopoulou)* n'est plus qu'à 50 m, avec sa grande église Agios Ierassimos, cernée de cyprès.
En sortant de Firostefani, suivez le sentier en corniche. Niché dans une cuvette, le **monastère Agios Nikolaos** fut fondé en 1651 par les Ghizi. Autour de sa grande cour carrée s'ouvrent l'église abbatiale (très belle **iconostase★** de bois sculpté) ainsi que les communs et les 40 cellules des moniales.

★ Imerovigli (Ημεροβίγλι)

Avant d'être un village, cette localité, dont le nom signifie « observatoire de jour », accueillait une vigie destinée à guetter les pirates, permettant aux habitants de se réfugier à temps dans la citadelle voisine de **Skaros**, détruite par les Turcs *(en longeant la caldeira, vous trouverez le sentier qui y mène)*. Un escalier descend vers cet éperon abrupt, avancée imprenable où se dressait jadis le palais des ducs. Un sentier à flanc de falaise contourne la butte de Skaros et conduit, au terme d'une **promenade★★** très impressionnante, à la **chapelle de Theoskepasti** qui surplombe l'abîme.

★★★ Oia (Ia - Οία)

Plus encore que Fira, Oia (en grec, Oia se prononce « ia ») est sans conteste le plus beau village de la côte ouest, offrant à la fois le pittoresque des **maisons troglodytiques** aux couleurs pastel, accrochées à la falaise, le charme nostalgique des demeures patriciennes et l'ambiance très chic des établissements touristiques. Plus calme que la capitale, il s'en dégage aussi une atmosphère plus cycladique invitant à de longues flâneries.
Aussi appelée **Apano Meria** (« le lieu d'en haut »), Oia englobe en fait cinq localités, d'est en ouest : **Finikia**, **Oia** elle-même, **Tholos** *(un peu plus au nord)* et, au pied de la falaise, **Armeni** et **Amoudi**, le mouillage d'Oia *(également accessible*

Une île volcanique

Il y a trente-cinq siècles, cette immense marmite envahie par la mer était un **volcan**, imposante montagne dont le sommet effondré émerge encore, formant aujourd'hui le petit **îlot de Nea Kameni**. Durant l'ère quaternaire, l'intense activité volcanique de la région avait façonné une île circulaire, que ses premiers habitants appelaient **Stronghyle**, la « Ronde ». Rien ne menaçait la vie raffinée de la brillante civilisation qui s'y épanouit – celle de la fameuse Atlantide dont parle Platon ? Quoi qu'il en soit, cette terre fertile accueillit dès le 5e millénaire av. J.-C. des agriculteurs et des commerçants, dont l'activité connut son apogée au bronze récent (vers 1550 av. J.-C.), les habitants entretenant des liens étroits avec le monde minoen (Crète) qui dominait alors la mer Égée.

LA FIN D'UN MONDE

Au cours du 16e s. av. J.-C., cependant, une série de tremblements de terre secoua la région, provoquant le réveil du volcan. Ses grondements menaçants contraignirent la population à quitter l'île – l'absence d'objets précieux et de restes humains sur le site d'Akrotiri le laisse supposer. Bien leur en prit : un an plus tard, celle-ci n'était plus. Une explosion d'une violence inouïe pulvérisa littéralement le volcan, laissant à la place une **immense caldeira** cernée de falaises.

LE PLUS GRAND CATACLYSME DE L'ANTIQUITÉ

Comprimés à l'intérieur du cratère, les gaz accumulés explosèrent, projetant d'énormes quantités de cendres volcaniques, brûlant et recouvrant tout alentour. Le cœur entier de l'île *(83 km²)* s'effondra sur lui-même, creusant un gigantesque abîme à la place de la montagne, profond de près de 800 m. Puis, dans la paroi de cette immense caldeira, une brèche s'ouvrit, par laquelle la mer s'engouffra. Dans le ciel, une nuée de cendres et de pierre ponce (dont on a retrouvé des traces jusqu'en Crète) obscurcit l'atmosphère pendant plusieurs jours, tandis qu'un raz-de-marée colossal submergea tout le littoral égéen. On évalue à plus de 200 m la hauteur de la vague à sa naissance, et à 70 m lorsqu'elle déferla sur les côtes crétoises, en moins de 30mn. De quoi alimenter la thèse, quoique controversée, selon laquelle la chute de la civilisation minoenne serait en grande partie due à ce cataclysme.

LE RENOUVEAU

Après la catastrophe, les Phéniciens furent les premiers à revenir, suivis, à la fin du 12e s. av. J.-C., par des Doriens originaires de Sparte. À leur tête : le roi Thiras, qui laissa son nom à la cité édifiée sur le site fortifié de Mesa Vouno. Mais ces colons, ni commerçants ni navigateurs, restèrent longtemps à l'écart des échanges en mer Égée. Thira ne sortit du déclin que sous les Ptolémées (de 305 à l'an 30 av. J.-C.) pour sombrer de nouveau avec les Romains. La présence de trois basiliques paléochrétiennes (l'ancienne Thira, Mesa Vouno et Perissa) révèle cependant une certaine prospérité, qui se prolongea à l'époque byzantine. De la domination latine (1204-1566) subsistent une minorité de Grecs catholiques, les vestiges de cinq villages fortifiés ou *kastelli* (Skaros, Oia, Pyrgos, Niborio et Akrotiri), et le nom d'une église : Santa Irena, qui donna « Santorin ». Pendant cent ans, jusqu'au milieu du 19e s., l'île connut l'opulence grâce au commerce maritime. Mais une éruption en 1950, puis un violent séisme, en 1956, l'éprouvèrent durement, et Santorin ne commença sa carrière touristique que dans les années 1970.

par une rte asphaltée), que desservent deux escaliers de plus de 200 marches. C'est d'Amoudi qu'Oia tira sa prospérité, à la fin du 19e s. Vers 1890, 130 navires (pour 2 500 habitants !) faisaient du commerce en Méditerranée orientale. Les matelots habitaient les maisons troglodytiques, tandis que les capitaines résidaient dans les maisons cossues du bourg haut, dans le quartier de Sideras. De cette époque florissante témoignent le nombre et l'opulence des églises, et les dalles de marbre des places et des ruelles.

Installé dans une jolie maison néoclassique *(à gauche, au début de la rte qui descend vers Amoudi)*, le petit **Musée maritime** *(✆ 22860 711 56 - tlj sf mar. 10h-14h, 17h-20h - 3 €)* retrace la vie des marins et des armateurs de l'île : maquettes de bateaux, figures de proue, instruments de navigation, tableaux et gravures, etc. Rien, en revanche, n'évoque le *kastello*, cette citadelle disparue qui couronnait l'avancée rocheuse surplombant la baie. Hormis quelques ruines, l'endroit est surtout devenu un point de ralliement romantique au coucher du soleil.

Les quelques mètres de cailloux noirs de la **plage d'Amoudi** et les rochers voisins sont très fréquentés, mais le cadre et la promenade pour s'y rendre valent le coup d'œil. Pour dîner, vous n'aurez que l'embarras du choix : les tavernes s'alignent le long du quai.

BALADE AU CENTRE DE L'ÎLE Carte de l'île ci-contre

Compter une demi-journée, le double si vous faites une randonnée.

Cet itinéraire relie deux des trois grands sites de l'île (avec Akrotiri). Si vous aimez marcher dans de somptueux paysages, les **randonnées★★** Kamari-Thira-Perissa ou Kamari-Thira-Profitis Ilias-Perissa sont sans doute ce que Santorin peut vous offrir de mieux, et à la portée de tous.

★★★ L'ancienne Thira (Θήρα)

✆ 22860 232 17 - www.ancient-thira.gr - Accessible en minibus (3 km de Kamari au col de Seralla - 2 €) - tlj sf lun. 8h30-15h - 2 €.

Depuis Perissa, prenez le sentier qui commence à la hauteur de l'hôtel Mariana, le long de la dernière rue au nord de la station, au pied de Mesa Vouno *(évitez le scooter, car la rte est pavée, sinueuse et très pentue)*. Comptez 1h30 de marche, dans un paysage splendide, mais sous un soleil sans pitié.

Conseil – Couvrez-vous, emportez de l'eau et faites plutôt la visite le matin.

Si l'ancienne Thira n'est plus que ruines, cette ville de garnison hellénistique vous séduira par la majesté de son cadre. La cité antique se perche sur une étroite crête calcaire reliant le mont Profitis Ilias à Mesa Vouno, dominant la mer de 369 m. Fondée au 9e s. av. J.-C. par les Doriens, cette forteresse naturelle atteignit son apogée sous les Ptolémées (305 à l'an 30 av. J.-C.), dynastie de pharaons d'Égypte d'origine macédonienne, qui y avait installé une base navale (les bateaux mouillaient à Kamari et à Perissa). Mais elle déclina sous les Romains, avant d'être abandonnée au 13e s.

La visite débute par le **quartier byzantin** (fortifications, églises), qui précède le **sanctuaire d'Artemidoros**, dédié à un amiral des Ptolémées. Cet enclos sacré a conservé son autel et des reliefs gravés dans le rocher.

De retour vers la voie principale, montez vers la caserne de la garde, dont le gymnase se tient sur la gauche. En redescendant, prenez à gauche vers l'**agora nord**. Elle marque l'endroit où la ville avait sa largeur maximale… soit environ 150 m ! Sur la droite, vous trouverez d'abord le **temple de Dionysos**, puis la **maison du Phallus** (surnom dû à une inscription sans équivoque) et enfin les colonnes du portique royal, tandis qu'à gauche s'étend l'**agora sud**.

En suivant la voie sacrée, réduite à un simple sentier, vous passerez devant le **théâtre** et, plus près de la falaise, devant les vestiges du **sanctuaire des dieux égyptiens**. Derrière le théâtre se cachent encore les **thermes** et, plus loin en descendant, la **chapelle de l'Annonciation**. Puis vous atteindrez le quartier, qui correspondait à la cité archaïque, où trônait le **temple d'Apollon** *(à droite)*. Pour finir, revenez par le sentier en corniche en longeant la falaise.

★ De Kamari (Καμάρι) à Pyrgos (Πύργος)

Sur 2 km, **Kamari** aligne hôtels, tavernes, cafés et discothèques en bord de mer, le long d'une voie piétonne ombragée d'eucalyptus et de tamaris. La grande station balnéaire de l'île accueille beaucoup de monde, surtout une clientèle envoyée par les voyagistes. Hérissée de parasols *(payants)*, la grande plage de sable et de gravier noir est baignée d'eaux limpides, mais très vite profondes. Les amateurs de sports nautiques trouveront leur bonheur au nord de la plage *(15mn à pied)*.

Conseil – Si vous vous baignez, ne vous éloignez pas et faites attention aux courants parfois violents.

Traversez le village de Mesa Gonia (à 1,5 km de Kamari), puis prenez le chemin de gauche.

Au terme d'une jolie promenade *(700 m)* au pied du mont Profitis Ilias, parmi les vignobles, vous découvrirez l'**église de la Panagia Episkopi★** *(Episkopi Gonias - 9h-13h, 17h-20h)*, bâtie sur les ruines du siège de l'évêché de Santorin, fondé au 11e s. par l'empereur Alexis Ier. La nouvelle église, fort belle, a gardé la magnifique **iconostase★** de l'édifice d'origine, toute de marbre sculpté, et quelques-unes de ses remarquables **fresques★** (12e s.) sur les voûtes *(à droite)*.

Petit village accroché à flanc de colline *(2,8 km de Kamari, à gauche de la rte)*, **Exo Gonia★** blottit ses maisons au pied de l'imposante église **Agios Haralambos** (jolies fresques), visible de très loin avec son toit de tuiles rouges. Vous pourrez visiter l'**Art Space** *(✆ 22860 327 74 - www.artspace-santorini.com - en saison : de 11h au coucher du soleil)*, une galerie d'art contemporain installée dans les caves, datant de 1861, d'une ancienne distillerie.

Perché sur une éminence au pied du mont Profitis Ilias, **Pyrgos★** *(à 5 km de Kamari)* a tout du village cycladique avec ses maisons blanches dégringolant en amphithéâtre à flanc de rocher. Fortifié à l'époque byzantine (*pyrgos* signifie « forteresse »), c'est le seul *kastelli* de l'île à avoir conservé son caractère médiéval, avec les vestiges de ses **fortifications**. Parmi les nombreuses **églises**, la plupart du 17e s., la plus ancienne, **Kimissis tis Theotokou**, remonte au 11e s.

À 4 km de Pyrgos, le **mont Profitis Ilias** est le point culminant de l'île (567 m). De Pyrgos, la route en lacet offre de superbes **points de vue★★**. Coiffant le sommet du mont (malheureusement juste en dessous des hideux relais de télévision), le **monastère★** (18e-19e s.) dresse ses murs austères, telle une forteresse *(8h-13h - gratuit - tenue correcte exigée)*. Sa richesse d'antan (il possédait d'importants biens fonciers) transparaît dans la magnificence de son *katholicon*, qui renferme une somptueuse **iconostase★** en bois sculpté et doré. Ne manquez pas le petit **musée d'Art sacré et populaire**, qui conserve le patrimoine du monastère, ainsi qu'une section consacrée à la vie quotidienne insulaire.

Pour conclure cet itinéraire, 2 km de piste cahoteuse sillonnent dans un **paysage★** magnifique et aboutissent sur l'une des trois petites **plages de sable** qui s'égrènent entre Vlihada et Akrotiri, les dernières de l'île à n'être pas encore exploitées *(passé Megalohori, prenez à gauche vers Emborio. Puis, à 500 m, prenez à droite en direction de Vlihada. 600 m plus loin, une piste part sur la droite ; 300 m plus loin, vous trouverez un chemin perpendiculaire d'où partent quatre pistes vers la mer. Prenez celle qui vous fait face ; la plage est à 1,7 km)*.

Circuit conseillé Carte de l'île p. 367

DE LA ROUTE DES VINS À LA CÔTE

Point de départ de cet itinéraire viticole, **Karterados** *(au sud de Fira)* est une curiosité du paysage de Santorin : ce village occupe un ravin dont les versants sont creusés d'**habitations troglodytiques** *(scafta)*, y compris une chapelle. Quant aux maisons construites au centre de la dépression, leurs toits se situent à la hauteur de la route.

Entouré de vignes et de jardins potagers, **Messaria** est l'un des principaux centres vinicoles de l'île. Profitez-en pour boire un verre d'*assirtiko* à la taverne de la place. Le cœur du village étonne par son grand nombre d'églises.

DISCRET, MAIS TOUJOURS LÀ

Après l'engloutissement de Stronghylé, l'histoire enregistra 14 éruptions dans les eaux agitées de la caldeira. Avec parfois de très longues accalmies (sept cent trente et un ans entre la quatrième et la cinquième explosion), ces phénomènes façonnèrent les deux îlots de **Palea** et **Nea Kameni**. Depuis 1950, les vapeurs de soufre qui s'échappent de Nea Kameni sont les seuls signes de l'activité volcanique. Des capteurs disposés en différents points de l'îlot sont prêts à signaler la moindre reprise d'activité.

« SANTORINI VINI ! »
Santorin est le **premier producteur de vin blanc de Grèce** et l'un des grands cépages du pays. La richesse de sa terre volcanique assure en effet à ses crus un bouquet inimitable, et protège les vignes contre bien des maladies. Si l'âge moyen de l'*assirtiko*, le cépage le plus répandu dans l'île, approche les 70 ans, les plants les plus anciens, près d'Akrotiri, ont près de 150 ans et ils ont traversé sans dommage les années noires du phylloxéra, alors qu'il dévastait le vignoble français. L'*assirtiko* donne un vin blanc demi-sec relativement fruité, tandis que le *vinsando* (dont la grappe est laissée à surmaturation), l'*aidani* (connu pour son parfum de jasmin) ou encore le rare *nyhtari* sont des crus doux et parfumés. Examinez les ceps, vous serez surpris de découvrir que, loin de pousser droit, ils sont contraints de s'enrouler en spirale, donnant naissance à des sortes de paniers. C'est l'omniprésence et la force du vent qui ont conduit les vignerons à élaborer cette étonnante technique. Il ne vous reste plus qu'à goûter ces crus dans les tavernes de l'île, ou vous rendre au centre Santowine *(voir p. 377)*.

En périphérie immédiate, les riches viticulteurs ont bâti de majestueuses demeures néoclassiques. Nombre d'entre elles ont été réduites à l'état de ruines lors du séisme de 1956. L'une d'elles, l'**Archontiko Argiron**, construite en 1888 par le producteur et marchand de vin Georges Argyros, a été restaurée. Au rez-de-chaussée est présentée la reconstitution d'un intérieur bourgeois de l'époque *(✆ 22860 330 64 - en principe, visite guidée mai.-oct. le matin - 4 €)*.
Exposée au vent (elle est d'ailleurs appréciée des véliplanchistes), la station balnéaire de **Monolithos** *(à 3,7 km à l'est de Messaria en direction de l'aéroport)* possède un atout sur ses rivales de la côte est : bordée de fonds peu profonds sur une grande distance, cette plage de sable noir est idéale pour la baignade des enfants… et donc très fréquentée malgré l'aéroport tout proche.
De retour sur la route principale, vous trouverez au niveau de l'embranchement pour Pyrgos, sur votre droite, une **coopérative vinicole** où vous pourrez goûter et acheter différents crus de l'île. Faites ensuite un léger détour par **Megalohori**, un hameau aux maisons blanches. Les **caves Boutari**, l'un des principaux producteurs de vin de Grèce, se trouvent à la sortie de Megalohori *(indiqué)*. La propriété propose une animation sur les origines du vignoble et des dégustations *(13h-18h - entrée et dégustation payantes)*.

★ Emborio (Εμπορειο)
Le village le plus important du sud domine une plaine fertile au pied du mont Profitis Ilias.
Prenez le temps d'explorer les ruelles étroites et pittoresques, entre les vieilles maisons. Au nord, allez admirer le seul **goulas★** de l'île qui soit resté presque intact, impressionnante forteresse de pierre blonde bâtie sous la domination turque. Avec son palmier, l'édifice a quelque chose d'un *ksar* berbère… si ce n'étaient les moulins en ruine, bien cycladiques, eux, qui s'alignent sur la colline d'en face.

Perissa (Περίσσα)
Le port d'Emborio constitue l'autre grande station balnéaire de la côte est, qui s'étire le long d'une longue **plage de sable noir** *(7 km)* – brûlant l'été –, protégée du vent par la masse du **rocher de Mesa Vouno**. Quoique moins bien aménagée que Kamari, elle attire tout autant de monde et, en milieu de saison, la propreté de la plage laisse à désirer.

UNE ARCHITECTURE « VOLCANIQUE »
L'architecture des villages est tout entière conçue pour résister aux mouvements intempestifs du géant. Les matériaux de construction classiques faisant défaut sur l'île – ni bois pour les charpentes ni argile pour les tuiles –, il fallut faire avec les matériaux livrés par le volcan : scories, pierre ponce, cendres et pouzzolanes, qui constituent un excellent ciment. La rareté du bois commanda l'emploi de la voûte, d'où les coupoles et les toitures en plein cintre. On opta aussi pour l'habitat troglodytique (« scafta »), le tuf volcanique, à la fois tendre et solide, se prêtant à merveille au creusement de pièces assez larges pour vivre. Une partie maçonnée peut prolonger la « scafta », toujours plus longue que large, le toit voûté et la façade percée de trois ouvertures.

Jusqu'à la pointe de l'île, les plages de **Perivolos** *(cafés et tavernes)* et d'**Exomitis** se succèdent sur des kilomètres *(une rte longe la plage)*. La place ne manque pas, mais sachez que l'eau est très vite profonde et les vagues violentes lorsque souffle le *meltem*.
À **Vlihada** *(3,8 km depuis la fourche Akrotiri-Emborio)*, de l'autre côté du cap, le décor change. Le volcan se rappelle soudain à vous avec ces étranges rochers sombres à fleur d'eau, qui ressemblent à des statues. La mer, moins agitée que sur la côte est, révèle des fonds plus clairs : sortez masque et palmes.

À voir aussi Carte de l'île p. 367

★ LA POINTE SUD

Conseil – Commencez par la découverte d'Akrotiri, avant de profiter des criques de la côte sud, le temps d'un plongeon.

★★ Akrotiri (Ακρωτήρι)

À env. 1 km après le village. 22860 813 66 - http://odysseus.culture.gr/ - tlj sf lun. 10h-17h - 5 €.
Un siècle sépare les premiers sondages de l'École française d'Athènes des fouilles du Pr Spyridon Marinatos, de 1967 à 1974, qui, sous une épaisse couche de cendres volcaniques, mirent au jour les premiers vestiges de la ville préhistorique la mieux conservée de toute la mer Égée *(une partie reste encore à dégager)*. Ce sont donc les rues d'une cité vieille de trois mille cinq cents ans, peut-être la **cité mythique de l'Atlantide** ! Et si Akrotiri date du minoen ancien (ou bronze tardif, 1650-1500 av. J.-C.), des découvertes remontant au néolithique indiquent que le site fut occupé sans interruption pendant trois mille ans, depuis le milieu du 5e millénaire av. J.-C. Un site unique et émouvant.
Pas d'architecture religieuse : on suppose que chaque maison possédait son propre lieu de culte ; pas même de monuments (une classe de prêtres exerçait probablement une sorte de gouvernement), pas de marbre pour immortaliser un dieu ou un héros, mais au contraire tout ce qui généralement ne franchit pas le temps : le familier, le quotidien, le domestique. Faites de bois, de pierre de taille ou de torchis, les **maisons** d'Akrotiri comprenaient deux ou trois étages spacieux, couverts d'un toit-terrasse, le rez-de-chaussée accueillant des magasins ou des ateliers. Des ruelles, jalonnées de petites places, sillonnaient la ville, tandis que sous la chaussée pavée couraient déjà les **canalisations** des eaux usées, en terre cuite. Akrotiri révèle une société florissante, très structurée, jouissant d'un confort et d'un raffinement extrêmes.

Nea Kameni.
J. Heintz / hemis.fr

Outre les bâtiments, la cité a livré des milliers de céramiques, et les fresques qui ornaient les habitations *(voir musées de Fira)* offrent des témoignages incomparables de l'organisation de la vie quotidienne. Les fouilles ont également révélé que les habitants d'Akrotiri utilisaient l'écriture connue sous le nom de linéaire 2.
Sur la route du retour, vous pouvez faire étape au **village d'Akrotiri**, bâti autour d'une petite colline. Au sommet, les vestiges d'une **forteresse vénitienne** sont encore visibles.

★ Les plages de la côte sud

Au-delà d'Akrotiri, la côte sud égrène de belles plages de galets ou de sable, protégées du vent et aux eaux moins profondes qu'ailleurs, mais évidemment noires de monde. Telle **Red Beach** *(Kokini)* cachée au bout d'une piste *(à droite peu après Akrotiri)*, qui aligne ses parasols au pied d'une spectaculaire falaise de roche rouge.
Essayez aussi, plus à l'ouest, **White Beach** *(Lefki Pigadia)*, ravissante anse à laquelle on accède en caïque depuis Red Beach *(ou à pied pour les plus audacieux, par le sentier montant depuis Kabia, qui passe 200 m plus haut)*. À moins que vous n'optiez pour la plage de **Messa Pigadia**, plus grande.

4

Excursion

★★★ Balade à Nea Kameni (Νέα Καμένη)

Prévoyez au moins une demi-journée. Billets à acheter dans ttes les agences touristiques de l'île. Départs depuis le port d'Athinios (bus non compris) ou de Mesa Gialos. Excursion volcan seult, env. 13/15 € ; volcan, sources chaudes et Thirassia, avec escale à Oia au retour, à partir de 20 €, ajoutez 2 € pour marcher sur le volcan.

Conseil – Portez des chaussures fermées, emportez de l'eau et un maillot de bain.

Gardez pour la fin ce « must » de Santorin. Les excursions en caïque suivent à peu près toutes le même itinéraire : le bateau aborde au nord de l'îlot volcanique de **Nea Kameni★★**, où un sentier de cendres chaudes monte jusqu'au **cratère du volcan★★**. Çà et là des vapeurs de soufre s'échappent de terre, créant une étrange atmosphère. Vous ferez ensuite une halte dans une baie de l'îlot voisin de **Palea Kameni★★**, baptisée **Zesta Nera** *(Hot Springs)*, où vous attend un bain insolite, dans des eaux vertes, chaudes *(env. 35 °C)* et sulfureuses. Après quoi, le bateau accoste à l'île de **Thirassia★**, vous laissant le choix entre un plongeon dans la **baie de Korfou**, à côté du mouillage des bateaux (sans grand intérêt) ou la visite du principal village de l'île, **Manolas**, perché en haut d'un escalier de 145 marches *(à faire à pied ou à dos de mulet)*. Si vous souhaitez découvrir plus amplement Thirassia, vous pouvez vous rendre directement dans l'île avec l'un des caïques de la ligne Amoudi-Thirassia.

NOS ADRESSES À SANTORIN

INFORMATIONS UTILES

Banque

Plusieurs banques et distributeurs de billets à Fira, Oia et Kamari.

Poste

À Fira, r. 25 Martiou - ✆ 22860 222 38 - 8h-14h. Autres bureaux à Kamari et à Oia.

Police

À Fira, r. 25 Martiou (en face de la poste) - ✆ 22860 226 49.

Santé

Urgences – *Hôpital de Fira - ✆ 2860 222 37 ; à Oia - ✆ 22860 712 27 ; à Kamari - ✆ 22860 311 75.*

Internet

De nombreux hôtels et pensions proposent à leurs hôtes un point Internet ou une connection Wi-Fi.

ARRIVER / PARTIR

En avion

Plusieurs liaisons quotidiennes avec **Athènes** *(45mn de trajet - à partir de 80 €)*. Il existe aussi des vols charters au départ de Paris et des grandes villes de province, plus chers que pour Athènes.

Agence Olympic Air – *À Fira - ✆ 22860 315 25 - www.olympicair.com.*

Aegean Airlines – *✆ 22860 285 00 - www.aegeanair.com.*

En bateau

Liaisons avec **Le Pirée** *(4-6/j., 4h-7h30)*.

Liaisons avec **Ios** *(4-5/j., 40 mn-1h20)*, **Naxos** *(3-4/j., 2h-4h15)*, **Paros** *(3-4/j., 1h50-5h10)*, **Mykonos** *(2-3/j., 2h35-7h)*, **Folegandros** *(1-4/j., 50mn-3h10)*, **Milos** *(1-3/j., 2h-5h15)*, **Syros** *(1-2/j., 4h20-8h45)* et **Kythnos** *(1/sem., 10h)*.

Santorin est aussi reliée à la **Crète** *(1-2/j., 2h-3h30)*, à **Rhodes** *(1/j., 7h-14h)*, et à **Karpathos** *(2/sem., 9h30)*.

Bon à savoir – Attention, dès que le vent se lève, prévoyez du tangage et des temps de traversée plus longs, à moins que le départ ne soit tout simplement annulé dans le cas des hydroglisseurs.

Vous arriverez au port d'**Athinios**, 10 km au sud de Fira. De jour comme de nuit *(en juil.-août)*, un bus fait la navette avec Fira *(terminus juste avant la pl. Theotokopoulou - 2,20 €)*.

En taxi, comptez 10/15 € pour Fira.

Capitainerie – *✆ 22860 222 39.*

TRANSPORTS

En bus

Le réseau de bus est dense et fonctionne tard dans la nuit. **Station centrale de Fira** – *Pl. Theotokopoulou - ✆ 22860 254 04 - www.ktel-santorini.gr.* Les horaires sont affichés sur le kiosque de la station. **Cinq lignes** : Fira-Imerovigli-Vourvoulo-Oia, Fira-Messaria-Pyrgos-Akrotiri, Fira-Messaria-Pyrgos-Megalohori-Emborio-Perissa, Fira-Kamari, Fira-Monolithos. De Fira, un bus pour Athinios part 1h avant chaque bateau. Prévoyez 2h en cas d'embouteillage.
Les horaires des bus étant variables et élastiques, vérifiez toujours à la station de Fira et arrivez au moins 10mn avant le départ.

En voiture

Réseau routier – Beaucoup de monde et la plupart des automobilistes, surtout les chauffeurs de bus, roulent au milieu des routes étroites et sinueuses. Si le réseau routier est de bonne qualité et dessert pratiquement tous les villages et les plages, redoublez de prudence sur cette île où les accidents sont fréquents et les embouteillages nombreux en saison.

Locations de véhicules – Beaucoup d'agences. Louez de préférence dans le village où vous résidez *(la plupart des loueurs conduisent la voiture à votre hôtel).* Pour les scooters, prenez absolument un casque.

Essence – Les stations-service sont bien réparties sur les routes principales de l'île.

En taxi

✆ 22860 225 55.

En caïque

Les caïques pour Nea Kameni, Palea Kameni et Thirassia partent du port de Fira *(Skala).* Les excursions organisées partent d'Athinios et de Mesa Gialos.

HÉBERGEMENT

Bon à savoir – Avec Mykonos, Santorin est l'île la plus chère des Cyclades. Réservez à l'avance et sachez que plus le séjour est long, plus les tarifs peuvent baisser. Côté caldeira *(Fira, Firostefani, Imerovigli, Oia)*, vous bénéficierez de la vue et de l'animation mais vous aurez un trajet de 30mn en bus pour aller à la plage. Si vous privilégiez la baignade et ne redoutez pas la foule, optez pour Kamari ou Perissa *(bus fréquents avec Fira).*

Fira

Bon à savoir – Firostefani, et le quartier situé au sud de la cathédrale orthodoxe, offrent de bonnes possibilités de logement, loin du bruit des discothèques.

PREMIER PRIX

Antonia – *✆ 22860 228 79 - www.hotelantonia.gr - - tte l'année - 15 ch. 40/70€ et 10 appart. 55/90 € - ☕ 4 €.* Caché dans une impasse résidentielle, à quelques pas de la place principale de Fira, l'établissement de Lefteris offre des chambres simples (avec cuisine commune) et des appartements modernes et colorés, ces derniers ayant tous un aperçu sur la mer. Petite piscine et conseils avisés du patron.

BUDGET MOYEN

Sofi – *En aval d'une r. en escalier, face à l'église Ag. Minas - http://sofiroomscaldera.com - ✆ 22860 240 64/224 05 - - 3 ch. 70/80 € (pas de petit-déj.).* Chambres minuscules, calmes et immaculées, dotées de tout

4

le confort, dans une jolie petite maison. Toit-terrasse avec panorama sur la caldeira au coucher du soleil. Prix raisonnables pour Santorin *(préférez la chambre du 1er étage).*

POUR SE FAIRE PLAISIR

Hotel Keti – *Face à la Pension Sofi, le long de la falaise au sud de la cathédrale orthodoxe - ✆ 22860 223 24 - www.hotelketi.gr - 8 ch. 95/120 € - ☕ 6 €.* Jolies petites chambres troglodytiques très calmes, confortables, ouvertes sur la caldeira. TV satellite, Wi-Fi, coffres à combinaison, Jacuzzi dans les chambres supérieures.

Caldera Studios – *Dans une rue en escalier face à la cathédrale orthodoxe - ✆ 22860 251 66 - www.calderastudios.com - 7 ch. 120/155 € - ☕ 7 €.* En pleine caldeira, les chambres, simples et colorées, occupent les ultimes maisons situées en aval et disposent chacune d'une terrasse panoramique. La première est édifiée dans la roche. Jacuzzi en commun et bon accueil de Koula.

UNE FOLIE

Aigialos – *Sur la corniche, au sud de l'église Agios Minas - ✆ 2286 251 91 - www.aigialos.gr - 16 appart. à partir de 370 €.* De grands et beaux appartements, répartis dans des bâtisses du 18e s., équipés avec goût, dans un style cycladique rehaussé de meubles anciens. Piscine, Spa, massages, produits du jardin pour le dîner ou le petit-déjeuner. Accueil à la hauteur et service impeccable.

Firostefani

BUDGET MOYEN

Reverie – *Sur la route principale - ✆ 22860 233 22 - www.reverie.gr - - 4 ch. 70/85 € et 13 appart. 100/125 € - ☕ 7 €.* La famille Fytros se met en quatre pour ses hôtes : le père vient vous chercher au port, à l'aéroport, avec le sourire, la mère concocte les gâteaux du matin et leurs deux filles s'occupent de l'accueil et des bons conseils. L'hôtel est situé le long du chemin en corniche. Jolis appartements et terrasse commune avec vue sur la caldeira.

Gaby Apartments – *Le long de la corniche à l'entrée de Firostefani en venant de Fira - ✆ 22860 220 57 - www.gaby-apartments.gr - P - 10 ch. et 3 studios 70/110 €.* Au calme, vue grandiose sur la caldeira, chambres impeccables, accueil chaleureux en anglais ou en français. Excellent rapport qualité-prix. Une annexe propose des chambres, sans vue sur la caldeira, à petit prix.

POUR SE FAIRE PLAISIR

Blue Dolphins – *Accès par une rue en escalier depuis le chemin en corniche - ✆ 22860 231 73 - www.bluedolphins.gr - 11 ch. 99/180 € ☕.* Belles chambres sobres et agréables avec vue depuis les fenêtres et/ou les balcons. Petit-déjeuner inoubliable sur la magnifique terrasse panoramique.

Imerovigli

POUR SE FAIRE PLAISIR

Villa Artemis – *Près du parking central - ✆ 22860 227 12 - www.artemisvillas.gr - - 10 studios 105/245 €.* Signalé par une statue d'Artemis et la piscine à l'entrée, l'établissement d'Angelika et de son mari australien Chris propose des studios avec mobilier immaculé, salles de bains en marbre et terrasse sur la caldeira. La majorité disposent d'un Jacuzzi privatif extérieur.

UNE FOLIE

Anastasis Apartments – *Hors du village (sur la route principale, dir. Oia) - ✆ 22860 255 08/77 - www.anastasisapartments.com - - 10 appart. 220/275 € ☕.* Dissimulé par une grande porte en bois qui s'ouvre juste au moment de votre venue, le domaine, isolé sur la corniche de la caldeira, offre de magnifiques appartements privilégiant le fer forgé. Superbe piscine à cascade et Jacuzzi panoramique. Service affable et discret à souhait.

Oia

BUDGET MOYEN

The Flower – *☏ 22860 711 30 - www.flower-santorini.com - 14 ch. 75 €.* Des pavillons roses abritent ce petit hôtel familial douillet, bâti autour d'une agréable piscine dans un jardin fleuri. Accueil sympathique et polyglotte en grec, français, anglais, espagnol ou italien.

Maria's place – *☏ 22860 712 21 - www.mar-ia.gr - -18 studios 120 €.* Ce superbe hôtel d'architecture cycladique comprend plusieurs pavillons aux tons pastel distribués autour d'une grande piscine ouverte sur la campagne avec, en arrière-plan, la mer. Chambres confortables décorées avec goût et magnifiques salles de bains.

UNE FOLIE

Katikies – *À l'entrée est de la r. piétonne, escaliers sur la gauche - ☏ 22860 714 01 - www.katikieshotelsantorini.com - - 7 ch. et 15 suites à partir de 455 €.* Ensemble de pavillons blancs cycladiques de grand luxe. Décoration raffinée des chambres dont les terrasses s'ouvrent sur la caldeira. Deux piscines surplombent la falaise. Spa, salon de massage et petit-déjeuner à la hauteur du lieu.

Baxedes

POUR SE FAIRE PLAISIR

En Plo – *Sur la route principale - ☏ 22860 713 05 - www.hotelenplo.gr - - 7 appart. 105/175 €.* Retirée sur la petite route littorale du nord de l'île, la maison de la famille Markouli abrite de vastes studios et appartements à deux pas de la plage (chaises longues à disposition). Piscine entourée de gazon et à l'arrière, potager qui alimente le petit-déjeuner.

Perissa

BUDGET MOYEN

Amelie – *Accès par la route principale - ☏ 22860 821 24 - www.hotelamelie.gr - P - 18 ch. 60/80 €.* Belle maison blanche et bleue lavande à l'écart de la route. Jolies chambres disposées autour de la petite cour et piscine située à l'arrière. Accueil souriant.

Zorzis – *Sur la route principale - ☏ 22860 811 04 - www.santorinizorzis.com - - 10 ch. 75/90 €.* Immanquable avec son superbe bougainvillier, l'hôtel de l'ancien capitaine Spiros et de sa femme japonaise Hiroko offre des chambres parfaitement tenues, un jardin fleuri, une grande piscine avec Jacuzzi à l'arrière. Chemins de randonnée à proximité.

POUR SE FAIRE PLAISIR

Villa Clio – *À 200 m de la plage, arrêt de bus Agios Adonios - ☏ 22860 820 83/815 96 (hiver) - - 18 ch. env. 90 €.* À l'abri de l'agitation du bord de mer, ce petit hôtel est agréable et reposant. Piscine et joli jardin.

Kamari

PREMIER PRIX

Studios Marios – *Dans une rue parallèle à la mer - ☏ 22860 337 27 - www.studiosmarios.gr - - 2 ch. et 14 appart. 45/70 € (pas de petit-déj).* Un petit établissement simple aux murs peints de scènes figuratives. Chambres avec balcon, dont trois avec vue mer. À deux pas de la plage et des rochers.

BUDGET MOYEN

Chez Sophie – *Dans une rue parallèle à la plage - ✆ 22860 329 12 - www.chezsophie.gr - - 12 ch. 50/100 €* . Au pied des montagnes, à quelques pas de la plage, cet hôtel teinté de jaune, au calme, dispose de chambres modernes et agréables pouvant accueillir jusqu'à 4 personnes.

Akrotiri

POUR SE FAIRE PLAISIR

Aura Marina –*Sur la route du phare - ✆ 22860 831 01 - www.aura-marina.com - P - 9 villas 80/250 €*. Perchées sur les hauteurs, les villas offrent une superbe vue sur la caldeira et sur les plages. Bel intérieur dépouillé et spacieux et minipiscine privative dans chacune des terrasses.

Pyrgos

BUDGET MOYEN

Donna's House – *Dans le village - ✆ 22860 318 73 - www.donnashouse.gr - 8 ch. 60/85 €* . Belle demeure patricienne en plein centre de Pyrgos, entourée d'un jardin fleuri de géraniums et de bougainvilliers. Jolies chambres aux tons pastel : celles de l'étage ont une très belle vue.

RESTAURATION

Bon à savoir – Importante gastronomie locale à découvrir : *kouneli tiravgoulo* (lapin à l'oignon et au fromage), *fava* (purée de légumes secs), *domatokeftedes* et *pseftokeftedes* (boulettes de légumes poêlées), *skordomakaronada* (petites pâtes à l'ail), ou encore *moschari tis panegiris* (daube au vin).

Fira

PREMIER PRIX

Kapari – *Sur la route principale (dir. Oia) - ✆ 22860 270 86 - 15 €*. Savoureuse cuisine locale, mâtinée de safran, d'oignons et de câpres (*kapari* en grec). Goûtez en particulier aux *favas* et à l'agneau grillé au vin blanc et au thym. Belle terrasse abritée et petite salle intérieure intimiste.

Naoussa – *Rue à l'arrière du Musée archéologique - ✆ 22860 248 69 - 15/20 €*. Une institution de Fira : attablé à la terrasse située à l'étage, qui s'ouvre sur la cathédrale catholique, vous y dégusterez une excellente moussaka et des calamars bien frais. Service attentionné.

UNE FOLIE

Archipelagos –*En contrebas de la corniche, près de la cathédrale orthodoxe - ✆ 22860 24 509 - www.archipelagos-santorini.com - 35/40 €*. Plusieurs terrasses avec vue sur la caldeira et une salle aux pierres apparentes ornées de gravures anciennes. Excellent lapin à la sauce au vin.

Firostefani

PREMIER PRIX

Aktaion – *En face de l'église - ✆ 22860 223 36 - 15 €*. Une des plus vénérables adresses de l'île, fondée en 1922 : cuisine locale façon grand-mère, dont le filet porc mariné ou le jarret d'agneau. Ravissante petite terrasse.

POUR SE FAIRE PLAISIR

Vanilia – *Le long de la corniche - ✆ 22860 256 31 - 25/30 €*. Sous la tonnelle face à la caldeira ou en salle, vous vous délecterez d'une belle cuisine traditionnelle en écoutant des opéras italiens ou des chants lyriques grecs. Au dessert, goûtez au riz au lait à la *mastika* et à la canelle, *rizogalo*.

Vourvoulos

PREMIER PRIX

Rosa – *Rte principale - ✆ 22860 243 78 - - env. 15 €*. Petite taverne qu'apprécieront ceux que rebute l'ambiance survoltée de Fira. Quelques recettes traditionnelles mitonnées par la mère (*keftedes* à la tomate, *stifado* de lapin) et servies par la fille.

Oia

PREMIER PRIX

Petros – *Sur la corniche piétonne - 22860 712 63 - à partir de 16h - 15/20 €.* Un peu à l'écart des adresses les plus courues, cette taverne de poisson propose deux belles terrasses en direction du couchant ou de la caldeira. Poissons du jour, calamar farci à la feta, etc. Prix raisonnables.

Skala – *Accès par la rue principale, escalier de 20 marches - 22860 713 62 - - 15/20 €.* Cette vieille taverne propose une carte de recettes traditionnelles.

BUDGET MOYEN

Roka – *À l'ouest de la station de bus - 22860 718 96 - - 25 €.* Dans ce quartier calme, il faut chercher les volets délicatement bleutés d'une vieille maison en suivant les pancartes grecques : « ρόκα ». Dans cette taverne, on s'applique à élaborer une cuisine authentique, à base de produits frais et choisis. Commandez le *pougi*, papillote de bœuf aux légumes et aux pommes de terre ou un délicieux *bougiourdi*.

UNE FOLIE

Papagalos – *Côté ouest du village, le long de la falaise - 22860 714 69 - le soir seult - 40/60 €.* Cuisine grecque raffinée et bio, servie sur une jolie terrasse sobre et élégante.

Pyrgos

UNE FOLIE

Selene – *Près de la pl. centrale - 22860 222 49 - www.selene.gr - CC - 60 €.* Ce restaurant très chic propose une nouvelle cuisine grecque créative et une belle carte de fromages et de vins, de toute la Grèce et surtout de Santorin. Anciennement situé à Fira, son déménagement à Pyrgos devrait enrayer un certain déclin.

Perissa

BUDGET MOYEN

Sea Side by Notos – *Au bout de la plage - 69450 828 01 - www.seaside-restaurant.gr - 20 €.* Située à la fin de la petite route littorale, cette adresse branchée au décor soigné propose de bons plats présentés avec attention.

Kamari

PREMIER PRIX

Taverna Andreas – *Sur la droite avant le 2e et dernier arrêt de bus - 22860 310 99 - www.taverna-andreas.gr - - 15 €.* Une taverne toute simple. Copieux plats grecs.

Akrotiri

PREMIER PRIX

Aeolos – *Sur la route du phare - 22860 820 82 - P - 15 €.* Bien loin de l'agitation qui anime le reste de l'île, cette taverne isolée sur la petite route menant au phare offre une vue imprenable sur le couchant. Poisssons et viandes grillées, poulet aux poivrons, etc.

ACHATS

Vins de Santorin

Santowine – *Sur la route du phare - 22860 225 96 - www.santowines.gr - dégustation de vin et/ou visite guidée 25 € (réservez à l'avance).* Le magnifique siège de l'Union des coopératives de Santorin, le principal producteur de l'île, dispose d'un centre œnologique proposant des dégustations et des visites guidées. Boutique sur place avec vente de vins et de produits locaux. Superbe panorama sur la caldeira.

EN SOIRÉE

Bon à savoir – Fira est le centre de la vie nocturne. Des bus ramènent, au petit matin, les noctambules vers les stations balnéaires de la côte sud.
Conseil – Talons hauts et tongs sont à proscrire pour le retour, car les pavés sont glissants.

Fira

Bon à savoir – Le quartier branché n'est pas loin de la place Theotokopoulou, autour de la rue Dessigala.
Kastro – *À côté de l'entrée du téléphérique - ✆ 22860 225 03.* Superbe vue sur la caldeira depuis la terrasse de ce grand bar protégé par les créneaux d'un ancien édifice fortifié. Bons petits-déjeuners, continental ou bien *english breakfast.*
Franco's – *✆ 22860 244 28 - 10/20 €.* Un lieu fameux où l'on vient boire un verre et contempler le coucher de soleil, allongé dans de confortables chaises longues tournées vers la caldeira, le tout en écoutant de la musique classique ou de l'opéra…
Koo Club – *✆ 22860 220 25 - www.kooclub.gr.* Discothèque et bar à l'extérieur. « Main stream house », puis musique grecque.
Casablanca – *✆ 69775 751 91 - www.casablancasoul.com.* Funkie, acid jazz, hip-hop, house, électro.
Kira Thira – *✆ 22860 227 70.* Un véritable bar de jazz dans une ruelle de Fira.
Vithos Café – *Pl. principale - ✆ 22860 222 85 - Wi-Fi.* Café tenu et fréquenté par des jeunes. Intérieur *design* et musique branchée.

Perissa

Yazz Beach Bar – *Sur la plage de Perissa - ✆ 22860 812 35.*

Kamari

Hook Bar – *Un bar rock au bout de la plage - ✆ 22860 334 41.*

ACTIVITÉS

Excursions

Les agences de voyages proposent des excursions dans la caldeira et sur les îles *(voir p. 360).* Autres offres : tour de Santorin et croisière nocturne *(35 €),* la caldeira le matin *(29 €),* etc.

Plongée

Santorini Dive Center – *À Akrotiri - ✆ 22860 831 90 - www.divecenter.gr.* Un club pour plongeurs confirmés.

Randonnées

Santorin compte peu de sentiers, mais il y a de jolies promenades à faire entre Oia et Fira, autour du mont Profitis Ilias, au sud d'Emborio et à l'ouest d'Akrotiri.

AGENDA

Fêtes et festivals

Plusieurs importants festivals se succèdent en été :
Festival Ifaisteia – Concerts, danses et chants traditionnels, représentation d'une éruption volcanique. En août.
Festival international de musique de Santorin – Musique classique. En septembre.
Les principales fêtes religieuses :
Fête du Prophitis Ilias – À Fira, le 20 juillet.
Fête de la St-Jean – À Monolithos, le 24 juillet.
Fête de la Panagia Episkopis – À Mesa Gonia, le 15 août.
Fête de la St-Jean – À Perissa, le 29 août.

Sérifos

(Σέριφος)

1 847 habitants - Région d'Égée du Sud - Unité régionale de Milos - 75 km²

NOS ADRESSES PAGE 384

S'INFORMER

Informations touristiques – Le bureau d'informations, à 100 m en descendant du bateau, ouvre de façon sporadique en été et donne une liste d'hébergements.

Site Internet – *http://e-serifos.com (en français).*

Trois agences de voyages vendent les billets de bateaux et pourront vous renseigner : **Krinas Travel**, **Condilis** et **Apiliotis**.

SE REPÉRER

Carte de région B2-3 (p. 246-247) - Carte de l'île p. 383.

À NE PAS MANQUER

Hora, bijou des Cyclades ; les plages et criques qui ourlent le littoral.

ORGANISER SON TEMPS

Comptez 2-3 jours.

Un voyageur anglais écrivait au 19ᵉ s. qu'il n'y avait pas dans les Cyclades de vue plus magique que l'apparition de la Hora de Sérifos, ceignant un éperon rocheux en surplomb de la mer. Un siècle plus tôt, découvrant l'île au printemps, Piton de Tournefort s'émerveillait lui aussi devant le spectacle de ses collines dénudées, parsemées d'une espèce rare d'œillet sauvage. Depuis, hormis les quelques vestiges laissés par un siècle d'exploitation minière et les équipements touristiques qui occupent à présent le port et ses environs, Sérifos n'a guère changé. Escarpée, aride et rocheuse, pratiquement sans végétation, la terre où grandit Persée, le héros qui trancha la tête de Méduse, offre toujours ce visage typiquement cycladique où la beauté est aussi synonyme de dépouillement.

Se promener Carte de l'île p. 383

Bien que, à l'intérieur des terres, de petits vallons verdoyants rompent avec l'aridité des collines côtières, l'île n'a ni la variété des paysages ni les trésors architecturaux de Sifnos. Mais son littoral, découpé de baies, de golfes et de criques, vous offrira le plaisir rare de baignades sur des plages secrètes, dont l'accès, parfois difficile, est déjà toute une aventure.

Bon à savoir – À l'abri du *meltem* et d'accès plus aisé, la côte sud offre les meilleures plages, mais aussi les plus fréquentées. Si vous avez envie de faire une randonnée dans l'île, sachez que l'eau est rare et qu'il y a très peu de chapelles où trouver un peu de fraîcheur.

SE REPÉRER

L'arrivée se fait au sud-est de l'île, au port de **Livadi**, lové au fond d'une baie et dominé par **Hora**, à 2 km, capitale de l'île. Les plages se concentrent de part et d'autres de Livadi *(celle de Livadakia est à 10mn à pied)* ; la partie nord-ouest, déserte et escarpée, présente un paysage nettement plus aride.

HISTOIRE

Le destin de Sérifos apparaît comme gravé dans sa géographie : aux **pirates** qui fréquentèrent beaucoup l'île, le tracé tourmenté de ses côtes offrait des refuges naturels, tantôt pour s'y mettre à l'abri, tantôt pour ravir les richesses de son sous-sol. Connus depuis les débuts de l'Antiquité, les **gisements** ferreux des collines du sud-ouest furent en effet systématiquement exploités dès le milieu du 14e s., sous la domination vénitienne, époque à laquelle le représentant de la Sérénissime, Ermolao Minotto, amena dans l'île un grand nombre d'esclaves. Les Grecs propriétaires des concessions recevaient une partie des bénéfices, et certains firent fortune. Malgré les lourds tributs versés à Venise, puis à l'Empire ottoman, Sérifos passa bientôt pour l'une des îles les plus riches de l'archipel, excitant toutes les convoitises. Les hautes murailles du monastère des Taxiarques attestent que les îliens redoutaient les assauts. Reprise en 1865, l'**exploitation minière** déclina dans l'entre-deux-guerres, poussant beaucoup de Sérifotes à quitter l'île, les autres retournant à une modeste existence rurale, bouleversée depuis peu par l'irruption du **tourisme**.

★ BALADE AU SUD

Les ferries accostent à Livadi, au creux d'une baie profonde qui délimite des péninsules bordées de plages.

Livadi (Λιβάδι)

Nichée bien à l'abri du vent, cette station balnéaire s'étire depuis **Poundi**, une sorte de village serré autour du môle où accostent les ferries, jusqu'à la **plage d'Avlomonas**, long ruban de sable et de galets bordé de tamaris où se concentre l'essentiel de l'activité touristique de l'île. Malgré une poignée d'hôtels des années 1960-1970 qui gâchent le front de mer, l'architecture moderne, de style cycladique, s'intègre assez bien dans le décor des collines arides. En retrait du rivage s'étend une petite plaine verdoyante, joli damier de jardins potagers et d'orangeraies.

Au sud, la **plage de Livadakia** *(15mn à pied du port)* offre l'ombre de ses nombreux tamaris et un beau sable blond. Attraits que vous ne serez évidemment pas seul à partager, tous ceux qui séjournent au camping, dans les hôtels et les bungalows établis le long de la plage s'y retrouvent.

Optez donc plutôt pour la **plage de Karavi**, cachée derrière la colline *(reprenez la rte en dir. de Ramos, puis suivez le 1er chemin à gauche)* : même sable, le calme en plus. Seuls quelques naturistes et campeurs viennent ici. Au large, des fouilles sous-marines ont mis au jour une multitude d'amphores provenant d'un navire naufragé au 1er s. av. J.-C.

Vous pouvez également profiter de la **plage d'Avlomonas** *(à 5mn du port)*, elle aussi baignée d'une eau très claire.

La péninsule des plages

À l'est de Livadi, la côte dessine une péninsule prolongée par trois caps. Un sentier en fait le tour *(peu avant la plage d'Avlomonas, sur la gauche)*, invitant à une très agréable **balade★** *(comptez de 1h à 2h de marche selon votre rythme)* dans un décor minéral embaumé d'une maigre végétation de plantes aromatiques. Le chemin passe par la **crique de Tsilipaki**, lovée entre les rochers comme un lagon, puis rejoint la **plage de Lia★** *(par le sentier de Livadi à Psili Amos, ou par celui qui relie Avlomonas et Lia)* et ses eaux turquoise (mais vite profondes).

La ville de Sérifos perchée sur son éperon rocheux.
Simeone / Photononstop

Entre les deux collines qui la dissimulent, elle s'adosse à un bosquet de tamaris et de roseaux. Comme sur presque tout le littoral de l'île, des sources irriguent çà et là des bouquets de verdure.
Tout aussi jolie, la **plage d'Agios Sostis** se cache au fond d'une baie étroite et profonde *(pas de taverne sur ces deux plages, emportez donc quelques provisions)*.
Dernière étape, la belle **plage de Psili Ammos★**, *(indiquée par un panneau à la sortie de Livadi, 10mn à moto et 25mn à pied)* est malheureusement en passe d'être gagnée par l'urbanisation *(deux tavernes)*. Des eaux limpides et peu profondes baignent une étendue d'un fin sable blanc planté de tamaris. Mais s'il y a vraiment trop de monde, poussez jusqu'à la **plage d'Agios Ioanis**.
Après avoir franchi le **cap Gripari** *(Akr. Gripari)* au terme d'un sentier assez raide, suivez pour finir le chemin en corniche qui mène au village de **Kendarhos** (également appelé *Kallisto*). Bâti en amphithéâtre au sommet d'une colline dominant la mer, il veille sur une petite **vallée** agricole, délicieux havre de verdure descendant jusqu'au littoral. Sur ses pentes, encadrant le lit d'une rivière (à sec l'été) s'épanouissent vignes, oliviers, figuiers, amandiers et autres arbres fruitiers ombrageant des jardins potagers.

★★ SÉRIFOS (HORA - ΧΩΡΑ)

15mn en bus par la rte en lacet.
Bon à savoir – Vous pouvez vous y rendre à pied depuis Livadi par les larges marches en pierre passées à la chaux. L'ascension, plus facile qu'il n'y paraît, vous réserve des paysages magnifiques.
Malgré l'essor touristique de l'île, la Hora de Sérifos est restée ce qu'elle était : un village médiéval, typiquement cycladique, étincelante cascade de maisons blanches accrochées au rocher brun, se découpant sur l'azur du ciel et de la mer. Et c'est le plus souvent désert que vous découvrirez le dédale de ses escaliers et de ses ruelles étroites, presque toutes en pente, jalonnées de maisons bâties pour la plupart avec les pierres de l'ancienne citadelle vénitienne.

Nombre d'Athéniens et d'étrangers ont acquis l'une de ces maisons d'un étage, hautes et étroites, avec d'ailleurs bien des difficultés pour y faire entrer un peu de confort moderne. Car il convient de respecter scrupuleusement le style local, pour conserver au lieu toute son harmonie.

★★ Kato Hora (Κάτο Χώρα), le village bas

On parvient d'abord, dans le bas du village, au sommet d'un petit tertre. Tout près, le **musée d'Art populaire** *(✆ 22810 511 81 - tlj sf lun. 9h30-13h, 17h-21h - 2 €)* présente une collection d'objets de la vie quotidienne du 19e s. et du début du 20e s. offerts par des Sérifiens. Le **Musée archéologique** *(derrière le bar Plateia - ✆ 22810 526 11 - tlj sf lun. 8h30-15h - gratuit)* rassemble des pièces trouvées sur l'île, notamment des marbres sculptés de la période romaine. En face du café Plateia, les escaliers vous conduisent vers le haut du bourg, à **Pano Piatsa** où se dresse la façade néoclassique de l'hôtel de ville (fin 19e s.). Sur la place, vous trouverez un coin d'ombre à la terrasse de deux tavernes. À côté, la masse blanche d'**Agios Athanasios** (18e s.) éblouit aux heures les plus lumineuses. Vous pourrez y entrer pour admirer son **iconostase** de bois sculpté.

En flânant, gagnez le sommet du village où quelques pierres éparses évoquent le *kastro*, la citadelle vénitienne, elle-même édifiée sur les vestiges d'un fort romain. À sa place, l'**église Agios Constantinos et Eléni** offre un formidable **panorama★** sur la pointe sud de l'île.

★ LE TOUR DE L'ÎLE

▶ *Sortez de Livadi par la première rue à gauche en venant du port.*

Entaillée de baies profondes à l'abri du *meltem*, la côte sud est un lieu privilégié pour dénicher votre plage ou votre crique de prédilection. Essayez donc les eaux cristallines de **Kalo Ambéli** *(prenez le premier chemin de terre sur la gauche après Ramos)*.

Accessibles par la route, les trois grandes plages de la **baie de Koutalas★** ont également beaucoup de charme : vous aurez à choisir entre **Vagia★**, dont la blancheur des rochers a quelque chose de lunaire, **Ganema★**, de sable et de galets, dotée d'une bonne taverne à laquelle on ne peut malheureusement accéder que par un difficile chemin de pierres, ou **Koutalas**, lovée au fond de la baie, à l'ombre de ses tamaris et qui dispose aussi d'une taverne. On y voit quelques vestiges du passé minier de la localité.

Megalo Livadi (Μεγάλο Λιβάδι)

Port de chargement du minerai et siège de la société minière Sérifos-Spiliazeza, le village naquit avec l'ouverture de la mine, en 1880, et compta jusqu'à 700 habitants. De son activité d'antan subsistent le **pont de chargement**, quelques ruines au sommet de la colline et un **bâtiment néoclassique** très dégradé *(les anciens bureaux)*, étrange présence au bord du rivage planté de palmiers et de tamaris. Une atmosphère un brin mélancolique règne dans ce

CHERCHE BIENFAITEUR...

À cause de l'émigration qui a dépeuplé l'île, les églises de Sérifos n'ont pas toutes trouvé de propriétaire – comme c'est l'usage dans l'archipel –, chargé de leur entretien. Aussi, l'institution du *ktitor* (« possesseur ») rassemble-t-elle des personnes qui font vœu de s'occuper d'une église pendant deux ou trois ans. C'est ainsi que, à leurs frais et avec les dons des visiteurs, les *ktitores* d'Agios Constantinos et d'Eléni ont fait poser du marbre au sol, installer une nouvelle iconostase de bois et aménager les escaliers.

port paisible et sur sa plage, dans une baie si fermée que la mer ressemble à un lac. L'endroit conserve avec émotion le souvenir de la grève des mineurs de 1916 au cours de laquelle une dizaine d'ouvriers furent massacrés par la police grecque, avant d'être eux-mêmes lapidés par les femmes des mineurs. Le calme ne devait revenir qu'après l'intervention de la Légion étrangère française appelée en renfort du front d'Orient.

Panagia (Παναγία)

Accroché aux contreforts du mont Troulos (585 m), le point culminant de l'île, ce joli village aux maisons blanches jouit d'une belle **vue**★ sur l'intérieur de l'île. Reconnaissable à sa toiture de tuiles bordeaux, ne manquez pas l'**église de la Panagia**★, la plus ancienne de Sérifos (10e-11e s.). À l'ombre d'un olivier séculaire, elle cache de remarquables **fresques**★ *(bas-côté droit)* qui dateraient du 13e s. *(si l'église est fermée, on peut demander la clef au monastère des Taxiarques).*

Après Panagia, une route sur la gauche conduit à la **baie de Sikamias**★, magnifique échancrure soulignée d'une grande plage de sable, parmi les plus belles de Sérifos et très fréquentée *(taverne à proximité).*

★ Le monastère des Taxiarques (Ταχιάρχος)

En bus, descendez après Galani, puis poursuivez à pied sur près de 2 km - ☏ 22810 510 27. Horaire des visites aléatoire, car un seul moine sur place, en principe de 11h à 13h (laisser une offrande).

Ce monastère aux allures de petite forteresse, bâti vers 1600, subit de nombreuses attaques des pirates, attirés par sa réputation de richesse. De fait, le **katholicon** recèle encore quelques joyaux : **iconostase** de marbre sculpté et de bois doré, lustres étincelants et, sur les murs, des **fresques** dont certaines sont attribuées à l'un des frères Skordilis. Des manuscrits byzantins sont conservés dans la bibliothèque.

NOS ADRESSES À SÉRIFOS

INFORMATIONS UTILES

Banque
Banques et distributeurs à Livadi.

Poste
À Livadi, derrière le port - ✆ 22810 512 39.

Police
✆ 22810 513 00.

Santé
Un **médecin** à Hora, mais il change tous les étés. Se renseigner.
Pharmacie – *À Livadi - ✆ 22810 512 05.*
Infirmerie – *À Livadi - ✆ 22810 512 02.*

ARRIVER / PARTIR

En bateau
Liaisons avec **Le Pirée** *(3-4/j, 2h25-4h45).*
Liaisons avec **Sifnos** *(3-5/j., 25mn-50mn)*, **Milos** *(3-5/j., 1h15-3h10)*, **Kythnos** *(1-2/j., 1h20)*, **Kimolos** *(6/sem. sf lun. et jeu.-sam., 1h55-3h50)*, **Syros** *(3/sem., 1h55-7h10)*, **Paros** *(2/sem., 1h35-3h45)*, **Mykonos** *(2/sem., 3h30-5h45)*, **Folegandros** *(1/sem., 5h20)* et **Naxos** *(1/sem., 2h30).*
Capitainerie – *✆ 22810 514 70.*

TRANSPORTS

En bus
De nombreux bus font la navette entre Livadi et Hora. Ils poursuivent plus rarement vers Galani et Kendarhos. Arrêt de bus au bout de la rue asphaltée, là où commence la rue piétonne pavée, à 200 m du bateau *(panneau jaune avec les horaires).*

En voiture
Krinas Travel – *En sortant du bateau, à gauche du débarcadère - ✆ 22810 514 88 - www.serifos-travel.gr.* Loue des deux-roues et des voitures fiables.
Blue Bird – *Nikos Galanos - ✆ 22810 515 11 - www.rentacar-bluebird.gr.*
Conseil – Réservez votre voiture à l'avance si vous venez le week-end ou en haute saison.
Station-service – Unique station à la sortie de Livadi.

HÉBERGEMENT

Bon à savoir – L'essentiel des hébergements se concentre dans le port de Livadi et le long de la plage de Livadakia. Attention, en saison, on refuse les séjours inférieurs à trois nuits, voire à cinq.

Livadi

BUDGET MOYEN

Hotel Anna – *Sur le port - ✆ 22810 516 66/514 84 - 10 ch. dont 2 studios-appart. équipés - env. 70 €.* Le décor est assez basique, mais l'hôtel est bien situé. Certaines chambres *(bruyantes en saison)* ont un balcon avec vue sur le port.
Hotel Areti – *Accès par la 1re ruelle sur la gauche en débarquant - ✆ 22810 514 79/511 07 - ▭ - 12 ch., 4 studios et 1 appart. env. 60/70 €.* Un hôtel bien rénové, juste au-dessus du port. Chambres confortables avec balcon, qui donnent toutes sur une grande et belle terrasse sur laquelle on peut prendre le petit-déjeuner.
Maistrali – *Sur la droite du port à env. 600 m - ✆ 22810 512 20/513 81 - www.hotelmaistrali.com - 20 ch. 65/70 € - ☕ 5 €.* Reconnaissable à sa façade à colonnettes, cet établissement est un peu à l'écart de l'agitation nocturne du port. Les chambres, calmes, offrent une jolie vue sur la mer.

Livadakia

PREMIER PRIX

Coralli Camping & bungalows – *22810 515 00 - www.coralli.gr - - 78 empl. 20 €, 17 bungalows 40 €.* Ce centre balnéaire comprend un camping et tous les équipements nécessaires, des bungalows avec cuisine équipée, le tout très bien entretenu à 10 m de la mer. Renseignements à 50 m de la jetée, à l'agence Krinas Travel qui se charge de votre transfert.

Pension Helios – *En retrait de la plage, sur les hauteurs - 22810 510 66 - - 8 ch. 40/60 €.* Une petite pension de famille au cœur d'un jardin fleuri de tournesols. Confort simple mais correct.

Megalo Livadi

BUDGET MOYEN

Marditsa – *22810 510 03 - - 5 ch. env. 50 €.* Les chambres, décorées de façon rudimentaire mais bien équipées, donnent sur un très joli jardin en bord de plage. Restaurant.

RESTAURATION

Bon à savoir – Sérifos n'a pas de tradition gastronomique particulière. Goûtez tout de même à la *révithia*, une soupe de pois chiches.

Hora

PREMIER PRIX

Stou Stratou – *Sur la pl. de la mairie - 22810 525 66 - www.stoustratou.com - - env. 10 €.* Ce salon de thé très *cosy* propose des gâteaux et de la petite restauration. Carte riche et chic, en forme de livre. Accueil très chaleureux de la patronne.

Livadi

PREMIER PRIX

To Ouzeri To Kalis – *Sur le front de mer, dans la zone la plus animée - 69424 679 87 - - 15/20 €.* Tout l'éventail des classiques et quelques perles dans cette *ouzerie*, comme les crevettes grillés accompagnées d'un riz délicieusement parfumé. Beau choix d'ouzos également.

Ganema

PREMIER PRIX

Taverne – *- env. 15 €.* Établie au bord de la plage, cette taverne propose une cuisine simple et de qualité, dans un cadre très agréable.

Psili Ammos

PREMIER PRIX

Manolis – *22810 523 53 - - env. 15 €.* Bonne taverne ouverte en saison, idéale pour déguster des *mezzes* frais après la baignade.

BOIRE UN VERRE

Livadi

Bon à savoir – Le long de la plage de Livadi, vous avez l'embarras du choix. Faites-le en fonction de vos goûts musicaux. Pour les amateurs de musique grecque populaire, nous recommandons le cybercafé **Malabar**, accessible par le passage piéton débouchant sur le front de mer. Au **bar Karnagio**, bonne musique rock, avec tables sur la plage. Il y a également une discothèque sur la gauche, l'**Edem Club**, en sortant de Livadi en direction de Hora.

AGENDA

5 mai – Processions traditionnelles à Koutalas.
6 août – À Ambeli.
15 août – À Panagia.
7 septembre – Sur la plage d'Agios Sostis.
8 novembre – Au monastère des Taxiarques.

4

Sifnos

(Σίφνος)

★

3 220 habitants - Région d'Égée du Sud - Unité régionale de Sifnos - 74 km²

NOS ADRESSES PAGE 393

S'INFORMER

Office de tourisme central – *À Apollonia, place centrale - 22840 336 61 - www.sifnos.gr (français).* Accueil sympathique et dynamique, réservations hôtelières, cartes de l'île, horaires et itinéraires des bus, consignes.

Aegean Thesaurus Travel – *À Apollonia en face de la poste - 22840 331 51 - www.thesaurus.gr.* Une agence de voyage locale réputée : informations, réservations, etc.

SE REPÉRER

Carte de région B3 (p. 246-247) - Carte de l'île ci-contre.

À NE PAS MANQUER

Flâner dans Kastro et boire un verre en terrasse au son du jazz ; lézarder sur la plage de Vathi ; goûter une friture de poissons sur le port de Cherronisos.

ORGANISER SON TEMPS

Comptez 3 jours. Dès le mois de mai, commencez très tôt le matin la randonnée au mont Profitis Ilias pour éviter de marcher aux heures chaudes. Prenez vos bus à Artemonas : ils y passent tous, et il y a des terrasses à l'ombre pour les attendre (parfois longtemps…).

AVEC LES ENFANTS

La plage de Kamares (en pente très douce) est idéale pour la baignade des enfants.

De longues plages de sable, des montagnes arides où seule prospère une broussaille de sauge et de genévrier, et des coteaux sculptés en terrasses verdoyantes, piquées de moulins, de pigeonniers et de chapelles… Sifnos est une île parfaite pour les amoureux de randonnée en pleine nature et pour les passionnés de patrimoine. L'histoire a semé ses tours antiques, sa cité médiévale et ses monastères isolés. Encore assez tranquille, l'île est toutefois littéralement envahie en saison. Malgré tout, la gentillesse des habitants de cette île réputée pour sa gastronomie reste constante.

Se promener Carte de l'île ci-contre

DE KAMARES À LA RÉGION D'APOLLONIA

En accostant, vous serez surpris par la rudesse de la côte, rocheuse et aride.

Kamares (Καμάρες)

Encaissée entre deux montagnes, la baie de Kamares surgit au dernier moment. Ouvert aux vents du nord et de l'ouest, ce mouillage était peu fréquenté, les caïques lui préférant la baie bien abritée de Vathi et les bateaux de commerce

le petit port de Faros. Doté d'un môle en 1907, Kamares doit son essor, à la fin du 19e s., à l'exportation du fer et du plomb extraits sous la houlette d'une société française jusqu'en 1918. Certains vestiges de l'activité parsèment encore le paysage.

L'attrait majeur de cette station balnéaire à l'ambiance familiale, particulièrement animée aux heures des ferries, reste sa **plage★**, l'une des plus longues de l'île, bien nivelée, très propre. De l'autre côté de la baie, le paisible hameau d'**Agia Marina** est dominé par une petite chapelle.

Quittez Kamares pour rejoindre Apollonia.

La route serpente dans un paysage désolé, ponctué de sobres chapelles blanches, de quelques pigeonniers à l'élégant décor géométrique et des ruines d'une tour hellénistique, **Kabanario** *(à 4 km de Kamares, sur la gauche, à 100 m de la rte)*, l'une des mieux conservées de l'île. Puis la garrigue cède le pas aux **champs en terrasses** plantés d'oliviers et de vignes.

SIFNOS : UNE BONNE TABLE

L'île est en effet **réputée pour sa gastronomie**, qui passe pour l'une des meilleures de Grèce. Au menu : *kaparosalata* (une salade relevée aux câpres), *mastélo* (agneau mariné au vin rouge), *xinomisithra* (fromage de brebis frais), *révithada* (pois chiches à l'oignon et au laurier), *mansira* (fromage blanc conservé dans du moût de vin), *bourékia* (un gâteau originaire de Constantinople, fourré de miel, de sésame et de pâte d'amandes), *kalasouna* (douceur à base de courgette rouge). Sans oublier le vin de Sifnos, tout à fait agréable.

Apollonia (Απολωνία)

Passé les premières maisons du bourg, vous atteignez **Platia Iroon**, la place principale, où siège un petit **Musée ethnographique** *(✆ 22840 337 30 - en été : apr.-midi)* présentant vêtements traditionnels, broderies, étoffes anciennes, céramiques, armes, outils agricoles et domestiques.

Avant de partir à la découverte des quartiers d'Apollonia, suivez la route jusqu'au carrefour suivant *(à l'arrêt du bus pour les plages)* pour comprendre l'organisation de la capitale de l'île. De ce **point de vue★**, le regard embrasse la ville et ses alentours : construite en amphithéâtre sur trois collines verdoyantes sculptées de terrasses très régulières, l'agglomération se prolonge par les villages de **Pano Petali** et d'**Artemonas** au nord, de **Katavati** au sud, et de **Kato Petali**, **Agios Loukas** et **Exambela**, un peu plus à l'est, dessinant un long serpent blanc, semé des dômes bleus de leurs églises.

Prenez ensuite le temps de vous promener dans la ville. Cafés, tavernes et boutiques se concentrent le long de l'étroite ruelle pavée **Stilianou Prokou** qui part derrière le musée et conduit à la **cathédrale Agios Spiridon**, vaste édifice restauré en 1901, qui possède la très belle **icône de Hrissopigi** (dite « miraculeuse »).

Près de là, sur la petite place dédiée à l'écrivain Cleanthis Triandafilos – peut-être sur le site d'un temple consacré à Apollon –, l'**église Stavros** (également appelée *Agios Athanasios*) cache aussi un trésor : des **fresques** et une **iconostase en bois sculpté** remarquables.

Mais la plus belle église d'Apollonia reste la **Panagia Iouranofora★** *(ou Ghieraniofora) (dans la partie haute du bourg, en allant vers Pano Petali)*. Construite au 18e s., ses colonnes proviennent d'une église beaucoup plus ancienne, voire d'un sanctuaire antérieur. Notez également la **plaque de marbre** sculpté qui couronne l'entrée, où figurent la Vierge et saint Georges.

Depuis la place Iroon, prenez la ruelle qui monte vers Pano Petali puis Artemonas. À environ 150 m de là *(panneau indicateur)*, une église ombragée d'un pin jouxte

HISTOIRE

Exploitées depuis une époque très ancienne par les occupants successifs de l'île – Phéniciens, Minoens, Ioniens –, les **mines d'or et d'argent** de Sifnos procurèrent aux habitants une richesse considérable. Mais les gisements se tarirent rapidement et, dès le 5e s. av. J.-C., le déclin s'amorça. Il fut accéléré par les guerres que Sifnos livra aux côtés d'Athènes, sa protectrice, puis par l'insécurité liée à la piraterie et par les intrusions, barbares sous les Vénitiens et maltaises lorsque les Turcs leur succédèrent, jusqu'à la guerre turco-vénitienne. Autant de troubles qui marquèrent durablement la vie de Sifnos, comme en témoigne la concentration de l'habitat dans le centre de l'île. Au cours du 17e s., cependant, la menace s'atténue et Sifnos connaît une étonnante **effervescence intellectuelle**, non sans lien avec la **prospérité de ses marchands**. Des moines catholiques y enseignent de 1625 à 1634, remplacés ensuite par des religieux originaires des monastères de Patmos et du mont Athos, avant que la fameuse **confrérie du St Sépulcre** fonde son école de théologie, ouverte jusqu'en 1835. Sifnos est donc un foyer de vie spirituelle et d'hellénisme qui ne pouvait que prédisposer les Sifniens à prendre une part active à la Révolution grecque. Ce qu'ils firent, sous la conduite de l'instituteur Nikolaos Chrissolegos, futur ministre de l'Instruction publique du roi Othon.

Dans une rue d'Artemonas.
A. Serrano / hemis.fr

un vieux bâtiment tout en longueur, le **Moni Agios Artemios**, petit monastère fondé en 1629 par le moine sifnien Ieremia Orfano (Jérémie l'Orphelin). Une **plaque** rappelle qu'il accueillit cinq écoles entre 1829 et 1988.

★ Pano Petali (Πάνο Πετάλι)

D'Apollonia, on pénètre sans s'en rendre compte dans les ruelles du village voisin, dominées par l'**église Agios Ioanis**, de style italianisant. Vous parvenez ainsi au pied de la **Panagia ta Gournia★**, une église qui recèle des **fresques murales** et une **iconostase en bois**.

Plus loin, c'est la place Nikolaos Hrissolegou. Puis la ruelle à droite vous conduit vers le ravissant quartier d'Agios Loukas, fief de l'**église Agios Antipas** dont les **marbres gravés**, datés de 1636, méritent le détour.

★ Artemonas (Αρτεμώνας)

4

Ce village doit sans doute son nom à la déesse Artémis, la sœur jumelle d'Apollon. Un temple occupait en effet le site sur lequel se dresse l'actuelle **église de Kohis**. Dans ce vieux quartier où résidaient jadis les notables de l'île, de belles demeures néoclassiques des 18ᵉ et 19ᵉ s. alternent avec de petites maisons traditionnelles, enserrant des jardins fleuris de bougainvilliers et de jasmins.

En chemin, allez à l'**église Panagia tis Amou** *(au centre du village)* admirer la belle **iconostase★★**, véritable dentelle de bois doré.

Au bout de la route asphaltée, ne manquez pas non plus l'**église Agios Konstantinos** (1462), excellent exemple d'architecture cycladique. Cette vénérable église a le privilège de sonner la première les liturgies des samedis, dimanches et fêtes, et d'accueillir le départ de toutes les processions.

Grimpez ensuite au sommet de la colline, au-dessus de l'église Agios Merkourios, où deux moulins tournent encore. De là, un beau **panorama★** se déroule sur Kastro et les îles voisines.

Plusieurs randonnées sont possibles à partir d'Artemonas : l'une mène aux **anciennes mines d'or** *(2h)*, l'autre au monastère de la **Panagia Poulati** *(voir p. 391)*.

★★ KASTRO ET LA CÔTE DU NORD-EST

De colline en colline, au fil des hameaux tout blancs, la route mène au cœur historique de l'île.

★★ Kastro (Κάστρο)

Comptez 45mn env.

Au cours de votre descente à pied jusqu'au village de Kastro *(vous pouvez aussi prendre le bus)*, faites une halte à la ravissante église d'**Agios Ioanis Hrissostomos** *(accessible par un chemin sur la droite)*, bâtie au 17e s. sur les murs d'un ouvrage défensif vénitien.

Habitée depuis l'Antiquité, Kastro fut la capitale de l'île sous la domination vénitienne (1207-1537), puis jusqu'en 1836. Aujourd'hui, elle s'affiche comme un village à la mode : cafés, tavernes, ateliers d'artistes et échoppes d'artisans en exploitent l'atmosphère médiévale et le cadre naturel, exceptionnel. De fait, Kastro est un remarquable exemple de **ville fortifiée vénitienne**, combinant un site rocheux – parfaite protection naturelle –, une enceinte construite, percée de trois portes fortifiées et formée par les murs extérieurs des maisons, pour la plupart à trois étages.

En flânant dans cet enchevêtrement d'escaliers, de ruelles, d'étroits passages, prenez le temps d'admirer les balcons à l'italienne, les colonnes et les blasons de marbre sur le linteau des **maisons seigneuriales**.

Kastro compte aussi plusieurs **églises** édifiées aux 16e et 17e s. De la rue périphérique, des **vues**★ superbes s'ouvrent sur la mer.

Le **Musée archéologique** *(☏ 22840 310 22 - tlj sf lun. 8h30-15h - gratuit)* conserve des statues archaïques et classiques, des céramiques des époques antique et byzantine. Un escalier aux larges marches descend vers le rocher où s'élève l'**église des Sept-Martyrs**, dont les noms figurent sur une plaque.

Un **sentier côtier** mène à la Panagia Poulati *(20mn à pied, voir plus loin)*.

Seralia (Σέραλια)

Ancien port de Kastro, Seralia n'est plus qu'une simple crique prise d'assaut en été. Plus haut, vous apercevez les coquettes églises d'**Agios Stefanos** et d'**Agios Ioanis** qui veillent sur le cimetière de Kastro, parmi les vestiges de l'école du St-Sépulcre.

Quittez Kastro par la route d'Artemonas, puis prenez la direction de Cherronisos, avant de vous engager à droite sur un chemin de terre (en très mauvais état, 3 km environ), qui mène à la Panagia Poulati.

Sifnos était autrefois réputée pour ses ateliers de poterie.
F. Guiziou / hemis.fr

Monastère de la Panagia Poulati (Πανάγια Πουλάτι)

Perché au bord de la falaise, ce monastère abandonné, édifié en 1871, se dresse dans un cadre enchanteur : le brun-ocre des rochers, le gris vert des oliviers et le vert sombre des cyprès rehaussent la blancheur de l'église, dont la coupole se fond dans le ciel. Plus bas, la côte déchiquetée ménage une crique rocheuse aux eaux vertes et limpides.

De là, vous pouvez rejoindre Artemonas à pied par un escalier grossièrement taillé.

Cherronisos (Χερρόνησος)

Ce minuscule port de pêche s'abrite au fond d'une austère échancrure rocheuse. Une petite plage de sable, deux tavernes, de modestes quais envahis par le jaune vif des filets et les caïques au mouillage composent un vrai paysage de carte postale. La balade vers la pointe et vers le **monastère Agios Georgios** *(30mn AR)* offre un beau **panorama** du port et de sa baie.

LE SUD ET LES PLAGES

D'Apollonia, rejoignez Katavati soit par la route, soit par les escaliers.

En traversant le village traditionnel de **Katavati**, à l'architecture typiquement cycladique, remarquez le soin qu'apportent les habitants à fleurir maisons et terrasses en utilisant toutes sortes de pots, de formes et de tailles très diverses. Au bout de l'étroite rue principale du village, un panneau indique la direction du **monastère Profitis Ilias tou Psilou**. Le chemin part derrière l'église Panagia Evangelistria et vous conduit au sommet de l'île *(685 m)*, d'où l'expression attachée au monastère, « tou Psilou », littéralement « de la hauteur ».

4

★ Monastère Profitis Ilias (Προφίτις Ηλίας)

Comptez 3h AR.

Au terme d'une **randonnée★** superbe mais un peu pénible sous le soleil, vous arrivez dans l'un des sites sacrés de l'île. Église, puis monastère à partir de 1650, Profitis Ilias est le plus important édifice byzantin de Sifnos, dont

UNE ÎLE SOUS HAUTE SURVEILLANCE

Le développement de la piraterie en mer Égée au cours du 2e s. av. J.-C. – menace constante de la vie insulaire jusqu'au début du 19e s. – explique la présence à Sifnos d'un très grand nombre de tours *(pirgi)*. Les vestiges de ces édifices, plus nombreux que dans l'ensemble des Cyclades, émaillent toute l'île. De plan circulaire, la plupart avaient un diamètre de 7 à 10 m et servaient de **tour de guet** et de **refuge** pour la population alentour.

certaines parties datent du 12e s. La muraille de pierre blanchie, ponctuée de tourelles, au-dessus de laquelle jaillit le dôme du *katholikon*, compose une image de forteresse très impressionnante. Cette tonalité médiévale est renforcée par la visite des galeries, des cellules, des couloirs souterrains, toute cette lourde architecture étant soutenue par de vieilles colonnes de marbre. La **vue panoramique★** sur les Cyclades occidentales est inoubliable. Le 19 juillet, les habitants montent au monastère pour la fête du prophète Élie. L'ascension commence la veille vers 18h et la descente se fait à la nuit tombée, à la lueur des torches.

Site archéologique d'Agios Andreas (Αγίου Ανδρέα)

Accès par la route de Vathi - 8h30-15h - entrée libre.

Le site de cette ancienne acropole mycénienne (13e av. J.-C.), ouvert en 2010, conserve le tracé des anciennes murailles, le tissu urbain et le système de canalisation des eaux de pluie. Une salle d'exposition regroupe les objets retrouvés sur place ainsi que ceux émanant d'autres sites.

★★ Vathi (Βαθύ)

La plus jolie plage de l'île et son petit port de pêche se lovent dans une baie abritée, cernée de collines où alternent les oliviers et la garrigue. Présence insolite qui fait tout le charme du village, le **monastère des Taxiarques** (16e s.), un bâtiment tout blanc, coiffé de deux dômes, se dresse sur un môle, au bord du rivage. Tout autour, les pêcheurs attachent leurs caïques et nettoient leurs filets.

Reprenez la route d'Apollonia. À Katavati, suivez la direction de Faros.

Monastère de la Panagia Vrissiani (Παναγία Βρισίαννη)

En quittant Katavati, vous traversez le village d'**Exambela** et la région la plus agricole de l'île. Cinq cents mètres après apparaissent les murs fortifiés du monastère, construit vers 1600. Des cellules et des pièces diverses en composent le périmètre, encadrant une cour au centre de laquelle se dresse le **katholikon**. L'une des salles abrite un petit Musée byzantin.

Faros (Φάρος)

Port principal de l'île jusqu'en 1883, Faros conserve quelques bateaux de pêche. À l'extrémité de la baie, la **pointe de Petalos** s'achève sur un promontoire rocheux que couronne le monastère de la Panagia Chryssopigi (*jolie balade de 15mn à pied par le sentier côtier).*

Si vous êtes motorisé, revenez sur la route d'Apollonia et tournez à gauche en direction de Platis Gialos. Avant d'arriver à la plage, une petite route bifurque à gauche en direction de Chryssopigi.

À CHAQUE JOUR SA « PANEGYRI »

À chaque église son patron. Avec **208 chapelles et églises** répertoriées, Sifnos a bien des saints à célébrer lors des *panegyri* ! En famille, on organise un banquet dans la cour, à l'ombre de la treille chargée de vignes. À moins que le village tout entier ne se retrouve dans l'une de ces pièces longues et étroites, spécialement aménagées pour l'occasion, que possèdent certaines églises. Le signe avant-coureur de l'événement est invariablement le même : de copieux *tsoukalia* de *révithada* (des pois chiches, plat ancestral local) partent chez le boulanger pour la cuisson. Les réjouissances se poursuivront tard dans la nuit, au son du violon et au rythme du *balo* et des *nissiotika*, les danses traditionnelles des îles.

★★ Monastère de la Panagia Chryssopigi (Μονί Παναγία Χρυσοπηγής)

Dédiée à la Vierge protectrice de Sifnos et fondée en 1650, cette église est l'image symbole de Sifnos et le lieu de pèlerinage le plus fréquenté de l'île : à Pâques, on y conduit en grande pompe l'icône miraculeuse de la Vierge Marie, conservée à Apollonia.

Sur la gauche du monastère s'étire la **plage d'Apokofto**, bordée de tamaris et de tavernes *(plaque rocheuse glissante en entrant dans l'eau)*, tandis qu'à droite les **rochers des Saoures★**, bien abrités, sont recommandés les jours de vent et pour leur eau très claire.

Reprenez la direction de Platis Gialos *(30mn à pied)* : sur la gauche de la route *(juste avant le virage en épingle qui plonge vers la plage)* se détachent les ruines d'**Aspros Pirgos**, une cité hellénistique. De son mur d'enceinte subsiste la **Tour blanche**, l'une des plus faciles d'accès de l'île, qui veille sur la côte. La taille des murailles et son poste de vigie vous rappelleront ces siècles où les pirates étaient menaçants.

Platis Gialos (Πλατύς Γιαλός)

Très touristique, la plage de sable fin de Platis Gialos est la principale station balnéaire de l'île, animée et parfois bruyante. Jadis grand centre de **poterie**, elle ne conserve que quelques ateliers *(à gauche de la plage)*.

Au nord de la baie, au sommet de la colline dominant la plage, se dresse le **monastère de la Panagia Vounou** (1813). L'ascension vous réserve un beau **panorama**.

NOS ADRESSES À SIFNOS

INFORMATIONS UTILES

Banque

Un distributeur de billets près du débarcadère à Sifnos, trois à Apollonia et un à Platis Gialos.

Poste / Téléphone

Apollonia, pl. Iroon.

Police

À Apollonia - ✆ 22840 312 10.

Santé

Pharmacies – *À Apollonia, pl. Iroon et sur la rte d'Artemonas - ✆ 22840 330 33/335 41.*

Centre de soins – *À Apollonia - ✆ 22840 313 15.*

ARRIVER / PARTIR

En bateau

Les ferries accostent au port de **Kamares**.

Liaisons avec **Le Pirée** *(4-5/j., 2h50-5h50)*.

Liaisons avec **Milos** *(3-6/j., 55mn-1h30)*, **Sérifos** *(3-4/j., 25-50mn)*, **Kimolos** *(1-3/j. sf mar., 1h-2h45)*, **Kythnos** *(1-2/j., 2h15-2h30)*, **Folegandros** *(1/j. sf mar., 55mn-4h15)*, **Syros** *(3/sem., 2h35-8h10)*, **Ios** *(3/sem., 3h-4h45)*, **Paros** *(2/sem., 2h40-4h45)*, **Mykonos** *(2/sem., 4h50-6h45)* et **Naxos** *(1/sem., 3h30)*.

Capitainerie – *✆ 22840 336 17.*

TRANSPORTS

En bus

Départ des cinq bus reliant les villages de l'île de la place d'Artemonas. Horaires affichés à certains arrêts et distribués à l'office de tourisme. Lignes pour Kamares, Platis Gialos, Kastro, Faros, Vathi et Cherronisos. Excepté le bus pour Cherronisos, tous passent ensuite à Apollonia et s'arrêtent au carrefour principal.

En voiture

1° Moto Car – *À Kamares - ✆ 22840 337 91 - www.protomotocar.gr.*
Niki – *À Kamares - ✆ 22840 339 93 - www.plusniki.gr.*
Stations-service – Trois stations dans l'île autour d'Apollonia.

En taxi

Anapliotis – *✆ 22840 316 56 ou 69446 964 09.*
Gerondopoulos – *✆ 22840 316 26 ou 69444 449 04.*
Komis – *✆ 22840 317 77 ou 69447 612 10.* Prix fixes affichés sur place.

HÉBERGEMENT

Conseil – Si vous réservez, surtout pour Apollonia, demandez à ce que l'on vienne vous chercher au bateau, pour éviter de vous perdre dans les ruelles avec vos bagages.
Bon à savoir – Comme dans bon nombre d'îles, les prix baissent de près de 50 % en dehors de la période estivale.

Kamares

PREMIER PRIX

Camping Makis – *Sur la rte qui longe la plage, à 300 m du débarcadère - ✆ 22840 323 66 - www.makiscamping.gr - ✕ - 60 empl. env. 18 € et 5 ch. 60 €.* À 20 m de la plage, sur un terrain bien ombragé.

BUDGET MOYEN

Pension Mosha – *Au bout de la plage dans la r. de droite - ✆ 22840 312 69 - www.mosha sifnos.gr - 11 studios. 70/80 €.* Bonne adresse, simple mais agréable, du côté le plus calme de la plage.
Boulis – *Sur la plage, 250 m à gauche du débarcadère - ✆ 22840 321 22/50 - www.hotelboulis.gr - 36 ch. 60/72 €- ☕ 5 €.* Au milieu d'un agréable jardin, avec accès direct à la plage. L'hôtel est confortable et agréable, mais la déco est vieillotte. Un peu cher en saison. Bon accueil.
Afroditi – *Le long de la plage - ✆ 22840 317 04/312 83 - www.hotel-afroditi.gr - 19 ch. 60/90 €.* Les chambres, un peu petites, sont agréablement décorées. Certaines ont vue sur la mer. Une bonne adresse.

Apollonia

BUDGET MOYEN

Anthousa – *Apollonia, au-dessus de la pâtisserie Gerontopoulos - ✆ 22840 314 31 - www.hotel anthousa-sifnos.gr - ✕ - 15 ch. 65 € - ☕ 7,50 €.* Central et confortable mais un peu bruyant. Petit patio intérieur. Accueil charmant.
Pension Geronti – *Pano Petali, à côté de l'hôtel Petali - ✆ 22840 314 33/323 16 - 14 ch. dont 5 studios équipés env. 75 €.* Les chambres sont calmes et confortables, avec une vue très agréable. Accueil sympathique.

UNE FOLIE

Hotel Petali – *Ruelle piétonnière entre Apollonia et Artemonas - ✆ 22840 330 24 - www.hotelpetali.gr - ✕ 🏊 - 23 ch. 200/360 €.* Les chambres, dotées de coffres privés, sont décorées avec beaucoup de goût dans les tons ocre et bruns. Vue magnifique, piscine très agréable et service sympathique, bien qu'un peu débordé en saison. Restaurant ouvert en saison seulement.

Kastro

BUDGET MOYEN

Aris Houses – *Près de la r. principale (fléchage « Traditional Houses ») - ✆ 22840 311 61 ou 69324 740 01 - 💳 - 1 ch., 3 studios et 1 appart. 55/70 €.*

Dans plusieurs bâtiments distincts, un hébergement de charme et de tradition (poutres apparentes, sol en pierre et murs asymétriques).

Faros

BUDGET MOYEN

Villa Maria – *Entre le village et la plage - ☎ 22840 711 07 ou 6944 630 250 - www.sifnosvillamaria.gr - 6 studios et 2 appart. 50/80 €.* Autour d'un beau jardin fleuri, des studios agréables et bien tenus. Vue sur la mer et les collines.

Vathi

BUDGET MOYEN

Kalypso – *Devant la mer, au milieu de la plage - ☎ 22840 711 27 ou 6934 901 750 - www.kalypso-sifnos.gr - 5 ch. et 1 appart. 70 €.* Situation idyllique dans un jardin, à 10 m de la plage. Nécessaire à petit-déjeuner dans chaque chambre.

RESTAURATION

Kamares

BUDGET MOYEN

Kapetan Andreas – *Sur la gauche, au début de la r. principale - ☎ 22840 323 56 - - env. 20 €.* Vous dégusterez des produits de la mer tout frais pêchés, installé sur la plage, à l'ombre des tamaris.

Argiris – *Agia Marina, au bout de la plage - ☎ 22840 323 52 - - env. 20 €.* Tous les plats traditionnels de l'île bien préparés. Jolie vue sur la baie.

Apollonia

BUDGET MOYEN

Odos Oneiron – *Dans la r. principale - ☎ 22840 320 02 - - 18/25 €.* Dans une ambiance chaleureuse, une cuisine grecque traditionnelle de qualité.

Cayenne – *En léger surplomb de la r. principale - ☎ 22840 310 80 - 20/25 €.* Belle terrasse sur le toit pour déguster des salades originales, des risottos, des pâtes et quelques spécialités locales. À tester : le burger byzantin aux poireaux caramélisés.

Kastro

PREMIER PRIX

To Astro (The Star) – *Dans la rue principale - ☎ 22840 314 76 - - env. 18 €.* Accueil adorable de Maria qui sert une savoureuse cuisine traditionnelle : moussaka, croquettes de pois chiche et *pastelo*, sur l'agréable terrasse.

Konaki – *Au bout de la r. principale - ☎ 22840 331 65 - - 15/20 €.* Ouvert dans la journée, on peut y prendre un café ou bien dîner, confortablement installé sur des banquettes. Bonne musique, mais un peu forte.

Vathi

PREMIER PRIX

To Tsikali – *À droite, sur la plage après le monastère - ☎ 22840 711 50 - - env. 15 €.* Poisson, grillades et gastronomie locale simple et fraîche.

Platis Gialos

PREMIER PRIX

Lazaro Beach Bar – *Prenez le chemin au bout de la plage et suivez le fléchage - ☎ 22840 712 10 - - juin-oct. - 15/20 €.* Établissement doté d'une belle terrasse surplombant les flots, le tout dans une magnifique crique. Bon accueil.

Steki – *En bord de mer - ☎ 22840 311 52 - - 15/20 €.* Bons poissons et plats traditionnels à déguster sur une très agréable terrasse, en tête à tête avec la mer.

PETITE PAUSE

Au carrefour principal d'Apollonia, la pâtisserie **Gerontopoulos** sert de merveilleux gâteaux grecs (à base de miel et d'amandes), ainsi que des glaces maison savoureuses.

ACHATS

Artisanat

Les **céramiques** (dont les *tsoukalia* et les *flaros* qui coiffent les toits des maisons) et les **bijoux** *(boutiques le long de Stilianou Prokou)*.

EN SOIRÉE

Bon à savoir – La vie nocturne d'Apollonia se concentre dans la rue Stilianou Prokou où il est presque impossible de marcher en été. **Sfaira**, **Botzi**, **Octo** et **Armos** sont des bars très prisés. Plus cher, plus chic, **Argo** propose des cocktails et le DJ fait danser les foules. Sur la route d'Artemonas, **Aloni** organise de bons concerts de musique grecque.

Kamares est également très fréquenté. Plusieurs bars s'égrènent au fil de l'eau, à commencer par le très branché **Folie** *(à Agia Marina)* et l'**Old Captain Bar**, fréquenté par les plaisanciers.

ACTIVITÉS

Excursions

Sifnos se prête bien à la marche et offre une grande variété de balades et de randonnées. Procurez-vous la carte des sentiers *(voir p. 386)*.

AGENDA

Fête de Chryssopigi – très pittoresque. 40 jours après la Pâque orthodoxe.

Fête de l'église des Taxiarques de Vathi – Le 12 juin.

Fête du monastère Profitis Ilias – Le 19 juillet.

Fête de l'église Panagia ta Gournia – Le 15 août.

Fête du monastère Agios Simeon – Le 31 août.

Syros

(Σύρος)

★

20 475 habitants - Région d'Égée du Sud - Unité régionale de Syros - 86 km²

NOS ADRESSES PAGE 404

S'INFORMER

Informations touristiques – *Un kiosque ouvert en été est installé au milieu du front de mer et distribue quelques prospectus.*

Teamwork – *Face au débarcadère - ✆ 22810 834 00 - www.teamwork.gr.* Beaucoup de renseignements et des conseils efficaces. Excursions et vente de tous les types de billets maritimes et aériens *(www.syros.com.gr).*

Association des hôteliers – *www.visitsyros.com.*

SE REPÉRER

Carte de région C2 (p. 246-247) - Carte de l'île p. 402.

À NE PAS MANQUER

Ermoupoli et son architecture néoclassique ; les ruelles médiévales d'Ano Syros ; une baignade à Kini.

ORGANISER SON TEMPS

Deux jours suffisent pour visiter l'île, mais, pour vous imprégner de l'atmosphère culturelle d'Ermoupoli, un jour de plus ne sera pas de trop.

Syros, c'est d'abord une altière cité, Ermoupoli, capitale des Cyclades, avec ses rues parfaitement ordonnées, ses édifices à fronton, sa vaste place dominée par une mairie monumentale et ses deux collines teintées de blanc urbain, qui semblent se toiser avec leur cathédrale respective, catholique pour l'une et orthodoxe pour l'autre. Mais Syros, c'est aussi une île préservée des grandes transhumances touristiques, paradis des amateurs d'archéologie et des randonneurs au nord et, au sud, des amoureux de farniente.

4

Se promener Carte de l'île p. 402

Commencez par Ermoupoli, le chef-lieu, où vous passerez la matinée, tandis que vous achèverez la journée dans les belles lumières du soir, au fil des ruelles d'Ano Syros.

★ ERMOUPOLI (ΕΡΜΟΥΠΟΛΗ)

Même de nuit, les deux collines jumelles de Syros se découpent nettement sur le ciel, masses sombres piquées de lumières qui rappellent la dualité des communautés religieuses de l'île. Deux cathédrales les couronnent, une pour chaque bastion : à droite, l'orthodoxe **Agios Nikolaos** dresse sa haute façade blanche sur la colline d'Anastasi (« résurrection »), tandis qu'à gauche la **cathédrale St-Georges** signale le fief catholique d'Ano Syros, le « Syros d'en haut ». Deux éminences sur lesquelles s'accroche la ville, sillonnée d'interminables escaliers, ses maisons ocre et blanches agglutinées sur leurs versants comme des moutons.

C'est au **port**, dont les ruelles sont pavées de marbre, que l'on saisit le mieux l'âme de Syros, ses différents visages et l'histoire de sa prospérité. Tandis qu'à l'est, sur la presqu'île de Nissaki, s'étendent les vieux **entrepôts** de transit et l'imposante façade en marbre du **bâtiment des douanes**, de sobres immeubles néoclassiques s'alignent le long des quais, laissant à l'ouest l'ancien quartier chaud du port, domaine des maisons closes et des cafés de marins où l'on venait fumer le haschisch importé d'Asie Mineure.

Au milieu du port, prenez la rue Hio *(Chios)*, où se tient chaque matin *(sf le dim.)* un petit marché animé. Elle aboutit à la place Miaouli.

SE REPÉRER

À partir du port d'**Ermoupoli**, une route principale permet de rallier en boucle toutes les plages du sud de l'île : **Ahladi**, **Ambela**, **Galissas**… Quelques routes secondaires traversent le cœur agricole de l'île. Il faut en revanche repasser par Ermoupoli pour rejoindre les paysages désolés du nord dont le village principal est **Kambos**.

★ La place Miaouli (Μιαούλη)

Construite de 1876 à 1880 par l'architecte allemand Ernst Ziller sur le modèle des places italiennes, Miaouli est le centre névralgique d'Ermoupoli. Bordée d'élégantes maisons patriciennes éventées de palmiers et de galeries à arcades sous lesquelles s'abritent restaurants et cafés, elle compose un ensemble néo-classique remarquable (classé), unique en Grèce. Édifice majeur de la place : l'énorme bâtiment de la **mairie★** – l'une des plus vastes de tout le pays ! –, précédé d'un non moins monumental escalier de 40 marches. En haut de ces propylées se dresse le porche à fronton, rythmé par deux séries de trois arcades. De part et d'autre du hall central – qui sert de lieu d'exposition à d'anciennes machines de lutte contre le feu –, courent deux hautes galeries sous verrière, dont l'une abrite un agréable café.

Deux bâtiments encadrent la mairie : à gauche, la **maison Ladopoulos** (du nom de son ancien propriétaire) est le siège des archives des Cyclades, tandis qu'à droite, le pavillon dû à l'architecte italien Pietro Sampo abrite le **cercle culturel Hellas**. Les riches commerçants s'y réunissaient en clubs à la mode anglaise, et on y célébrait les événements mondains. Au centre de la place trône une statue de l'amiral hydriote Andreas Miaoulis, flanquée de deux canons.

Derrière la mairie, vous pourrez visiter le **Musée archéologique** de Syros *(r. Bénaki - ✆ 22810 884 87 - tlj sf lun. 8h30-15h - gratuit)*. Ouvert en 1834, c'est l'un des plus anciens de Grèce. Ses trois salles rassemblent des pièces peu nombreuses, mais très belles, trouvées à Syros : stèles funéraires et idoles cycladiques *(salle 1)*, sculptures en marbre et céramiques du 3e millénaire av. J.-C. provenant de la nécropole de Chalandriani *(salle 2)*, dont un délicat récipient en forme de poêle, où figure un navire antique avec ses rames. Remarquez aussi la belle **statuette égyptienne** en granit noir représentant un prêtre (730 av. J.-C.).

En sortant du musée, sur la gauche, la rue Karaoli & Dimitriou conduit à l'**église Métamorfosis**, érigée en 1824 sur le modèle de la Panagia de Tinos grâce aux fonds réunis par les rescapés des massacres turcs. Presque toute l'enceinte est pavée de galets de Rhodes, tandis que l'intérieur, richement décoré, conserve diverses **icônes** offertes par les corporations locales.

Les collines jumelles avec les deux bastions orthodoxe et catholique.
F. Guiziou / hemis.fr

Derrière le musée, sur la place Vardaka, se dresse le **théâtre Apollon★** *(10h30-13h, 18h-20h - 2 €)*, conçu en 1864 par l'architecte français Chabeau sur le modèle (en miniature !) de la Scala de Milan. Au 19e s., toute la *jet-set* de Syros s'y pressait pour assister aux représentations des troupes européennes les plus renommées. Le plafond peint révèle une véritable galerie de portraits de musiciens célèbres : Rossini, Mozart, Donizetti faisant une ronde d'honneur aux poètes grecs.

Remontez la rue Agios Nikolaos jusqu'à l'**église Agios Nikolaos**, commanditée par la diaspora grecque de Russie et de Chios. Les colonnes corinthiennes, les linteaux ouvragés et l'**iconostase** rehaussée de dorures sont sculptés dans le marbre de Paros.

Plus loin, vous pénétrez dans le quartier huppé de **Vaporia**, où les armateurs se firent construire de somptueuses maisons bourgeoises, dont certaines ont été aménagées en hôtels de charme *(voir « Nos adresses », p. 404)*.

De retour sur le quai, descendez vers le débarcadère, prenez à droite la rue Kitinou et pénétrez dans l'**église de la Kimissis★** *(avr.-août : 7h30-12h, 17h30-18h30 - sept.-mars : 7h30-12h, 16h30-17h30)*. Vous découvrirez une **icône** représentant la *Dormition de la Vierge*, œuvre de jeunesse du Greco qui, avant de travailler pour la cour d'Espagne, était connu sous son nom d'origine Domenikos Theotokopoulos.

Revenez sur vos pas et longez le port jusqu'à l'arsenal. Suivez la route principale en direction de l'hôpital en face duquel se trouve le **musée de l'Industrie syrote** *(r. Papandréou - ✆ 22810 812 43/847 64 - juin-sept. : lun. et merc. 10h-14h, jeu.-dim. 10h-14h, 18h-21h ; oct.-mai : 10h-14h, 17h-20h - fermé mar., jeu. et dim. apr.-midi - 2 €)*. Installé dans une ancienne usine, il présente les différents aspects de l'expansion économique et marchande de la ville à l'aube de l'ère industrielle. Photographies, outils et machines d'époque constituent un intéressant témoignage de l'activité de l'île.

Influences françaises

« L'ÎLE DU PAPE »

Si la haute Antiquité s'illustre par une remarquable culture cycladique (2800-2300 av. J.-C.), prolifique en objets d'art (visibles à Athènes), l'île n'entre vraiment dans l'Histoire qu'au 13e s., en devenant la propriété des Vénitiens de Naxos. Elle sert alors de refuge aux catholiques francs, chassés des autres îles des Cyclades par les Turcs. Établis sur la colline d'Ano Syros, ces exilés bâtissent leur cité fortifiée, qu'ils placeront sous la protection de Rome, donnant à Syros son surnom d'« île du pape ». Lorsque, au 16e s., les Ottomans investissent les lieux, la France reprend à son compte ce rôle protecteur, signant avec Istanbul un statut d'extraterritorialité pour l'île. Les dignitaires turcs étant réduits à un rôle de figuration, l'administration, la justice et l'éducation deviennent l'affaire des moines français. L'île commence dès lors à prospérer, son port de commerce prenant une importance croissante au sein des Cyclades. Pendant la guerre d'Indépendance, Syros conserve sa neutralité, et sert de terre d'asile à de nombreux Grecs fuyant les Turcs. C'est à eux que l'île va devoir son âge d'or.

L'ÎLE DES LUMIÈRES

Le savoir-faire des artisans et des commerçants fait vite merveille. Ouvrant ateliers, usines, filatures de coton, tanneries et chantiers navals, ces réfugiés font la fortune d'une nouvelle cité, qu'en toute justice ils baptisent Ermoupoli, la « cité d'Hermès », dieu du Commerce. La ville s'agrandit. À partir de 1837, une vingtaine d'années suffirent pour que, sous l'impulsion d'architectes bavarois, italiens, puis grecs, inspirés par les modèles classiques, la partie basse d'Ermoupoli acquière sa physionomie moderne. Puisant dans la Renaissance italienne et dans le romantisme du 19e s., les plus riches maisons marient le stuc et le marbre, leurs façades s'ornant de larges baies et de balcons en fer forgé. Quant au décor intérieur, il fait la part belle aux moulures peintes, aux trompe-l'œil et aux fresques.

Empreints des idées des Lumières et de la Révolution française, les nouveaux Syrotes y fondent également des écoles, des cercles littéraires et des imprimeries. Les plus riches, vêtus à la mode parisienne, s'étourdissent de fêtes et de bals. Île au cœur de la mer Égée, Syros s'affiche ainsi bientôt comme la capitale commerciale et intellectuelle de la Grèce. Époque faste qui dure presque tout le 19e s., mais à laquelle l'ouverture du canal de Corinthe (1893) met fin, recentrant le pouvoir politique et commercial sur Athènes et Le Pirée.

SYROS EST UNE FÊTE

En déclin depuis le début du 20e s., l'activité culturelle syrote retrouve depuis quelques années une remarquable vitalité. Du 15 juillet à la fin août, mais également en hiver, concerts, expositions, fêtes folkloriques et manifestations de quartiers animent les rues d'Ano Syros et d'Ermoupoli. Les librairies, les galeries d'art et de design se multiplient. La place Miaouli, aussi, se prête à merveille à de nombreux spectacles nocturnes.

DEUX COLLINES, DEUX CULTES

Lorsque le botaniste français Piton de Tournefort visita Syros, en 1700, l'île ne comptait qu'une douzaine de foyers **orthodoxes** contre 6 000 **catholiques**. Forts de leur nombre, ces derniers se montrèrent plutôt réservés quand, au cours de la guerre d'Indépendance, des Grecs orthodoxes débarquèrent par milliers. Refusant toute fusion entre les deux communautés, ils contribuèrent à l'établissement de deux mondes, séparés aussi bien par la confession que par la zone géographique (chacun sa colline) et les activités économiques. Aujourd'hui, heureusement, ces disparités tendent à s'effacer, au profit d'un rapprochement dont le meilleur symbole est la cérémonie du Vendredi saint : les *épitaphii* (processions représentant la mise au tombeau du Christ) catholiques et orthodoxes se mêlent sur la place Miaouli, à Ermoupoli, pour une célébration commune.

★★ ANO SYROS (ΑΝΩ ΣΥΡΟΣ)

Comptez 2h de visite.

D'Ermoupoli, vous pouvez rejoindre Ano Syros en bus ou en taxi *(comptez 4 € du port à Portara, une des portes de la ville)*, puis redescendre à pied par les escaliers et les ruelles en pente.

L'urbanisation de Syros, qui débuta au 13e s., se développa d'abord sur les hauteurs avant de descendre vers la mer par cercles, croissant au rythme des vagues d'immigration catholique. C'est donc à l'histoire autant qu'à la configuration du site que cette cité médiévale typiquement cycladique – interdite à la circulation automobile – doit son charme et sa physionomie : petites maisons blanches et *stéadia* (passages couverts), venelles et placettes sur lesquelles, faute d'espace, les habitations débordaient en s'agrandissant d'une pièce supplémentaire.

En déambulant dans ce labyrinthe immaculé, montez jusqu'à la **cathédrale Agios Georgios** *(fermée pour rénovation jusqu'en 2013)*, juchée au faîte de la colline, à l'opposé de Portara. Édifiée en 1598, elle fut plusieurs fois détruite par les Turcs (la dernière fois en 1830) et chaque fois rénovée. Face au porche, remarquez, sur une plaque commémorative, les noms de plusieurs évêques, tels Roussos (Rousseau) ou Albertis (Albert), qui trahissent la lointaine origine franque des habitants.

À gauche de l'église, l'ancien premier séminaire grec accueille le **Centre d'études historiques du diocèse catholique de Syros** *(visite possible sur demande, contribution)*. Il abrite, entre autres, une bibliothèque de 3 500 livres anciens – le plus vieux date de 1524 –, des actes juridiques, ainsi qu'une lettre d'Andréas Miaouli réclamant aux Syrotes 500 barils de vin... pour soutenir le moral de ses troupes en lutte contre l'occupant turc.

Circuits conseillés Carte de l'île p. 402

LE SUD OU LA ROUTE DES PLAGES

Circuit de 40 km au départ d'Ermoupoli (prenez la dir. de l'aéroport) – Comptez une journée, déjeuner et baignade compris.

Bien desservies par les bus, les stations balnéaires du sud-est d'Ermoupoli sont les plus populaires : **Azolimnos** et **Vari**, aux eaux peu profondes, **Ahladi**, ou encore **Ambela** *(première rte à gauche après Megas Gialos)*, la mieux protégée des vents.

Vous pouvez cependant leur préférer les plages élégantes de la côte ouest, quoique plus fréquentées. Notamment **Possidonia** ★ *(à 12 km)*, encore appelée *Dellagrazia*, que la bourgeoisie catholique d'Ermoupoli choisit au 19e s. comme lieu de villégiature. Presque désertées, leurs imposantes **villas** dominent toujours la pinède et la plage voisine d'**Agathopes**.

En continuant vers le nord, le port de plaisance de **Finikas** précède la belle plage de **Galissas**★*(3 km plus loin)*, ancien fief hippie *(bondé en été)*.

Attardez-vous plutôt à **Kini**★, *(première rte à droite puis à gauche jusqu'à Danakos et encore à gauche)*, joli port de pêche lové au creux d'une baie en fer à cheval avec une superbe plage. Profitez aussi de la belle plage voisine de **Delfini** *(20mn de marche par un sentier qui part à droite en regardant la mer)*, appréciée des naturistes.

De retour vers Ermoupoli, faites une halte à **Agia Varvara**, couvent orthodoxe moderne, couvert de **fresques** façon Puvis de Chavannes, où les nonnes vendent *(plutôt cher)* les produits de leur atelier de tissage.

★ ANO MERIA (ΑΝΩ ΜΕΡΙΑ), LE « PAYS D'EN HAUT »

Circuit de 20 km env. – Comptez 2h en voiture ou une bonne demi-journée si vous prévoyez une randonnée pédestre (dénivelés très importants).

Conseils – Si vous randonnez dans la région, pensez à prendre assez d'eau (aucun commerce). Si vous voulez rejoindre une plage isolée en traversant le maquis, munissez-vous de bonnes chaussures.

D'Ano Syros, suivez la seule route qui monte vers le nord. Le relief s'élève encore, dessinant un paysage de collines pelées, semées de hameaux isolés. La nature sereine et sauvage, sans être spectaculaire, invite à de très agréables promenades. En voici deux.

D'abord celle qui conduit à la **grotte de Ferikidi** *(peu après Mitikas, par une piste à droite)*, antre rocheux où aurait vécu Phérécyde, le maître de Pythagore, natif de Syros, et à qui l'on doit peut-être l'invention du cadran solaire.

Poursuivez *(un peu plus loin en revenant sur la rte principale, par une route médiocre mais fléchée)* par le **site préhistorique de Halandriani** dont les ruines se perdent à flanc de colline, dans un décor dépouillé de rochers et d'herbes roussies. Il ne reste pratiquement rien de cet important habitat du cycladique ancien (env. 2400 à 2100 av. J.-C.), ni de sa nécropole où le professeur Tsoundas, à la fin du 19e s., découvrit 600 tombes. Mais ces deux balades valent surtout pour le **paysage** – ruches et troupeaux de moutons occupent ces collines sculptées en terrasses, striées de murets de pierre – et le **point de vue** sur les îles voisines.

De retour sur la route principale, prenez à droite. La route s'arrête au hameau de **Kambos**, point de départ de plusieurs balades vers deux des jolies plages de l'île : **Lia** *(30mn à pied)* ou **Marmara** *(1h)*.

NOS ADRESSES À SYROS

INFORMATIONS UTILES

Banque
Nombreux distributeurs.

Poste / Téléphone
Bureau de poste – *R. Protopapadaki - ✆ 22810 825 90.*
OTE – *Pl. Miaouli, à droite de la mairie.*

Police
Pl. Rethimini, près de l'église Agios Nikolaos - ✆ 22810 825 25/961 00.

Santé
Hôpital – *À Ermoupoli - ✆ 22810 866 66/965 00.*
Pharmacies – Il y en a plusieurs, dont une dans la rue Venizelou, près de la place Miaouli.

Internet
Bizanas – *Café-billard, pl. Miaouli.*
Café-Sport – *Sur la gauche du débarcadère.*

Presse
On trouve la plupart des journaux français 100 m avant l'hôtel Hermès, à côté du café Achileion.

ARRIVER / PARTIR

En bateau
Liaisons avec **Le Pirée** *(5-6/j., 2h30-4h30)*, **Rafina** *(4/sem., 3h50-5h)* et **Lavrio** *(4/sem., 3h40-5h)*.
Liaisons avec **Mykonos** *(4-7/j., 30mn-1h)*, **Tinos** *(4-6/j., 30mn-1h10)*, **Paros** *(2/j.,1h05-2h15)* et **Naxos** *(2/j., 1h30-4h30)*, **Santorin** *(1-2/j., 4h20-8h15)*, **Ios** *(1-2/j., 3h25-7h)*, **Andros** *(4/sem., 2h40-3h30)*, **Kea** *(4/sem., 2h50-4h15)*, **Kythnos** *(4/sem., 2h15)*, **Sérifos** *(3/sem., 1h55-5h)*, **Sifnos** *(3/sem., 2h30-6h)*, **Amorgos** *(3/sem., 4h30-7h30)* et **Milos** *(1/j. sf jeu.-vend., 5h-10h30)*.
Capitainerie – *✆ 22810 888 88/ 826 90.*

En avion
Aéroport de Syros - *✆ 22810 819 00.* Six vols par semaine avec Athènes *(35mn, à partir de 75 €)*. On rejoint l'aéroport en taxi.
Olympic Air – *À droite du débarcadère - ✆ 22810 870 25, www.olympicair.com.*

TRANSPORTS

En bus
Il existe un bon réseau de bus. Le terminal est installé à droite du débarcadère. Départs quotidiens pour Galissas, Finikas, Possidonia, Megas Gialos, Vari, Azolimnos et Kini. Deux bus par jour pour Ano Syros, Dili, Ano Mana, Parakopi, Finikas, Possidonia. Se renseigner pour les horaires *(✆ 22810 825 75)*.

En taxi
Station de taxis pl. Miaouli, à droite de la mairie - ✆ 22810 842 22/862 22.

En voiture
Plusieurs agences de location de véhicules sur le port.
Syros rent a car – *✆ 22810 837 77 - www.syrosrentacar.com.* Bons véhicules. L'une des moins chères.

HÉBERGEMENT

Bon à savoir – Très peu de logements sur les hauteurs de la ville, à Ano Syros. Seule Ermoupoli est bien équipée en chambres et en hôtels de charme. Hors du chef-lieu, chaque station balnéaire possède ses hôtels et pensions.

Ermoupoli

PREMIER PRIX

Ethrion – *24 r. J. Kosma - ✆ 22810 890 66 - www.ethrion.gr - 7 ch. et 5 studios 40/60 € (pas de petit-déj., mais coin cuisine).*

Situées au-dessus du vieux port, les chambres de Giorgos disposent toutes d'une jolie vue sur la mer et/ou les collines de la ville. Passionné par son île, le patron ne manquera pas de vous en faire découvrir les nombreuses facettes. Petit jardin en commun.

Pefkakia Park – *4 r. Gymnastiriou - ☎ 22810 880 95 - www.pefkakia-park.gr - 4 ch. et 3 studios 40/60 € - ☕ 5/7 €.* À l'angle de la verdoyante place Pertesi, l'hôtel de Maria propose des chambres simples, colorées et surplombant la ville, dont une occupe le dernier étage. Terrasse commune au 2e étage et vaste cuisine à disposition.

BUDGET MOYEN

Espérance – *R. Folegandrou et r. Akti Papagou - ☎ 22810 816 71 - www.esperance.gr - ✕ - 32 ch. 50/75 € (pas de petit-déj.).* Trois maisons néoclassiques, dont deux situées dans la même rue, proposant de jolies chambres et studios décorés avec beaucoup de goût.

POUR SE FAIRE PLAISIR

Lila Guesthouse – *r. J. Kosma (à côté d'Ethrion) - ☎ 22810 827 38 - www.guesthouse.gr - 6 ch. 80/100 €.* Ancien consulat français, cette belle demeure du 18e s., dont l'intérieur à été entièrement réhabilité, offre des chambres spacieuses et joliment décorées. Superbe salon commun avec mezzanine où est servi le petit-déjeuner.

Hermès – *Pl. Kanari, au bout du quai, à droite en venant du débarcadère - ☎ 22810 830 11/12 - www.hermes-syros.com - ✕ - 71 ch. 85/100 € ☕.* Le grand hôtel d'Ermoupoli. Chambres ouvertes sur des balcons donnant sur la mer ou un beau jardin. Petite salle de fitness. Plage de galets en contrebas.

5 Hermoupolis – *10 r. Northestrom (derrière le théâtre) – ☎ 22810 890 01 - www.5hermoupolis.gr - 5 ch. 80/110 € ☕.* Derrière une belle façade classique du 19e s., vous ferez la découverte d'une chambre d'hôte tout à fait originale, conçue par Tonia et Christos, qui s'occupent admirablement de leurs invités. Chambres modernes et dépouillées, avec mobilier *design*, ambiances sonores au choix et jeux de lumière dans la salle de bains.

Syrou Melathron – *5 r. Babagiotou - ☎ 22810 859 63/865 71 - www.syroume lathron.gr - 21 ch. 85/135 €.* Situé au cœur du vieux Syros, cet ancien hôtel particulier néoclassique de 1850 se trouve juste au-dessus de la seule plage de la ville, Ag. Nikolaos. Belles chambres élégantes, avec parquet et robinetterie à l'ancienne pour certaines. Grande terrasse sur le toit.

Galissas

BUDGET MOYEN

Remvi apartments – *À 200 m de la plage (fléché à partir de l'arrêt de bus) - ☎ 22810 430 78 ou 69372 107 66 - www.hotelremvi.gr - 🏊 - 19 ch., studios et appart. env. 55/70 € - ☕ 5 €.* Les chambres, spacieuses et impeccables, ont presque toutes un balcon qui a vue sur la piscine et son bar. Ambiance calme et détendue pour l'un des meilleurs rapports qualité-prix de Galissas.

Maistrali – *Au centre de Galissas, en face du parking de la plage - ☎ 22810 420 59/428 37 - www.maistrali.com - 31 ch. 70 € ☕.* Un hôtel familial d'une propreté irréprochable. Demandez une chambre à l'étage pour profiter de la vue sur la baie.

POUR SE FAIRE PLAISIR

Dolphin Bay Hotel – *22810 429 24 - www.dolphin-bay.gr - 156 ch. 80/130 €*. Un complexe moderne proche de la plage de Galissas. Chambres très bien équipées avec terrasse. Un restaurant, deux piscines (une pour enfants) et un bar pour prolonger la nuit en musique.

Kini

BUDGET MOYEN

Markos – *22810 713 71/876 23 - www.markosrooms.com - 10 ch. 50/65 €*. Ambiance familiale dans une grande maison avec terrasse. Chambres simples, bien tenues. Réfrigérateur dans chacune. Cuisine commune, bien équipée, où l'on peut préparer son petit-déjeuner. Jolie cour.

Sunset – *22810 712 11 - http://sunsethotel-tavern.gr - 9 ch. env. 60 €*. Décor sobre et rustique dans cet hôtel bien tenu avec vue sur la mer. Grande terrasse commune.

Megas Gialos

POUR SE FAIRE PLAISIR

Hotel Alkyon – *22810 617 61 - www.alkyonsyros.gr - 25 ch. 85 €*. À 10mn de la mer, un hôtel moderne très confortable, où la direction, franco-grecque, met tout en œuvre pour faciliter le séjour de ses hôtes. Chaque chambre possède un balcon et l'on peut profiter de la grande piscine, du tennis ou du jeu d'échecs géant installé dans le jardin. Très bien desservi par les bus.

RESTAURATION

Ermoupoli

PREMIER PRIX

To Kastro – *13 r. Parou - 22810 831 40 - 10 €*. Nichée dans une venelle verdoyante à deux pas du port, cette coopérative populaire, composée uniquement de femmes, propose chaque jour une dizaine de plats de Syros et du pays à petits prix. Belles assiettes à déguster dans la grande salle intérieure ou sur les quelques tables à l'extérieur.

Nisiotopoula – *Ruelle parallèle au port - 22810 812 14 - 10/15 €*. Une salle bleu et jaune, quelques tables dehors où l'on déguste une savoureuse cuisine grecque « comme à la maison ». Portions copieuses. Les boulettes de tomates et de courgettes, le yaourt au miel… divin. Accueil chaleureux. Excellent rapport qualité-prix.

BUDGET MOYEN

To Archontariki – *8 r. Em. Roidi - 22810 867 71 - 20 €*. Belle terrasse occupant toute la rue, agréablement ombragée : la carte propose de belles grillades mixtes et quelques saveurs originales, telles que le porc caramélisé ou l'agneau à la prune. Présentation soignée et jolies tables colorées.

Kini

PREMIER PRIX

Vous trouverez plusieurs tavernes sur le port, de prix et de qualité équivalents.

Galissas

PREMIER PRIX

Psaropoula – *À proximité de l'hôtel Blue Dolphin - 22810 423 44 - 10/15 €. Gyros, saganaki* et bons vins à déguster sous une agréable tonnelle.

Savvas – *Sur la rue principale, jouxte le restaurant Iliovasilema - 22810 429 98 - 10/15 €*. Spécialités grecques préparées à base de produits de qualité. Et pour cause, tous les légumes proviennent du potager familial. Grande terrasse, à côté de celle de l'Iliovasilema.

BUDGET MOYEN

Allou Yialou – *Sur la plage - ✆ 22810 711 96 - mars-oct. - 20 €.* Une exquise terrasse abritée au bord de l'eau, décorée de grands voiles blancs brodés et d'un aquarium ovale. La cuisine raffinée et présentée avec soin est composée de mets de choix, au gré des arrivages : huîtres fraîches grillées, moules à la retsina et au romarin, homard à l'ouzo et au safran. À savourer au rythme de la musique douce et du clapotis.

PETITE PAUSE

Ermoupoli

À l'heure du goûter, allez au ravissant salon de thé **Megaron**, juste derrière le port, à la décoration rétro. Ne quittez pas Ermoupoli avant d'avoir dégusté des loukoums, la spécialité locale. Vous pouvez également vous arrêter chez **Kanakari**, véritable bonbonnière kitsch située sur la route de l'hôpital.

EN SOIRÉE

Ermoupoli

Bon à savoir – Bordée de cafés et de restaurants très animés, la place Miaouli est un lieu de détente très agréable. Nombreux cafés animés sur les quais.

Le **Kimbara**, près de l'hôtel Hermès, passe de la musique pop et grecque. Dans le même quartier, vous trouverez une ambiance similaire au **Severo** et au **Liquid**. Pour la musique grecque contemporaine, rendez-vous le samedi soir après minuit au **Neraida**, à Mana *(3 km au nord d'Ermoupoli).*

Casino de Syros – *Au milieu du front de mer - ✆ 22810 844 00 - www.casinosyros.gr.* Roulette, black-jack, poker et machines à sous, mais aussi une grande salle de restaurant et un night-club.

ACTIVITÉS

Plongée

Adressez-vous au **Syros Diving Centre** – *✆ 22810 857 75 - www.syros-diving.gr.*

AGENDA

Les deux plus grandes fêtes de Syros sont le **carnaval** et la cérémonie du **Vendredi saint**.

Festival culturel Ermoupolia – De la mi-juillet à la mi-août, concerts de musiques classique et grecque, théâtre, expositions… *(voir p. 400).*

Tinos

(Τήνοσ)

★

10 069 habitants - Région d'Égée du Sud - Unité régionale de Tinos - 195 km²

NOS ADRESSES PAGE 418

S'INFORMER

Kalypso – *R. Taxiarchon, dans la ruelle qui longe le café Epilekto - 22830 254 07 - www.kalypsotravel.gr/tours-in-greece-gr.php.* Centralise les renseignements touristiques.

Sites Internet – *www.tinos.gr (site officiel en anglais)* et *www.tinos.biz (en anglais).*

SE REPÉRER

Carte de région C1-2 (p. 246-247) - Carte de l'île p. 410-411.

À NE PAS MANQUER

Découvrir la ferveur qui entoure la basilique de la Panagia Évangelistria et son icône miraculeuse ; ses pigeonniers, véritables œuvres d'art.

ORGANISER SON TEMPS

Comptez 3 jours de visite. Évitez août, les dimanches et les périodes de fêtes catholiques : affluence massive.

Le capitaine doit d'abord montrer son habileté à faire pivoter son navire dans un port à peine plus large qu'un ferry (par gros temps, les bateaux mouillent à l'extérieur de la rade, le long d'un quai plus facile d'accès), puis le *meltem* est généralement le premier à vous souhaiter la bienvenue. Tandis qu'une double haie d'hôteliers vous rend les honneurs une fois sur la terre ferme, contenue par des barrières métalliques, une foule fébrile s'apprête déjà à prendre le ferry d'assaut. Sitôt débarquées, des femmes entreprennent, à genoux et en s'appuyant sur les mains, l'ascension de la rue principale qui conduit à la basilique, au milieu des marchands de cierges. À l'animation électrique qui parcourt le bourg, vous comprendrez immédiatement que Tinos, haut lieu de la dévotion mariale et sorte de Lourdes orthodoxe, n'est pas une île comme les autres.

Se promener Carte de l'île p. 410-411

Rassurez-vous, l'activité liée au pèlerinage se concentre sur quelques rues de Tinos et sur les plages les plus proches. Quittez le port, partez vers l'arrière-pays ou le long des côtes et vous découvrirez quelques-uns des plus beaux villages des Cyclades, dans l'une des dernières îles de l'archipel à avoir conservé son ancestrale activité pastorale. Certes, les moyens ont un peu changé et une grande partie des champs en terrasses ne sont plus exploités ; mais ils continuent de faire la beauté de ce décor de montagnes, constellé d'églises, de chapelles et de pigeonniers au décor géométrique, sillonné de sentiers sur lesquels résonne encore le pas de l'âne et du mulet. Enfin, Tinos vous offrira des plages, sinon désertes, du moins peu fréquentées.

L'île est un haut lieu de pèlerinage. Ici, devant l'église Panagia Evangelistria.
F. Guiziou / hemis.fr

Bon à savoir – L'île est très ventée : prudence en ouvrant les portes des voitures.

★ TINOS (HORA - ΧΩΡΑ)

Comptez 2h de visite.
Jadis port et centre des activités marchandes de la cité médiévale d'Exovourgo, Tinos est à présent un bourg que le tourisme a fait grossir, comme en témoignent les hôtels de trois ou quatre étages qui se dressent avec disgrâce au-dessus des toits de tuiles des maisons anciennes. Bien des ruelles ont cependant conservé leur charme d'autrefois, avec leurs pavés, les balcons en fer forgé et les cours fleuries des maisons qui les bordent.
Remontez la large avenue Mégalocharis qui gravit les 200 m séparant le port de la basilique. Sur la gauche, vous trouverez le **Musée archéologique**

QUERELLE DE CLOCHERS

Avec **750 églises et chapelles** (70 % orthodoxes et 30 % catholiques), Tinos a de quoi ravir les amateurs d'architecture religieuse. Cette abondance tient à la fois à la force du sentiment religieux dans cette île aux nombreux pèlerinages, mais aussi à une certaine rivalité entre les deux religions chrétiennes. Sans oublier les traditions grecques, telle celle d'honorer les saints en adoptant leurs noms de génération en génération. Ou celle, si nécessaire dans un pays sans cadastre, de garantir la propriété d'un champ ou d'un bâtiment par l'édification attenante d'une chapelle privée. S'est donc épanoui un art populaire opérant une synthèse pleine d'imagination des influences vénitienne et byzantine. C'est en observant les clochers, coiffés tantôt d'une pyramide d'un bleu azur, tantôt d'une couronne de pierre, que l'on peut distinguer, sans trop se tromper, une église catholique d'une église orthodoxe.

(tlj sf lun., 8h30-15h - 2 €), qui abrite notamment un colossal pithos, jarre à provisions du 7e s. av. J.-C. provenant du site d'Exovourgo *(voir p. 414)*, ainsi que des objets mis au jour lors des fouilles du sanctuaire de Poséidon et d'Amphitrite.

La plus vieille artère commerçante de la ville, la **rue Évangelistria**, est le fief des « marchands du Temple » où se regroupent des dizaines d'échoppes proposant pléthore d'ex-voto, de cierges, d'encens et d'articles religieux de toutes sortes.

De là, rejoignez l'**église de la Panagia Évangelistria★** *(7h-20h - pantalons et jupes longues de rigueur)*, bel édifice néoclassique construit dans les années 1820-1830 – ce fut le premier monument du jeune royaume de Grèce – sur le site d'une église byzantine. Sa façade jaune pâle se dresse au centre d'un quadrilatère de bâtiments blancs composés des cellules destinées aux pèlerins, d'un **musée des Icônes** au rez-de-chaussée *(9h-12h)* et du **musée des Artistes de Tinos** à l'étage, sur l'aile droite *(juil.-sept. : 7h-20h)*. Vous pourrez y voir des œuvres d'artistes du 19e s. (Lytras, Gysis, Iakovides, Chalépas, Philipotis, etc.), dont certains ont acquis une notoriété internationale. Deux autres constructions accueillent le **musée Antonios Sochos**, un sculpteur natif d'Isternia (1888-1975), et un petit **musée d'Art religieux**, à l'étage, dont les icônes (quelques-unes datant des 16e et 17e s.) méritent le coup d'œil.

Du parvis tapissé de galets, un porche percé dans l'enceinte ouvre sur une cour pavée de marbre, où deux escaliers latéraux conduisent à la **basilique**. Vous y découvrirez, entourée des innombrables ex-voto offerts par les pèlerins, la fameuse **icône miraculeuse de la Vierge** *(sur la gauche)*. Dans sa châsse d'argent, de perles et de pierres précieuses, elle reçoit l'hommage des fidèles (après chaque baiser sur la vitre qui la protège, un préposé passe un coup de chiffon). Cette icône fut découverte, à la suite d'un songe, par la future sainte Pélagie, alors jeune moniale du couvent, dans ce qui est à présent une chapelle voûtée, située sous le sanctuaire. Autre belle basilique à trois nefs, l'ancienne cathédrale orthodoxe de l'île, l'**église des Taxiarques** *(derrière les cafés qui bordent l'extrémité ouest du front de mer)*, fut restaurée en 1759.

Puis, plongez-vous dans l'animation du **marché** *(tlj jusqu'à 13h devant la place Palada, à proximité du second môle)*. Parmi les fruits et les légumes cultivés dans les jardins maraîchers du centre de l'île, ne manquez pas quelques-unes des spécialités locales, tels les câpres et les tomates séchées, ou encore le raki (un alcool distillé à partir du moût de raisin et parfumé avec des plantes aromatiques) et le *graviera*, le fromage tinien, sans oublier la *louza* (une saucisse de porc fumée), l'âme de la *froutalia* (l'omelette tinienne).

Les plages environnantes

De part et d'autre du port, deux grandes plages ourlent le littoral : **Agios Markos** *(à l'ouest)* – la plus agréable – et **Agios Fokas** *(à l'est)*, toutes deux bordées de tamaris et fréquentées essentiellement par des familles. Mais on leur préférera les **criques** sablonneuses tapies derrière l'hôtel Tinos Beach et la grande **plage de Kionia★** *(4 km à l'ouest du port)* pour leur cadre. Profitez aussi de la **crique rocheuse de Stavros** *(à mi-chemin, sur la gauche - taverne)*, sur laquelle veille une chapelle. Avec sa jetée, elle offre un abri apprécié des baigneurs les jours de grand vent.

4

Un haut lieu de dévotion

DES CATHOLIQUES EN NOMBRE

Tinos abrite une **importante communauté de catholiques** (environ 40 % de la population actuelle), que rien ne distingue en apparence de leurs compatriotes orthodoxes bien qu'ils fassent toujours l'objet de discriminations au niveau des emplois d'État. Cette minorité est née de la **longue présence vénitienne** dans l'île. Tandis qu'au cours du 16e s., l'ensemble de l'archipel des Cyclades passait aux mains des Turcs, la citadelle d'Exovourgo et son réseau de villages fortifiés repoussèrent leurs assauts. De sorte que l'île vécut sans interruption sous la domination de la Sérénissime de 1207 à 1715. Outre les produits agricoles nécessaires à leur subsistance, les Tiniens produisaient et exportaient de la soie en grande quantité (le mûrier, dont les feuilles servaient à nourrir les vers à soie, se rencontre encore partout dans l'île). Mais l'installation de populations chassées par les troubles liés à la Révolution grecque, le rattachement au nouvel État hellénique et les mariages mixtes, la plupart du temps favorables au rite orthodoxe, élevèrent progressivement les tenants de cette religion au rang de communauté majoritaire. Celle-ci s'établit dans le port et dans les villages des collines voisines (Pano Meri), alors que les catholiques se retranchèrent dans les vieux villages du centre de l'île (Kato Meri).

L'ÎLE DE LA VIERGE

Au fil des ans, Tinos s'est adaptée à cette vocation mi-religieuse, mi-touristique, de sorte qu'il n'y manque ni hôtels, ni restaurants, ni magasins de souvenirs. L'île accueille des pèlerins toute l'année, mais cette fréquentation atteint une véritable frénésie à l'occasion de la grande fête de l'Assomption, le 15 août. Cette célébration attire notamment des centaines de Gitans, traditionnellement très attachés au culte marial, qui, au son de la clarinette et du tambourin, répandent dans la ville une atmosphère de fête et un brin de folie.

Dans le même temps, au large, une parade nautique commémore, sur les lieux même de la tragédie, le torpillage, le 15 août 1940, du vapeur grec *Elli* par un sous-marin italien, événement qui précéda de quelques semaines la déclaration de guerre entre les deux pays. Comme souvent en Grèce, les célébrations religieuses vont de pair avec les fêtes nationales. Toute cette animation culmine avec la procession de l'**icône miraculeuse de la Vierge** au milieu d'une marée humaine qui se presse en désordre pour passer sous la châsse portée par des matelots.

LE *MELTEM*, UN VENT BIENFAISANT
De la mi-juin à début septembre, des vents de nord et de nord-est, connus sous le nom de « meltemia », soufflent dans les bassins central et oriental de l'Égée. Au contact des reliefs, des déviations locales se développent, redoublant la vitesse de ces masses d'air, qui peut alors atteindre 8 à 9 sur l'échelle de Beaufort. Placée au centre d'une de ces turbulences, Tinos connaît fréquemment de fortes brises qui rafraîchissent la torpeur estivale, mais soulèvent désagréablement le sable des plages. On dit aussi que si Éole (le dieu des Vents) préserve les Tiniens de bien des maladies, ses caprices sont passés dans le caractère local, tantôt exubérant, tantôt sombre.

Construite de toute part et un peu n'importe comment, la pointe sud-est de l'île ne présente aucun intérêt, à l'exception de deux belles plages : **Agios Ioanis Porto**, petite baie sablonneuse d'accès facile *(prenez à gauche après la grande église d'Agia Varvara)*, et surtout **Pahia Amos★** *(accessible par une piste)*, superbe croissant blond bordé de dunes et fermé par deux pointes rocheuses.

Circuits conseillés Carte de l'île p. 410-411

★★ DANS LES HAUTEURS DE TINOS

Circuit vers Messi tracé sur la carte p. 410-411 – Comptez une journée. En sortant de Tinos, prenez la rte de Panormos.

Après 4 km d'une longue côte, vous parvenez à un premier croisement : à droite, tracée à flanc de colline, l'une des plus jolies routes de l'île contourne la vallée avant de rejoindre celle de Falatados. Elle conduit à **Tripotamos**, un charmant village entouré d'arbres et de champs. Par ses ruelles silencieuses, descendez vers l'**église Eisodia tis Theotokou★** (l'église de la Présentation-de-la-Vierge) au riche décor de marbre et dont la terrasse pavée de galets offre une jolie **vue** sur la vallée et la mer, au loin. La commune s'honora longtemps d'un habitant de marque, le philosophe Cornelius Castoriadis, décédé en 1998. La route se poursuit, laissant à droite le village de Sberados, niché au creux de la vallée. Passé le village de Karia, vous atteignez le hameau de **Moundados** *(laissez votre véhicule et descendez à pied)* caché en contrebas, au-dessus d'un ravin, à peine visible parmi les arbres. Parcourez les ruelles pavées et chaulées, balade mélancolique entre les maisons abandonnées, dans l'odeur sucrée des figuiers et des mûriers… Renouvelez l'huile de la lampe qui éclaire l'icône de la fontaine et montez sur le toit *(accessible par un escalier)* de l'**église Agios Ioanis tou Prodromou** (St-Jean-Baptiste), où vous attend un beau **panorama**.

Au premier embranchement, prenez à gauche, puis à droite après l'église Agios Nikolaos, qui veillait autrefois au bord du sentier et qui se dresse à présent au milieu de la chaussée !

Sur la gauche, quelques centaines de mètres plus haut, une corniche offre un **point de vue★** magnifique sur tout l'est de l'île. Lorsque le *meltem* a soufflé plusieurs jours durant, l'atmosphère est si pure que l'on voit distinctement la côte de Mikonos et, au loin, la masse sombre de Naxos.

Souvent reproduites en cartes postales, les maisons restaurées de **Berdemiaros★** alternent la pierre sèche à nu et les façades chaulées, intégrant avec beaucoup de charme d'anciens pigeonniers.

Accroché au versant sud-est de la montagne, **Triandaros** occupe une coulée de verdure, signe de la présence d'eau. En entrant dans le village, vous remarquerez sûrement les lignes ondulantes de l'étonnant pignon de la façade d'**Agii Apostoli** (1887) ainsi que le joli lavoir.
De là, une piste d'environ 4,5 km rejoint la **plage de galets de Lihnaftia**, ce qui vous garantit une baignade solitaire. Quelques maisons dispersées dans une végétation luxuriante de roseaux et de pins créent une atmosphère particulière.

Dio Horia (Δίο Χώρια)

Juste au-dessus de Triandaros se déploie l'un de ces adorables villages possédant une fontaine communale *(pigadia)*, bien typique de Tinos. Perdez-vous un moment dans les ruelles dominées par l'**église Kimissis tis Theotokou** *(Dormition-de-la-Vierge)*, la plus ancienne et la plus remarquable de Dio Horia.
Au-dessus, encore, **Arnados** détient le titre du plus haut village de Tinos. Non loin de l'église paroissiale, un petit **Musée religieux** *(tlj sf lun. 8h30-15h)* présente des icônes provenant des églises de l'île, ainsi que des livres liturgiques, des objets cultuels et des vêtements sacerdotaux.

★ Le monastère Kechrovouniou (Κεχριοβούνιου)

Suivez la dir. de Monastiri. 7h-11h30, 14h20-19h.

Bon à savoir – Pantalons et jupes longues sont de rigueur.

Construit aux 10e et 11e s., ce vaste monastère constitue un véritable village composé de maisonnettes, de ruelles et de petites places. L'**église Kimissis tis Theotokou★★** possède une remarquable **iconostase★** en bois sculpté et des fresques murales. Visitez également la **cellule de sainte Pélagie**, canonisée en 1970, le sanctuaire dédié à sa vision du 23 juillet 1822 et le petit **musée★** (icônes des 18e et 19e s. et objets cultuels). À l'entrée, les paysans proposent également aux visiteurs leurs produits artisanaux : sachets d'herbes aromatiques (*herba louiza*, excellente), bougies ou miel.
Passé le monastère, vous parvenez à un croisement. En allant tout droit, vous traversez d'abord **Messi**, dont l'étonnante **église★** n'est pas sans évoquer l'architecture religieuse d'Amérique centrale, puis le charmant bourg agricole de **Falatados★**, point de départ de nombreux sentiers et chemins de terre propices à de superbes **balades** dans la campagne environnante.
Revenez sur la route de Mirsini. Passé le village, suivez la piste de terre (mauvaise par endroits, mais carrossable), qui descend vers la baie de Livada.
Avant le retour à Tinos, vous pouvez profiter des deux plages de galets de la **baie de Livada**. Par temps calme, c'est le site idéal si vous aimez observer la faune marine, plus abondante le long de ces côtes rocheuses.

★ AU CŒUR DE L'ÎLE : LES VILLAGES CATHOLIQUES

Circuit tracé sur la carte p. 410-411– Comptez une bonne demi-journée. De Messi, prenez la route de Komi (but de l'itinéraire) et Kolimbithra.
Du carrefour de Messi, la route sinue jusqu'au pied du **mont Exovourgo** (553 m) dans un décor de collines arides, semées çà et là de chapelles blanches, de pigeonniers, de bouquets d'oliviers et de figuiers, où il n'est pas rare de croiser des chèvres. Au sommet du mont se dressait jadis la **citadelle** édifiée par les Vénitiens. Détruite par les Turcs, il ne subsiste que quelques pierres, mais c'est surtout pour la **vue** que l'on en entreprend l'ascension *(sans difficulté)*.
Comme l'indique fièrement un panneau à l'entrée de la commune, **Koumaros** est un village traditionnel. Installé sur le flanc de l'Exovourgo, parmi les oliviers, il vous réserve lui aussi un **panorama** sur le nord de l'île.

L'un des 800 pigeonniers que compte l'île.
P. Seux / hemis.fr

Un embranchement à droite mène ensuite à **Volax**, autre agréable hameau, perdu au milieu des prés. Çà et là, parmi les maisons, vous remarquerez de grosses sphères rocheuses d'origine volcanique. La ruelle principale conduit à l'église, puis serpente jusqu'aux lavoirs, où il fait bon se rafraîchir. En chemin, des flèches indiquent un petit **musée** conservant toutes sortes d'outils liés à la vannerie, l'artisanat local.

Revenez sur la route principale.

En traversant **Skalados**, jetez un coup d'œil au clocher, bel exemple de cette synthèse architecturale typiquement tinienne, qui ne manque pas de fantaisie. À la sortie du village, allez donc savourer une glace à l'épicerie-café qui se trouve juste après le dernier virage en épingle à cheveux. De la terrasse, vous aurez un **point de vue★★** superbe – un des plus beaux de l'île –, sur la vallée qui s'étire jusqu'au golfe de Kolimbithra. Alignés sur la crête du versant opposé, les villages de **Kambos**, **Tarabados** et **Smardakitos** scintillent au soleil, petites taches blanches piquées au-dessus du drapé vert des champs en escalier et des oliveraies. La colline descend au creux du ravin à la rencontre d'une série de **pigeonniers**, bâtis à l'abri des vents, et, plus bas encore, vous apercevez Komi, au seuil d'une plaine verdoyante quadrillée de haies de roseaux et de joncs.

Au village de **Loutra**, ne manquez pas l'ancien **collège**, imposant bâtiment qui abrita un séminaire de jésuites (en majorité français) – leur présence constante dans l'île remonte au milieu du 17e s. Reconverti en **musée des Arts et Traditions populaires**, il dispose de modestes collections, mais nombre de ses pièces ont conservé leurs meubles d'origine, offrant au visiteur un émouvant voyage dans le temps.

Remontez vers la route de Panormos, pour aller à **Xinara** *(à gauche)*, siège de l'évêché catholique de Tinos. La vaste **église épiscopale** dédiée à la Vierge de Rodariou mérite le détour.

De nouveau sur la route de Komi, poussez jusqu'à **Sklavohori** *(petite rte à droite)*, le village natal du peintre Nikiforos Gyzis (1842-1900). À majorité orthodoxe, il possède cependant une église catholique, à l'entrée du village, et un remarquable **lavoir** communal du début du 19e s.

Arrivé à Komi, prenez à droite pour vous enfoncer au creux d'une vallée parsemée de **pigeonniers** anciens. **Agapi** a conservé la disposition médiévale propre à tous les villages fortifiés du centre de l'île, avec une enceinte formée par les murs extérieurs des maisons périphériques.

★ CAP AU NORD : L'EXO MERIA (ΕΞΩ ΜΕΡΙΑ)

Circuit tracé sur la carte p. 410-411 – Comptez une demi-journée. De Tinos à Panormos.

À 4 km du bourg, après Tripotamos, prenez sur la gauche la petite route qui file vers **Ktikados** *(1,5 km)*. Dominant un ravin, le village se serre de part et d'autre d'une étroite rue centrale. L'église catholique, dont le clocher passe pour être le plus ancien de l'île, veille à l'entrée du bourg, laissant les lavoirs et l'église orthodoxe à l'autre bout.

À l'extrémité du village, un sentier descend vers **Kionia** *(env. 1h30 de marche)*, au milieu d'un **paysage** magnifique ponctué de quelques pigeonniers.

Vous trouverez d'authentiques exemples de cette architecture populaire dans la **vallée de Tarabados★** *(sur la droite de la rte après Kambos, à la sortie du village du même nom)*. Là, à flanc de coteau, au milieu des mûriers, des figuiers, des griottiers et des oliviers, se dressent les plus beaux **pigeonniers★★** de l'île.

En reprenant la route du nord, peu avant le village de Kardiani, une route asphaltée *(sur la gauche)* descend vers le hameau de **Gianaki** *(taverne)*, qui voisine la **plage de Kalivia★** (galets), accessible par un chemin de terre *(2e à gauche - le premier conduit à la plage d'Agios Petros)*. Très peu fréquentée, c'est une véritable piscine lorsque le vent ne souffle pas.

★ Kardiani (Καρδιανή)

Noyé au milieu des oliviers, des cyprès, des chênes verts et des figuiers, Kardiani surplombe la mer, ses maisons blanches accrochées à flanc de colline.

Prenez le temps de déambuler dans ses venelles, ses escaliers et ses passages voûtés, délicieux labyrinthe d'ombres et de lumière. Les deux églises, **Genesis tis Theotokou**, précédée d'une fontaine et d'un parvis bordé de cyprès, et **Agia Triada★**, comptent au nombre des joyaux de l'île ; de même que les **lavoirs** en marbre, alimentés par un canal en pierre. Plus bas, enfin, offrez-vous une halte sous la treille de la taverne Périvoli, d'où l'on contemple toute la région.

Isternia

Village natal de nombreux artistes tiniens – le **musée des Artistes d'Isternia** *(tlj sf lun. 8h30-15h)* évoque cette tradition artistique –, Isternia se déploie en amphithéâtre autour d'une imposante **église** aux dômes incrustés de faïences. Sur la façade de la majorité des maisons, vous remarquerez une plaque de marbre portant le nom du propriétaire et la date de construction.

Passé Isternia, vous apercevez sur la droite, édifié sur une hauteur, le **monastère de Katapolianis** (1786).

★ Pyrgos (Πύργος)

En contrebas apparaît Pyrgos, une bourgade éclatante de blancheur, qui doit sa lumière – et sa fortune – aux carrières voisines : le marbre règne en maître, dans l'ornementation des demeures néoclassiques comme dans celle des maisons les plus simples. À côté d'une production décorative traditionnelle

PIGEONS VOLENT

Tinos compte environ **800 pigeonniers**, dont les plus anciens datent du 18e s. Après le départ des seigneurs vénitiens, pour qui l'élevage de pigeons constituait un privilège féodal, les paysans tiniens en bâtirent un grand nombre. À flanc de colline ou au fond des ravins, ils furent construits à l'abri du vent et généralement à proximité de surfaces cultivées. Le niveau inférieur servait d'entrepôts pour les outils agricoles et l'étage supérieur d'habitat pour les oiseaux. De taille variable, mais de plan à peu près constant, ces pigeonniers se parent presque tous d'un riche décor de motifs géométriques, composés en relief dans l'ardoise locale : lignes de losanges, d'étoiles ou de cyprès qui se détachent à merveille sur la blancheur des murs passés à la chaux.

de grande qualité, deux sculpteurs ont hissé la réputation de leur village au plan national : **Iannoulis Halépas** (1854-1938), dont vous pouvez visiter la **maison**★ *(à l'entrée du village)*, et **Dimitris Filippotis** (1839-1919).

Le **musée des Artistes locaux**★ *(11h-13h30, 17h30-19h30 - 1,50 €)* vous familiarisera quant à lui avec le style et les œuvres des artistes locaux, anciens et contemporains.

Ombragée par un platane bicentenaire, la **place du village** – bien évidemment baptisée place des Artistes tiniens – est l'endroit idéal pour déguster une part de *galaktobouriko*, sorte de flan crémeux. Choisissez une table dans le plus vieux des trois cafés de la place, au milieu de laquelle trône une agréable fontaine (1778) dont vous pourrez admirer le fronton néoclassique.

En sortant de Pyrgos, la route descend vers **Panormos**★ *(4 km plus loin)*, le plus joli port de l'île. Cette petite anse accueillait autrefois les navires venus charger le marbre. C'est à présent une petite station balnéaire, dotée de deux **plages**, à l'est et à l'ouest du port *(malheureusement pas très propres)*. On y accède en voiture ou bien à pied par un chemin de terre qui longe le nord de la baie, en direction de l'île de Planitis.

NOS ADRESSES À TINOS

INFORMATIONS UTILES

Banque

La plupart des banques, le long du front de mer, possèdent un distributeur. Un distributeur à Pyrgos.

Poste

À droite du port, à côté de l'hôtel Tinion - ✆ 22830 222 47 - tlj sf w.-end 7h30-14h (après 10h, attente garantie).

Téléphone

OTE – *Dans Mégalocharis avant la basilique.*

Police touristique

À Tinos, en face du second débarcadère, à la sortie ouest de Tinos - ✆ 22830 222 55/313 71.

Santé

Centre de soins – *À l'extrémité est de la ville (montez vers la place Vidali, laissez deux rues sur la droite, puis poursuivez tout droit ; le centre se trouve à environ 500 m) - ✆ 22830 222 10/237 81.* Fonctionne l'été.

Internet

Tout à fait à l'opposé du débarcadère, sur la droite,

quelques postes sur l'agréable mezzanine du café **Aiolia** *(✆ 22830 256 15 - 9h-23h).*

Presse internationale

Sur le port, à côté de la capitainerie et en face des taxis, ou au début de la ruelle Taxiarchon, derrière le café Epilekto sur le port.

ARRIVER / PARTIR

En bateau

L'arrivée se fait au port de **Tinos**, point de départ de la découverte de l'île. Liaisons avec **Le Pirée** *(4/j., 3h-4h20)*, **Lavrio** *(7-9/j., 2h25-3h40)* et **Rafina** *(7-9/j., 1h45-3h45)*. Liaisons avec **Mykonos** *(8-10/j., 15mn-30mn)*, **Andros** *(5-7/j., 1h30)*, **Syros** *(4-5/j., 20mn-40mn)*, et **Paros** *(2-3/j., 1h10-1h45)*.
Sur les quais, les agences **Blue Star** et **Agoudimos Lines** assurent la vente des billets.
Capitainerie – *✆ 22830 223 48.*

TRANSPORTS

En bus

La station de bus **KTEL** est située en face du débarcadère, juste à côté de l'agence de voyages **NEL** *(consigne gratuite de bagages)*. Les horaires y sont affichés. La compagnie dessert à peu près tous les villages et toutes les plages de l'île.
Renseignements – *✆ 22830 224 40.*

En voiture

Bon à savoir – Vous aurez du mal à louer une voiture le week-end si vous n'avez pas réservé.
Vidalis – *À droite du port, r. Trion Ierarchon et Alavanou - ✆ 22830 234 00 - www.vidalis-rentacar.gr.*
Stations-service – Trois stations à la sortie de Tinos en direction de Triandaros, une à mi-chemin sur la route de Tripotamos, une un peu avant Steni. Pas de station entre Tripotamos et Panormos. La plupart sont fermées le dimanche.

En taxi

Les taxis stationnent en face du débarcadère et au bout du port, sur la droite, au début de la r. Trion Ierarchon - ✆ 22830 224 70.

HÉBERGEMENT

Bon à savoir – Lieu de pèlerinage, Tinos dispose de nombreux hôtels et chambres à louer. Ils affichent en général complet à Pâques, autour du 15 août et durant les week-ends d'été. À l'écart du port, le long des plages et dans les villages, il vous sera aisé de loger chez l'habitant ou dans des studios équipés, mais il est préférable de louer un véhicule pour se déplacer.

Tinos

PREMIER PRIX

Camping Tinos – *À 400 m de la pl. Vidali et à moins de 200 m de la plage d'Agios Fokas (fléché à partir de l'hôtel Tinion) - ✆ 22830 223 44 - www.camping.gr/tinos - ✕ - 63 empl. env. 20 €.* Un camping calme et propre.

BUDGET MOYEN

Tinos Apartments – *À la sortie de Tinos, après la station BP - ✆ 22830 254 82 - CC - 1 appart. 50/70 €.* Propre et bien tenu. Possibilité de louer des vélos. Accueil sympathique.
Afrodite – *Dans une petite rue en retrait, à l'extrémité sud du port - ✆ 22830 235 56 - ⊭ - 17 ch. 60 €.* Petit hôtel familial sans charme particulier proposant des chambres correctes avec balcon.
Eleana – *Agiou Ioannou 1 - ✆ 22830 238 24 - ⊭ - 17 ch. env. 50 €.* Au bout de la rue des taxis, entre deux adorables

églises. Une grande bâtisse désuète mais dont les chambres, sommaires, sont impeccables.

Voreades – *Après l'église Agios Antonios, à gauche du débarcadère - ✆ 22830 238 45 - www.voreades.gr -12 ch. 70 € et 1 appart. (pour 4 pers.) 100 €.* Une belle demeure décorée avec beaucoup de goût (pierres apparentes, antiquités, lits à baldaquin). Excellent accueil. On parle français.

Ageri – *6 r. Louvari, à droite de la rue pavée Évangelistria - 22830 242 31/259 40 - www. ageri.gr - 22 ch. env. 60 €* . Au calme, un petit hôtel dont les chambres, très confortables, sont dotées de balcon ou de terrasse.

POUR SE FAIRE PLAISIR

Hotel Tinion – *À droite du port, à côté de la poste - ✆ 22830 222 61 - www.tinionhotel.gr - 23 ch. 98 €* . Un hôtel tout blanc, à l'allure presque coloniale. La façade a beaucoup de charme et d'allure. L'équipement offre un confort tout à fait correct.

Agios Fokas

POUR SE FAIRE PLAISIR

Golden Beach – *À 10 m de la plage du même nom et à 1,5 km de Tinos - ✆ 22830 225 79 - www.goldenbeachtinos.gr - ✕ - 25 ch. env. 100 €.* Un très bel ensemble de style cycladique aménagé dans un jardin fleuri. Taverne très correcte.

Agios Ioanis Porto

BUDGET MOYEN

Kyklades – *Juste au-dessus de l'hôtel Porto Raphael - ✆ 22830 253 42 - 13 ch. 80 € (pas de petit-déj.).* Des chambres simples qui dominent la baie. Ambiance familiale.

Porto Raphael – *À 100 m au-dessus de la plage - ✆ 22830 239 13/14 - www.porto raphael.gr - ✕ - 4 ch. et 26 appart. 60/117 €.* Grand et bel ensemble cycladique moderne et confortable.

Falatados

PREMIER PRIX

Taverne Lefkes – *✆ 22830 413 35 - - 10 ch. 40 €.* Chambres toutes simples équipées d'un réfrigérateur dans de jolies maisons. Agréable restaurant sur une terrasse ombragée.

Kardiani

Vous trouverez des chambres bon marché sur place. Quelques chambres sont aussi disponibles sur la plage de Gianaki.

RESTAURATION

Bon à savoir – La gastronomie tinienne est plutôt rustique, mais délicieuse. Vous avez le choix entre du veau, *moschari*, le meilleur de Grèce, du lapin, *kouneli*, de l'agneau, *arnaki*, ou de la chèvre, *katsiki*, au four ou avec une sauce au citron, *lemonato*, ou à la tomate, *kokini salsa*. Vous pouvez aussi opter pour la *froutalia*, omelette aux pommes de terre et à la saucisse de porc. Hormis le poisson, toujours cher, vous pouvez vous restaurer partout à des prix très raisonnables.

Tinos

PREMIER PRIX

Metaxi Mas – *Entrée r. Taxiarchon ou r. Aristidou Kondogiorgi - ✆ 22830 259 45 - - 15/20 €.* Derrière la façade d'une belle maison patricienne, une grande salle et un patio ombragé où vous pourrez déguster une grosse salade. Un peu cher.

Kionia

PREMIER PRIX

Bourou – *Avant le Tinos Beach Hotel - 22830 257 60 - - env. 10 €.* Se présente comme une « gargote à vins » *(oinomagirio)*. Une excellente adresse pour remédier aux petites faims d'après baignade : feuilletés à la courgette *(kolokithopita)*, moussaka, purée de légumes secs *(fava)*, calamars.

Tsampia – *En retrait de la rte, sur une hauteur dominant la mer - 22830 231 42 - - env. 10 €.* Très agréable terrasse fleurie. Cuisine traditionnelle.

Porto

PREMIER PRIX

Gialos – *À deux pas de la plage - 22830 256 30 - - 15/20 €.* Bonne adresse avec une belle terrasse où l'on sert du cochon de lait rôti, du poulet au citron, du veau *giouvetsi* (à la tomate) et du poulpe aux macaronis. Prix raisonnables.

Adonis – *Sur la droite au bout de la piste qui longe la plage de Porto - 22840 514 62 - - 15/20 €.* Cette taverne est l'une des plus anciennes de Tinos. Nulle part ailleurs vous ne dégusterez de meilleure *kakavia*, la bouillabaisse grecque. Fritures de poisson et *ladera*, légumes cuisinés à l'huile d'olive.

Ktikados

PREMIER PRIX

Drossia – *Accès à pied, au cœur du village - 22830 210 87 - - 10/15 €.* Large assortiment d'entrées et viandes en sauce ou au four. Cadre superbe (grande terrasse pavée surplombant un ravin). Le soir, prévoyez un pull.

Falatados

PREMIER PRIX

Katoï – *Dans la r. piétonne qui monte au village, sur la gauche - - 10/15 €.* Copieuses spécialités de viande. Goûtez les *souzouvakia*, boulettes relevées à la tomate et au cumin.

Triandaros

PREMIER PRIX

I Lefkes – *À l'entrée d'un spendide petit village - - 10/15€.* Une terrasse fleurie avec vue sur la mer. Cuisine simple mais correcte.

Steni

PREMIER PRIX

Apodrasi – *À l'entrée du village - 22830 419 34 - - 10/15 €.* Agréable taverne au décor paysan. Pour les amateurs de viandes rôties. Commandez des côtelettes de mouton *(paidakia)*, accompagnées de salade, de frites et de vin rouge du pays.

Kardiani

PREMIER PRIX

Anemos et Dinos – *Sur la plage de Gianaki - - 10/15 €.* Poisson, fritures, *mezzes*. Cuisine familiale.

Isternia

BUDGET MOYEN

To Thalassaki – *En arrivant sur Isternia, descendre à gauche jusqu'à la plage d'Ormos Isternia - 22830 313 66 - - plus de 20 €.* Une très bonne table pour découvrir la gastronomie tinienne. Les *mezzes* sont très frais, le poisson grillé impeccable et le *halva* au miel et à la pistache sublime. Ravissant décor mais accueil frisquet.

Panormos

PREMIER PRIX

Agia Thalassa – ⍁ - *15/20 €.* Une taverne correcte proposant une cuisine grecque roborative.

EN SOIRÉE

Tinos

Bon à savoir – La vie nocturne se concentre rue Taxiarchon. Le **Kaktos Bar** est parfait pour un verre au coucher du soleil. Dans Market Street, le **Symposion** est baigné d'une ambiance plutôt *lounge* et, un peu plus haut sur la droite, le **Sivylla** est un club à la mode où alternent musique pop grecque et rock. Enfin, le **Koursaros** est une solution classique : musique rock et ambiance un rien *saloon.*

ACHATS

Gourmandises

Dans les pâtisseries de Tinos, goûtez les *tiropitakia*, petits feuilletés sucrés au fromage blanc, les loukoums et les *amigdalota* (nougats aux amandes ; vendus aussi sur le bateau en provenance de Syros). Testez aussi le *graviera*, un fromage à pâte cuite.

Artisanat

Vous trouverez à Tinos de belles céramiques et de jolies cartes postales. Vannerie à **Volax** et sculptures en marbre à **Pyrgos**.

ACTIVITÉS

Plongée

De belles sorties sont possibles à Tinos. Contactez l'agence **Kalypso**.

AGENDA

Entre les fêtes de la Vierge, celles des saints et des événements plus prosaïques comme la distillation du raki *(en automne)*, Tinos ne manque pas de *panegyri*, ces banquets villageois animés de musique traditionnelle *(rens. auprès de l'agence Kalypso).* **50 jours après Pâques (mi-juin)** – Kardiani.

17 juillet – Agia Marina à Pyrgos.

26 juillet – Agia Paraskévi à Isternia, où toutes les maisons des villageois sont ouvertes.

29 août – Agios Ioanis à Komi.

21 novembre – Fête de la Vierge à Tripotamos.

LES ÎLES DE L'ÉGÉE DU NORD
0 40 80 km
Thássos ★★ Mérite un détour
Sámos ★ Intéressant
Ikaría À voir
Kavala
Keramoti
Skala Prinos
Limenas
Alexandroúpoli
Thássos
Kamariótissa
Samothrace
Mýrina
Límnos
Ág. Efstrátios
Thessaloníki
N
1
Myrtilíni
Dikili
Lesbos
Egéo Pélagos
TURQUIE
Psará
Antípsara
Inoússes
Passás
Chíos
Chíos
2
Pireás
Ándros
Tínos
Mýkonos
Ikaría
Sámos
Kusadasi
Vathí
Karlóvasi
Pythagório
Foúrni
Mýkonos, Páros
Pátmos

Les îles de l'Égée du Nord 5

Chios

(Χίος)

★

53 004 habitants - Région d'Égée du Nord - Unité régionale de Chios - 842 km²

NOS ADRESSES PAGE 431

S'INFORMER

Office du tourisme municipal de Chios – *18 r. Kanari (entre le jardin public et le port) - ℘ 22710 443 89 - www.chios.gr (en anglais).* Un excellent office de tourisme avec un personnel compétent. Brochure gratuite sur les villas de Kampos, ouvrage complet, bien illustré.

Office du tourisme d'Aghios Minas – *plage de Karfa - ℘ 22710 312 22 - mai-oct.*

SE REPÉRER

Carte de région 2 (p. 422) - Carte de l'île ci-contre.

À NE PAS MANQUER

Le monastère Néa Moni, classé au Patrimoine mondial de l'Unesco ; les galets noirs de la plage d'Emporeios.

ORGANISER SON TEMPS

Comptez 5 jours de visite. Combinez la visite de Chios avec l'île de Lesbos.

S'étirant du nord au sud sur une cinquantaine de kilomètres, l'île de Chios, avec sa forme en croissant de lune et son relief tourmenté en diable, semble comme parcourue de frontières invisibles. Au sud, dans une plaine aride, s'étend le pays du mastic, un arbuste donnant une résine aromatique dont la récolte fait vivre de pittoresques villages. Plus au nord, à l'approche de la capitale, commence le Kampos, fief des Génois qui, au 15e s., le couvrirent de superbes demeures cernées de luxuriants vergers. Au-delà se dressent de fertiles montagnes d'origine volcanique, qui s'aplanissent plus loin en un immense plateau tapissé de broussailles rousses. Enfin, tout au nord de l'île, les domaines privés des riches armateurs jalonnent la côte. Nombre d'entre ces derniers sont originaires de l'île et perpétuent la tradition de leurs ancêtres : un peuple de marins et de commerçants.

Se promener Carte de l'île ci-contre

★ LA VILLE DE CHIOS

Une intangible atmosphère orientale flotte sur Chios, où se disputent l'odeur du poisson et celle des épices. Le **port★** s'ouvre en grand angle sur la mer ; ses quais alignent leur succession de bars et de restaurants où paressent les touristes et la jeunesse dorée.

Juste derrière, les petites ruelles de la ville se déploient comme les bras d'un poulpe, cachant le **marché★★** qui se tient tous les matins dans les ramifications autour des rues Roïdou et Ralli. C'est le moment choisi par les minuscules

échoppes alentour, recouvertes de faïences, pour exposer des viandes bien rouges ou des anguilles encore frémissantes. En suivant la rue Roïdou, on continue dans le quartier commerçant, qui s'étend jusqu'au bas de la populaire **platia Vounaki**, entourée de cafés et d'authentiques *ouzeries*.
En sortant de Roïdou, tournez à gauche, à l'angle sud-est de la place.

Musée byzantin

℘ 22710 268 66 - tlj sf lun. 9h-16h - 2 €.

Il est hébergé dans une ancienne **mosquée** du 19e s., dont le dôme se fond avec harmonie au milieu des autres toitures. Seuls le hall d'entrée et la cour se visitent. De belles **icônes★** sur bois ornent l'intérieur, tandis que la cour est encombrée de **stèles** byzantines, génoises, turques et juives.

À l'extérieur, voitures, camions du marché et scooters tournent à vive allure autour de la place, occupée au centre par les **jardins municipaux**, enclave de verdure aux allées bordées de palmiers. Dans une **volière** logent des paons et des pélicans *(au milieu du côté nord)*.

De l'autre côté des jardins, par rapport au musée, à l'angle nord-est, empruntez la rue qui descend entre la mairie et l'OTE.

Le quartier du kastro

L'épaisse muraille du *kastro* rappelle le passé mouvementé de l'île. Citadelle génoise au 14e s., elle fut prise par les Ottomans au 16e s. et, lors de l'insurrection de 1822, les Turcs y emprisonnèrent 70 notables grecs avant de les pendre.

L'entrée principale mène à une petite place paisible. En face de la porte, le **Palataki** *(℘ 22710 228 19 - tlj sf lun. 9h-14h30 - 2 €)* présente une belle **façade génoise★**. L'intérieur abrite le musée Justinien, ainsi qu'une petite collection d'**icônes byzantines**.

Juste à côté, une galerie intéressera les amateurs de **pièces d'artillerie**. Ils découvriront notamment des **canons** français et vénitiens. Sur la même place *(dans le coin à gauche en sortant du musée)*, des grilles entourent le **cimetière turc**, hérissé de stèles. Il jouxte une petite mosquée.

La rue Georgiou traverse tout le *kastro*, dévoilant, là une petite église, ici un jardin de citronniers. Tout au bout, une colline pelée offre un superbe **panorama★** sur la mer aux reflets turquoise, les toits rouge et gris du *kastro*, et ceux des **anciens bains turcs** : quatre dômes de couleur terre, percés de petits trous et envahis de roseaux.

S'il vous reste du temps, regagnez le port et descendez vers le sud de la ville, le long des quais. Tournez à droite dans la rue Koraïs, au centre du port.

La **bibliothèque Koraïs★** *(℘ 22710 442 46 - lun.-jeu. 8h-14h30, vend. 8h-14h30, 17h-19h30, sam. 8h-12h30 - 3 €, visite du hall gratuite)* doit son nom à un humaniste grec mort en 1833, Adamandios Koraïs. Ce bel édifice néoclassique, bâti en 1884, a été restauré après la Seconde Guerre mondiale grâce au mécénat de la famille Argentis. Il contient aujourd'hui les ouvrages de Koraïs, augmentés du fonds de ses bienfaiteurs, lettrés francophiles. Jetez un coup d'œil dans les armoires vitrées : des **livres anciens★★** tels que *L'Histoire de l'Égypte*, imprimée sous Napoléon, côtoient *La Côte d'Azur illustrée* datant des Années folles ! Étudiants et chercheurs occupent les tables de lecture, dans un havre de paix qui sent bon le bois vernis mêlé de cuir. À l'étage supérieur, transformé en **Musée ethnographique,** on peut voir de nobles portraits en pied des membres de la famille Argentis.

SE REPÉRER

La ville de **Chios** concentre la moitié de la population de l'île. Elle s'ordonne autour de son port, en forme de demi-lune. La rue El. Venizelou longe parallèlement ce dernier. Un jardin public occupe le centre-ville *(à 150 m du port)*, précédé d'un parvis, la place Plastiria. Il est bordé au nord par le *kastro*, citadelle traversée par un axe principal, la rue Georgiou.

LES ÎLES DE L'ÉGÉE DU NORD : AUX CONFINS DE LA GRÈCE

Aux marches de la Turquie, frôlant les côtes anatoliennes, s'égrène un chapelet d'îles singulières, vertes ou arides, plates ou montagneuses, oscillant entre deux mondes. L'Orient s'y fait déjà sentir : les villages gardent le souvenir des quatre siècles de domination ottomane. Ici, d'imposantes maisons pastel surplombent la rue de leur étage en bois ; là, quelques stèles funéraires oubliées, au marbre blanc rehaussé de calligraphies ; plus loin, un hammam ruiné, occupé par un troupeau de chèvres.

Mais, comme pour marquer une dernière fois l'empreinte de l'âme grecque, chacune de ces îles en affiche une facette, à sa manière. Partout on retrouve ces églises aux lignes byzantines, arborant de généreuses coupoles rouges ; ces étroites ruelles ponctuées de voûtes et de balcons, où sèchent en grappes des tomates gorgées de soleil ; et ces *kafeneia* à la devanture bleue, mêlant leurs parfums d'anis et de café sur les quais encombrés de filets.

La campagne, par endroits, prend même des airs cycladiques avec ses paysages pelés. L'olivier règne en maître sur ces collines tapissées d'herbes rases ou sculptées en terrasses, dessinant çà et là de rares cercles d'ombre.

Sept îles méconnues, à découvrir au fil de l'eau, avant que le bateau ne vous conduise aux portes du Dodécanèse, pour un autre voyage aux confins de la Grèce.

Au départ du port, vous pouvez embarquer pour l'**île de Psara** *(3/sem.)*, aride et presque déserte, à 70 km de Chios. Les randonneurs en quête de solitude apprécieront le peu de fréquentation *(l'île compte moins de 500 hab.)*.

★★ LE KAMPOS (ΚΑΜΠΟΣ)

▶ *Du centre-ville, prenez la rue Veriti, en direction de l'aéroport. À la sortie de l'agglomération, après un long mur de 2 km, tournez sur la droite dans un chemin.*

Le *kampos*, « la plaine », s'étend sur plusieurs dizaines d'hectares, au sud de la ville. Un domaine que les Génois choisirent, à partir du 14e s., pour bâtir leurs résidences, entourées de luxuriantes plantations d'orangers et de citronniers. Çà et là, au milieu d'un verger aux parfums acidulés, on peut apercevoir une de ces demeures aux formes simples, dont le raffinement s'exprime dans les proportions harmonieuses, les ouvertures sur la nature – balcons ouvragés, terrasses, élégants perrons –, et le mariage des pierres bicolores issues des carrières de Thimiana *(à 10 km de Chios)*.

Les maisons sont privées. Aussi, c'est au hasard des rencontres que vous pourrez visiter les demeures somptueuses entourées de jardins. Passez à l'office de tourisme pour feuilleter les planches des propriétés regroupées dans le bel ouvrage *Cultural Routes in the Kampos of Chios (en anglais - gratuit)*. Deux de ces propriétés, parfaitement restaurées, ont été transformées en hôtels-restaurants des plus charmants *(voir p. 432)*.

Au cœur du *kampos*, c'est un labyrinthe de verdure où les hauts murs de chaque propriété encadrent d'étroits chemins de campagne. Les **portes★**, monumentales – elles devaient permettre le passage des charrettes chargées d'oranges, de citrons ou de mandarines – rivalisent de grâce, arborant encore pour la plupart les armoiries des propriétaires, sculptées dans le marbre. Dans le soleil de fin de journée, les pierres ocre et jaune clair se mêlent aux frondaisons brillantes des arbres en une délicieuse harmonie de teintes.

Circuits conseillés Carte de l'île p. 425

VERS LA CÔTE OUEST

Circuit tracé sur la carte p. 425. Du centre-ville, prenez la r. Demokratias, qui longe le côté nord de la pl. Vounaki.

Depuis la route qui s'enfonce dans les terres vers la côte ouest, le **panorama★★** est splendide : il embrasse la baie de Chios et la mer *(indiqué depuis la rte, faites un crochet par Agios Markos d'où la vue est particulièrement remarquable)*. Dépassé un long plateau pelé, des collines boisées apparaissent.

★★ Néa Moni (Νέα Μονή)

10 km à l'ouest de Chios. Indiqué sur la rte à gauche. Tlj, du lever au coucher du soleil, sf de 13h à 16h - gratuit - tenue correcte exigée.

Joyau de l'art byzantin du 11e s., Néa Moni se dresse entre les cyprès et les pins, au flanc du mont Provatio. La légende veut qu'à cette époque un bosquet d'arbres se trouvât là, au milieu duquel trois ascètes virent briller une icône de la Vierge. Nikitas, Jean et Joseph y bâtirent aussitôt une chapelle et, peu après, l'empereur byzantin Monomachos ordonna la construction d'un prestigieux monastère. Mais l'avenir allait se révéler des plus sombres : en 1822, les Turcs massacrèrent les moines, ainsi que les femmes et les enfants qui s'étaient réfugiés auprès d'eux *(spectacle macabre, on peut voir leurs ossements dans la petite chapelle à gauche de l'entrée)*, avant de mettre le feu à l'église, qui perdit nombre de ses mosaïques. Et pour clore ce sinistre tableau, en 1881, un violent séisme entraîna l'effondrement de la coupole de l'église.

« PALAZZO » DE BÉTON

Pour pouvoir bâtir de nos jours dans le **kampos** *(voir p. 427)*, on se doit de reproduire les plans des bâtiments génois de l'époque. C'est la mesure imposée par la municipalité de Chios pour préserver l'harmonie des lieux. Avant la délivrance du permis de construire, la découpe des façades et le nombre de fenêtres sont ainsi passés à la loupe. En revanche, aucune mention n'est faite du matériau utilisé. Aussi, est-il fréquent de voir, posé sur une petite pelouse (oubliés les vergers d'antan…), un drôle de vaisseau de… béton. Rien n'y manque : terrasse en hauteur, gracieuse avancée ou treille… excepté le crépi ! Leçon d'architecture : comment transformer un palais en blockhaus.

Façade d'une maison de Pirgi.
E. Luider / hemis.fr

Rebâti en 1900, le dôme jaillit à nouveau avec grâce, couronnant l'**église** qui trône au centre de la cour pavée. Toute de briques roses, celle-ci montre un plan octogonal d'un équilibre parfait. On y pénètre par un corridor ajouté à la structure d'origine, qui la relie à la tour du clocher, à droite. Du côté opposé s'ouvre l'exonarthex, orné, tout comme le narthex et le *katholikon*, de magnifiques **mosaïques★** restaurées, chefs-d'œuvre de petits carrés d'or et de couleurs vibrantes qui font la renommée de Néa Moni.

Les hauts murs du monastère abritent également une **citerne souterraine★★** *(sur la droite par rapport à l'entrée dans l'église)*, un **réfectoire★★** *(derrière l'église)* et une somptueuse **maison des invités★★**, d'architecture néoclassique. Sur le chemin, vous croiserez sans doute l'une des cinq nonnes ou leur higoumène Myriam, sans âge, qui habitent encore les lieux.

Reprenez la grande route sur la gauche vers Avgonima. Quelques kilomètres plus loin, suivez le panneau indiquant le monastère Agii Pateres. Au détour d'un virage apparaît en contrebas le monastère Néa Moni. D'ici, la vue s'étend jusqu'à la Turquie.

Anavatos (Αναβτος)

12 km au nord-ouest de Néa Moni. À Avgonima, suivez les panneaux, sur la droite.

Ce village, perché sur un piton rocheux, a été déserté par ses habitants lors des exactions ottomanes de 1822. De loin, le **point de vue★** sur le village est saisissant : entre ciel et terre se profilent de petites maisons de pierre jaune tendre. Là-haut, dans les rues en escaliers, aucun bruit, sauf celui du vent (ces dernières années ont vu revenir quelques habitants et plusieurs maisons revivent l'été). Au bord du précipice, une église en ruine conserve une fresque aux beaux aplats ocre et bleutés *(en cours de restauration, ouvert à la visite de 10h à 14h).*

Revenez à Avgonima et prenez à droite la rte vers la côte ouest. À l'embranchement avec la rte côtière, à Elinda, tournez à droite, dir. plein nord.

Volissos (Βολισσός)

46 km au nord-ouest de Chios. Fréquence et horaires des bus changeants ; renseignez-vous à la gare routière de Chios.

Cet autre village pittoresque aurait vu naître Homère. Après la traversée de plateaux rocailleux couverts de végétation rousse, sa **forteresse médiévale** se découpe, dégringolant d'un pic venteux que l'on gravit à pied, par des ruelles abruptes. En haut se dresse une **église byzantine** jaune, dont le dôme rouge surmonté d'une croix d'or se découpe sur le ciel bleu.

HISTOIRE

Dès l'Antiquité, le port de Chios accueille les marchandises en transit entre Europe et Asie. L'île connaît alors la prospérité et l'estime de ses voisins : ses figues font sa renommée, mais aussi le raffinement de ses habitants, versés dans les arts. De fait, Chios passe pour être le berceau d'**Homère** (8e s. av. J.-C.), où le poète aurait écrit *L'Iliade* et *L'Odyssée*. Réputée dans toute la Grèce, son école de sculpture inventa le procédé de la **fonte du bronze**, au 6e s. av. J.-C.

Mais cet âge d'or s'achève avec le début des invasions qui troublent toute la mer Égée. Les Perses ravagent Chios en 493 av. J.-C. Souvent visitée par les pirates, l'île ne retrouve un peu de stabilité qu'avec la présence romaine. Plus tard, elle passe aux mains des Vénitiens (12e s.), puis des Byzantins, avant de devenir le centre d'un riche empire génois, au 14e s. Deux siècles de prospérité s'ensuivent alors grâce au commerce du mastic, des draps de Gênes et des épices. Mais les Turcs s'emparent de l'île, en 1566.

En 1822, un vent d'indépendance souffle sur la Grèce. Une poignée de Samiens exilés sur Chios encouragent les insulaires à se soulever. Révolte à laquelle les Turcs répondent par un **massacre** : sur les 140 000 habitants que comptait l'île, il ne reste à leur départ que 1 800 âmes. Les autres ont été massacrés, emmenés en esclavage, ou ont fui sur les îles voisines. L'événement provoque une vive émotion en Europe. Il inspirera au peintre Delacroix son célèbre tableau *Les Massacres de Chios* et à Victor Hugo un poème amer, *L'Enfant grec*. Quand la Grèce affirme sa souveraineté, Chios, encore marquée, n'hésite pas : elle rejoint son giron en 1912.

★★ LE PAYS DU MASTIC (MASTIKOHORIA) (ΜΑΣΤΙΧΟΧΩΡΙΑ)

Circuit tracé sur la carte p. 425.

Le pays du mastic englobe toute la partie méridionale de l'île. Dans cette immense plaine sans ombre pousse le **lentisque**, un arbuste dont on entaille le tronc pour recueillir une résine aromatique dotée, selon les habitants, de nombreuses vertus thérapeutiques *(notamment digestives)*.

★ Pirgi (Πυρχί)

24 km au sud de Chios.

Au sommet d'une colline, ce village cache des maisons ornées de motifs géométriques noir et blanc, obtenus par un procédé de grattage appelé *xista*. Les vieux villageois prennent le frais sur le pas de la porte, certains proposent aux touristes d'acheter quelques grains de mastic. Au centre, sur la vaste place principale entourée d'arcades, s'élève la grande **église de la Dormition** (17e s.). Pour l'Ascension, le 15 août, le village est en fête jusqu'au petit jour.

Olympi (Ολύμποι)

5 km au nord-ouest après Pirgi.

En continuant sur la même route, ne manquez pas ce village aux couleurs de miel qui se fond dans le paysage. Des troupeaux de chèvres paissent alentour. On dirait presque un bourg rural d'Asie centrale. Vous y découvrirez de belles maisons en pierre datant du Moyen Âge.

★ Mesta (Μεστά)

5 km plus loin.

Cet autre village médiéval ressemble à un labyrinthe, parcouru de boyaux étroits passant sous les maisons et tournant en coudes serrés. On débouche finalement sur la place principale, occupée par une haute église et quelques cafés.

Sur le chemin du retour, après Pirgi, tournez à droite pour rejoindre la mer.

★ Emporeios (Εμπορειός)

6 km au sud de Pirgi.

Voici le plus joli **port★★** du sud de l'île, lové au fond d'une crique. Une petite place blanche bordée de quelques maisons (dont deux restaurants et une épicerie) regarde une mer transparente.

Un chemin part à droite à l'assaut des collines de pins, menant à deux **plages de galets noirs★★** – la deuxième est la plus belle – encastrées dans une falaise volcanique *(à 800 m de la place)*. Le contraste avec les eaux turquoise invite à la baignade.

NOS ADRESSES SUR L'ÎLE DE CHIOS

INFORMATIONS UTILES

Banque

Chios – *Nombreuses banques sur le port.*

Poste

Poste centrale de Chios – *R. Omirou (tangente au port, à 50 m du quai).*

Santé

Hôpital de Chios – *✆ 22710 443 02/03/06.*

Internet

Cybercafés – *Sur le port.*

Laverie

M. Quick – *À Chios, 30 r. Rodokaniki (entre El. Venizelou et le port).*

ARRIVER / PARTIR

En avion

Aéroport à 3 km au sud de la ville. Liaisons avec **Athènes** *(4/j.)*, **Lesbos** *(2/sem.)*, **Samos** *(1/sem.)* et **Rhodes** *(2/sem.)*.

Olympic Air – *Bureau aéroport - ✆ 22710 245 15, réserv. ✆ 21035 505 00 - www.olympicair.com.*

Aegean Airlines – *Bureau aéroport - ✆ 22710 810 51, réserv. ✆ 80111 200 00 (à partir d'un téléphone portable étranger : ✆ +30 21062 610 00) - www. aegeanair.com.*

En bateau

Liaisons en ferry avec **Le Pirée** *(2/j., 8h de trajet env.)*, **Lesbos** *(2-3/j., 3h env.)*, **Samos** *(3/sem.)*, **Limnos** *(5/sem.)* et **Rhodes** *via* **Kalymnos** et **Kos** *(1/sem.)*, **Psara** *(1/j.)*.

Pour la Turquie, liaisons quotidiennes avec **Çesme** *(à 75 km d'İzmir)*, achetez votre billet la veille. Passeport ou carte d'identité exigé(e).

Capitainerie – *À l'extrémité nord du port - ✆ 22710 444 33.*

Travelshop – *✆ 22710 439 81 -www.travelshop.com.gr.*

TRANSPORTS

En bus

Bus urbains – *Station au nord du jardin public - ✆ 22710 220 79.* Liaisons avec les alentours : **Vrondados** et la plaine du **kampos**.

Gare routière de Chios – *Sur le port (près du débarcadère) - ✆ 22710 275 07.* Liaisons quotidiennes avec **Pirgi**, **Elinda** *via* **Néa Moni**, **Volissos** et **Emporeios** *(en saison)*.

Un panneau indicateur affiche les fréquences.

En taxi

Station centrale de Chios – *À l'entrée du jardin public - 22710 411 11/433 12/433 13.* Pour l'**aéroport** à partir de 6 €, pour **Néa Moni** 14 €, pour **Emporeios** 23 € et pour **Volissos** 28 €.

En voiture

Agences sur le port, à Chios. La meilleure solution pour sillonner l'île. Bon état des routes.

HÉBERGEMENT

Bon à savoir – Dans nombre de villages de l'île, on peut loger chez l'habitant, au même prix qu'à l'hôtel *(40/50 €)*. Une liste est disponible à l'office de tourisme.

Chios

PREMIER PRIX

Chios Rooms – *Sur le port (partie sud) - 22710 201 98 - www.chiosrooms.gr - cc - 10 ch. 35 €.* Un vieil édifice sur le port au charme authentique : parquets d'origine, hauts plafonds… Salle de bains privative et balcon dans certaines chambres. Quelle que soit l'heure, Don, le gérant néo-zélandais, propose un café pour engager la conversation.

Rooms Alex – *29 r. Livanou (tangente au port, partie sud) - 22710 260 54 ou 69723 832 23, 69795 352 56, fax : 22710 250 14 - 7 ch. 40 € - 5 €.* Ancien capitaine, Alex est un personnage. Souvent en mer, il pêche. Chez lui, chaque pensionnaire devient un membre de la famille. Petites chambres familiales, sobrement décorées, et terrasse où partager les moments forts de la journée.

BUDGET MOYEN

Mavrokordatiko – *1 r. Mitaradis (en venant de Chios, dir. Kalimasia puis à gauche juste après le pont) - 22710 329 00 ou 69447 885 08 - www.mavrokordatiko.com - avr.-oct. - cc - 9 ch. dont 1 appart. 60/80 €.* Petit palais génois magnifiquement restauré, disposant de tout le confort. Chambres attrayantes et raffinées. Très chic !

POUR SE FAIRE PLAISIR

Hotel Kyma – *Pointe sud du port (derrière l'hôtel Chandris) - 22710 445 00 - kyma@forthnet.gr - 51 ch. 90 €.* Une construction des années 1900, face à la mer : salon au plafond peint, bel escalier en marbre et quelques grandes terrasses privatives. Chaque chambre a son réfrigérateur et son sèche-cheveux.

Emporeios

POUR SE FAIRE PLAISIR

Emporios Bay – *Après la taverne Porto Emporios (à 100 m du port) - 22710 701 80/82 - www.emporiosbay.com - de mi-avr. à fin oct. - cc - 41 appart. 100 €.* À quelques pas du port et à 5mn des plages de galets noirs, des studios colorés et très propres, très bien équipés. Petit-déjeuner copieux.

Volissos

BUDGET MOYEN

Volissos Travel – *Plusieurs maisons réparties au sommet du village (agence à côté de Pyrgos Village) - 22740 214 21/13 - www.volissostravel.gr - 7 appart. 55/70 €.* Maisons anciennes sobrement restaurées : piliers réalisés dans des troncs bruts, roche qui affleure… Un hymne à l'irrégularité et à la rusticité. Location possible de vastes maisons à prix préférentiels.

RESTAURATION

Conseil – Goûtez aux délicieux fruits confits au sirop.

Chios

PREMIER PRIX

Byzantio – *9 r. Ralli (dans le quartier du marché) - 22710 410 35 - - fermé dim. hors saison - 10 €.* Une petite taverne populaire cachée derrière des rideaux rouges. Mezzanine au-dessus de la cuisine. Tomates et poivrons farcis au riz, *youvetsi* (bœuf accompagné de pâtes en forme de grains de riz) généreusement saupoudré de fromage...

Emporeios

PREMIER PRIX

Porto Emporios – *Sur le port - 22710 700 25 - CC - avr.-oct. - 10 €.* Une agréable terrasse sous une treille fleurie, décorée de bouquets de fleurs séchées et d'une collection de cages à oiseaux peintes. Grillades, poisson frais, poivrons, feta…

ACTIVITÉS

Plages

La plage de **Karfas**, 4 km au sud de Chios, propose la plus grande variété de sports nautiques de l'île. Sur la côte ouest, la plage d'**Elinda** est admirablement encaissée au fond d'une crique. Mais la plus remarquable est celle d'**Emporeios** *(voir p. 431)*, avec ses galets noirs. Elle est cernée par les falaises *(accès par un chemin non carrossable)*.

AGENDA

Le village de Volissos conserve une bien étonnante tradition pascale : le **concours de feux d'artifice** que se livrent les deux principales paroisses. Insolite et spectaculaire !

Ikaria

(Ικαρία)

10 385 habitants - Région d'Égée du Nord - Unité régionale d'Ikaria - 267 km²

NOS ADRESSES CI-CONTRE

S'INFORMER
Site internet – *www.ikaria.gr (site officiel en anglais).*

SE REPÉRER
Carte de région 2 (p. 422).

Entaillée de gorges profondes, Ikaria possède un relief remarquable, avec des montagnes qui plongent directement dans la mer au sud. Le climat agréable de l'île est propice à la production de vin rouge : appelé icarus ou nicaria, le nectar local est celui auquel Homère faisait référence.

Se promener

À mi-chemin entre les Cyclades, le Dodécanèse et les îles du nord de l'Égée, Ikaria s'allonge d'est en ouest sur une quarantaine de kilomètres, culminant à 1 037 m au mont Atheras.

Agios Kirykos et ses environs

Capitale de l'île, la petite ville aux typiques maisons à deux étages encadre un port de pêche. Un peu à l'ouest, le long de la côte, on trouve **Thérma Lefkádas**, station thermale réputée pour ses sources chaudes.

★ Côte nord

Plus accidentée et plus fraîche que le reste de l'île, cette côte est très belle. On y trouve beaucoup de petites plages.
La route venant d'Agios Kirykos traverse l'agréable village de **Karavostamo**, dominé par la resplendissante chapelle d'Agii Pantes, et atteint **Évdilos**, qui s'étage au-dessus de son petit port.
Au-delà, une route mène à **Kampos**, dont le petit Musée archéologique *(9h-15h - 2 €)* présente des objets antiques trouvés dans les environs, puis à **Pygi**, où un beau monastère conserve des fresques.
Après Kampos, vous pénétrez dans la partie la plus belle de l'île, qui s'étend derrière **Armenistís**. Deux grandes plages s'étendent à proximité : celles de **Messachti** et de **Livadi**. En poursuivant sur la côte ouest, joli **monastère Evangelistrias** (17e s.).
Autour de **Christos Raches**, adorable village où le temps semble s'être arrêté, vous avez des vues ravissantes sur la côte et la mer.

LE VOL D'ICARE

Selon la légende, c'est à proximité de cette île qu'**Icare** tomba après s'être enfui du Labyrinthe avec son père **Dédale**. S'étant trop approché du soleil, il vit fondre ses ailes de cire, ce qui le précipita vers la mort. Héraclès aurait récupéré son corps et l'aurait enterré sur l'île, qui prit alors le nom d'Ikaria.

NOS ADRESSES À IKARIA

INFORMATIONS UTILES

Sécurité
Police – *22750 222 22.*

Santé
Centre de santé – *22750 223 30.*

TRANSPORTS

En bateau
Six liaisons maritimes par semaines au départ du **Pirée**. Les bateaux abordent à **Agios Kirykos** *(côte sud)* ou à **Évdilos** *(côte nord)*. En été, certains bateaux peuvent relier l'île à **Patmos**, **Paros**, **Chios**, **Leros**, **Kos** et **Kalymnos**.
Autorités portuaires – *22750 222 07.*

HÉBERGEMENT

Agios Kirykos

PREMIER PRIX

Pension Akti – *Face au port - 22750 23905 - www.pensionakti.gr - - 10 ch. 50 € - 5/7 €.* Grande maison juchée sur un rocher au-dessus du principal port de l'île. Les chambres sont propres et assez agréables. D'une terrasse, vous aurez une belle vue sur la mer.

Évdilos

PREMIER PRIX

Rooms Spanos – *22750 312 20 - - 30 €.* Ces chambres toutes simples possèdent une salle de bains individuelle.

Lesbos (Mytilène)

(Lesvos - Λέσβος)

★

85 410 habitants - Région d'Égée du Nord - Unité régionale de Lesbos - 1 633 km²

NOS ADRESSES PAGE 443

S'INFORMER

EOT (Mytilène) – *6 r. Aristarchou (50 m au nord du débarcadère), à l'intérieur d'une belle villa - ℘ 22510 425 11.* Brochures, carte de l'île, etc.

Office du tourisme de Molivos – *Rue menant au port - ℘ 22530 713 47 - www.visitmolivos.com - en saison.* Informations complètes : bus, visites, programme du cinéma de plein air.

SE REPÉRER

Carte de région 2 (p. 422) - Carte de l'île ci-contre.

À NE PAS MANQUER

Les paysages déserts de l'ouest ; une visite au captivant musée Tériade, près de Mytilène ; l'ouzo, réputé pour être le meilleur du pays.

ORGANISER SON TEMPS

Comptez 3 à 4 jours de visite. Louez une voiture pour faire le tour de l'île à votre rythme.

Telle une pince géante à trois doigts, Lesbos semble saisir la mer. Entre ses phalanges se dessinent deux larges golfes bleus, cernés de terres arides. Pierres, sable, herbes brûlées par le soleil prennent une teinte écarlate, en fin de journée. C'est que l'île ne connaît guère d'ombre. Sur son territoire rocailleux poussent le pin et l'olivier, qui donne une huile réputée. L'ouest, la partie la plus sèche, est un plateau désertique et battu par les vents. Au nord et au centre, en revanche, de petites montagnes qui frôlent les 1 000 m d'altitude abritent quelques vallons fertiles.

Se promener Carte de l'île ci-contre

Des distances importantes séparent les principaux ports de Lesbos – troisième des îles grecques par sa superficie. Aussi, Mytilène, Molivos et Kalloni ont grandi chacune de leur côté et affichent un caractère fort différent. Relativement peu fréquentée par les touristes – l'île ne possède pas assez de belles plages de sable ! –, Lesbos ne manque pourtant pas de richesses. Parmi elles, l'hospitalité de ses habitants et un fascinant passé où se succèdent, après l'Antiquité, les Byzantins, les Génois et les Ottomans. Les vestiges du passage de chacun jalonnent l'île, lui donnant une aura de perle orientale aux confins de l'Europe.

★ MYTILÈNE (ΜΥΤΙΛΗΝΗ)

Comptez une bonne matinée de visite.

Les toits rouges de la capitale *(30 000 hab.)* recouvrent un isthme étroit *(moins de 1 km de large)*, mince passerelle entre la terre et une colline qui s'avance dans

LESBOS
0
5
10 km
N
800 m
600
400
200
0
TÜRKIYE
Ayvalik
Stenó Mytilínis
N. Límnos, Thessaloníki
N. Chíos
Mytilíni
Variá
Agía Marína
Agriliá
Kratígou
527
Loutrá
Pérama
Kólpos Géras
Papádos
Agiásos
968
Ólimbos
Plomári
Mória
Thermí
Kómi
Lámbou Mýli
Mandamádos
Sikaminiá
Skála Sikaminiá
Skála Efthaloú
Mólivos (Mithymna)
Vafiós
Stípsi
Pétra
Nápi
Agía Paraskeví
Kalloní
Panagía Limónos
Ahladerí
Kólpos Kallonis
Stavrós
Vaterá
Akr. Ág. Fokás
Skála
Polihnítos
698
Skoutáros
788
799
Profítis Ilías
Parákila
Messótopos
Ándissa
Eresós
Skála Eresoú
Forêt pétrifiée
APOLITHOMÉNO DÁSSOS
Sígri
Megalonissi
Tsiliióndas
Akr. Fourniá
Egéo Pélagos

la mer, vers les côtes turques. Deux ports se font face, l'un dans la baie sud de la ville – où accostent les ferries –, l'autre au nord, dévolu aux bateaux de marchandises. Entre les deux s'est installé le vieux quartier populaire de Mytilène. Vers le 2e s., les riches Lesbiens le délaissèrent au profit de la colline ouest, quartier connu sous le nom de **Chorafa**.

Depuis le port nord, prenez la rue Krinis et suivez le panneau qui indique le site du théâtre, presque au sommet de la colline.

Le théâtre hellénistique

Tlj sf lun. 8h30-15h, ouverture probable jusqu'à 19h en été - gratuit.

C'est dans une forêt de pins que se cache ce témoin antique de l'activité culturelle de Lesbos. Il pouvait accueillir jusqu'à 15 000 spectateurs, rivalisant ainsi avec le théâtre d'Épidaure. Remanié par les Romains, impressionnés par son ampleur, il ne comporte plus aujourd'hui que de modestes sections de gradins.

Regagnez le centre en descendant de la colline par la rue Zalogou Kydonion, sur la droite. Au croisement, en prenant à gauche la rue Vournazon, vous arrivez au port méridional.

SE REPÉRER

La ville de **Mytilène**, souvent transcrite Mytilini, se concentre sur un isthme.
Ce dernier abrite le château et le centre-ville, que la rue Ermou traverse. Elle relie aussi les deux ports, nord et sud. Le port sud comprend l'anse historique, délimitée par la rue Pavlou, la place Sapphous, le débarcadère à l'est et le port de plaisance au sud, longé par l'avenue El. Venizelou. La rue Komninaki est la première parallèle à l'est de l'anse historique.

★ Le port historique

Avec sa circulation automobile dense, ses terrasses de restaurants et de cafés, ses banques et ses hôtels, le port sud est perpétuellement animé. Bordant les quais, les vieilles façades néoclassiques noircies par les gaz d'échappement tombent dans l'oubli. À l'inverse, le théâtre municipal, imposante bâtisse blanche des années 1960, se dresse à l'angle sud du port. Juste derrière débute la **rue Ermou★**, longue artère commerçante pavée qui traverse l'isthme et relie les deux ports. Les étals des poissonniers et des maraîchers débordent sur les premiers mètres de la rue les jours de marché. Un peu plus loin sur la gauche jaillit l'énorme dôme gris acier de l'**église Agios Therapos★★**, visible de la mer. Il coiffe une basilique érigée en 1860 dans un style post-Renaissance. Habillé de bleu et soutenu par des colonnes en faux marbre, l'intérieur recèle une **iconostase★★** imposante, à la mesure de l'édifice.

En face, le **Musée byzantin** *(✆ 22510 289 16 - ouvert mai-oct - lun.-sam. 10h-13h, en hiver sur RV - 2 €)* abrite la plus riche collection d'**icônes** de l'île.

Vers le nord

Plus haut, la rue Ermou devient bientôt trop étroite pour contenir la frénésie commerçante. Dans les vitrines, les épiciers empilent les conserves bleues et rouges de sardines de Kalloni *(voir p. 440)*. De part et d'autre, les ruelles plongent dans le vieux quartier de Mytilène aux façades pastel, tandis que la rue Ermou débouche au milieu du **port nord★**. Quoique plus étendu et plus austère que celui du sud, ce dernier recèle d'authentiques *ouzeries* et tavernes où il est agréable de se restaurer et de se détendre.

Si vous désirez monter à l'assaut de la forteresse, prenez la rue Mikras Asias, qui longe l'agglomération par l'est, au pied de la colline.

La citadelle

Tlj sf lun. 8h30-15h, ouverture probable jusqu'à 19h en été - 2 €.

Après l'imposant tribunal en pierre de taille *(à droite)*, un chemin part sur la gauche, vous emmenant en 10mn à travers une forêt de conifères, jusqu'à la citadelle. Son épais mur crénelé (truffé, paraît-il, de tunnels secrets) ceinture toute la colline. D'origine byzantine, cette forteresse, reconstruite au 14e s. par Francesco Gatteluzzi, résista cinq jours aux Turcs avant de tomber entre leurs mains.

Passé l'entrée, on débouche sur une vaste étendue d'herbes où trônent les vestiges bien conservés du **palais Gatteluzzi★**. À l'intérieur, le blason de la famille veille au-dessus de chaque porte : des sabots de chevaux entremêlés aux côtés d'un aigle. Dehors, depuis les élégantes arches de pierres qui bordent le côté est de la place forte, une **vue★★** superbe sur la Méditerranée et les côtes d'Asie Mineure s'étire sous vos yeux.

Reprenez la rue Mikras Asias, qui devient plus bas la rue 8 Noemvriou.

Le Musée archéologique

✆ 22510 402 23 - tlj sf lun. 8h30-15h - 3 €, dim. (hors saison) gratuit.

Le premier bâtiment est un bon exemple d'**archontiko** (maison bourgeoise de la fin du 19e s.). L'intérieur, mélange d'architecture néoclassique et de matériaux modernes, recèle une large collection de bustes et de statuettes antiques découverts sur l'île. Mais le plus grand intérêt du musée réside dans sa deuxième partie, où sont exposées les grandes **mosaïques** dites de la « maison de Ménandre » (3e ou 4e s. apr. J.-C.), une somptueuse villa du Chorafa, le quartier antique. Dans ces véritables tableaux de pierre, les masques grimacent, les chœurs déclament, redonnant vie à la comédie grecque.

À l'extérieur, dans la rue du musée, plusieurs **villas** patriciennes se succèdent près de la mer. De style néoclassique, baroque ou Renaissance, elles incitent à une flânerie agréable de fin de journée.

Varia (Βαρειά)

Suivez la grande avenue El. Venizelou qui s'éloigne du centre vers le sud.

Construites au 19e s., les plus belles maisons mytiliniennes s'alignent sur le bord de mer, chacune rénovée avec imagination par son propriétaire. Un manoir normand succède ainsi à un cottage anglais, qui jouxte lui-même une villa néoclassique couleur dragée, avec fronton et guirlandes en stuc.

Peu après la sortie de l'agglomération, au bout de quelques lacets dans les collines, on atteint **Varia** *(4 km au sud de Mytilène, village desservi par des bus locaux tte la journée au départ de la gare routière du port sud)*. Ne manquez pas de visiter le **musée Tériade** *(à la sortie de Varia, indiqué par des panneaux - ✆ 22510 233 72 - tlj sf lun. 9h-14h et 18h-20h - 2 €)*, exceptionnel tant par ses collections que par la beauté du lieu : un vaste domaine planté d'oliviers centenaires. À l'entrée, un premier bâtiment blanc abrite le **musée Theofilos** *(✆ 22510 416 44 - tlj sf lun. 10h-16h - 2 €)*, consacré à ce peintre naïf, très populaire, né à Varia (1873-1934). Ses tableaux, loués entre autres par Le Corbusier, s'inspirent de scènes tantôt rurales, tantôt oniriques. Des photos et des textes mettent en lumière l'ambiguïté du personnage, oscillant entre candeur émouvante et réalisme cru.

Au milieu de l'oliveraie, un second bâtiment, bien plus vaste, abrite le **musée-bibliothèque Tériade**, qui expose le travail de Stratis Eleftheriadis (Tériade), né à Mytilène en 1897. D'abord critique d'art à Paris, puis éditeur, il créa les « grands livres », dans lesquels chacun de ses amis peintres (dont Picasso, Matisse, Giacometti, Chagall…) illustre de manière originale le texte de son choix. Un exemplaire de chaque œuvre et ses travaux préparatoires sont exposés dans des vitrines.

Circuits conseillés Carte de l'île p. 437

L'OUEST SAUVAGE

Circuit tracé sur la carte p. 437.
Au-delà du golfe de Gera *(Kolpos Geras)*, que la route longe en quittant Mytilène, s'étend une plaine ondulante et fertile, mouchetée du gris vert des oliveraies.
Après les cultures maraîchères, apparaissent bientôt les coquettes maisons de **Kalloni**, capitale de la sardine. Depuis le début du siècle, ce poisson est capturé en masse dans le grand golfe qui s'ouvre à quelques kilomètres, avant sa mise en boîte dans les conserveries de la ville.
Passé Kalloni, le visage de Lesbos se transforme. Plus de collines vertes, mais un plateau volcanique, que seule recouvre une végétation rousse et pelée. En contrebas, le village d'**Eresos** *(90 km à l'ouest de Mytilène)* est une petite oasis souriante avec sa place ombragée et ses fleurs aux balcons.

★ La plage d'Eresos (Skala Eresou) (Σκαλα Ερεσου)

4 km au sud du village d'Eresos.
Cette plage connaît la plus grande affluence de l'île. Restaurants en terrasse, bars aux coussins moelleux face à la mer, épiceries bien approvisionnées, tout contribue à donner à cette pittoresque station une paisible atmosphère de vacances. Son beau ruban de sable gris, étiré sur plusieurs kilomètres, offre suffisamment d'espace pour profiter, au calme, des flots limpides.
Planté dans l'eau face aux restaurants, un gros caillou baptisé le **rocher de Sappho** rappelle que c'est à Eresos que la poétesse naquit.
Pour les amateurs de sites déserts, prenez le chemin qui mène à la plage de **Tsihliondas**.

La forêt pétrifiée de Sigri (Σίγρι) (Apolithomenos Dassos - Απολιθωμένος Δάσος)

10 km de Sigri - ✆ 22530 544 34 - www.petrifiedforest.gr - de mi-juin à mi-oct. : 8h-20h ; reste de l'année : 8h30-16h30 - 2 €.
Site naturel unique, cette forêt se cache au creux d'une vallée encaissée. L'accès se fait par les hauteurs d'où la **vue★★★** est splendide : sur les pentes rousses et

SAPPHO, POÉTESSE DES FEMMES

Artiste de génie, femme et esprit libre, Sappho est la figure mythique de Lesbos. De fait, son **œuvre poétique** est aussi réputée dans l'Antiquité que les épopées d'Homère. Née à Eresos à la fin du 7e s. av. J.-C., la poétesse aurait dirigé à Mytilini (Mytilène) une *moisopolon domos*, école d'art et de poésie où l'on se consacrait à la louange des muses. Odes, hymnes et chants, tous les vers de Sappho, qu'elle avait coutume de dédier à Aphrodite ou à ses propres élèves, chantent l'amour et les affinités féminines. Tolérées, à cette époque d'émancipation des femmes, ces amours homosexuelles et le **lyrisme érotique** qui les célèbrent n'en provoquèrent pas moins la dérision des pamphlétaires athéniens. Il leur fallait bien ridiculiser les prétentions féministes de leurs compatriotes… Classée parmi les grandes **amoureuses de la littérature**, Sappho laissa son nom à l'amour saphique et le nom des habitantes de l'île est devenu universellement connu et connoté. Conséquence prévisible : des homosexuelles du monde entier viennent en vacances à Eresos.

Étrange « sculpture » dans la forêt pétrifiée de Sigri.
R. Meazza - IML / hemis.fr

pelées s'accrochent des troncs d'arbres qu'une violente éruption a recouvert de lave et de poussières volcaniques, il y a de cela 15 à 20 millions d'années. Nervures, écorces et racines ont pris la couleur métallique de la pierre, composant d'étranges sculptures, classées et protégées.

LE NORD DE L'ÎLE

Circuit tracé sur la carte p. 437.
La route repasse par Kalloni, point nodal de l'île. De là, elle bifurque vers le nord à travers des cultures maraîchères et des oliveraies, tout droit vers le village de **Petra**. L'étape, dévolue au tourisme de groupe, n'offre guère d'intérêt si ce n'est le très haut rocher *(auquel le bourg doit son nom)* qui jaillit une trentaine de mètres au-dessus des toitures, couronné par l'**église de la Panagia Glykofiloussa** (« Vierge au doux baiser »). Pour apposer le vôtre sur la belle **icône de la Vierge**, il vous faudra gravir 114 marches.

★ Molivos (Mithymna) (Μόλυβος - Μήθυμνα)

62 km au nord-ouest de Mytilène, 6 km au nord de Petra.
Après une série de larges virages en bord de mer apparaît un paysage de carte postale. Molivos (Mithymna) se révèle une cité pleine de vie, au charme authentique. De tout temps, poètes et artistes vinrent y trouver harmonie et beauté. Surplombant les flots, une **citadelle génoise** du 14e s. coiffe une colline pointue *(tlj sf lun. 9h-14h30 - 2 €)*, découvrant un **panorama** grandiose sur les oliviers qui tapissent la campagne du nord, jusqu'aux côtes turques. Les petites maisons ottomanes aux toits de tuiles rouges s'accrochent au flanc de la colline, rehaussant leurs façades claires de gracieuses loggias en bois peint de couleurs variées. Entre elles serpente la rue principale, odos 17 Noemvriou *(qui commence face à l'office de tourisme)*, étroit sillon pavé et incurvé en gouttière, grimpant vers le cœur de la ville.
Bâtie à la fin du 18e s., la **maison Ianakos★★** *(500 m après, sur la droite)* offre un parfait exemple de l'architecture de Molivos : la façade est percée de

larges fenêtres ouvragées, devant lesquelles de fines colonnes viennent soutenir le premier étage qui s'avance en un encorbellement de bois peint en rouge.

De retour sur l'artère principale, remarquez aussi les belles **fontaines turques★** qui agrémentent presque tous les carrefours. Une treille abrite le pavé de l'ardeur du soleil, procurant fraîcheur et pénombre, tandis que la côte se fait encore plus abrupte.

Une deuxième rue rejoint la première. Empruntez la venelle juste après, sur la droite.

Au détour de celle-ci, derrière un haut mur, s'ouvre l'**école des Beaux-Arts★★**, splendide bâtiment néoclassique du 19e s. adossé à la colline *(visite le matin - juin-août)*. À l'intérieur, les murs et les plafonds sont couverts d'œuvres naïves des peintres de Lesbos. À l'extérieur, admirez les éléments décoratifs de la **façade★★** et sa **porte monumentale★**.

Reprenez la rue principale et tournez dans la rue à gauche à l'intersection, pour descendre vers le port.

Plus bas, visitez la **galerie d'art** de la ville *(elle fait l'angle à 100 m de là, juste au croisement de la r. et de la rte goudronnée qui mène au port - 9h-16h, 18h-21h - gratuit)*, où sont exposées, en été, les œuvres des jeunes artistes de l'école des Beaux-Arts : elle donne une idée de l'avant-garde grecque.

Au bout de la rue apparaît le **port★★** de Molivos *(à 300 m, continuez à descendre par la rte)*, petite crique où tanguent les bateaux colorés. Quelques restaurants *(pratiquant hélas des prix pour touristes sans rapport avec la qualité proposée)* étalent leurs terrasses tentatrices, tandis qu'à l'extrémité un petit chantier naval abrite les embarcations en réparation. D'ici, la **vue★★** est sans égale sur les façades de Molivos.

Plage de galets au pied d'une falaise abrupte, **Efthalou** est connue pour sa **source thermale** aux vertus curatives *(4 km au nord-est de Molivos, après avoir dépassé plusieurs plages peu agréables en bordure de rte, arrêtez-vous au petit parking proche de la mer au pied d'une falaise, sur la gauche)*. Les eaux, très chaudes, sont recueillies dans une **piscine** aménagée au milieu de la plage, sous un dôme percé qui rappelle les bains turcs *(10h-14h, 15h-19h - 5 €)*. On en ressort couleur écrevisse. Les habitués courent alors directement à la mer pour plonger dans les vagues, qui semblent glacées.

LA RUSSIE AU SECOURS DES CHRÉTIENS

Rattachée à Rome en 120 av. J.-C., Lesbos reste dans l'Empire byzantin quand l'Empire romain se scinde. Par le jeu de traités commerciaux, elle passe ensuite aux mains des Génois, la dynastie des Gatteluzzi, jusqu'à la conquête turque, en 1462, qui durera plus de quatre siècles.

Durant la guerre russo-turque (1768-1774), Lesbos souffre des combats pour le contrôle de la mer de Marmara. À la fin du conflit, le traité de paix instaure la liberté religieuse et accepte l'ingérence russe pour défendre l'église orthodoxe. Un réseau de résistance se tisse ainsi par l'intermédiaire du clergé. Mais, à Mytilène, un premier soulèvement contre le sultan sera écrasé dans le sang (1824).

Ce n'est qu'en 1912 que Lesbos se libère du joug turc, avant de devenir officiellement grecque en 1914. Lors de l'échange de population, en 1923, les derniers Turcs quittent l'île.

SANCTIONS ATHÉNIENNES

Lesbos connaît son âge d'or aux 7e et 6e s. av. J.-C. Puissante grâce à sa flotte, elle est accueillie à bras ouverts dans la confédération de Délos. Mais, en 428 av. J.-C., elle profite de la guerre du Péloponnèse pour proclamer son autonomie. Athènes envoie immédiatement une expédition punitive et son Assemblée va même jusqu'à voter le massacre des habitants de Mytilène. Le lendemain, cependant, grâce à l'intervention de l'orateur **Diodotos**, le décret est annulé. Un messager rapide est envoyé pour rattraper le premier, sauvant de justesse la population de la petite capitale. En revanche, l'île n'échappe pas aux sanctions athéniennes : à l'exception de l'actuelle Molivos – la grande ville portuaire du nord qui, elle, est toujours restée fidèle à Athènes –, ses terres seront distribuées à des clérouques *(voir encadré p. 460)*.

Skala Sikaminia (Σκαλα Σικαμινια)

À env. 20 km de Molivos par la rte principale.

Un joli petit port en arc de cercle abrite des bateaux de pêche colorés près desquels les pêcheurs réparent leurs filets pendant que des poulpes sèchent au soleil. Une vue magnifique sur la mer et les côtes turques, ainsi que quelques restaurants de poisson complètent le tableau. Au retour, il est possible de regagner Molivos par une route, non goudronnée mais praticable, pour longer la côte.

NOS ADRESSES À LESBOS

INFORMATIONS UTILES

Banque / Change

À **Mytilène** – *Agences sur le port.*
À **Molivos** – *À côté de l'office de tourisme.*

Poste

Poste centrale de Mytilène – *R. Vournazon (200 m à l'ouest de l'anse historique).*

Téléphone

OTE – *À côté de la poste centrale.*

Santé

Hôpital de Mytilène – *℘ 22510 437 77.*
Hôpitaux – *℘ 106 (permanences).*

Représentation diplomatique

France – *℘ 69722 339 03 - vasilima@otenet.gr.*

Internet

À **Mytilène** – *R. Komninaki.* Nombreux cybercafés concentrés sur cette artère.

Laverie

À **Molivos** – *« Quick », rte d'accès au château.*

ARRIVER / PARTIR

En avion

Aéroport, 8 km au sud de Mytilène. Plusieurs liaisons quotidiennes avec **Athènes**, **Samos** *(2/sem.)*, **Chios** *(2/sem.)*, **Limnos** *(5/sem.)* et **Rhodes** *(5/sem.)*.
Olympic Air – *Aéroport ℘ 22510 615 90 ; réserv. ℘ 21035 505 00 - www.olympicair.com.*
Aegean Airlines – *Aéroport ℘ 22510 611 20, réserv. ℘ 80111 200 00 (à partir d'un téléphone*

5

portable étranger : +30 21062 610 00) - www.aegeanair.com.
Athens Airways – *www.athensairways.com.*

En bateau

En ferry, liaisons quotiennes avec **Le Pirée** *(9-12h de trajet)*, **Chios** *(2-3/j.)*.
Pour **Limnos** *(5-6/sem., 6h env.)*, **Samos** *(2/sem., 5h env.)* et **Rhodes** *(1/sem.)*.
Liaisons avec **Ayvalık** en Turquie *(2/sem., dép. le mat., retour l'apr.-midi)*. Attention, modifications possibles, renseignez-vous auprès des agences de voyages.
Capitainerie – *Le débarcadère - 22510 241 15.*

TRANSPORTS

En bus

Bus urbains – *Dép. pl. Sapphous - 22510 464 36.* Liaisons avec **Varia** *(7h-20h, ttes les h env.)*.
Gare routière de Mytilène – *R. El. Venizelou - 22510 288 73.* Liaisons avec **Agiasos** *(2/j. en sem., 1/j. le w.-end)*, **Molivos** *(4-6/j. en saison, 1-2/j. hors saison)* et **Sigri** *(1/j. sf le w.-end hors saison)*.

En taxi

Station centrale de Mytilène – *Pl. Sapphous - 22510 220 64/235 00/259 00.* Comptez 20 € pour **Agiasos**, 40 € pour **Molivos**, 60 € pour **Skala Eresou** et 65 € pour **Sigri**.

En voiture

Bon à savoir – C'est le moyen de transport idéal pour découvrir Lesbos. Bon état général des routes.
Location de voitures – *À l'aéroport ; à Mytilène - r. Pavlou (près du débarcadère) ; à Molivos, sur la rue menant au port.*

À deux-roues

Vous trouverez des agences de location dans toutes les villes et stations touristiques. Un agréable moyen de se déplacer si vous restez dans une même région plusieurs jours.

HÉBERGEMENT

Mytilène

Bon à savoir – Cité peu touristique, Mytilène ne dispose pas d'un large choix d'hôtels pour petits budgets. Ceux proposés sont majoritairement concentrés aux alentours du port historique.

PREMIER PRIX

New Life – *Tangente à la r. Ermou (150 m à l'ouest du port historique) - 22510 234 00 ou 69473 659 44 - www.new-life.gr - - 9 ch. 40 €* . Paris, le patron passionné d'antiquités, a repensé le décor de sa maison natale et familiale avec goût. Parquets d'origine, plafonds lambrissés et mobilier ancien. Petit jardin sur le côté, pour se détendre à l'ombre de l'oranger ou de l'olivier.
Pension Thalia – *100 m à l'est de la r. Ermou (au niveau de la mosquée) - 22510 246 40 - - 3 ch. et 1 appart. 35 €.* Dans un vieux quartier de Mytilène, une maison au fond d'une impasse et son petit jardin privatif fleuri de géraniums variés.
Pension Alkaios – *16 r. Alkaio (tangente ouest du port historique) - 22510 477 37 ou 69455 070 89 - www.alkaiosrooms.gr - - 18 ch. 45 €* . Une villa entourée d'orangers à une encablure des quais et de l'animation de la rue Ermou. Un grand rosier auréole l'entrée. L'intérieur a conservé ses portes anciennes, son plafond lambrissé et son bel escalier. Chambres tout confort.

BUDGET MOYEN

Orfeas Hotel – *3 r. Katsakouli (r. d'accès au château, à partir du débarcadère) - 22510 285 23/435 66/426 50 - www.orfeas-hotel.com - - 20 ch. 80 €*. Entouré de belles villas datant du début du 20e s., un établissement confortable, bien tenu, à 200 m du débarcadère.

Porto Lesvos – *21 r. Komninaki - 22510 417 71 - www.portolesvos.gr - - 12 ch. 70 €*. Une plaisante façade ancienne, 50 m à l'arrière des quais et de son cortège de bars. Chambres feutrées, dont certaines avec vue sur l'anse historique et les collines alentour.

POUR SE FAIRE PLAISIR

Pyrgos Mytilini – *49 r. El. Venizelou - 22510 279 77/250 69 - www.pyrgoshotel.gr - - 12 ch. 85/135 €*. Un palais baroque aux teintes extravagantes, datant de 1916, au cœur d'un ancien quartier résidentiel : façade bleu ciel, plafonds en stucs rehaussés de rose et de rouge ; miroirs dorés… Une alliance originale de confort moderne et de luxe classique revisité !

Lambou Myli

PREMIER PRIX

Psistaria – *Sur la rte principale - 22510 938 85 - - 2 appart. 40 € - réserver à l'avance*. Les chambres situées à l'arrière de la route s'ouvrent sur un panorama époustouflant : une immense oliveraie recouvre toute la plaine. Grands appartements, entièrement équipés (machines à laver, etc.), à prix attractifs.

Molivos

PREMIER PRIX

Molivos Camping – *Sur la rte d'Efthalou (1,5 km de Molivos) - 22530 711 69/710 79 - www.molivos-camping.com - mai-oct. - - 109 empl. env. 15 €*. Sur ce terrain en pente douce, chaque parcelle est entourée de hautes haies et ombragée par un arbre. Au centre du camping : les parties communes, sombres mais propres. Agréable endroit situé à proximité des plages et en face de la citadelle de Molivos.

Paradise – *Rte principale (entrée du village) - 22530 717 78 ou 69454 032 36 - - 6 appart. 25/40 €*. Au milieu de son champ, Georgios a construit quelques studios simples et propres. Vue directe sur la citadelle et le village en contrebas. Fruits et légumes à disposition.

Nassos – *Grande maison bleue à 100 m de l'office de tourisme - 22530 714 32* ou *69420 462 79 - www.nassosguesthouse.com - mars-déc. - - 7 ch., 2 studios et 3 appart. 30 € - réserv. conseillée*. Mobilier rustique, parquets aux larges lattes peintes, tissus brodés… Une charmante maison, avec toute sa simplicité d'origine. On s'installe ici comme chez soi sans attendre le patron : les portes sont toujours ouvertes. Quelques chambres ont une salle de bains privative. Vous rencontrerez en matinée le propriétaire, Tom, un aimable Hollandais.

Villa Ioana – *À gauche de l'escalier menant à la pl. Platanos (tangente à la r. menant au port) - 22530 712 34 - mai-oct. - - 4 ch. 40/50 €*. Dans un beau jardin à la lisière du village, cette séduisante villa (début 19e s.), entourée de champs fleuris au printemps, a conservé les meubles de famille. La propriété n'a jamais changé de main depuis sa fondation. L'atmosphère est unique, les chambres un peu poussiéreuses, mais pleines de charme.

POUR SE FAIRE PLAISIR

Amfitriti Hotel – *Sur la rte qui descend, en partant de l'office de tourisme - 22530 717 41 - www.amfitriti-hotel.com - de déb. mai à mi-oct. - - 33 ch. 84 €* . Vaste piscine avec vue sur la citadelle. Chambres standard très propres, dont certaines avec balcon, entourées de verdure.

Sigri

PREMIER PRIX

Rainbow – *R. principale - 22530 543 10 - - 5 appart. 35/45 €.* Des studios en balcon au-dessus de la côte rocheuse, au cœur du village et à deux pas du château. Également des studios modernes, en face du petit port de pêche.

RESTAURATION

Mytilène

PREMIER PRIX

Averof – *Sur le port historique (à côté de l'hôtel Sappho) - 22510 221 80 - fermé 1 dim./2 - - 10 €.* Depuis 1925, ce restaurant populaire propose une délicieuse cuisine familiale. Les convives arrêtent leurs choix devant les grandes marmites. Toiles cirées, serveurs très dignes en grand tablier… Une atmosphère authentiquement désuète !

Kalderimi – *2 r. Faso (tangente à la r. Ermou, 100 m au nord du port historique) - 22510 220 10 - - 10 €.* À l'ombre d'une treille, les tables envahissent la ruelle. Poisson en saumure (thon, maquereau, sardine, etc.), salades variées, boulettes de viande hachée à la tomate… Un restaurant bien connu des locaux.

Molivos

PREMIER PRIX

Friend's – *Sur la rte du port - - moins de 10 €.* Des *gyros* légers servis avec des pitas moelleuses pour manger sur le pouce avant d'aller au cinéma en plein air, situé non loin de là.

Panorama – *À 20 m de l'entrée de la citadelle - 22530 718 48 - - mai-oct. - 10 €.* Plats typiques grecs et pâtisseries du jour composent des repas simples et savoureux. Légumes du potager attenant, poulet et agneau de la ferme familiale. Un cadre de rêve vous attend, avec une vaste terrasse dominant la campagne alentour et la mer.

Betty's – *Dir. le port puis la rue menant au marché - 22530 714 21 - - avr.-oct. - 15 €.* Avec ses grands encorbellements rouges vernissés, cette maison de sultan (1880), a fière allure. Steve et Betty l'ont patiemment restaurée avant d'y installer leur restaurant. Le chef sert des spécialités de poisson et de langouste. Grand choix de plats du jour, frais et savoureux, excellents *baklavas*.

Olive press – *Sur la plage - 22530 712 05/716 46/720 20 - - 15 €.* Dans une ancienne fabrique d'huile toute en brique, surmontée d'une belle cheminée, carte locale très diversifiée. Service souriant.

Sansibal – *Sur la rte menant au port - 22530 713 29 - - avr.-oct. - 18 € - réserv. conseillée.* Rafael Voulas et Eva Schneider ont inscrit sur leur carte des plats locaux revisités aussi délicieux que des mets d'inspirations plus lointaines : curry de poulet, gambas… Le décor de cette très belle demeure, deux fois centenaire, n'est pas en reste. Les nappes et les serviettes de tissu blanc complètent le raffinement du lieu. Aux beaux jours, n'hésitez pas à prendre place sur l'une des trois terrasses dominant la mer.

Vafios

BUDGET MOYEN

Taverne Vafios – *Sur la rte principale (entrée du village en venant de Molivos) - ✆ 22530 717 52 - www.taverna-vafios.gr* - CC - *20/25 €.* Considérée comme l'une des meilleures tables de la région, cette taverne est devenue une institution. Service impeccable et cuisine soignée. Succulentes spécialités de l'île : agneau cuit au four, accompagné de riz et de raisins. Huile d'olive maison et belle carte de vins grecs.

Petra

PREMIER PRIX

To Petri – *En venant de Kalloni, prendre une petite rte sur la droite à l'entrée de Petra puis poursuivre sur 5 km - ✆ 22530 412 39* - ⊬ - *comptez 15 €.* Avant de vous installer en terrasse, passage obligé en cuisine pour choisir des *mezzes*, les légumes farcis ou l'agneau au four sur riz à l'orange. Arrivez avant la nuit pour profiter de la splendide vue sur la baie de Petra.

BOIRE UN VERRE

Mytilène

Bon à savoir – Les étudiants et la jeunesse de Mytilène fréquentent assidûment les bars du port historique, le long du quai est.

Kampesos – *Sur le port historique (près de l'hôtel Sappho) - ✆ 22510 269 18 - ouvert jusqu'à minuit.* Une gourmandise à laquelle on succombe à toute heure : la *bougatsa* fourrée à la crème, irrésistible !

Molivos

Café Bazaar – *Avant d'arriver au port, sur la gauche.* C'est l'endroit idéal pour prendre un cocktail accompagné d'une crêpe, de *buritos* ou bien d'un curry, avant de terminer par un *cheese cake*.

EN SOIRÉE

Cinéma en plein air

À **Molivos** – *À l'entrée du village, près de l'office de tourisme - de fin juin à mi-sept. - séance vers 21h30 - 6 €.* Agréable cinéma présentant des films sous-titrés en anglais. L'office de tourisme en diffuse la programmation.

ACTIVITÉS

Plages

Lesbos n'est pas réputée pour ses plages. Quelques sites sont pourtant très agréables : la plage de **Skala Eresou** *(voir p. 440)* s'étend sur plusieurs kilomètres et, malgré l'affluence, il reste toujours de la place ; celle d'**Efthalou** *(voir p. 442)* se cache derrière des falaises ; celle de **Tsihliondas** *(voir p. 440)*, toujours déserte, n'est accessible que par un chemin non carrossable.

AGENDA

Festival d'été – *Se renseigner à l'office de tourisme.* De mi-juillet à fin août, dans la citadelle de Molivos. Chants, musique ou danse tous les week-ends vers 21h30.

Limnos

(Λήμνος)

★

16 376 habitants - Région d'Égée du Nord - Unité régionale de Limnos - 477 km²

NOS ADRESSES PAGE 455

S'INFORMER

Salle d'attente du débarcadère de Myrina – *À l'entrée - ouvert en sais. 8h-14h30, 18h-22h.* Brochures, informations et réservations. En cas de fermeture de la salle, quelques agences sur le port :
Pravlis Travel – *22540 224 71.*
Atzamis Travel – *22540 259 36.*
Site Internet – *www.limnos.gr (site officiel en anglais).*

SE REPÉRER

Carte de région 1 (p. 422) - Carte de l'île ci-contre.

À NE PAS MANQUER

Les sites néolithiques de Poliohni, hellénistiques d'Ifestia et de Kavirio ; le tour de l'île en voiture.

ORGANISER SON TEMPS

Comptez 3 jours de visite. Les bus étant peu nombreux, prévoyez un moyen de transport autonome.

Placide sentinelle gardant le détroit des Dardanelles, Limnos occupe une position stratégique, au croisement des routes maritimes qui sillonnent le nord de la mer Égée, à égale distance du mont Athos à l'ouest et des côtes turques à l'est. Le passage des avions de chasse de l'armée grecque et l'importance de la garnison stationnée sur l'île rappellent d'ailleurs cette réalité géopolitique… Mais le visage de Limnos demeure celui d'une île calme, sereine, escale idéale pour celui qui cherche une atmosphère reposante et authentique. Même en pleine saison, on peut s'y rendre sans craindre la foule, ce qui n'est pas courant dans les îles. La présence militaire a tenu Limnos à l'écart du boom touristique. Aujourd'hui, elle conserve un littoral préservé et un développement urbain maîtrisé. Un cadre de vie dont la tranquillité semble avoir déteint sur ses habitants, accueillants, au caractère doux et affable.

Se promener Carte de l'île ci-contre

Bon à savoir – Attention, si le soleil brille généreusement sur Limnos, un vent intense est fréquent (surtout en août).

Deux larges baies étranglent l'île. Au sud, le **golfe de Moudros** forme un immense port naturel, tandis qu'au nord s'ouvre la **baie de Pournias**, plus petite. De part et d'autre de ces anses bleues, Limnos révèle une surprenante diversité de paysages. Celui d'une côte tourmentée, d'abord : 260 km sculp-

tés de multiples criques sauvages et de pointes rocheuses, souvent difficiles d'accès par voie terrestre (notamment au nord), mais aussi, de petits ports de pêche et de plages de sable clair. Viennent ensuite les terres intérieures aux reliefs sages, à la douceur agreste : paysage lisse et homogène composé de larges plaines rendues à la nature, de collines veloutées d'arbustes, de bouquets de pins épars…

Limnos cache également quelques curieux écosystèmes : lacs et zones humides sur la côte est, désert miniature à la pointe sud-est, abritant une faune originale de flamants roses, d'oiseaux migrateurs, de cervidés…

Et comme pour faire écho à la nature, l'architecture de ses 31 villages montre la même variété de lignes et de décors, avec ses clochers, qui illustrent la tradition millénaire de la sculpture sur pierre.

★ MYRINA (MYPINA)

Bon à savoir – Myrina se développe sur deux baies, de part et d'autre du château qui occupe un promontoire. Au sud, le port d'où part la rue Karatza, en partie piétonne, qui relie le quartier de la baie nord, qu'elle longe parallèlement. Cette artère traverse notamment les places Ipsipilis et El. Venizelou. Elle est tangente à la rue Garofalidi.

HISTOIRE

D'origine volcanique, Limnos passait chez les Anciens pour être la demeure d'**Héphaïstos** (Vulcain), le dieu du Feu, où il avait ses forges. Protecteur de l'île, il aurait enseigné à ses premiers habitants l'art de travailler les métaux, artisanat qui perdure aujourd'hui.

L'Histoire se montre plus complexe. Elle débute au 5e millénaire av. J.-C., dans le village de Poliohni *(voir p. 452)*, fondé par des colons venus d'Asie Mineure, suivis bientôt par d'autres tribus préhelléniques. Passant de main en main au gré de ses nombreux envahisseurs, l'île devint la propriété des Athéniens en 512 av. J.-C. À partir du 4e s. av. J.-C., elle disposait d'un parlement et d'un sénat. Elle avait une vie politique dynamique à l'image d'Athènes. Jusqu'à l'avènement de Byzance, son sort dépendit essentiellement de celui de la capitale de l'Attique. Pendant les neuf siècles de l'**Empire byzantin**, Limnos servit de grenier à Constantinople (coton, blé, vin, miel) qui misait aussi beaucoup sur l'**importance stratégique de l'île** pour le contrôle des routes maritimes. Prospère et relativement sûre, Limnos intéressa aussi les monastères du mont Athos et de Patmos, dont les higoumènes acquirent de vastes propriétés. Comme les autres îles dans cette région de l'Égée, elle fut régulièrement disputée entre les Sarrasins, les Vénitiens, les Génois. Les Turcs, enfin, la prirent aux Vénitiens en 1478 pour la conserver jusqu'en 1948.

Installée sur la côte ouest, la capitale de l'île *(5 000 hab.)* est une agréable station balnéaire à échelle humaine. Elle a conservé son art de vivre et son charme d'antan. Il est agréable de se promener dans ses ruelles pavées, jalonnées de tavernes et de vieilles maisons de capitaines, ou de demeures traditionnelles aux balcons de bois.

★ Le kastro byzantin

Centre urbain dès les temps préhistoriques, la ville garde de son passé cette superbe citadelle *(entrée libre)*, crête de pierre grise hérissant l'imposant éperon rocheux planté en avant de la côte. Bâti à la fin du 12e s., le *kastro* fut remanié par les Vénitiens, les Génois et les Ottomans. Vision incongrue : quelques cerfs et biches, peu farouches, déambulent entre ses murs, accablés de chaleur. Depuis les remparts, la **vue★★★** sur la ville est superbe.

Côté sud, le petit **port de pêche** prolonge ses quais pittoresques jusqu'à l'agréable **plage de Maditos**, tandis qu'au nord s'alignent les élégantes façades néoclassiques des maisons de quelques riches armateurs ou émigrés d'Égypte, revenus dans leur île natale. Plus loin se succèdent encore les **plages de Romeïkos Gialos et Richa Nera★★** dont les eaux calmes, claires et peu profondes font un lieu de baignade idéal pour les enfants. Le tout plein ouest : couchers de soleil spectaculaires garantis. Au-delà, enfin, si le temps est clair, vous apercevrez, à l'horizon, la pointe sud du mont Athos.

Le Musée archéologique

Sur le front de mer, proche de la plage de Romeïkos - tlj sf lun. 8h30-15h - 2 €.

Il présente, avec pédagogie, des pièces provenant des nombreux sites archéologiques de l'île, fouillés par les Italiens (Myrina, Poliohni, Ifestia, Kavirio). Même si les plus belles sont à Athènes, la visite est pertinente : stèles funéraires, statues, objets de culte du sanctuaire des Cabires *(voir p. 453)*, poteries, figurines en terre cuite. Remarquez notamment les **lampes votives** en forme de sirènes (8e-6e s. av. J.-C.), ces créatures hybrides à tête humaine et au corps

Le port de Myrina.
G. Tsafos / Photononstop

d'oiseau de proie que craignaient tous les marins. La ville a ouvert au public, en complément, plusieurs zones de fouilles *(informations au musée)*.
À côté se trouve le **Musée ecclésiastique** *(lun.-vend. 9h-13h - gratuit)*. Pour les férus d'art religieux : icônes byzantines, vêtements liturgiques, livres et objets sacrés…

Les environs de Myrina

Par la route côtière qui file vers le nord *(à moins de 2 km)*, on rejoint les ruines du **sanctuaire d'Artémis Selem★** – la patronne de Myrina. Construit au 7e s. av. J.-C., ce dernier se cache à présent à l'intérieur du **Portomyrina Palace**, qui lui sert d'écrin ; l'occasion de prendre un verre au bar de ce luxueux hôtel.
Poussez encore un peu plus au nord, jusqu'au village perché de **Kaspakas★**. Il présente un ravissant dédale de ruelles dévalant en pentes raides le flanc abrupt de la montagne. Une route escarpée descend à la **baie Agios Ioanis★**, anse paisible, ourlée de quelques jolies plages.
Au sud-est de Myrina, d'autres **plages** s'égrènent pour les amateurs de *farniente*. Celle de **Plati**, d'abord, particulièrement aménagée *(tavernes, hôtels, sports nautiques)*, est appréciée pour ses espaces ombragés. L'autre côté du cap Tigani cache la petite plage de **Thanos** ; puis vient la baie de Pavlos et sa très populaire **plage de Nevgatis**, magnifique croissant de sable de 2 km.

QUERELLES DE FEMMES

Mariée contre sa volonté au dieu forgeron **Héphaïstos**, la belle **Aphrodite** n'apprécia guère que les femmes de Limnos condamnent ses infidélités conjugales. Elle les punit en les affligeant d'une odeur nauséabonde qui fit fuir illico leurs maris. De rage, les épouses rejetées se débarrassèrent de leurs conjoints en les jetant à l'eau ! Mais la mythologie fait bien les choses : une escale des Argonautes permit heureusement de repeupler l'île…

LA BATAILLE DES DARDANELLES

En 1915, **Churchill**, Premier lord de l'Amirauté britannique, imposa l'idée d'une expédition navale franco-britannique dans les Dardanelles, afin d'ouvrir une voie de communication vers la Russie. Après un débarquement couronné de succès (25 février), près d'un tiers de la flotte fut détruit par des mines flottantes, lors de l'attaque navale du 18 mars. D'avril à août, les Alliés tentèrent une série d'opérations terrestres dans la presqu'île de Gallipoli et sur la côte asiatique. En vain. Ils furent repoussés par les Turcs que commandaient le général allemand Liman von Sanders et Mustafa Kemal, le futur Atatürk. Fin août, les Alliés abandonnèrent les opérations et, en décembre, ils sonnèrent la retraite, sans avoir pu établir aucun lien avec la Russie. Ils laissèrent derrière eux plus de 100 000 morts (Britanniques, Français, Indiens, Australiens et Néo-Zélandais). Pour rien.

★★ L'île d'Agios Efstratios (Αγιοσ Ευστρατιοσ)

Liaisons en caïque (4-5/sem.) au départ de Myrina, 3h30 env. de trajet. Se renseigner auprès d'une agence de voyages sur le port (voir p. 448).

À 33,5 km environ au sud de Limnos, cette petite île, dont une large partie appartient au mont Athos, porte le nom du saint missionnaire qui y prêcha. L'accès à la plupart des magnifiques **plages de sable**★★ aux eaux claires se fait par bateau, préservant une nature intacte, sans route asphaltée. Tout invite à une délicieuse escapade ponctuée de baignades et de **randonnées**. À peine 300 âmes vivent encore sur cette île qui connut un violent tremblement de terre en 1968. Nombre de chambres sont à louer en saison.

★ LE GOLFE DE MOUDROS (ΟΡΜΟΣ ΜΟΥΡΟΥ)

À partir de Myrina, vous pouvez rejoindre le golfe de Moudros par la côte sud : la route sinue entre mer et collines, dans un beau décor de courbes et de plaines semées d'orge et de blé, ondoyant comme un velours sous le soleil. Village aux maisons d'armateurs typiques du style local, **Kondias** mène également à la superbe **plage de Diapori**★, lovée au fond d'une baie.

Non loin du village abandonné de Palio Pedino se cache le port de pêcheurs d'éponges de **Nea Koutali** aux plages quasiment désertes.

Au-delà, la route débouche sur le golfe de Moudros, embrassant son immense nappe bleue. Du village de **Kalithea**, le **panorama** est splendide. Durant la Première Guerre mondiale, le golfe de Moudros joua un rôle important dans le cadre des opérations alliées dans les Dardanelles (1914-1916) : offrant un excellent mouillage, il se transforma en une gigantesque base navale, abritant jusqu'à 500 bateaux. Les nombreuses victimes de la tragique bataille des Dardanelles *(voir encadré ci-dessus)* sont enterrées dans le **cimetière des Alliés**, un peu à l'est de la ville *(panneaux indicateurs)*.

Centre économique de la partie orientale de l'île, la petite ville de **Moudros** est aussi le camp de base des pêcheurs d'éponges. Aux alentours, vous pourrez profiter des agréables plages de sable, notamment celle de **Fanaraki**.

★ POLIOHNI (ΠΟΛΙΟΧΝΗ)

Comptez 30mn. Tlj sf lun. 8h30-15h - gratuit.

Derrière l'accueil se trouve une petite salle exposant une belle maquette du site, illustrée de nombreuses explications en grec et en anglais.

Au bord de l'eau, dans un beau cadre sauvage, une **cité préhistorique** fut mise au jour par les archéologues italiens. Poliohni compte en effet parmi les plus vieilles communautés organisées d'Europe, plus ancienne encore que la légendaire Troie, dont les ruines se trouvent juste en face de Limnos, sur la côte turque, à peu de distance du détroit des Dardanelles. L'histoire de Poliohni n'est d'ailleurs pas sans similitude avec sa voisine d'Asie Mineure et, comme l'archéologue allemand Schliemann à Troie, un fabuleux trésor constitué de bijoux en or, de même facture, fut découvert ici. Fondée au néolithique ancien (5000-4000 av. J.-C.), la cité regroupait à l'origine quelques huttes de grandes dimensions. Puis, elle s'organisa en un véritable centre urbain, florissant à partir du début de l'âge du bronze (4000-2000 av. J.-C.) grâce à l'industrie du cuivre et au contrôle du commerce en mer Égée. Brutalement détruite par un tremblement de terre vers 1200 av. J.-C., la cité fortifiée fut alors abandonnée.
Bien sûr, les ruines ne sont pas très éloquentes, quoique le site soit fort bien restauré ; mais, amateur ou non d'archéologie, on ne peut qu'être ému devant les vestiges d'une époque si reculée. Elles révèlent une organisation sociale démocratique en place dès les temps préhistoriques : outre de nombreuses maisons en pierre, agencées de part et d'autre d'une rue et d'une place dotée d'un puits, on distingue nettement le rectangle du **bouleuterion**, la chambre du Conseil. Remarquez aussi le vaste **grenier à céréales** et les murs arasés des puissantes **fortifications**.
De Poliohni, si vous poursuivez vers la pointe sud de l'île, en direction du **monastère Agios Sozon** *(fête patronale le 7 septembre)*, vous pénétrerez dans un étrange paysage désertique constitué de dunes de sable. L'endroit mérite son surnom : le « **Sahara de Limnos** ».

LA BAIE DE POURNIA (ΚΟΛΠΟΣ ΠΟΥΡΝΙΑΣ)

Passez l'aéroport et prenez la direction du nord-est de l'île. Juste après Kondopouli, prenez la piste (carrossable) de 5 km qui file au milieu des chardons bleus (indications), pour rejoindre Ifestia, à 42 km de Myrina.

★ Ifestia (Hephaisteia - Ηφαιστία)

Tlj sf lun. 8h30-15h - gratuit.
Juchée sur un petit cap cerné par la mer, cette cité antique emprunte son nom à Héphaïstos, à qui elle était dédiée. Fondée par les **Pélasges** (précédant les Achéens), elle prospéra à partir du 1er millénaire av. J.-C., atteignant son apogée entre les 6e et 4e s. avant notre ère. Détruite par les Perses en 511 av. J.-C., elle fut reconstruite par les Athéniens et s'afficha comme le centre économique de l'île jusqu'au 11e s.
Ce vaste site donne une idée de l'importance de la ville. Et encore, bien des zones restent à mettre au jour. D'où cette agréable impression d'en être soi-même le découvreur, d'autant que les visiteurs sont assez rares. Bien abrité du vent, un **théâtre** d'époque hellénistique *(particulièrement en ruine)* s'adosse au flanc de la colline. De ses gradins, prenez le temps de contempler le **panorama★**. Vous verrez aussi les modestes restes d'un **temple** consacré à Artémis, et au sud-ouest, ceux d'une **nécropole**.
Reprenez la rte de Kondopouli, tournez à gauche en dir. d'Agios Alexandros (à 5 km). Au village, une piste part sur la gauche vers la mer (3 km) en passant par Kavirio.

★ Kavirio, le sanctuaire des Cabires (Καβείριο)

Tlj sf lun. 8h30-15h - gratuit.
De même que le temple d'Artémis, érigé à l'extérieur de Myrina, le sanctuaire des Cabires, qui se rattache à Ifestia, est éloigné de quelques kilomètres *(au*

5

LES MYSTÈRES DES CABIRES

Jusqu'à l'aube de l'ère chrétienne, le sanctuaire des Cabires – divinités agrestes protégeant les paysans et les marins – abrita des rites secrets liés à la fertilité et au culte d'Héphaïstos. Des célébrations nocturnes se tenaient dans une forêt proche du temple, où se réunissaient les initiés, tous parés d'une couronne d'olivier et d'un ruban rouge, symbole de courage. Une fois l'an, les habitants de Limnos éteignaient tous les foyers de l'île et envoyaient un bateau à Délos, à la source de la lumière sacrée. Tandis que les prêtres, installés dans la grotte de Philoctète, invoquaient les dieux dans une langue ésotérique, toutes les activités de l'île devaient cesser jusqu'au retour du bateau ramenant la flamme divine, symbole de la renaissance de la vie terrestre. Ce jour de « printemps » donnait lieu à une grande célébration.

nord-est). C'est sans doute pour lui réserver l'un des plus beaux sites de l'île, comme les anciens savaient les choisir : isolées au bout du **cap Chloé★★**, les ruines occupent un promontoire rocheux dominant les flots, offrant un magnifique **point de vue★★** sur l'Égée. C'est d'ailleurs tout l'intérêt du site, les vestiges étant plutôt maigres, mis à part la belle esplanade du **temple**, dont le vaste rectangle jalonné de fûts de colonnes surplombe la mer.

D'époque hellénistique, ce sanctuaire aurait été fondé par Séleucos, lieutenant d'Alexandre le Grand, pour faire ombrage au fameux *cabirion* de l'île de Samothrace, située à 50 km au nord de Limnos. Un mur, aujourd'hui disparu, se dressait côté terre, réservant le sanctuaire aux seuls initiés.

En contrebas s'ouvre la **grotte de Philoctète**, qui doit son nom à l'archer grec, mordu par un serpent sacré. Ses compagnons, tout à leur expédition contre Troie, le mirent à l'abri dans l'espoir qu'il guérisse. Un oracle avait en effet prédit que Troie tomberait si Philoctète combattait avec les armes d'Hercule. Ce qu'il fit avec succès, une fois rétabli, en tuant notamment Pâris, le fils du roi Priam.

Revenez sur la route de Kondopouli, et poursuivez vers l'ouest, le long de la baie de Pournias.

De retour vers Myrina, vous pouvez faire une halte-baignade depuis la **plage de Kotsinas**, aux eaux peu profondes. Lovée au creux de la baie, elle jouxte le village du même nom conservant d'importants vestiges d'une **cité byzantine**. La fameuse « terre de Limnos », une épaisse argile dotée selon les anciens de nombreuses vertus médicinales (problèmes intestinaux, ulcères, infections diverses, antipoison, etc.) – à laquelle Philoctète dut sa guérison –, provient d'une colline voisine.

Vous pouvez aussi profiter de la **plage de Kéros**, au sud-est, très appréciée des véliplanchistes. Elle borde une plaine humide semée de lacs et de marécages, où s'étalent notamment les eaux étranges du **lac Hortarolimni**, aux teintes roses et brunes. Plus au nord, le **lac Aliki** attire nombre d'oiseaux, des espèces parfois rares, dont des flamants roses.

NOS ADRESSES SUR L'ÎLE DE LIMNOS

INFORMATIONS UTILES

Banque
Deux distributeurs à la sortie du débarcadère dans la salle d'attente. Agences concentrées autour de la place Ipsipilis.

Poste
Poste centrale – *R. Garofalidi.*

Téléphone
OTE – *Pl. Ipsipilis.*

Sécurité
Police – *✆ 22540 222 00.*

Santé
Hôpital de Myrina – *✆ 22540 820 00*, urgences : *✆ 22543 504 00.*
Hôpitaux – *✆ 106 (permanences).*

Internet
Excite Club – *Sur le port.*

Laverie
Laverie automatique – *R. Garofalidi.*

ARRIVER / PARTIR

En avion
Aéroport – *22 km à l'est de Myrina.* Liaisons avec **Athènes** *(2-3/j. - 65 € env.)*, **Mytilène** *(4-5/sem. - 30 € env.)*, **Chios** *(2/sem. - env 40 €.)*, **Samos** *(2/sem.)* et **Rhodes** *(5/sem.)*.
Olympic Air – *R. Garofalidi (derrière la pl. Ipsipilis), à Myrina - ✆ 22540 220 78, réserv. ✆ 21035 505 00 - www.olympicair.com.*

En bateau
En ferry, liaisons avec **Le Pirée** *(1-2/sem.)*, **Lavrio** *(2-3/sem.)*, **Lesbos** *(5-6/sem., 5h env. de trajet)*, **Chios** *(5-6/sem., 9h env.)*, **Samos** *(2/sem.)*, **Kalymnos** *(1/sem.)*, **Kos** *(1/sem.)* et **Rhodes** *(1/sem.)*.
Conseil – La fréquence des bateaux étant variable, renseignez-vous dans les agences ou sur le site : **www.gtp.gr**.
Capitainerie – *Sortie du débarcadère - ✆ 22540 222 25.*

TRANSPORTS

En bus
Station de Myrina – *Pl. El. Venizelou - ✆ 22540 224 64.* Liaisons avec **Plati** *(2/j.)*, **Moudros** *(4/j.)*, **Kaminia** *(2/j.)* et **Agios Alexandros** *(2/j)*. Pas de bus le dimanche.

En taxi
Station centrale de Myrina – *Pl. Ipsipilis - ✆ 22540 238 20.* Comptez 5 € pour **Plati**, 16 € pour l'**aéroport** et 20 € pour **Moudros**.

En voiture
Myrina – *Agences concentrées autour du port.* Le meilleur moyen de se déplacer sur l'île.

À deux-roues
Myrina – *Agences concentrées autour du port.* Une bonne solution pour les petits trajets dans la région de Myrina.

HÉBERGEMENT

Myrina

PREMIER PRIX

O Tsolakis – *Derrière la baie nord - ✆ 22540 221 97 - 5 ch. 35 €.* Dans une ruelle silencieuse à 50 m de la plage de Myrina, des studios simples, aménagés dans un édifice de caractère.

BUDGET MOYEN

Poseidon – *À l'extrémité de la plage de Romeïkos Gialos, 50 m en retrait - ✆ 22540 248 21 ou 69449 196 64 - www.poseidonlemnos.gr - 20 ch. 65 €.* En lisière de la ville, un hôtel soigné et confortable, distribué autour d'une vaste cour intérieure. Les chambres, spacieuses et bien agencées, sont équipées d'un réfrigérateur. Elles ont toutes un balcon, certains tournés vers la mer. La plage est à 50 m.

Apollo Pavilion – *R. Garofalidi (derrière le cinéma) - ✆ 22540 237 12 - www.apollopavilion.gr - - 9 ch. : 60 €, 2 suites (pour 5 pers.) : 80 €* . Avec ses colonnes en façade, ses moulures au plafond et ses rambardes aux cygnes en fer forgé, l'Apollo affiche un caractère kitsch. Grande terrasse sur le toit au-dessus de la cité, face au château. Lucy et Nikos bichonnent leurs clients. Cave à vins ouverte aux dégustations conviviales.

POUR SE FAIRE PLAISIR

Arxontiko – *Ruelle entre la plage et la r. Karatza - ✆ 22540 298 00 - www.arxontikohotel.gr - CC - 14 ch. 84 €* . Un vieil édifice à encorbellement, rénové avec soin. Bel escalier vernissé. Chambres de caractère parfaitement tenues, où dominent le bois et la pierre.

Agios Ioanis

BUDGET MOYEN

Sunset – *À 30 m au-dessus de la rte principale - ✆ 22540 615 55 - www.sunsetapartments.gr - ouvert juin-sept. - - 14 appart. 65 €.* Le Sunset bénéficie d'un magnifique panorama sur la plage d'Agios Ioanis, les falaises et les collines alentour. Quelques studios au-dessus des vignes. Petit-déjeuner non compris mais possible, à prendre sur la terrasse abritée.

Plati

Bon à savoir – Outre un grand complexe au sud de la plage, Plati compte des chambres à louer et des pensions face à la mer. Dans le village perché, vous trouverez d'autres locations. Renseignez-vous dans les tavernes, notamment dans celle de « Zimbabwe ».

BUDGET MOYEN

Plati Beach Hotel – *Sur la plage - ✆ 22540 235 83 ou 69764 837 88 - www.platybeach.com - - 18 ch. 70 €* . Le seul hôtel au bord de l'eau. Chambres avec balcon. Transats et parasols à disposition, sports nautiques (ski, banane, etc.). Bar de plage ombragé.

Thanos

BUDGET MOYEN

Petradi – *Sur la plage - ✆ 22540 242 78/ 221 75 ou 69749 750 99 - www.petradistudios.gr - de mi-mai à fin sept. - - 12 appart. 60 €.* Un petit établissement isolé au bout de la plage, à proximité du promontoire et d'un étang fréquenté par quelques grues. Studios propres avec balcon, pour profiter du coucher de soleil.

Kotsinas

PREMIER PRIX

Dionysos – *Sur le chemin longeant la chapelle - ✆ 22540 416 60 ou 69362 065 13 - de déb. juin à fin oct. - - 9 ch. 50 €.* Une petite résidence perdue au milieu des champs, à deux pas de la plage. Calme absolu, seuls murmures : le vent et la Grande Bleue. Vue sur la chapelle et la mer. Accueil simple, chaleureux de Stella et Tetradis, apiculteurs.

Kaminia

PREMIER PRIX

Ioannis Palamidas – *À l'entrée du village - ✆ 22540 913 55/916 55 - - 5 studios (pour 3 pers.) 25 €.* Ici, pas de vue, mais de vastes studios, dont deux sous le toit. Idéal pour une excursion au site de Poliohni *(à 30mn env. de marche).*

RESTAURATION

Myrina

PREMIER PRIX

Platanos – *R. Karatza (50 m de la pl. Ipsipilis) - ✆ 22540 220 70 - ⊭ - 15 €.* Impossible de manquer les deux grands platanes qui donnent son nom à l'établissement : ils ombragent la rue principale de Myrina. Une savoureuse cuisine à base de viande mijotée.

Glaros – *Sur le port - ✆ 22540 222 20 - de mi-avr. à fin nov. - CC - 16 €.* Un magnifique emplacement entre le petit port des pêcheurs et l'anse principale. Terrasse isolée, à l'arrière. Restaurant de poisson réputé : bar, dorade, sar, maquereau, rouget, gambas, langouste, etc.

Zefiros – *Ruelle tangente à la r. Karatza, près de Platanos - ✆ 22540 221 80 - le soir - CC - 15/23 € selon le menu.* Vaste choix de viandes arrosées de sauces au marsala, au vin de Madère, etc.

Kotsinas

PREMIER PRIX

Corali – *✆ 22540 412 49 - ⊭ - 12 €.* Une longue terrasse lambrissée, abritée, face au petit port de pêche. Georges pêche une partie des poissons proposés ici.

ACHATS

Spécialités culinaires

Profitez des gourmandises de Limnos : **retsina**, **confiture de figues**, miel de thym du village de Skandali, fromages de Kalathaki et Melihloro, **vin blanc** de Kalambaki.

EN SOIRÉE

Myrina

Karagiozis – *Sur la plage.* Le dernier bar de la plage Romeïkos Gialos. Trois atmosphères différentes : la salle du comptoir où un DJ déchaîne la foule ; la salle de l'entrée tout en bois, plus au calme ; la terrasse devant la plage, avec vue sur le château, éclairé de nuit. Boissons chaudes et vaste choix de whiskies.

ACTIVITÉS

Plages

Les plus belles plages se concentrent sur la côte ouest et sud-ouest de l'île : **Agios Ioanis**, **Thanos**, **Nevgatis**.
Pour les amateurs de plages désertes, ne manquez pas celles de **Fanaraki** et de **Fourni**.

Samos

(Σάμος)

★

30 101 habitants - Région d'Égée du Nord - Unité régionale de Samos - 477 km²

NOS ADRESSES PAGE 463

S'INFORMER
EOT de Vathi – *Au nord de la pl. Pythagorios - 22730 285 82 - www.vathi.gr.*
Sites internet – *www.samos.net et www.samos.gr (site officiel en anglais).*

SE REPÉRER
Carte de région 2 (p. 422) - Carte de l'île p. 461.

À NE PAS MANQUER
L'Heraion, l'un des plus anciens temples de Grèce ; déguster le vin de Samos, un savoureux muscat.

ORGANISER SON TEMPS
Comptez 4 jours de visite.

Quoique modeste par sa taille, l'île de Samos peut s'enorgueillir d'une vaste palette de paysages. Au nord, à l'intérieur des terres, de hautes collines cachent dans leurs replis des hameaux de pierre cernés de vignes, tandis que pins et garrigues exhalent un parfum ambré, perceptible jusque dans le vin, le très apprécié muscat de Samos. Au sud, le vent balaie les hautes herbes des plaines qui rappellerait plutôt les steppes d'Anatolie si la mer Égée n'y apportait le vent du large, car les flots ne sont jamais loin. Falaises de craie et criques de galets se succèdent sur la côte entre les trois ports de l'île, ses principales villes : Karlovasi l'industrieuse ; Vathi, la belle endormie ; Pythagorio où bars et discothèques célèbrent le culte de l'été et des vacances. À seulement quelques kilomètres de là, un sanctuaire érigé il y a vingt-sept siècles baigne dans le silence : le temple d'Héra est l'un des plus vieux et des plus grands ouvrages de la Grèce antique. Ses vestiges, énormes blocs de marbre, témoignent encore de sa démesure.

Circuits conseillés Carte de l'île p. 461

LA CÔTE SUD

Circuit tracé sur la carte p. 461.
Elle concentre les plus intéressants vestiges antiques, témoins de l'âge d'or de Samos.

★ Pythagorio (Πυθαγόριον)

Bâtie sur les ruines de l'antique ville de Samos, Pythagorio surpasse Vathi par son affluence touristique.

M. David / Author's Image / Photononstop

Dans **le port**, au sud, la jetée repose toujours sur un môle construit à l'initiative de Polycrate, tandis qu'un ruban ininterrompu de terrasses de bars, éclairées le soir d'une lumière violette, occupe les quais.
Du centre part la rue principale, **odos Logothetis**, pour rejoindre le minuscule centre-ville constitué d'une succession de boutiques de souvenirs et d'agences de location de véhicules.
Montez vers le centre. Tournez à gauche dans la rue Metamorfosis Sotiros.
Au milieu d'une esplanade surélevée se déploient les rondeurs blanches et bleues de l'imposante **église de la Transfiguration** *(Metamorfosis)*. Elle jouxte le **fort de Likourgos Logothetis**, cube de grosses pierres ocre juché sur une colline, regardant les côtes orientales. On imagine le monarque stratège, contemplant sa victoire sur les Turcs (1824) du haut de l'élégante tour du fort, dominant l'agréable **plage** ombragée de tamaris qui se déroule en contrebas.
À la sortie de Pythagorio, à l'embranchement, prenez la direction de Vathi (Samos). La route grimpe. Trois virages plus loin, arrêtez-vous à gauche sur le parking.

Le tunnel d'Eupalinos (Efpalínion órygma) (Ευπαλίνιον όρυγμα)

1,5 km au nord-ouest de Pythagorio - ✆ 22730 614 00 - 13h30-20h, mar.-dim. 8h-20h - 3 €.
Selon Hérodote, l'ouvrage fut « une merveille de son temps ». Commande de Polycrate, cet **aqueduc** long de 1 350 m *(on n'en visite qu'une petite partie, d'env. 50 m)* permettait de ravitailler l'antique ville de Samos en eau douce : un cours d'eau important qui passait au nord de l'île était détourné. Sa construction s'acheva en 524 av. J.-C. Deux trouées avancèrent simultanément pour se rejoindre, dit-on, avec seulement quelques pieds d'écart, révélant la précision des plans de l'architecte Eupalinos de Mégare.
On entre dans le tunnel par une petite maison blanche accrochée au flanc du **mont Kastri**. Au sol,un escalier abrupt plonge dans l'étroit boyau creusé à même la roche. Tout le long, une grille permet de voir, en contrebas, un

$AB^2 + BC^2 = AC^2$

Le village de Pythagorio doit son nom à **Pythagore**, éminent mathématicien, qui y serait né vers 580 av. J.-C. Nous lui devons le fameux théorème – rappelons-le : « Le carré de l'hypoténuse d'un triangle rectangle est égal à la somme des carrés des deux autres côtés. » Limpide, n'est-ce pas ? Le personnage, lui, paraît plus obscur : ayant consacré une partie de sa vie au mysticisme, il croyait en la réincarnation et en la « métempsycose » ou transmigration des âmes. Scientifique ?

conduit sombre : c'est l'aqueduc proprement dit. Le tunnel, lui, servait de refuge aux habitants en cas d'attaque venant de la côte.

Redescendez vers Pythagorio, et à l'embranchement prenez vers l'ouest, la route en direction de l'aéroport et d'Ireo.

★ L'Heraion (Ιραίο)

8 km à l'ouest de Pythagorio - ✆ 22730 952 77 - tlj sf lun. 8h30-15h - 3 €.

Tournez à gauche, 1 km avant le village d'Ireo. Un panneau jaune indique le site (les bus s'arrêtent à cet embranchement). 800 m plus loin, un portail rouillé s'ouvre sur une plaine ourlée au loin par la silhouette des montagnes pelées.

À gauche en entrant, des blocs de marbre délimitent au sol un **gigantesque rectangle**. C'est tout ce qui reste du dernier temple d'Héra, dédié à la déesse de la Fécondité qui, selon le mythe, naquit à Samos. Plusieurs sanctuaires se sont succédé au même emplacement.

Le premier, du 7e s. av. J.-C., est le plus ancien temple grec connu. Le dernier, construit par Polycrate à la fin du 6e s., supplanta largement les précédents par ses dimensions : 108,6 m de long sur 55,1 m de large (deux fois les dimensions du Parthénon). Cerné par trois rangées de colonnes, 155 au total, dont une seule est encore debout, il protégeait une haute statue de la déesse *(aujourd'hui conservée au musée du Louvre)*. L'ordre ionien, dont l'île est le berceau (avec Éphèse, sur la côte turque), atteignit ici son apogée et ses limites.

ENTRE ORIENT ET OCCIDENT

Peuplée d'Ioniens venus du continent, l'île connaît son âge d'or au milieu du 6e s. av. J.-C. avec le tyran éclairé **Polycrate**. Ami des poètes Anacréon et Ibycus, le monarque encourage la création intellectuelle et artistique. On lui doit l'édification de l'audacieux temple d'Héra et du surprenant tunnel d'Eupalinos, deux œuvres qui feront figure de modèles. Entre Orient et Occident, Samos s'affiche également comme une puissance navale et commerciale. Une situation stratégique de choix, qui la placera bien vite au cœur des conflits. L'île passe de main en main jusqu'en 440 où, par la « révolte de Samos », elle tente de proclamer son autonomie. Une attitude fort mal appréciée de Périclès, qui se déplacera en personne pour soumettre l'île, au terme d'un terrible siège.

Chaque nouvel occupant impose son identité : au 4e s. av. J.-C, s'y installent des colons athéniens, les **clérouques**, que les Ottomans chasseront au 15e s. pour s'établir à leur place, poussant certains habitants à s'exiler à Lesbos ou à Chios. En 1821, les Samiens rejoignent le mouvement national de libération mené par Likourgos Logothetis, véritable figure de héros. En 1824, la flotte turque est vaincue au large de Pythagorio et, en 1913, l'île rejoint la nation grecque.

La construction se poursuivit jusqu'au 3e s. av. J.-C., mais l'ouvrage ne reçut vraisemblablement jamais sa toiture.

À l'autre extrémité du temple, vers la gauche, **trois korês★** sans tête s'alignent sur fond de roseaux *(les originales sont conservées au musée de Vathi)*. Elles ouvraient la **voie sacrée** qui reliait le sanctuaire à l'antique cité de Samos.

LA CÔTE NORD

Circuit tracé sur la carte ci-dessus.

Les paysages sont radicalement différents de ceux de la côte sud : les versants sont escarpés et verdoyants, plantés de milliers de cyprès.

★ Vathi (Βαθη)

L'arrivée en bateau offre le meilleur point de vue sur la ville *(également appelée Samos)* et ses maisons de couleurs claires, grecques ou ottomanes, qui se déploient en croissant sur les pentes d'une cuvette naturelle. Depuis les hauteurs, on assiste à un splendide spectacle : les demeures, qui tapissent le versant opposé, accrochent les lumières du couchant, s'empourprant les unes après les autres, dans un féerique **panorama★★**.

De là, les ruelles descendent presque à pic vers le port et sa petite étendue d'eau. Il fait bon flâner sur la **promenade★** des quais. À l'extrémité nord, la capitainerie jouxte une taverne fréquentée par les vieux Grecs, surtout à l'heure où débarquent les touristes.

Plus loin se dresse l'**église catholique** *(300 m plus au sud)*, gros gâteau baroque de couleur ocre, visible du large. La promenade longe ensuite la **platia Pithagora**, défendue par un lion de marbre, symbole du courage samien.

Cent mètres plus loin, on rejoint les **jardins municipaux★**, qui accueillent le café en plein air le plus agréable de la ville. Le matin, les habitants s'y retrouvent, sous les palmiers, profitant de la fraîcheur de la fontaine pour observer l'agitation du marché *(au pied de l'église orthodoxe)* et la sortie de la messe.

De l'autre côté des jardins *(angle nord-est)* se trouve la mairie avec sa façade blanche néoclassique. Sur la place, à sa gauche, ne manquez pas le **Musée archéologique★** *(tlj sf lun. 8h30-15h - 3 €)*, remarquable, qui recèle les plus beaux vestiges du temple d'Héra. Sa visite constitue une excellente introduction à la découverte du site, au sud de l'île. On débute par le bâtiment moderne, où se dressent plusieurs **korês** en marbre datées du 6e s. av. J.-C. Dans la deuxième salle, un **groupe de trois personnages** du sculpteur samien Geneleos se tenait à l'origine à l'entrée de la voie royale de l'Heraion. La salle suivante débouche sur une petite butte d'où l'on peut admirer un gigantesque **kouros** de marbre, haut de 4,75 m. Les historiens restent partagés : s'agit-il de la représentation d'Apollon, d'un demi-dieu ou bien d'un humain idéal, serviteur de la déesse ?

De plages en villages

À la sortie de Vathi, prenez la direction de Karlovasi, à l'ouest.

La route longe une falaise surplombant la mer, jusqu'à **Kokkari** *(10 km de Vathi)*, village de pêcheurs qui a conservé quelques charmantes maisons en pierre. Sa longue plage de galets, bordée de restaurants, de boutiques de souvenirs et d'agences de location de deux-roues, justifie-t-elle sa popularité auprès des nombreux touristes ?

Préférez-lui la **plage d'Avlakia★** *(3 km plus loin sur la même rte, indiquée sur la rte par un panneau)* au cadre idyllique empreint de quiétude, avec ses deux criques rocheuses encaissées, **Tsamadou★** et **Lemonakia**.

Prenez à gauche à l'embranchement, tout de suite après Avlakia. En s'éloignant de la côte, la route grimpe en lacets serrés et l'air se rafraîchit à l'ombre des pins.

Perché dans les collines, **Vourliotes★** *(4 km au sud d'Avlakia)* ressemble à un nid d'aigle. Ce village, où l'on perpétue une longue tradition viticole, est l'un des plus pittoresques de l'île. La rue principale joue les montagnes russes, et les volets de bois entrouverts dévoilent çà et là un intérieur étroit, refuge d'une honorable grand-mère. Même les murs des maisons, aux **encorbellements★** ottomans, sont de guingois ! Quant à la place centrale, elle offre une vue réjouissante : outre ses quatre terrasses de restaurants aux chaises colorées, ombragées d'épais platanes, elle occupe une surface plane… la seule du village.

En continuant cette route, qui poursuit son ascension, appréciez la jolie promenade jusqu'au **monastère Vrondiani** *(indiqué à partir de Vourliotes, 3 km plus loin)*, le plus ancien de Samos (1476). Ses murs blancs surgissent entre deux collines où poussent figuiers et mûriers. Un antique portail de bois s'ouvre sous le campanile, et sous le porche frais pendent d'anciennes robes de bure. Au centre de la cour écrasée de soleil trône l'**église** principale, tandis que tout autour dort une curieuse collection d'outils rouillés, posés sur des billots de bois peints à la chaux.

Rebroussez chemin pour regagner la côte. Là, prenez à gauche, direction Karlovasi.

Authentique village de pêcheurs, **Agios Konstantinos★** cache son unique rangée d'habitations entre le front de mer et une dense forêt de pins. C'est au bord de l'eau que vous vous imprégnerez le mieux de son charme. Les volets colorés des maisons en pierres grises s'ouvrent directement sur la plage de galets et sur le **port★**, modeste refuge d'embarcations tout aussi humbles. De là, le poisson frais rejoint tous les soirs les cuisines. Le facteur, lui, ne passe qu'une fois par semaine.

NOS ADRESSES À SAMOS

INFORMATIONS UTILES

Banque
À **Pythagorio** – *Plusieurs banques r. Logothetis.*
À **Vathi** – *Distributeurs sur la baie.*

Poste
À **Pythagorio** – *R. Logothetis, près de la station de bus.*
À **Vathi** – *Sur la baie, dir. Karlovasi.*

Police touristique
Vathi – *℘ 22730 873 44 ou 22730 221 00.*

Santé
Hôpital de Samos – *℘ 22730 831 00.*
Hôpital de Karlovassi – *℘ 22730 322 22.*
Premiers secours à Pythagorion – *℘ 22730 611 11.*
Hôpitaux – *℘ 106 (permanences).*

Représentation diplomatique
France – *3 r. Gymnasiarchou Katevaini, à Vathi - ℘ 22730 277 93 - kollar.55@otenet.gr.*

Internet
Pythagorio – *Digital World, à 10 m de la r. Logothetis (tangente).*

Laverie
Pythagorio – *Rte de Vathi (hôtel Helena).*
Vathi – *R. Logothetis (derrière l'hôtel Aeolis).*

ARRIVER / PARTIR

En avion
Aéroport – *4 km à l'ouest de Pythagorio - ℘ 22730 878 00/ 612 22.* Liaisons avec **Athènes** *(7/j. en saison, 4/j. hors saison - à partir de 35 €)*, **Chios** *(1/sem. - 29 € env.)*, **Lesbos** *(2/sem. - 40 € env.)*, **Limnos** *(2/sem. - 40 € env.)* et **Rhodes** *(2/sem.)*.
Olympic Air – *À Vathi, r. Kanari, parallèle à la baie, près de la station de bus - ℘ 22730 272 37, réserv. ℘ 21035 505 00 - www.olympicair.com.*
Aegean Airlines – À l'aéroport - *℘ 22730 627 90, réserv. ℘ 80111 200 00 (à partir d'un téléphone portable étranger : ℘ +30 21062 610 00) - www.aegeanair.com.*

En bateau
En ferry, au départ de Pythagorio, liaisons avec **Kalymnos** *(3/sem.)*, **Patmos** *(3/sem.)* et **Le Pirée** *(1/j.)*. Au départ de Vathi, liaisons en ferry avec **Chios** *(3/sem., 4h env. de trajet)*, **Lesbos** *(2/sem.)*, **Limnos** *(2/sem.)*, **Rhodes** *(1/sem.)*, **Kos** *(1/sem.)* et **Le Pirée** *(1-2/j.)*, *via* **Karlovasi** *(escale obligatoire)*, **Mykonos** *(4/sem.)*, **Naxos** *(2/sem.)*, **Paros** *(2/sem.)* et **Syros** *(6/sem.)*. La fréquence des bateaux étant variable, renseignez-vous dans les agences ou sur le site : **www.gtp.gr**.
En hydroglisseur *(avr.-oct.)*, liaisons avec **Rhodes** *(1/j., 5h30 de trajet)*, **Kos** *(1-2/j., 3h30)*, **Kalymnos** *(1-2/j., 4h)* et **Patmos** *(1-2/j., 1h30 env.)*.

Capitaineries
Pythagorio – *℘ 22730 612 25.*
Vathi – *℘ 22730 272 18.*

TRANSPORTS

En voiture
Location de voitures – À **Pythagorio**, agences r. Logothetis. À **Vathi**, agences sur la baie. Un mode de transport pratique (bon état des routes). Évitez les petits chemins montagneux, à l'intérieur des terres.

En bus
Pas de bus le dimanche hors saison.

Station de Pythagorio – *R. Logothetis, au croisement avec la route de Vathi - ✆ 22730 272 62.* Liaisons avec **Vathi** *(8-13/j. en sem., 3-10/j. le w.-end)* et l'**Heraion** *(2-5/j. en sem., 3/j. le w.-end en saison).*

Station de Vathi – *À la hauteur de la Poste - ✆ 22730 272 62.* Liaisons avec l'**Heraion** *(2-5/j. en sem., 3/j. le w.-end en saison)* et **Karlovasi** *via* **Agios Konstantinos** et **Agios Nikolaos** *(6-7/j. en sem., 3-5 le w.-end - 3,10 €).*

En taxi

Pythagorio – *R. Logothetis (près du port) - ✆ 22730 614 40.* Comptez pour l'Heraion 8 € et pour Vathi 14 €.

Vathi – *Pl. Pythagorios - ✆ 22730 284 04.*

Kokari – *✆ 22730 925 85.*

HÉBERGEMENT

Conseil – Pour plus de calme, installez-vous au village d'Agios Nikolaos.

Pythagorio

PREMIER PRIX

Pension Daphne – *Pl. Irinis (derrière le port) - ✆ 22730 615 29/613 44 - - 5 ch. et 10 appart. 25/30 €.* Quelques chambres très simples, dont trois à l'étage avec balcon, pour apprécier la paisible place verdoyante. Les appartements ont l'air conditionné.

Pension Despina – *Pl. Irinis - ✆ 22730 616 77 - pensiondespina@yahoo.gr - - 3 ch., 5 studios et 2 appart. 35 €.* Des chambres, des studios et des deux-pièces aux tons clairs, s'ouvrant sur la place plantée ou la cour entourée d'orangers. Accueil chaleureux d'Athina.

Paris – *R. longeant la mer (dir. le château) - ✆ 22730 953 97 ou 69472 083 00 - mai-oct. - - 7 appart. 35/45 €.* Un petit établissement isolé, à deux pas de la mer. Studios et deux-pièces aux murs crépis, avec balcons. Quelques-uns se logent sous le toit. Le patron propose également des studios avec vue sur le port.

Vathi

PREMIER PRIX

Dreams – *9 r. Areos (tangente à la baie, au nord de la pl. Pythagorios) - ✆ 22730 243 50 - - 4 ch. et 3 studios, 35/40 €.* Au sommet d'une ruelle en escalier dominant les eaux de la baie, des chambres propres, dont certaines avec balcon, aux plafonds hauts, ouvertes pour la plupart sur un beau jardin et un parc arboré. Accueil francophone.

BUDGET MOYEN

Mirini Hotel – *800 m au nord du débarcadère (dir. plage de Gagkou) - ✆ 22730 284 52 - www.mirini.com - mai-oct. - CC - 34 ch. 70 €.* Un édifice surplombant la mer, située en contrebas. Agréable mobilier en bois et balcons panoramiques.

POUR SE FAIRE PLAISIR

Aeolis Hotel – *Sur la baie (300 m au sud du débarcadère) - ✆ 22730 289 04/5/6 - www.aeolis.gr - CC - 50 ch. 90 €.* Excellent rapport qualité-prix en plein cœur de Vathi. Chambres standard entièrement équipées et piscine sur le toit.

Agios Nikolaos

PREMIER PRIX

Glaros – *Sur le bord de mer - ✆ 22730 349 06 ou 69462 845 75 - - 4 studios 40 €.* Une minuscule pension familiale au bout de la route balayée par les embruns. Deux chambres avec balcon pour contempler les vagues.

RESTAURATION

Pythagorio

PREMIER PRIX

Notos – *Sur la plage, près du château - ✆ 22730 623 51 - - mai-oct. - 12 €.* Quelques plats du jour (salades, *souvlakia*) servis en terrasse, devant la plage, sur un fond de jazz.

PREMIER PRIX

El Coral – *Sur le port - ✆ 22730 611 93 - - 10 €.* Spécialités de viande appréciées des habitués : médaillon de porc au fromage, faux-filets, côtelettes d'agneau… arrosés de sauce.

Vathi

PREMIER PRIX

Next – *Sur la baie, à 200 m au sud de la pl. Pythagorios - ✆ 22730 277 19 - - 10 €.* Une cuisine généreuse, plébiscitée par les jeunes. Pizzas, spaghetti, mais aussi grands plats de viande grillée.

Agios Nikolaos

PREMIER PRIX

Fisherman's – *Au bout du sentier littoral - ✆ 22730 324 89 - mai-sept. - - 12 €.* Une immense terrasse cernée littéralement par les rochers balayés par les vagues. Calamars au fromage, crevettes à la tomate… à savourer devant un coucher de soleil inoubliable !

ACTIVITÉS

Plages

Samos réserve quelques vastes plages. Vous trouverez toujours de la place à Tigani.

Tsamadou★ et **Lemonakia**, plus petites et sauvages, criques proches de la plage d'Avlakia *(voir p. 462)*, sont particulièrement charmantes.

Samothrace

(Samothráki – Σαμοθράκη)

3 308 habitants - Région de Macédoine orientale - Thrace - Unité régionale d'Evros - 178 km²

S'INFORMER
Site Internet – *www.samothrace.gr (en anglais).*
Capitainerie – *✆ 25510 413 05.*

SE REPÉRER
Carte de région 1 (p. 422).

ORGANISER SON TEMPS
Comptez deux jours de visite.

AVEC LES ENFANTS
Pour compléter *in situ* la découverte de la *Victoire*, l'un des chefs-d'œuvre du Louvre.

Dominée par l'altier mont Fengari (1611m), point culminant de l'Égée, cette petite île montagneuse est peu fréquentée en raison de son accès malaisé. Elle recèle cependant des vestiges antiques de la plus haute importance, parmi lesquels fut exhumée à la fin du 19e s. la célèbre Victoire.

Se promener

Bon à savoir – Le port de Kamariotissa est desservi par des ferries au départ d'Alexandroúpoli, en Thrace *(2h30, 1 à 2/j.)*. Liaisons en saison avec Kavala *(1 à 3/sem.)*, Limnos et Lavrio *(Attique)*.

★ Ruines du sanctuaire des Grands Dieux

8h-20h - 3 €.

Situé sur les pentes d'un ravin au-dessus de Palaiopoli, ce sanctuaire était dédié à des dieux mystérieux, les **Cabires**, très vénérés des Anciens, qui se soumettaient ici à des cérémonies initiatiques. Les fouilles, entreprises par Champoiseau, consul de France à Andrinople, livrèrent en 1863 l'illustre **Victoire de Samothrace** *(voir aussi encadré p. 346)*, chef-d'œuvre hellénistique (3e s. av. J.-C.), aujourd'hui au musée du Louvre.

L'*anaktoron* (1er s. av. J.-C.), « salle des princes », aux murs d'appareil polygonal, était utilisé pour les initiations. L'*arsinoeion*, rotonde de plus de 20 m de diamètre, la plus vaste de Grèce, fut construite vers 285 av. J.-C. par Arsinoé, épouse du roi Lysimaque de Thrace. L'enceinte sacrée, ou *téménos*, dont les fondations datent du 4e s. av. J.-C., abritait une statue allégorique du Désir, œuvre de l'illustre sculpteur Skopas. Le sanctuaire, ou *hieron*, important édifice du 4e s. av. J.-C., à portique dorique (colonnes remontées) et abside, était destiné aux sacrifices.

Près du théâtre, peu apparent, se trouvait la **fontaine de la Victoire** aménagée dans une niche rocheuse qu'ornait la fameuse *Victoire* ailée ; la main n'a été retrouvée qu'en 1950. Le *ptolemaion* avait été fondé par le roi égyptien Ptolémée Philadelphe (280-264 av. J.-C.) pour servir d'entrée monumentale au sanctuaire.

Le sanctuaire des Grands Dieux.
DET SIS Georges-IML / hemis.fr

Musée – *✆ 25510 41474 - lun. 13h-20h, mar.-dim. 8h-20h - 3 €.* Des maquettes reconstituent l'état ancien des principaux éléments du sanctuaire des Grands Dieux. Parmi les sculptures, distinguez une statue de Victoire sans tête provenant du *hieron* et le buste de **Tirésias** (5e s. av. J.-C.), devin rendu aveugle par Athéna qu'il avait surprise au bain.

Kamariotissa (Καμαριώτισσα)

La principale localité de l'île se repère à ses éoliennes, qui montent la garde à l'entrée du port.

Samothraki (Hora - Χώρα)

5 km à l'est de Kamariotissa, à l'intérieur des terres.

Étagé en amphithéâtre à flanc de montagne, le chef-lieu de l'île ménage de splendides panoramas, notamment depuis les ruines de son *kastro*.

Therma (Θέρμα) et ses environs

14 km à l'est de Kamariotissa. Campings et hôtels sur place.

Ce village situé sur la côte nord est réputé pour ses **eaux thermales**, aux innombrables vertus curatives.

À l'est de Therma, on peut longer la **rivière Fonias** pour découvrir des bassins alimentés par une série de belles cascades *(Accès en saison 1 €. Chemin balisé jusqu'aux deux premières cascades, env. 1h de marche. Attention, sentier impraticable après de fortes pluies).*

Thassos

(Θάσος)

★★

13 810 habitants - Région de Macédoine orientale - Thrace - Unité régionale de Thassos- 380 km²

NOS ADRESSES PAGE 472

S'INFORMER
Sites Internet – *www.go-thassos.gr, www.discoverthassos.com et www.thassos-hotels.com (site officiel des hôteliers de l'île, en anglais).*

SE REPÉRER
Carte de région 1 (p. 422) - Carte de l'île p. 471.

À NE PAS MANQUER
Les plages de Golden Beach et de Paradise ; la crique d'Aliki.

ORGANISER SON TEMPS
Comptez 4 jours de visite.

À quelques encablures seulement des côtes de la Thrace, l'île de Thassos dessine une silhouette montagneuse au-dessus des eaux turquoise de la mer Égée. Dominé par les flancs couverts de pins odorants du mont Ipsari (1 127 m), le littoral égrène ses écharpes de sable et ses criques encaissées. Île verte aux rivages ensoleillés et dotée d'excellentes infrastructures, Thassos possède de nombreux attraits qui en font un lieu de séjour idéal, et ce depuis l'Antiquité. Car avant d'être une simple destination touristique, elle fut l'un des foyers les plus dynamiques du nord de la Grèce, dont témoignent encore les ruines de marbre de Limenas.

Se promener

★ LIMENAS (THASSOS - ΛΙΜΕΝΑΣ)

Comptez 1 jour de visite.
À peine débarqué du ferry, laissez-vous guider vers le **vieux port** (sur la gauche), pour boire un verre en terrasse en observant les bateaux revenir de la pêche. Située au pied d'une colline boisée où les Anciens avaient élevé leur acropole, Limenas a gardé de nombreux vestiges antiques. C'est là le seul charme de cette petite ville moderne entièrement vouée au tourisme, où l'atmosphère est malgré tout bon enfant.

La cité antique

2h de visite à pied.
Juste derrière le vieux port, au milieu des habitations, l'ancienne **agora** dessine un vaste quadrilatère envahi par les herbes folles. Immédiatement après l'entrée, sur la gauche, son **portique sud-ouest**, d'époque romaine, conserve quelques colonnes, dont les bas-reliefs sont exposés au musée du Louvre. Poursuivez encore vers le coin sud jusqu'aux vestiges d'un autel monumen-

Vue aérienne du port de Limenas.
G. A. Rossi / Tips / Photononstop

tal, puis revenez vers les ruines du **portique nord-est**, dont trois colonnes ont été relevées.

Musée archéologique – *En face de l'entrée de l'agora - ✆ 25930 221 80 - tlj sf lun. 8h-14h30 - 2 €.* Il a rouvert ses portes en 2010 après plusieurs années de travaux. Il vous donnera l'occasion de compléter votre découverte de l'agora, d'autant que les indications sont en français (les fouilles ont en effet été réalisées par l'École française d'Athènes). Parmi les sculptures, remarquez l'impressionnant **kouros** de 6 m (6e s. av. J.-C.) et la **tête de Silène**, très réaliste. Le musée présente également les trouvailles provenant du temple d'Artémis (même époque), dont un manche de miroir en bronze et une extraordinaire **tête de lion en ivoire★**. Notez aussi les deux têtes de l'école de Skopas (4e s. av. J.-C.).

Derrière le vieux port, un sentier longe les murailles à flanc de colline, surplombant le port antique dont les ruines se dessinent au fond de l'eau. Puis, à mi-chemin, le **théâtre** surgit dans un cadre bucolique. D'époque hellénistique, il fut modifié par les Romains pour accueillir des combats de fauves. En haut de la colline, le sentier débouche sur la triple **acropole★**, au milieu des pins : on aperçoit d'abord la citadelle, bâtie par les Génois avec les matériaux du sanctuaire d'Apollon Pythien, puis les restes d'un temple dédié à Athéna (5e s. av. J.-C.), couronnant le deuxième sommet et, enfin, en contrebas, un petit sanctuaire rupestre de Pan. Une **vue★★** unique s'étend jusqu'à l'île de Samothrace, au loin à l'est. Vous pouvez poursuivre la balade vers le sud, le long des remparts.

Circuit conseillé Carte de l'île p. 471

★★ LE TOUR DE L'ÎLE

Comptez 3 jours pour ce circuit d'environ 130 km à partir de Liménas. Circuit tracé sur la carte p. 471.

La route sinue entre mer et collines boisées, le long d'un littoral où alternent plages, criques et corniches.

Conseil – Préférez les plages de l'est et du sud à celles de la côte ouest.

Panagia (Παναγία)

8 km au sud de Limenas.

Ce gros village, qui fut un temps la capitale de l'île, garde un charme pittoresque malgré la floraison d'hôtels et de boutiques de souvenirs. De jolies **maisons à toit de lauzes** s'alignent au fil des ruelles et sur les places ombragées de platanes, dévoilant çà et là une belle **vue★** sur **Golden Beach★★**, long ruban de sable qui s'étire en contrebas, bordé lui aussi d'hôtels et de restaurants *(on rejoint la plage par une route panoramique qui descend sur 4 km).*

Potamia (Ποταμιά)

2 km au sud de Panagia.

Moins touristique, mais sans l'attrait de sa voisine, Potamia possède tout de même un intéressant **musée** *(mar.-sam. 9h30-12h30 et 18h-21h, dim. et fêtes 10h-13h)* qui rend hommage à son fils le plus célèbre, le peintre **Polygnotos Vagis** (1892-1965).

Passé le village, redescendez à l'autre bout de la baie vers **Skala Potamias**, puis **Kinira** *(8 km au sud)*. Au pied de collines verdoyantes (hélas partiellement ravagées par des incendies), ce village jouit d'un **site★★** magnifique, et vous y trouverez nombre d'établissements, agglutinés près de la plage de galets. Mais profitez plutôt de **Paradise Beach★★**, une très agréable petite plage de sable qui fait face à un îlot.

Aliki (Αλυκή)

11 km au sud de Kinira.

À cheval sur une presqu'île bordée de chaque côté par une **plage** (celle de l'est est la plus agréable) baignée d'eaux bleues, Aliki est un véritable éden. Difficile de résister à l'appel des quelques tavernes aux murs blancs et aux toits de lauzes qui se dressent au milieu des pins et des oliviers. Une courte marche vous fera aussi découvrir les ruines d'une **cité antique** et une carrière de marbre abandonnée, ainsi que les vestiges de deux **basiliques paléochrétiennes**.

UNE SITUATION GÉOPOLITIQUE FAVORABLE

Peuplée depuis le néolithique, Thassos voit très tôt éclore une civilisation de marins, qui s'épanouit à l'âge du bronze grâce au commerce des métaux, de la laine, du vin et de l'huile. À une époque où la navigation se limite au cabotage, sa situation géographique, entre la mer Noire et les grands centres économiques du sud, représente en effet un atout majeur. Au 7e s. av. J.-C., les premiers colons venus de Paros s'installent sur le site actuel de Limenas, profitant des richesses agricoles de la plaine, des comptoirs établis en Thrace et des gisements d'or du Pangée. L'île exporte de l'**huile**, du **vin** et du **marbre blanc** de grande réputation. L'**or** et l'**argent** de ses mines sont utilisés pour la frappe de certaines monnaies du Bassin méditerranéen. Les Thassiens dominent alors une partie de la côte macédonienne, dont Kavála et Thessalonique, et leur île s'affiche comme une **puissance maritime de premier ordre**. Une prospérité que Thassos parviendra à maintenir et à faire respecter de ses divers agresseurs : Perses, Athéniens, Macédoniens et Romains, ces derniers offrant au commerce du vin et du marbre un nouveau dynamisme. Mais, après une brève occupation génoise, au 15e s., Thassos passe finalement sous la coupe des Turcs, jusqu'au début du 20e s. En 1971, on a découvert près de Thassos, dans la mer, des réserves de pétrole peu importantes mais qui n'en ont pas moins suscité un vif intérêt.

5

Passé Aliki, la côte sud de Thassos livre quelques magnifiques **paysages★★**, hélas souvent meurtris par les derniers incendies. Planté sur un rocher dominant la mer, le **monastère Archangelos** *(2 km au sud-ouest)* offre un panorama exceptionnel, plongeant sur la **crique de Kalamari★** et sa délicieuse plage de sable fin.

La côte ouest

À Potos, avant de poursuivre sur la côte ouest, prenez à droite la route qui s'enfonce dans les terres. Perdu dans un décor de rocaille, **Theologos** *(10 km au nord-est de Potos)* est sans conteste le plus beau village de l'île avec ses **maisons★** blanches à toits de lauzes, serrées le long d'étroites ruelles. Préservé du tourisme, il offre matière à une escapade bucolique.

Retour à **Potos**, gros bourg plutôt plaisant avec ses nombreux hôtels et restaurants en bord de mer. Mais, pour plus de charme, logez plutôt à **Pefkari** *(1 km au nord)*, une petite station dotée d'une poignée d'hôtels cachés au milieu des pins, en face d'une plage.

2,5 km plus loin, inutile de vous attarder à **Limenaria**, importante station balnéaire doublée d'un port de pêche. De Limenaria, en revanche, par la route de **Kalivia**, vous pourrez faire une autre escapade à l'intérieur des terres (12 km) jusqu'au charmant village de **Maries**. Au-delà de Limenaria, la côte ouest égrène son chapelet d'échelles *(skala)* et de plages, mais sans le charme du sud. Le village de pêcheurs de **Skala Maries** *(8 km)*, encore assez peu fréquenté par les touristes, fait cependant exception. Vous pourrez prendre un bain de soleil en toute tranquillité sur sa plage ou aux environs.
La route remonte ensuite vers le nord, en passant par Skala Kalirahis, Skala Sotira et Skala Prinos, le deuxième port de l'île *(14 km de Limenas)*, puis Skala Rahoniou. Avant de rejoindre Limenas, enfin, vous pourrez déjeuner à **Pahis**, bordée d'une agréable plage.

NOS ADRESSES À THASSOS

INFORMATIONS UTILES

Banque / Change
Nombreux distributeurs.

Poste
Bureau de poste – *R. G. Alexandrou (du port, prenez la rue Theogenous et tournez à droite au carrefour) - ☎ 25930 221 14.*

Téléphone
OTE – *R. du 18 Oktovriou, près de l'hôtel Amfipolis.*

Sécurité
Police touristique – *En face du débarcadère - ☎ 25930 231 11.* Informations sur l'île et possibilité de réserver une chambre dans un hôtel.

Santé
Dispensaire – *☎ 25930 711 00/1.*

Agence de voyages
Thassos Tour – *☎ 25930 225 46 - www.thassostours.gr.*

ARRIVER / PARTIR

En ferry
☎ 25930 712 90. De Kavala à Skala Prinos, 8 liaisons/j., de 9h à 23h (1h15).
De Keramoti à Limenas, jusqu'à 1 liaison/h en été, de *7h à 22h* (40mn).
Aneth Lines – *☎ 25930 223 18.*

En hydrofoil
4 liaisons/j. (6 l'été), AR entre Limenas et Kavala *(40mn)*. Horaires à la capitainerie du port.
Capitainerie – *☎ 25930 221 06.*

TRANSPORTS DANS L'ÎLE

Bon à savoir – Les loueurs de voitures étant nombreux, faites jouer la concurrence. Le service de bus est efficace.

En bus
Gare centrale de Thassos – *☎ 25930 221 62.*
À **Limenas**, la station se trouve en face du débarcadère. 8 fois/j. en

été, un bus fait le tour de l'île dans le sens des aiguilles d'une montre (2h). Il existe de nombreuses liaisons par l'ouest avec Golden Beach, Limenaria… 12 navettes/j. entre Skala Prinos et Limenas.

En taxi

Limenas – *Au débarcadère des ferries ✆ 25930 226 75/225 72.*

À vélo

Babis Bike – *Port de Thassos - ✆ 25930 228 91 - www.babis-bikes.4ty.gr.*

À moto

Crazy Roll – *Skala Pr - ✆ 25930 714 44 - www.crazyrollers.gr.*

En voiture

Avis – *À Limenas - ✆ 25930 230 00 - www.avis.com.*
Europcar – *À Limenas - ✆ 25930 237 76 ; à Potos - ✆ 25930 532 50.*

HÉBERGEMENT

Bon à savoir – Vous trouverez des hôtels dans tous les villages de la côte. Attention, la plupart ferment d'octobre à mai. Le petit-déjeuner est généralement compris.

Limenas

PREMIER PRIX

Victoria – *R. K. Dimitriadou, à côté du Mironi - ✆ 25930 232 56 - Accès Internet - 12 ch. 40/50€ - 3 €* ☕. Un petit bâtiment résidentiel proposant des chambres spacieuses, équipées d'un réfrigérateur.
Vicky – *✆ 25930 223 14 - www.vickyhotel.gr - 20 ch. 35/55 €* ☕. Des chambres confortables et lumineuses, dans un petit immeuble à trois étages planté au milieu d'une pelouse. La plupart sont équipées d'une kitchenette. Une bonne adresse.
Acropolis – *Prendre la rue au sud de la place centrale - ✆ 25930 224 88 - www.acropolis-hotel.com - 13 ch. 40/50 €* ☕. Une jolie maison du début du 20e s., repérable à sa façade jaune. Précédée d'un jardin, elle dispose d'un agréable salon bourgeois. Les chambres sont simples, mais un peu bruyantes. Accueil très sympathique.

BUDGET MOYEN

Mironi – *R. K. Dimitriadou - ✆ 25930 232 56 - 10 ch. 50 €* ☕. Tenu par le propriétaire du Victoria *(voir ci-avant)*. Un vaste hall en marbre précède de grandes chambres impeccables (avec réfrigérateur).
Timoleon Hotel – *Sur le port, près de l'arrêt de bus - ✆ 25930 221 77 - www.hotel-timoleon.gr - 30 ch. 80 €* ☕. Une grosse bâtisse abritant des chambres quelconques, mais confortables, avec balcon donnant sur le port. Navette jusqu'à la plage d'Isteri (à 3 km).
Pegasus – *Au début de la r. K. Dimitriadou - ✆ 25930 220 61 - www.thassos-pegasus.com - 27 ch. 55/105 €* ☕ *et 3 appart. 75/125 € -* ☕ *7 €.* Un hôtel confortable et parfaitement entretenu, avec une salle de sport, un Jacuzzi et un hammam. Certaines chambres sont équipées d'un téléviseur et d'un climatiseur.

Panagia

PREMIER PRIX

Thassos Inn – *✆ 25930 616 12 - www.thassosinn.gr - 17 ch. 40/65 €* ☕. L'endroit idéal pour séjourner à Panagia, en haut du village, près d'une église *(fléchage)*. Les chambres sont confortables, avec un réfrigérateur, et certaines avec balcon. De la terrasse ombragée, belle vue sur le village.

5

Golden Beach

PREMIER PRIX

Camping Golden beach – *25930 614 72 -www.camping-goldenbeach.gr - - Empl. 25 € env.* Camping situé au bord de la plage et ombragé de platanes. Minimarket. Café-bar. Arrêt de bus à l'entrée.

Dionysos – *25930 618 22 - www.hotel-dionysos-thassos.gr - - 34 ch. 45/60 €* . Un peu en retrait de la plage, à flanc de colline, cette bâtisse à toit de lauzes jouit d'une superbe vue sur la mer. Les chambres sont simples, lumineuses et confortables (avec réfrigérateur).

BUDGET MOYEN

Hotel Fedra – *25930 614 74 - www.hotel-fedra.com - - 11 ch. 70/80 € - 6/10 €.* Des chambres propres et confortables avec vue sur la mer. L'essentiel de la clientèle est constitué de groupes de touristes anglais.

Potos-Pefkari

PREMIER PRIX

Esperia – *À Pefkari - 25930 513 42 - www.hotel-esperia.gr - - 38 ch. 45/65€* . Cet établissement propose en outre des formules en demi-pension.

BUDGET MOYEN

Akti - *À Pefkari - 25930 518 77 - www.hotel-akti-thassos.gr - - 25 ch. 65 €.* Voisin de l'Esperia, et d'un standing équivalent, ce petit immeuble blanc, au milieu des pins, est doté de chambres agréables et bien tenues, avec un balcon donnant sur la mer.

POUR SE FAIRE PLAISIR

Potos – *25930 514 16 - www.hotelpotos.com - - 40 ch. 85 €* . Chambres impeccables, avec minibar et balcon. Des petits appartements pour les familles.

Limenaria

PREMIER PRIX

Asterias – *25930 524 97 - www.hotelasterias.com - - 19 ch. 40 € - 4 €.* Un petit hôtel en front de mer comme on en trouve beaucoup à Asterias. Les chambres sont confortables et munies d'une petite cuisine.

Ralitsa – *25930 515 78 - www.hotelralitsa.gr - - 24 ch. et 5 appart. 35/50 €* . Situé près de l'Asterias, cet hôtel accueille surtout des groupes. Chambres confortables mais sans grand charme. Bon rapport qualité-prix (demi-pension possible).

Skala Potamias

BUDGET MOYEN

Miramare – *Au bout du quai, puis à droite près du port - 25930 610 40 - www.hotelmiramare.gr - - 30 ch. 70/85 €* . Planté au milieu des pins, à 150 m de la plage, au calme. Les chambres sont plaisantes, la piscine agréable et le personnel très professionnel.

RESTAURATION

Limenas

On trouve un bon choix d'établissements en ville, en particulier sur le vieux port.

PREMIER PRIX

Ta Platanakia - *Vieux port - 25930 221 45 - - 15 € env.* Bonne cuisine et prix raisonnables, mais l'ambiance est un peu touristique.

I Simi – *À côté du précédent - 25930 225 17 - - 15/20 €.* On y mange également de délicieux poissons, mais l'accueil varie suivant l'affluence.

Golden Beach

PREMIER PRIX

Restaurant Vigli – *À l'extrémité nord de la plage - 25930 615 00 -*

15/20 €. Superbement situé sur un promontoire rocheux dominant la baie, le Vigli propose *mezzes*, grillades, pizzas et fruits de mer.

EN SOIRÉE

Bars, boîtes de nuit

Full Moon – *Limenas, r. 18 Oktovriou - ✆ 25930 232 30.*

ACTIVITÉS

Excursions

Le bateau **Zorbas** effectue un circuit à la journée, avec arrêts pêche, baignade et plongée en surface dans les plus beaux coins de l'île. Départ du vieux port de Limenas à 9h45, retour à 17h45.

L'**Angetour**, qui mouille dans le vieux port de Limenas, propose des sorties de pêche en mer.

A
B
LE DODÉCANÈSE
0
25
50 km
RHODES ★★★ Vaut le voyage
Sými ★★ Mérite un détour
Kos ★ Intéressant
Tílos À voir
TURQUIE
Skála
Sámos
PÁTMOS
Pireás
Lipsí
Lipsí
Léros
Lakkí
Kálymnos
Póthia
Kos
Kos
1
Astipálea
Amorgós
Astipálea
Pireás
Páli
Níssiros
Meg. Horió
Sými
Sými
Rhodes-Ville
Tílos
Sírna
Hálki
Hálki
Líndos
Egéo
Pélagos
RHODES
N
2
Diafáni
Kárpathos
Pigádia
Fri
Sitía
Kásos
TURQUIE
Rhodes
Kastellórizo
0
10 km

Le Dodécanèse 6

Astipalea

(Astypalaia - Αστυπάλαια)

1 789 habitants - Région d'Égée du Sud - Unité régionale de Kalymnos - 96 km²

NOS ADRESSES CI-CONTRE

S'INFORMER
Office de tourisme – *À Astipalea - ℘ 22430 614 12/ 617 78 - www.astypalaia.com (en anglais) et www.astypalaia.gr (site officiel en anglais).*

SE REPÉRER
Carte de région A1 (p. 476).

À NE PAS MANQUER
La ville d'Astipalea et son beau kastro vénitien.

ORGANISER SON TEMPS
Comptez deux jours au moins.

Située non loin de l'archipel des Cyclades, Astipalea est une île montagneuse et relativement fertile. Ses deux parties, en forme d'ailes de papillon, sont reliées par un isthme étroit, non loin duquel se trouve la capitale, une belle cité aux blanches maisons dominée par une forteresse vénitienne. Son éloignement en fait un lieu peu fréquenté, même en haute saison.

Se promener

ASTIPALEA-VILLE (HORA)

Étagé à flanc de coteau, ce joli village est composé de maisons anciennes, dont certaines possèdent un balcon de bois remontant à la période vénitienne. La forteresse du 13e s. abrite une église *(Evangelistria)*. En contrebas se dresse le **couvent de la Panagia Portaïtissa** dont la fête, le 15 août, attire de nombreux pèlerins.

SE REPÉRER
L'île la plus occidentale du Dodécanèse est à égale distance (45 km) d'Amorgos et de Kos. Elle est entourée de nombreux petits îlots.

Musée archéologique

℘ 22430 615 00 - mai-nov. : tlj sf lun. 9h-13h, 18h-20h (21h en été) - gratuit.
Ce musée présente les objets trouvés dans les tombes mycéniennes d'Armenochori et de Syngairo, ainsi que de nombreux éléments d'architecture classique et hellénistique.

ANALIPSI (MALTEZANA)

À 9 km de Hora.
Sur l'isthme reliant les deux parties de l'île, ce village de pêcheurs est devenu une petite station balnéaire. Ne manquez pas le retour de la pêche, tôt le matin.

La forteresse d'Astipalea, datant du 13e s., et son église (*Evangelistria*).
A. Serrano / hemis.fr

VATHY

20 km au nord-est d'Astipalea.
Ce village est accessible par une piste ou en bateau au départ de la baie de Vaï. Dans la baie très abritée se trouvent quelques grottes marines.
Bon à savoir – Vous trouverez une belle plage à **Livadi**, à 1 km de Hora.

NOS ADRESSES À ASTIPALEA

TRANSPORTS

En bateau
Du Pirée – *4 dép./sem.*
De Kalymnos, – *3-4 dép./sem.*
D'Amorgos – *2 dép./sem.*

En avion
Plusieurs vols hebdomadaires pour **Athènes** *(55mn).*

HÉBERGEMENT

PREMIER PRIX

Paradissos – *Hora (sur le port) - ✆ 22430 612 24 - avr.-oct. - www.astypalea-paradissos.com - ⊭ - 17 ch. 30/55 €.* Chambres propres et accueil sympathique.

RESTAURATION

PREMIER PRIX

Akti – *Hora (sur le port) - ✆ 22430 611 14 - ⊭ - env. 15 €.* Petites terrasses très agréables. Cuisine traditionnelle.

PETITE PAUSE

Toxotis – *Hora (sur le port).* Dans un cadre agréable (terrasses sur le toit). Fait aussi restaurant.

AGENDA

15 août – Grandes festivités pour l'Assomption.

Halki

(Χάλκη)

604 habitants - Région d'Égée du Sud - Unité régionale de Rhodes - 16 km^2

NOS ADRESSES CI-CONTRE

SE REPÉRER
Carte de région B2 (p. 476).

ORGANISER SON TEMPS
Comptez une journée.

Réputée pour son atmosphère paisible, la petite voisine de Rhodes était autrefois habitée par des pêcheurs d'éponges, dont nombre ont émigré en Amérique : de retour à Halki, certains d'entre eux, enrichis, ont permis le développement de leur île d'origine.

Se promener

Port et unique village

Bien restauré, il possède une architecture néoclassique qui rappelle celle de Symi *(voir p. 549)*.

Monastère Agios Ioannis

6h AR, par une rte se transformant en piste, puis en sentier.

Conseil – Prévoyez de l'eau et un chapeau.

En lui-même, ce monastère abandonné n'a pas grand intérêt, mais le parcours pour s'y rendre est magnifique. On passe près de l'ancienne capitale ruinée, où ne subsistent que des chapelles.

Île d'Alimia

Accessible en caïque au départ de Halki, cette petite île est restée sauvage.

LES KROKALIA

Dans nombre d'îles du Dodécanèse, vous remarquerez sur le sol des motifs décoratifs composés de galets noir et blanc, parfois rouges. Les plus anciennes *krokalia* figurent des motifs géométriques. Ensuite, furent représentés des fleurs ou des bateaux. À Halki, comme à Symi et à Líndos (Rhodes), vous pourrez en admirer de beaux exemples.

NOS ADRESSES À HALKI

TRANSPORTS

En bateau
Le mieux est de partir de Kamiros Skala, au sud-ouest de **Rhodes-ville** *(liaisons tlj)*. De Rhodes-ville 3/sem. Depuis **Le Pirée** pour Halki en été 2/sem., seulement 1 en hiver.

HÉBERGEMENT

Bon à savoir – Il existe quelques chambres chez l'habitant et un seul hôtel. Il est donc indispensable de réserver.

POUR SE FAIRE PLAISIR

Art Hotel – *Sur le port - 22460 453 90 - www.arthotelhalki.gr - - 19 ch. 90/130 €* . Balcons avec belle vue. Accès direct à la mer.

RESTAURATION

PREMIER PRIX

Maria – *Sur le port - 22460 453 00 -* . Bonne taverne proposant des spécialités locales.

PETITEPAUSE

Café Theodosia – *Sur le port.* Glaces et pâtisseries.

AGENDA

Fête de l'île – Au monastère d'Agios Ioannis Alargas, le 29 août.

Kalymnos

(Καλυμνος)

★

18 621 habitants - Région d'Égée du Sud - Unité régionale de Kalymnos - 93 km²

NOS ADRESSES PAGE 486

S'INFORMER
Informations touristiques – *Sur le débarcadère (à l'arrière du bar) - 22430 296 12 - www.kalymnos-isl.gr (en français, site très complet).*

SE REPÉRER
Carte de région A1 (p. 476) - Carte de l'île ci-contre.

À NE PAS MANQUER
Le petit port de Vathi et sa vallée fertile ; la route littorale nord et ses superbes panoramas, jusqu'à Emporios.

ORGANISER SON TEMPS
Pour vous loger, évitez la côte entre Mirties et Massouri.

Connue autrefois pour la pêche et le commerce des éponges, Kalymnos est devenue une importante étape touristique. Si une partie du littoral, à l'ouest, est déjà sacrifiée au béton, l'île, vaste, offre de belles échappées. Vers la pointe nord, la route côtière est jalonnée de montagnes arides plongeant dans la mer. Au creux de leurs plis, deux oasis se cachent : la petite vallée fertile de Vathi et le ruban de pins qui se déroule de Pothia à Panormos. Deux zébrures vertes, refuge d'ombre et de fraîcheur relative, qui contrastent agréablement avec l'ocre des rochers et l'or des plages baignées de soleil.

Se promener Carte de l'île ci-contre

POTHIA (ΠΟΘΙΑ)

Comptez une petite demi-journée.
Gros port bâti en amphithéâtre autour d'une large baie, la ville ne fut fondée qu'en 1850. Ses habitants venaient du bourg fortifié de Horio, à 2 km en retrait dans les terres, pour bénéficier d'une ouverture sur la mer. Avec ses quais bruyants, Pothia montre le visage d'une ville industrieuse, où l'on se soucie assez peu du touriste. Aux demeures néoclassiques de tons pastel s'ajoutent des constructions modernes aux façades blanc et bleu – les couleurs nationales grecques –, expression de la résis-

SE REPÉRER
La petite ville de **Pothia**, parfois appelée Kalymnos, forme un enchevêtrement de rues étroites à sens unique. Le port occupe toute la largeur de la baie, avec sa cathédrale au centre. Deux rues principales traversent le centre : l'une en direction de Panormos, l'autre, plus au sud, en provenance de celle-ci.

tance que l'île mena face à l'occupation italienne (de 1912 à la Deuxième Guerre mondiale), après quatre siècles de domination turque.

Dans la partie nord-est de la ville, visitez la maison seigneuriale **Vouvalis★**, aménagée en **Musée archéologique** (*✆ 22430 231 13 - tlj sf lun. 8h30-15h - gratuit*). Bâtie par un riche marchand d'éponges au milieu du 19e s., cette demeure cossue a conservé son mobilier d'époque.

Sur le quai central, ne manquez pas le **musée de la Pêche aux éponges** (*✆ 22430 513 61 - 7h-13h30, w.-end 10h-12h30 - 2 €*). Photos, vieux matériel et maquettes retracent la vie des pêcheurs d'éponges.

Complétez cette découverte en allant visiter des **ateliers-usines** de traitement d'éponges, sur les quais, dans la ruelle qui mène au Musée archéologique, ou encore tout au bout du quai en direction de Vathi.

Les plus intéressés visiteront, sur la plage de Vlihadia, 5 km au sud de Pothia, un intéressant **musée de la Mer★** (*✆ 22430 504 35 - avr.-oct. : 9h30-21h ; nov.-mars : 10h-16h*), issu des découvertes du célèbre archéologue **Stavros Valsamidis**.

Au sud-ouest de Pothia, sur la route du monastère d'Agios Savvas, un petit **musée d'Arts et de Traditions populaires★** (*✆ 22430 516 35 - 9h-21h*) raconte la vie quotidienne d'un pêcheur et de sa famille à la fin du 19e s., dans leur maison d'origine.

Circuits conseillés Carte de l'île p. 483

LA CÔTE OUEST

Circuit tracé sur la carte p. 483.

De Pothia, la route de la côte ouest file au creux d'une vallée ombragée de nombreuses pinèdes. Elle passe au pied des ruines de la **forteresse de Hrysoheria★**, édifiée par les chevaliers de Rhodes au sommet d'un éperon rocheux *(à l'écart de la rte sur la gauche, 20mn à pied depuis Pothia)*. Plus loin, se cache la **grotte des Sept Vierges** *(Epta Parthenes)*, hélas souvent fermée au public.

Horio, l'ancienne capitale de l'île, a longtemps concentré une forte population. Du flanc droit de la colline où il s'accroche, un escalier grimpe au **château de Pera★★** *(8h30-15h - gratuit)*, citadelle due aux chevaliers de Saint-Jean. Le site, impressionnant chaos de rochers et de ruines, est en cours de restauration, les **chapelles** en particulier. L'endroit offre aussi un **point de vue★** sur la vallée, Pothia et la mer, jusqu'à l'île de Kos.

La route débouche au centre de la côte ouest, la plus touristique de l'île. Autour de **Panormos**, trois belles plages se succèdent : **Kandouni**, **Linaria** et **Platis**

LE COMMERCE DES ÉPONGES

Dès l'Antiquité, la pêche des éponges se pratiquait dans les îles de Symi, Halki et Kalymnos, qui en fit sa spécialité. Durant la période ottomane, en échange d'une certaine indépendance, l'île livrait des éponges à Constantinople, en guise d'impôt en nature. Avec l'appauvrissement des zones de récolte, les pêcheurs de l'île quittèrent peu à peu la mer Égée pour plonger autour de Chypre ou le long des côtes d'Afrique du Nord, où la saison s'étendait d'avril à novembre.

Aujourd'hui, la pêche est presque abandonnée, hormis par quelques plongeurs fidèles à la tradition, et la plupart des éponges sont importées de Floride ! En revanche, leur traitement s'effectue toujours dans les petites usines de Pothia. Pour ne garder que le squelette de l'animal – la partie que nous utilisons –, les éponges doivent d'abord pourrir au soleil, avant d'être piétinées puis lavées à l'eau de mer (les éponges brunes, brutes, sont plus rugueuses et plus résistantes que celles de couleur jaune clair, éclaircies chimiquement). Les hommes finissent de les tailler aux ciseaux, sur les quais, avant de les vendre.

Le commerce des éponges fit la prospérité de Kalymnos.
B. Gardel / hemis.fr

Gialos, fief des promoteurs qui ont transformé le littoral en un véritable mur de béton, s'étirant de Mirties jusqu'au-delà de Massouri.
Des caïques permettent de rejoindre l'**îlot de Telendos★**, plus paisible *(accès de 8h à 0h en saison - 1,50 €)*. Situé juste en face du village, il s'est détaché de Kalymnos lors du séisme de 535. Un agréable chemin côtier longe ses belles **plages**.
De Mirties, les amateurs de stalactites et de stalagmites peuvent prendre le bateau jusqu'à la **grotte de Kefala**, au sud *(accessible également depuis Pothia)*.

★ LA ROUTE LITTORALE ET LA POINTE NORD

Circuit tracé sur la carte p. 483.
Passé Massouri, les constructions se font plus rares, et le nord de l'île dévoile un paysage sauvage. De la baie d'Arginonda jusqu'à Emporios, la route surplombe l'Égée en découvrant de superbes **points de vue★★★**, telle cette montagne pelée plongeant une muraille abrupte dans la mer.
En chemin, arrêtez-vous à **Skalia** pour visiter la **grotte** *(à 100 m du village)* et sa forêt de concrétions. De là, vous pourrez aussi vous offrir une **balade pédestre★** jusqu'au village abandonné de Paleonisou *(1h aller)*.
La route s'achève à **Emporios★★** qui, malgré l'affluence estivale, garde son harmonie tranquille. Ombragée de tamaris, la plage invite à la baignade et au farniente, tout comme celle d'**Asprokilia**, 150 m plus loin.

★ LA VALLÉE DE VATHI (ΒΑΘΥΣ)

8 km au nord-est de Pothia. Circuit tracé sur la carte p. 483.
Accessible par une route côtière parfois très ventée *(attention à scooter)*, Vathi se niche aux portes d'une petite vallée fertile, véritable oasis semée de vergers

6

DE L'APNÉE À L'AIR COMPRIMÉ

Jusqu'au 19e s., le **pêcheur d'éponges** plongeait en apnée, sans protection, seulement lesté d'une lourde pierre et armé de son grattoir. L'apparition du **scaphandre**, vers 1850, produisit une petite révolution : protégé par un vêtement de caoutchouc, alimenté en air par une pompe installée sur le bateau, le plongeur gagnait en autonomie (sauf quand le pompiste s'endormait sur sa manivelle !). Les conditions de sécurité ne s'améliorèrent vraiment qu'avec l'apparition des **bouteilles à air comprimé**.

d'un vert intense, qui tranche avec l'aridité des rochers alentour. Une fraîcheur parfumée émane des plantations d'agrumes, dont celle de mandariniers. En suivant le filet d'eau qui serpente au centre du vallon jusqu'à la mer, la coulée verte se resserre pour déboucher sur l'agréable **port de Vathi★**, au fond d'une crique étroite comme un fjord. Quelques tavernes jalonnent les quais ; choisissez votre table et savourez une petite soirée bien tranquille.

NOS ADRESSES À KALYMNOS

INFORMATIONS UTILES

Pothia

Banque nationale de Grèce et banque Alpha – *Sur le port.*
Poste centrale – *À 450 m derrière le quai (en venant de Panormos).*
OTE – *En face de la poste centrale.*
Police – *☎ 22430 221 00.*
Hôpital – *☎ 22430 230 25.*
Internet – Cafe Neon – *Sur le port.* Accès Internet.

ARRIVER / PARTIR

En avion

Aéroport – *5 km au nord-ouest de Pothia.*
Olympic Air – *12 r. Patriarchou Maximou - ☎ 22430 593 03.*

En bateau

En ferry, liaisons avec **Le Pirée** *(6/sem., 13h de trajet env.), via* **Patmos** *(4/sem.)*, **Naxos** *(2/sem.)* et **Paros** *(2/sem.)*. Liaisons avec **Rhodes** *(6/sem., 5h env.), via* **Kos** *(6/sem.)* et **Symi** *(1-3/sem.)*. Liaisons supplémentaires avec **Kos** *(arrivée à Mastihari, 3-4/j.)*. Liaison *via* **Patmos** *(4/sem.)*, avec **Samos** *(4/sem.)*, **Chios** *(1/sem.)*, **Lesvos** *(1/sem.)* et **Limnos** *(1/sem.)*.
En catamaran *(tte l'année)* et en hydroglisseur *(avr.-oct.)*, liaisons avec **Rhodes** *(1-3/j., 3h env.)*, **Symi** *(1-2/j., 2h env.)*, **Kos** *(1-5/j., 30mn env.)*, **Patmos** *(2-3/j. en saison, 1h30 env.)* et **Samos** *(1-2/j. en saison, 3h env.)*.
Capitainerie – *Sur le débarcadère - ☎ 22430 293 04.*

TRANSPORTS

En bus

Station de Pothia – *Au nord de la cathédrale (à l'entrée de la route vers Emporios).* Tickets en vente aux supermarchés voisins « Pilatos » et « Tsikili ». Liaisons avec **Panormos** *(7h-21h, ttes les h - 1 €)*, **Vathi** *(1/j. - arrêt sur le quai 1,50 €)*, **Vlihadia** *(1/j. - 1 €)* et **Emporios** *(1/j. - 1,50 €)*.

En taxi

Pothia – *Stations à la sortie du débarcadère et sur la rte de Panormos (300 m du port) - ☎ 22430 503 00.* Comptez 5-6 € pour **Panormos**, 11 € pour **Vathi** et 16 € pour **Emporios**.

À scooter

Agences sur le port. On peut facilement faire le tour de Kalymnos à scooter.

En voiture

Agences sur le port. On peut louer une voiture, mais il est difficile de circuler et de se garer à Pothia. Optez pour le deux-roues, surtout si vous restez aux alentours de Pothia.

HÉBERGEMENT

Pothia

PREMIER PRIX

Greek House – *Ruelle à l'arrière du port (derrière le café Vivaldi) - ☎ 22430 237 52 - ⊭ - 13 ch. 30 €.* Réparties dans trois maisons, des chambres simples, dont certaines avec mezzanine, la plupart situées dans des ruelles paisibles.

Therme – *Sur le port* - *22430 294 25* - *15 ch. 35 € (pas de petit-déj.).* Un hôtel tout confort en face des quais animés et de la digue des pêcheurs. Double vitrage. Bon rapport qualité-prix.

Hotel Panorama – *Sur la rte de Vlihadia (à 200 m du port)* - *22430 231 38 ou 69734 202 69* - *www.panorama-kalymnos.gr* - *13 ch. 40 €* - *5 €.* Toutes les chambres disposent d'un balcon pour contempler la vue panoramique sur Pothia, la baie et la vallée. Mobilier en pin verni et volets anciens peints en bleu clair.

BUDGET MOYEN

Villa Melina – *600 m au nord-ouest du port (juste à côté du Musée archéologique)* - *22430 226 82* - *www.villa-melina.com* - *20 ch. 50/60 €*. Une belle villa 1930, entourée d'un jardin aux mille senteurs. Moulures aux plafonds du salon, bel escalier en bois et chambres avec cheminée.

Vathi

PREMIER PRIX

Pension Manolis – *Chemin à l'arrière du restaurant The Harbour (accès par la terrasse)* - *22430 313 00 ou 69468 278 39* - *www.pension-manolis.de* - *6 ch. et 2 appart. 30/40 € (pas de petit-déj.).* Au bout du petit chemin muletier, une maison élevée au-dessus du port et de la vallée, entourée de grands massifs fleuris et d'arbres fruitiers.

RESTAURATION

Pothia

PREMIER PRIX

Xefteris – *Ruelle au nord de la r. conduisant à Panormos (à 100 m du port)* - *22430 286 42* - *5/10 €.* Un ancien restaurant aux allures de cantine, où les habitués se réunissent sous la terrasse abritée. La cuisine, simple et pleine de saveurs, honore les spécialités locales : marmite de pois chiches aux oignons, gratinée d'oignons aux haricots, calamars au riz.

Eklekti Mezedes – *Sur le port, près de la cathédrale* - *22430 287 27* - *env. 10 €.* Une institution locale, où l'on accompagne son verre d'ouzo ou de *retsina* d'une salade et d'un poisson du jour.

Pizzeria Imia – *Sur le port* - *22430 508 09* - *env. 10 €.* Un grand choix de pizzas adaptées aux faims de chacun (petites, moyennes et géantes).

Linaria

PREMIER PRIX

Giorgio's – *Sur le bord de mer* - *22430 478 09* - *fermé en sem. hors saison.* - *15/20 €.* Une terrasse abritée face à la baie et aux lointaines côtes escarpées. Un cadre idéal pour goûter une succulente cuisine de poisson et de fruits de mer : coques, pieuvres, huîtres, langoustes, etc.

Emporios

BUDGET MOYEN

Harry's Paradise – *R. menant au port* - *22430 400 62* - *www.harrys-paradise.gr* - *avr.-oct.* - *env. 18 €.* Une cuisine délicate modulée en fonction des arrivées du jour. Légumes du potager et choix de plats végétariens. Terrasse en face du magnifique jardin fleuri. L'établissement propose également, du mois d'avril au mois de mai, quelques studios et une chambre ravissante, aménagés dans une maison en pierre *(env. 40 €).*

ACHATS

Les **éponges** vendues à Kalymnos ne proviennent pas de la région. Les ateliers proposent les meilleurs prix. À découvrir aussi, un **miel de thym** réputé.

ACTIVITÉS

Sources thermales

Therma – *2 km au sud de Pothia*. Sources sulfureuses réputées.

Plongée sous-marine

Se renseigner au kiosque d'information touristique.

Escalade

Nombreuses prises sur la côte ouest. Renseignements au kiosque d'information touristique.

Plages

Ici, pas de grandes plages à l'exception de celle de **Mirties**. Les plus belles ne sont accessibles qu'en bateau *(au départ de Pothia)* : Drasonda, Pezonda et Paleonisou.

AGENDA

Une grande ferveur s'empare de Pothia lors des festivités pascales.

Festival international de plongée – 1re sem. de juillet. Activité liée à la tradition de la récolte des éponges.

Karpathos

(Κάρπαδος)

★

6 794 habitants - Région d'Égée du Sud - Unité régionale de Karpathos - 301 km²

NOS ADRESSES PAGE 492

S'INFORMER

Possi Travel – *Place Iroon Politehniou, Pigadia - ✆ 22450 222 35 - www.possi-holidays.gr.* La principale agence de voyages de l'île.
Site Internet – *www.karpathos.gr (site officiel en anglais).*

SE REPÉRER

Carte de région A2 (p. 476) - Carte de l'île p. 490.

À NE PAS MANQUER

Les généreuses spécialités locales : *loukoumades*, *makarones*, etc. ; les villages perchés du centre et du nord de l'île et l'intérieur d'une maison traditionnelle à Olympos.

ORGANISER SON TEMPS

Comptez 3 jours. Louez une voiture pour apprécier au mieux la variété des paysages.

AVEC LES ENFANTS

Une croisière au large des côtes.

Isolée au large de l'archipel du Dodécanèse, sur le chemin de la Crète, Karpathos, telle une épine dorsale jaillissant des flots, dessine une longue crête montagneuse. Deuxième île du Dodécanèse par sa superficie, Karpathos est l'une des plus attachantes de l'archipel. Si son histoire est moins prestigieuse que celle de sa grande voisine, son authenticité, son tourisme limité, sa terre tourmentée et peu exploitée, ses plages splendides encore sauvages, ainsi que ses panoramas à couper le souffle présentent un incontestable intérêt. Une île nature.

Circuits conseillés Carte de l'île p. 490

De nombreux immigrés ayant fait fortune aux États-Unis ou en Australie sont revenus au pays et investissent dans le tourisme. Les côtes de l'île, en particulier au sud, se métamorphosent ainsi peu à peu, notamment à **Pigadia**. L'été, l'activité insulaire est à son comble et les constructions modernes ont déjà colonisé la baie à l'ouest du port. À 9 km de là, vers le sud, la station balnéaire d'Amopi s'étage à flanc de collines, enserrant une série de criques et de petites plages jadis sauvages… Mais criques et côtes désertes dominent encore largement sur l'île de Karpathos, hors des grandes migrations touristiques.

KÁRPATHOS
0 5 10 km
N
Akr. Paraspóri
Árgos
N. Sariá
Trístomo
N. Hálki
Avlóna
Vanánda
Egéo
Pélagos
Diafáni
Ólympos
717
Profítis Ilías
Forókli
Ágios Minás
694
Kimarás
Spóa
Messohóri
Ágios Nikólaos
Apélla
1134
Ágios Geórgios
Kirá Panagía
N. Ródos
1215 Kalí Límni
Lefkós
Mirtónas
Ag. Kiriakí
Aháta
Vólada
Apéri
Órmos Adía
Óthos
Órmos Pigádia
Pilés
Pigádia (Kárpathos)
Finíki
Menetés
Arkása
Lakkí
Akr. Vólakas
Ágios Nikólaos
Amopí
Agía Sofía
Fri
Stenó Kássou
Órmos Makrígialos
1000 m
800
600
400
200
0
N. Kásos
Akr. Kastélou

À Olympos, les vieilles dames ont conservé leur tenue traditionnelle.
J. Becom / Photononstop

LES VILLAGES PERCHÉS DE L'INTÉRIEUR

Circuit tracé sur la carte p. 490.

Ailleurs, dans les montagnes, les villages sans âge conservent une identité forte, et on y perçoit bien l'esprit de l'île.

De Pigadia, suivez la rte qui traverse Karpathos à travers des villages perdus, le long des crêtes montagneuses.

Faites une première halte à **Menetes**, joli village perché où il faut se promener dans le lacis des ruelles silencieuses.

Plus à l'ouest, dominant la mer, apparaît **Piles**, autre village plein de charme, excellent point de départ pour une promenade en montagne.

Puis on rejoint **Othos**, plus animé avec ses maisons cossues, son marché et ses tavernes. À l'entrée du village, le peintre du pays, Saunis Hapsis, vend ses tableaux naïfs dans une minuscule galerie. Il conserve les clés du **Musée ethnographique** – remarquable reconstitution d'un intérieur traditionnel.

Avant de redescendre sur Pigadia, arrêtez-vous un instant à **Volada**★ et à **Aperi**★, villages prospères, dont les maisons blanches s'étagent à flanc de montagne.

AU FIL DE LA CÔTE

Circuit tracé sur la carte p. 490.

Une île pour trois visages côtiers : l'ouest couvert de pins ; l'est escarpé et rocheux et le nord aux paysages sauvages, désolés, où viennent se réfugier nombre d'espèces d'oiseaux.

★ La côte du couchant

Bénéficiant d'un maximum de soleil, jusqu'aux dernières lumières du couchant, le littoral ouest commence à se développer. Une magnifique **route côtière** offre des **points de vue**★★ sur la montagne *(point culminant à 1 215 m)* et sur la mer, où se découpe l'île voisine de Kasos.

Avant le gros bourg d'Arkasa, sur la gauche, en bordure de l'agréable **plage d'Agios Nikolaos**, jetez un œil à la petite **église Agia Sofia**, vieille de quinze siècles. Elle abrite des mosaïques et des vestiges d'époque paléochrétienne.

Un peu plus loin, on atteint **Finiki**, un charmant petit port de pêche.

Puis la route surplombe la mer avant de redescendre sur la station balnéaire de **Lefkos**, dans un très beau site formé de deux larges anses bordées de plages de sable. **Cette partie nord-ouest de la côte a malheureusement été victime d'un incendie.**

On remonte ensuite au-dessus du village de **Messohori**. Des escaliers descendent jusqu'au bas du bourg, vers l'église et le lavoir *(très belle vue)*. Il est aussi possible de retourner sur l'esplanade et de prendre un café avant de visiter les chapelles.

★★ La côte du levant

Plus tourmentée, la côte orientale alterne falaises et criques. En venant de Pigadia, avant d'arriver à Aperi, une piste praticable descend sur 3 km jusqu'à la **plage d'Ahata** *(petits galets)*, encadrée par la montagne.

Le tronçon **Aperi-Spoa★★** par la côte révèle des **panoramas★★★** de toute beauté *(profitez du soleil matinal)* et les plus belles **plages★** de l'île, dont celles de **Kira Panagia** *(taverne et parasols)*, d'**Apella** *(taverne et studios à louer)* et d'**Agios Nikolaos** *(taverne)*.

★★ La pointe nord

Le nord de l'île, très sauvage et seulement accessible aux véhicules tous terrains, mérite une journée pour découvrir ses magnifiques paysages. Vous pourrez faire une pause à **Agios Minas** ou à **Forokli**, deux superbes criques difficiles d'accès.

Des moulins à vent dominent **Olympos★**, gros village à flanc de montagne. Depuis sa fondation (1420), cette cité semble à peine avoir changé mais attire trop de touristes.

Conseil – Pour apprécier l'hospitalité des habitants, restez une nuit.

La plupart des vieilles femmes portent encore le costume traditionnel et conversent toujours dans le dialecte local. Vous aurez sûrement l'occasion d'apercevoir un intérieur coloré.

Rejoignez enfin le port de **Diafani** qui s'anime à l'arrivée des ferries. Avec ses maisons typiques et sa plage, il constitue un agréable lieu de séjour.

NOS ADRESSES À KARPATHOS

INFORMATIONS UTILES

Banque

Banque nationale de Grèce – *R. Apodimon Karpathion - Pigadia.*

Poste

Poste centrale – *R. 28 Oktovriou - Pigadia - ✆ 22450 222 19.*

Sécurité

Police – *✆ 22450 222 22.*

Santé

Centre de santé – *✆ 22450 222 28.*

Internet

Tweety Planet – *En bord de mer, en contrebas du Sunrise Hotel, Pigadia - ✆ 22450 238 98 - Wi-Fi gratuit.*

ARRIVER / PARTIR

En avion

Aéroport – *18 km au sud de Pigadia - ✆ 22450 910 36.* Liaisons avec **Rhodes** *(plusieurs vols/sem., 40mn)* et **Athènes** *(tlj, 1h)*.

Olympic Air – *R. Apodimon Karpathion - ✆ 22450 220 57 - www.olympicair.com.*

En ferry

Liaisons avec **Le Pirée** *(4/sem., 17h30-22h30)*. Liaisons avec la **Crète** *(2/sem., 7h30)*, **Santorin** *(2/sem., 7h45-12h)*, **Milos** *(2/sem., 16h)* et **Rhodes** *via* Diafani et Halki *(4/sem., 4h25-6h30)*.

Capitainerie – *✆ 22450 222 27.*

TRANSPORTS

La petite ville de **Pigadia** se développe le long du port, avec une rue piétonne parallèle juste en arrière, Apodimon Karpathion, où se concentrent les commerces, et une autre, 28 Oktovriou.

En bus

Station de Pigadia – *R. 28 Oktovriou - ✆ 22450 223 38.* Desserte des villages du sud de l'île en semaine *(1-2/j. - 0,50 €)*.

En taxi

À côté de la station de bus - ✆ 22450 227 05. Env. 10/12 € pour Aperi, 15/20 € pour l'aéroport, env. 20 € pour Arkasa, 35/40 € pour Lefkos.

En bateau-taxi

Mai-oct. : 8h30-16h30/17h. Navettes entre Pigadia et Diafani *(env. 8 €)*. Excursions à la carte pour les plages de la côte est : Kira Panagia, Apella, etc.

Location de véhicules

C'est la meilleure solution pour explorer l'île. Les loueurs se concentrent en périphérie nord de la ville, dans le quartier des hôtels modernes *(odos Oktovriou)*.

Sixt – *✆ 22450 233 00 - www.sixt.com.*

Bon à savoir – L'île comprend quatre stations-service, toutes situées à la sortie de Pigadia *(2 en dir. d'Aperi et 2 en dir. de l'aéroport)*.

HÉBERGEMENT

Bon à savoir – Pigadia réunit la majorité des hôtels. Nombreux établissements à Amopi, un peu les uns sur les autres. Quelques chambres dans les villages.

Pigadia

PREMIER PRIX

Dolphin – *Au-dessus du débarcadère - ✆ 22450 226 65 ou 69761 316 32 - www.dolphinkarpathos.com - (cartes de crédit refusées) - 6 studios et 4 appart. env. 30/45 € (pas de petit-déj.)*. Quelques chambres claires et spacieuses, bercées par les flots tranquilles, dans une charmante ruelle qui mène à deux chapelles isolées au bout de la baie de Pigadia. Sofia, la propriétaire parle le français.

Pigadia Bay – *R. 25 Martiou (prolongement de la r. Apodimon Karpathio) - ✆ 22450 227 67 ou 6996 730 21 - www.pigadiabay.com - (cartes de crédit refusées) - 4 studios et 3 appart. 30/45 €.* Des studios et des deux-pièces bien tenus, dotés d'un balcon avec vue sur l'ensemble du port et le promontoire à l'arrière. Grand appartement au dernier étage avec deux terrasses dont une sur le toit. Un peu bruyant le samedi soir.

BUDGET MOYEN

Sunrise Hotel – *R. A. Papagou - ✆ 22450 224 67 - www.hotelsunrise.eu - 30 ch. env. 50 € - (petit-déj.) 4 €.* L'un des hôtels du nord de la ville. Sans charme particulier, mais au calme, avec des chambres agréables et fonctionnelles ouvrant sur la baie.

Afoti Beach Hotel – *Rte d'Aperi (à 1 km du centre) - ✆ 22450 225 23 - mai-oct. - (cartes de crédit refusées) - 25 ch. 50 € (petit-déj. inclus).* Un hôtel à l'écart de la route, au début de la plage, dans la baie. Jardin agréable. Terrasses privatives et transats à disposition.

Arkasa

BUDGET MOYEN

Glaros – *Plage St-Nicolas (P. Agiou Nikolaou) - ✆ 22450 610 15 - www.glarosstudios-karpathos.*

com - mai-oct - ✕ ⊭ *- 5 studios 55/65 €.* Le seul hôtel sur cette belle plage de sable, à quelques pas de l'église Agia Sofia. Studios bien équipés (kitchenette), avec terrasse ou grand balcon ouvert sur la mer.

Adia

PREMIER PRIX

Pine Tree – *Plage d'Adia - ✆ 22450 290 65 - www.pinetree-karpathos.gr - mai-oct. -* ✕ ⊭ *- 9 ch. : 35 €, 3 appart. (pour 2/3 pers.) : 45 €.* Nikos vous accueille avec simplicité et générosité dans son établissement isolé de la baie d'Adia, cernée par les versants abrupts du massif du Kali Limni, couverts de pins. Bananes, citrons, figues et autres produits bios du verger égaient le petit-déjeuner. Camping gratuit sous les pins.

Lefkos

BUDGET MOYEN

Krinos – *À l'entrée du hameau - ✆ 22450 714 10/12 - www.hotel-krinos.com - avr.-oct. -* ✕ ⊭ *- 40 ch. 50/60 €.* Un grand hôtel familial au-dessus des rochers. Les chambres disposent d'un balcon avec vue sur la mer. Dancing à la grecque pour soirées conviviales.

Messohori

PREMIER PRIX

Akropolis Studios – *Rte à l'entrée du village - ✆ 22450 714 67 ou 22450 712 90 -* ⊭ *- 7 ch., 2 studios env. 40 €.* Grande bâtisse blanche offrant une vue imprenable sur les toits du village qui dégringole jusqu'à la côte ! Ambiance familiale pour le petit-déjeuner servi sur la terrasse fleurie.

Olympos

PREMIER PRIX

Aphrotidi – *Haut du village - ✆ 22450 513 07 -* ✕ ⊭ *- 8 ch. 40/50 € -* ☕ *5 €.* Petites chambres agréables, dont certaines surplombent le vide. Passionné d'artisanat, Nikolaos Filipakis n'a pas hésité à quitter les États-Unis pour retrouver la simplicité des lieux. Il vous ouvrira la porte de la chambre de sa mère, couverte de boiseries sculptées, de broderies et d'assiettes peintes.

Diafani

PREMIER PRIX

Glaros Hotel – *À la sortie du village en dir. d'Olympos - ✆ 22450 515 01 - www.hotel-glaros.gr -* ⊭ *- studios : 45 €, 17 appart. (pour 4/5 pers.) : à 70 €.* Accueillante et chaleureuse, la famille Niothis propose de spacieux appartements meublés et lambrissés en pin. Vue panoramique sur le village et sur la baie.

RESTAURATION

Pigadia

PREMIER PRIX

Oraia Karpathos – *Sur le port, près de la capitainerie - ✆ 22450 225 01 - fermé le midi hors saison -* ⊭ *- env. 15 €.* Une petite salle et une terrasse couverte où l'on se tutoie d'une table à l'autre et où l'on interpelle le chef derrière son comptoir. Grand choix de *mezzes*, dont les *dolmades* locales à base de semoule.

To Ellinikon – *R. Apodimon Karpathion - ✆ 22450 239 32 - env. 15 €.* Une excellente table où tout le monde se retrouve en cuisine pour se laisser tenter : légumes cuits variés, *makarones* (spécialité de l'île à base de pâtes oblongues), *stifado* de chèvre, etc.

Finiki

PREMIER PRIX

Marina – *Sur le port - ✆ 22450 611 00.* La patronne est aux petits soins pour ses clients qui la sollicitent à l'envi. Excellent poisson frais et salade grecque au *manuli*, fromage frais local.

Diafani

PREMIER PRIX

Anixis – *Près de l'église - ☏ 22450 512 26 - ouvert mai-oct.* - ⊄ - *12/15 €*. Une savoureuse cuisine maison : *dolmades* aux feuilles d'hibiscus, *loukoumades* (beignets nappés de miel et saupoudrés de cannelle) et pain cuit dans un four ancien.

Diafani Palace – *R. principale - ☏ 22450 512 10 - ouvert avr.-oct.* - ⊄ - *12/15 €*. Mme Lioreisis, une dame charmante, concocte une cuisine de grand-mère à base de poisson.

ACTIVITÉS

Plages

Bon à savoir – La plupart des plages, à l'exception de celles de Pigadia, d'**Amopi** *(la plus fréquentée)* et d'Agios Nikolaos à Arkasa, sont accessibles uniquement par des chemins en terre ou par bateau-taxi.

C'est sur la côte est que se trouvent les plus belles plages : Kira Panagia, Agios Nikolaos (Spoa), Agios Minas et surtout **Apella** *(voir p. 492)*. Sans oublier, entre falaises et criques, celle **d'Ahata**.

Plus au nord, découvrez les criques d'**Agios Minas** ou de **Forokli**. Attention, l'utilisation des transats et autres parasols est facturée *(5 €)*.

Croisières

Plusieurs possibilités sont offertes depuis le port de Pigadia, tant sur la côte du levant que du couchant.

Vassilios Chrysovalantou : croisières quotidiennes jusqu'à Diafani et Olympos *(départ 8h, retour 18h ; 25 €)*.

Kastellorizo (Megisti)

Καστελλόριζο (Μεγίστη)

566 habitants - Région d'Égée du Sud - Unité régionale de Rhodes - 9 km^2

NOS ADRESSES CI-CONTRE

S'INFORMER
Site Internet – *www.megisti.gr (site officiel en anglais).*

SE REPÉRER
Carte de région B2 (p. 476).

À NE PAS MANQUER
Une excursion en bateau jusqu'à la magnifique grotte de Parasta.

ORGANISER SON TEMPS
Comptez un jour de visite.

À plus de 100 km à l'est de Rhodes, Kastellorizo est la plus lointaine et la plus petite île du Dodécanèse. Petit bout de terre perdu à un kilomètre des côtes turques, Kastellorizo, loin de ses consœurs grecques, n'est en effet pas plus loin de Beyrouth que d'Athènes. Longtemps convoitée au cours de son histoire, avec une population qui s'est souvent exilée – notamment en Australie–, cette île vous étonnera pour son calme et pour sa faune et sa flore très riches. Le port fortifié, les jolies plages et quelques grottes marines composent un ensemble attachant. L'île, protégée des vents du nord par les montagnes de Turquie, est particulièrement chaude et sèche en été.

Se promener

Megisti (port)

C'est un lieu séduisant composé d'une cinquantaine de maisons néoclassiques. Elles sont dominées par une citadelle bâtie par les chevaliers de Rhodes.

Musée de Megisti – *✆ 22460 492 83 - tlj sf lun. 8h30-14h30 - gratuit.* Il abrite des collections byzantines et d'art populaire.

UNE ÎLE PERDUE AU DESTIN SINGULIER

Colonisée dès l'Antiquité, Kastellorizo fut tour à tour occupée par les chevaliers de Rhodes, par les Turcs, puis par les Russes (au début du 19e s.), avant d'être rattachée à la Grèce. Pendant la Seconde Guerre mondiale, elle fut bombardée massivement par l'aviation italienne. Elle comptait plus de 15 000 habitants voilà une centaine d'années (contre 566 aujourd'hui). La Turquie revendique l'île. Un traité stipule que, au cas où la population tomberait à moins de 200 habitants, cette terre serait rattachée *de facto* à sa puissante voisine. Pour éviter cela et grâce aux subventions de la Grèce et de l'Union européenne, Kastellorizo a réussi à faire cesser l'émigration à l'aide d'un ambitieux **programme de réhabilitation** joint à un **développement touristique**.

Le port de Megisti.
R. Meazza - IML / hemis.fr

★ **Parasta**

Accessible en bateau au départ du port.
Cette magnifique grotte a une couleur bleutée phosphorescente. En fin de journée, les stalactites prennent une teinte réellement magique.

NOS ADRESSES À KASTELLORIZO

INFORMATIONS UTILES

Sécurité
Police – *22460 493 33.*

Santé
Centre de santé – *22460 492 67.*

TRANSPORTS

En bateau
De **Rhodes**, quatre ferries par semaine en été. Des caïques privés font l'aller-retour vers **Kaş** en Turquie.

En avion
Un avion relie l'île à **Rhodes** plusieurs fois par semaine.

HÉBERGEMENT

POUR SE FAIRE PLAISIR

Megisti – *Sur le port - 22460 492 72 - www.megistihotel.gr - 22 ch. 130/210 €* . L'un des deux hôtels de l'île *(les autres adresses sont des pensions)*, très bien entretenu. Certaines chambres ont vue sur les côtes turques. Terrasse-solarium.

Kos

(Κως)

★

25 280 habitants - Région d'Égée du Sud - Unité régionale de Kos - 290 km²

NOS ADRESSES PAGE 504

S'INFORMER

Office du tourisme de Kos – *1 r. Vasileos Georgiou - ✆ 22420 244 60 - lun.-vend. 8h-20h, 14h30 hors sais.* Cartes de la ville et de l'île, horaires complets des bus et des bateaux.

Site Internet – *www.koshotels.gr (site de l'association des hôteliers de l'île, en anglais).*

SE REPÉRER

Carte de région A1 (p. 476) - Carte de l'île p. 500.

À NE PAS MANQUER

Le site de l'Asklépiéion ; une baignade sur la plage d'Agios Theologos.

ORGANISER SON TEMPS

La vie nocturne est débridée : si vous souhaitez vous reposer, évitez la haute saison.

S'étirant sur une quarantaine de kilomètres, l'île de Kos, la troisième de l'archipel par sa superficie, n'est située qu'à quelques kilomètres des côtes turques. Au contraire de ses sœurs du Dodécanèse, c'est une terre verte et prospère. Même le relief est plus doux, dessinant de belles anses sablonneuses. L'Histoire lui a légué un riche patrimoine, tels le site de l'Asklépiéion, dédié au dieu de la Médecine antique, et les nombreux vestiges qui parsèment la ville moderne, rappelant les fastes passés. Mais le succès le plus étonnant de Kos, qui attire presque autant de touristes que Rhodes, est dû à sa vie nocturne trépidante, métamorphosant chaque soir la ville en une vaste discothèque, à faire trembler les vieilles pierres.

Se promener Carte de l'île p. 500

★ LA CITÉ DE KOS

Comptez une bonne demi-journée.

Chef-lieu et port principal de l'île, Kos est une ville moderne et aérée, sillonnée par de larges artères ombragées de pins ou de palmiers. C'est le territoire des vélos et des scooters. En plein centre se cachent des îlots entiers de **ruines antiques** *(accès libre)*, dont les pierres blanches s'intègrent à merveille au paysage urbain. Au détour d'une rue, sur une place, des pans entiers du passé ressurgissent ainsi en pleine modernité.

Mais toute la ville s'organise autour du **port**, rade circulaire que défend à l'est un imposant bastion veillant sur l'entrée du chenal… et sur les dizaines de restaurants, de bars et d'hôtels qui jalonnent les quais et les avenues du front de mer.

Les ruines du château des Chevaliers.
A. Serrano / hemis.fr

Avant le château, montez sur la droite en venant de l'av. côtière Miaouli (la r. de l'office de tourisme), ou sur la gauche en venant du quai Koundourioti.
Vous atteindrez une charmante place circulaire pavée de galets, **platia Platanou★**, agrémentée d'un bassin à ablutions et d'une **fontaine turque**. Elle doit son nom au vénérable **platane d'Hippocrate★** qui se dresse au centre, dont la légende veut qu'il ait été planté par le médecin lui-même, celui-ci aimant donner des cours sous sa frondaison. Quoi qu'il en soit, l'arbre, creux et d'une circonférence impressionnante, montre indéniablement un âge avancé : vieux de près de 600 ans, il serait en fait le successeur de l'arbre originel, planté il y a deux mille quatre cents ans.
De là, empruntez la passerelle qui enjambe l'ancien fossé du château.

★ Le château des Chevaliers

✆ 22420 279 27 - tlj sf lun. 8h30-15h - 4 €.
Cette belle forteresse est constituée de deux enceintes concentriques élevées au 15e s., en partie avec les pierres de l'Asklépiéion. Du **chemin de ronde★**, on jouit d'un large panorama sur le port, la mer et les côtes turques. On saisit d'ailleurs parfaitement l'importance stratégique de la place forte. Encastrés dans la courtine figurent les **écussons** des grands maîtres de Rhodes : Pierre d'Aubusson et Aimery d'Amboise, ceux d'autres chevaliers s'égrenant sur l'enceinte intérieure, dont le fossé accueille un **musée lapidaire**.

L'agora et le quartier du port antique

Remontez encore le temps en vous promenant parmi les ruines de la cité antique, en commençant par l'agora et le quartier du port.

SE REPÉRER

Kos désigne, sur place, la ville principale. Elle est organisée autour du port, anse dans laquelle se dresse le château.
Du port partent les rues principales Vasileos Pavlou au sud *(vers la pl. Eleftherias et la maison romaine)*, Kanari à l'ouest *(dir. le cap Skandari)* et Vasileos Georgiou à l'est *(dir. Agios Fokas)*. La rue El. Venizelou traverse le centre parallèlement au port.

Du terre-plein aménagé au pied de la mosquée Hadji Hassan *(désaffectée)*, qui dresse encore son minaret, vous aurez une belle **vue★** d'ensemble sur les vestiges. Avant que les chats n'en fassent leur domaine, c'est là que s'étendait le bourg médiéval. Mais le quartier subit de nombreux séismes, jusqu'à celui de 1933, qui le ravagea intégralement… Ce qui permit aux archéologues de ressusciter une part de la ville hellénistique : leurs fouilles ont mis au jour le **temple hellénistique d'Héraclès**, repérable à ses colonnes corinthiennes, les propylées du sanctuaire d'Aphrodite, ainsi qu'une mosaïque romaine. Cœur de la cité antique, l'agora servit d'emplacement à une petite église du 15e s., Agios Konstantinos, tandis que, à l'orée d'un bosquet d'arbres, trois chapelles délimitent le coin est du champ de fouilles.

Rejoignez la place de la Liberté *(platia Eleftherias)*. Bordée par les ruines d'une mosquée, la place Eleftherias accueille un marché couvert et le **Musée archéologique** *(✆ 22420 283 26 - tlj sf lun. 8h-15h - 3 €)*. De petite dimension, ce dernier renferme une belle collection de **sculptures hellénistiques et romaines★** trouvées sur l'île : statue d'Hippocrate, tête d'un soldat supplicié, athlète tenant une couronne, petite tête d'Hermès, bas-reliefs représentant des banquets funéraires, statuette d'Éros, etc.

La zone de fouilles ouest

500 m au sud du port, accès libre.

Promenez-vous ensuite de part et d'autre de la **rue Grigoriou**, où s'étend une vaste partie de la cité antique, toujours en cours de fouilles. La balade y est particulièrement agréable en soirée, quand la lumière déclinante caresse les vestiges, ou même de nuit, sous le clair de lune. Au nord de la rue, une antique **voie pavée★** traverse le quartier, où l'on voit encore les ornières creusées par les roues des chars. Dans le chaos des pierres, quelques édifices se distinguent : un baptistère, des thermes romains, un bassin et des latrines, des mosaïques

et des **peintures murales** romaines, les vestiges d'un portique – bel alignement de **colonnes doriques** –, et même le tracé du stade.
Un peu plus à l'est, en face de la rue Pavlou, gisent encore les vestiges d'un temple de Dionysos, tandis que, de l'autre côté de la rue Grigoriou, se déploie le théâtre antique. Mais le joyau du quartier reste la **maison romaine**★★★ *(tlj sf lun. 8h-14h30 - 4 €)* vaste demeure patricienne du 3e s. apr. J.-C. Bien conservée et en partie restaurée par les Italiens, elle permet de se faire une bonne idée de la vie quotidienne « à la romaine ». L'habitation s'organise autour de trois cours intérieures, dont deux ornées d'un péristyle. Plusieurs pièces ont gardé leurs **pavements de mosaïques**★★ et leurs **peintures murales**★★, que l'on découvre avec émotion. Aux abords de la villa, les fouilles ont mis au jour d'autres vestiges, dont des thermes.

★★★ L'ASKLÉPIÉION (ΑΣΚΛΗΠΕΙΟΝ)

Comptez 1h30 de visite. À 5 km du centre - ✆ 22420 287 63 -tlj sf lun. 8h-15h, 19h en été (sous réserve de changement) - 4 €.
Conseil – Venez à l'ouverture tôt le matin, avant l'arrivée des groupes et de la chaleur.
Vaste sanctuaire consacré au dieu **Asklépios** (Esculape en latin), l'Asklépiéion fut entrepris à la fin du 4e s. av. J.-C., puis agrandi plusieurs fois. Son enseignement médical et son centre thérapeutique rayonnèrent dans tout le monde antique, et de nombreux notables grecs puis de l'Empire romain vinrent y consulter. Aujourd'hui, les seuls curistes sont les gros lézards verts qui courent entre les pierres. Hérissées de cyprès et d'eucalyptus, les ruines occupent un **site**★★ magnifique, s'étageant sur quatre vastes terrasses reliées entre elles par des escaliers monumentaux. Plus on s'élève, d'esplanade en esplanade, plus la solennité du lieu se révèle, telle qu'elle saisissait sans doute les visiteurs antiques.
La première terrasse, particulièrement en ruine, accueillait les thermes romains, dont on peut discerner l'un des bassins d'eau froide.

LE CULTE D'ASKLÉPIOS, DIEU DE LA MÉDECINE

Le culte d'Asklépios, dieu de la Médecine, aurait fait son apparition à Kos dès le 14e s. av. J.-C., avec l'arrivée des premiers colons grecs venus de Thessalie. L'île compte déjà une population importante à l'époque mycénienne (15e-12e s. av. J.-C.). Colonisée par les Doriens (11e s. av. J.-C.), elle devient ensuite membre de « l'hexapole dorienne » (6e et 7e s. av. J.-C.), puis elle adhère à la ligue athénienne. L'île recouvre son autonomie à la fin du 4e s. av. J.-C., pour être occupée quelque temps par Alexandre le Grand. La fondation de l'**Asklépiéion** et sa prestigieuse école de médecine étendent la renommée de l'île dans tout le monde antique. Kos se développe rapidement, forte de son alliance avec Rhodes et de la protection de Ptolémée II d'Égypte (natif de l'île), et brille bientôt par son activité commerciale en mer Égée, réputée pour la qualité de ses vins et de ses soieries.
Kos passe ensuite sous domination romaine, puis byzantine, jusqu'à la prise de Constantinople par les croisés, en 1204. Après une brève occupation génoise, elle est cédée au début du 14e s. aux chevaliers de St-Jean, qui succombent aux assauts turcs en 1522. Après la chute de l'Empire ottoman, les **Italiens** occuperont l'île de 1912 à 1948, date de son rattachement à la Grèce.

LE PÈRE DE LA MÉDECINE

Fils probable d'un prêtre d'Asklépios, **Hippocrate** (env. 460-377 av. J.-C.) naquit à Kos où il étudia la médecine avec Démocrite. Voyageur infatigable, il sillonna toute la Grèce antique, mais consacra une grande partie de sa carrière à enseigner et à pratiquer à l'**Asklépiéion de Kos**. Initiateur d'une thérapeutique fondée sur l'observation clinique des symptômes, il préconisait une approche globale du corps humain, basée sur la théorie des humeurs (les substances liquides du corps : sang, bile, etc.) ; une théorie reprise par le médecin romain Galien (131-201), et qui devait perdurer jusqu'au 17e s. Considéré comme le **père de la médecine moderne**, il en posa également les fondements philosophiques et le code éthique. À commencer par le fameux **serment d'Hippocrate**, que tout médecin se doit toujours de prêter avant d'exercer. Tous ses traités sont rassemblés dans son *Corpus Hippocraticum*, vaste somme qu'il compléta d'un traité des lieux montrant l'importance de l'environnement sur la santé.

Une rampe conduit à la deuxième – la plus spacieuse –, encadrée de portiques, où jaillissaient les **sources** d'eau ferrugineuse et sulfureuse, utiles aux **thermes** attenants.

Trônant au centre de la troisième terrasse, l'autel monumental d'Asklépios s'entoure de plusieurs sanctuaires : un temple ionique *(temple B)* dédié au dieu, où étaient gardés les trésors et les offrandes déposées par les malades et les pèlerins ; un temple romain *(temple C)*, sans doute consacré au culte impérial, et dont sept de ses belles colonnes corinthiennes ont été remontées.

Tout en haut, sur la dernière terrasse, s'élevait encore un grand temple dorique *(temple A)* dédié à Asklépios, périptère de six colonnes sur onze en marbre blanc rehaussé de marbre noir. Prenez le temps de contempler la **vue★★**, superbe, qui, au-delà du site, s'élargit sur les champs d'oliviers, la ville de Kos, jusqu'à la Turquie, à l'horizon.

De l'Asklépiéion, vous pouvez tenter de rejoindre le village de **Zia★** *(voir ci-contre)* par une belle route de crête. Sur les trois quarts *(8 km)*, ce n'est qu'une mauvaise piste caillouteuse, à faire en 4x4 ou à pied pour les amateurs de randonnée, mais les **paysages★★★** méritent ce détour.

★ LES PLAGES

Après les vieilles pierres, place au *farniente*. Non loin de la ville de Kos, au sud-est, la station balnéaire de Psalidi borde de belles plages, évidemment bondées. Vous ne serez pas non plus seul dans les stations frangées de dunes de la côte nord, Tigaki et Marmari, face aux îles de Kalymnos et de Pserimos. Tentez votre chance un peu plus loin, où les plages de **sable noir**, plus étroites, attirent beaucoup moins de monde ; celle de **Mastihari**, notamment, agréable port de pêche.

★ Sur la baie de Kefalos (Κέφαλος)

Au sud-ouest de l'île, la grande baie de Kefalos invite aussi aux plaisirs de la baignade et de la découverte.

Avant Kamari, isolée sur un petit cap tendu vers l'îlot pittoresque de **Kastri** *(de la rte, traversez le village du Club Méditerranée)*, ne manquez pas les ruines de la **basilique paléochrétienne Agios Stefanos★★** (5e s.), charmante avec ses colonnes dressées au bord de l'eau. Écartez (délicatement) les gravillons protecteurs qui recouvrent le sol pour découvrir des oiseaux en **mosaïques★**.

L'endroit se prête idéalement à la baignade. À la nage, vous pourrez atteindre l'îlot d'en face *(gare aux nombreux skieurs nautiques)*.
Difficile, aussi, de résister aux **plages**★ qui s'égrènent à l'est de la basilique, aux noms évocateurs quoique peu locaux : Camel, Paradise, Banana, Sunny et Magic. À mesure qu'on se dirige vers l'est, elles s'avèrent de moins en moins fréquentées *(accès par la rte ou à pied en longeant le bord de mer)*.
Enfin, à l'ouest d'Agios Stefanos, la baie offre encore 5 km de belles plages jusqu'au port de Kamari, mais elles sont entièrement dévolues à l'industrie touristique. De même pour celles de Kardamena, une importante station sans grand intérêt.
Amateurs de contrées moins peuplées, poussez jusqu'à la **pointe sud**★★, qui offre les paysages les plus sauvages de l'île. En empruntant des petites routes, on accède à des criques ou des plages vraiment désertes. Vous atteindrez celle d'**Agios Theologos**★★, déserte *(belle plage, sauvage, un peu ventée, à la pointe de l'île)* au sud de Kefalos, après avoir parcouru 6 km de route de terre en direction de l'église Agios Ioanis Theologos ; une fois atteint le restaurant du même nom, longez le bord de mer.

Circuit conseillé Carte de l'île p. 500

★ LES VILLAGES DE L'INTÉRIEUR

Circuit d'env. 50 km, de Zipari à Kefalos. Circuit tracé sur la carte p. 500.
Le mont Dikeos, qui culmine à 846 m, est le refuge de plusieurs villages oubliés, dont les maisons blanches sont peu à peu abandonnées par leurs habitants, partis travailler sur la côte.
3 km env. au sud de Zipari, vous pourrez vous promener dans les ruelles étroites d'**Asfendiou** où se cachent quelques charmantes **églises byzantines**. Un peu plus loin, découvrez **Zia**★, village dans la verdure et la fraîcheur d'une forêt. Dommage, cependant, que ce dernier figure au programme de tous les voyagistes : les cars se succèdent, et les boutiques de souvenirs kitsch ont envahi les rues. Il faut dire que les couchers de soleil vus du village sont spectaculaires, et que Zia est le point de départ vers le **mont Dikeos** *(2h AR)*.
À l'est de Zia *(sur la belle rte de Kos)*, découvrez deux autres villages : **Asomati**, avec ses vieilles maisons en cours de restauration, et **Agios Dimitrios**, dont les ruelles abandonnées charment par leur silence, entre tristesse et sérénité.
Revenez à Asfendiou et poursuivez vers l'ouest jusqu'à hauteur de la rte de Marmari.
Dominant le village nouveau qui se dessine en contrebas *(3 km au nord)* gisent les maigres vestiges du **village médiéval de Pilio**★ *(Paleo Pilio)*, qui fut la capitale de l'île à l'époque byzantine. L'étape vaut surtout pour la beauté du cadre : elle est idéale pour faire une pause pique-nique en admirant le **paysage**★★, suivie d'une petite promenade en grimpant jusqu'aux ruines de la **citadelle** qui couronnent le sommet de la colline *(par le sentier à gauche de la source ; 15mn)*.
Continuez vers l'ouest sur la rte de Kamari, direction Andimahia.
Autre site de charme : le village et la **forteresse d'Andimahia**★★ *(3 km à l'est d'Andimahia, par une rte de terre - accès libre)*, construite au 15ᵉ s. par les Chevaliers de Rhodes. Elle abrite deux **chapelles**. Un sentier permet de faire le tour des remparts, immense serpent de pierre épousant la crête de la montagne. De là-haut, le **panorama**★★ s'étend jusqu'à la péninsule turque de Cnide (Knidos), au sud-est, et aux îles de Nissyros et de Tilos.
Dernière étape de l'itinéraire, sur la presqu'île formant la pointe sud-ouest de l'île : **Kefalos**★, vieux village isolé, perché au bord d'une falaise calcaire

qui s'embrase au couchant. Dominant la baie de Kamari, ce dernier semble ignorer l'agitation touristique qui règne à ses pieds, sur le littoral. Dans ses ruelles assoupies, la vie se déroule comme autrefois. Et, depuis le **moulin de Papavassilis** ou des vestiges de la **forteresse des Chevaliers**, on ne se lasse pas de contempler la mer.

NOS ADRESSES À KOS

INFORMATIONS UTILES

Kos

Banque Alpha – *Sur le port.* D'autres agences siègent autour de la place Eleftherias.
Poste centrale et OTE – *R. Pavlou.*
Police touristique – *À l'est du platane d'Hippocrate - ✆ 22420 224 44.*
Hôpital – *✆ 22420 223 00.*

ARRIVER / PARTIR

En avion

Aéroport – *25 km au sud-ouest de la ville de Kos - ✆ 22420 512 29 - www.kos-airport.com.*
Plusieurs liaisons quotidiennes avec **Athènes** *(55mn, à partir de 30 €)* et vols directs en saison avec la Belgique (Bruxelles, Liège et Ostende).
Aegean Airlines – *✆ 22420 516 54.*
Olympic Air – *✆ 22420 283 31.*
Jet Air Fly – *www.jetairfly.com.*
Ryanair – *www.ryanair.com.*

En bateau

En ferry, départ au bout du quai Kountouriotou *(derrière le château)*, liaisons avec **Le Pirée** *(1-2/j., 14h de trajet) via* **Kalymnos** *(6/sem.)*, **Patmos** *(6/sem.)*, **Amorgos** *(1/sem.)* et **Syros** *(2/sem.)*. Liaisons avec **Rhodes** *(1-2/j., 4-7h), via* **Symi** *(1-3/sem., 5h env.)*. Liaisons supplémentaires avec **Kalymnos** au départ de la station de Mastihari *(3-4/j., 1h15)*. Liaisons avec **Limnos** *via* **Samos**, **Chios** et **Lesvos** *(1/sem.)*.
En catamaran *(tte l'année, départ du quai Kountouriotou)* et hydroglisseur *(avr.-oct., départ du ponton entre le château et l'office de tourisme)*, liaisons avec **Rhodes** *(1-3/j., 2h env.)*, **Symi** *(1-2/j., 1h env.)*, **Kalymnos** *(1-5/j., 30mn env.)*, **Patmos** *(2-3/j. en sais., 3h env.)* et **Samos** *(1-2/j. en sais., 3h30 env.)*.
Capitainerie – *Quai Kountouriotou - ✆ 22420 265 94.*

TRANSPORTS

À deux-roues

Dans la ville de Kos, agences concentrées sur la rue Kanari. Pour sillonner la ville de Kos, l'Asklépiéion et les plages des environs, l'idéal est de louer un **vélo** ou un **scooter**.

En voiture

Dans la ville de Kos, agences rues Kanari et Vasileos Georgiou.
Bon à savoir – Si vous voulez visiter l'île, il est préférable de louer une voiture (ou une moto), car les distances sont importantes. Attention, des rafales de vent balaient les hauteurs et peuvent être dangereuses.

En bus

Bus urbains – *Station sur le port, au début de la rue Vas. Pavlou - 0,25 €.* Quelques lignes sillonnent les environs, dont Platani *(Asklépiéion, ligne 3, ttes les h env., 8h-21h)* et Agios Fokas *(ligne 1, ttes les 30mn env. en saison, 7h-23h)*.

Gare routière – *100 m à l'ouest de l'agence d'Olympic Airlines - ✆ 22420 222 92.* Liaisons avec **Zia** *(2-4/j. sf dim.)*, **Marmari** *(5-12/j.)*, **Mastihari** *(2-5/j.)* et **Kefalos** *(2-5/j.)*.

En taxi

Station sur le port, face au château - ✆ 22420 227 77.

HÉBERGEMENT

Kos

PREMIER PRIX

Nitsa – *47 r. Averof (tangente nord du port) - ✆ 22420 258 10 ou 69449 308 26 - www.nitsastudios.gr - ⊭ - 12 appart. 40 €.* Des studios spacieux s'ouvrant sur la mer, à 50 m de la plage et 200 m du port.

Sonia – *9 r. Irodotou (parallèle sud du port) - ✆ 22420 287 98 - www.pensionalexis.com - avr.-oct. - 14 ch. env. 40 €.* Au cœur du port, à moins de 100 m du quai central. Chambres simples et parquetées, avec ou sans salle de bains. Ambiance décontractée, animée par Sonia, qui se mettra en quatre pour vous aider, et par son fils Iannis. Agréable terrasse couverte au premier étage, fleurie de géraniums et auréolée par les branches d'un olivier.

Hotel Afendoulis – *1 r. Evripidou (tangente à la plage est) - ✆ 22420 253 21 - www.afendoulishotel.com - de mi-mars à mi-nov. - 23 ch. 30/50 €.* Au cœur d'un quartier résidentiel, des chambres confortables aux murs crépis, tenues à la perfection par Alexis.

BUDGET MOYEN

Hotel Maritina – *19 r. Vironos (à l'angle de la r. El. Venizelou) - ✆ 22420 235 11 - www.maritina.gr - 81 ch. 55/80 € ☕.* Un établissement de standing avec des chambres tout confort, en face des ruines du temple de Dionysos.

Mastihari

BUDGET MOYEN

Panorama – *Sur la plage ouest - ✆ 22420 591 45 - 8 studios 65 €.* Des studios les pieds dans l'eau. Bon rapport qualité-prix.

Baie de Kefalos

BUDGET MOYEN

Syrtaki – *Sur la plage (à 200 m de l'arrêt de bus) - ✆ 22420 721 39 - www.kefalos.biz - mai-oct. - ✕ ⊭ - 6 appart. env. 50 € ☕.* Babis, le patron, vous accueille à bras ouverts. Studios et deux-pièces spacieux face à la mer. Excellents *baklavas* de Ioanna.

RESTAURATION

Kos

PREMIER PRIX

Mummy's Cooking – *27 r. Bouboulinas (tangente au port) - ✆ 22420 285 25 - fermé dim. - ⊭ - 5/10 €.* Une adresse populaire, avec deux petites salles animées, sur fond de musique grecque.

Canadeza – *31 r. Artemisias (parallèle à la r. Vasileos Georgiou) - ✆ 22420 256 16 - ⊭.* Pizzas, spaghetti, lasagnes… rien de bien grec ici, et pourtant, le samedi soir, ce lieu résonne des rires des habitants venus en famille. Bonne cuisine.

Olympiada – *Près de la gare routière - ✆ 22420 230 31 - env. 15 €.* Une cuisine traditionnelle : salade de thon aux cébettes (petits oignons), porc au citron, choix de fromages, etc.

Platani

PREMIER PRIX

Arap – *Sur la rte de l'Asklépiéion - ✆ 22420 284 42 - de fév. à mi-nov. - ⊭ - env. 10 €.* Sur la grande place ombragée du bourg, un restaurant tenu par l'un des Turcs de la communauté de Platani :

kebab au yaourt, assortiment de grillades. Bonnes viandes.

Zia

PREMIER PRIX

Kefalovrissi – *À 1,5 km du centre, à pied, au sommet de l'escalier - ✆ 22420 696 05 - avr.-oct. - ⊘ - 10/15 €.* Magnifique terrasse sur le toit au pied du mont Dikeos, surplombant l'ensemble de l'île. Pour un repas traditionnel ou pour un verre accompagné de quelques *mezzes*.

Mastihari

PREMIER PRIX

Kali Kardia – *Face au port - ✆ 22420 592 89 - env. 10 €.* Grande taverne populaire, à l'abri du vent. Vaste choix de spécialités.

Baie de Kefalos

PREMIER PRIX

Maria – *Sur le bord de mer - ✆ 22420 711 32 - fermé en sem. en saison - 10/15 €.* Ici, on sélectionne ses poissons soi-même.

Stamatia – *Sur la plage, derrière l'arrêt de bus - ✆ 22420 712 45 - mai-oct. - env. 15 €.* Un des plus anciens établissements du lieu (1936). Cuisine à base de produits maison (fruits, légumes, poulets…). Grande baie vitrée face à la mer.

Agios Theologos

PREMIER PRIX

Agios Theologos – *Au-dessus de la plage d'Agios Theologos - ✆ 69745 035 56 - www.ag-theologos.eu - mai-oct. - ⊘ - 10/15 €.* Un cadre naturel somptueux pour une cuisine savoureuse et artisanale. Pain maison le dimanche…

BOIRE UN VERRE

Kos

À toute heure, les habitants se rassemblent sur la **place Eleftherias**, cœur battant de la cité : nombreux cafés branchés, dont deux occupent une ancienne mosquée. Hors mode, l'« Égli », situé sous les arcades, attire plutôt les anciens habitués.

EN SOIRÉE

Kos

Fiefs des adolescents d'Europe du Nord pendant la saison estivale, des dizaines de bars et de boîtes de nuit vibrent au son de la techno. La soirée commence sur le quai Koundouriotou, et autour des rues Diakou et Nafklirou. Elle continue au nord du port, en particulier au **Fashion Club**, en face des quais, ou au **Heaven**, au bout de la plage nord. Musique *live* aussi près de la station de taxi, notamment au **Hammam Club**.

ACTIVITÉS

Excursions en bateau

De nombreuses excursions sont organisées vers les îles voisines, ainsi que vers la Turquie. Départs entre 8h30 et 9h30. Se renseigner sur le port.

Plongée sous-marine

Plusieurs bateaux de plongée s'alignent sur les quais du port de Kos.

Pegasus diving Club – *Sur le port - ✆ 22420 215 53 - www.kosdivers.com.*

Sources Thermales

Empros – *12 km au sud de Kos.* La station est équipée d'un établissement thermal.

Plages

L'île possède de nombreuses plages de sable, dont celles de Tigaki, de Kefalos et de Kardamena.

Parmi les plus belles : Empros et **Agios Theologos** *(voir p. 503)*.

Léros

(Λέρος)

7 755 habitants - Région d'Égée du Sud - Unité régionale de Kalymnos - 54 km^2

NOS ADRESSES PAGE 508

S'INFORMER
Site Internet – *www.leros.gr (site officiel en anglais).*

SE REPÉRER
Carte de région A1 (p. 476).

ORGANISER SON TEMPS
Comptez une journée de visite.

Formé de trois péninsules, l'île de Léros dessine sept baies profondes où se lovent des plages abritées du vent et des vagues. Pendant longtemps, elle a servi de lieu de déportation, et sa réputation d'île maudite, aggravée par la présence d'un établissement psychiatrique démesuré, n'a pas favorisé le tourisme. C'est pourtant un bel endroit fréquenté par les Grecs qui apprécient ses paysages marins et ses collines plantées de tabac, de vergers, d'oliviers et de vignobles.

Se promener

Platanos et Agia Marina

Pour résister aux Italiens, les habitants de Léros firent du village de Platanos leur capitale. Ses maisons s'étagent sur une colline, accessible à pied ou en voiture depuis Agia Marina, l'un des principaux ports de l'île.
Escortée d'une file de moulins, une grande **forteresse byzantine** domine les lieux et sert d'observatoire militaire *(8h-12h30, 16h-20h - 2 €)*. Ses remparts offrent un panorama saisissant sur Léros au coucher du soleil.

Pandeli et Vromolithos

Au nord de Platanos, sur l'autre versant de la colline, les petites plages de Pandeli et de Vromolithos sont idéales pour couler des heures tranquilles à l'ombre d'un parasol. À la tombée du jour, on quitte paresseusement son transat pour choisir la meilleure table au bord de l'eau, à quelques mètres de là...

À SAVOIR
Léros est montagneuse et fertile. Elle possède deux ports : Agía Marína et Lakkí, considéré comme l'un des plus grands ports naturels de la Méditerranée.

★ Plage de Blefouti

9 km au nord de Platanos.
À l'est de l'aéroport, c'est la plus belle de l'île.

Alinda

Au nord de Platanos, la principale station balnéaire de l'île est composée d'immeubles modernes bordant la plage.

Agios Isidoros

À l'ouest de Platanos.

Cette église, symbole de Léros, se trouve sur un rocher relié au reste de l'île par un isthme particulièrement étroit.

Lakki

Au fond d'une baie, l'endroit fut aménagé en base navale par les Italiens pendant la Seconde Guerre mondiale. Les bâtiments, imposants, sont en partie désertés. À l'ouest de Lakkí s'étendent deux belles plages : celles de **Koulouki** et de **Merikia**.

NOS ADRESSES À LÉROS

TRANSPORTS

En bateau

Du **Pirée**, un ferry tous les jours en été. Les îles de **Kos**, **Kalymnos**, **Rhodes**, **Samos** et **Lipsi** sont reliées à l'île tous les jours.

En avion

Aéroport de Partheni – *À une dizaine de km de la capitale.* 1 vol/j. au départ d'Athènes.

HÉBERGEMENT

Pandeli

PREMIER PRIX

Studios Happiness – *22470 234 98 - www.studios-happiness-leros.com - - 35/55 € - accès Wi-Fi.* À 50 m de la plage, cette pension familiale, noyée sous les bougainvilliers, propose des chambres, studios ou appartements.

RESTAURATION

Agia Marina

BUDGET MOYEN

Taverne Mylos - *À l'extrémité ouest d'Agia Marina sur la route d'Alinda – 22470 248 94 - .* Aisément reconnaissable à son moulin en bord de mer, cette maison abrite l'une des meilleures tables de Léros. Poisson frais et plats inventifs. Réservation impérative en haute saison.

Pandeli

PREMIER PRIX

Psaropoula - *22470 252 00 - www.psaropoula.co.uk - 15/20 €.* La taverne la mieux placée de la plage.

PETITE PAUSE

Pandeli

Savana Bar – *Au bout du port de Pandeli - 22470 239 69 - www.savanabar-leros.com - à partir de 22h.* C'est le bar où se retrouvent les couche-tard de Pandeli.

Vromolithos

Café del Mar – *22470 247 66.* Un bel endroit pour déjeuner sur le pouce, prendre un verre en soirée et profiter de la vue imprenable sur la baie.

Le port de pêche à Lientou.
A. Serrano / hemis.fr

Lipsi

(Leipsoí - Λειψοί)

783 habitants - Région d'Égée du Sud - Unité régionale de Kalymnos - 15 km²

NOS ADRESSES PAGE 510

S'INFORMER
Informations touritiques – *En face du débarcadère - ✆ 22470 412 50.*

SE REPÉRER
Carte de région A1 (p. 476).

À NE PAS MANQUER
Les balades à pied sur l'île et ses plages.

ORGANISER SON TEMPS
Comptez une journée de visite.

Délaissée par les touristes, Lipsi, avec ses plages tranquilles, ses sentiers délicieux et son village plein de charme, vit bien paisiblement, loin de toute agitation. Dans les tavernes du port, goûtez un poulpe ou un poisson, les pêcheurs de l'île les ont rapportés le matin même.

Se promener

Lientou

Petit port et capitale de l'île, au fond d'une baie profonde, Lientou connaît une animation pittoresque. Une plage assez fréquentée se trouve non loin de là.

L'église **Panagia tou Charou** abrite une belle icône représentant la Vierge portant le Christ crucifié.

★ Plages

Elles sont nombreuses et agréables. Outre celle de Lientou, vous pourrez profiter de celles de **Platis Gialos** *(au nord)* ou de **Monodendri** *(à l'est)*. Dans le port, un bateau emmène les vacanciers sur les plages ou sur les îles voisines. Les **promenades**★★ sont superbes.

Randonnées

Faciles, elles permettent de découvrir des paysages reposants. Certaines agences de voyages du village proposent des cartes de l'île indiquant les randonnées.

NOS ADRESSES À LIPSI

TRANSPORTS

En bateau
Liaisons tous les jours en hydroglisseur au départ de **Patmos** et de **Léros** ; depuis **Le Pirée**, changement à Patmos.

HÉBERGEMENT

PREMIER PRIX

Hôtel Aphroditi – *Lientou (près du débarcadère) - ✆ 22470 410 00 - www.hotel-aphroditi.com -* . Beaux studios modernes face à la plage.

RESTAURATION

PREMIER PRIX

Café du Moulin – *Lientou, pl. de l'église ✆ 22470 413 16-* . Spécialités locales. Accueil francophone irréprochable.

AGENDA

Fête du vin – L'île possède un petit vignoble. Autour du 10 août.

Pèlerinage à l'église de Lientou et fête du village – Du 23 au 26 août.

Au-dessous du volcan.
F. Guiziou / hemis.fr

Nissiros

(Νίσυρος)

★

1 210 habitants - Région d'Égée du Sud - Unité régionale de Kos - 37 km²

NOS ADRESSES PAGE 512

S'INFORMER
Site Internet – *www.nisyros.gr (site officiel en français).*

SE REPÉRER
Carte de région A1 (p. 476).

ORGANISER SON TEMPS
Comptez une journée de visite au moins.

Avec ses roches singulières, Nissiros, volcan à demi-endormi, plaira aux amateurs de géologie. Vivant au rythme des visiteurs du jour en provenance de Kos, l'île retrouve chaque soir sa sérénité. Sa capitale, Mandraki, est l'un des plus beaux villages du Dodécanèse.

Se promener

★ Mandraki

C'est un village tout blanc dominé par une muraille antique et un château médiéval construit par les chevaliers de Rhodes. Ce dernier abrite le monas-

LES VOLCANS EN MER ÉGÉE
Les reliefs volcaniques les plus connus sont ceux de Santorin, Folegandros, Milos, Nissiros, Kos, Lesvos. Celui de **Santorin** est un immense cratère envahi par la mer, d'où émergent des vapeurs chaudes. Celui de Nissiros est plus « classique », mais aussi plus récent (16e s.), du moins dans sa physionomie actuelle. Comme pour les volcans d'Auvergne, rien ne permet de dire qu'il n'y aura pas de nouvelles éruptions spectaculaires. Dans dix ans, mille ans, cent mille ans ? Ou jamais ?

tère de la Panagia Spiliani et son église troglodytique. Vous pouvez également visiter un petit **musée des Traditions populaires**.

★ Volcan (Ifaisteio)

Bus au départ de Mandraki.

Conseil – Prévoyez de bonnes chaussures.

Après avoir traversé les villages côtiers de **Loutra** et de **Paloi** (sources thermales soignant l'arthrite et les rhumatismes), et le village d'**Emboreios**, vous arrivez sur le plateau central de Lakki, à l'extrémité duquel se trouvent plusieurs cratères, dont celui de Stefanos, formé en 1522 par l'explosion du volcan. Vous pouvez descendre à pied au fond du cratère où jaillissent des vapeurs de soufre.

Plages

Vous en découvrirez quelques-unes, toutes de sable noir. Les plus belles se situent dans le nord de l'île.

NOS ADRESSES À NISSIROS

INFORMATIONS UTILES

Sécurité

Police – *22420 312 01.*

Santé

Centre de soins – *22420 312 17.*

TRANSPORTS

En bateau

De **Rhodes**, 2-3 ferries/sem.
De **Kos**, bateaux tous les jours.
De **Tílos**, 1 catamaran/sem., du **Pirée**, 1 ferry/sem.

HÉBERGEMENT

Mandraki

PREMIER PRIX

Porfyris – *Au centre du village - 22420 313 76 - de déb. mai à mi-oct. - 45 ch. 60 €.* Vous résiderez dans des chambres modernes et pourrez profiter de la piscine d'eau de mer.

Patmos

(Πάτμος)

★★★

3 118 habitants - Région d'Égée du Sud - Unité régionale de Kalymnos - 34 km²

NOS ADRESSES PAGE 518

S'INFORMER
EOT – *Bâtiment blanc face au débarcadère - ✆ 22470 316 66 - www.patmos-island.com.*

SE REPÉRER
Carte de région A1 (p. 476) - Carte de l'île p. 515.

À NE PAS MANQUER
Une balade dans les ruelles de la ville haute (Hora) ; le monastère St-Jean-le-Théologien ; une baignade sur les plages de Kampos, Grikos et de Psili Amos.

ORGANISER SON TEMPS
Comptez deux jours. Circulez à deux-roues, le meilleur moyen de visiter l'île. Renseignez-vous avant le départ sur les dates des fêtes traditionnelles, souvent hautes en couleur.

L'île où l'apôtre saint Jean aurait eu la révélation et écrit son Apocalypse accueille chaque année des milliers de pèlerins et de touristes. Chrétiens ou laïcs, tous viennent visiter la grotte du prophète et, surtout, l'impressionnant monastère byzantin qui lui est dédié. La silhouette massive de cet édifice crénelé se découpe sur les hauteurs au centre de l'île, attirant tous les regards. Mais le caractère mystique de ces deux sanctuaires s'accorde désormais avec des plaisirs plus profanes, car Patmos s'est également ouverte à un tourisme de loisirs. Verte et fleurie au printemps, aride et rocailleuse en été, l'île montre plusieurs visages, à découvrir au fil de ses plages et de ses anses rocheuses. Une exploration d'autant plus plaisante que Patmos est une île à échelle humaine, où les distances sont courtes et la circulation aisée.

Se promener Carte de l'île p. 515

Aujourd'hui, si la vie de l'île ne s'organise plus exclusivement autour du monastère, une **spiritualité diffuse** règne toujours à Patmos. Elle s'exprime lors des fêtes religieuses, en particulier à la pâque orthodoxe, que l'on célèbre ici avec faste et recueillement. Vous la ressentirez aussi au cours de vos promenades quand, au détour d'un chemin, au sommet d'une colline, vous tomberez immanquablement sur l'une des innombrables chapelles dont la blancheur immaculée se découpe sur fond de ciel bleu. Un séjour à Patmos ne sera cependant pas uniquement consacré à l'histoire et au patrimoine, tant les **plages** et les criques isolées y sont attirantes.

Une histoire religieuse

L'île connut successivement la présence des Mycéniens, des Doriens puis des Ioniens. L'Empire romain y déporta ses condamnés politiques, dont **saint Jean l'Évangéliste** pour avoir prêché la foi chrétienne à Éphèse.

JEAN, L'APÔTRE DE LA FIN

Saint Jean l'Évangéliste, dit le Théologien chez les orthodoxes, se voulait être « celui qu'aimait Jésus ». De fait, il aurait été l'un de ses premiers disciples, et le dernier à l'accompagner : il aurait assisté à sa crucifixion et reçut de lui la mission de veiller sur sa mère. Jean aurait ainsi emmené Marie à Éphèse, où il aurait prêché la parole du Christ avec tant de charisme que l'empereur Domitien aurait préféré l'envoyer en exil à Patmos, en 95. C'est là qu'il aurait rédigé, outre son Apocalypse, son Évangile et ses épîtres. Revenu à Éphèse ensuite, il y aurait prêché jusqu'à sa mort, vers la fin du règne de Trajan (98-117).

UN MONASTÈRE PRÉSERVÉ

Mille ans plus tard (1088), l'empereur byzantin Alexis Comnène fit don de Patmos au moine Christodule Létrinos pour qu'il y fonde un monastère à la mémoire du saint apôtre. Les reliques de celui-ci, ramenées dans l'île après sa mort à Éphèse, attirèrent bientôt nombre de pèlerins. Les privilèges accordés dès lors au monastère firent de Patmos une puissance économique, dotée d'une force navale qui permit de tenir à distance les pirates écumant la région. Sous protection papale après la chute de Constantinople, le monastère resta à l'écart des destructions des Turcs lorsque ceux-ci s'emparèrent de l'île en 1537. Les Vénitiens, qui mirent pourtant le reste de l'île à sac en 1659, lui montrèrent le même respect. Épargné par les guerres, le monastère St-Jean-le-Théologien put ainsi maintenir son activité et, au 18e s., il se dota même d'une importante école, l'**école de Patmos**, dont l'enseignement acquit rapidement une grande renommée et participa au réveil du sentiment national. Mais Patmos resta sous domination ottomane jusqu'à ce qu'en 1912, comme tout le reste du Dodécanèse, elle fut absorbée par l'empire colonial italien pour n'être rattachée à la Grèce qu'en 1948.

NIPTIRAS, LA PÂQUE À PATMOS

Île sainte, Patmos se doit de fêter Pâques avec ferveur. Le Jeudi saint, comme dans toute la Grèce, des centaines de fidèles se pressent à Hora pour suivre la cérémonie du Niptiras, cérémonie qui reproduit le geste du Christ auprès de ses disciples, avant de les réunir autour de lui pour la Cène, son dernier repas : l'higoumène lave ainsi les pieds de 12 moines, rituel que firent avant lui tous les empereurs byzantins. Le dimanche de Pâques, des œufs peints en rouge (symbole du sang du Christ) sont distribués à l'assistance pour signifier la fin du jeûne pascal.

SKALA (ΣΚΑΛΑ)

Skala, principale agglomération et seul port de l'île, comprend deux anses : l'une accueille les bateaux de passagers et de marchandises ; l'autre, au bout de la baie (200 m plus au nord), reçoit les bateaux de plaisance.

C'est une petite bourgade agitée, surtout en été avec le flux des touristes. Il faut dire qu'autour du beau bâtiment crénelé de la capitainerie, elle regroupe la majorité des hôtels, restaurants, cafés et magasins de souvenirs de l'île. Elle demeure cependant pittoresque et attachante avec ses ruelles et ses quais où se rangent les barques colorées des pêcheurs. En grimpant à l'ouest de Skala, sur la colline de Kasteli *(20mn à pied)*, vous profiterez d'une belle **vue★** sur les îles environnantes, le port et ses maisons blanches et, bien sûr, le monastère.

★ LA GROTTE DE L'APOCALYPSE (APOKALIPSI)

Comptez 30mn de visite. Arrêt de bus à proximité. 20mn à pied de Skala ou de Hora. 8h-13h30 (dim., mar. et jeu. 16h-18h) - gratuit.

Sur la route en lacet, à mi-chemin entre Skala et Hora, se dresse un petit monastère fortifié, construit au 17e s. puis agrandi. Caché dans une pinède, l'endroit, aéré, fleuri et paisible, offre une belle **vue★** sur la baie de Skala. Difficile de concevoir qu'un tel environnement fut le lieu de relégation de saint Jean : quelques marches, encadrées par les cellules des moines, descendent à la grotte sacrée, antre rocheux où l'apôtre aurait reçu l'inspiration de l'*Apocalypse* (du grec *Apokalipsis* qui ne signifie pas « destruction » mais « révélation »). Transformée en sanctuaire, la grotte abrite le « reposoir » de l'apôtre, petite niche creusée dans la pierre et cerclée de métal où Jean aurait eu l'habitude de poser sa tête pour dormir, ainsi que des **peintures du 12e s.** découvertes en 1973.

★★★ LE MONASTÈRE ST-JEAN-LE-THÉOLOGIEN (AGIOS IOANIS THEOLOGOS)

Comptez 1h de visite. ✆ *22470 312 23/3 36 - 8h-13h30 (dim., mar. et jeu. 16h-18h) - gratuit.*

Visibles du large, les murs crénelés du monastère, masse impressionnante, jaillissent au-dessus des maisons blanches de Hora telle une couronne de pierres. Précédant l'entrée de la forteresse, une petite terrasse domine la ville, offrant un superbe **point de vue★★** sur Skala et sur toute la partie nord de l'île. Une minuscule chapelle s'y dresse, dédiée aux saints apôtres.

On pénètre à l'intérieur du monastère par une étroite **porte** du 12e s., surmontée d'un clocher à peigne. Pavée de galets noirs, la cour centrale forme une place étroite, agrémentée sur son flanc gauche par les élégantes arcades de la **galerie** de l'église, qui abritent de belles **fresques** des 17e et 19e s. La galerie ouvre sur le **katholikon★** *(l'église principale)*, la partie la plus ancienne du monastère, lui aussi décoré de fresques. Sa coupole sur tambour coiffe un plan en croix grecque.

Au monastère, le dogme interdisait que l'on assiste plus d'une fois par jour à la messe dans la même église. Aussi compte-t-on une dizaine de chapelles entre ses murs, dont deux jouxtent le *katholikon* : la **chapelle de Christodule** qui abrite les reliques du saint, une belle **iconostase** et des **fresques** ; la **chapelle de la Vierge**, à voir pour son très bel ensemble de **fresques★★** de la fin du 12e s. et son **iconostase** en bois polychrome.

De l'autre côté de la cour, ne manquez pas le **musée★** *(mêmes horaires - 6 €)*, d'une grande richesse : il renferme de rares manuscrits provenant de la bibliothèque, ainsi que des **icônes★★** byzantines et postbyzantines, un **chrysobulle** relatant la fondation du monastère, des évangéliaires aux belles enluminures, des calices, des broderies et des vêtements liturgiques, etc. La bibliothèque, *(fermée)*, est l'une des plus riches et des plus anciennes du monde byzantin. Elle recèle près de 4 000 ouvrages, bulles patriarcales, parchemins, manuscrits et livres rares en grec, en latin, en araméen et en langues slaves.

Le reste du bâtiment offre un bel exemple d'architecture monastique byzantine : cuisine et réfectoire *(fermés pour restauration)* décorés de nombreuses **fresques** des 12e et 13e s., entrepôt, citerne, boulangerie et chapelles. Grimpez à l'étage : la première **terrasse★** donne une intéressante perspective sur la cour *(les terrasses supérieures ne se visitent pas)*.

★★ HORA (ΧΩΡΑ)

Telle la souche d'un énorme chêne, le monastère semble retenir par ses racines le bourg de Hora, dont les maisons immaculées s'accrochent au flanc de la colline. À l'inverse de Skala, la ville haute est restée à l'écart de la frénésie touristique. Si l'on y trouve quelques tavernes assez chic, il n'y a en revanche aucun hôtel. Hora a gardé son architecture traditionnelle des 16e et 17e s., composant un charmant dédale d'escaliers ponctués de passages couverts, de venelles chaulées que jalonnent de petites **maisons à arcades★** et des **belles demeures néoclassiques★** des armateurs des siècles passés. Ces dernières se distinguent par leurs fenêtres à fronton et leurs portails austères ornés de heurtoirs de bronze aux effigies antiques. À Hora, la vie, ponctuée par les cloches, est calme et discrète.

Enfoncez-vous dans ces ruelles qui se cachent derrière le monastère, à l'ouest – un quartier très pentu – et au nord : ce sont les plus calmes et les plus jolies. Au nord du bourg *(en haut à droite de la station de taxi)*, allez flâner sur la petite place de l'**hôtel de ville★** (élégant bâtiment néoclassique), d'où l'on a une belle

Le monastère St-Jean-le-Théologien.
A. Serrano / hemis.fr

vue★★ sur l'Égée. À proximité, vous pourrez encore profiter du beau jardin fleuri du **couvent de Zoodochos Pigi** et de ses fresques du 17e s.

DE CRIQUES EN PLAGES

Bon à savoir – Le vent dominant soufflant du nord-ouest, optez plutôt pour les plages de la côte est, abritées et très belles.

Il existe quelques lieux de villégiature plus tranquilles que Skala, notamment dans la **baie de Grikos★** *(en bus ou caïque depuis Skala)*, anse profonde où vous pourrez vous détendre à la **plage de Petra** *(longez la baie sur 500 m)*, un croissant de sable frangé de marais qui fait face à l'**îlot de Traonisi**. À proximité se dresse le **Kalikatsou★**, un haut rocher de forme étrange où des générations de moines se seraient retirées en ermites, comme en témoignent l'escalier, le puits et les terrasses taillées dans la roche. De là-haut, la **vue★★** sur la baie est splendide. En longeant le bord de mer sur encore 300 m, vous aboutirez à un minuscule **port de pêche** caché derrière un rocher et jouxtant le petit chantier naval de **Diakofti** encore en activité.

Autre site intéressant, la **baie de Meloi★**, au nord-est de Skala, jouit d'une plage ombragée de tamaris, de même que la plage de sable de **Kampos**, plus au nord, en dessous du village du même nom.

Les amateurs de solitude préféreront les criques moins accessibles du nord de l'île. Côté est : les plages de galets de **Vagia**, de **Didimes** et de **Geranos** ; côté ouest : la **plage de Lampi**, ventée et couverte de curieux galets multicolores polis par le ressac.

À l'extrême sud-ouest, la charmante **plage de Psili Amos★** a des allures de « bout du monde ». Quelques naturistes discrets y pratiquent parfois le camping sauvage. On y accède en caïque *(depuis Skala ou Grikos)*, ou au terme d'une belle **promenade★** sur un sentier de mule, escarpé mais sûr, dominant le littoral à partir de l'est de la baie de Stavrou *(depuis l'isthme de Diakofti après la taverne isolée et la ferme, 40 mn à pied)*. La plage peut être surpeuplée en été.

NOS ADRESSES À PATMOS

INFORMATIONS UTILES

Skala

Banque nationale de Grèce – *Sur la place, en face du débarcadère.*
Emporiki Bank – *En face du port des passagers.*
Poste – *Bâtiment blanc face au débarcadère.*
Police touristique – *Bâtiment blanc face au débarcadère - ✆ 22470 316 66.*
Centre de soins – *✆ 22473 600 00.*
Internet – *Dodoni Gelateria, rue principale de Skala - ✆ 22470 322 02.*
Laverie – *Just Like Home, port de plaisance (derrière le café Marina) - ✆ 22470 331 70.*

ARRIVER / PARTIR

En bateau

En ferry, liaisons avec **Le Pirée** *(4/sem., 8h de trajet env.)* Liaisons avec **Rhodes** *(4/sem., 8h) via* **Leros**, **Kalymnos**, **Kos** *(4/sem.)* et **Symi** *(1-3/sem.)*.
Liaisons avec **Limnos** *via* **Samos**, **Chios** et **Lesvos** *(1/sem.)*. Liaisons directes avec **Samos** *(3/sem., 3h)*.
En saison *(avr.-oct.)*, liaisons en hydroglisseur avec **Rhodes** *(2-3/j., 5h env.)*, **Symi** *(1-2/j., 4h env.)*, **Kos** *(1-4/j., 2h env.)*, **Kalymnos** *(1-4/j., 1h30 env.)* et **Samos** *(1-2/j. en sais., 1h30 env.)*.
Capitainerie – *Bâtiment blanc en face du débarcadère - ✆ 22470 312 31.*

TRANSPORTS

À deux-roues

Loueurs en face des deux ports. Compte tenu de l'étendue restreinte de l'île et du bon état des routes, le scooter est le moyen de transport idéal. Une seule **station-service**, à la sortie de Skala *(dir. Lampi)*.

En bus

Station de Skala – *Face au débarcadère - tarif unique 1,50 €.* Liaisons avec Hora *(8/j.)*, Grikos *(4-8/j.)* et Kampos *(3-4/j.)*. Liaisons supplémentaires entre Hora et Grikos *(1-6/j.)*.

En bateau

En saison, des bateaux-taxis desservent tous les jours les plages de l'île qui ne sont pas accessibles par la route *(renseignez-vous au port)*.

En taxi

Station de Skala – *Entrée du débarcadère - ✆ 22470 312 25.* Comptez pour Hora 6 €, Grikos 6 €, Kampos 8 € et Lampi 11 €.

Location de véhicules

Loueurs à Skala, à proximité du débarcadère.
Moto Rent Express – *Derrière la police maritime - ✆ 22470 32 088.*
Conseil – Réservez à l'avance pendant la haute saison.

HÉBERGEMENT

Bon à savoir – Pour Hora, quelques chambres chez l'habitant uniquement *(renseignez-vous auprès de l'EOT ou consultez le site Internet)*.

Skala

PREMIER PRIX

Sydney – *Rte tangente au port de plaisance (au niveau du loueur Australis) - ✆ 22470 316 89 - avr.-oct. - ⊠ - 11 ch. 40/50 € (pas de petit-déj.).* Une petite pension agencée autour d'une courette fleurie, tenue par l'affable Maria. Chambres simples, dont une comprend une vaste terrasse.

Australis – *Rte tangente au port de plaisance, près du loueur Australis - ✆ 22470 315 76 ou 69772 722 74 - avr.-oct. - ⊭ - 20 ch. et 4 appart. env. 40 €.* Araucarias, bougainvilliers, lauriers, rosiers… Dans un magnifique jardin fleuri entretenu avec passion par le patron Fokas, l'hôtel dispose de chambres attrayantes et bien tenues. Quelques grands appartements. Idéal pour les familles *(tarifs préférentiels).*

BUDGET MOYEN

Stefanos – *Au bout du port de plaisance - ✆ 22470 324 15 ou 69450 672 06 - ▤ ⊭ - 4 appart. 65 €.* Une petite maison isolée au milieu des champs, avec vue sur la baie et le monastère au fond. Studios spacieux et bien équipés.

Villa Knossos – *Voisin de l'Australis - ✆ 22470 321 89 ou 69458 142 73 - www.villaknossos.com - ▤ ⊭ - 7 ch. et 2 studios 70 €/90 € (3 pers. 120 €) - Wi-Fi.* Au cœur d'un petit jardin luxuriant se nichent des chambres et des studios tout confort et tout équipés (rien n'a été oublié !), donnant sur un balcon ou une terrasse. Les propriétaires, aux petits soins, n'hésiteront pas à venir vous chercher et à vous ramener au port en voiture.

POUR SE FAIRE PLAISIR

Blue Bay – *À 300 m vers la gauche en quittant le débarcadère - ✆ 22479 311 65/340 65 - www.bluebaypatmos.gr - ▤ CC - 27 ch. dont 2 suites, 90 € ☕.* Au calme, le long de la côte à 3mn à pied de Skala, ce bel hôtel familial tout blanc est protégé des rumeurs du port par un promontoire rocheux. Surplombant la mer, il dispose de chambres lumineuses et confortables à flanc de colline dont la plupart, dotées de balcons, offrent une vue magnifique sur la mer. L'accueil est agréable. Une excellente adresse !

Grikos

POUR SE FAIRE PLAISIR

Captain Manos – *Rte de Hora - ✆ 22470 331 42 - ▤ ⊭ - 6 appart. à partir de 80 €.* Des studios et des deux-pièces à une minute de la plage, avec vue sur la petite baie et l'îlot Traonisi.

Meloi

PREMIER PRIX

Stefanos – *Sur la plage de Meloi (à gauche) - ✆ 22470 318 21 ou 69450 672 06 - de Pâques à mi-oct. - ✕ ⊭ - 250 empl. env. 15 €.* De beaux emplacements isolés et ombragés par des roseaux, à proximité de la plage. Accueil charmant d'Irini et enthousiaste de son père Vassilis. Bon restaurant tenu par le frère. Location de scooters.

Lampi

POUR SE FAIRE PLAISIR

Dolphin – *Sur la plage - ✆ 22470 319 51 ou 69326 583 00 - mai-oct. - ▤ ⊭ - 4 appart. env. 80 €. en août.* Agréables studios près de la plage.

RESTAURATION

Skala

PREMIER PRIX

Gorgones (Mermaids) – *À gauche en quittant le débarcadère - ✆ 22470 320 55 - env. 10 €.* Sous l'enseigne aux deux sirènes, une taverne familiale sympathique où déguster d'excellent plats du jour avec un fond musical discret de jazz.

Tzivaeri – *Le long de la plage après le parking - ✆ 22470 311 70 - env. 15 €.* Ne pas confondre avec la pizzeria du rez-de-chaussée ce restaurant qui, au 1er étage, propose une cuisine grecque authentique et soignée.

To Trehantiri – *Au bout de la rue piétonne principale - ☎ 22470 340 80 - env. 16 €.* Cette *ouzerie* est le rendez-vous des Patmiens qui l'apprécient pour la qualité de ses poissons.

Hiliomodi – *Sur la rte menant à Hora, deuxième ruelle à gauche - ☎ 22470 340 80 - le soir - ⊘ - env. 10 €.* Une petite taverne traditionnelle, cachée dans une ruelle tranquille. Cake à la pieuvre, assortiments de poissons frais grillés.

Hora

BUDGET MOYEN

Loza – *Au-dessus du parking dans une ruelle menant sur la pl. de la mairie - ☎ 22470 324 05 - avr.-oct. - CC -15/20 €.* Sans doute la plus belle terrasse de Hora, dominant toute la partie nord de l'île. Cuisine savoureuse et créative : tarte aux épinards, salade de lentilles aux olives, spaghetti au saumon et à la vodka.

Grikos

PREMIER PRIX

O Stamatis – *Sur le port - ☎ 22470 313 02 - ⊘ - de Pâques à fin oct. - 5/15 €.* L'une des adresses les plus réputées de l'île : tarama fondant et léger, *stifado* de lapin, spaghetti au poulpe.

Meloi

PREMIER PRIX

To Meloï – *Sur la plage - ☎ 22470 318 88 - ⊘ - mai-oct. - 10/15 €.* Une terrasse ensoleillée face à la paisible baie, où l'on savoure une cuisine familiale : aubergines farcies à la viande, fèves, beignets au poulpe.

Kampos

PREMIER PRIX

Kavourakia – *Sur la rte longeant la plage - ☎ 22470 317 45 - ⊘ - 10/15 €.* Une agréable terrasse à l'ombre de la vigne, avec la mer en arrière-plan.

Lampi

PREMIER PRIX

Lampi – *Sur la plage - ☎ 22470 314 90 - de Pâques à déb. oct. - ⊘ - 10/15 €.* Les clients prennent sans hésitation possession des galets : tables et chaises sur la plage. Langouste, maquereau, morue et *saganaki* flambé au *tsipouro*.

BOIRE UN VERRE

Skala

Arion Café – *En face du débarcadère - ☎ 22470 315 95.* La première terrasse en vue, en arrivant à Patmos. Belle salle intérieure.

Art Café – *Derrière la police maritime - ☎ 22470 330 92 - à partir de 19h.* Une salle cosy et deux petites terrasses romantiques avec vue sur le port pour boire un verre le soir sur fond de musique d'ambiance.

AGENDA

La **Semaine sainte** est un moment fort, particulièrement le Jeudi saint à Hora (pendant la cérémonie, 12 moines représentant les apôtres se font laver les pieds, à 11h), et le dimanche de Pâques, où le traditionnel repas, constitué de la *mayiritsa* (soupe d'abats d'agneau), est consommé à minuit pour fêter la fin du jeûne.

St-Pantelemion – Sur l'îlot de Hiliomodi, le 27 juillet.

Transfiguration – Le 6 août, l'occasion d'une grande cérémonie au village de Kampos.

15 août – Au village de Kampos, une grande cérémonie se déroule pour l'Assomption.

Rhodes

(Rodos - Ρόδος)

★★★

100 001 habitants - Région d'Égée du Sud - Unité régionale de Rhodes - 1 400 km²

NOS ADRESSES PAGES 533 ET 545

S'INFORMER

EOT de la ville de Rhodes – Plan II, A1 - *À l'angle des r. Makariou et Papagou - ✆ 22410 443 35/443 33 - www.ando.gr/eot.* Service professionnel, informations exhaustives, réservation d'hébergement, etc. Police touristique dans le même bâtiment.

Office du tourisme municipal – Plan II, A1 - *Pl. Rimini - ✆ 22410 359 45 - www.rodosisland.gr (en français) et www.rhodes.gr (en anglais).*

Ces deux organismes distribuent le *Rodos News*, journal estival gratuit en anglais (plans, informations).

Île de Rhodes - Informations touristiques – *Place centrale de Lindos - ✆ 22440 319 00 ou 22440 312 27.*

SE REPÉRER

Carte de région B1-2 (p. 476) - Carte de l'île p. 540 - Plans de la ville p. 526 et p. 528-529. *Carte Michelin 737 R 13.*

À NE PAS MANQUER

Dans la ville de Rhodes, le quartier des Chevaliers, la vieille ville à partir des remparts. Outre la capitale, les villes antiques de Kamiros et Lindos ; profiter des plages désertes du sud et de la fraîcheur de l'intérieur.

ORGANISER SON TEMPS

Comptez au moins 3 jours pour visiter la ville de Rhodes et au moins 2 jours pour vous promener dans l'île. N'hésitez pas à découvrir Rhodes hors saison, même en hiver.

AVEC LES ENFANTS

Montrez-leur les bateaux remplis de coquillages amarrés dans le port de pêche de la ville de Rhodes et visitez l'aquarium. Dans l'île, la vallée des Papillons et la montée à dos d'âne à l'acropole de Lindos.

C'est en arrivant par bateau que l'altière cité médiévale de Rhodes se révèle de la plus belle façon. Derrière ses remparts ocre hérissés de tours s'étend un labyrinthe de ruelles pavées, barrées d'arches et de passages étroits, un vrai décor de cinéma malgré les boutiques pour touristes. Anciennes mosquées et fontaines ottomanes ajoutent une note orientale. L'île s'étend sur plus de 70 km au sud de l'agglomération moderne de la capitale. La variété des paysages lui donne l'allure d'un continent miniature. Sur le littoral, les rochers alternent avec des plages de sable ou de galets fins, bordant une mer souvent agitée sur la côte est, mais bien plus calme sur la côte ouest. Épine rocheuse s'étirant du nord au sud, le massif de l'Ataviros est l'écrin de vallées boisées et de plaines agricoles, bien arrosées, très fleuries et colorées au printemps.

Se promener dans la ville de Rhodes Plan II p. 528-529

Bon à savoir – Pour vous orienter dans la vieille ville, fiez-vous plus aux panneaux municipaux qu'aux plans touristiques, souvent sommaires.

Conseil – Évitez les chaussures à talons : les rues pavées de galets sont nombreuses.

★★★ LE QUARTIER DES CHEVALIERS (COLLACHIUM) Plan II

Comptez une demi-journée.

Bon à savoir – Il existe un ticket combiné à 10 € comprenant l'entrée au palais des Grands Maîtres et celles aux Musées archéologique, byzantin et des Arts décoratifs.

★ Le palais des Grands Maîtres (Palati megalon magistron) Plan II, A1

Comptez 1h30 de visite. Pl. Kleovoulou - ☏ 22413 652 70 - en saison : 8h-16h ; hors saison : 8h-15h - fermé lun. - 6 €.

En fait de palais, les Grands Maîtres de l'ordre de St-Jean érigèrent une véritable forteresse militaire. Gravement endommagée par un tremblement de terre, suivi de peu par l'explosion d'une poudrière en 1856, celle-ci fut reconstruite par les Italiens… dans un style parfois peu conforme à l'architecture gothique provençale d'origine, qui rappelait le palais des Papes d'Avignon. Mais le bâtiment conserve toute son allure altière et impressionnante.

Il s'organise autour d'une grande **cour★** carrée à arcades, dallée de marbre, ponctuée par des statues romaines. D'immenses silos à céréales se cachent au niveau inférieur, sous la cour, réserves destinées aux défenseurs en prévision de longs sièges. De même, des magasins souterrains s'étagent sous le palais, où l'on stockait équipements, armes et munitions *(fermé à la visite)*.

La visite du **palais★** emprunte une succession de vastes pièces à colonnades ou à ogives, souvent revues à la mode de Victor-Emmanuel III. Décorées de coffres et de tapisseries, elles exposent aussi des **mosaïques grecques et romaines★**, provenant pour la plupart de Kos.

Les **salles souterraines★** *(accès par la cour)* abritent deux expositions d'un grand intérêt. L'une *(45mn)*, consacrée à la **Rhodes antique**, présente poteries, perles, statues, ornements funéraires, bijoux et ustensiles évoquant la vie quotidienne. L'autre *(30mn)* a trait à la **Rhodes médiévale**, illustrée notamment par de belles icônes du 14e-15e s. et par quelques fresques du 12e s.

En sortant du palais, prenez à gauche pour descendre l'Ipoton.

Le palais des Grands Maîtres et les remparts.
Alamer / Iconotec / Photononstop

★★ La rue des Chevaliers (Ipoton) Plan II, A1

Jalonnée par **les auberges** des différentes nationalités de l'ordre des chevaliers *(voir encadré ci-dessous)*, sobres bâtisses aux murs lisses protégés par des arcades, cette rue pavée compose un ensemble gothique (15e s.) de toute beauté. Reprenant le tracé d'une voie antique, elle épouse sa forme rectiligne, qui tranche avec le dédale sinueux de la ville. Passé la loge St-Jean, portique à deux ailes qui marque l'entrée du palais, on atteint l'auberge de Provence *(à gauche)*, qu'une arche relie à l'auberge d'Espagne.

Toujours sur la gauche vient ensuite le joyau de l'Ipoton : la façade de l'**auberge de France★**, la plus belle de toutes. Après les dégâts provoqués par le siège de 1480 puis par un séisme, elle fut largement remaniée en 1492. Au-dessus de la porte est inscrit le nom d'Aimery d'Amboise, grand maître de l'ordre de 1502 à 1512, tandis que des gargouilles à tête de crocodile jaillissent en lisière du toit. Elle abrite une antenne du consulat de France. Aux heures d'ouverture des bureaux *(tlj sf w.-end 9-12h)*, vous pourrez jeter un œil discret au **jardin** luxuriant. Face à l'auberge s'ouvrait la maison des invités.

Plus bas à gauche, la **chapelle de France** *(église de la Ste-Trinité - tlj sf lun. 8h30-15h)* se reconnaît à sa petite statue d'une Vierge à l'Enfant, logée dans une niche percée sur la façade.

Après l'auberge d'Italie, face à l'extrémité de l'Ipoton, apparaît la **cathédrale Ste-Marie-du-Château** (Panagia tou Kastrou). Ce large édifice à trois nefs

LES CHEVALIERS DE L'OCCIDENT

D'abord voué au secours des malades et des démunis partis en pèlerinage en Terre sainte, l'**ordre religieux des chevaliers de St-Jean de Jérusalem** devint aussi, au 12e s., un **ordre militaire**. Dirigé par un grand maître élu à vie, il distingue alors trois castes : les chevaliers (nobles), les clercs et les sergents, auxiliaires militaires chargés des soins aux malades et des tâches domestiques. La règle prévoit, outre le respect des trois vœux – pauvreté, chasteté et obéissance –, l'assistance hospitalière, la participation à la défense de l'Église et, surtout, la lutte contre l'infidèle. Sept prieurés composent l'Ordre, correspondant aux sept « langues » de ses preux serviteurs. Trois d'entre eux sont français : Provence, Auvergne, France, qui réunissent la majorité des chevaliers ; les autres étant espagnol (divisé plus tard en Aragon et Castille), italien, anglais, et allemand.

Les îles du Dodécanèse

ENTRE DEUX MONDES

De la Crète *(au sud-ouest)* à Samos *(au nord)*, l'archipel égrène ses 12 îles principales – en grec *dodeka nisia*. Une mosaïque de terres aux physionomies des plus diverses, entre paysages sereins, villages de pêcheurs, infrastructures touristiques et vestiges archéologiques.
Un point commun cependant : la lumière et l'un des climats les plus sains de toute la Méditerranée, propice à la baignade, la plongée sous-marine ou la randonnée. La vie quotidienne y reste rythmée par des traditions toujours vivaces, dont celle de l'hospitalité entretenue par ses insulaires qui ont voyagé à travers le monde.
Habitées pour certaines depuis le néolithique, les îles du Dodécanèse virent très tôt fleurir de brillants foyers de civilisation. Leur proximité, propice aux échanges, permit un important brassage de population. Aujourd'hui principalement tourné vers l'ouest, le Dodécanèse se rattache pourtant géographiquement à l'Asie Mineure, à laquelle il reste lié par mille ans de culture byzantine. Sur la ligne de démarcation entre Orient et Occident, ses îles furent souvent convoitées, assiégées et envahies. **Le Dodécanèse n'a rejoint la Grèce qu'en 1948**, mais l'enjeu géopolitique demeure : preuves en sont l'omniprésence de l'armée grecque et les revendications turques en vue d'une renégociation des frontières.

RHODES, L'ÎLE-PHARE

L'île la plus connue et la plus importante du Dodécanèse constitue un foyer économique et culturel majeur. La ville de Rhodes, capitale régionale et seul centre urbain du Dodécanèse, recèle un patrimoine exceptionnel. Ce passé prestigieux a laissé de fortes empreintes, souvent intimement enchevêtrées, un mélange des genres et des civilisations, tamisé d'une douceur et d'un art de vivre bien méditerranéens.

SOUS LE SIGNE DU DIEU SOLEIL

Rhodes est vouée au soleil, qui brille sur l'île plus de trois cents jours par an. Les hivers y sont particulièrement doux. Dès les origines, l'astre solaire fut d'ailleurs le dieu tutélaire de l'île, à qui le colosse de Rhodes – son emblème – était dédié (*voir encadré p. 532*). C'est encore au soleil qu'elle doit son premier nom : **Helioussa** (de *helios*, soleil). Dans une de ses odes, Pindare raconte en effet que Rhodes serait née des amours d'Hélios et de la nymphe Rhoda. Selon la légende, trois de leurs arrière-petits-enfants fondèrent les premières cités de l'île, qui portent leurs noms : Lindos, Kamiros et Ialissos. Trois villes fédérées autour du sanctuaire d'Apollon, le dieu de la Lumière.

HISTOIRE

L'influence dominante sera celle des **Doriens** qui s'établissent dans l'île à partir du 12e s. av. J.-C. Maîtres dans l'art de la guerre, ces derniers se révèlent aussi des marins hors pair. Vers le 9e s. av. J.-C., les trois premières cités-États de Rhodes – **Lindos, Kamiros** et **Ialissos** – s'unissent pour fonder bientôt l'« hexapole dorienne » (750 av. J.-C.). S'ouvre alors un âge prospère, qui voit les villes rhodiennes commercer avec tout le Moyen-Orient et avec la Méditerranée occidentale.

Un rayonnement commercial et culturel

Avec la création de la ville de Rhodes, l'histoire de l'île va se confondre avec celle de sa capitale : à la fin du 5e s. av. J.-C., les trois cités-États fusionnent pour donner naissance au dème des Rhodiens, premières assises de la ville de Rhodes, qui deviendra très vite une cité prestigieuse et ambitieuse.

Rhodes va connaître trois siècles d'un rayonnement sans précédent : l'île devient un point névralgique sur la route commerciale reliant le monde hellénique à l'Asie Mineure, entre Occident et Orient, et partout sa monnaie a cours. Fondant sa prospérité sur une économie maritime, elle s'arme d'une flotte puissante, qui domine toute la Méditerranée orientale.

Elle s'affiche aussi comme un brillant foyer culturel : la ville possède une école de sculpture renommée et accueille l'école du philosophe stoïcien Panaitios. Cicéron et César viennent y étudier, artistes et philosophes s'y côtoient.

Mais son allégeance malheureuse à Persée, le dernier roi de Macédoine, va entraîner l'effritement de son alliance avec Rome. Saccagée par les Romains en 42 av. J.-C., Rhodes sera finalement annexée en 297. Au partage de l'Empire romain, elle deviendra byzantine.

Francs contre Arabes

Dès le 7e s., la menace arabe se fait sentir. Les provinces orientales de l'ancien monde hellénistique sont perdues et l'influence de Constantinople, détruite en 1204 par les Latins, diminue à son tour : une période d'instabilité dont vont profiter les pirates, qui plongent toute la région dans le déclin. En 1306, cependant, débarquent à Rhodes les **Hospitaliers de St-Jean de Jérusalem** qui y installent leur quartier général, prenant le nom de **chevaliers de Rhodes**. Grands bâtisseurs, ils fortifient l'île et transforment l'archipel en une efficace chaîne de défense face à la menace turque. La composition multinationale de l'Ordre accroît le cosmopolitisme qui anime déjà ces îles, et le Dodécanèse retrouve une certaine prospérité.

Pourtant, le dernier grand maître de Rhodes, le Français Villiers de L'Isle-Adam, n'arrivera pas à contenir l'armée considérable de Soliman le Magnifique, lors du terrible siège de 1522. Tandis que les chevaliers se replient sur Malte, le Dodécanèse passe à nouveau à l'Asie Mineure. Quatre siècles de **domination turque** commencent (1523-1911), durant laquelle Rhodes et ses îles satellites sauront conserver une certaine autonomie administrative. En 1911, quand s'achève le conflit italo-turc, les Italiens s'emparent du Dodécanèse, puis, en 1943, l'effondrement de l'Italie fasciste fait tomber l'archipel aux mains des Allemands, qui le céderont à leur tour aux Anglais en 1945, avant que Rhodes ne rejoigne enfin la Grèce.

RHODES-VILLE
plan I
0 200 400 m
A
B
C
1
2
3
4
5
N
Pireás, N. Kos,
N. Sými, N. Léros
Egéo Pélagos
Aquarium
Musée d'Art contemporain
Kalímnou-Lérou
Kos
Pl.Gavr. Harítou
Villa Cléobolus
Mourát Réïs
Club nautique
Palais du gouverneur
Ágios Nikólaos
Ágios Ioánis
Casino
Papanikoláou
I. Kazoúli
Dragoúmi
Mandilara
Aktí Miaoúli
Dilperáki
28 Oktovriou
Fanouráki
Olympic Airlines
25 Martíou
Pl. Eleftherías
Mandráki
Al. Diákou
Amohóstou
Amerikís
Makaríou
Plastíra
Al. Diákou
Aktí Kanári
Villa rhodienne
voir plan II
Nouveau marché
Pl. Rímini
Papalouká
Voríou Ipírou
Palais des Grands Maîtres
Konitsis
Ríga Feréou
The. Sofoúli
Píndou
Dimokratías
Empório
Sokrátous
QUARTIER TURC
QUARTIER JUIF
Himáras
Pávlou Melá
Monte Smith
Diagorídon
Agíou Ioánou
Théâtre
Temple d'Apollon
Stade
Dimokratías
Víronos
Ag. Anargyron
Venetokléon
The. Sofoúli
Agíou Ioánou
Stef. Kazoúli
Patr. Athinagóra
Konst. Paleológou
Diákou
Parthenópis
Ánas-Marías
Mitropóleos
I. Dendrinoú
Ánas-Marías
Líndou
SE LOGER
Andreas Pension......... 1
Casa Antica.................. 2
Grand Hotel................ 3
New Village Inn.......... 5
Tsampika..................... 6
SE RESTAURER
Koukos......................... 1
O Core é Mamma......... 2
To Steno...................... 4

abrite désormais le **Musée byzantin** *(fermé jusqu'à une date indéterminée)* et ses superbes **fresques byzantines★**. Construite au 11e s., la cathédrale fut remaniée par les chevaliers en 1309, avant que les Turcs ne la convertissent en mosquée. La cour est ornée de belles **mosaïques**.
Sur la gauche en sortant de l'église *(place Moussiou)*, l'**auberge d'Angleterre** fait face à l'ancien hôpital des Chevaliers, aujourd'hui transformé en un passionnant musée.

★ L'hôpital des Chevaliers, Musée archéologique Plan II, A1

☏ 22413 652 56 - en saison : 9h-16h ; hors saison 8h30-15h - fermé lun. - 6 €.
On pénètre dans l'enceinte de ce bâtiment à l'architecture puissante par une large **cour centrale★** entourée d'arcades. Elle est flanquée d'un **hall voûté★**, qui permet d'admirer un lion en marbre, une mosaïque paléochrétienne et divers sarcophages. De là, un couloir mène à une cour secondaire cachant d'autres **mosaïques**.
Les magasins occupaient le rez-de-chaussée, tandis que le premier étage, desservi par le **grand escalier**, accueillait les services hospitaliers. On débouche ainsi dans la **salle des Malades★** *(Salle I)*, vaste vaisseau à deux nefs où s'alignaient une centaine de lits. Une petite **chapelle** s'ouvre en face, faisant saillie au-dessus du porche du bâtiment, et le long des murs s'alignent les pierres tombales de chevaliers, ornées de leur blason ou d'un bas-relief.
Les vitrines – plutôt ternes – des salles annexes présentent les objets provenant des fouilles effectuées sur l'île pendant la période italienne. Les salles II à VI présentent un plus grand intérêt : elles exposent des stèles et des statues d'époque hellénistique de l'école rhodienne. La gracieuse **Aphrodite de Rhodes★** (1er s. av. J.-C.), délicate jeune femme à genoux relevant ses cheveux, s'y trouve notamment. D'autres Aphrodite l'accompagnent, ainsi qu'un Bacchus en porphyre et une statue d'Hélios, le dieu-soleil, emblème antique de la ville. Enfin, divers marbres, boulets et **mosaïques** se mêlent dans l'agréable petite cour fleurie.
Revenez sur vos pas, remontez la r. Apelou jusqu'à la place Argirokastrou.

Sur la place Argirokastrou (Αργιροκάστρο) Plan II, A1

Faites un tour au **musée des Arts décoratifs** *(tlj sf lun. 8h30-15h - 2 €)*, qui présente toutes sortes d'objets évoquant les activités dans l'archipel pendant la période turque : céramiques de Nicée *(Iznik)* et faïences, plats des ateliers arméniens ou de Lindos, **meubles et objets sculptés en bois** de Symi, vaisselle, costumes traditionnels et **broderies**, dont de beaux rideaux de lits matrimoniaux.
À deux pas, jetez un coup d'œil à la **galerie d'Art moderne grec** *(☏ 22410 437 80/82 - www.mgamuseum.gr - tlj sf dim. et lun. 9h-14h, vend. 17h-20h - billet combiné avec le musée d'Art moderne 3 €)* et, sur la gauche, au **palais de l'Arméria** (Plan II, B1), le premier hôpital de Rhodes. Il porte les armoiries d'un des plus anciens grands maîtres, Roger de Pins.
En face, au sud de la place Simi, se dresse l'**auberge d'Auvergne** *(Katalima Overnis)*, bâtie au 15e s., en fait une galerie couverte flanquée d'un escalier extérieur. En continuant sur cette place, vous apercevrez, sur la droite, protégés par une grille, les vestiges du temple d'Aphrodite (3e s. av. J.-C.).
On quitte le Collachium par deux portes, qui débouchent, l'une sur le port de commerce *(à droite)*, gardé par la **porte de l'Arsenal** *(pili Navarhiou)*, l'autre, en face, sur le port de Mandraki, fermé par la **porte de la Liberté** *(pili Eleftherias)* que les Italiens percèrent en 1924.

SE LOGER

- Andreas 1
- Apollo................................ 2
- Cava d'Oro........................... 3
- Mango................................. 4
- Paris Hotel........................... 9
- Stathis................................ 13
- Via Via............................... 14
- Marco Polo Mansion........ 5
- Niki's Hotel......................... 8
- Pension Minos.................... 7
- Pink Elephant..................... 10
- S. Nikolis........................... 11
- Spot Hotel.......................... 12

SE RESTAURER

Despina's 1
Lefteras 3
La Barka 6
Mama Sofia 4
Nektar & Ambrosia 8
To Steki 7

★★ Le tour des remparts Plan II

Comptez 1h30 de visite. Entrée par les escaliers à gauche de la cour face au palais des Grands Maîtres - tlj sf lun. 8h30-13h (visite accompagnée - horaires sujets à variations saisonnières) - 6 €.

C'est la promenade idéale pour embrasser toute la cité médiévale et apprécier le colossal travail des chevaliers bâtisseurs. Longue de 4 km, l'**enceinte extérieure** fut érigée au début du 14e s. pour remplacer les remparts byzantins. Elle fut consolidée et étendue à plusieurs reprises jusqu'au 16e s., pour atteindre jusqu'à 12 m d'épaisseur ! Ponctuée de **tours** portant les armes ou les blasons en marbre blanc des Grands Maîtres successifs, elle bénéficie de toute la panoplie de l'époque en matière d'architecture militaire : embrasures pour l'artillerie, canonnières encastrées, bastions en éperon, etc. Un double fossé, entre la tour d'Espagne et la porte de Kokinou, renforce encore les fortifications.

Entre deux tours s'allongent les boulevards ou postes de combat spécifiques à chaque nation. Flanquée de deux tourelles, la **porte d'Amboise** (1512) est la plus impressionnante (Plan II, A1). Des boulets de canon, encore fichés çà et là dans la muraille, au niveau de la tour d'Italie et de sa courtine, témoignent de la violence de la seconde attaque turque (1522), quand les hommes de Soliman le Magnifique s'emparèrent de la ville après six mois d'un siège titanesque.

Le tour des remparts n'exclut pas une autre promenade, bien agréable, dans le large fossé verdoyant qui s'ouvre entre les deux remparts *(gratuit)*.

★ LE BOURG Plan II

Conseil – Ne vous attardez pas dans les artères principales *(Sokratous et Aristotelous)* où se déverse le flot des touristes. Flânez plutôt dans les ruelles adjacentes.

Au sud du Collachium s'ouvre le quartier populaire, délimité par la rue Sokratous. Celle-ci reprend le tracé de l'enceinte qui fermait le Collachium au sud. Sa vraie personnalité se révèle en hiver, lorsque ferment la plupart des échoppes à touristes.

Avant de vous enfoncer dans les ruelles, montez donc au deuxième étage de la **tour**

de l'Horloge (Plan II, A1), édifiée en 1851 sur les fondations de l'ancienne tour de la Garde du Collachium. On y jouit d'une **vue panoramique★** sur la vieille ville *(9h-20h - 2 €)*.

De la **place Ipokratous** (Plan II, B1), ornée d'une fontaine turque, la rue Aristotelous conduit à la **place Evreon Martiron** (Plan II, B2), où trône, là aussi, une jolie fontaine décorée d'hippocampes. Autour, c'est un dédale de ruelles sinueuses où il ne faut pas avoir peur de se perdre : tout le charme est là, invitant à la balade, de l'ombre d'une venelle cachant quelque patio verdoyant à la lumière éclatante d'une placette.

★ Le quartier turc Plan II

L'atmosphère est plus orientale à l'ouest de la vieille ville, où les Turcs ont laissé quelques signes de leur longue domination. Outre l'animation des échoppes qui rappellent l'ancien bazar, des fontaines rafraîchissent chaque place, les maisons bâties sur voûtes s'alignent dans les ruelles, rehaussées sur leurs façades de belles arcades en accolade. La plupart des églises byzantines ont été converties en mosquées, dressant leurs minarets élancés au-dessus des toits. Parmi elles, certaines ont repris leur nom grec, telle la petite **église Agios Georgios** (Plan II, A1) *(au bout de la r. Orfeos, crochet à droite dans la r. Apollonio)*, bel édifice de plan circulaire renforcé par de grands arcs-boutants, et **Agia Paraskevi** (15e s.) (Plan II, A2), qui découpe sa coupole en bas de la rue Ipodamou. En chemin, on passe devant la **mosquée de Soliman** *(Souleïman)*, qui marque le début de la rue Sokratous (Plan II, A1). Érigée au lendemain du siège de 1522, elle fut restaurée au 19e s., mais elle a perdu son minaret.

La Rhodes turque subsiste surtout autour de l'agréable **place Arionos** (Plan II, A2), ombragée de platanes : sur ses côtés se dressent la **mosquée Mustafa** *(Dzami Moustafa)* et un majestueux **hammam** *(en cours de restauration)*, tous deux du 18e s.

Plus au sud, au détour de la rue Andronikou, on passe devant le **théâtre en plein air**, où se déroulent divers spectacles folkloriques. Puis, en descendant la rue Agios Fanourios, jalonnée d'arcades, on arrive sur la place Dorieos, où s'élève la **mosquée Radjep Pacha** (Plan II, A2), l'une des plus vieilles de la ville (16e s.). Avec sa fontaine attenante où les fidèles faisaient leurs ablutions, elle fait tout le charme de l'endroit.

Le quartier juif Plan II

Le même petit air oriental se retrouve au sud-est de la cité, dans les rues commerçantes du quartier juif.

La **rue Aristotelous** est le fief des chaudronniers dont les échoppes se succèdent sous les voûtes des maisons gothiques.

Elle débouche sur la **place des Martyrs juifs** *(Evreon Martiron)*, dominée par l'archevêché (Plan II, B2) du 15e s. Le nom de la place, toute proche de la synagogue, rend hommage aux 2 000 juifs déportés de Rhodes.

Dans les ruelles se cachent plusieurs églises byzantines, dont certaines conservent des fresques, souvent abîmées. Place Leonidou Rodiou, notamment, remarquez l'**Agia Triada** (Plan II, B2), pour ses fresques et son architecture originale : le plan initial (15e s.), en croix latine, fut agrandi au nord d'une chapelle à coupole, tandis que le vaisseau sud s'allongeait. De sa conversion en mosquée, l'église ne garde que la base d'un minaret, détruit par un séisme.

Tout à fait à l'est (Plan II, B1), on atteint le port de commerce, que ferment la **porte des Moulins** *(Pili Milon)* et la puissante **porte Ste-Catherine★** *(Pili Agias Ekaterinis)*. La première *(à l'est)* doit son nom aux nombreux moulins qui jalonnaient le môle (un seul subsiste). La seconde, flanquée de deux tours

Le port de Mandraki et ses moulins.
B. Gardel / hemis.fr

crénelées à mâchicoulis, montre un beau **bas-relief★** figurant la Vierge et l'Enfant, couronné des blasons des chevaliers et de l'écu de France.

À voir aussi dans la ville de Rhodes Plan I p. 526

SUR LE PORT

Le port de Rhodes se prolonge à l'est par la **baie d'Akandia**, où mouillent les gros paquebots de croisière.
Au pied des murailles s'ouvre le **port de commerce** *(Emporio)*, protégé à droite par le quai des ferries, et à gauche par le **port de pêche** (Plan I, C3). Au nord, séparé par un long môle jalonné de **moulins**, le **port de plaisance★** de **Mandraki** (Plan I, C2) abrite caïques, yachts et bateaux d'excursions.
À l'extrémité du môle se dresse la puissante **tour St-Nicolas** (Plan I, C2), défense avancée bâtie par les chevaliers au 15e s. À proximité, **un cerf et une biche** en bronze – les animaux emblématiques de Rhodes – veillent sur la ville. La tradition veut que le fameux **colosse de Rhodes** *(voir encadré p. 532)* s'élevât à cet endroit, enjambant l'entrée du port. Mais il se dressait plus probablement à l'emplacement du palais des Grands Maîtres, site d'un premier temple antique dédié à Apollon.

LA VILLE MODERNE

S'enroulant autour de la cité médiévale, l'agglomération moderne montre un visage disgracieux, dû en partie à l'urbanisme froid des années fascistes.
En quittant le port de Mandraki, on rejoint la **place Rimini** (Plan I, B3). Dominée par les murs de la cité médiévale, elle forme la jonction avec la ville moderne. Derrière s'ouvre le Nouveau marché *(Nea Agora)*, en forme de polygone.
De là, remontez le long du **quai de Mandraki** (Plan I, C2), où s'alignent quelques exemples de l'architecture fasciste, notamment l'**église Agios Ioanis** (Plan I, B2)

LE COLOSSE DE RHODES

En 305 av. J.-C., **Démétrios Poliorcète** tenta d'assiéger Rhodes. En vain. Malgré une armée considérable, il dut se résigner devant une résistance sans faille. En guise de consolation, il pria la population d'ériger une statue monumentale à l'effigie d'Hélios, le dieu-soleil, à qui la cité devait son nom. Douze années furent nécessaires pour fondre et assembler la gigantesque statue de bronze, haute de 31 m, qui devait compter parmi les **Sept Merveilles du monde antique**. Hélas ! En 227 av. J.-C., un tremblement de terre fit tomber le colosse, mettant fin à cinquante-six ans d'existence. Les débris de bronze restèrent sur place durant neuf siècles, jusqu'à l'invasion arabe de 654. Ils furent alors transportés en Asie Mineure – à dos de 900 chameaux – pour être vendus à un commerçant juif de Syrie.

et le **palais du gouverneur**, pâle copie du palais des Doges de Venise. Tout au bout du quai, en revanche, ne manquez pas la **mosquée Mourat Reïs★** *(à gauche du Club nautique, accès côté port - 13h-14h - gratuit)*, un havre de paix épargné par l'agitation citadine. Dans le **cimetière★** attenant, palmiers et eucalyptus ombragent les tombes des dignitaires turcs : sobres pierres oblongues, toutes alignées vers l'est. Un turban sculpté coiffe celles des hommes, tandis qu'une pomme de pin signale celles des femmes. Au fond, dans la verdure, se cache la **villa Cleobolus** où l'écrivain **Lawrence Durrell** habita de 1945 à 1947, au cours de la courte période d'administration anglaise. C'est là qu'il écrivit sa *Vénus et la Mer*, roman impressionniste et véritable essai sur l'île de Rhodes.

Au-delà, on atteint la pointe nord de la ville, secteur moderne aux rues larges et aérées, très commerçantes, dont quelques-unes concentrent une animation nocturne débordante. Depuis plusieurs décennies, une importante communauté de Scandinaves y prend ses quartiers d'été. Les Suédois furent en effet les premiers touristes à venir massivement à Rhodes, dans les années 1950, et quelques-uns y ont même fait souche.

Musée d'Art contemporain Plan I, B1

Plateia Gavr. Haritou - ✆ 22410 437 80 - www.mgamuseum.gr - tlj sf dim. et lun. 9h-14h, vend. 17h-20h - billet combiné avec la galerie d'Art moderne grec 3 €.

Installé dans le palais Nestoridis, de style néoclassique, il expose les principaux représentants de la peinture grecque du 20e s.

Au cœur de ce quartier trépidant, vous trouverez un petit îlot paisible et pittoresque, le **nouveau village★**, constitué de ruelles piétonnes.

★ AKROPOLI Plan I, A4

Autour du monte Smith, moins de 2 km à l'ouest de la vieille ville. Comptez 30mn à pied ou prenez le bus n° 5 au port de Mandraki. Accès libre.

Conseil – À faire de préférence en fin d'après-midi.

Fondée en 408 av. J.-C., la Rhodes antique adoptait le plan en damier élaboré par Hippodamos de Milet *(voir p. 87)*. Tracée au cordeau, elle s'étendait de la pointe nord de l'île au site de l'actuelle cité des Chevaliers, et jusqu'au monte Smith où se dressait l'acropole. C'est sur les hauteurs de cette dernière que se trouvent les seuls vestiges de la ville antique. On peut encore voir le temple d'Apollon, dont subsistent quatre colonnes doriques. Mais les bâtiments les plus intéressants sont le **stade** et les **ruines du gymnase** *(tout proche)*, que côtoie le théâtre, entièrement reconstruit par les Italiens. Le site offre aussi un superbe **point de vue★★** sur la ville fortifiée et la mer, jusqu'aux côtes turques.

NOS ADRESSES DANS LA VILLE DE RHODES

INFORMATIONS UTILES

Banque
Nombreux distributeurs hors les murs. Dans la vieille ville :
Banque nationale de Grèce – Plan II, A1 - *Pl. Moussiou.*
Alpha – *R. Ipoton* (Plan II, A1) et *r. Orfeos* (Plan II, A1).

Poste / Téléphone
Poste centrale – Plan I, B2 - *Pl. Eleftherias - lun.-vend. 7h30-20h, sam. 7h30-14h.*
OTE – Plan I, B2 - *91 r. Amerikis*

Police touristique Plan II, A1
1 r. Karpathou - ✆ 22410 274 23.

Représentations diplomatiques
Belgique – Plan I, B1 - *35 r. Kos - ✆ 22410 246 61.*
France – Plan II, A1 - *R. Ipoton, dans l'auberge de France - ✆ 22410 223 18.*

Santé
Hôpital – Plan I, A5 - *Au sud de la ville - ✆ 22410 800 00.*

Internet
Galileo – Plan I, B2 - *13 r. Iroon Politehniou - ✆ 22410 206 10.*

Laveries
Laundromat – Plan II, A2 - *33 pl. Platanos.*

ARRIVER / PARTIR

En avion
Aéroport – *16 km au sud-ouest de la ville - ✆ 22410 887 00.* Bus réguliers entre la place Rimini et l'aéroport *(dir. Paradissi)*, ttes les h env., **Rhodes**-aéroport *(5h-22h30)*, aéoport-Rhodes *(4h45-23h - 2,10/2,30 €).*
Nombreux vols avec les capitales européennes en haute saison (dont Paris-Orly et Bruxelles-Charleroi). Liaisons quotidiennes avec **Athènes** *(une dizaine par jour)*, **Karpathos**, **Héraklion**, **Lesvos** et **Mykonos** *via* **Santorin**. Plusieurs liaisons hebdomadaires avec **Kos**.
Olympic Air – Plan I, B2 - *9 r. Ierou Lohou - ✆ 22410 834 00 - www.olympicair.com.*
Aegean Airlines – *Aéroport - ✆ 22410 983 45 - www.aegeanair.com.*
Sky Express – *✆ 22410 832 64 - www.skyexpress.gr.*
Easyjet – *www.easyjet.com.*
Ryanair – *www.ryanair.com.*

En bateau
Les ferries appareillent à la digue Konitsis (Plan II, B1), tandis que les hydroglisseurs accostent à la digue Kolona (Plan II, B1).
Liaisons avec **Le Pirée** *(2-4/j., 13h-18h de trajet env.).*
Liaisons avec **Kos** *(3-7/j, 2h10-4h10)*, **Symi** *(2-5/j., 50 mn-1h50)*, **Patmos** *(1-3/j., 4h50-9h)*, **Santorin** *(1-2/j., 7h15-17h)*, **Paros** *(5/sem., 9h-13h30)*, **Karpathos** *(4/sem., 4h25-5h25 - via Halki)*, **Syros** *(3/sem., 7h50-10h20)*, **Naxos** *(3/sem., 13h)* et **Héraklion** *(2/sem., 12h30).*
ANES – Plan I, B2 - *88 Afstralias - ✆ 22410 377 69 - www.anes.gr.*
Blue Star Ferries – Plan I, B2 - *111 r. Amerikis - ✆ 22410 224 61 - www.bluestarferries.com.*
Dodekanisos Seaways – *3 r. Australias - ✆ 22410 705 90 - www.12ne.gr.*
G.A. Ferries – Plan II, B1 - *5 r. Sahtouri (Tsagaris Travel, digue Kolona) - ✆ 22410 300 40 ou 22410 350 66.*
Hellenic Seeways (Flying Dolphins) – Plan II, B1 - *R. Sahtouri (Tsagaris Travel, digue Kolona) - ✆ 22410 300 40 ou 22410 350 66 - www.hellenicseaways.gr.*

Les agences de voyages vendent aussi les billets de la plupart des compagnies.
Capitainerie – Plan I, B2 - *Pl. Eleftherias - ✆ 22410 276 95.*

TRANSPORTS

En voiture

La vieille ville est piétonne, accès en voiture réglementé.
Location de véhicules – Plan I, B2 - *Agences r. 28 Oktovriou et Dragoumi.*

En bus

Deux gares routières, en face du Nouveau marché (Plan II, A1). Fréquences indiquées en semaine, service assuré de 50 à 80 % environ le week-end. Tarifs affichés sur place.
Côte ouest – *✆ 22410 263 00 - www.ktelrodou.gr.* Liaisons avec **Paradissi-Aéroport** *(tlj 10/20 mn.)*, **Kallithea** et **Faliraki** *(tlj 30 mn)*, **Petaloudes** *(4/j. en saison)*, **Salakos** *(5/j)*, **Kalavarda** *(10/j.)* et **Kamiros** *(2-3/j. en saison)*.
Côte est – *✆ 22410 277 06.* Liaisons avec **Kallithea** et **Faliraki** *(tlj 20 mn)*, **Afandou** *(9-15/j.)*, **Psinthos** *(1-2/j.)*, **Arhangelos** *(9-12/j. dont 1 bus jusqu'à Stegna)*, **Massari** *(4/j.)*, **Lindos** *(5-13/j.)*, **Gennadi** *(3-6/j.)*, **Apolakkia** et **Katavia** *(2/sem.)*. Pour Koskinou, départ de la gare de la côte ouest.

En taxi

Station centrale – Plan II, A1 - *Place Rimini - ✆ 22410 698 00 - www.rhodes-taxi.gr.* Un panneau indique le prix, majoré en soirée, des principales destinations.

HÉBERGEMENT

Vieille ville

Bon à savoir – Les établissements ont une capacité réduite. En été, il est donc impératif de réserver. Les propriétaires des pensions familiales habitent souvent à côté et n'assurent pas forcément une permanence à la réception. Dans ce cas, patientez un peu à votre arrivée ou contactez-les sur leur portable. Hors saison, prix moins élevés de 30 à 50 %.

PREMIER PRIX

Stathis – Plan II, A2 - *60 r. Omirou - ✆ 22410 243 57 - ⊭ - 10 ch. 30/35 € - ☕ 5 €.* Depuis son retour du Québec, Stéphane tient, avec son fils Georges, cette pension organisée autour d'une cour, à l'ombre de la vigne. Chambres simples et propres. Agréable terrasse sur le toit.
Mango – Plan II, A2 - *3 pl. Dorieos - ✆ 22410 248 77 - www.mangorooms.gr - ✕ - 6 ch. 45/60 € - fait aussi cyber-café.* Chambres équipées (coffre-fort, réfrigérateur) avec vue sur les cours voisines arborées, à deux pas de la mosquée Radjep Pacha. Un peu bruyant en pleine saison.
Pink Elephant – Plan II, A2 - *9 r. Timakida - ✆ 22410 224 69 ou 69322 566 51 - www.pinkelephantpension.com -10 ch. 40/55 €.* Une Milanaise passionnée de cinéma a repris cette pension perdue dans une charmante ruelle. Chambres *(dont 2 sans salle de bains, prix spécial)*, fermées par des portes anciennes, décorées de photos noir et blanc. N'hésitez pas à demander à Marie, en français, les différentes versions de l'histoire de l'Éléphant rose.

BUDGET MOYEN

Niki's Hotel – Plan II, B2 - *39 r. Sofokleous - ✆ 22410 251 15 - www.nikishotel.gr - 10 ch. 50/55 €.* Des chambres bien tenues au mobilier des années 1960, dont quelques triples spacieuses. Belle terrasse, perspective panoramique jusqu'à la mer...

Apollo – Plan II, A2 - *28c r. Omirou - ✆ 22410 320 03 - www.apollo-touristhouse.com - ⊭ - 5 ch. 55/75 €.* Une petite pension habillée de lambris et de pierres apparentes. Attrayantes chambres surplombant les toits de la vieille ville. Lits pour enfants et service de transfert à l'aéroport.

Pension Minos – Plan II, B2 - *5 r. Omirou - ✆ 22410 318 13 - www.minospension.com - 15 ch. 50/70 €.* L'une des plus belles terrasses sur le toit, à l'ombre d'une pergola, dominant la vieille ville et la mer, en arrière-plan… Idéal pour prendre son petit-déjeuner ! Chambres tendues de tissus fleuris, certaines avec vue.

Spot Hotel – Plan II, B2 - *21 r. Perikleous - ✆ 22410 347 37 - www.spothotelrhodes.gr - 9 ch. 70/90 €* ☕. Décor de tableaux et photographies. Salon avec cheminée et, à l'arrière, courette aux murs jaunes qui ajoute de la clarté au lieu.

Andreas – Plan II, A2 - *28d r. Omirou - ✆ 22410 341 56 - www.hotelandreas.com - 11 ch. 65/110 € - ☕ 6 €.* Une maison ancienne dans la partie la plus haute de la vieille ville. Le parquet aux larges planches est d'origine. Les chambres sont claires, décorées avec goût. Bibliothèque à disposition de la clientèle.

Via-Via – Plan II, B2 - *45 r. Pythagora - ✆ 22410 770 27 ou 69485 220 81 - www.via-via-hotel.com - 8 ch. 70/90 € - ☕ 7 €.* Un petit établissement, où l'on parle français et néerlandais, mis au goût du jour par une designer belge, Béatrice : tons monochromes vifs, luminaires originaux, meubles peints… Grande terrasse sur le toit avec vue directe sur la mosquée Ibrahim Pacha.

POUR SE FAIRE PLAISIR

Paris Hotel – Plan II, A2 - *88 r. Ag. Fanouriou - ✆ 22410 263 56 - www.paris-hotel-rhodes.gr - 22 ch. 2 studios : 90/120 € et 2 appart.* Une vaste cour ornementée d'une belle collection de bonsaïs et, au fond, un jardin verdoyant. Mobilier en fer forgé dans les chambres. Ambiance décontractée.

Cava d'Oro – Plan II, B2 - *15 r. Kistiniou - ✆ 22410 369 80 - www.cavadoro.com - 13 ch. 90/120 €.* En plein cœur de l'ancien quartier juif, à 200 m du débarcadère des ferries, des chambres confortables avec poutres apparentes. À l'arrière, terrasse face à la muraille.

S. Nikolis – Plan II, A2 - *61 r. Ipodamou - ✆ 22410 345 61 - www.s-nikolis.gr - 12 ch. et 4 appart. env. 120 €.* Un couple gréco-danois a rénové cette belle bâtisse située sur l'agora romaine. Chambres de caractère au mobilier choisi. Grande cour plantée d'agrumes arrosés avec l'eau du puits.

Marco Polo Mansion – Plan II, A2 - *42 r. Ag. Fanouriou - ✆ 22410 255 62 - www.marcopolomansion.gr - 7 ch. et 3 bung. 90/200 €.* Une des plus belles maisons turques de la vieille Rhodes. Charme intact : murs aux teintes ocre, tentures anciennes, une chambre avec hammam en guise de salle de bains… Belle cour verdoyante à l'arrière, entourée de murs colorés de teintes vives : bleu, rouge et jaune. Excellent petit-déjeuner avec des confitures maison et des jus de fruits frais.

Ville moderne nord

Bon à savoir – Les grands hôtels modernes se concentrent le long des plages de la côte ouest. Vous trouverez également quelques petites adresses agréables dans les ruelles du

« **nouveau village** », autour de la rue piétonne Mandilara.

PREMIER PRIX

Tsampika – Plan I, B2 - *38 r. Kathopouli - ☎ 22410 268 40 ou 69466 991 98 - ⊭ - 6 studios et 1 appart. env. 35/40 €.* Charme du lieu garanti, cour verdoyante envahie par les bananiers, les géraniums, le grand magnolia… Studios refaits à neuf dont deux avec terrasse et duplex.

Andreas Pension – Plan I, B2 - *6 r. Konstantopedos - ☎ 22410 293 34 ou 69442 638 52 - ⊭ - 7 ch. env. 35/40 €.* Quelques chambres propres avec kitchenette, aux meubles peints et aux tableaux anciens. Agréable petite cour agrémentée de plantes en pot.

New Village Inn – Plan I, B2 - *10 r. Konstantopedos - ☎ 22410 349 37 ou 69764 759 17 (hors saison) - www.newvillageinn.gr - ⊭ - 10 ch. 40/50 €.* Chambres blanc-bleu aux murs crépis, dans le style de l'île de Mykonos, agencées autour d'une cour. Accueil attentionné.

BUDGET MOYEN

Casa Antica – Plan I, B2 - *8 r. Amarandou - ☎ 22410 262 06 - www.casantica.gr - ⊭ - 7 studios et 1 appart. env. 80 € - Wi-Fi - réserv. à l'avance conseillée.* Une adorable maison jaune aux volets bleus, dans une paisible rue piétonne. La patronne parle anglais et le patron français. On prend son petit-déjeuner sur le très beau jardin-terrasse, au calme. Studios équipés, avec balcon.

POUR SE FAIRE PLAISIR

Grand Hotel – Plan I, B2 - *R. Akti Miaouli - ☎ 22410 547 00 - www.mitsishotels.com - ✂ ⛱ - 405 ch. 120/170 € ☕.* Le grand luxe : marbres intérieurs, court de tennis, piscines (couverte, découverte), plage en face révélant à l'horizon les côtes turques. Chambres spacieuses tout confort, avec vue sur la mer ou sur le jardin intérieur. Mais l'accueil manque de chaleur.

RESTAURATION

Bon à savoir – Les bonnes adresses pas chères ne se bousculent pas dans la vieille ville. À de rares exceptions près, les établissements de la ville moderne, destinés aux estivants, ne valent guère mieux… Les restaurants établis dans l'enceinte du Nouveau marché (Plan II, A1) sont surtout intéressants pour leurs terrasses ; n'espérez pas y faire l'expérience gastronomique du siècle.

Vieille ville

PREMIER PRIX

Despina's – Plan II, A2 - *30 r. Ag. Fanouriou - ☎ 22410 745 40 - ⊭ - 12/15 €.* Cuisine maison sans prétention, rapide et économique. Soupe de boulettes de viande au riz. La salle est petite, les tables surélevées, le décor composé de statuettes kitsch.

BUDGET MOYEN

Lefteras – Plan II, A2 - *49 r. Evdoxou - ☎ 22410 385 97 - env. 20 €.* Vous pouvez vous asseoir sur la terrasse, un peu à l'écart, ou dans la salle appréciée des habitués qui s'installent autour de grandes tablées. Saumon aux oignons relevé d'aneth et de citron, pommes au miel, etc.

Mama Sofia – Plan II, A1 - *28 r. Orfeos - ☎ 22410 244 69.* Des tables soignées, dressées en terrasse, face à la tour de l'Horloge. Assortiment de pains, bonne cuisine et excellent café à l'ouzo.

La Barka – Plan II, B2 - *5 r. Sofokléous - ✆ 22410 756 88 - www.labarka.gr - env. 20 €.* Une *ouzerie* sympa un peu à l'écart de l'agitation touristique. Excellents *mezzes*, accueil prévenant et une addition qui sait rester sage.

Nektar & Ambrosia – Plan II, B2 - *9 odos Sofokléous - ✆ 22410 303 63 - avr.-nov. - 20/25 €.* Très agréable petit restaurant d'une quinzaine de couverts (plus la terrasse) ouvert sur une très belle cuisine. La maîtresse des lieux, une Italienne, concocte depuis quinze ans une cuisine du marché aux forts accents italiens. *Prosciutto*, salades variées et pâtes sont les stars de l'ardoise, mais c'est sans compter sur la crème brûlée au parmesan, le gratin de poisson ou les moules au lait de coco. Les desserts apportent une note rafraîchissante pour clore le plaisir. Bonne carte des vins et service impeccable.

Ville moderne

PREMIER PRIX

To Steki – Plan II, A1 - *À l'extérieur du marché, entre les deux arrêts de bus - ✆ 22410 743 90 - ⊄ - 3/5 €.* Difficile de faire moins cher que ce petit snack où le *souvlaki* est débité sous toutes les formes et pour tous les appétits… et quelques pigeons y picorent !

Koukos – Plan I, B2 - *20-26 r. Mandilara - ✆ 22410 730 22 - www.koukoscafe.gr - ⊄ - env. 15 €.* Une adresse prise d'assaut par la jeunesse de Rhodes, sur fond de musique pop-rock. Spécialités à manger sur place ou à emporter : feuilletés, sandwichs aux savoureux pains maison, gâteaux orientaux, etc.

Faubourgs sud

PREMIER PRIX

To Steno – Plan I, B4 - *29 r. Ag. Anargyron - ✆ 22410 359 14 - le soir - ⊄ - autour de 12 €.* Une accueillante *ouzerie* de quartier, à quelques minutes de la porte Athanasiou, dans une charmante ruelle hors des sentiers touristiques *(et pas facile à trouver).* Délicieux beignets de calamars et de morue à l'aïoli, salades et poisson.

O Core é Mamma – Plan I, B4 - *14-16 r. Agios Lavras - ✆ 22410 257 30 - ⊄ - 12/15 €.* Grandes pizzas à la mode grecque (feta), concoctées par un Calabrais. À déguster sur des tables rustiques recouvertes de nappes à carreaux, en écoutant de la musique traditionnelle… italienne.

BOIRE UN VERRE

Bon à savoir – La ville moderne regorge de bars et de boîtes de nuit. La plupart se concentrent le long des artères Diakou et Orfanidi. Quelques bars également dans la vieille ville, autour de la place Arionos (Plan II, A2) et rue Evripido (Plan II, B2).

Vieille ville

Yachting Club Café – Plan II, B1 - *5 pl. Neoriou - ✆ 22410 757 23.* Pour profiter de la brise et du coucher du soleil, face au port, à quelques pas de la porte Eleftherias.

Senso – Plan II, A1 - *41 r. Sokratous - ✆ 69460 547 56 - ouvert tlj, jeu.-sam. en soirée.* Pour un bon café à l'italienne, en journée, et, en soirée, des cocktails sirotés sur rythmes des musiques en vogue.

Vous trouverez aussi, entre la place Ipokratous et la mosquée Radjep Pacha *(r. Damagitou et Evripido)* (plan II, B1-2), nombre de bars rivalisant d'audace dans la décoration et dans le niveau sonore.

Ville moderne

Bon à savoir – Les modes vont et viennent… Pour connaître les endroits les plus en vogue, le mieux est de consulter le site **www.rodosnightlife.com**, qui recense un grand nombre d'adresses, toutes situées dans la ville moderne.

Villa di Mare Beach – Hors Plan I, par A3 - *4 Iraklidon - ✆ 22410 908 44*. Très smart. Excellente occasion de boire un cocktail et de profiter de la piscine tout en jouissant d'un magnifique coucher de soleil.

Pueblo de Café – Plan I, B2 - *Av. Alexandrou Diakou - ✆ 22410 771 65*. Très belle bâtisse néoclassique pour prendre un café dans un cadre sélect, au milieu de la jeunesse dorée de Rhodes. Grande terrasse.

ACHATS

Artisanat

L'artisanat local est de qualité – bijoux, orfèvrerie, cuir, céramique. N'hésitez pas à marchander, surtout dans la vieille ville *(r. Sokratous et Ipokratous)*.

ACTIVITÉS

Excursions

Excursions à la journée pour Symi et Lindos.

Pour la Turquie *(Marmaris)* : prévoyez 1h de trajet en bateau *(2/j.)*, ou 30mn en hydroglisseur *(avr.-oct.)*. Munissez-vous de votre passeport.

Casino

Casino Rodos – Plan I, B2 - *4 Papanikolaou - ✆ 22410 975 00 - www.casinorodos.gr*. Night-club. Accès interdit aux moins de 23 ans.

Aquarium Plan I, B1

À l'extrémité nord de la ville et de l'île - ✆ 22410 273 08 - www.hcmr.gr - 9h-20h30, 16h en hiver - 5,50 € (enfants 2,50 €). Dans un bel édifice de style Art déco, aux multiples couleurs attrayantes, un centre marin didactique, particulièrement adapté pour les enfants.

Circuits conseillés dans l'île Carte de l'île p. 540

Dans les années 1930, les Italiens lancèrent à Rhodes un tourisme de luxe. Depuis, l'hôtellerie s'est largement démocratisée. L'île attire désormais des milliers de visiteurs, principalement d'Europe de l'Ouest (Allemagne, Scandinavie, Angleterre). Une véritable industrie s'est développée, hélas souvent peu respectueuse des paysages. Mais, si les mois d'été illustrent bien la saturation touristique, celle-ci se cantonne dans des sites à éviter : quelques rues et îlots de la ville de Rhodes, Lindos, les côtes nord-ouest et nord-est de l'île. Passé le pic estival, la vie grecque reprend ses droits, jusque dans la capitale. Le touriste se fait plus rare, tandis que s'adoucissent le soleil… et les prix.
De la capitale, deux grands axes desservent l'île par les côtes, pour se rejoindre à la pointe sud, drainant l'essentiel des flux.

★ LE NORD

Circuit tracé sur la carte p.540. Quittez la ville de Rhodes par l'ouest (côté ville nouvelle) en longeant la rte côtière sur 8 km. Arrivé à Trianda, tournez à gauche en direction de Ialyssos par une route plus calme (6 km), qui grimpe en lacet sur le flanc du mont Filerimos.

★ Ialyssos et le mont Filerimos

Comptez 45mn de visite. ✆ 22410 922 02 - tlj sf lun. 8h30-14h30 - 3 €.
Laissez derrière vous les vestiges et montez directement jusqu'au sommet du mont Filerimos, où gisent les ruines de l'acropole. Au 15e s. av. J.-C., la ville minoenne côtière d'Achaia fut détruite par une catastrophe naturelle, et transférée au pied du mont. Après l'invasion dorienne (10e s. av. J.-C.), la cité fut à nouveau déplacée, cette fois sur la côte près du village de Kremasti. Elle prit alors le nom d'Ialyssos – d'un petit-fils d'Hélios, le dieu-soleil. Prospère, elle s'allia aux deux autres cités doriennes de l'île, Lindos et Kamiros. Mais au 5e s. apr. J.-C., l'essor de la ville de Rhodes signa son déclin ; seule l'acropole qui constituait un excellent poste stratégique survécut quelques siècles. Les Byzantins s'y réfugièrent durant l'occupation des Génois, avant que les chevaliers de St-Jean ne les délogent à leur tour. Soliman en fit son camp de base au cours du siège de 1522.
Le site, magnifique **point de vue★★** sur l'île et la mer, accueillait également un important lieu de culte, dont on peut voir quelques vestiges. Les fondations des **temples doriques** d'Athéna et de Zeus Polieus se mêlent à des ruines d'époques diverses : hellénistique, paléochrétienne, franque et byzantine.
Les chevaliers y bâtirent un vaste monastère, **Moni Filerimos★** *(à côté)*, bel ensemble du 14e s. (remanié par les Italiens) cerné de pins et de cyprès. Il a conservé son **cloître** et son **église**, dédiée à Notre-Dame de Filerimos, où l'on peut voir une belle **mosaïque** byzantine représentant un poisson. En contrebas, faites un détour par la chapelle souterraine d'Agios Georgios, qui cache des **fresques** du 14e s.
Redescendez et suivez la rte côtière à gauche sur 10 km. 3 km après Paradissi, tournez de nouveau à gauche. Montez alors tout droit sur 7 km jusqu'à la vallée des Papillons.

La vallée des Papillons (Petaloudes - Πεταλούδες)

Comptez 1h de visite. ✆ 22410 818 01 - juil.-août : 8h-18h ; avr. et oct. : 8h-16h ; mai-juin et sept. : 8h30/9h-16h30 - 3 €.
Une célèbre curiosité naturelle de Rhodes : de juin à septembre, d'impressionnantes nuées de papillons rouge et brun transhument vers cette petite

gorge humide, attirés par le doux parfum du liquidambar (en grec *styrax*), un arbre dont les feuilles servent à la fabrication de l'encens. Un joli chemin ombragé serpente en remontant le cours de la rivière, invitant à une délicieuse promenade, hélas encombrée par des nuées de touristes.

Redescendez jusqu'à la côte, roulez 7 km et tournez à gauche après Soroni. Traversez le village d'Eleoussa (11 km), puis poursuivez vers Profitis Ilias.

2 km après **Eleoussa** et sa curieuse église apparaît celle d'**Agios Nikolaos Fountoukli**. Flanquée d'une fontaine, elle se dresse au bord de la petite route dans un décor bucolique, ouvrant sur un splendide **panorama★**. Coiffée d'une coupole originale, l'église dessine une croix grecque, à quatre conques, et abrite des fresques des 10e et 14e s.

Mont Profitis Ilias

L'agréable route de montagne continue sur 5 km, jusqu'au **mont Profitis Ilias** *(798 m)*, dont les flancs se couvrent d'une épaisse pinède. Pendant leur occupation, les Italiens y lancèrent une petite station touristique d'altitude, dont il ne reste aujourd'hui que quelques bâtisses à l'abandon, évoquant des chalets alpins – la dernière maison à gauche en sortant du village appartenait à Mussolini.

L'endroit, frais et baigné de silence, dégage une atmosphère des plus apaisantes, teintée d'un rien de mélancolie, et on ne résiste pas à une petite **randonnée**, par l'un des nombreux sentiers qui s'enfoncent dans la forêt, parmi les senteurs des pins, des cèdres et des cyprès. Avec un peu de chance, vous croiserez même un cerf ou quelque daim effarouché.

Poursuivez sur 8 km. Au croisement, prenez à droite sur 5,5 km jusqu'au village verdoyant de Salakos. 8 km plus bas, arrivé à Kalavarda, vous longerez à nouveau la rte côtière sur 3 km avant de tourner à gauche pour le site de Kamiros, 500 m plus haut.

★ Kamiros A1

Comptez 1h de visite. ✆ *22440 400 37 - tlj sf lun. 8h30-14h30 - 4 €.*

Les ruines de la plus petite des trois cités antiques de Rhodes dégagent un charme profond. Dispersés sur un petit vallon s'inclinant vers la mer, les vestiges, surtout d'époque hellénistique, montrent une remarquable unité architecturale, harmonie que rehaussent le **panorama★★** et la majesté du **site★**, mêlant le marbre blanc au vert tendre des pins, face à une mer d'azur.

Ici mieux qu'ailleurs on saisit très clairement l'organisation de la cité antique, avec ses trois secteurs : l'agora, le quartier d'habitations et l'acropole. Vaste esplanade jadis cernée de portiques, l'agora forme la ville basse, lieu de rassemblement agrémenté d'une fontaine, et distribuant les **bains** (romains), un **temple à Apollon** (3e s. av. J.-C.), ainsi qu'un **héroon**, sanctuaire dédié aux héros et aux dieux, constitué d'une aire sacrificielle dotée de plusieurs autels. Au-delà se déploie le quartier résidentiel. Les maisons s'étagent sur les pentes de la colline, de part et d'autre de la voie principale de la cité. Cette dernière fait le lien entre l'agora et l'acropole, aménagée sur la terrasse la plus haute. Surplombant l'agora, un long **portique dorique** aligne de belles colonnes au-dessus d'une série de grosses **citernes** (6e-5e s. av. J.-C.), alimentées par un ingénieux système de canalisation dévalant le flanc du vallon. Puis viennent les hauteurs de l'acropole, où s'égaillent les vestiges du **temple d'Athéna**.

Vers le sud

Reprenez la route côtière à gauche.

Les paysages des alentours de **Mandrika** sont un peu gâtés par l'invasion de serres en plastiques (tomates et poivrons essentiellement), notamment avant d'atteindre **Skala Kamirou**, un charmant village de pêcheurs aux nombreuses tavernes. C'est d'ici que partent les bateaux pour la paisible **île de Halki** *(tlj départ l'apr.-midi, retour le lendemain mat.)*.

À la sortie du village sur la droite se profilent les ruines du **château de Kamiros**, bâti par les chevaliers au sommet d'un éperon rocheux : de là, **vue★** superbe.

Continuez sur 4,5 km jusqu'à Kritinia, d'où une petite rte monte sur Embona (3 km).

Adossé au pied du mont pelé de l'Ataviros, le point culminant de l'île *(1 215 m)*, le village vinicole d'**Embona** étage ses jolies maisons chaulées sur le flanc de la montagne. Au cœur du dédale de ruelles blanches se cache la maison du poète Iannis Konstantakis, qui abrite un modeste **musée des Arts et Traditions populaires** *(en demander l'accès au restaurant Baki Brothers - gratuit)*. En contrebas du vieux village s'étale le bourg moderne, aux rues animées.

Bon à savoir – Vous pourrez facilement déguster du vin de la région chez un producteur *(9h-16h30)*.

Les plus courageux pourront se lancer à l'assaut du **mont Ataviros** *(comptez 3h pour atteindre le sommet. Vous trouverez l'aide ou les conseils d'un guide au village)*. De là-haut, la **vue★★** circulaire embrasse toute l'île.
Avant de rejoindre Monolithos, la route traverse encore **Siana**, un village réputé pour son miel et son ouzo *(17,5 km d'Embona à Monolithos)*.

★ MONOLITHOS ET LA POINTE SUD

Circuit tracé sur la carte p.540.
Une ligne symbolique, tracée entre Monolithos et Lindos *(à l'est)*, sépare le nord de la pointe sud de Rhodes, ouvrant sur une région plus aride et sauvage, âpre paysage de rochers abrupts et de plateaux pelés que couronnent çà et là les ruines altières de forteresses des chevaliers. Une région dont la beauté austère n'a rien à envier à celle du nord de l'île, mais qui, pourtant, demeure à l'écart des flots touristiques *(excepté Lindos)*.
Perché dans les hauteurs, **Monolithos★**, village isolé, jouit d'un calme olympien et d'un cadre superbe, non loin d'une côte sauvage cachant quelques plages désertes. À l'ouest du village, une route dégageant de multiples **points de vue★★** sur la mer conduit au **château de Monolithos ★★** *(2 km)*, véritable nid d'aigle accroché à un pic rocheux. Construit par les chevaliers pour surveiller la mer, il offre lui aussi une **vue★★★** somptueuse.
Continuez en descendant *(sur 4 km)*, pour longer ensuite le bord de mer : difficile de résister à l'appel des plages de **Fourni★★** *(à gauche)* et d'**Agios Georgios** *(à droite)*. Elles comptent parmi les plus belles de l'île, même si la mer y est souvent agitée.
Revenez au village de Monolithos, d'où une route file vers Apolakkia *(à 10,5 km)*. De là, on peut suivre le littoral jusqu'à **Katavia** *(à 18 km)*, pour profiter de son agréable chapelet de plages désertes (mais souvent ventées).
Une variante consiste à prendre la route intérieure, plus longue *(27,5 km)*, qui grimpe en lacet dans les hauteurs où elle découvre de magnifiques paysages, notamment sur la portion entre Arnitha et Messanagros. L'occasion de faire un petit crochet *(8 km après Arnitha, à droite)* pour admirer le charmant **monastère de Skiadi**.
De Katavia, rejoignez la **plage de Prassonissi★**, à la pointe méridionale de l'île *(6 km - indications)*. La route traverse un terrain militaire, pour déboucher sur cette longue écharpe de sable battue par les vents. Un paradis pour les adeptes de kyte-surf. Pointe extrême de Rhodes, là où l'île s'achève, le **cap Prassonissi★** dessine une petite presqu'île, retenue par une fine langue de sable souvent recouverte d'eau.
La route continue jusqu'au charmant village de **Lahania** *(à 11,5 km - indiqué sur la gauche)*. Dans la partie basse et ancienne du village, des maisons traditionnelles bordent les ruelles, toutes chaulées. Sous l'ombre bienfaisante des platanes, l'adorable **place de l'église** résonne du clapotis de ses multiples fontaines – remarquez celle couverte d'inscriptions turques.
Redescendez sur la rte côtière en direction de Gennadi (à 9 km de Lahania).
La route suit une longue plage rectiligne de sable puis de galets, bien abritée du vent. 3,5 km après Gennadi, tournez à gauche pour monter à Asklipiio *(3 km)*.
Le village d'**Asklipiio**, juché dans les hauteurs, cache une belle **église byzantine** bâtie en 1060, aux murs couverts de fresques *(demandez à la gardienne du musée de vous ouvrir ses portes)*. À côté d'elle, vous pourrez aussi jeter un œil aux petits **musées** religieux et d'art populaire *(horaires indéterminés)*.
Une mauvaise route rejoint ensuite directement Laerma, mais il est plus prudent de redescendre sur la côte jusqu'à Lardos *(à 8,5 km)*, où vous prendrez à

Limanaki, l'une des plages de Lindos.
F. Guiziou / hemis.fr

gauche la direction de Laerma *(à 12 km)*. La route traverse une pinède. 4 km après Laerma, prenez d'abord la direction de Profilia, puis une piste un peu cahoteuse à gauche.

Recroquevillé au fond d'un vallon isolé, difficile d'accès, le **monastère de Thari** se mérite *(vêtements longs fournis sur place - entrée libre)*. En pénétrant dans l'église, baignée de silence, on découvre les belles **peintures murales** de la nef, de l'abside et de la coupole. Superposées par endroits en quatre couches successives, les plus anciennes dateraient du 11e s.

Redescendez vers Laerma pour reprendre la rte de Lardos ; puis contournez la péninsule du mont Marmari par Pefki, jusqu'à la ville de Lindos (8 km de Lardos).

★★ LINDOS

Bon à savoir – Le parking est à l'ouest de la ville, en contrebas de l'éperon. Malgré l'affluence, le charme opère à tous les coups. Juchée sur un impressionnant éperon aux parois escarpées, à 116 m de hauteur, l'acropole découpe ses créneaux ocre sur le ciel, puissant serpent de pierre veillant sur les eaux cristallines et les maisons blanches du petit port qui se love à ses pieds.

★★★ L'acropole

Comptez 1h30 de visite. Tlj sf lun. 8h30-16h - 6 € - ascension en âne au départ du village (payant).

Conseil – Pour éviter la foule et la chaleur (pente très raide), venez tôt le matin ou en soirée.

Construite entre le 7e et le 6e s. av. J.-C., l'acropole de Lindos servit de lieu de culte dès l'âge mycénien. Elle fut agrandie à l'époque hellénistique. Les chevaliers de St-Jean l'érigèrent en forteresse, avec château et garnison ; rôle qu'elle conserva jusqu'à la période ottomane.

L'ascension se fait, comme dans l'Antiquité, par un chemin escarpé, ponctué d'escaliers. La première **porte médiévale** franchie, des marches descendent vers le bâtiment administratif des chevaliers, que flanque une antique **exèdre**

6

semi-circulaire, taillée dans la paroi rocheuse. À côté apparaît un **relief**, lui aussi sculpté à même la roche, figurant la poupe d'un navire, lequel servait de base à la statue d'un prêtre de Poséidon. On découvre ensuite les ruines du **château des Chevaliers** et de l'église byzantine attenante, chaos de pierres de diverses époques.

Occupant la plus haute terrasse, le **sanctuaire d'Athena Lindia** (fin du 4e s.) marque l'aire la plus sacrée de l'acropole. On y accédait par les marches monumentales des propylées, flanquées de majestueux **portiques doriques★** dont quelques colonnes ont été redressées. De là-haut, la **vue★★** sur les alentours, spectaculaire, embrasse la mer et une bonne partie de la ville basse. Remarquez le **mont Krana** qui se dresse en face de l'éperon de l'acropole *(à l'ouest)* : son flanc est creusé de tombeaux, dont un d'époque hellénistique, qui figure une façade de temple dorique. Vous pouvez grimper au sommet du rocher pour jouir du magnifique **panorama★★** *(accès depuis le sud-est par une ruelle du village et un sentier)*.

★ La ville basse

Littéralement envahie l'été par les groupes et soumise à un folklore bien rodé – promenades à dos d'âne, vente de dentelles ou de faïences locales, etc. –, la ville basse peut vous faire fuir… Armez-vous de patience cependant, car l'endroit mérite qu'on s'y attarde.

Éloignez-vous rapidement des deux ou trois rues principales où se concentre la foule et découvrez un ravissant **dédale de ruelles** pentues, souvent relayées par d'étroits escaliers, jalonnées par de nombreuses maisons bâties du 15e au 18e s. Blanchies à la chaux, ces dernières cachent de jolies cours pavées de galets noir et blanc, soigneusement entretenues. L'une d'elles, une **maison de capitaine★** du 17e s., est ouverte à la visite *(202 r. Acropolis)*. Entrez dans l'**église byzantine de la Panagia** *(après le square, en montant sur la gauche)*, flanquée de sa petite cour pavée de galets. Construite au 15e s., elle est décorée de **fresques** des 17e et 18e s. *(musée de l'église - 9h-15h)*.

Sur le flanc nord-est de la colline, enfin, en allant vers la petite baie de St-Paul, vous découvrirez les vestiges d'un **théâtre antique**.

LA CÔTE ORIENTALE

Circuit tracé sur la carte p. 540.

Passé Lindos, le béton reprend ses droits. La route qui remonte vers Rhodes égrène ses plages très fréquentées et ses villages voués au tourisme, en lisière d'une longue plaine côtière semée d'oliviers.

En chemin, vous pouvez faire halte et apprécier le beau **point de vue★** *(en tournant à droite à Massari)* sur le port de pêche et la station balnéaire d'**Haraki**, que domine l'imposant **château de Feraklos★**, édifié par les chevaliers.

Un petit crochet sur la gauche mène au joli village de **Malonas**, caché au bout d'un défilé rocheux ouvrant sur une plaine plantée de cyprès.

Bourgade commerçante et animée, **Arhangelos** *(27,5 km de Lindos)* possède elle aussi son fier château médiéval, et la côte alentour est propice à la baignade. Faites une pause à **Stegna**, un petit bourg occupant un site agréable, étagé vers la mer où alternent plage aménagée, petit port et rochers escarpés.

Un peu plus haut, encore, s'étire la très belle **plage de Tsambika**, dont le sable fin attire beaucoup (trop) de monde en été. Le monastère qui la surplombe offre une **vue★★** plongeante sur la côte.

7,5 km après Arhangelos, tournez à gauche au niveau de Kolimbia (dir. Epta Piges) et roulez encore 3,5 km.

Pour fuir un moment la chaleur, faites une incursion aux **Sept sources** *(Epta piges)*, un charmant vallon boisé et baigné de fraîcheur, que sillonnent nombre de sentiers, véritable invitation à la promenade. Un système de canalisation, en partie souterrain, draine les eaux de sept sources jusqu'à un petit lac artificiel *(accès par la canalisation elle-même, relativement longue, étroite et plongée dans l'obscurité. Si vous êtes claustrophobe, préférez le sentier).*

Redescendez sur la route côtière. Vous rejoignez bientôt la baie d'Afandou, immense croissant de sable et de galets, bien abrité des vents.

À 5 km de la plage, le village d'**Afandou** est réputé pour ses tapis traditionnels *(visite d'une fabrique à l'entrée du village).*

Longez encore la côte sur 7 km, puis obliquez à droite après Faliraki, la plus grande station balnéaire de l'île (belle plage de sable fin, mais très fréquentée), ainsi vous ne perdrez pas la mer des yeux.

Les faubourgs de la ville de Rhodes s'annoncent avec **Kallithea★** *(à 10 km de Rhodes - 20mn en bus depuis la pl. Nea Agora, arrêt Kallithea Thermi)*, une ancienne station thermale construite par les Italiens en 1929. Abandonnés pendant longtemps, ses bâtiments de style oriental servent désormais de lieux d'expositions (photo, sculpture, peinture, etc). Remarquez en particulier ses bains, disposés en cercle, qui lui confèrent un charme désuet. Alentour, profitez de la jolie plage de sable *(sur la droite)*, et surtout des petites **criques rocheuses★**, véritables bassins aux eaux calmes et transparentes ; autant d'invitations à la baignade.

Au-delà de Kallithea *(à 5 km)*, jetez aussi un petit coup d'œil au plaisant village de Koskinou, paisible et fleuri, qui possède plusieurs élégantes **maisons néoclassiques**.

C'est l'arrivée à Rhodes. Aux portes de la ville s'ouvre le vaste parc de Rodini *(bus n° 3, place Nea Agora)*, un agréable lieu de promenade avec son petit zoo *(Fête du vin en été)*. L'orateur **Eschine** (390-314 av. J.-C.) y aurait fondé son école de rhétorique. Tout près s'étendent les **cimetières de Rhodes**, où l'on peut voir des tombes antiques, certaines d'époque hellénistique.

NOS ADRESSES SUR L'ÎLE DE RHODES

TRANSPORTS

En bus

Voir p. 534.

En taxi

Faliraki – *À Lindos - ✆ 22410 854 44.*

En voiture

Avec des routes en bon état, c'est le moyen de transport idéal pour visiter l'île.

Location de véhicules – Agences représentées dans les principales stations balnéaires et touristiques *(voir p. 534).*

Stations-service – Nombreuses dans le nord de l'île aux alentours de la capitale, plus rares dans le centre et le sud.

HÉBERGEMENT

Bon à savoir – Nombre d'hôtels travaillent avec des voyagistes et leurs chambres sont en général réservées. Le voyageur indépendant peut avoir du mal à se loger en haute saison. Préférez les petits hôtels et les studios équipés. Les villages d'altitude, plus frais en été et plus calmes, constituent une bonne option. Salakos, Embona et Monolithos sont des lieux de villégiature agréables ou des étapes pratiques pour sillonner l'île.

Ialyssos B1

PREMIER PRIX

Akrouali Studios – *16 r. Eleftheriou Venizelou - ✆ 22410 926 07 - mai-oct. - ⊘ - 10 appart. env. 30 €.* Un établissement face à la plage, un peu à l'écart. Agréable petit jardin sur le côté. Studios simples et spacieux, certains avec vue sur la baie, jusqu'à la cité de Rhodes.

Salakos A1

BUDGET MOYEN

Nymphi – *Sur la rte principale - ✆ 22460 222 06 - ⊘ - 4 ch. 60 € ☕.* Une bâtisse jaune de caractère, à moitié cachée par la végétation.

Embona A1

PREMIER PRIX

Ataviros (Vasilia) – *À l'entrée ouest du village - ✆ 22460 412 35 - ✗ - 18 ch. et 2 appart. env. 40 €.* Une maison au-dessus d'un champ d'oliviers, où l'on sert une bonne cuisine familiale. Chambres avec vue directe sur la montagne. Une étape idéale pour une marche en altitude.

Kalavarda A1

PREMIER PRIX

Vouras – *À l'angle de la rte côtière et de Salakos - ✆ 22410 400 03 - ✗ ⊘ - 12 ch. et 3 appart. env. 45/55 € ☕.* Signalé par une façade colorée jaune et bleu, cet hôtel propose de vastes chambres bien tenues, prisées par la clientèle allemande. Les Papamichael, agriculteurs, invitent à partager les plaisirs de leur terroir : vin maison, oranges, olives, etc.

Monolithos A2

PREMIER PRIX

Thomas Hotel – *Dans la partie en aval du bourg - ✆ 22460 612 64 ou 22460 212 91 - www.thomashotel.gr - ⊘ - 10 ch. 40 € ☕.* Un immeuble de standing avec vue panoramique sur la baie d'Apolakkia.

Apolakkia A2

PREMIER PRIX

Amalia – *Sur la pl. centrale - ✆ 22440 613 65 - ✗ - 15 ch. 35 € ☕.* Sur la paisible place du village où trône le monument national, un hôtel à l'accueil chaleureux. La terrasse sert de lieu de réunion des anciens. Excellent rapport qualité-prix.

Lindos B2

Bon à savoir – Tarifs adaptés à la grande fréquentation du lieu. Optez si vous le pouvez pour Stegna, plus calme, qui se situe à moins de 20 km au nord.

UNE FOLIE

Melenos – *Partie est du village (sur le chemin d'accès au site archéologique) - ✆ 22440 322 22 - www.melenoslindos.com - ✗ - 12 studios et suites 310/650 € (3 nuits mini du 1er août au 15 sept.).* Toutes les chambres possèdent un décor personnalisé (magnifiques tentures) d'un extrême raffinement. Avec terrasse. Un refuge tout trouvé pour amoureux.

Stegna B1

PREMIER PRIX

George's Studios – *Chemin à gauche en arrivant sur le bord de mer - ✆ 22440 232 20 ou 69321 090 96 - www.georges-studios.gr - ⊘ - 11 studios env. 35/40 €.* Des chambres juste à l'arrière de la plage, dans un calme absolu, seulement bercé par les vagues.

BUDGET MOYEN

Alpha Stegna Sun Studios – *À l'entrée du hameau, un peu avant la plage - ✆ 22440 228 60 ou 22440 226 39 - www.alphastegnasun.com - avr.-oct. - 6 ch. env. 50 €.*

Cet établissement, tenu par Kostas, un passionné de nature, est littéralement cerné par une végétation luxuriante : orangers, bananiers, géraniums, rosiers, cactées, etc. Balançoire et bancs à l'ombre, pour profiter de la fraîcheur du jardin en été. À proximité de la route un peu passante.

Faliraki B2

BUDGET MOYEN

Lido Star Hotel – *À l'extrémité sud de la station - ✆ 22410 877 54 - mai-oct. - ✕ ⊠ - 33 ch. 70 € ☕.* Entièrement rénové, cet hôtel à l'écart de la trépidante station *(au sud)* s'ouvre sur la baie de Falikari. Chambres tout confort et décoration attrayante. Le supplément « vue sur la mer » mérite l'investissement.

RESTAURATION

Ialyssos B1

POUR SE FAIRE PLAISIR

Kioupia – *Dir. Faliraki, après le village de Tris (panneau « Alpha ») - ✆ 22410 934 48 - env. 30/35 € - réserv. conseillée.* Les mets locaux sont mis en valeur avec délicatesse et créativité. Formule de saison : excellente *pita* sortie du four, minestrone à l'huile d'olive, mille-feuille en soufflé. Grande carte de vins grecs. Une des tables les plus réputées de la mer Égée.

Embona A1

PREMIER PRIX

Bakis – *Partie haute du bourg - ✆ 22460 412 47 - 15/20 €.* Partagé entre sa charcuterie et son restaurant, l'aîné des frères Baki propose d'excellentes viandes grillées : côtes de porc, côtelettes d'agneau, *souvlaki* de veau, steak de bœuf…

Gennadi A2

PREMIER PRIX

Mezedakia – *500 m au nord du village (dir. Rhodes) - ✆ 22440 436 27 - hors saison, fermé le midi en sem. - ⊠ - 12/15 €.* Un restaurant de poisson en contrebas de la route, s'ouvrant sur la lande qui précède la mer, au fond. Très bonne table et excellent accueil. Prisé par les Grecs le dimanche.

Lindos B2

BUDGET MOYEN

Broccolino – *Partie est du bourg - ✆ 22440 316 88 - env. 20 €.* Restaurant au charme tout artistique : mosaïques, cadres excentriques, mobilier rustique, etc. Plateau de fromages italiens, pâtes maison cuisinées avec délicatesse par Cristina.

Haraki B1

PREMIER PRIX

Da Vinci's – *À l'entrée du hameau - ✆ 22440 514 60 - fermé hors saison en sem. - 15/18 €.* La cuisine italienne est reine à Haraki : ce restaurant, à quelques pas de la plage, ne désemplit jamais. Pizzas, sur lesquelles s'invite presque toujours la feta, et plats de pâtes.

Psinthos B1

PREMIER PRIX

Fasouli – *En contrebas du bourg - ✆ 22410 500 71 - fermé mar. soir - ⊠ - env. 15 €.* Spécialités de viandes à déguster en terrasse, à l'ombre des platanes centenaires, bercé par le murmure du ruisseau.

Koskinou B1

PREMIER PRIX

Georges – *Sur la pl. centrale, face au stade - ✆ 22410 621 22 - 12/15 €.* Une auberge populaire, où les clients s'installent autour de grandes tablées. Cuisine familiale servie avec le sourire par Georges, le patron : soupe de poulet au citron, assortiment de viandes grillées, etc.

BOIRE UN VERRE

Haraki B1

Haraki Dreams – *Sur le bord de mer - ✆ 22440 511 60 - Internet.* Un petit arrêt en terrasse pour admirer la baie joliment arrondie et les ruines du château dominant le paysage.

ACHATS

Artisanat

Tapis orientaux à Afandou (B1), **broderies** à Lindos (B2), **faïences** à Paradissi (B1), **bottes de cuir** aux couleurs vives à Arhangelos (B1).

ACTIVITÉS

Activités nautiques

Sur les plages aménagées du nord de l'île : location de pédalos, jet-skis, planches à voile ou parachute ascensionnel. Les grands complexes hôteliers proposent également le ski nautique.
Les véliplanchistes confirmés auront la possibilité de louer du matériel sur les plages de la pointe sud.

Golf

18 trous à la sortie du village d'Afandou (Plan B1) - *✆ 22410 514 51 - www.afandougolfcourse.com.*

Plages

Les plus belles plages, peu fréquentées, se concentrent sur la partie sud de l'île, notamment au cap **Prassonissi** *(voir p. 542)* et à Monolithos, **Agios Georgios** (Plan A2).
La plage de **Tsambika**, au nord-est, est très appréciée pour son merveilleux cadre… peut-être trop ?
Celle de **Faliraki** est réputée pour son sable fin.

Le port de Gialos
F. Guiziou / hemis.fr

Symi

(Σύμη)

★★

2 998 habitants - Région d'Égée du Sud - Unité régionale de Rhodes - 57 km²

NOS ADRESSES PAGE 553

S'INFORMER

Site Internet – *www.symivisitor.com.*
Symi Tours – *Près du quai central - ✆ 22460 713 07 - www.symitours.com.* La principale agence de voyages de l'île vend des billets pour les compagnies Dodekanisos Seaways et Flying Dolphins.
Agence de la compagnie ANES – *À côté de Symi Tours - ✆ 22460 714 44.*

SE REPÉRER

Carte de région B1 (p. 476) - Carte de l'île p. 551.

À NE PAS MANQUER

L'arrivée en bateau ; se baigner dans les criques et sur les plages désertes.

ORGANISER SON TEMPS

Une journée suffit pour découvir cette île. On ne saurait trop vous conseiller de passer deux nuits à Gialos pour profiter vraiment de ce petit paradis.

Petite île pittoresque au charme tout aristocrate, Symi se love entre deux péninsules turques, situées toutes les deux à quelques kilomètres seulement. Ici, les maisons traditionnelles, restaurées avec soin, n'ont

pas cédé la place aux constructions modernes. Au-dessus du port de Gialos, lové au fond d'une anse bien abritée, d'élégantes demeures néo-classiques étagent leurs toits de tuiles jusqu'à la vieille ville, perchée sur la colline. La nature n'est pas en reste. En arrivant de Rhodes ou de Kos, le contraste est frappant : pas de longues plages rectilignes, mais des tombants abrupts et des criques échancrées, caractéristiques d'une île sauvage. Symi se révèle un paradis pour les marcheurs : faiblement peuplée, l'île des chèvres en liberté et des chats errants compte peu de routes goudronnées. Même si les chemins sont rarement balisés, c'est un plaisir de se promener entre mer et montagne, sur les sentiers côtiers desservant quelques criques désertes, ou sur les chemins de crête qui, de colline couverte de pins en vallon planté d'oliviers, sont jalonnés de chapelles oubliées.

Se promener Carte de l'île ci-contre

★★ SYMI (HORA - ΣΥΜΗ - ΧΩΡΑ)

Le chef-lieu de l'île se partage entre le quartier du port, ville basse dynamique et colorée, et celui de la ville haute, qui égrène ses belles maisons pastel à flanc de colline, dans un écrin de cyprès et de bougainvilliers.

★★ Gialos (Γιαλός), le port

Pôle touristique de l'île, le port de Symi concentre la plupart des commerces, restaurants et hôtels. De jolis pavements de galets noirs et blancs à la *botsaloto (voir encadré p. 208)* décorent places et ruelles, très animées en journée. Mais, à la tombée du jour, la ville basse retrouve son calme, d'autant que la circulation motorisée est limitée, voire interdite. Les quais se prêtent alors à de délicieuses balades à la fraîche, en contemplant les yachts qui mouillent dans la rade.

Amateurs de bateau, vous pourrez aussi jeter un coup d'œil au minuscule **Musée maritime** *(à l'arrière du quai central - 11h-14h30 - 2 €)*, qui possède quelques jolies maquettes.

★★ Horio (Χωριό), la ville haute

Une belle promenade invite à rejoindre la ville haute. On y accède par un splendide **escalier★★** sinueux de 400 marches, encadré de **maisons néoclassiques★★** des 18e s. et 19e s., demeures bourgeoises aux façades pastel, ocre ou jaunes et aux fenêtres soulignées de brun. Longtemps abandonnées, nombre d'entre elles ont été restaurées, même si la plupart semblent encore inoccupées. Si vous faites l'ascension en pleine chaleur, quelques tavernes providentielles vous attendent à l'entrée de la ville haute. Le vieux bourg forme ensuite un dédale de ruelles calmes, claires, bordées de maisons plus modestes, souvent abandonnées.

Suivez le fléchage, il vous conduira au petit **musée archéologique et folklorique** *(en cours de retauration, rens. ✆ 22460 711 14)*, qui renferme des statues et divers objets paléochrétiens, des poteries byzantines des 12e et 13e s., de belles **icônes**, des costumes traditionnels, etc. Un bâtiment distinct, de l'autre côté de la courette, retrace la vie d'autrefois à Symi.

SE REPÉRER

Hora désigne, sur place, la seule véritable cité de l'île, développée autour du port. Elle comprend deux parties : **Gialos** *(le port)* et **Horio** *(la ville haute)*, reliés par un large escalier.

Enfin, en remontant sur le flanc droit, vous atteindrez le **château** *(fléché)* qui couronne la colline, une forteresse dotée d'une église, construite par les chevaliers de St-Jean sur le site de l'ancienne acropole. De celui-ci, on a une superbe **vue★★** circulaire, notamment sur la baie de Gialos.

Aux environs de Hora

Du port de Gialos, le quai ouest traverse les bourgs mitoyens de **Harani** et de **Nos**, puis une petite route côtière conduit à la magnifique **baie de Nimborios★** et au gros village du même nom *(4 km à l'ouest de Symi - comptez 1h30 AR à pied - bateau-taxi ttes les h entre 10h-14h et 16h-18h)*. Ancien port commercial de l'île, l'endroit invite aujourd'hui à la baignade, avec ses quais à fleur d'eau d'où il fait bon prendre un bain de soleil. Nombreuses petites plages de galets alentour, mais les fonds sont souvent pierreux.
Vous pouvez aussi faire une escapade à 2 km à l'est de Symi, où une vallée fertile débouche sur le petit port de pêche de **Pedi★**, très animé en été, et sa plage de sable attenante.

★★ À LA DÉCOUVERTE DES MONASTÈRES

L'île cache nombre d'édifices religieux, du monastère habité par des moines à la simple chapelle déserte, minuscule bâtisse blanche isolée dans les oliviers ou perchée sur un rocher. À l'écart des routes asphaltées, leur accès est souvent difficile. Beaucoup recèlent des **fresques** remarquables, Symi ayant été, au 18e s., le siège d'une école réputée de peinture d'icônes.

Conseil – Munissez-vous d'une carte détaillée et optez pour le bateau ou la marche.

HISTOIRE

Depuis l'Antiquité, Symi était réputée pour la qualité de ses **chantiers navals**. Jusqu'à la fin du 19e s., on y construisait près de 500 bateaux par an, si rapides que la poste ottomane en avait équipé toute une flotte. L'île vivait aussi de la **pêche des éponges**. Deux activités lucratives qui la rendirent prospère, bénéficiant même d'une indépendance relative. Mais l'arrivée sur le marché des éponges artificielles et l'essor de la navigation à vapeur entraînèrent son déclin, qui s'accusa encore avec l'occupation italienne et les destructions de la Deuxième Guerre mondiale. Contrainte à l'exil, une grande partie de la population déserta l'île qui, aujourd'hui, compte dix fois moins d'habitants qu'au siècle dernier. Symi doit sa renaissance, récente, à l'essor touristique.

Saint-Michel de Panormitis (Μονή Πανορμίτη)

✆ 22460 715 8 - jusqu'à 19h (en saison 15h env.) - entrée libre.

Célèbre pour abriter une **icône miraculeuse** de saint Michel – patron de l'île –, cet immense monastère est le plus important lieu de pélerinage du Dodécanèse, notamment le 8 novembre, jour de la fête du saint, et à la Pentecôte *(il est possible de louer une cellule au confort rudimentaire)*. Il se dresse à l'extrémité sud-ouest de l'île. Attention, l'endroit attire beaucoup de monde en été *(excursions en bateau depuis Rhodes)* et lors des fêtes. Il peut aussi arriver que l'accès par la route soit fermé par une grille cadenassée.

Les hauteurs appartiennent aux religieux du monastère… et aux chèvres. Construit au 18e s., cet édifice est entouré de bâtiments modernes massifs, répondant aux besoins d'hébergement des pèlerins. Attardez-vous tout de même dans l'**église**, pour sa belle **iconostase★** en bois, ainsi qu'au **musée d'Art religieux et populaire★** *(ouverture selon l'arrivée des bateaux - 1,50 €)*, installé dans un angle de la cour intérieure. Il abrite divers objets sacrés (icônes, ex-voto, reliquaires, etc.), ainsi que des costumes traditionnels, des outils et la reconstitution d'un intérieur d'antan.

Saint-Michel de Roukouniotis (Μονή Ρουκουνιώτη)

▶ À 1h de marche de Gialos. Accessible également aux deux-roues - ✆ 69777 093 27. Demandez au gardien de vous ouvrir.

Bien plus discret, ce petit monastère situé dans le nord-ouest de l'île se révèle beaucoup plus riche : son **église**, édifiée au 14e s. et reconstruite au 16e s. abrite une magnifique **icône★** de saint Michel, en argent et or massifs. Remarquez aussi le beau **tableau** illustrant *L'hospitalité d'Abraham* et le **prêchoir** de bois peint.

Et les autres…

Amateurs d'architecture et d'art religieux, découvrez les monastères de **Ioanis Sagrio** (12e s.) et de **Prokopios** (14e s.), isolés au centre de l'île, aux abords de la route menant à Panormitis, ou encore **Agios Fanourios**, prétexte à une agréable promenade au départ de Gialos *(30mn à pied)*.

NOS ADRESSES À SYMI

INFORMATIONS UTILES

Banque / Change
Banque Alpha et Banque nationale de Grèce – *Sur le port (quai ouest).*

Poste
Poste centrale – *Sur le port (quai ouest) - ✆ 22460 713 15.*

Téléphone
OTE – *À l'arrière de la pl. centrale.*

Police
Sur le port, à côté de la tour de l'Horloge - ✆ 22460 711 11.

Santé
Médecins – *✆ 22460 713 16/ 712 90.*

ARRIVER / PARTIR

En bateau
Liaisons avec **Rhodes** *(4-5/j., 50mn-4h)*, **Kos** *(1-2/j. sf lun.-mar., 1h30-5h30)*, **Kalymnos** *(5/sem., 2h15-3h50)*, **Léros** *(5/sem., 3h15-5h10)*, **Lipsi** *(5/sem., 4h30-6h30)*, **Patmos** *(5/sem., 4h-7h20.)* et **Le Pirée** *(2/sem., 17h)*. Les escales à **Panormitis** sont uniquement saisonnières et sur la ligne à destination de **Rhodes** *(6/sem.)*.
Capitainerie – *Quai est, près de la villa Thalassa - ✆ 22460 712 05.*

TRANSPORTS

En bus
Station du port – *Quai est (près du débarcadère) - 8h-21h (23h en saison) - départ ttes les h - env. 1,50 €*. Liaisons avec **Horio** et **Pedi**.

En taxi
Station centrale – Quai est *(près du café Orange Lemon)*. Compter env. 5 € pour **Pedi** et 25 € pour **Panormitis**.
George – *✆ 69746 234 92.*
Kostas – *✆ 69452 523 08.*

À deux-roues
Location de scooters et motos – *Agences sur le port*. Le moyen de transport idéal pour parcourir cette petite île.
Glaros – *✆ 22460 717 13 - www.glarosrentacar.gr.*
Katsaras – *✆ 22460 722 03 ou 22460 714 17.*
Bon à savoir – Vous trouverez deux **stations-service** : sur le port *(à l'extrémité du quai est)* et à l'entrée de Pedi.

HÉBERGEMENT

Bon à savoir – En haute saison, difficile de trouver des chambres bon marché à Symi. Renseignez-vous auprès des loueurs qui attendent à la descente du bateau. Comparez et discutez les prix, car l'île est chère.

Gialos

BUDGET MOYEN

Kalodoukas Holidays – *Près de la pl. carrée de Horio - ✆ 22460 710 77 - www.kalodoukas.gr - [carte non acceptée] - à partir de 50/60 €*. Cette agence de voyages centralise un grand nombre de locations de studios, de villas et de maisons traditionnelles tout équipées, tant dans les hauteurs que du côté du port, ainsi qu'à Marathounda.
À consulter si vous ne savez pas où loger.
Catherinettes – *Quai ouest - ✆ 22460 716 71 - ✕ [carte non acceptée] - 11 ch. et studios 60/70 €*. Une élégante maison patricienne du début du 19e s. dressée sur le port, où fut signé l'accord du rattachement du Dodécanèse à la Grèce (1948). Chambres un peu trop meublées et salle de bains

exiguë, mais celles avec balcon offrent l'une des plus belles vue sur Symi. La patronne, Julie, est adorable.

Albatros – *Ruelle à l'arrière du quai central - ✆ 22460 717 07 - www.albatrosymi.gr - avr.-oct. - ⊭ - 5 ch. 50/60 €* ☕. Un petit hôtel rénové et parfaitement tenu, à quelques pas de l'escalier menant à Horio. Accueil attentionné, en français. Propose aussi plusieurs maisons à louer dans les hauteurs de Horio.

POUR SE FAIRE PLAISIR

Hotel Aliki – *Quai ouest, après la tour de l'Horloge - ✆ 22460 716 65 - www.hotelaliki.gr - de fin avr. à fin oct. - 15 ch. 85/200 €.* Une des plus belles façades du port, rehaussée de tons ocre jaune et rouge. Magnifique et vaste salon à l'entrée. Un charme intact : cheminée en marbre, plafond et murs en camaïeu de vert, tentures.

Iapetos Village – *En arrière du quai central - ✆ 22460 727 77 - www.iapetos-village.gr - 🏊 - 14 maisonnettes, 10 studios 110/210 €.* Le top du luxe à Symi. L'une des petites maisons néoclassiques accueille une somptueuse piscine, les autres, des studios avec balcon ou terrasse, le tout au milieu d'un jardin exotique.

Horio

BUDGET MOYEN

Fiona – *R. tangente sur la gauche en montant le grand escalier - ✆ 22460 720 88 - www.fionahotel.com - ⊭ - 11 ch. 70/80 €* ☕. Des chambres très propres, décorées de tableaux naïfs et de meubles peints en bleu. Panorama sur le port et sur la baie.

Nimborios

PREMIER PRIX

Metapontis – *Face au petit débarcadère - ✆ 22460 718 20 ou 2240 710 77 - avr.-oct. - ✕ ⊭ - 3 ch. 40 €* ☕. Une petite pension familiale complètement isolée au fond de la baie, tenue par Maria et Manolis avec chaleur et simplicité.

Pedi

BUDGET MOYEN

Pedi Beach – *✆ 22460 719 81 - www.pedibeachhotel.gr - ✕ - 59 ch. 75/115 € (formule demi-pension).* Confortable établissement face à la plage de Pedi. Chambres spacieuses avec balcon. Transats à disposition. Clientèle de groupes.

RESTAURATION

Gialos

PREMIER PRIX

Tholos – *Tout au bout du village en direction de Nos - ✆ 22460 720 03 - mai-oct. : midi et soir - ⊭ - env. 15 €.* Très belle terrasse avec quelques tables les pieds dans l'eau et une très belle vue sur le port. Les grands classiques grecs parfumés d'herbes aromatiques sont servis avec générosité. À ne pas manquer : la salade d'aubergine, la moussaka et les boulettes viande feta. La patronne parle français.

Neraida – *En arrière du pont à gauche - ✆ 22460 718 41 - ⊭.* Belle maison néoclassique agrémentée d'une vaste terrasse abritée. Grand choix de plats grecs traditionnels et de poissons. Service efficace et attentif.

POUR SE FAIRE PLAISIR

Mythos – *Quai est - ✆ 22460 714 88 - le soir - env. 25 €.* Un des meilleurs restaurants du port. Quelques tables sur le quai, installées dans un cadre élégant. L'endroit est assez venté le jour, mais calme le soir. Poisson frais, crevettes de Symi, une des spécialités de l'île, et très bon risotto aux fruits de mer.

Muses – *À l'arrière du quai central (derrière le pont et à gauche) - ☎ 6958 345 03 ou 69464 379 34 - www.muses-symi.com - env. 25 €.* Une rareté à Symi, de la nouvelle cuisine avec des alliances de saveurs inédites. Le patron, un jeune Argentin revenu dans l'île de ses pères, vous expliquera tout ! Mention très spéciale aux desserts originaux, beaux et savoureux.

UNE FOLIE

Mylopetre – *À l'arrière du quai central, à gauche - ☎ 22460 723 33 - de déb. mai à mi-oct. : le soir - 50/60 €.* Bel et paisible établissement, aménagé dans un vieux moulin. Juste sous la salle à manger, deux tombes hellénistiques ont été mises au jour ! Cuisine méditerranéenne raffinée à base de produits frais, entre tradition et modernité.

Horio

PREMIER PRIX

G Taverna – *En haut du grand escalier (en contrebas de la place carrée) - ☎ 22460 719 84 -* CC *- env. 15 €.* De bons plats du jour à découvrir en cuisine. Salle décorée de dizaines de photos. Terrasse panoramique.

Taverna Zoé – *En suivant le fléchage du musée de Symi - ☎ 22460 725 20 - - env. 15 €.* Zoé, la patronne, enchante le restaurant et sert une très bonne cuisine familiale. Les beignets de courgettes et d'aubergines sont excellents, tout comme le poulet au citron, la spécialité, ou le *giouvesti*, sorte de moussaka avec des petites pâtes. Très belle vue sur Pedi depuis la terrasse.

Nimborios

PREMIER PRIX

Metapontis – *Sur le quai - ☎ 22460 718 20 - mai-oct. - - 12/15 €.* Les grands classiques des fourneaux grecs, préparés par Maria, servis face au petit ponton.

ACTIVITÉS

Tour de l'île en bateau

En saison, départ tous les jours du quai central vers 10h30. Se renseigner à l'agence Symi Tours *(voir p. 549)*. Circuit autour de l'île à la journée, avec escales sur les plages principales et sur l'îlot de Sesklia.

Plages

Bon à savoir – La plupart des plages ne sont accessibles qu'en bateau. Prévoyez un petit budget (entre 8 et 14 €) selon la distance.

Petites plages de galets principalement : parmi les plus belles, celles de Nanou, Sesklia, Marathounda, Agios Vassilios et **Georgios Dissalonas**.

Tilos

(Τήλος)

716 habitants - Région d'Égée du Sud - Unité régionale de Rhodes - 63 km^2

NOS ADRESSES CI-DESSOUS

S'INFORMER

Site Internet – *www.tilos.gr (site officiel en anglais).*

SE REPÉRER

Carte de région A1 (p. 476).

Petite île montagneuse désertée des voyageurs, Tilos, avec ses deux villages et ses quelques églises byzantines, continue de vivre au rythme des fêtes religieuses et de leurs danses traditionnelles. Les amateurs de farniente y apprécieront un choix de plages de sable et de galets.

Se promener

Livadia

Ce tout petit village est bordé par une plage de galets. Un port microscopique accueille les bateaux de pêche et les ferries.

Mikro Horio

Les maisons abandonnées de ce village émouvant, qui a compté pourtant près d'un millier d'habitants, ont été occupées jusque dans les années 1950.

Megalo Horio

Sur la colline, l'ancienne « capitale » de l'île a été construite ici pour des raisons stratégiques. Une forteresse en ruine la domine. Un petit musée *(horaires variables)* abrite des défenses d'éléphants nains vieilles de six mille ans. En contrebas du village se trouve le petit port d'**Agios Antonios**.

Bon à savoir – Outre celle de Livadia, vous découvrirez deux plages, plutôt agréables. **Plaka** s'étend à l'ouest d'Agios Antonios. **Eristos**, au sud de Megalo Horio, est la plus grande de l'île. Deux criques se situent au sud de Livadia, au fond de baies profondes *(accès à pied)*.

NOS ADRESSES À TILOS

TRANSPORTS

En bateau – Liaisons avec **Rhodes** *(3-7 ferries/sem.)*, **Kalymnos** *(2/sem.)*, Le **Pirée** *(1/sem.)*, **Kos**, **Symi**.

HÉBERGEMENT / RESTAURATION

BUDGET MOYEN

Hotel Irini – *En retrait du port - Livadia - ✆ 22410 44293 - www.tilosholidays.gr - ⊭ - avr.-oct.*

Blue Sky – *Sur le port de Livadia.* Cuisine régionale de qualité.

AGENDA

Fête religieuse – Elle se tient du 25 au 27 juillet, au monastère Agios Panbeleimonas, à l'ouest de la plage de Plaka.

L'Aventure Michelin

Tout commence avec des balles en caoutchouc ! C'est ce que produit, vers 1880, la petite entreprise clermontoise dont héritent André et Édouard Michelin. Les deux frères saisissent vite le potentiel des nouveaux moyens de transport.

L'invention du pneumatique démontable pour la bicyclette est leur première réussite. Mais c'est avec l'automobile qu'ils donnent la pleine mesure de leur créativité. Tout au long du 20e s., Michelin n'a cessé d'innover pour créer des pneumatiques plus fiables et plus performants, du poids lourd à la F 1, en passant par le métro et l'avion.

Très tôt, Michelin propose à ses clients des outils et des services destinés à faciliter leurs déplacements, à les rendre plus agréables... et plus fréquents. Dès 1900, le Guide Michelin fournit aux chauffeurs tous les renseignements utiles pour entretenir leur automobile, trouver où se loger et se restaurer. Il deviendra la référence en matière de gastronomie. Parallèlement, le Bureau des itinéraires offre aux voyageurs conseils et itinéraires personnalisés.

En 1910, la première collection de cartes routières remporte un succès immédiat ! En 1926, un premier guide régional invite à découvrir les plus beaux sites de Bretagne. Bientôt, chaque région de France a son Guide Vert. La collection s'ouvre ensuite à des destinations plus lointaines de New York en 1968... à Taïwan en 2011.

Au 21e s., avec l'essor du numérique, le défi se poursuit pour les cartes et guides Michelin qui continuent d'accompagner le pneumatique. Aujourd'hui comme hier, la mission de Michelin reste l'aide à la mobilité, au service des voyageurs.

MICHELIN AUJOURD'HUI

N°1 MONDIAL DES PNEUMATIQUES

- 69 sites de production dans 18 pays
- 115 000 employés de toutes cultures, sur tous les continents
- 6 000 personnes dans les centres de Recherche & Développement

Avancer
monde où la

Mieux avancer, c'est d'abord innover pour mettre au point des pneus qui freinent plus court et offrent une meilleure adhérence, quel que soit l'état de la route.

LA JUSTE PRESSION

BONNE PRESSION

- Sécurité
- Longévité
- Consommation de carburant optimale

-0,5 bar

- Durée de vie des pneus réduite de 20% (- 8 000 km)

-1 bar

- Risque d'éclatement
- Hausse de la consommation de carburant
- Distance de freinage augmentée sur sol mouillé

ensemble vers un mobilité est plus sûre

C'est aussi aider les automobilistes à prendre soin de leur sécurité et de leurs pneus. Pour cela, Michelin organise partout dans le monde des opérations **"Faites le plein d'air"** pour rappeler à tous que la juste pression est vitale.

L'USURE

COMMENT DETECTER L'USURE ?

Vos pneus MICHELIN sont munis d'indicateurs d'usure : ce sont de petits pains de gomme moulés au fond des sculptures et d'une hauteur de 1,6mm.
Lorsque la profondeur des sculptures est au même niveau que les indicateurs, les pneus sont usés et doivent être remplacés.

Les pneus constituent le seul point de contact entre le véhicule et la route, un pneu usé peut être dangereux sur chaussée mouillée.

PNEU NEUF

PNEU USÉ
(1,6mm de sculpture)

Ci-contre, la zone de contact réelle photographiée sur chaussée mouillée.

Mieux avancer,
c'est développer une mobilité durable.

INNOVATION ET ENVIRONNEMENT

Chaque jour, Michelin innove pour réduire la quantité de matières premières utilisée dans la fabrication des pneumatiques, et développe dans ses usines les énergies renouvelables. La conception des pneus MICHELIN permet déjà d'économiser des milliards de litres de carburant, et donc des milliards de tonnes de CO2.

De même, Michelin choisit d'imprimer ses cartes et guides sur des « papiers issus de forêts gérées durablement ». L'obtention de la certification ISO14001 atteste de son plein engagement dans une éco-conception au quotidien.

Un engagement que Michelin confirme en diversifiant ses supports de publication et en proposant des solutions numériques pour trouver plus facilement son chemin, dépenser moins de carburant.... et profiter de ses voyages !

Comme vous, Michelin s'engage dans la préservation de notre planète.

Chattez avec Bibendum

Rendez-vous sur:
www.michelin.com/corporate/fr
Découvrez l'actualité et
l'histoire de Michelin.

QUIZZ

Michelin développe des pneumatiques pour tous les types de véhicules. Amusez-vous à identifier le bon pneu...

Résultat : A-6 / B-4 / C-2 / D-1 / E-3 / F-7 / G-5

INDEX GÉNÉRAL

Papandréou, Georges : noms historiques ou termes faisant l'objet d'une explication.
Rhodes : îles, villes et zones géographique. Pour ses deux dernières figure entre parenthèses l'île de rattachement.
Les sites isolés (châteaux, abbayes, grottes…) sont répertoriés sous le nom de l'île sur laquelle ils sont situés.

A

INDEX GÉNÉRAL

B

C

J – K

L

M

N – O – P

INDEX GÉNÉRAL

R

S

U

V

W – X

Y – Z

CARTES ET PLANS

CARTE GÉNÉRALE

CARTES DES RÉGIONS

PLANS DE VILLE

PLANS DE SITES

CARTES DES ÎLES

PLAN DE MÉTRO

CARTES THÉMATIQUES

E DES CARTES ET PLANS

repères

- Itinéraire décrit, départ de la visite
- Église
- Mosquée
- Synagogue
- Monastère - Phare
- Fontaine
- Point de vue
- Château - Ruine ou site archéologique
- Barrage - Grotte
- Monument mégalithique
- Tour génoise - Moulin
- Temple - Vestiges gréco - romains
- Temple : bouddhique - hindou
- Autre lieu d'intérêt, sommet
- Distillerie
- Palais, villa, habitation
- Cimetière : chrétien - musulman - israélite
- Oliveraie - Orangeraie
- Mangrove
- Auberge de jeunesse
- Gravure rupestre
- Pierre runique
- Église en bois
- Église en bois debout
- Parc ou réserve national
- Bastide

Sports et loisirs

- Piscine : de plein air - couverte
- Plage - Stade
- Port de plaisance - Voile
- Plongée - Surf
- Refuge - Promenade à pied
- Randonnée équestre
- Golf - Base de loisirs
- Parc d'attractions
- Parc animalier, zoo
- Parc floral, arboretum
- Parc ornithologique, réserve d'oiseaux
- Planche à voile, kitesurf
- Pêche en mer ou sportive
- Canyoning, rafting
- Aire de camping - Auberge
- Arènes
- Base de loisirs, base nautique ou canoë-kayak
- Canoë-kayak
- Promenade en bateau

Informations pratiques

- Information touristique
- Parking - Parking - relais
- Gare : ferroviaire - routière
- Voie ferrée
- Ligne de tramway
- Départ de fiacre
- Métro - RER
- Station de métro (Calgary, ...) (Montréal)
- Téléphérique, télécabine
- Funiculaire, voie à crémaillère
- Chemin de fer touristique
- Transport de voitures et passagers
- Transport de passagers
- File d'attente
- Observatoire
- Station service - Magasin
- Poste - Téléphone
- Internet
- H — Hôtel de ville - Banque, bureau de change
- J — Palais de justice - Police
- Gendarmerie
- T, U, M — Théâtre - Université - Musée
- Musée de plein air
- Hôpital
- Marché couvert
- Aéroport
- Parador, Pousada (Établissement hôtelier géré par l'État)
- A — Chambre d'agriculture
- D — Conseil provincial
- G — Gouvernement du district, Délégation du Gouvernement Police cantonale
- L — Gouvernement provincial (Landhaus)
- Chef lieu de province
- Station thermale
- Source thermale

Axes routiers, voirie

- Autoroute ou assimilée
- Échangeur : complet - partiel
- Route
- Rue piétonne
- Escalier - Sentier, piste

Topographie, limites

- Volcan actif - Récif corallien
- Marais - Désert
- Frontière - Parc naturel

Comprendre les symboles utilisés dans le guide

LES ÉTOILES

★★★ **Vaut le voyage** ★★ **Mérite un détour** ★ **Intéressant**

HÔTELS ET RESTAURANTS

9 ch.	Nombre de chambres		Piscine
7,5 €	Prix du petit-déjeuner en sus	CC	Paiement par cartes de crédit
50 €	Prix de la chambre double, petit-déjeuner compris		Carte de crédit non acceptée
bc	Menu boisson comprise	P	Parking réservé à la clientèle
	Air conditionné dans les chambres	Tram	Station de tramway la plus proche
	Restaurant dans l'hôtel	M	Station de métro la plus proche
	Établissement servant de l'alcool (à l'étranger)		

SYMBOLES DANS LE TEXTE

	À faire en famille		Randonnée à vélo
	Pour aller au-delà		Facilité d'accès pour les handicapés
	Promenade à pied	A2 B	Repère sur le plan

Note au lecteur

Michelin a apporté le plus grand soin à la rédaction de ce guide et à sa vérification. Toutefois les informations pratiques (formalités administratives, prix, adresses, numéros de téléphone, adresses Internet...) doivent être considérées comme des indications du fait de l'évolution constante de ces données.

Il n'est pas totalement exclu que certaines d'entre elles ne soient plus, à la date de parution du guide, tout à fait exactes ou exhaustives. N'hésitez pas à nous signaler toute omission ou inexactitude que vous pourriez constater ainsi qu'à nous faire part de vos avis et suggestions sur les adresses contenues dans ce guide.

Avant d'entamer toute démarche formalités, administratives ou douanières notamment, vous êtes invité à vous renseigner auprès des organismes officiels. Ces informations ne sauraient, de ce fait, engager notre responsabilité.

Collection Le Guide Vert sous la responsabilité d'Anne Teffo

Édition
Catherine Guégan, L'Atelier d'édition

Rédaction
Olivier Bizet, Jean-Moïse Braitberg, Eva Cantavenera, Véronique Chabrol, Richard Couedel, Lionel Crooson, Sophie Debreil, Hugues Festis, Erwannn Garnier, Gilles Guérard, Serge Guillot, Jean-Philippe Henry, Nathalie Kholodovitch, Christine Legrand, Philippe Longin, Denis Montagnon, Jean-Paul Nail, Tiphaine Saint-Criq, Jérôme Souty, Florence Veremis

Cartographie
Stéphane Anton, Michèle Cana, Thierry Lemasson, Bertrand de Brun, Claude Dubut, Martine Frouin-Marmouget, Anne le Fur, Catherine Zacharopoulou

Relecture
Valérie Lajoinie

Remerciements
Didier Broussard, Mathieu Bourdenet (iconographie)

Conception graphique
Christelle Le Déan

Contacts
Michelin
Guides Touristiques
27 cours de l'Ile Seguin, 92100 Boulogne Billancourt
Service consommateurs : tourisme@tp.michelin.com
Boutique en ligne : www.michelin -boutique.com

Parution 2013

Michelin Travel Partner
Société par actions simplifiées au capital de 11 629 590 EUR
27 Cours de l'Ile Seguin - 92100 Boulogne Billancourt (France)
R.C.S. Nanterre 433 677 721

Dépôt légal : 12-2012 – ISSN 0293-9436
Compograveur : Nord Compo à Villeneuve d'Ascq
Imprimeur : La Tipografica Varese
Imprimé en Italie : 12 2012

Usine certifiée 14001
Sur du papier issu de forêts gérées durablement (100% PEFC)